FASHIONS
Mob: 9341704030
W9-BAX-156
DAMAGE NOTED
CIRQUE DU SOLEIL
BOOM!

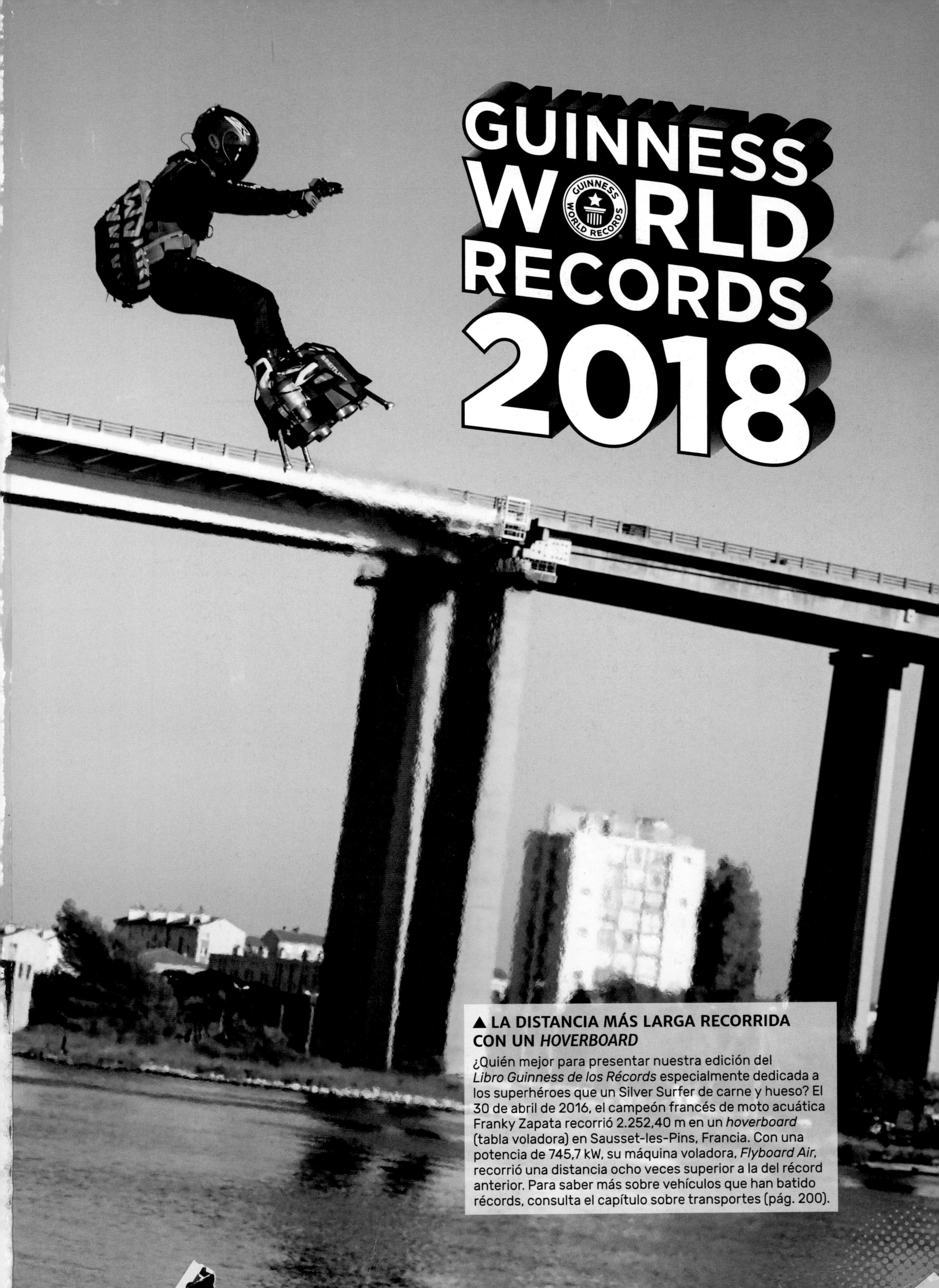

▲ LA DISTANCIA MÁS LARGA RECORRIDA CON UN *HOVERBOARD*

¿Quién mejor para presentar nuestra edición del *Libro Guinness de los Récords* especialmente dedicada a los superhéroes que un Silver Surfer de carne y hueso? El 30 de abril de 2016, el campeón francés de moto acuática Franky Zapata recorrió 2.252,40 m en un *hoverboard* (tabla voladora) en Sausset-les-Pins, Francia. Con una potencia de 745,7 kW, su máquina voladora, *Flyboard Air*, recorrió una distancia ocho veces superior a la del récord anterior. Para saber más sobre vehículos que han batido récords, consulta el capítulo sobre transportes (pág. 200).

Sumario

45.000 solicitudes evaluadas • 3.000 récords nuevos y actualizados publicados • 1.000 fotografías • 60 sesiones de fotos exclusivas

La presente edición se divide en 12 capítulos, entre los que se incluye un capítulo especial dedicado a los superhéroes, además de nuestros pósteres superlativos que te puedes descargar de forma gratuita. Estos capítulos abordan una amplia variedad de temas, desde las aventuras más increíbles por océanos y cumbres de montaña, hasta las películas más taquilleras y los mayores éxitos de la televisión en *streaming*. También te acercan a algunas de las especies más extraordinarias del mundo animal, como las majestuosas ballenas y los adorables pandas, así como a la ciencia y tecnología más innovadoras, y te detallan cuáles han sido los acontecimientos deportivos más destacados en este último año.

Consulta los recopilatorios que encontrarás al final de cada capítulo, en los que se recogen otros récords y también algunos datos que se han incorporado a última hora a los archivos del GWR.

100%

El icono del 100% indica que un récord se muestra a tamaño real, ¡tanto si se trata de un escarabajo gigante como del pelo extralargo de una oreja!

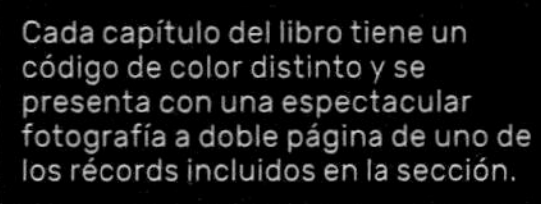

Cada capítulo del libro tiene un código de color distinto y se presenta con una espectacular fotografía a doble página de uno de los récords incluidos en la sección.

Todas las ediciones del *GWR* cuentan con más de 1.000 fotografías, muchas de ellas únicas e inéditas. Nuestro equipo fotográfico ha viajado por todo el mundo para inmortalizar los récords más espectaculares.

Recordmanía

SUPERHÉROES DE CINE

En la página 88 comienza el capítulo de 16 páginas dedicado a los superhéroes con una amplia información, desde los personajes de cómics originales, hasta jugadores de videojuegos y *cosplayers*. ¿Qué héroes de ficción crees que destrozarían récords en la vida real?

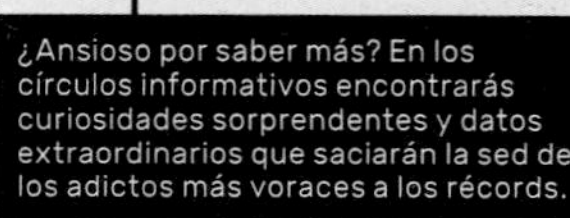

¿Ansioso por saber más? En los círculos informativos encontrarás curiosidades sorprendentes y datos extraordinarios que saciarán la sed de los adictos más voraces a los récords.

Pon a prueba tus conocimientos con nuestras preguntas. Comprueba cuántas aciertas y luego desafía a tus amigos y familiares.

Las tablas contienen aún más información. Tendrás a tu alcance todos los datos que necesites, desde los números uno de las listas de éxitos musicales hasta los fanáticos del fitness y los forzudos y forzudas más increíbles.

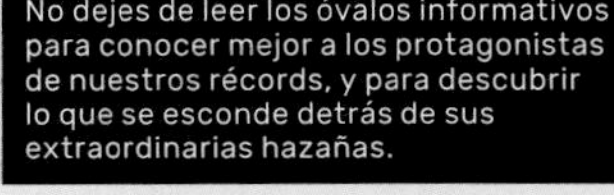

Nuestras columnas infográficas son una forma divertida y concisa de proporcionar información.

No dejes de leer los óvalos informativos para conocer mejor a los protagonistas de nuestros récords, y para descubrir lo que se esconde detrás de sus extraordinarias hazañas.

▲ PÓSTERES SUPERLATIVOS

Diseñados especialmente para la edición de 2018 del *GWR*, todos los récords superlativos que te presentamos cobran vida mediante unas técnicas infográficas espectaculares. En el interior de cada capítulo encontrarás un póster a doble página dedicado a una cualidad en superlativo, como la **altura**, la **longitud**, el **peso** o la **rapidez**.

Los récords recogidos en estas páginas se presentan en orden ascendente (o descendente), de modo que puedes compararlos fácilmente: ¿quién es más rápido, Usain Bolt o un guepardo? ¿El **árbol de Navidad más alto** supera el muñeco de nieve más alto? ¿Y qué te costaría más, la **guitarra más cara** o el **sándwich más caro**? Para descargarte los pósteres de forma gratuita, visita **guinnessworldrecords.com/2018**.

Carta del editor

Este año se han recibido 2.524 solicitudes de reconocimiento de récords procedentes de América Latina. Aquí te mostramos una selección de los que hemos aprobado...

Bienvenidos a esta edición superpoderosa y superlativa del gran libro de los récords. Creemos que cualquier persona puede encontrar a un superhéroe en su interior, y esta edición es una buena prueba de ello. Está repleta de historias increíbles de héroes cotidianos que han superado grandes retos.

Como siempre, encontrarás miles de récords mundiales nuevos y actualizados, además de algunos clásicos seleccionados de nuestros archivos, aunque este año hemos querido darles un enfoque distinto y emocionante y nos hemos inspirado en el mundo fantástico de los superhéroes, los de la ficción y los de la vida real.

Siempre he visto a los protagonistas de nuestros récords como superhéroes de carne y hueso. Con sus poderes, sean la fuerza, la resistencia, la inteligencia, la persistencia, la determinación o una combinación de todos, son sin duda lo más parecido a Superman, Wonder Woman o Iron Man en el mundo real. Si hubiera que reunir a un equipo de superhéroes, tendríamos un montón de gente para elegir. De hecho, en la pág. 10 encontrarás mi propuesta para algo parecido: el Escuadrón Superlativo, una liga de poseedores de récords que ejemplifica la variedad y la diversidad de este mundo.

Tal como este grupo pone en evidencia, no hace falta llevar los calzoncillos por encima de los pantalones para batir una marca (dicho lo cual, hay que recordar que esto sí les funcionó a Morgan Reardon y Natalie Edwards, que establecieron el récord de **más calzoncillos puestos en un minuto por una pareja**: ¡18 pares!). Creemos que todo el mundo tiene potencial para ser el mejor en algo, y GWR está aquí para eso, para darte la oportunidad de ser un héroe en cualquier actividad. Espero que los héroes que conozcas en el libro de este año te inspiren para sacar la mejor versión de ti mismo, sea lo que sea lo que quieras lograr.

En los últimos 12 meses, hemos recibido más de

▲ MÁS COMBATES POR TÍTULOS FEMENINOS DE BOXEO EN UN ÚNICO EVENTO

El 18 de junio de 2016, «La Batalla de Campeonas» vio cuatro combates femeninos en el Domo José Maria Vargas de La Guaira, Venezuela. El más importante fue la pelea por el título de peso gallo femenino de la WBA, ganado por Mayerlin Rivas (Venezuela). También hubo combates por los títulos de peso supermosca, minimosca y superwélter.

▲ MÁS CIUDADES SEDE DE UNA CARRERA DE 10 KM CELEBRADA EL MISMO DÍA

El 25 de septiembre de 2016, la multinacional mexicana de la bollería industrial Grupo Bimbo organizó la Global Energy Race 2016 en 36 ciudades de 21 países de todo el mundo, entre los que se incluían México, Paraguay, Costa Rica, El Salvador y Guatemala. Hay planeada una segunda Global Energy Race para 2017. El objetivo de la prueba fue contribuir a promover los beneficios de un estilo de vida activo y saludable.

▼ LA ANTIGUA DANZA CEREMONIAL MEXICANA MÁS MULTITUDINARIA

El 17 de julio de 2016, un total de 260 participantes ataviados con trajes mexicali y aztecas se congregaron en el sitio precolombino de Teotihuacán, en el Estado de México, México, para interpretar una vistosa danza al son de instrumentos tradicionales y sacudidores. Muchos de los bailarines dedicaron su actuación a dioses indígenas. Expertos de la UNESCO verificaron los vestidos ceremoniales.

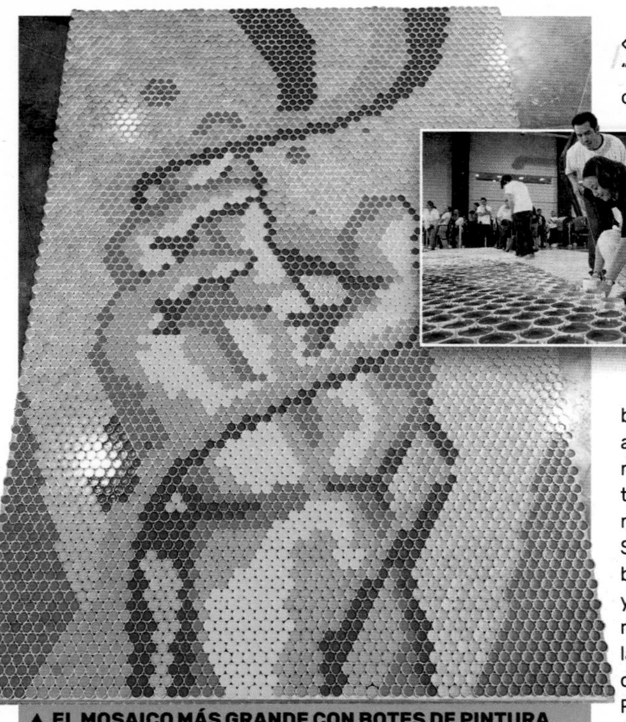

▲ **EL MOSAICO MÁS GRANDE CON BOTES DE PINTURA**
Celebrada en Acapulco, Guerrero, México, la Convención Comex 2017 vio la presentación pública de un mosaico hecho con botes de pintura de 52,06 m². Un grupo de artistas utilizó 4.968 botes de ocho colores distintos para formar una llamativa imagen de una mano envuelta por hélices de ADN verde. El diseño, obra de la artista mexicana Triana Parera, fue un encargo de Grupo PPG Comex (México).

45.000 solicitudes de reconocimiento de récords mundiales procedentes de todos los rincones del planeta. Pero la mayoría de solicitantes no encontrarán sus nombres en el libro: nuestros requisitos son muy rigurosos y sólo un porcentaje muy pequeño de los aspirantes, alrededor del 5%, llega a completar el camino que lleva a la obtención de un récord. Si has presentado una solicitud y no has tenido éxito, no te desanimes, vuelve a intentarlo y demuestra hasta dónde puedes llegar. Y si has recibido el certificado oficial de Guinness World Records, muchas felicidades, ya formas parte de la élite de los poseedores de un récord. ¡Eres oficialmente increíble!

CONOCE A NUESTROS EXPERTOS

No todos los récords nos llegan a través de nuestro público, también contamos con el apoyo de un inestimable equipo de expertos y asesores que están constantemente ojo avizor para detectar hasta el último hecho asombroso. Este equipo internacional nos permite cubrir el amplio espectro de temas que encontrarás en el libro. Llamamos a su trabajo «encontrar lo "más" en las "-ías"»; es decir, dar cuenta de lo más rápido, alto, viejo y largo en arqueología, gerontología, meteorología y zoología. Me gustaría dar las gracias personalmente a todos ellos, no podríamos conseguirlo sin vosotros.

En esta edición, damos la bienvenida a bordo a nuevos asesores sobre temas que nunca antes habíamos tratado, o por lo menos nunca con tanto detalle. Ian Sumner, por ejemplo, es el bibliotecario del Flag Institute y nos ha proporcionado los récords sobre banderas de la pág. 154. Warren Dockter, del departamento de Política Internacional de la Universidad de Aberystwyth, nos facilitó los récords sobre superpoderes... ¡políticos, sí señor! de la pág. 146, y los

▲ **EL EVENTO DE INCLUSIÓN DIGITAL MÁS MULTITUDINARIO**
Entre el 10 y el 31 de julio de 2015, Telmex (México) organizó un evento en Aldea Digital, Ciudad de México, México, al que asistieron 400.524 personas que pudieron disfrutar de 30 talleres sobre temas como ciberseguridad y animación 3D, conferencias sobre tecnología, experiencias digitales y otras actividades en la plaza de la Constitución.

▶ **EL ARTISTA QUE HA PERMANECIDO MÁS TIEMPO EN EL N.° 1 DE LA LISTA US HOT LATIN SONGS**
J. Balvin (Colombia) encabezó 22 semanas la US Hot Latin Songs con la canción «Ginza», desde el 11 de octubre de 2015 hasta el 12 de marzo de 2016. Este tema de enorme éxito (uno de los seis sencillos del artista que han llegado al n.° 1 latino) pertenece a su cuarto álbum, *Energía*. Estrella de la segunda generación del reguetón, Balvin se declaró «superemocionado» y «muy agradecido» al recibir su récord de GWR en Nueva York, EE.UU. (detalle).

▲ **LA MAYOR ASISTENCIA A UNA CONVENCIÓN DE EMPRENDEDORES (UN ÚNICO PUNTO DE REUNIÓN)**
93.269 personas asistieron a la Semana Nacional del Emprendedor en Ciudad de México, México, entre el 3 y el 7 de octubre de 2016, organizada por el Instituto Nacional de Empresarios (INADEM). Contó con más de 450 presentaciones y talleres y se estableció el récord del **mayor seminario de negocios en múltiples puntos de reunión**: 3.238 participantes distribuidos en 25 espacios que asistieron a una presentación de Luis Alejandro Soberón Kuri el 6 de octubre de 2016.

Carta del editor

Con un área de 1.544.000 km² y 5.000 km de línea de costa, el golfo de México es el **golfo más grande del mundo.**

▲ EL CINTURÓN DE CAMPEÓN DE BOXEO MÁS CARO

Floyd Mayweather Jr. (EE.UU.) recibió el cinturón Esmeralda del CMB, valorado en 1.000.000 $, el 2 de mayo de 2015 tras vencer a Manny Pacquiao.

Mayweather Jr. (arriba a la izquierda en la imagen de la derecha) tiene un historial de victorias de 49-0, el **mayor número de combates invicto de un campeón de boxeo**. Comparte la marca con Rocky Marciano (49 victorias consecutivas entre 1947 y 1955).

RÉCORDS DEL CMB

Título	Boxeador
Mayores ventas en pago por visión por ver a un boxeador (toda la carrera)	Floyd Mayweather Jr. (EE.UU.): 1.300 millones de $, entre el 25 de junio y el 12 de septiembre de 2005.
La campeona mundial de boxeo más veterana	Alicia Ashley (Jamaica, n. el 23 de agosto de 1967): 49 años y 48 días, a 30 de septiembre de 2016.
El porcentaje más alto de nocaut de un campeón de peso medio	Gennady Golovkin (Kazajistán): 91,67%, a 10 de septiembre de 2016.
Más victorias de unos hermanos en combates por el título mundial de peso pesado	Wladimir y Vitali Klitschko (ambos de Ucrania): 40, a 18 de mayo de 2017.

expertos en cómics Rob Cave y TQ Jefferson nos suministraron un punto de vista superlativo sobre otro tipo de superpoderes, los de los superhéroes de ficción, que encontrarás en el capítulo especial que empieza en la pág. 88.

Este año, también se ha unido a nuestro equipo el experto en *Star Wars* James Burns (podrás encontrar su selección de récords en una página no muy, muy lejana, la 174), así como James Proud, que ha sacado a la luz algunos récords increíbles relacionados con el transhumanismo y los cíborgs (pág. 74).

Asimismo, quiero expresar nuestra gratitud a la Fédération Aéronautique Internationale (FAI) por proporcionarnos los récords de deportes aéreos de la pág. 138, y al analista de la taquilla cinematográfica Bruce Nash, de The Numbers, por todos los récords estadísticos de la industria del cine.

Entre los nuevos temas que abordamos este año están los incendios forestales (pág. 28), los cubos de Rubik (pág. 120), los emojis (pág. 152) y los fuegos artificiales (pág. 194), que prueban, si eso fuera necesario, que el *GWR* abarca una gama de temas más amplia que la mayoría de anuarios. Y si estás leyendo esto en el lavabo, déjate caer por la pág. 158 para encontrar una exploración de todo lo relacionado con las aguas mayores y menores, un tema tan sorprendente como importante, dado que hay

▲ LA MARATÓN MÁS RÁPIDA CONTROLANDO UN BALÓN DE FÚTBOL CON LOS PIES

El 28 de agosto de 2016, Abraham Muñoz (México) completó la maratón de Ciudad de México con un balón de fútbol en 5 h, 41 min y 52 s. Sólo perdió el control de la pelota cuatro veces en toda la carrera. El 23 de octubre de 2016, corrió la **milla más rápida controlando un balón de fútbol con los pies** en 8 min y 17,28 s.

▼ LA REUNIÓN DE CATRINAS Y CATRINES MÁS MULTITUDINARIA

El 30 de octubre de 2016, un total de 865 personas se pintaron una calavera en la cara (conocida como Catrina) como parte de las celebraciones del Día de los Muertos que tuvieron lugar en Celaya, Guanajuato, México. Muchos de los fantasmagóricos participantes se unieron al desfile que a continuación recorrió la ciudad en un intento de récord organizado por el Instituto de la Juventud Guanajuatense (México).

La Calavera Catrina original, o «cráneo elegante», es un grabado de entre 1910 y 1913 obra del ilustrador José Guadalupe Posada que muestra el esqueleto de una mujer. La imagen se ha convertido en un símbolo de las fiestas del Día de los Muertos.

▲ EL EDITATÓN MÁS LARGO
Entre el 9 y el 12 de junio de 2016, un grupo de editores, periodistas y «wikipedistas» se reunieron en el Museo Soumaya de Ciudad de México, México, para una sesión maratoniana de edición de 72 horas. El objetivo de este encuentro anual era mejorar los artículos de la Wikipedia sobre el museo y, en general, sobre el arte mexicano. Hasta 60 personas revisaron artículos de manera ininterrumpida durante los tres días.

más gente en el planeta con acceso a teléfonos móviles que al agua potable...

La inclusión de todos estos nuevos temas se complementa con un innovador diseño fruto del trabajo de nuestros diseñadores de 55 Design, por lo que la edición de este año también presenta una serie de características inéditas. La primera son unos pósteres de estilo infográfico, cada uno de ellos basado en un único superlativo, como Los más altos, Los más largos, Los más pesado o Los más longevos. Los puedes encontrar entre los distintos capítulos y también tienes la opción de descargarlos e imprimirlos.

Al final de cada capítulo hemos añadido unas páginas recopilatorias que nos han permitido incluir récords que de otra manera no encajarían en las páginas temáticas y algunos otros de última hora. El recopilatorio que hay final del libro (pág. 254) incluye asimismo los últimos récords aprobados después del cierre del plazo oficial para la presentación de solicitudes.

El capítulo de este año dedicado a los deportes, que comienza en la pág. 216, sólo incluye los récords logrados el año pasado. Y el capítulo sobre animales (págs. 38-61), a cargo de nuestro asesor el Dr. Karl Shuker, se centra en un puñado de criaturas superlativas en lugar de intentar cubrir todo el reino animal; la intención es hacer un examen con la máxima profundidad.

Por último, queremos conmemorar el aniversario de Robert Pershing Wadlow, el hombre más alto de todos los tiempos. En febrero de 2018 se cumplirán 100 años de su nacimiento y en la pág. 66 rendimos homenaje a su extraordinaria (y trágicamente breve) vida. Es probable que Wadlow sea el poseedor del récord más famoso, un auténtico superhumano cuya extraordinaria historia sigue sorprendiendo a quien la descubre.

Si crees que tienes lo necesario para convertirte en el protagonista de un nuevo récord, comunícanoslo a través de guinnessworldrecords.com. Encontrarás más información sobre el proceso en la pág. 12, y en la pág. 14 puedes leer sobre el Día del Guinness World Records, nuestra celebración anual de lo superlativo. ¿Qué te parece esa fecha para intentar batir un récord mundial? Quién sabe, quizá podrías pasar a formar parte de ese 5% que ostenta un récord reconocido por nuestros comisarios. Y si quieres intentar tu récord con los calzoncillos por encima de los pantalones, no tenemos nada que objetar...

Craig Glenday
Editor jefe

▲ OLGA TAÑÓN
El 15 de mayo de 2017, la Reina del Pop de Puerto Rico, Olga Tañón, visitó las oficinas del GWR para recibir el certificado de dos récords: **más premios Lo Nuestro ganados por una persona** (30), de 1990 a 2015, y **más Top 10 en la lista Tropical Airplay Chart (mujeres)** (27), logrados entre el 5 de noviembre de 1994 y el 29 de abril de 2017.

▲ LA RACIÓN MÁS GRANDE DE ROCOTOS RELLENOS
El 27 de noviembre de 2016, se sirvieron 542,72 kg de rocotos rellenos en la plaza de Armas de Arequipa, Perú. Para la preparación de todos estos pimientos peruanos se necesitaron 28 kg de huevos, 131,20 kg de carne de vacuno, 87,19 kg de cebollas y 11,63 kg de uvas pasas. Más de 100 personas ayudaron a preparar el plato, servido en 2.800 raciones individuales.

La pintura del río Paraná con peces y algas fue concebida por el artista Rubén Sykora. Alrededor de 200 personas dejaron impresas las palmas de sus manos.

▲ EL MOSAICO MÁS GRANDE CON SOMBREROS MEXICANOS
El 26 de agosto de 2016, durante el 23.° Festival Internacional del Mariachi y la Charrería celebrado en Guadalajara, México, se exhibió un mosaico de 117,52 m^2 hecho con sombreros mexicanos. En total, se emplearon 2.684 sombreros de charro negros, grises y blancos que fueron colocados en una pared de 14 m para formar la imagen de dos figuras con trajes tradicionales mexicanos tras un sombrero gigante. Fue el octavo año consecutivo que la ciudad de Guadalajara establecía un nuevo GWR.

▲ LA PINTURA DE IMPRESIONES DE MANOS MÁS LARGA
El 11 de noviembre de 2016, en Costanera de Encarnación, Paraguay, se realizó una pintura de impresiones de manos de 1.198,8 m de largo titulada «Pintando el teatro de mis sueños». Organizado por la Gobernación de Itapúa y Apsecart (ambos de Paraguay), tenía como objetivo sensibilizar sobre la importancia de las artes y recaudar fondos para la construcción de un teatro.

SUPERHÉROES UNIDOS

La edición de este año está dedicada a los superhéroes, los que luchan contra el crimen en las páginas de los cómics y los superhumanos de la vida real que hacen cosas extraordinarias para lograr un récord mundial. Nuestro capítulo especial dedicado a los héroes de ficción comienza en la pág. 88, pero como introducción te ofrecemos una selección de récords inspirados en hazañas de superhéroes. Además, conocerás al nuevo Spider-Man de la gran pantalla, Tom Holland.

XI SHUN

El que fuera el **hombre más alto**, Xi Shun (China, 2,361 m) es la prueba de que los superhéroes pueden tener cualquier aspecto y tamaño. En 2006, se solicitó la ayuda del gigante chino para salvar la vida de dos delfines a los que el plástico estaba asfixiando. Sólo el hombre más alto del mundo tenía unos brazos lo bastante largos como para extraer el plástico y evitar una operación quirúrgica que podía ser peligrosa.

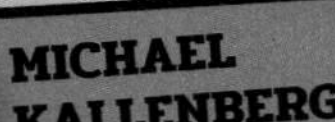

MICHAEL KALLENBERG

No es raro ver a atletas ataviados con trajes de superhéroe compitiendo por alguna causa benéfica. Michael Kallenberg (R.U., izquierda) corrió la **medio maratón más rápida vestido de superhéroe (hombres)** para recaudar fondos en favor de un soldado de la RAF lesionado. Terminó la medio maratón de Cardiff, en Gales, R.U., en tan sólo 1 h, 9 min y 33 s el 2 de octubre de 2016. Encontrarás más héroes disfrazados compitiendo con fines benéficos en la pág. 98 y en las págs. 238-39.

¿Tienes madera de superhéroe?

Personajes ficticios y de la tradición popular, como Robin Hood, la Pimpinela Escarlata o Tarzán, son el germen en la década de 1930 del héroe que se esconde tras una máscara y una identidad secreta, y se dedica a luchar contra el crimen. Así surgieron los títulos de la Edad de Plata del cómic y sus miles de héroes y villanos, hombres y mujeres de acero vestidos con capas que siguen llenando las pantallas de nuestros cines.

Pero no necesitas volar más rápido que una bala o ser picado por una araña radiactiva para convertirte en un superhéroe.

Nuestra convicción es que todo el mundo tiene un superpoder que un día podría ser reconocido por el GWR. Nos gusta pensar que somos descubridores de superhumanos del mundo real, una agencia S.H.I.E.L.D. o Liga de los Hombres Extraordinarios, y esperamos que el libro de este año te inspire, te ayude a encontrar el superhéroe que llevas dentro y haga que te unas a nuestro equipo de poseedores de un récord.

STAN LEE

Stan *The Man* Lee (EE.UU.) es el padre del cómic moderno. Desde 1941 ha dado vida a personajes increíbles e inspirado a innumerables autores en la creación de sus propios superhéroes de cómic. Descubre más acerca de su heroica contribución a la cultura pop en las págs. 90-103.

Las esculturas de Nathan formaron parte de su exposición itinerante «The Art of the Brick: DC Super Heroes». ¡En total empleó casi dos millones de bloques!

NATHAN SAWAYA

Fan de los cómics desde que tiene memoria, el artista Nathan Sawaya (EE.UU.) creó el **mayor conjunto de superhéroes a tamaño real construido con bloques de LEGO®**: 11 personajes de DC entre los que se contaban Batman, Superman y Flash, en Londres, R.U., el 28 de febrero de 2017.

TOM HOLLAND

El actor británico Tom Holland sólo tenía 20 años y 123 días cuando terminó el rodaje de *Spider-Man: Homecoming* (EE.UU., 2017), hecho que lo convierte en el **actor más joven en protagonizar una película del Universo Cinematográfico de Marvel (MCU)**. En la siguiente entrevista, concedida en exclusiva a Guinness World Records, habla de la enorme responsabilidad de interpretar a uno de los superhéroes más populares del mundo, y del héroe de la vida real que más le ha inspirado.

Entrevista: TOM HOLLAND

¿Qué se siente al interpretar a un superhéroe tan icónico?
Es un honor enorme y todavía no me he hecho a la idea. Adoro al personaje desde que era niño y es como un sueño hecho realidad.

¿Por qué los superhéroes siguen siendo tan populares?
Estas películas apelan a un público enorme: son divertidas, dramáticas, emocionantes y están llenas de acción. Spider-Man es tan querido porque es un personaje con el que te puedes identificar. No hay un solo chico que no se haya sentido inseguro al hablar con una chica por primera vez o tenido que batallar con los deberes o llegado tarde a clase. A los más jóvenes les resulta alentador ver a un superhéroe que pasa por las mismas experiencias que ellos, y a los mayores les puede recordar sus tiempos en el instituto...

Y estas películas también son inspiradoras...
Si te fijas en Peter Parker, ves a un muchacho que ha recibido unos poderes increíbles y en vez de cometer crímenes los utiliza para hacer el bien y convertir su ciudad en un lugar mejor. Es un gran mensaje para transmitir a los niños. Si te soy sincero, no sé si me comportaría igual si tuviera superpoderes. Podría robar un banco... ¡o dos! Pero ahora en serio: Peter Parker representa lo mejor de nosotros y es un buen modelo para los niños.

Si pudieras tener un superpoder, ¿cuál sería?
¡Me pediría el poder de la teletransportación! Por mi trabajo, hago tantos viajes en avión que poder teletransportarme sería muy práctico.

Has tenido una carrera muy intensa con sólo 20 años. ¿Cuál es el secreto de tu éxito?
Lo mejor que puedes hacer es centrarte en tu trabajo y aplicarte al máximo. Por más difícil que sea, cuanto más te esfuerzas mejor te desenvuelves en cualquier situación, ya sea en la escuela, en el trabajo o en el estudio de rodaje. Soy un gran defensor del trabajo duro e intento esforzarme al máximo en todo lo que hago.

¿En qué superhéroes de la vida real te fijas?
Todos necesitamos héroes en nuestras vidas y en este momento mi mayor inspiración es *La Roca* (Dwayne Johnson, abajo). Tuve la suerte de conocerlo y es un tipo muy agradable, amable y cariñoso. He oído decir que nunca se toma un descanso. Si alguna vez me siento cansado, me recuerdo que Dwayne probablemente está entrenando en el gimnasio, y pienso: «Tengo que trabajar más duro para conseguir llegar hasta donde quiero». Y si alguna vez me siento superado, me pregunto a mí mismo: «¿Qué haría *La Roca*?».

¡*La Roca* también tiene un título del GWR!
¿¡Qué me dices!? Eso significa que estoy un paso más cerca de ser como él. Podría ser el próximo *La Roca*. ¡O *La Pequeña Roca*!

¿Cómo te sientes al tener un récord del GWR?
Soy un gran fan del libro. No te voy a engañar, todas las Navidades me regalaban uno, me encantan y es fantástico aparecer en uno de ellos. Estoy muy contento. Poseer un récord es algo increíble, y estoy deseando recibir el certificado para colgarlo... ¡junto a mi premio BAFTA!

LA ESTRELLA EMERGENTE DE LOS BAFTA

En 2017 Tom ganó el premio a la estrella emergente de los premios de la British Academy of Film and Television Arts (BAFTA). Tom se dio a conocer en 2008, cuando interpretó el papel principal en la versión teatral del musical *Billy Elliot*, que se representó en Londres. Apareció en la gran pantalla en *Lo imposible* (España/EE.UU., 2012) e hizo su primera aparición (breve) como Spider-Man en *Capitán América: Civil War* (EE.UU., 2016).

EL ESCUADRÓN SUPERLATIVO

Si en GWR tuviéramos que formar un equipo de superhéroes a partir de nuestra larga lista de poseedores de récords, no sabríamos por dónde empezar. A continuación te presentamos una posible selección de personas oficialmente increíbles pero muy reales.

EL SAMURÁI

Isao Machii (Japón) es un maestro con las espadas afiladas capaz de competir con Lobezno. En 2011 logró el récord de **más cortes con una espada a esteras de paja en tres minutos** (252) en Milán, Italia. Cuatro años después, el de **más cortes a una estera con una espada** (8) en Tokio, Japón.

KILO-GIRL

Fijémonos ahora en Hulka... La ucraniana Nina Geria tiene fuerza para dar y tomar. El 28 de marzo de 2012, necesitó sólo 12,33 s para recorrer los **20 m más rápidos cargando 120 kg** en el plató de *Lo Show dei Record*, en Roma, Italia. ¿Qué significan 120 kg? ¡Pues más de 17 veces el peso de una bola de bolos!

EL HOMBRE ELÁSTICO

¿Quién mejor para imitar la plasticidad extrema del Señor Fantástico que Garry Turner (R.U.), el hombre con la piel más elástica? Garry puede estirar la piel de su estómago hasta 15,8 cm debido al síndrome de Ehlers-Danlos, un trastorno en el tejido conectivo que afecta a la piel, los ligamentos y los órganos internos. Se traduce en una mayor elasticidad de la piel y en la «hipermovilidad» de las articulaciones.

SUPERHOOPER

Marawa Ibrahim (Australia) hace girar el hula-hoop como un auténtico torbellino. Entre sus récords se cuenta el de **más tiempo en patines de ruedas y con zapatos de tacón haciendo girar tres aros** (2 min y 29 s) y el de **mayor distancia recorrida en patines de ruedas y con zapatos de tacón haciendo girar ocho hula-hoops** (43,2 m).

o de alto grado
en su género;
excelso.
una persona (121). Empezó a
trepar por torres, monumentos
y rascacielos en 1994. El 12 de
abril de 2015, realizó su última
ascensión, los 306 metros de
altura de la Cayan Tower, en
Dubái, Emiratos Árabes Unidos.

LA LLAMA

En lo que se refiere a actitudes fogosas, la Antorcha Humana tiene un serio contrincante con Josef Tödtling (Austria). El 23 de noviembre de 2013, Josef batió el récord de **más tiempo con el cuerpo envuelto en llamas sin oxígeno** (5 min y 41 s) en el parque de bomberos de Salzburgo, Austria.

APLASTAMANZANAS

¿Buscando la superfuerza del Capitán Marvel? ¡Linsey Lindberg (EE.UU.), un paso al frente! Entre sus muchos récords está el de **más manzanas aplastadas con los bíceps en un minuto (mujeres)**, con 10, y **más listines telefónicos partidos en un minuto (mujeres)**, con 5.

CAPITÁN HIELO

Cuando estás en peligro, necesitas a alguien que mantenga la cabeza fría, y nadie la tiene tan fría como Jin Songhao (China). Este Iceman de carne y hueso batió el récord de **más tiempo con todo el cuerpo en contacto con hielo** (1 h, 53 min y 10 s) en Xiamen, Fujian, China, el 4 de septiembre de 2014.

INFALIBLE

Todos querríamos tener las habilidades propias de Ojo de Halcón de las que disfruta Nancy Siefker (EE.UU.). Esta magnífica arquera logró el récord de **blanco a más distancia disparando con los pies** (6,09 m) en el plató de *Guinness World Records Unleashed*, en Los Ángeles, California, EE.UU., el 20 de junio de 2013.

EL DIABLO SOBRE RUEDAS

El profesor X puede presumir de telepatía, pero en lo que respecta a talento sobre dos ruedas, ¡Aaron Fotheringham (EE.UU.) es eXtraodinario! Logró el **primer salto mortal hacia atrás con recepción en silla de ruedas** en 2008, el **salto más alto desde una rampa en silla de ruedas** (60 cm) en 2010 y el récord de **más tiempo en equilibrio sobre un rueda en una silla de ruedas manual** (18,22 s) en 2012.

¡Libera a tu superhéroe!

¿Quieres lograr un récord? Nuestro equipo especialista en récords te explica qué debes hacer para conseguir que tu nombre aparezca en este libro. Empieza por averiguar cuáles son tus superpoderes ocultos y ¡seguro que muy pronto te convertirás en un plusmarquista oficial!

GUINNESS WORLD RECORDS LIVE!

▼ ¡GWR LIVE!

Nuestros jueces y guías están constantemente en ruta para que todo el mundo tenga la oportunidad de lograr un récord. Nuestros espectáculos, que organizamos en centros comerciales, campamentos de verano, centros de convenciones o estadios, son una divertida experiencia en la que podrás batir y establecer un récord. Entérate de si el equipo de ¡GWR Live! pasará por una localidad próxima a la tuya.

BLACKPOOL (R.U.)

El mayor número de globos de agua atrapados al vuelo y sujetados en un minuto.

Si obtener un certificado oficial del GWR está en tu lista de prioridades, o bien buscas una forma interesante de recaudar dinero para organizaciones benéficas, tu camino hacia la gloria empieza en **guinnessworldrecords.com**. Comunica tu idea a nuestro equipo evaluador, que te ofrecerá asesoramiento y orientación.

También dispones de muchas oportunidades para lograr un récord en los eventos y espectáculos organizados por GWR en todo el mundo. Puede que incluso te pidan que intentes batir un récord en uno de nuestros programas televisivos.

Estas son algunas de las vías que usan los aspirantes a superhéroes para formar parte del *GWR*. Sea cual sea tu elección, ¡te deseamos suerte!

KIDTROPOLIS

El menor tiempo en derribar cinco objetivos con una pistola manual de dardos de espuma: 13,65 s, por Harry Lack (R.U.), el 26 de octubre de 2016.

KIDZANIA 2016 (ARABIA SAUDÍ)

El menor tiempo en identificar 10 piezas de fruta con los ojos vendados.

SIREA FILM (ALBANIA)

La mayor concentración de gente para hacer percusión con vasos: 2016 participantes, por Sirea Film (Albania) en Tirana, Albania, el 25 de marzo de 2017.

◀ SOLUCIONES EMPRESARIALES

Intentar lograr un récord es una forma divertida y notoria de recaudar dinero para ayudar en obras benéficas y mejorar el acceso a la educación primaria, lanzar un nuevo producto o interactuar con los empleados. Nuestro personal técnico te puede ayudar a escoger el récord o récords más adecuados para tus necesidades y a guiarte en todos los pasos del proceso de solicitud. Si actúas en representación de una escuela, una entidad benéfica o una empresa, dirígete a la sección de Soluciones Empresariales de nuestra web.

PORSCHE (R.U.)

El avión más pesado que ha arrastrado un coche de serie: 284 toneladas, por Porsche Gran Bretaña (R.U.), el 21 de abril de 2017.

La mayor distancia recorrida arrastrado por un caballo con el cuerpo en llamas: 500 m, por Josef Tödtling (Austria), el 27 de junio de 2015.

La mayor cantidad de fichas de dominó derribadas en 1 minuto: no se batió ningún récord.

La mayor cantidad de globos estallados en 1 minuto con la pala de una excavadora: 44, por Andy Ballantyne (R.U.) en Strood, R.U., el 16 de septiembre de 2016.

▲ TELEVISIÓN

Desde 1998 hemos realizado programas televisivos en 19 países, y seguimos creando producciones originales, como la serie de éxito *Officially Amazing* (en la imagen). Nuestros cazatalentos siempre andan a la zaga de nuevas ideas que sean divertidas y descabelladas. Así pues, si tienes un talento poco corriente, ¡háznoslo saber!

El menor espacio por el que han circulado dos coches a dos ruedas: 1,29 m, por John y Alastair Moffatt (ambos de R.U.) en Stafford, R.U., el 12 de septiembre de 2016.

El menor tiempo en poner seis huevos en hueveras con los pies mientras se realiza una contorsión abdominal: 25,45 s, por Claudia Hughes (R.U.), el 6 de septiembre de 2016.

Si a nuestros jueces les convence tu propuesta para lograr un récord, te enviarán las pautas que debes seguir o en las que te debes basar para convertir tu idea en un proyecto viable.

▼ ATRACCIONES

Familiarízate con la historia del GWR y participa en los numerosos retos que propone nuestra experiencia interactiva en Gatlinburg, Tennesse, EE.UU. ¡Encontrarás exposiciones increíbles, curiosidades, espectáculos extraordinarios, juegos fantásticos, trivialidades, salas temáticas y vídeos! Además, te esperan más de 20 juegos y desafíos interactivos, como romper bloques, dibujar a toda velocidad, talar árboles o lanzar un plato volador, entre otros.

▶ GUINNESSWORLDRECORDS.COM

Puedes utilizar nuestra página web para presentar tu solicitud, pero también para buscar récords memorables y leer noticias impactantes de máxima actualidad. Además, puedes visualizar vídeos exclusivos que han grabado nuestros protagonistas, como las espectaculares proezas con el cuerpo en llamas del especialista australiano Josef Tödtling (a la izquierda). Por último, visita #gwr en las redes sociales, como Facebook, YouTube, Instagram, PopJam y Snapchat.

Nos encontrarás en:
twitter.com/gwr
youtube.com/guinnessworldrecords
Facebook.com/guinnessworldrecords

Día del GWR

El Día del Guinness World Records celebramos por todo el mundo las hazañas más asombrosas. Mira lo que pasó el 17 de noviembre de 2016...

▲ MÁS PERSONAS HACIENDO SENTADILLAS
La gurú del fitness Kayla Itsines (Australia) celebró el Día del GWR con una clase multitudinaria en Melbourne, Australia, en la que 2.201 personas hicieron sentadillas y batieron el récord anterior de 665. Fue uno de los cinco récords de clases masivas que logró Kayla junto con el de **más personas haciendo zancadas** (2.201), **saltos de estrellas** (2.192), **abdominales** (2.005) y **carrera en un punto fijo** (2.195).

La exposición más grande de elefantes de origami
Cuando la Wildlife Conservation Society (WCS), del zoológico del Bronx, Nueva York, EE.UU., solicitó públicamente que les mandaran elefantes de origami para exhibirlos en una gran muestra, la respuesta fueron 78.564 piezas llegadas de lugares tan lejanos como Egipto, Irán o Kazajistán que tuvieron que instalarse una a una. La iniciativa formó parte de la campaña de la WCS «96 elefantes», que denunciaba la muerte de 96 elefantes diarios por culpa del comercio de marfil.

▲ MÁS FLORES RECOGIDAS CON LA BOCA ARQUEANDO LA ESPALDA EN UN MINUTO
Liu Teng (China) recogió 15 flores de un jarrón colocado a sus pies con los dientes y las colocó con la mano en otro jarrón en tan sólo 60 s. El récord fue establecido en Yongcheng, Henan, China. Teng protagoniza una amistosa rivalidad con su colega contorsionista *Zlata*, alias de Julia Günthel (Alemania), poseedora del anterior récord con 11 rosas, que logró en Jiangyin, Jiangsu, China, el 5 de enero de 2015.

La imagen humana de una nube más grande
Para dar a conocer sus servicios de computación en la nube, la compañía de software empresarial Deltek (EE.UU.) invitó a los asistentes a su conferencia para usuarios Insight 2016, celebrada en el Gaylord National Resort & Convention Center de National Harbor, Maryland, EE.UU., a participar en un intento de récord. En total, 468 personas con ponchos de colores blanco y azul oscuro se colocaron formando la imagen de una nube. Con sus 11,38 x 19,40 m, la nube de Deltek era el doble de larga que un autobús londinense.

▲ MÁS TRUCOS DE MAGIA DURANTE UN SALTO EN PARACAÍDAS
Martin Rees (R.U.) realizó 11 trucos de magia en el aire en GoSkydive, en el Old Sarum Airfield de Salisbury, Wiltshire, R.U. Los 193 km/h en caída libre no impidieron que el osado mago hiciera sus trucos, que completó con el paracaídas desplegado. El evento, parte de las celebraciones del Día del GWR, se realizó en apoyo a una asociación benéfica de ayuda a la infancia.

▶ MÁS ANILLOS COLOCADOS POR UN LORO EN UN PALO EN UN MINUTO
En 2015 un vídeo del bulldog *Otto* patinando causó sensación en internet, con 2,5 millones de visionados en YouTube. Para el Día del GWR 2016, un guacamayo llamado *Skipper Blue* se convirtió en el centro de atención. El habilidoso loro, dirigido por su entrenadora *Wildlife* Wendy Horton (EE.UU.), consiguió colocar 19 anillos en un palo en 60 s en Los Ángeles, California, EE.UU.

La pieza de rompecabezas humana más grande
Para celebrar la inauguración del nuevo rompecabezas que decora su chimenea industrial de 132 m, 548 empleados de Covestro Deutschland AG (Alemania) ataviados con sudaderas con capuchas de color rosa formaron una gigantesca pieza de rompecabezas humana en Brunsbüttel, Alemania.

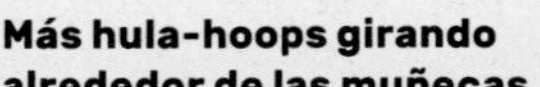

Más hula-hoops girando alrededor de las muñecas
En un intento de récord retransmitido en directo por Facebook, Marawa Ibrahim (Australia) hizo girar 50 hula-hoops en el Hollywood Aerial Arts de Los Ángeles, California, EE.UU. Para que el récord fuera aceptado, los hizo girar por completo tres veces. El récord anterior (41), lo había logrado Kareena Oates (Australia) en el plató del *Guinness World Records*, en Sídney, Nueva Gales del Sur, Australia, el 4 de junio de 2005.

Más canciones de ABBA identificadas por sus letras
Mientras retransmitía en directo su programa en Radio Suffolk, Ipswich, R.U., el DJ Luke Deal (R.U.) fue capaz de reconocer 15 canciones del cuarteto pop sueco en un minuto. Otros nueve Djs de emisoras de radio locales del R.U. tuvieron la oportunidad de mejorar su récord, pero, como dice la canción de Abba: fue todo al ganador.

▲ MÁS CONOS DE TRÁFICO EN EQUILIBRIO SOBRE LA BARBILLA
Pese a que los nervios no le dejardon dormir bien la noche previa, Keisuke Yokota (Japón) logró sostener 26 conos de tráfico con la barbilla en el jardín de su casa en Shibuya, Tokio, Japón. Yokota practica de dos a tres horas diarias y afirma que hay que tener un tronco fuerte para soportar el peso de los conos. Con esta marca, superó su anterior récord de 22 conos, establecido en el Alios Park Fes, Iwaki, Japón, el 9 de octubre de 2016, en un acto solidario por la catástrofe de Fukushima.

¿Por qué no intentar un récord para celebrar el Día del GWR? Visita **guinnessworldrecords.com** e infórmate sobre los pasos a seguir.

▲ **MÁS SALTOS A LA DOBLE COMBA HOLANDESA EN 30 SEGUNDOS**
En los saltos a la doble comba holandesa, dos largas cuerdas se hacen girar en direcciones opuestas para que uno o más jugadores salten por encima. Ayumi Sakamaki (Japón) y las integrantes del equipo «Diana» establecieron un récord de 129 saltos en 30 s en Toride, Ibaraki, Japón. Para contar los saltos y asegurarse de que todos se ajustaban a las normas establecidas, los jueces del GWR tuvieron que revisar la grabación de la prueba a cámara lenta.

El primer Día del GWR tuvo lugar en 2005 para celebrar la venta de los primeros 100 millones de copias del *Guinness World Records*. Ahora, cada noviembre se baten nuevos récords en una celebración global sin igual.

La canasta a más distancia lanzando el balón por debajo de una pierna
Thunder Law (EE.UU.) de los Harlem Globetrotters (imagen de la derecha) encanastó un lanzamiento por debajo de una pierna desde 15,98 m de distancia en el AT & T Center de San Antonio, Texas, EE.UU. No contento con un único récord, Law también logró la **canasta a más distancia sentado**, con una marca de 17,91 m.

Continuando con su lucha por batir récords con las estrellas de pruebas deportivas de YouTube Dude Perfect, el globetrotter Big Easy Lofton (EE.UU.) se hizo con el récord del **gancho con los ojos vendados a más distancia** tras encanastar desde unos increíbles 17,74 m. Para decepción de los «Dudes», también recuperó el récord del **gancho a más distancia**, con una marca de 22,1 m.

Su compañero de los Globetrotters Zeus McClurkin (EE.UU.) se sumó a la fiesta con el récord de **más mates en un minuto (individual)**, con 16.

▲ **MÁS CANASTAS DE TRES PUNTOS EN UN MINUTO (UN BALÓN)**
El AT&T Center de San Antonio, Texas, EE.UU., acogió a los Harlem Globetrotters (de izquierda a derecha: Thunder Law, Cheese Chisholm, Big Easy Lofton, Ant Atkinson y Zeus McClurkin, todos de EE.UU.) para vivir un día lleno de récords de baloncesto. Ant y Cheese anotaron 10 triples en 60 s con un único balón, que tenían que recuperar tras cada lanzamiento.

Más tiempo haciendo malabarismos con cuatro balones de baloncesto
Marko Vermeer (Países Bajos) mantuvo cuatro balones de baloncesto en el aire durante 5 min y 26 s en Utrecht, Países Bajos. Para que el récord fuese reconocido, Vermeer sólo podía realizar ejercicios malabares en los que los balones cambiaran de mano continuamente.

▲ **EL MAYOR DESPLIEGUE DE LUCES EN UN ESPACIO CUBIERTO**
Construida por Universal Studios Singapore en el Resorts World Sentosa, Singapur, esta impresionante instalación está hecha con 824.961 bombillas. Es la atracción principal de Universal Journey, una experiencia creada para la temporada navideña, que ofrece a los visitantes la oportunidad de visitar ocho zonas temáticas y encontrarse con dobles de Charlie Chaplin y Marilyn Monroe. La obra tardó dos meses en construirse.

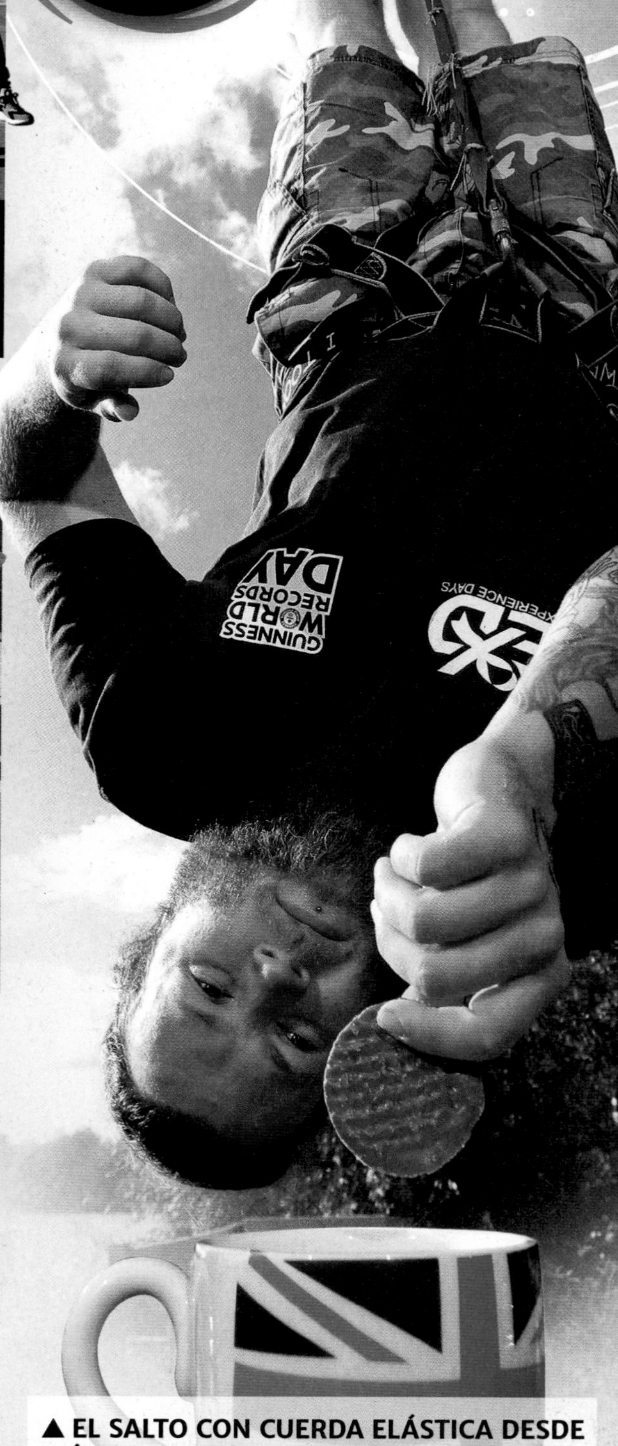

▲ **EL SALTO CON CUERDA ELÁSTICA DESDE MÁS ALTURA PARA MOJAR UNA GALLETA**
Con la ayuda de Experience Days, el temerario saltador de *puenting* Simon Berry (ambos de R.U.) mojó una galleta en una taza de té tras lanzarse desde una altura de 73,41 m en Bray Lake Watersports, Berkshire, R.U. Necesitó hacer gala de una gran precisión en el cálculo del salto, ya que las reglas establecían que la altura y el diámetro de la taza no podían superar los 15 cm.

La Tierra

Hoy es el día más largo de la historia de la Tierra. La rotación de nuestro planeta se frena unos 1,4 milisegundos cada 100 años. Dentro de 140 millones de años, un día tendrá 25 horas.

Los estratovolcanes son volcanes cónicos que se caracterizan por presentar laderas empinadas. Están formados por estratos (capas) alternos de lava, pumitas y cenizas. El Etna sigue creciendo desde hace unos 500.000 años.

SUMARIO

◀ **EL RÉCORD MÁS LARGO DE ERUPCIONES VOLCÁNICAS**

La primera erupción documentada del monte Etna, en la isla italiana de Sicilia, data del 1500 a.C. aproximadamente, cuando se escribió que los sicanios perdieron sus hogares tras una explosión cataclísmica. Desde entonces, el Etna (un estratovolcán cuya cima se encuentra a 3.329 m) ha entrado en erupción unas 200 veces, la más reciente en marzo de 2017.

El 3 de diciembre de 2015, el fotógrafo local Fernando Famiani capturó el dramatismo de la erupción desde un lugar seguro en la cercana provincia de Mesina. «La erupción duró unos 30 minutos, pero durante los días siguientes el volcán estuvo escupiendo copiosas cantidades de lava», informó Famiani. La explosión hizo que la lava roja ascendiera hasta una altura de 1 km, y unos días más tarde la nube de cenizas resultante llegó a alcanzar los 7 km de altura.

Ciénagas, pantanos y manglares

Presentes en todo el planeta, desde latitudes ecuatoriales hasta en climas gélidos, los humedales ocupan alrededor del 6% de la superficie terrestre.

▲ LA MOMIA MÁS ANTIGUA HALLADA EN UN PANTANO

En 1941 se encontró al hombre de Koelbjerg en una turbera cerca de Odense, Dinamarca. La datación por radiocarbono de los restos sugiere que vivió alrededor del 8000 a.C., en pleno desarrollo de la cultura maglemosiense en el norte de Europa. Falleció hacia los 25 años de edad, sin signos de violencia en el cuerpo, por lo que es posible que se ahogara.

Entre los muchos tipos de humedales, se encuentran:

Pantanos
A mayor altura que el terreno que los circunda, su agua suele proceder de la lluvia.

Marismas
Suelen estar permanentemente anegadas. Se inundan con la marea alta o durante las estaciones húmedas.

Ciénagas
Se encuentran en tierras planas y bajas, por lo general junto a los ríos. Los árboles pueden crecer en ellas.

La mantequilla de pantano más antigua

La *butyrellite* es un tipo de mantequilla que puede encontrarse enterrada en turberas dentro de recipientes de madera. Se cree que la ubicación responde a una antigua técnica de conservación de los alimentos basada en el aprovechamiento de la frescura, la acidez y los bajos niveles de oxígeno de las turberas. En su preparación se empleaban productos lácteos o un compuesto de grasas animales, y el resultado era una sustancia con la apariencia y consistencia cerosa de la parafina. Se han encontrado muestras principalmente en Irlanda y R.U., la más antigua de ellas en Ballard Bog, Tullamore, County Offaly, Irlanda, en 2013. A pesar de sus 5.000 años de antigüedad, conservaba su olor a producto lácteo cuando fue desenterrada. Estaba dentro de un recipiente de madera de 30,4 cm de ancho, 60,9 cm de alto y pesaba más de 45 kg.

LOS MÁS GRANDES

Turbera

La llanura de Siberia Occidental se encuentra entre los montes Urales, al oeste, y el río Yenisei, al este. Cubre un área de aproximadamente entre 2,6 y 2,7 millones de km² (cuatro veces más grande que el estado de Texas), de los cuales 603.445 km² están ocupados por turberas. La turba puede llegar aquí a los 10 m de profundidad y presentar unas condiciones de frescor y humedad que eviten que las plantas se descompongan completamente.

Pantano

Los pantanos de Vasiugán se encuentran en el centro de la llanura de Siberia Occidental. Con una superficie de unos 55.000 km², mayor que el territorio de Suiza, representan cerca del 2% de todas las tierras pantanosas.

Pantano congelado

La región subártica de Siberia Occidental es una turbera congelada de alrededor de 1.000.000 km². Los científicos descubrieron en 2005 que está empezando a descongelarse por primera vez desde su formación hace unos 11.000 años.

Proyecto de recuperación de tierras pantanosas

El Mega Rice Project fue un desastroso plan promovido por el gobierno indonesio en 1996. Su objetivo era destinar grandes extensiones de tierras pantanosas al cultivo de arroz a gran escala que sirviera de sustento para una población creciente. Casi 1.000.000 ha de pantanos, más o menos el tamaño de la isla de Hawái, fueron drenadas con este fin. Desafortunadamente, el suelo ácido y pobre en nutrientes no era adecuado para el cultivo de arroz. El proyecto se abandonó en 1998 tras haber producido una cantidad insignificante de grano.

P: ¿Cómo se denominó la región húmeda y fértil que incluía Mesopotamia y que se considera uno de los lugares del nacimiento de la civilización?

R: El Creciente Fértil.

Juncal

El delta del Danubio, que ocupa territorios de Rumanía y Ucrania, se formó hace unos 6.500 años por la acción de los sedimentos que desembocaban en el mar Negro. Consta de canales naturales, lagos y estanques, y sigue creciendo hacia el interior del mar Negro a un ritmo de 24 m anuales. Contiene un juncal de 1.563 km² y acoge más de 300 especies de aves y 45 especies de peces de agua dulce.

Marismas ininterrumpidas

El mar de Frisia se extiende a lo largo de unos 500 km de la costa del norte de Europa, desde los Países Bajos hasta Dinamarca, y ocupa el área situada entre la costa continental y el archipiélago de las islas Frisias; en total, mide unos 10.000 km². Su poca profundidad favorece una rica diversidad de hábitats, que incluyen canales de marea, prados de algas, bancos de arena, criaderos de mejillones y marismas salinas. También es un área clave para las aves migratorias: entre 10 y 12 millones pasan por allí cada año, y en todo momento pueden encontrarse hasta 6,1 millones.

Pantano cubierto

Con una extensión de 0,1 ha y 605.665 l de agua contenida, el pantano cubierto más extenso forma parte de las instalaciones del zoo Henry Doorly, en Omaha, Nebraska, EE.UU., cuya área llega a las 53 ha. Es el hogar de 38 especies de animales, incluidos nueve cocodrilos americanos (*Alligator mississippiensis*). Entre ellos se encuentra un singular cocodrilo albino o leucístico, de los que se cree que quedan menos de 15 ejemplares en el mundo.

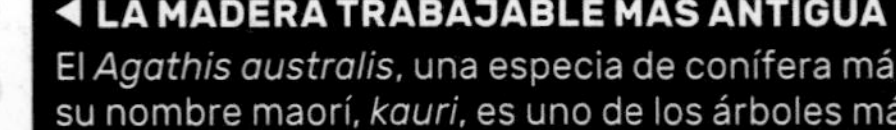

◄ LA MADERA TRABAJABLE MÁS ANTIGUA

El *Agathis australis*, una especia de conífera más conocida por su nombre maorí, *kauri*, es uno de los árboles más grandes de Nueva Zelanda. Se han encontrado ejemplares prehistóricos en la turba, que conservan tanto la madera como, en ocasiones, la corteza y las piñas. Estos «*kauri* de los pantanos» suelen tener unos 3.000 años de antigüedad, aunque la datación por radiocarbono indica que algunos llegan a los 50.000. La madera a menudo está en excelentes condiciones y, una vez seca, puede emplearse para hacer muebles. Las vetas de kauri antiguo reciben el nombre de «morralla», en el sentido de «pescado menudo», por su semejanza con un banco de estos peces bajo la luz del sol, tal como se aprecia en el plato de la imagen.

HALLAZGOS EN LOS PANTANOS

Las características químicas de los pantanos del norte de Europa, en particular su elevada acidez y los bajos niveles de oxígeno, posibilitan la conservación de los objetos enterrados en ellos. Los historiadores han encontrado antiguos utensilios de madera, cuero y metal... e incluso carne humana.

Mantequilla de pantano

En R.U. e Irlanda, se han encontrado envases con mantequilla, o *butyrellite*, que a menudo tienen miles de años.

Cuerpos humanos

Los terrenos pantanosos suelen momificar los cadáveres, que conservan la piel y los tejidos blandos.

Armas

Los pantanos han conservado espadas medievales, escudos y garrotes, a menudo junto a un cuerpo humano.

Un libro

En 2006, se encontró un libro encuadernado en cuero y todavía legible en un pantano irlandés. Se cree que fue impreso hacia el 800-1.000 d.C.

Una canoa

La canoa Pesse salió a la luz durante la construcción de una carretera en Hoogeveen, Países Bajos, en 1955. Mide unos 2,98 m de largo y, según la datación por radiocarbono, se construyó hacia el 8040-7510 a.C.

Un asentamiento

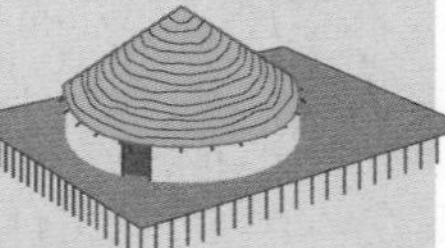

En 2016 se desenterró toda una aldea de la Edad de Bronce en un pantano de Cambridgeshire, R.U. Entre los objetos recuperados había ollas que todavía conservaban restos de comida.

▼ EL PANTANO PROTEGIDO MÁS GRANDE

El Sudd es un pantano situado en las tierras bajas del sur de Sudán. En la estación seca, su tamaño es de 30.000 km², pero durante la estación húmeda puede llegar a cuadruplicar su extensión y alcanzar los 130.000 km². Alrededor de la mitad de su agua se pierde todos los años por evaporación. Desde 2006, unos 57.000 km² han sido protegidos por la Convención sobre los Humedales de Importancia Internacional, también conocida como Convención de Ramsar. Este tratado tiene como objetivo la preservación de estos hábitats. Recibe el nombre de la ciudad de Ramsar, en Irán, donde se firmó por primera vez en 1971.

▲ EL HUMEDAL PROTEGIDO MÁS GRANDE

El 2 de febrero de 2013, el gobierno de Bolivia declaró zona protegida por la Convención de Ramsar más de 69.000 km² de los llanos de Moxos. Se trata de un humedal tropical compuesto por sabanas donde alternan las épocas de sequía y las inundaciones. Está situado cerca de la frontera con Bolivia, Perú y Brasil. El 2 de febrero se celebra el Día Mundial de los Humedales.

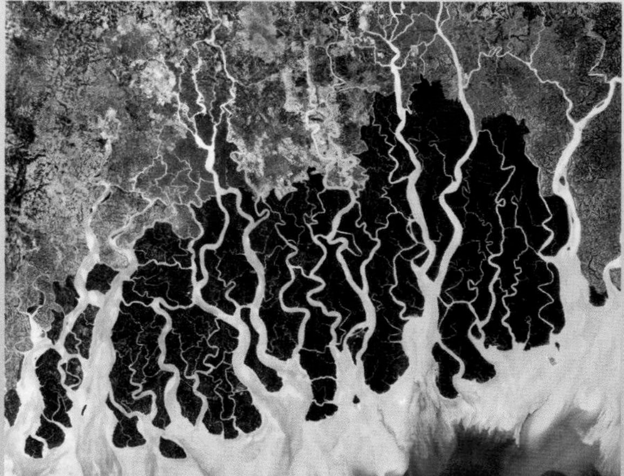

▲ EL MANGLAR MÁS GRANDE

El delta de Sundarbans ocupa 15.540 km² de territorios de la India y Bangladesh, y actúa como barrera natural contra los tsunamis y ciclones que a menudo azotan la bahía de Bengala. Los árboles que crecen en este manglar hunden sus raíces en islas formadas por capas de arena y arcilla gris depositadas por ríos que fluyen a lo largo de 1.600 km desde el Himalaya hasta la bahía de Bengala. Gracias a su tolerancia al agua salada, pueden sobrepasar los 21 m de altura.

▼ EL PANTANO MÁS GRANDE

Situado principalmente en el sudoeste de Brasil, pero con pequeñas áreas dentro de los territorios de Bolivia y Paraguay, el Pantanal cubre 150.000 km², más que la superficie total de Inglaterra. Durante la temporada de lluvias (de diciembre a mayo), el 80% de este gran pantano está anegado y alberga la mayor diversidad de plantas acuáticas del mundo.

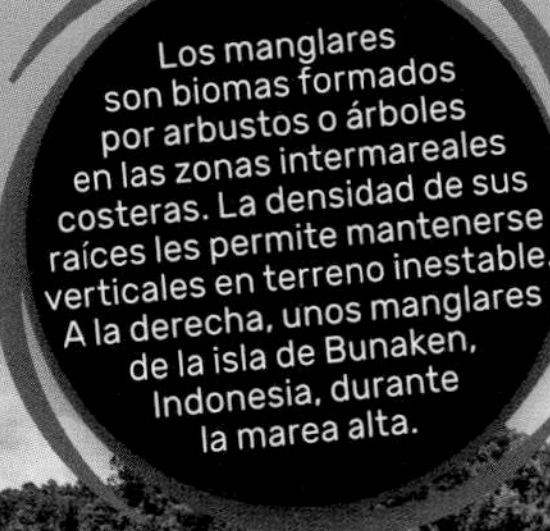

Los manglares son biomas formados por arbustos o árboles en las zonas intermareales costeras. La densidad de sus raíces les permite mantenerse verticales en terreno inestable. A la derecha, unos manglares de la isla de Bunaken, Indonesia, durante la marea alta.

▼ LA EXTENSIÓN DE MANGLARES MÁS GRANDE (PAÍS)

Según los científicos estadounidenses Stuart Hamilton y Daniel Casey, Indonesia cuenta con una extensión de manglares de 42.278 km², el 25,79% del total mundial, tal como calcularon en 2014. Hamilton y Casey analizaron tres bases de datos: Global Forest Change, Terrestrial Ecosystems of the World y Mangrove Forests of the World. En la imagen de abajo, los manglares del remoto archipiélago Raja Ampat, en Indonesia.

Rocas duras

La corteza de la Tierra está formada, en su mayor parte, por granito, que se encuentra en todos los continentes. Sin embargo, hasta la fecha no se han hallado restos de granito en ninguna otra parte del sistema solar.

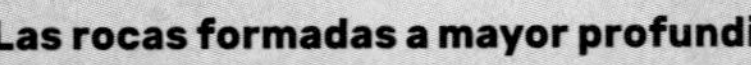

▲ **LA ERUPCIÓN DE TRAP BASÁLTICO MÁS RECIENTE**
El resultado de una enorme erupción volcánica que inunda grandes superficies de tierra o fondos oceánicos con lava basáltica recibe el nombre de «trap». En 1783, Laki (un sistema de fisuras volcánicas de Islandia) entró en erupción y dio lugar a uno de los dos únicos episodios de trap basáltico de los que se tiene constancia. Durante ocho meses, emitió unos 15 km³ de lava y 122 millones de toneladas de dióxido de azufre, lo que contribuyó a las bajas temperaturas de los dos inviernos siguientes y al frío verano de 1784.

Las rocas formadas a mayor profundidad
El 19 de mayo de 2000, geólogos de la Universidad de Queensland, Australia, anunciaron el descubrimiento de nuevas rocas en Malaita (Islas Salomón). Estas muestras contenían minerales que sólo se forman bajo altas presiones, como los microdiamantes y las marjoritas, un tipo de granate rico en sílice. Tras examinar la estructura de los cristales de marjorita, se determinó que habían experimentado presiones de hasta 23 gigapascales, alrededor de un cuarto de millón de veces la presión atmosférica en la superficie terrestre, por lo que las rocas debieron formarse a una profundidad de entre 400 y 670 km.

La mayor erupción (por la cantidad de piedras pómez expulsada)
La cantidad de piroclasto eyectado en la erupción del Taupo, que tuvo lugar en Nueva Zelanda (186 d.C. aprox.) rondó los 30.000 millones de toneladas de piedra pómez. Cubrió un área de 16.000 km².

El tipo de roca más común en la superficie de la corteza continental
Aproximadamente el 75% de la superficie de la corteza continental de la Tierra está compuesta por rocas sedimentarias. Estas rocas sedimentarias, presentes en forma de fina capa sobre rocas ígneas y metamórficas, incluyen areniscas, lutitas, pizarras y brechas. Éstas se formaron a partir de unas partículas diminutas que con el tiempo se fueron enterrando y estuvieron sometidas a altas presiones. Las fuerzas erosivas y tectónicas son las causantes de que salgan de nuevo a la superficie.

La **roca sedimentaria más común** es la lutita, que incluye la arcilla, la lutita físil y la limolita, formadas por partículas de menos de 0,0625 mm. Conforman aproximadamente entre el 65 y el 80% del total de rocas sedimentarias de la Tierra. Las lutitas están compuestas principalmente de minerales de arcilla formados en el fondo de océanos y lagos. La materia orgánica muerta, mezclada con los sedimentos originales, genera combustibles fósiles en rocas como la lutita físil.

En 1996 despegó la nave espacial *Mars Global Surveyor* que transportaba un fragmento del meteorito marciano Zagami. Con el tiempo, la nave aterrizaría en Marte, devolviendo el fragmento a su lugar de origen.

Las rocas más recientes de la Luna
Las rocas lunares, compuestas de un tipo de basalto volcánico, comienzan a formarse en las *maria* o mares lunares. Los ejemplares más recientes datan de hace unos 3.200 millones de años, teniendo aproximadamente la misma edad que algunas de las rocas más antiguas de la Tierra. Unas muestras lunares de 382 kg han sido transportadas a la Tierra por las misiones *Apolo*.

P: ¿Cuál es la diferencia entre lava y magma?

R: El magma es roca fundida bajo la superficie terrestre. Cuando sale a la superficie, se le llama lava.

LOS MÁS GRANDES

Meteorito
El meteorito más grande conocido tiene 2,7 m de largo por 2,4 m de ancho y un peso estimado de 59 toneladas. Fue hallado en 1920 en Hoba Oeste, cerca de Grootfontein, Namibia.

El **mayor meteorito lunar** es el Kalahari 009, con una masa de 13,5 kg. Fue hallado en Kalahari, Botsuana, en septiembre de 1999. Alrededor de 50 meteoritos lunares han llegado a la Tierra.

Río de piedra
Durante la última glaciación, las heladas intensas y el deshielo dieron lugar a acumulaciones de rocas conocidas como «ríos de piedra». Princes Street, al noreste de Stanley, en las Islas Malvinas, es un río de piedra de 4 km de longitud y 400 m de anchura. Está formado por miles de rocas duras de cuarcita, la mayoría con un diámetro entre los 0,3 y 2 m.

Cuerpo de anortosita
La anortosita es una roca ígnea formada sobre todo de plagioclasa cálcica. En la Tierra hay dos tipos de anortosita: la formada en el eón Arcaico, hace 3.800-2.400 millones de años y la del Proterozoico, hace 2.500-500 millones de años. Se cree que se originaron en cámaras de magma subterráneas donde el material del manto se separó en minerales «máficos», más densos, y minerales «félsicos», más ligeros. En el lago St. John en Quebec, Canadá, hay un cuerpo subterráneo de anortosita de un área estimada de 20.000 km².

Cratón
El cratón es una masa enorme de corteza continental estable que la tectónica de placas no ha alterado de forma significativa desde el final del período Precámbrico, hace 542 millones de años. Es habitual encontrarlo en el interior de los continentes y está formado por algunas de las rocas más antiguas de la Tierra. Formado hace unos 2.000 millones de años por la colisión de varios microcontinentes menores, el cratón norteamericano es el más grande y cubre cerca del 70% del continente.

◄ **EL MAYOR METEORITO MARCIANO**
El meteorito Zagami, con un peso de unos 18 kg (unas 6,5 veces el peso de un ladrillo de construcción), cayó a la Tierra el 3 de octubre de 1962. Aterrizó en un campo cercano al pueblo de Zagami, en Nigeria, a unos 3 m de un granjero que intentaba echar a unas vacas de su campo de maíz y que fue alcanzado por la explosión. Posteriormente, el granjero encontró la roca extraterrestre en un cráter de 0,6 m de profundidad. Se estima que hasta la fecha han caído en la Tierra unos 32 meteoritos de Marte.

Para tallar la imagen de los cuatro presidentes de los EE.UU. en el granito del Monte Rushmore, Dakota del Sur, se necesitaron 400 hombres y 14 años.

Los ojos del Monte Rushmore tienen una anchura de
3,35 m.

Las narices del Monte Rushmore tienen una longitud de
6 m.

Si se hubiese tallado entero, la figura de George Washington en Rushmore mediría
141,7 m.

La corteza terrestre está formada por un 64,7% de rocas ígneas, un 7,9% de rocas sedimentarias y un 27,4% de rocas metamórficas.

La sustancia más dura en la escala Mohs:

En 2005, los investigadores del Bayerisches Geoinstitut de Bayreuth, Alemania, crearon un agregado de nanobarras de diamante (ADNR) un 11% menos compresible que el diamante.

▲ EL MONOLITO DE GRANITO MÁS ALTO

Con 1.095 m de altura, El Capitán, en el Parque Nacional de Yosemite, California, EE.UU., es el bloque de granito más alto del mundo. Está compuesto de rocas plutónicas que emergieron hace unos 102 millones de años y tardaron 2,7 millones de años en formarse. Tanto las rocas plutónicas como las volcánicas son rocas ígneas, resultado del enfriamiento y solidificación del magma o de la lava. Las plutónicas se forman bajo tierra y las volcánicas en la superficie.

▲ LA CORTEZA MÁS GRUESA

La corteza terrestre es la capa exterior, fría y sólida de la litosfera, que se encuentra sobre la astenosfera (roca semifundida en la parte superior del manto, mediante procesos de convección). Está dividida en placas y consta de dos tipos: la densa corteza oceánica y la ligera corteza continental. Su parte más gruesa es la cordillera del Himalaya en China, donde alcanza los 75 km.

▲ LOS MAYORES BLOQUES ERRÁTICOS GLACIALES

Los bloques erráticos son rocas que han sido transportadas por glaciares y luego depositadas en el suelo al derretirse el hielo. El bloque errático Okotoks es uno de ellos, situado cerca de la población de Okotoks en las praderas de Alberta (Canadá). Se compone de cuarcita (una roca metamórfica), su base mide unos 41 x 18 m, tiene 9 m de altura y una masa de aproximadamente 16.500 toneladas.

▲ LA MAYOR FORMACIÓN ROCOSA DE ARENISCA

El Uluru se alza 348 m sobre las planicies desiertas del Territorio del Norte, en Australia. También llamado Ayers Rock, este monolito de arenisca que emerge de la superficie tiene 2,5 km de longitud y 1,6 km de anchura. Además, esta emblemática formación australiana se prolonga 2,5 km bajo tierra. Su característico color rojizo se debe a la oxidación del hierro presente en la superficie de la roca. Sin él, su color sería gris.

▲ LA ROCA VOLCÁNICA MÁS COMÚN

El basalto representa más del 90% de todas las rocas volcánicas de la superficie terrestre. Es el principal componente de la corteza oceánica y es también el tipo de roca más común en muchas áreas de tierra firme en mitad del océano, como las islas Hawái e Islandia. Es de granularidad fina y color oscuro. Cerca de un 50% de esta roca está compuesto de óxido de silicio. También contiene cantidades significativas de hierro y magnesio. La imagen corresponde a La Calzada del Gigante, en el condado de Antrim en Irlanda del Norte, que está formada de basalto.

▶ LAS COLUMNAS VOLCÁNIAS MÁS ALTAS

La Torre del Diablo en Wyoming, EE.UU., surgió como una intrusión subterránea de roca ígnea hace más de 50 millones de años. El monolito salió a la luz tras la erosión de la roca sedimentaria más blanda que lo rodeaba. Sus columnas volcánicas, de unos 178 m de altura, se formaron cuando la intrusión de magma se enfrió y encogió. La Calzada del Gigante (izquierda) es otro ejemplo de columna volcánica.

Las tribus nativas americanas llaman a este monolito de diversas maneras. Para los Kiowa es «Roca Árbol» o «Sobre la Roca», mientras que los Lakota lo llaman «Morada del Oso Grizzly».

Metales pesados

Hasta el año 1700 sólo se habían identificado siete de los 84 elementos metales de la tabla periódica. Estos siete «metales planetarios» eran: oro, cobre, plata, plomo, estaño, hierro y mercurio.

ESCUELA ELEMENTAL

Los elementos de la tabla periódica tienen un número atómico, un peso atómico y un símbolo químico. Por ejemplo, el 82 es el número atómico del plomo. Esto significa que cada átomo tiene 82 protones. Su peso atómico (o masa atómica relativa) es 207,2, que se obtiene dividiendo el promedio de la masa de un átomo de plomo entre la doceava parte de la masa de un átomo de carbono-12. El símbolo químico del plomo es Pb, que viene del latín *plumbum*, y significa «plata líquida».

La semivida más larga por desintegración alfa

La semivida radioactiva es el tiempo que tarda un elemento inestable en reducir su radioactividad a la mitad. Una semivida de un día significa que la mitad de los núcleos atómicos de una muestra tardarían ese tiempo en desintegrarse en un elemento más estable. En 2003, unos científicos franceses descubrieron que el bismuto-209, considerado hasta entonces un isótopo estable, en realidad se desintegra de forma gradual con una semivida de unos 20 trillones de años; más de mil millones de veces la edad del universo.

El primer elemento producido artificialmente

Carlo Perrier y Emilio Segrè (ambos de Italia) descubrieron el tecnecio (Tc) en 1937 en la Universidad de Palermo, Sicilia (Italia). Aislaron el elemento de una muestra de molibdeno (Mo) que se había expuesto a altos niveles de radiación en un acelerador de partículas llamado ciclotrón. Su isótopo más estable, el tecnecio-98, tiene un período de semidesintegración (semivida) de 4,2 millones de años, por lo que cualquier depósito mineral significativo de la corteza terrestre hace mucho que se desintegró de forma radioactiva en rutenio-98.

El mayor clúster de átomos de francio realizado en un laboratorio

En diciembre de 2002, científicos de la Universidad Estatal de Nueva York, EE.UU., crearon átomos de francio (Fr) con un reactor de fusión nuclear de iones pesados al atraparlos en una trampa magneto-óptica. El isótopo de francio más estable tiene una semivida de sólo 22 min, por lo que es el **elemento natural más inestable**. Además, no tiene usos prácticos.

La reserva de plutonio civil más grande

Hasta el año 2016, el R.U. reunía alrededor de 126 toneladas de plutonio, de las cuales 23 pertenecen a otros países. Este subproducto del uranio se encuentra almacenado en la planta nuclear de Sellafield, en Cumbria, R.U., y se emplea en reactores nucleares. Existe en forma de polvo y se almacena en contenedores de acero y aluminio.

P: ¿Cuál es elemento más abundante en el cuerpo humano?

R: El oxígeno. Representa un 65% de todos los elementos del cuerpo.

LOS MÁS PESADOS

Elemento natural

En 1971, la científica estadounidense Darleane Hoffman publicó el descubrimiento de pequeñas cantidades de plutonio-244 en depósitos de fosfato de edad precámbrica encontrados en California, EE.UU. El número atómico del plutonio es 94.

Metal alcalino en obtenerse en cantidades significativas

Pertenecientes al grupo 1, es decir, situados en la parte más a la izquierda de la tabla periódica, los metales alcalinos son suaves, de baja densidad y muy radioactivos. A pesar de que el número atómico del cesio sea 55, menor que el del francio (87), este último sólo existe en cantidades microscópicas en la corteza terrestre y es invisible al ojo humano.

Metal lantánido

El grupo de metales lantánidos está compuesto por 15 elementos con número atómicos del 57 al 71. Junto con el itrio y el escandio, se les conoce como «tierras raras». El lutecio, que tiene el número atómico 71, es el más pesado del grupo.

Metal de transición

Todos los elementos de los grupos 3 al 12 de la tabla periódica (excepto el lutecio y el laurencio) se conocen como metales de transición. Son menos reactivos que los alcalinos y buenos conductores del calor y la electricidad. Entre ellos se encuentran el oro, el cobre y el hierro. El copernicio (Cn), con un número atómico de 112, es el más pesado. Creado en 1996, es un elemento sintético que no existe en la naturaleza.

Elemento en obtener una ganancia neta de energía a través de fusión nuclear

Los elementos se crean en el centro de las estrellas a través de un proceso conocido como nucleosíntesis estelar. Mediante este proceso, los protones y neutrones de los elementos más ligeros se fusionan formando elementos más pesados. El hierro (con número atómico 26) es el elemento más pesado que puede obtenerse sin necesidad de energía adicional. Las estrellas que producen elementos más pesados que el hierro sufren una caída drástica en la generación de energía que conduce a su colapso y, finalmente, a una supernova.

Ellis Hughes, un minero de Oregón (EE.UU.), trasladó el meteorito Willamette a sus tierras con ayuda de su hijo en 1903. ¡Tardaron 90 días en desplazar 1.200 m aquella piedra enorme!

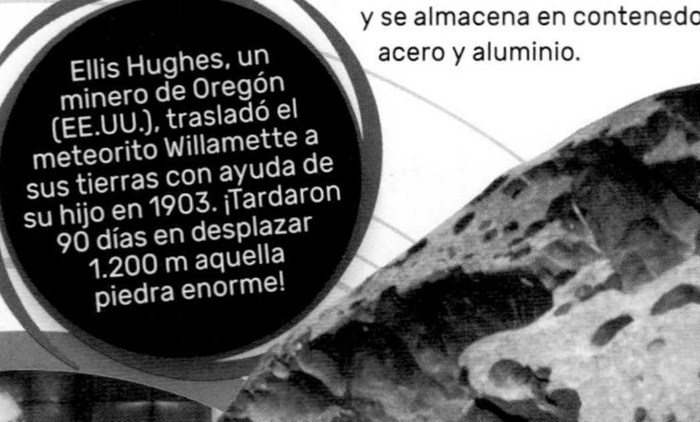

◀ EL METAL MÁS ABUNDANTE EN EL UNIVERSO

Aproximadamente el 0,11% de toda la materia del universo es hierro (Fe). Es el sexto elemento más común y constituye alrededor de un 0,1% del Sol y un 0,006% del ser humano. Asimismo, supone alrededor del 22% de todo el material meteórico encontrado en la Tierra, como el famoso meteorito Willamette (izquierda), un enorme trozo de detritos espaciales de hierro y níquel de 14,15 toneladas descubierto en el estado de Oregón (EE.UU.).

26
Fe
55.845

En Venus «nieva» sulfuro de plomo y de bismuto, de forma que las montañas están cubiertas de metal.

Durante la época victoriana se usaba la mezcla tóxica de trióxido de arsénico con tiza y vinagre para elaborar cremas faciales.

El elemento cobalto (Co) deriva de la palabra alemana «Kobalt», que significa «duende».

Más de la mitad de la producción mundial de plomo se utiliza para fabricar baterías de coche.

Los cigarrillos a menudo contienen metales pesados como cadmio, plomo, arsénico y níquel.

El cuerpo humano de una persona de 70 kg de peso contiene cerca de un 0,01% de metales pesados (7 g, el peso de dos guisantes deshidratados).

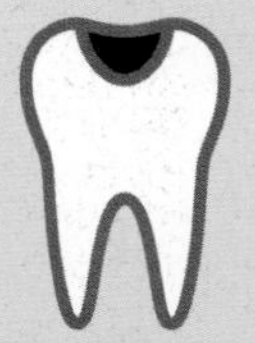

Las cavidades dentales se rellenan con «amalgama dental», una aleación líquida de mercurio con otros metales. Esta técnica data del 658 d.C.

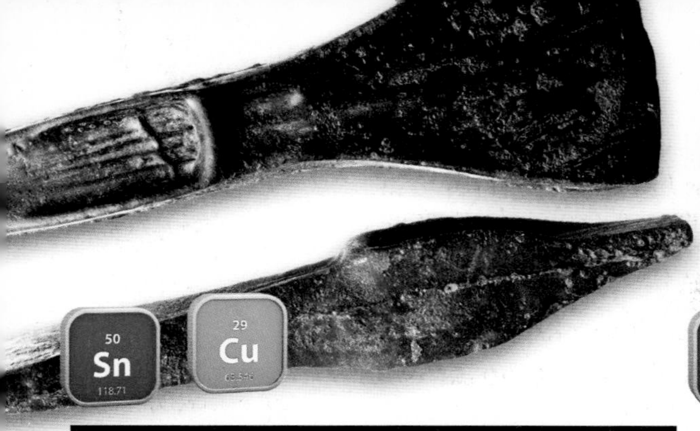

▲ LA PRIMERA ALEACIÓN

Una aleación es la mezcla de varios metales y, a veces, de un metal con sustancias no metálicas. La primera aleación creada por humanos fue el bronce: cobre mezclado con aproximadamente un 10% de estaño. Durante la Edad de Bronce, que comenzó cerca del IV milenio a.C. en el Antiguo Oriente Próximo, esta aleación se convirtió en el material principal para fabricar herramientas y armas. Además, se desarrollaron técnicas de explotación mineras y de fundición, y se crearon redes comerciales entre las primeras civilizaciones.

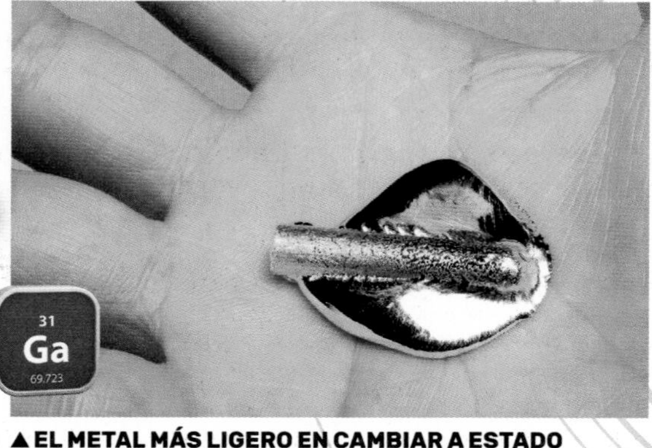

▲ EL METAL MÁS LIGERO EN CAMBIAR A ESTADO LÍQUIDO CASI A TEMPERATURA AMBIENTE

Descubierto en 1875, el galio (Ga), un inusual metal con número atómico 31, se funde a 29,76 °C. A diferencia del mercurio líquido, que es muy tóxico, el galio se puede manipular sin peligro. Estas propiedades lo convierten en un ingrediente ideal para que los químicos se gasten bromas, como servir una taza de té con una cucharita de galio que desaparecerá al contacto con el agua.

▲ EL PUNTO DE EBULLICIÓN MÁS ALTO DE TODOS LOS METALES

Según la Asociación Industrial Internacional del Tungsteno (ITIA, por sus siglas en inglés), el wolframio (W) alcanza su punto de ebullición a 5.700 °C, con un margen de error de 200 °C. Esta temperatura equivale a la de la superficie del Sol. También tiene el **punto de fusión más alto de todos los metales**, a 3.422 °C, con un margen de error de 15 °C. Su gran resistencia al calor hace que sea muy útil para aplicaciones industriales como brocas y hornos.

55
Cs

El cesio es un elemento tan reactivo que prende al contacto con el aire. Se almacena en tubos de vidrio dentro de gases inertes o al vacío para mantenerlo a salvo.

▲ EL ELEMENTO METÁLICO MÁS SUAVE

Con un valor Mohs de sólo 0,2, el cesio (Cs) es tan suave que se puede cortar con un cuchillo de untar. Se funde a tan sólo 28 °C y produce una explosión violenta cuando cae en el agua. Descubierto en 1860 por los científicos alemanes Robert Bunsen y Gustav Kirchhoff, lo aislaron de una muestra de agua mineral mediante una técnica recién desarrollada: la espectroscopia de llama. De color plateado dorado, su uso más común es en relojes atómicos de gran precisión.

▲ EL METAL MÁS DENSO

El osmio (Os), descubierto en 1803 por Smithson Tennant y William Hyde Wollaston (ambos de R.U.), tiene una densidad de 22,59 g/cm³, casi el doble que el plomo. Dada la naturaleza tóxica de los óxidos de osmio, no suele usarse en su forma natural. Sin embargo, es ideal para contactos eléctricos y puntas de pluma estilográfica por su resistencia a la abrasión. El **metal menos denso** a temperatura ambiente es el litio, con 0,5334 g/cm³.

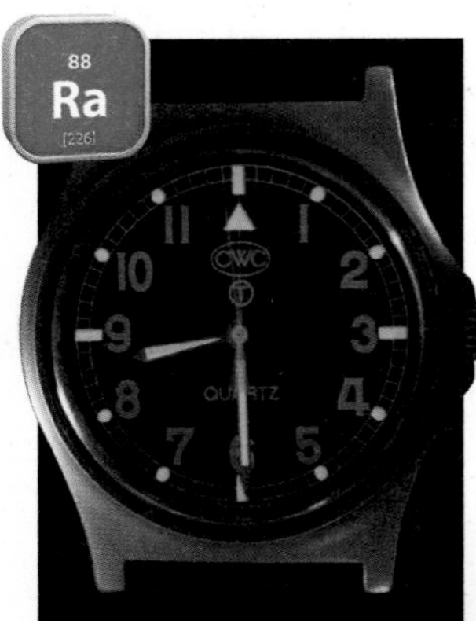

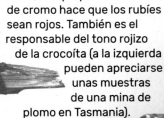

▲ EL METAL ALCALINOTÉRREO MÁS PESADO

Los metales alcalinotérreos conforman el grupo 2 de la tabla periódica. Todos ellos se producen de forma natural y tienen un aspecto brillante, entre blanco y plateado. El más pesado es el radio (Ra), de número atómico 88. Descubierto por Marie y Pierre Curie (ambos de Francia) en 1898, es el único miembro radioactivo de este grupo. Se utiliza sobre todo en dispositivos industriales de escaneo y en radioluminiscencia.

▶ EL ELEMENTO METÁLICO MÁS DURO

El cromo (Cr) presume de tener un valor de 8,5 en la escala de Mohs, que mide la dureza de los minerales según su resistencia a la abrasión por otros materiales. De un color gris brillante acerado, también tiene un punto de fusión alto. Si se añade al hierro en cantidades suficientes, se forma la aleación a prueba de corrosión comúnmente conocida como acero inoxidable. Recibe su nombre del término griego «color». De hecho, una pequeña cantidad de cromo hace que los rubíes sean rojos. También es el responsable del tono rojizo de la crocoíta (a la izquierda pueden apreciarse unas muestras de una mina de plomo en Tasmania).

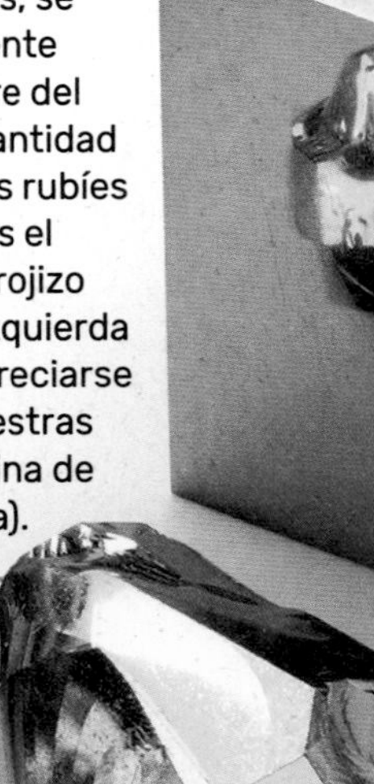

Tectónica

Gran parte de la actividad geológica terrestre tiene lugar en las zonas en que las placas tectónicas se acercan o se separan.

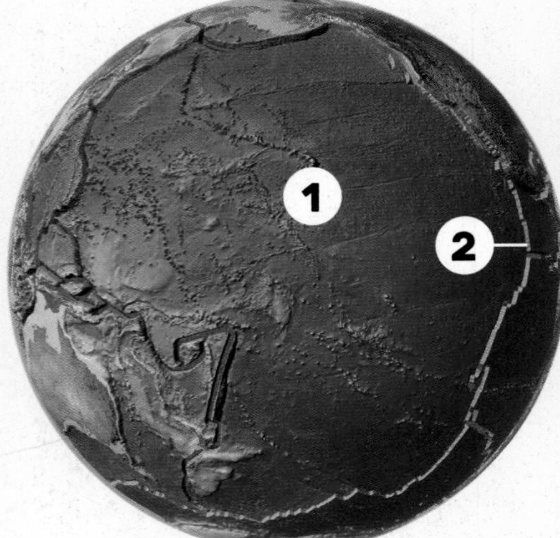

▲ LA PLACA TECTÓNICA MÁS GRANDE Y LA MÁS PEQUEÑA

La corteza exterior rocosa terrestre está formada por grandes plataformas llamadas «placas», en constante movimiento. Con una superficie de más de 103.000.000 km^2, la placa del Pacífico (1) se desplaza de norte a oeste respecto a América del Norte unos 7 cm cada año.

La microplaca de las Galápagos (2), en el océano Pacífico, frente a la costa occidental de América del Sur, tiene sólo 1.559 km^2, y está en la intersección de las placas de Nazca, Cocos y la del Pacífico.

▼ LA OFIOLITA MÁS GRANDE

Las ofiolitas se forman cuando la actividad tectónica levanta secciones de la corteza oceánica de la Tierra por encima del nivel del mar y, en ocasiones, se sitúan en la corteza continental. La ofiolita de Semail, en las montañas Al Hayar de Omán, mide unos 550 por 150 km y tiene una extensión aproximada de 100.000 km^2. Se originó hace entre 96 y 94 millones de años, en el Cretácico superior, y es rica en cobre y cromita. En la imagen se muestra un primer plano de la lava almohadilla característica de esta ofiolita, con la forma redondeada por haberse formado bajo el gua.

▲ EL MAYOR NÚMERO DE VÍCTIMAS MORTALES EN UN SEÍSMO DE LA HISTORIA RECIENTE

A las 21:53 del Tiempo Universal Coordinado (UTC) del 12 de enero de 2010, se produjo un seísmo de magnitud 7 con epicentro a 25 km al oeste de la capital de Haití, Puerto Príncipe. El gobierno haitiano contabilizó 316.000 víctimas mortales (100.000, según otras fuentes). Se estima que 1,3 millones de personas tuvieron que desplazarse y 97.294 viviendas quedaron destruidas.

▲ EL SUPERCONTINENTE MÁS RECIENTE

En el pasado remoto, debido al movimiento de las placas tectónicas, la corteza continental de la Tierra se unió y se convirtió en un único supercontinente. Esto puede haber sucedido hasta en siete ocasiones, dividéndose después debido a los mismos procesos tectónicos. El último supercontinente, llamado Pangea, se formó hace unos 300 millones de años en el hemisferio sur.

▲ EL SISTEMA DE RIFT MÁS LARGO

Los rifts se forman cuando las placas terrestres se separan. El Gran Valle del Rift, en el sudeste de África, tiene una longitud de unos 6.400 km (casi tan largo como el río Amazonas) y una anchura media de entre 50 y 65 km. Va de Jordania a Mozambique. Los escarpes en el límite del valle poseen una altura media de entre 600 y 900 m. Se empezó a formar hace unos 30 millones de años, cuando la península Arábiga se separó de África.

Tres tipos de límites de placas

Transformante
Las placas tectónicas se deslizan lateralmente una respecto a otra.

Divergente
Las placas se separan.

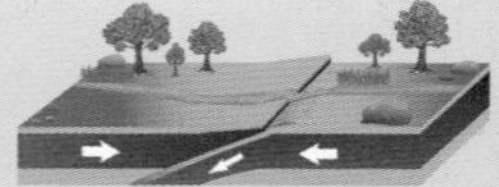

Convergente
Una de las placas se desliza bajo la otra.

La plataforma continental más ancha

Las plataformas continentales son llanuras sumergidas de los bloques continentales a una profundidad inferior a los 200 m. Un 7,4% de la superficie oceánica se sitúa sobre plataformas continentales. La más ancha tiene 1.210 km, desde la costa de Siberia (Rusia) hasta el océano Ártico.

La mayor zona de colisión continental

El subcontinente indio colisionó con el continente euroasiático hace entre 40 y 50 millones de años. Esto creó una línea curva de sutura de unos 2.400 km de largo y emergió la cordillera del Himalaya. El Nanga Parbat, en Pakistán, empezó a formarse cuando se produjo esta colisión, y es la **montaña que crece más rápido**, a un ritmo de 7 mm al año.

P: Vivimos sobre la corteza terrestre. ¿Qué grosor tiene bajo la superficie?

R: Unos 70 km.

La falla de desgarre que se mueve más rápido

La falla Alpina de Nueva Zelanda recorre casi toda la isla Sur y marca el punto en el que se unen las placas del Pacífico y Australiana. Estas placas se mueven entre sí en una falla de desgarre (la falla transformante es un ejemplo; ver arriba). El 8 de marzo de 2016, científicos de la Universidad de Victoria de Wellington y del GNS Science (ambos de Nueva Zelanda)

▲ LA SUBDUCCIÓN MÁS LARGA
«Subducción» describe el movimiento de una placa tectónica debajo de otra (ver la ilustración del límite de la placa convergente, abajo a la izquierda). La zona de subducción andina se extiende a lo largo de 7.000 km por la costa occidental de Sudamérica. Aquí, la gruesa corteza oceánica de la placa de Nazca se desliza bajo la fina corteza continental de Sudamérica y se recicla en el manto superior de la Tierra.

▲ EL TERREMOTO DE MÁS DURACIÓN
El terremoto que sacudió las islas de Sumatra-Andamán, en el océano Índico, el 26 de diciembre de 2004, fue el de más duración jamás registrado. Se calcula que duró entre 500 y 600 segundos, es decir, ¡unos 10 minutos! La magnitud del terremoto (9,1-9,3) originó un enorme tsunami (en la imagen) que devastó las regiones bajas circundantes al océano Índico y provocó daños hasta Somalia.

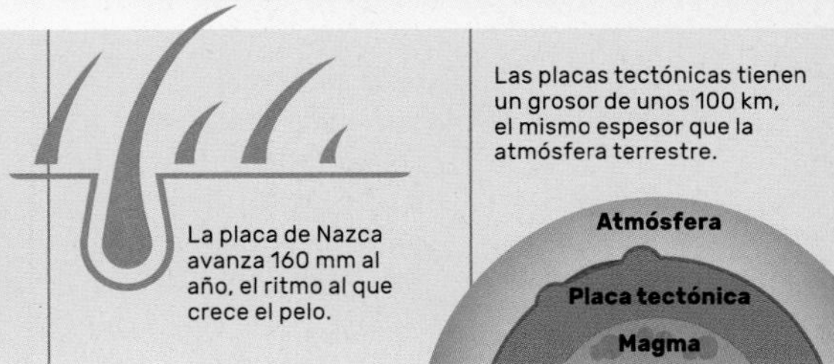

La dorsal Mesoatlántica se desplaza entre 10 y 40 mm al año, el ritmo al que crecen las uñas.
La placa de Nazca avanza 160 mm al año, el ritmo al que crece el pelo.
Las placas tectónicas tienen un grosor de unos 100 km, el mismo espesor que la atmósfera terrestre.
Atmósfera
Placa tectónica
Magma

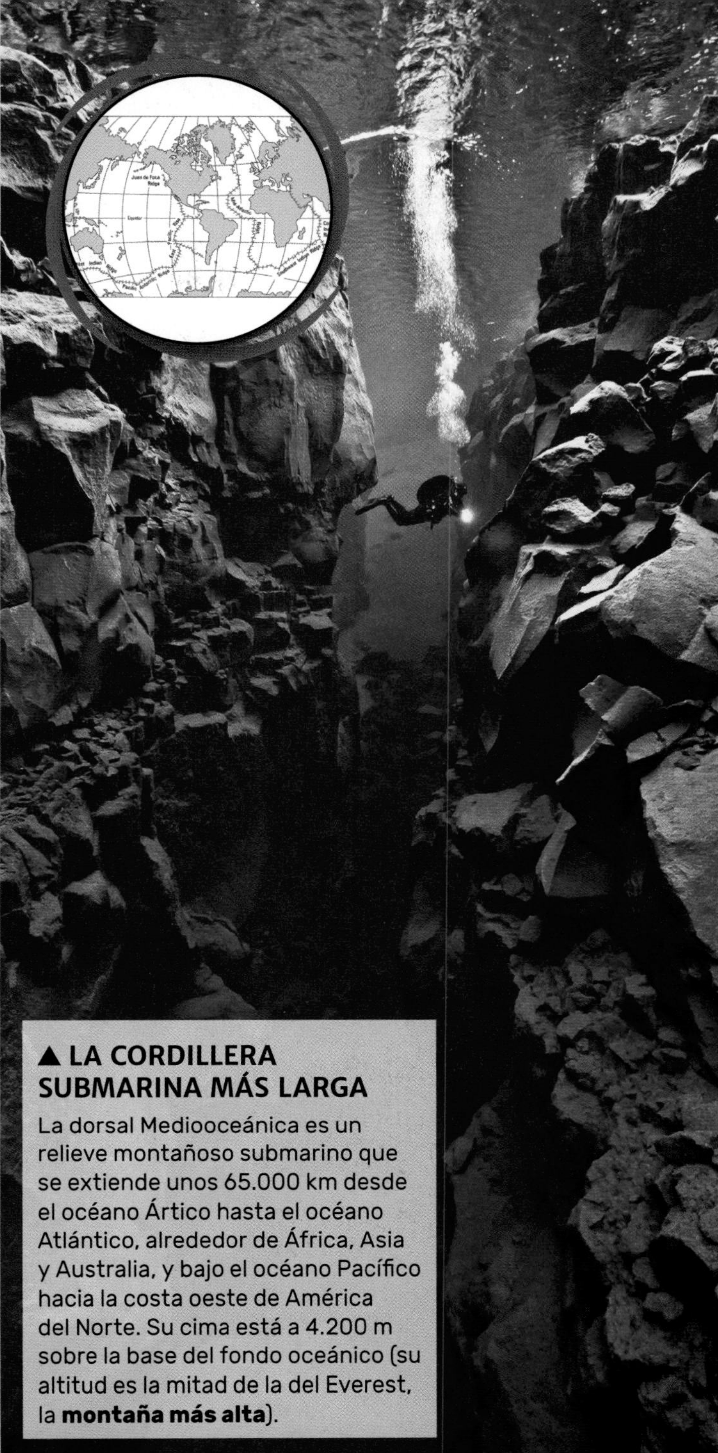

▲ LA CORDILLERA SUBMARINA MÁS LARGA
La dorsal Mediooceánica es un relieve montañoso submarino que se extiende unos 65.000 km desde el océano Ártico hasta el océano Atlántico, alrededor de África, Asia y Australia, y bajo el océano Pacífico hacia la costa oeste de América del Norte. Su cima está a 4.200 m sobre la base del fondo oceánico (su altitud es la mitad de la del Everest, la **montaña más alta**).

constataron que las placas se mueven 4,7 cm al año una respecto a la otra y que han recorrido 700 km en los últimos 25 millones de años.

El centro de expansión del fondo oceánico más rápido
La dorsal del Pacífico Oriental es un límite de placa tectónica que se extiende desde la Antártida hasta la costa oeste de EE.UU. Una parte de esta dorsal, el límite Pacífico-Nazca, separa las placas a un ritmo de unos 15 cm al año. El **centro de expansión del fondo oceánico más lento** es la dorsal de Gakkel, la prolongación septentrional de la dorsal Mesoatlántica. Separa la placa Norteamericana y la Euroasiática, y se extiende a lo largo de 1.800 km desde el norte de Groenlandia hasta Siberia. Avanza entre 13,3 mm al año, cerca de Groenlandia, y 6,3 mm, en el otro extremo, cerca de Siberia.

El océano más reciente
En 2005, un rift de 56 km de largo apareció en la depresión de Afar en Etiopía (conocida como la depresión de Danakil, el punto más bajo de África). En noviembre de 2009, los geólogos anunciaron que era un nuevo océano. El Pacífico es el **océano más antiguo**, ya que hay rocas en su fondo marino de unos 200 millones de años.

Los indicios más antiguos de la tectónica de placas
El 8 de julio de 2002, un equipo de geólogos chinos y estadounidenses anunciaron el descubrimiento de unas rocas que indicaban que la tectónica de placas ya estaba activa en la Tierra hace unos 2.500 millones de años, unos 500 millones años antes de lo que se creía.

LOS PRIMEROS...

Continente
Pruebas geológicas sostienen que, hace entre 3.600 y 2.800 millones de años, existió un único supercontinente llamado Vaalbará. Era más pequeño que cualquiera de los continentes actuales.

Teoría de la deriva continental
Si se mira cualquier mapa de la Tierra, es evidente que las costas del África occidental y la de América del Sur oriental se complementan. Se cree que la primera persona que lo advirtió fue el cartógrafo flamenco Abraham Ortelius (1527-1598). Ortelius afirmó que los dos continentes estaban unidos antes de que los separaran «terremotos e inundaciones». Esta teoría no fue aceptada por la mayoría de los académicos hasta la segunda mitad del siglo XX.

Terremoto registrado desde la órbita
El 17 de marzo de 2009, la Agencia Espacial Europea lanzó al espacio el satélite GOCE (Explorador del Campo Gravitatorio y de la Circulación Regular del Océano). Cartografió el campo gravitatorio de la Tierra hasta el 11 de noviembre de 2013, cuando volvió a entrar en la atmósfera y fue destruido. El 11 de marzo de 2011, al atravesar la finísima termosfera de la Tierra, detectó unas débiles ondas sonoras causadas por el terremoto devastador que sacudió Japón.

Contaminación y medio ambiente

En 2016, los científicos anunciaron que el agujero de la capa de ozono sobre la Antártida había disminuido. Si se mantiene la tendencia actual, se habrá cerrado en 2050.

▲ LOS MAYORES NIVELES DE CO_2 EN LA ANTÁRTIDA
La Administración Nacional Oceánica y Atmosférica (NOAA), informó que la medición de dióxido de carbono del Observatorio del Polo Sur llegó a 400 ppm (partes por millón) por primera vez el 12 de mayo de 2016. Los niveles de CO_2 han tardado en aumentar en el polo Sur porque la mayor parte de la población mundial (y su contaminación) se encuentra en el hemisferio norte.

Tras su expansión en 2016, el Monumento Nacional Marino de Papahānaumokuākea ha cuadriplicado su tamaño, y su extensión es casi igual a la del golfo de México.

El mes más cálido registrado

El 12 de septiembre de 2016, el Instituto Goddard de Estudios Espaciales de la NASA anunció que los meses de julio y agosto de ese año habían sido los más cálidos registrados de todos los tiempos. El mes de agosto de 2016 fue 0,98 °C más cálido que la temperatura media de ese mes entre 1951 y 1980. También superó en 0,16 °C la temperatura del agosto más cálido anterior, registrada en 2014.

El tamaño más pequeño registrado del casquete polar ártico

La extensión del hielo que flota en la superficie del océano Ártico cambia según la estación, y se reduce al mínimo a finales del verano. Su tamaño más reducido se registró el 17 de septiembre de 2012, con una superficie de 3,41 millones de km².

La mayor zona muerta

La concentración de oxígeno es muy baja (hipoxia) en las aguas de algunas costas, por lo que la vida de muchas especies resulta inviable. La mayor de estas «zonas muertas» está en el mar Báltico, con una superficie media de 49.000 km² durante los últimos 40 años, aunque en 1971 alcanzó un máximo de 70.000 km², más del doble de la superficie de Bélgica.

La mayor extensión de hielo del mar Antártico

El continente antártico está rodeado por un mar de hielo, cuya extensión alcanza su máximo a finales del invierno en el hemisferio sur. El 20 de septiembre de 2014, el hielo del mar Antártico registró su máximo con 20.201 millones de km². La zona de hielo creada por este crecimiento irregular no es nada en comparación con el hielo que se pierde en el Ártico.

El mayor nivel de dióxido de carbono registrado en la atmósfera

En el 2015, la concentración media de dióxido de carbono registrado en la atmósfera alcanzó por primera vez 400 ppm. Estas concentraciones tan altas ya se habían registrado durante períodos cortos, pero nunca como media anual.

◄ LA MAYOR RESERVA MARINA DEL TRÓPICO
El 26 de agosto de 2016, el presidente de EE.UU., Barack Obama (izquierda), anunció la expansión del Monumento Nacional Marino de Papahānaumokuākea alrededor del archipiélago de Hawái hasta la superficie actual de 1,5 millones de km². Fue también la **mayor reserva marina del mundo** hasta que el 28 de octubre de 2016, la UE declaró zona marina protegida 1,55 millones de km² del mar de Ross, en la Antártida. Al ser declarada zona de exclusión, está prohibido capturar vida marina o minerales durante 35 años.

P: ¿Cuántas veces se puede reciclar el papel?

R: Sus fibras permiten hasta seis reciclados.

El mayor nivel de acidez en aguas oceánicas

El 4 de junio de 2004, en el mar de Beaufort, al norte de Alaska, EE.UU., el pH del agua era de 6,9718 a una profundidad de 2 m. Esta concentración de acidez es unas 10 veces superior a la media.

Medir la presión de un gas en el agua es una forma de cuantificar qué proporción de este gas está disuelto. Cuanto mayor sea la cantidad disuelta, mayor será la presión. Según muestras de agua tomadas el 4 de junio de 2004, la presión de dióxido de carbono era de 3.796,8 microatmósferas (10 veces más que la media), el **mayor nivel de dióxido de carbono registrado en aguas oceánicas**.

El episodio de decoloración de coral más largo del mundo

Las altas concentraciones atmosféricas de dióxido de carbono provocan que una mayor proporción de este gas ácido se absorba en aguas oceánicas. Puede que la acidificación oceánica sea una causa de la decoloración del coral. Hoy en día, los arrecifes coralinos de todo el planeta experimentan un proceso de decoloración observado por primera vez a mediados de 2014 en el océano Pacífico occidental. En enero de 2017, este episodio ya se prolongaba más de dos años y medio.

El 29 de noviembre de 2016, se reveló que dos tercios de una franja de 700 km de la Gran Barrera de Coral, frente a la costa de Queensland, en Australia, habían desparecido. Esto supone la **mayor pérdida de coral de la Gran Barrera de Coral**, y se atribuye a un aumento de la temperatura del océano. Submarinistas dirigidos por el profesor Andrew Baird, del Australian Research Council (ARC) Centre of Excellence for Coral Reef Studies, inspeccionaron el arrecife en octubre y noviembre de 2016.

El primer estudio mundial sobre la contaminación por plásticos en el océano

El 10 de diciembre de 2014, un equipo internacional de científicos, liderado por el Instituto Five Gyres (EE.UU.), publicó un estudio sobre la contaminación de los océanos por plásticos. A partir de los residuos encontrados en playas de todo el mundo, se determinó con modelos computarizados que hay 5,25 billones de trozos de plástico en los océanos.

Más recientemente, el Programa de las Naciones Unidas para el Medio Ambiente ha estudiado la composición de esta plaga de plástico. En agosto de 2016 determinó que casi el 50% de toda la materia plástica procede de bolsas de plástico.

+100 gasolineras hay en la ciudad nigeriana de Onitsha (población: 1 millón), la **ciudad con mayor contaminación atmosférica**.

En la India se encuentran 16 de las 30 ciudades más contaminadas del mundo; de éstas, la más contaminada es Delhi.

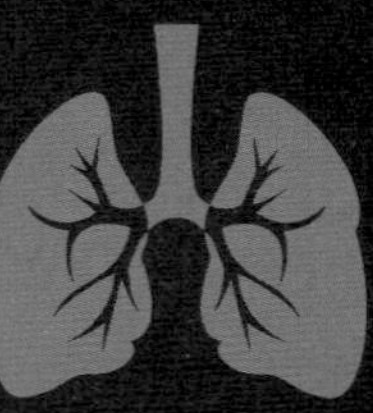

La contaminación del aire aumenta el riesgo de padecer un derrame cerebral, un infarto, cáncer de pulmón y problemas respiratorios.

3 millones de muertes anuales son atribuibles a la contaminación del aire.

El **80%** de la población urbana del planeta está expuesta a unos niveles de contaminación atmosférica por encima del límite que fija la OMS.

▲ EL ÍNDICE MÁS ALTO DE DESARROLLO MEDIOAMBIENTAL

Finlandia es el país con el mejor desarrollo medioambiental según la investigación que presentaron el 23 de enero de 2016 científicos de las universidades de Yale y Columbia, EE.UU., en el Foro Económico Mundial. Se analizaron 180 países y se usaron más de 20 indicadores clave de nueve categorías: efectos sobre la salud, calidad del aire, agua y servicios sanitarios, recursos hídricos, agricultura, bosques, industrias pesqueras, biodiversidad y hábitat, y clima y energía.

▲ LA MENOR POBLACIÓN FORESTAL GLOBAL REGISTRADA

El 2 de septiembre de 2015, un equipo internacional de científicos liderado por la Universidad de Yale, EE.UU., anunció que en la Tierra habían unos 3,04 billones de árboles (422 por persona). También reveló que, desde el inicio de la civilización, los árboles habían disminuido casi un 46% y la superficie forestal era ya la más reducida jamás registrada. Cada año, la actividad humana destruye unos 15.000 millones de árboles.

▲ EL PEOR CASO DE CONTAMINACIÓN DE UN RÍO

El 1 de noviembre de 1986, los bomberos que trataban de extinguir un incendio en la planta química de Sandoz, en Basilea, Suiza, arrojaron unas 30 toneladas de productos químicos agrícolas al Rin, junto con el agua que usaban para combatir las llamas. El agua del río se volvió roja debido a los pesticidas y al mercurio. En 10 días, la contaminación alcanzó el mar del Norte y medio millón de peces murieron intoxicados.

▲ LA CIUDAD CON MAYOR CONTAMINACIÓN ATMOSFÉRICA

Los PM_{10} son partículas de materia como hollín (carbón), metal o polvo con un diámetro de hasta 10 micrones. Según el informe sobre contaminación del aire de la OMS de 2016, el puerto de Onitsha, al sudeste de Nigeria, registró unos niveles de 594 $\mu g/m^3$ de PM_{10}. Esta cifra es 30 veces superior al nivel recomendado por la OMS (20 $\mu g/m^3$), por lo que la convierte en la ciudad con el aire más contaminado del mundo.

▲ EL MAYOR PRODUCTOR DE DIÓXIDO DE CARBONO (PAÍS)

La Base de Datos de Emisiones para la Investigación Atmosférica Global (EDGAR) es un proyecto conjunto entre la Agencia de Evaluación Medioambiental de los Países Bajos y el Centro de Investigación Conjunta de la Comisión Europea. Según esta base de datos, China fue responsable de 10.640 millones de emisiones de dióxido de carbono en 2015. Ese mismo año, el total de emisiones de dióxido de carbono fue de 36.240 millones de toneladas.

▲ LA MAYOR RESERVA DE CIELO OSCURO

El 28 de junio de 2013, el Parque Nacional Wood Buffalo, en Canadá, fue declarado reserva de cielo oscuro por la Real Sociedad Astronómica de Canadá. Con 44.807 km^2, es el mayor parque nacional de este país. Las reservas de cielo oscuro aplican políticas para proteger el cielo nocturno de la contaminación lumínica, de modo que no se alteran los ciclos diurnos de las plantas y animales, y la gente puede observar el cielo nocturno sin los efectos de la contaminación lumínica.

▼ LA MAYOR AMENAZA TÓXICA MUNDIAL

En 2015, la organización sin ánimo de lucro Pure Earth, antes conocida como Instituto Blacksmith, publicó un informe sobre las seis principales amenazas de contaminación para el planeta. La causada por plomo se consideró la mayor amenaza, ya que 26 millones de personas se encuentran expuestas. Las otras cinco se debían al mercurio, los radionucleidos, el cromo, los pesticidas y el cadmio.

Las baterías de plomo ácido, usadas en los motores de coche, contienen ácido sulfúrico y plomo muy tóxicos. Este vertedero de baterías de coche está en Athi River, Kenia.

Los escarabajos del fuego (género *Melanophila*) usan sensores infrarrojos para buscar incendios forestales. Los árboles quemados no tienen defensas químicas para atacar sus huevos.

▲ **INCENDIOS FORESTALES**
Esta imagen muestra un incendio forestal en la ecorregión brasileña del Cerrado. Suelen estar provocados por el hombre, pero también pueden iniciarse por causas naturales: los rayos pueden prender restos secos de vegetación. Pese a todo, los incendios forestales menos destructivos tienen algunos aspectos positivos: el suelo recibe minerales y nutrientes que plantas secas y malas hierbas liberan al arder, lo que estimula la regeneración del bosque. También despejan las copas de los árboles, haciendo posible que la luz del sol llegue hasta las plantas del suelo.

El primer incendio forestal conocido
En abril de 2004, científicos de la School of Earth, Ocean and Planetary Science de la Universidad de Cardiff (Reino Unido) encontraron pruebas de la existencia de un incendio de baja intensidad acontecido hace unos 419 millones de años, durante el período Silúrico. Es probable que un rayo provocara el incendio. El descubrimiento se realizó cuando el equipo estaba estudiando fósiles carbonizados de pequeñas plantas cerca de Ludlow, R.U.

El incendio más duradero
El incendio en el subsuelo del monte Wingen, en Nueva Gales del Sur, Australia, pudo haber comenzado hace 5.000 años. Se inició cuando un rayo alcanzó una veta de carbón allí donde ésta asomaba a la superficie. Actualmente, el fuego continúa ardiendo a unos 30 m de profundidad, y sigue consumiendo la veta lentamente.

El primer uso de un refugio antiincendios
El último recurso de los bomberos cuando se ven rodeados por un incendio forestal consiste en construir un refugio. Diseñado para repeler el calor, impedir su transferencia por convección y posibilitar la respiración en el interior, es como una tienda de campaña individual, y se coloca sobre el suelo o en un hoyo excavado. El primer uso que se conoce de un refugio antiincendios fue documentado por el explorador William Clark según su diario correspondiente al 29 de octubre de 1804, donde narra un incendio forestal cerca de Fort Mandan, Dakota del Norte, EE.UU. En un pasaje, Clark recuerda como una madre lanzó una «piel de búfalo verde» [sic] sobre su hijo para protegerlo de las llamas.

Más energía liberada por un árbol quemado
La cantidad de calor generada por cualquier incendio depende de la densidad de la madera, de la resina, las cenizas y la humedad. El árbol que produce más calor al arder es el naranjo de Luisiana, o naranjo de los osajes (*Maclura pomifera*), una gran planta caducifolia semejante a un arbusto perteneciente a la familia de la morera y localizada en gran parte de Norteamérica. Cuando se quema, genera 34,8 millones de julios por cada *cord* secado al aire libre con una humedad residual del 20%. Un *cord* es una unidad de medida de volúmenes de madera empleada en el mundo anglosajón equivalente a 1,21 x 1,21 x 2,43 m, con un promedio de 2,2 m³ de madera quemable, siendo el resto bolsas de aire.

P: ¿Cómo logró extinguirse el Gran Incendio de Londres de 1666?

R: Se derribaron edificios al paso de las llamas para frenar su propagación.

El cortafuego más largo
Un cortafuego es una vereda ancha que se abre en la vegetación para que no se propaguen los incendios. Los cortafuegos suelen trazarse estratégicamente en lugares de alto riesgo. En 1931, se inició la construcción del Ponderosa Way en la ladera occidental de las montañas de Sierra Nevada, California, EE.UU. Con el tiempo, su longitud ha llegado a los 1.287 km, similar a la del río Rin. Se necesitaron cerca de 16.000 miembros del Civilian Conservation Corps para construirlo. Gracias a este cortafuego pudieron contenerse 9 de los 11 grandes incendios forestales que afectaron a la región en 1934.

El país con más bomberos paracaidistas
Los bomberos paracaidistas son un cuerpo de élite que se despliega en lugares de muy difícil acceso para combatir un incendio. Se lanzan en paracaídas cerca de un incendio forestal junto con su equipo y suficiente agua y comida para uno o dos días. Una vez en el terreno, emplean motosierras y otras herramientas para cortar árboles, limpiar la capa superior del suelo y hacer cortafuegos. Rusia, que introdujo el servicio hacia 1936, emplea actualmente a unos 4.000.

Más incendios subterráneos por la combustión de carbón (país)
China, el **mayor productor mundial de carbón**, sufre cientos de incendios subterráneos a lo largo de su cinturón de carbón. Algunos llevan siglos ardiendo. Todos los años se pierden cerca de 20 millones de toneladas de este mineral y unos 200 millones son inaccesibles por los incendios.

El área devastada por el incendio forestal de 1871 en Wisconsin y Michigan (ver abajo a la derecha) es ligeramente mayor a la de Bélgica o dos veces el tamaño de Kuwait.

◀ **MÁS VÍCTIMAS MORTALES A CAUSA DE UN INCENDIO**
El 8 de octubre de 1871, varios incendios forestales devastaron el noreste de Wisconsin y la Península Superior de Michigan, EE.UU., causando entre 1.200 y 2.500 fallecidos. Más de 3.885 km² de bosques y tierras de cultivo fueron destruidas (imagen de la izquierda).

Durante un incendio puede producirse lo que se conoce como «remolino de fuego» al ascender el calor a través de columnas de aire en forma de remolinos. El 1 de septiembre 1923, el gran terremoto de Kanto, en la isla de Honshu, Japón (fotografía de la izquierda), provocó el **remolino de fuego con mayor número de víctimas**. 38.000 personas murieron calcinadas en Tokio cuando se refugiaban en un almacén de ropa.

Los incendios forestales pueden desencadenarse por la combustión espontánea de hojas y ramas secas.

Más del 80% de los incendios forestales son provocados por las personas, ya sea de forma deliberada o por accidente.

En determinadas circunstancias, un rayo puede provocar un incendio forestal.

Los incendios forestales pueden avanzar a velocidades de **23 km/h**.

10,1 millones de acres (40.873.249.866 m²) fueron destruidos en EE.UU. por incendios forestales en 2015, el equivalente a más de...

20.000 campos de fútbol americano diarios.

Este Boeing 747-400 descarga el agua a tan sólo 120-240 m de altura y a una velocidad de unos 260 km/h.
En la imagen, un bombero emplea una pala con un mango de madera improvisado para frenar el avance de las llamas.

▲ LAS AERONAVES ANTIINCENDIOS MÁS GRANDES

Global SuperTanker Services emplea un avión comercial Boeing 747-400 adaptado para operar como avión antiincendios. Puede transportar 74.200 l de agua o retardante.

Presentado en 1994, el Mi-26TP es el **helicóptero antiincendios más grande**. Mide 33,73 m de largo y su peso máximo al despegue es de 56 toneladas. Puede equiparse con un sistema de descarga de agua VSU-15, que consiste en un saco de tela muy resistente, que se descuelga en cualquier depósito y se llena con 15 toneladas de agua en unos 30 s.

▲ EL PEOR AÑO PARA EL MEDIO NATURAL A CAUSA DEL FUEGO

Según el Fondo Mundial para la Naturaleza, 1997 fue el año más devastador para el medio natural como consecuencia de los incendios forestales intencionados de los que se tiene registro. La mayor cantidad, además de los más grandes, tuvieron lugar en Brasil, con un frente de 1.600 km. Aunque las sequías en la cuenca del Amazonas y el sudeste asiático (ocasionadas por el Niño) fueron en parte la causa de estos incendios, la mayoría fueron intencionados.

▲ EL PRIMER TORNADO DE FUEGO DOCUMENTADO

Los tornados de fuego se generan en nubes pirocumulonimbo (a la derecha). El 18 de enero de 2003, se formó uno en la columna de humo del incendio de McIntyres Hut, que afectó a Canberra, Australia. El tornado avanzó a unos 30 km/h, medía unos 0,5 km de ancho en su base y era lo bastante potente como para mover coches y arrancar los techos de las casas.

▲ LAS NUBES A MÁS ALTURA PROVOCADAS POR INCENDIOS FORESTALES

El intenso calor de los incendios forestales puede cambiar las condiciones meteorológicas. Las fuertes corrientes de aire ascendente transportan vapor de agua y cenizas y crean un tipo de cúmulos conocido como pirocúmulos, una nube que puede llegar hasta los 10.000 m de altura. Aún más impresionantes son los pirocumulonimbos (arriba), que pueden alcanzar los 16.000 m.

◄ EL MAYOR INCENDIO FORESTAL (ACTUALIDAD)

Según Greenpeace, a junio de 2016 los incendios forestales afectaban a unos 35.000 km² del territorio de Siberia, donde la reciente sequía ha incrementado los incendios forestales estacionales, probablemente debido al cambio climático. Entre 1976 y 2012, la temperatura media aumentó más del doble del promedio mundial en Siberia, una de las regiones más boscosas del mundo y con una gran biodiversidad, (con osos, lobos y águilas reales, entre otras especies).

Hongos

Alrededor de un 50% de las setas no son comestibles, un 25% son insípidas, un 20% provocan molestias gástricas, un 4% están deliciosas y un 1% pueden ser letales.

▲ LA SETA MÁS CARA
La trufa blanca (*Tuber magnatum pico*) es el hongo comestible más apreciado del mundo. Un kg puede llegar a costar hasta 3.000 $. Sólo se encuentra en las regiones italianas del Piamonte, Emilia-Romaña, Toscana y Las Marcas, y en la península de Istria, Croacia. Como esta trufa crece a unos 30 cm bajo tierra, sólo puede encontrarse con la ayuda de cerdos o perros adiestrados.

▲ EL FILO DE HONGO MÁS NUMEROSO
El más numeroso de los siete filos (grupos taxonómicos superiores) de hongos es el de los ascomicetos. Con más de 64.000 especies catalogadas, se cree que existen muchas otras aún por descubrir. En las imágenes, en el sentido de las agujas del reloj a partir de la superior izquierda, cuatro especies muy coloridas de ascomicetos: la peziza escarlata (*Sarcoscypha austriaca*), la gardinga (*Chlorociboria aeruginascens*), el hongo de copa (*Cookeina sp.*) y la *Cladonia floerkeana*.

▲ EL ORGANISMO QUE SE ACELERA MÁS RÁPIDO
Este hongo lanzador de esporas (*Pilobolus crystallinus*) es originario de Eurasia, Norteamérica y Australia. Su estructura reproductiva asexual (el esporangióforo) es un tallo parecido a una diminuta serpiente translúcida en cuyo extremo hay un esporangio o saco de esporas. Cuando madura, debido a un gran aumento de la presión interior, el esporangióforo «arroja» el esporangio en forma de sombrero con una aceleración de 0 a 20 km/h en sólo 2 µs (microsegundos), sometiéndolo a una fuerza de más de 20.000 g. Supera la aceleración de una bala, y equivale a lanzar a una persona a 100 veces la velocidad del sonido.

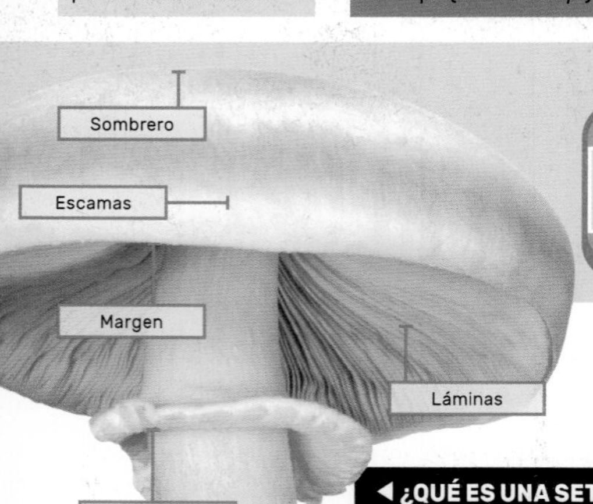

Los hongos son clave para el proceso industrial de 10 de los 20 medicamentos más rentables.

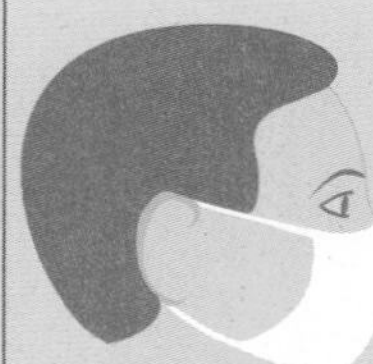

El aire que respiramos contiene **cerca de 10.000** esporas fúngicas por metro cúbico.

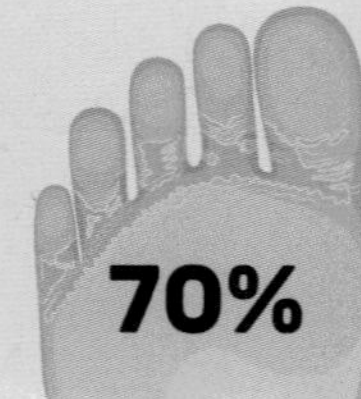

70% Porcentaje de población que sufre de *Tinea pedis*, o pie de atleta, la **infección de la piel más común en todo el mundo**.

◀ ¿QUÉ ES UNA SETA?
Las setas tienen el mismo fin para un hongo que el que tienen las frutas y flores para las plantas: ayudan al organismo a germinar. Cada seta produce unas esporas microscópicas, que son parecidas a las semillas o al polen. Algunas especies producen billones de estas unidades reproductivas diminutas.

El liquen más antiguo
El liquen *Winfrenatia* apareció hace unos 400 millones de años, en el Devónico inferior. Algunos de sus restos fosilizados se han hallado en el yacimiento paleontológico de Rhynie Chert, que contiene plantas, hongos, líquenes y materia animal excepcionalmente bien conservados. Lleva el nombre de la localidad vecina de Rhynie, en Aberdeenshire, R.U.

El hongo más alto
El *Prototaxites* fue un hongo que existió entre el Silúrico superior y el Devónico superior (hace 420-370 millones de años). Esta forma de vida terrestre de Norteamérica daba lugar a una estructura parecida a un tronco de árbol gigante de 1 m de ancho por 8 m de alto (más alto que una jirafa). Estos troncos estaban compuestos de numerosos tubos trenzados, cada uno de los cuales no superaba los 50 µm (micrómetros) de ancho. Es, sin duda, el organismo más alto que se sabe que existió en ese período.

P: ¿Qué porcentaje de una seta es agua?

R: Alrededor de un 90%.

El hongo más pesado
El 2 de abril de 1992, se informó que un mismo crecimiento clónico del hongo *Armillaria bulbosa*, mayormente bajo tierra, cubría una extensión de unas 15 ha de bosque en Michigan, EE.UU. Se calculó que pesaba más de 100 toneladas, el peso de alrededor de 30 hipopótamos. Se cree que se originó hace al menos 1.500 años a partir de una espora fertilizada.

El mayor número de sexos en una especie
En algunos hongos, dos genes distintos dan lugar a dos sexos distintos, macho y hembra, como sucede con los animales y plantas.

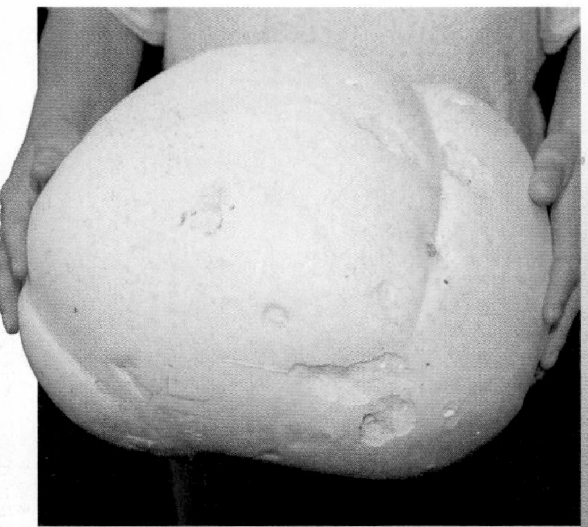

▲ **EL MAYOR PEDO DE LOBO DE LA HISTORIA**

El pedo de lobo gigante (*Calvatia gigantea*) nace en las zonas templadas del planeta. Su sombrero esferoidal, donde se desarrollan las esporas, puede alcanzar 1,5 m de diámetro y 20 kg de peso. Esta especie prolifera al final del verano y durante el otoño, y se encuentra en campos, prados y bosques caducifolios.

▶ **EL HONGO COMESTIBLE MÁS PESADO**

El 15 de octubre de 1990, Giovanni Paba de Broadstone, Dorset, R.U., encontró un enorme pollo del bosque (*Laetiporus sulphureus*) en New Forest, Hampshire, R.U. Este hongo gigante pesaba 45,35 kg. Debe su nombre a su sabor, que recuerda al del pollo.

◀ **EL HONGO MÁS VENENOSO**

El hongo de la muerte (*Amanita phalloides*) se encuentra en cualquier punto del planeta y se le atribuyen el 90% de las intoxicaciones letales por hongos. Tiene un contenido en toxinas entre 7 y 9 mg por cada gramo de hongo seco. La cantidad de amatoxinas (grupo de toxinas hepatotóxicas) considerada mortal para los humanos es sólo de entre 5 y 7 mg (según el peso corporal), lo que equivale a menos de 50 g de un hongo fresco.

▲ **LA SETA COMESTIBLE MÁS LARGA**

El 25 de julio de 2014, un *Pleurotus eryngii* cultivado por HOKUTO Corporation (Japón) midió 59 cm de largo en el Laboratorio de Investigación Micológica de la empresa en Nagano, Japón. El hongo, que pesó 3,58 kg, tardó 66 días en crecer, y el equipo se aseguró de que no se cayera ni rompiera debido a su propio peso.

Los hongos a menudo se usan para el proceso de lavado a la piedra con el que se da un aspecto gastado a los tejanos.

Las setas se pueden usar para fabricar papel.

Los hongos ejercen un papel primordial en la producción de cerveza, licores, vino, pan y queso.

Se calcula que existen 5,1 millones de especies de hongos distintas.

Sin embargo, en otros hongos, cada uno de estos dos genes pueden tener varias versiones distintas (o «alelos»), lo que comporta un número mucho mayor de sexos. Se han documentado algo más de 28.000 sexos diferentes en la llamada seta lanosa (*Schizophyllum commune*), una especie de seta muy común que se puede encontrar prácticamente en todo el mundo. Uno de sus dos genes del sexo tiene más de 300 alelos, mientras que el otro, más de 90. En consecuencia, pueden haber más de 28.000 distintas combinaciones de alelos (y, por tanto, sexos) a partir de estos dos genes.

La especie de seta más acuática

La *Psathyrella aquatica* es originaria del río Rogue, Oregón, EE.UU. Se trata de la única especie de basidiomicetos cuyo cuerpo fructífero puede sobrevivir bajo el agua. Está enterrada a 0,5 m de profundidad en un lecho de sedimentos para poder resistir las fuertes y rápidas corrientes de los ríos. El resto de hongos superiores que se conocen son terrestres.

LOS MÁS GRANDES

Trufa

El 6 de diciembre de 2014, Sabatini Tartufi (Italia/R.U.) vendió una trufa blanca (*T. magnatum pico*) a un comprador taiwanés por 61.250 $ en la casa de subastas Sotheby's de Nueva York, EE.UU. Su peso inicial de 1.890 g disminuyó tras deshidratarse durante la semana posterior a su hallazgo en Italia.

Hongo

Un hongo del bosque nacional de Malheur, en las Montañas Azules del este de Oregón, EE.UU., cubre una extensión de 890 ha, lo que equivale a 1.220 campos de fútbol. El hongo de miel (*Armillaria ostoyae*) tiene al menos 2.400 años.

Este hongo también es el **mayor organismo bioluminiscente**. El hongo de miel se caracteriza por su superficie resplandeciente, producida por bacterias bioluminiscentes, aunque la mayor parte de su tejido está a 1 m bajo tierra, en forma de micelios parecidos a una raíz.

Hongo en un árbol

En 1995 se descubrió en el Herbario Micológico del Real Jardín Botánico de Kew, Surrey, R.U. un *Rigidoporus ulmarius* que medía 1,6 × 1,4 m y cuya circunferencia era, ni más ni menos, de 4,8 m. Este hongo con el sombrero en forma de concha crece sobre troncos de olmo.

Basidiósporas

Los basidiomicetos, conocidos como «hongos superiores», comprenden las setas, los hongos no comestibles, los pedos de lobo, las poliporáceas y las royas. La mayoría tienen una reproducción sexual, y producen basidiósporas, unas esporas especializadas minúsculas. El *Aleurodiscus gigasporus* es una especie de hongo corticiáceo de China y se caracteriza por producir las basidiósporas más grandes. Miden 34 × 28 µm y tienen una masa estimada de 17 ng (nanogramos) y un volumen de 14 pL (picolitros); es decir, cada una de estas basidiósporas tiene el tamaño de una décima parte de un punto de esta página.

Grandes profundidades

Por debajo de los 200 m se encuentra el «mar profundo». Más allá de este punto, las temperaturas se acercan a los 0 °C, la luz se desvanece y la presión supera centenares de veces la existente a nivel del mar.

▲ **LAS FUENTES HIDROTERMALES A MÁS PROFUNDIDAD**
El 21 de febrero de 2013, un equipo de científicos británicos a bordo del barco de investigación RRS *James Cook* anunció el hallazgo de fuentes hidrotermales a 4.968 m de profundidad en la fosa de las Caimán, en el mar Caribe. El descubrimiento fue posible gracias a un vehículo submarino ROV (dirigido por control remoto). Según las mediciones realizadas, de las fuentes manaba agua rica en minerales a 401 °C.

El mayor naufragio
El superpetrolero de 153.479 toneladas *Energy Determination* sufrió una explosión el 13 de diciembre de 1979 y después se partió en dos en el estrecho de Hormuz, en el golfo Pérsico. Aunque no transportaba carga, tenía un valor en 1979 de 58.000.000 $.

El sumergible de investigación en aguas profundas más grande
El *Ben Franklin* (PX-15) medía 14,85 m de largo y desplazaba 133,8 toneladas. Desarrollado por la NASA y Northrop Grumman (EE.UU.) y construido en Suiza, el 14 de julio de 1969 fue dejado a la deriva en la corriente del Golfo a unos 600 m de profundidad para una misión de 30 días. A bordo iba una tripulación de seis personas. Se vendió en 1971 y ahora se expone en el Vancouver Maritime Museum, Canadá.

LOS PRIMEROS...

Instrumento científico empleado en la exploración de aguas profundas
En 1840 el explorador británico Sir James Clark Ross, al mando de una expedición a la Antártida, empleó una sonda que llegó a 3.700 m de profundidad. El instrumento consistía en un peso de plomo atado a una cuerda.

Llamada desde el lecho marino al espacio
El 29 de agosto de 1965, durante la misión Gemini V de la NASA, Gordon Cooper y Charles Conrad, en órbita en el espacio, recibieron una llamada por radioteléfono del astronauta Scott Carpenter (todos de EE.UU.). Carpenter estaba a bordo de la estación submarina *Sealab II*, a 62 m de profundidad en la costa de California, EE.UU., donde pasó 30 días realizando investigaciones sobre fisiología.

Restos hundidos de una ballena
En 1956 se publicó un trabajo de investigación sobre el destino de las carcasas de ballenas que caían al fondo de los océanos. Pero hubo que esperar hasta 1977 para encontrar los primeros restos de uno de estos animales fallecido por causas naturales, mediante el batiscafo *Trieste II*, que estaba explorando la cuenca de Santa Catalina, frente a la costa oeste de EE.UU. El lecho oceánico es pobre en nutrientes y muchas especies dependen de la constante caída de partículas orgánicas, conocidas como «nieve marina», desde niveles superiores del mar. La carcasa de una ballena de 40 toneladas es una fuente de carbono equivalente a entre 100 y 200 años de nieve marina sobre 1 ha de lecho oceánico.

P: ¿Qué es la «zona hadal»?

R: La zona más profunda del océano. Recibe el nombre de Hades, el dios del inframundo de la mitología griega.

A MÁS PROFUNDIDAD...

Rescate con buceadores
El 2 de mayo de 1942, el buque de guerra británico HMS *Edinburgh* se hundió a 245 m de profundidad en aguas del mar de Barents, al norte Noruega, dentro del círculo polar Ártico. Durante 31 días, desde el 7 de septiembre hasta el 7 de octubre de 1981, 12 buzos que trabajaban para un consorcio de empresas recuperaron 431 lingotes de oro. Cinco años más tarde se recobraron otros 29.

Inmersión de un submarino de guerra
El 4 de agosto de 1984, un submarino ruso K-278 descendió hasta 1.027 m de profundidad en el mar de Noruega. El primer y único K-278 entró en servicio el 28 de diciembre de 1983. Este prototipo de submarino nuclear contaba con un doble casco (incluyendo un casco interno de titanio) que le permitía operar a más profundidad que ningún otro submarino de guerra.

Buque naufragado
El 28 de noviembre de 1996, Blue Water Recoveries Ltd (R.U.) encontró, mediante un sonar de barrido lateral, los restos del SS *Rio Grande*, un buque de bloqueo alemán de la Segunda Guerra Mundial, en el fondo del Atántico Sur, a 5.762 m de profundidad.

Pez
Se han recogido ejemplares de doncella abisal (*Abyssobrotula Galatheae*) en aguas de Puerto Rico a una profundidad de 8.370 m.

Punto en el océano
El abismo de Challenger, en la fosa de las Marianas, océano Pacífico, se encuentra a unos 300 km al suroeste de Guam. Según mediciones realizadas en octubre de 2010 por el USNS *Sumner*, el fondo de este abismo está 10.994 m por debajo del nivel del mar.

Boaty McBoatface será el nombre de uno de los sumergibles operados por control remoto en el RRS *Sir David Attenborough*, todavía en construcción en Birkenhead, R.U., que empezará a navegar en 2019.

◀ **MÁS VOTOS POPULARES PARA BAUTIZAR UN BUQUE DE INVESTIGACIÓN**
En marzo de 2016, la National Environment Research Council (NERC) de R.U. anunció una votación popular por internet para elegir el nombre de su nuevo buque de investigación, en reemplazo del RRS *James Clark Ross* y del RRS *Ernest Shackleton*. El 16 de abril, «Boaty McBoatface» ganó con 124.109 votos. Finalmente, la NERC optó por RRS *Sir David Attenborough*, en honor al divulgador británico de historia natural, la cuarta propuesta más votada.

▲ **EL SUMERGIBLE CAPAZ DE ALCANZAR UNA MAYOR PROFUNDIDAD EN SERVICIO**

El submarino chino de investigación *Jiaolong* es el que alcanza una mayor profundidad entre los que están en servicio. El 24 de junio de 2012, descendió 7.020 m durante 11 h en la fosa de las Marianas, en el Pacífico occidental, comandado por Ye Cong, Liu Kaizhou y Yang Bo (todos de China). Se exploró el fondo oceánico, se tomaron muestras de agua y sedimentos, y se colocaron marcadores de posicionamiento.

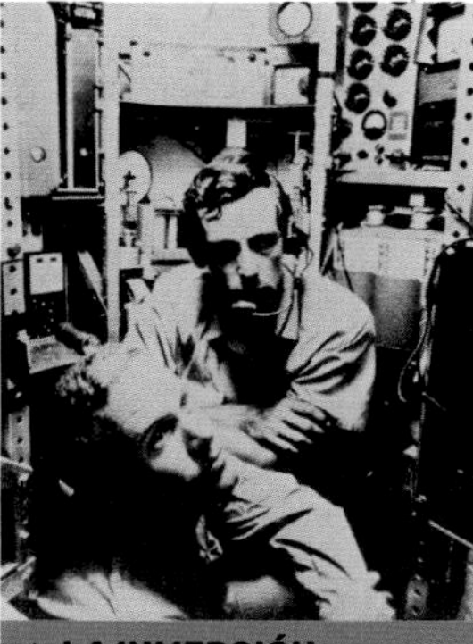

▲ **LA INMERSIÓN TRIPULADA A MÁS PROFUNDIDAD**

El 23 de enero de 1960, el Dr. Jacques Piccard (Suiza, arriba) y el teniente Donald Walsh (EE.UU., abajo) se sumergieron con el batiscafo *Trieste*, de fabricación suiza pero de la US Navy, hasta los 10.911 m en el abismo de Challenger, en la fosa de las Marianas.

▶ **LA PERSONA MÁS JOVEN EN HACER UNA INMERSIÓN HASTA EL *TITANIC***

El 4 de agosto de 2005, con 13 años y 319 días, Sebastian Harris (EE.UU., n. el 19 de septiembre de 1991) descendió hasta los restos del *Titanic* con su padre, Michael, en el sumergible ruso *Mir-2* durante 8 h. A la derecha puede verse una taza de espuma de poliestireno que llevaron consigo y que, debido a la elevada presión, se comprimió hasta el tamaño de un vaso de chupito.

▲ **LA INMERSIÓN EN SOLITARIO A MÁS PROFUNDIDAD**

El 25 de marzo de 2012, el cineasta James Cameron (Canadá) hizo una inmersión de 2 h hasta los 10.898 m en el abismo de Challenger con el *DEEPSEA CHALLENGER*, un «torpedo vertical» especialmente diseñado para un único tripulante. El director de *Titanic* (EE.UU., 1997) y *The Abyss* (EE.UU., 1989) pasó varias horas en la fosa, durante las cuales pudo ver sedimentos y algunas pequeñas formas de vida no identificadas.

▲ **LA ERUPCIÓN VOLCÁNICA A MÁS PROFUNDIDAD QUE SE HA PODIDO OBSERVAR**

El 6 y 7 de mayo de 2009, científicos estadounidenses filmaron una erupción volcánica que tuvo lugar a más de 1.208 m de profundidad en el océano Pacífico, a unos 200 km al sudoeste del archipiélago de Samoa. Las imágenes, tomadas por el robot sumergible *Jason 2*, muestran lava manando del West Mata, uno de los volcanes submarinos más activos del mundo.

▲ **LA RECUPERACIÓN A MÁS PROFUNDIDAD DE LA CARGA DE UN NAUFRAGIO**

El buque de pasajeros británico SS *City of Cairo* fue torpedeado y hundido el 6 de noviembre de 1942, lo que provocó la muerte de 104 personas y la pérdida de 100 toneladas de monedas de plata. En abril de 2015, se anunció que la compañía de salvamento Deep Ocean Search había encontrado sus restos en 2011 a 5.150 m de profundidad. El equipo de salvamento recuperó parte de la carga por un valor de 52,2 millones de dólares.

▲ LA INMERSIÓN A MÁS PROFUNDIDAD CON UN TRAJE DE BUCEO ATMOSFÉRICO

El 1 de agosto de 2006, Daniel Jackson, jefe de buceadores de la US Navy, descendió hasta los 610 m de profundidad frente a las costas de La Jolla, California, EE.UU. Jackson estaba probando el Hardsuit 2000, un traje de buceo atmosférico para misiones de rescate submarinas. Su robusto diseño permite caminar sobre el lecho marino, aunque su propulsión se basa en un sistema de hélices.

Recopilatorio

La temperatura en el núcleo de la Tierra es de unos 6.000 °C; la temperatura media de su superficie oscila en torno a los 14 °C.

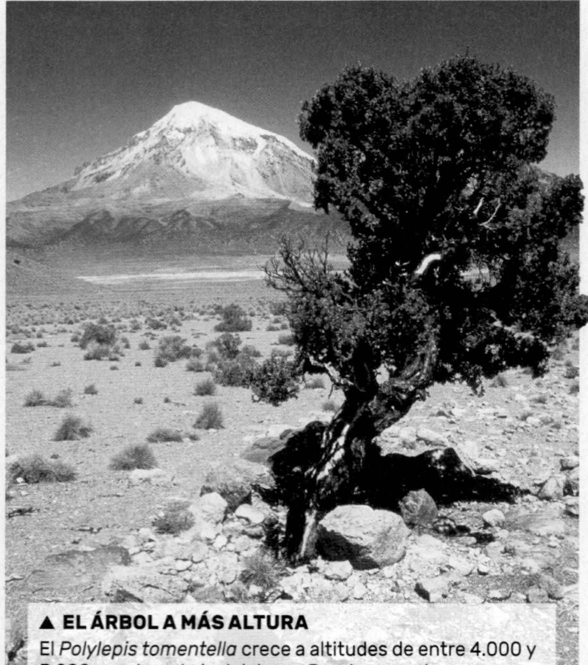

▲ **EL ÁRBOL A MÁS ALTURA**

El *Polylepis tomentella* crece a altitudes de entre 4.000 y 5.200 m sobre el nivel del mar. Puede encontrarse en todo el ecosistema semiárido del Altiplano, en los Andes centrales.

Los **árboles más altos** son las secuoyas (géneros *Sequoia* y *Sequoiadendron*) y los eucaliptos (género *Eucalyptus*), que pueden llegar a medir 113 m.

El relámpago más duradero

En septiembre de 2016, la Organización Meteorológica Mundial anunció que el 30 de agosto de 2012 se registró un rayo de nube a nube con un recorrido en horizontal de unos 200 km de longitud por el sudeste de Francia en 7,74 s. La duración media de un relámpago es de apenas 0,2 s.

El estudio también mostró las similitudes entre la composición química de este esmog y la del aire contaminado de las ciudades chinas en la actualidad.

▲ **EL ESMOG MÁS LETAL**

El término «esmog» deriva de las palabras inglesas *smoke* y *fog* («humo» y «niebla»). Del 5 al 9 de diciembre de 1952, el frío y la acumulación de contaminantes provocados por un anticiclón cubrieron Londres con una capa de denso esmog. Murieron alrededor de 12.000 personas.

En noviembre de 2016, un equipo de científicos publicó un análisis del desastre. Señalaron que el dióxido de azufre y el dióxido de nitrógeno de la quema de carbón en residencias y centrales eléctricas habían formado ácido sulfúrico al mezclarse con la niebla, lo que provocó inflamación pulmonar y muerte por asfixia en muchas personas. Una representación de la ópera *La Traviata* en el teatro Sadler's Wells se canceló debido a una nube de esmog que entró en el auditorio. En la isla de los Perros, en el este de Londres, el esmog era tan denso que la gente no podía ver sus propios pies.

La velocidad del río de hierro fundido en el núcleo externo de la Tierra es aproximadamente una quincuagésima parte de la velocidad media de un perezoso, pero unas 35.000 veces mayor que la de la hierba al crecer.

El **lugar más caluroso en la Tierra** es el aire que hay alrededor de un rayo, que puede llegar a alcanzar los 30.000 °C, una temperatura cinco veces mayor que la de la superficie del Sol.

El volcán más reciente

El Paricutín, en México, es un cono volcánico fruto de una erupción que se inició en un campo de maíz el 20 de febrero de 1943 y se prolongó hasta 1952. La mayor parte de su actividad se dio durante el primer año, en el que el cono volcánico creció hasta los 335 m de altura. El Paricutín ofreció a los geólogos la rara oportunidad de ser testigos del nacimiento, evolución y muerte de un volcán.

El agua con más antigüedad (no meteórica)

El 13 de diciembre de 2016, un equipo de científicos dirigidos por Barbara Sherwood Lollar (Canadá) presentó los resultados de un estudio en un encuentro de la American Geophysical Union que desvelaba el hallazgo de agua con una antigüedad de dos mil millones de años 3 km por debajo de la superficie terrestre en Kidd Creek Mine, Timmins, Ontario, Canadá. La edad de este agua, unas ocho veces más salada que la del mar y que a esta profundidad puede contener información sobre la época en que quedó atrapada, pudo establecerse gracias al análisis de distintos elementos disueltos en ella, como helio, neón, kriptón, xenón y argón.

El tsunami más potente producto del impacto de un asteroide

Hace sesenta y cinco millones de años, un asteroide de al menos 10 km de largo cayó en la península de Yucatán, territorio actual de México. El impacto liberó alrededor de 2 millones de veces la misma energía que la explosión nuclear más potente provocada por el hombre y creó un cráter de unos 180 km de diámetro. Se estima que el tsunami desencadenado por este impacto debió de alcanzar una altura de 1 km en algunos lugares en su punto más alto. No obstante, podría haber sido mucho más alto si el asteroide hubiese caído en una zona más profunda del océano y no en las aguas superficiales de la península de Yucatán.

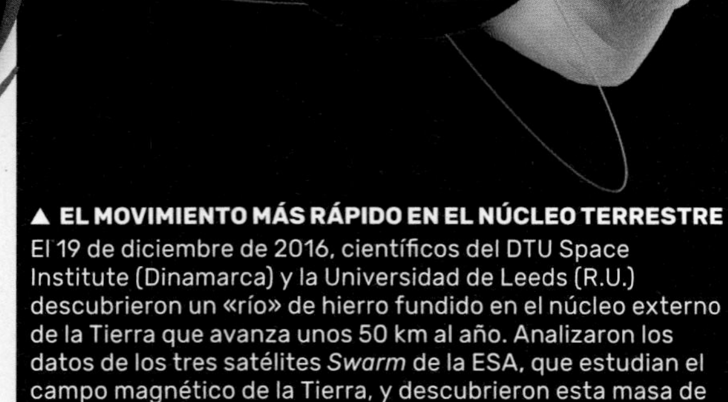

▲ **EL MOVIMIENTO MÁS RÁPIDO EN EL NÚCLEO TERRESTRE**

El 19 de diciembre de 2016, científicos del DTU Space Institute (Dinamarca) y la Universidad de Leeds (R.U.) descubrieron un «río» de hierro fundido en el núcleo externo de la Tierra que avanza unos 50 km al año. Analizaron los datos de los tres satélites *Swarm* de la ESA, que estudian el campo magnético de la Tierra, y descubrieron esta masa de hierro fundido a unos 3.000 km de profundidad. Mide cerca de 420 km de ancho y cubre cerca de la mitad del planeta.

▼ **LA MAYOR EMISIÓN DE CALOR DE UN VOLCÁN**

De 2000 a 2014, el volcán hawaiano Kīlauea emitió una energía térmica de $9,8 \times 10^{16}$ julios, según un estudio de geólogos estadounidenses y británicos del 28 de enero de 2015, a partir de datos satelitales sobre los 95 volcanes más activos de la Tierra.

La imagen inferior se realizó con datos de enero de 2010 a mayo de 2011. Muestra sutiles cambios del tamaño del volcán durante las erupciones y entre ellas. Cada cambio de color implica un aumento de altura de 1,5 cm. Cuanto más cerca están los anillos, mayor es el incremento.

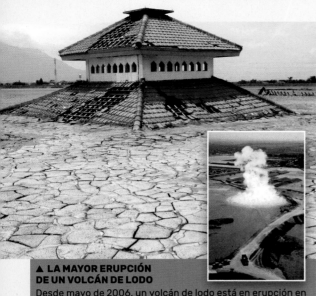

▲ **LA MAYOR ERUPCIÓN DE UN VOLCÁN DE LODO**
Desde mayo de 2006, un volcán de lodo está en erupción en el este de Java, Indonesia. La mezcla de agua y arcilla que expulsa ha enterrado más de 6,5 km² de la ciudad de Sidoarjo baja una capa de barro de hasta 40 m de grosor, y provocado el desplazamiento de unas 40.000 personas. En el momento de mayor actividad, el volcán llegó a lanzar unos 180.000 m³ de barro al día, lo que equivale al volumen de la gran pirámide de Giza, en Egipto, cada dos semanas. Se calcula que la erupción se prolongará entre 25 y 30 años.

isla fue declarada Patrimonio de la Humanidad por la Organización de las Naciones Unidas para la Educación, la Ciencia y la Cultura (UNESCO).

Las **dunas de arena más altas que se han medido** son las de Isaouane-n-Tifernine, el mar de arena del Sahara, en el centro este de Argelia. Miden 5 km de largo y alcanzan los 465 m de altura.

Glaciar
El glaciar Lambert, en la Antártida, cubre un área de 1 millón de km² y se estima que arroja unos 33.000 millones de toneladas de hielo procedente de la barrera de hielo de Antártida Oriental al océano Antártico todos los años.

El glaciar Lambert, con sus más de 400 km de recorrido, es también el **glaciar más largo del mundo**.

▲ **LA PRIMERA ÉPOCA GEOLÓGICA DE LA EDAD MODERNA**
El 29 de agosto de 2016, un grupo de trabajo sobre el Antropoceno de la Unión Internacional de Ciencias Geológicas presentó pruebas sobre una nueva época geológica. El Antropoceno abarca el período en el que las actividades humanas empiezan a afectar a los ecosistemas terrestres. Se recomendó fijar formalmente el inicio de la nueva época hacia 1950, cuando las pruebas de armas nucleares propagaron elementos radiactivos por todo el planeta.

La ola más alta
Se calcula que la ola marina más alta de la que se tiene constancia oficial (consecuencia del clima o del estado del tiempo) media 34 m desde el valle hasta la cresta. Fue medida desde el USS *Ramapo* durante su travesía entre Manila, Filipinas, y San Diego, California, EE.UU., la noche del 6 al 7 de febrero de 1933, y estuvo causada por vientos huracanados de hasta 126 km/h.

El punto más distante de tierra firme
A 48° 52,6' S y 123° 23,6' O, existe un punto en el Pacífico Sur a 2.699 km (1.450 millas náuticas) de tierra firme. Es conocido como punto Nemo, o polo de inaccesibilidad del Pacífico. Si en algún momento te encuentras en ese lugar, y la *Estación Espacial Internacional* orbita directamente encima de ti a una altitud de unos 400 km, estarás más cerca de su tripulación que cualquier otra persona en la Tierra.

LOS MÁS GRANDES

Continente
De todos los continentes (Europa, África, Asia, América, Oceanía y Antártida), Asia es el más grande, con 45.036.492 km². África ocupa el segundo lugar con un área de 30.343.578 km². Aparte de Australia, que suele considerarse una masa terrestre continental, la isla más grande de la Tierra es Groenlandia, con un área de unos 2.175.600 km².

La **isla de arena más grande** del mundo es la isla Fraser, en la costa sur de Queensland, Australia. Su extensión es de unas 1.630 km² y alberga una duna de arena de 120 km de largo (y más de 100 lagos de agua dulce). En 1992, la

Base de datos de lagos
El 15 de diciembre de 2016, un equipo de geógrafos de la Universidad McGill de Montreal, Canadá, publicó la base de datos de lagos más completa que existe. Conocida como HydroLAKES, contiene los datos de las mediciones, incluyendo el volumen de agua y la longitud de sus costas, realizadas a 1,42 millones de lagos de más de 10 ha de superficie. El equipo de la Universidad McGill estima que el volumen total de agua contenida por estos lagos está en torno a los 181.900 km³ y que la longitud total de los litorales alcanza los 7.200.000 km.

Lago de lava
El volcán en escudo Nyiragongo, en la República Democrática del Congo, contiene en su cráter un lago de lava de unos 250 m de ancho. Este volcán ha entrado en erupción 34 veces desde 1882.

Cordillera subglacial
Situadas al este de la Antártida, las montañas Gamburtse se extienden a lo largo de 1.200 km y alcanzan unos 2.700 m de altura sobre el nivel del mar. Nadie ha podido ver nunca estas montañas, ya que se encuentran permanentemente enterradas bajo una capa de hielo de al menos 600 m de espesor. Descubiertas en 1958 por un equipo soviético mediante el método de reflexión sísmica, se cree que tienen unos 500 millones de años.

▼ LA PRIMERA ESTIMACIÓN DE LA MASA DE LA TECNOSFERA

Ramificación de la biosfera terrestre, la tecnosfera comprende todas las estructuras y objetos construidos por los humanos que algún día podrían convertirse en «tecnofósiles». Desde carreteras y ciudades (Nueva York, en la imagen) hasta vertederos (detalle) y vehículos (incluidos sus residuos), forman parte de la tecnosfera. El 28 de noviembre de 2016, un equipo internacional de científicos publicó en la revista *Anthropocene Review* una estimación de la masa total de la tecnosfera terrestre de unos 30 billones de toneladas, lo que equivale a unas 90 millones de veces el Empire State Building.

La masa de la tecnosfera estimada en el estudio (arriba) equivale a más de 50 kg por cada m² de superficie terrestre, como cuatro lingotes de oro u 80 balones de baloncesto.

Los más altos

¿Qué es más grande? ¿El **muñeco de nieve más alto** o el **dinosaurio más alto**? ¿El **crucero más grande** o la **estatua más alta**? ¿Y tú dónde crees que encajarías? Seguro que eres más bajo que el **hombre más alto**, pero ¿y si te comparas con el **perro más alto**? ¡Averígualo!

0-6 m

Perro (de todos los tiempos): 1,11 m

El 4 de octubre de 2011, *Zeus* (2008-2014), un gran danés perteneciente a la familia Doorlag, de Otsego, Michigan (EE.UU.), medía 1,11 m hasta la cruz.

La altura media de un humano es de 1,66 m.

Mujer (de todos los tiempos): 2,46 m

Zeng Jinlian (1964-1982), del pueblo de Yujiang, en la provincia de Hunan (China), medía 2,46 m en el momento de su muerte, el 13 de febrero de 1982.

Hombre (de todos los tiempos): 2,72 m

El hombre más alto según la historia médica es Robert Pershing Wadlow (EE.UU.), que el 27 de junio de 1940 medía 2,72 m. Ya medía 1,63 m a los cinco años, y a los 17 pasaba los 2,45 m, por lo que también fue el **adolescente más alto de todos los tiempos**. Cuando falleció a los 22 años, fue enterrado en un ataúd de 3,28 m de largo. Ver pág. 66 para más información sobre este sorprendente hombre.

Mamífero: 4,6-5,5 m

Una jirafa adulta macho (*Giraffa camelopardalis*) suele medir entre 4,6 m y 5,5 m de alto. La **jirafa más alta de todos los tiempos** fue un macho masái (*G. c. tippelskirchi*) llamado *George*, que llegó al zoo de Chester, R.U., en 1959, y alcanzó los 5,8 m.

6-30 m

Bicicleta: 6,15 m

Richie Trimble (EE.UU.) pudo ver la coronilla de la **jirafa más alta** gracias a la bicicleta *Stoopidtaller*, de 6,15 m. Para probar que se podía usar, Richie recorrió con esta bici 100 m en Los Angeles, California, EE.UU., el 26 de diciembre de 2013.

Moái (en pie): 9,8 m

La estatua más alta (moái) que queda en pie en la Isla de Pascua (Rapa Nui) mide 9,8 m. La figura de 74,39 toneladas se encuentra en Ahu Te Pito Kira y se llama «Paro».

Huevo de Pascua de chocolate: 10,39 m

Tosca (Italia) hizo un huevo de Pascua de chocolate de 10,39 m, que se midió en Le Acciaierie Shopping Village de Cortenuova, Italia, el 16 de abril de 2011. Tuvo un diámetro de 19,6 m y pesó 7,2 toneladas.

Castillo de arena: 13,97 m

Ted Siebert y su equipo de Sand Sculpture Company (EE.UU.) tardaron dos semanas en construir el **castillo de arena más alto**. Erigido en Virginia Key Beach en Miami, Florida, EE.UU., en octubre de 2015, alcanzó los 13,97 m de alto.

Dinosaurio: 18 m

Los restos del dinosaurio descubierto en 1994 en Oklahoma, EE.UU., pertenecen a la que se considera la criatura más grande que ha pisado jamás la Tierra. El *Sauroposeidon* medía 18 m, como un edificio de cuatro plantas, y pesaba 60 toneladas.

30-100 m

Muñeco de nieve:
37,21 m

En febrero de 2008, los habitantes de Bethel, Maine, EE.UU., construyeron un muñeco de nieve (técnicamente muñeca, pues se llamó Olympia) de 37,21 m de alto. Los brazos eran abetos y las pestañas, esquís.

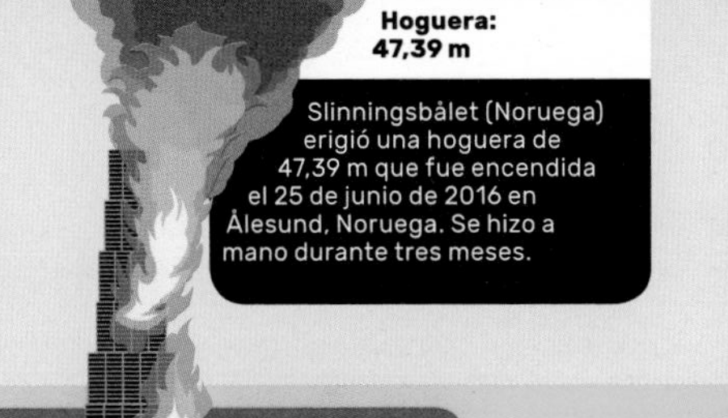

Hoguera:
47,39 m

Slinningsbålet (Noruega) erigió una hoguera de 47,39 m que fue encendida el 25 de junio de 2016 en Ålesund, Noruega. Se hizo a mano durante tres meses.

Árbol de Navidad:
67,36 m

En diciembre de 1950, el Northgate Mall, Seattle, Washington, EE.UU., presentó su nuevo árbol de Navidad: un abeto de Douglas (*Pseudotsuga menziesii*) con una altura de 67,36 m.

Crucero:
72 m

Botados en 2009 y 2010, respectivamente, los cruceros de clase Oasis de Royal Caribbean MS Oasis of the Seas y MS Allure of the Seas tienen una altura de 81 m desde la quilla hasta lo alto de sus chimeneas cuando los 7 m de la parte telescópica de éstas está completamente extendida.

100-500 m

Árbol (vivo):
115,54 m

«Hyperion» es una secuoya roja (*Sequoia sempervirens*) que en septiembre de 2006 ya alcanzaba los 115,54 m de alto. Fue descubierta por Chris Atkins y Michael Taylor (ambos de EE.UU.) en el Redwood National Park, California, EE.UU., el 25 de agosto de 2006. Casi dobla la altura del **árbol de Navidad más alto**.

Estatua:
127,64 m

El buda de Zhongyuan en Lushan, provincia de Henan, China, se eleva 127,64 m sobre el paisaje. Fue consagrado el 1 de septiembre de 2009 y medido el 2 de diciembre. Supera en más de 7.600 veces la altura de una persona de estatura media.

Pirámide:
146,7 m

La pirámide de Khufu, en Giza, Egipto, es la más alta del mundo. Conocida como la Gran Pirámide, midió 146,7 m al terminarse hace 4.500 años, pero la erosión y el vandalismo la han reducido a sus 137,5 m actuales.

Iceberg:
167 m

El rompehielos USCGC *Eastwind* registró en 1957 un iceberg de 167 m de altura sobre el nivel del mar (el equivalente a 55 plantas) en el oeste de Groenlandia.

Asta de bandera:
171 m

El mástil de la plaza Rey Adbullah en Jeddah, Arabia Saudí, mide 171 m de alto. Sostiene una bandera de 49,35 m de largo, ¡como una piscina olímpica!

Plataforma de petróleo:
472 m

La instalación de gas Troll A, localizada en Noruega en el mar del Norte, mide 472 m y pesa aprox. 683.600 toneladas. Se sumerge 303 m por debajo del agua. El acero que compone Troll A bastaría para construir 15 torres Eiffel, y el cemento para poner los fundamentos de 215.000 casas. También es el **objeto fabricado por el hombre más alto jamás trasladado**, pues se llevó a remolque.

> 500 m

Edificio:
828 m

El Burj Khalifa tiene el récord del **edificio más alto** desde que se inauguró en Dubái, Emiratos Árabes Unidos, el 4 de enero de 2010. Con 828 m de altura, la torre de 160 plantas es la **estructura más alta hecha por el hombre en tierra firme**.

Cascada:
979 m

El Salto del Ángel en Venezuela se encuentra en una bifurcación del río Carrao y es la **cascada más alta** del mundo. Tiene una caída total de 979 m y el salto único más largo es de 807 m. El nombre de la cascada es en honor del piloto estadounidense Jimmie Angel (fallecido el 8 de diciembre de 1956), que las registró en su diario el 16 de noviembre de 1933, aunque también las había visto en 1910 el explorador venezolano Ernesto Sánchez la Cruz.

Estructura:
1.432 m

Si «altura» se define como la distancia de algo hacia arriba desde la superficie de la Tierra, la plataforma Magnolia Extended Tension Leg, en el golfo de México, es la **estructura más alta hecha por el hombre**. Se eleva 1.432 m desde el fondo del mar hasta lo más alto de la plataforma flotante.

Montaña:
10.205 m

El Everest es la **montaña más alta sobre el nivel del mar** (8.848 m), pero el Mauna Kea (Montaña Blanca) en la isla de Hawái (EE.UU.) es la más alta desde la base marina a la punta con 10.205 m, de los cuales 4.205 m están sobre el nivel del mar.

Descarga este póster en guinnessworldrecords.com/2018

Animales

Los investigadores estiman que es posible que existan cerca de 1 billón de especies de formas de vida microscópicas y macroscópicas en la Tierra. Sólo una cucharada de tierra puede contener 10.000 especies de bacterias diferentes.

El camarón mantis payaso es, sin duda, un gran boxeador y ataca con una fuerza de 100 veces su peso corporal (0,6 kg). ¡Cada golpe lo efectúa 50 veces más rápido que el pestañeo de un ser humano!

SUMARIO

◀ LOS OJOS MÁS SOFISTICADOS DE UN ANIMAL

Conforme patrulla las cálidas aguas de los océanos Índico y Pacífico, este colorido camarón mantis payaso (*Odontodactylus scyllarus*) puede llegar a ver acercarse el peligro desde más de 1,5 km de distancia. Sus ojos saltones se mueven independientemente el uno del otro y contienen millones de células fotosensibles con 16 conos fotorreceptores (el ojo humano sólo tiene tres). Además, tiene un arma secreta muy poderosa: el **golpe más fuerte de todos los animales**. Este estomatópodo puede golpear a una velocidad de 23 m/s con las patas delanteras, que tienen forma de garrote, y con una fuerza de 1.500 N. No sólo destroza la concha de sus presas con este golpe, sino que también mantiene a raya a los depredadores más confiados.

Escarabajos

Los coleopterólogos (expertos en escarabajos) calculan que el 85% de todas las especies de escarabajos aún no se han descubierto ni han recibido un nombre científico.

▲ EL GORGOJO MÁS LARGO
En la actualidad existen más de 60.000 especies de gorgojos conocidas por la ciencia, por lo que es el tipo de coleóptero más numeroso. Muchos gorgojos son muy pequeños, pero el macho adulto del gorgojo jirafa (*Lasiorhynchus barbicornis*, arriba) puede alcanzar una longitud de hasta 9 cm.
En relación con el tamaño de su cuerpo, el **escarabajo cica de pico largo** (*Antliarhinus zamiae*), endémico de Sudáfrica, es el escarabajo con el pico más largo. Con 2 cm, su pico corresponde a dos terceras partes de la longitud total de este gorgojo.

El grupo taxonómico más grande

El término «taxonomía» se refiere a la clasificación científica de organismos. Los escarabajos conforman el orden taxonómico *Coleoptera* de los insectos, el grupo taxonómico más grande. Representan una de cada cinco especies vivas de organismos, incluyendo los animales, las plantas y los hongos. Aproximadamente un 40% de todas las especies de insectos vivas conocidas son escarabajos. Se encuentran prácticamente en todo el mundo, a excepción de la Antártida, las regiones polares del norte y los hábitats marinos. A día de hoy, alrededor de 400.000 especies se han descrito científicamente, y cada año se descubren multitud de especies nuevas. Se estima que este número sólo representa el 15% de todas las especies de escarabajos de nuestro planeta.

La primera especie similar a los escarabajos

Los primeros insectos que más se parecían a los escarabajos modernos datan de depósitos de la edad pérmica temprana (hace aprox. 280 millones de años) y fueron encontrados en Moravia, República Checa, así como en los montes Urales, Rusia. Corresponden a la familia taxonómica de los *Tshekardocoleidae*, dentro del orden taxonómico prehistórico *Protocoleoptera*, cuya traducción sería «primeros escarabajos».

La larva de escarabajo de mayor peso

La larva del escarabajo rinoceronte (*Megasoma actaeon*), en las regiones del norte de Sudamérica, llega a los 200 g de peso cuando alcanza su tamaño completo. El espécimen de mayor peso del que se tiene constancia es un macho (izquierda) engendrado en Japón en 2009 que pesó 228 g en estado larvario, ¡casi como una rata común hembra adulta! También posee el récord de ser el **escarabajo de mayor peso** de cualquier tipo y el **insecto de mayor peso** de cualquier tipo.

▼ EL ESCARABAJO (E INSECTO) ADULTO DE MAYOR PESO
Alcanzada su edad adulta plena, los escarabajos Goliat (*Scarabaeidae*), del África ecuatorial, son los pesos pesados del mundo coleóptero. El macho puede llegar a medir hasta 11 cm desde la punta de los cuernos hasta el final del abdomen y a pesar entre 70 y 100 g, una vez y media más que una pelota de tenis.

Élitro: láminas córneas endurecidas, que protegen el par de alas posteriores.

Escutelo: escudo pequeño y triangular situado en el tórax.

Abdomen

Tórax

Antena

Ojo compuesto

Cabeza

Fémur

Cuernos

Tibia

Boca

Garra

Tarso: última parte de la pata subdividida en segmentos, que termina en una garra.

P: ¿Qué tipo de escarabajo representaba un símbolo sagrado en el Antiguo Egipto?

R: El escarabajo pelotero.

Los insectos más pequeños

Por el título del récord al insecto más pequeño compiten dos ejemplares, que también son los **escarabajos más pequeños**. Los coleópteros de «alas emplumadas» de la familia *Ptiliidae* (o *Trichopterygidae*) miden entre 0,25 y 0,30 mm, como ciertas especies de escarabajos con alas con aspecto de plumas de la tribu taxonómica *Nanosellini*, como los *Scydosella musawasensis*.

El escarabajo tigre más grande

El escarabajo tigre (*Manticora latipennis*) —en inglés *monster tiger beetle*, es decir, escarabajo tigre gigante—, nativo de Sudáfrica, Botsuana y Mozambique, alcanza a menudo una longitud total de 6,5 cm. El macho se considera especialmente intimidatorio debido a sus mandíbulas gigantes que se asemejan a unos cuernos parecidos a los de los ciervos volantes. Sin embargo, mientras que las mandíbulas del ciervo volante sólo tienen una función simbólica en ciertos rituales, las de esta especie de escarabajo tigre son totalmente funcionales ya que las usa para agarrar y manipular a su presa mientras la corta en pedazos antes de devorarla.

El escarabajo más sociable

La primera (y actualmente la única) especie de coleópteros con comportamiento social («eusocial») es el *Austroplatypus incompertus*, un escarabajo de la corteza que se encuentra en Australia. De la familia de los gorgojos, forma colonias en el duramen de eucaliptos. Cada colonia contiene sólo una hembra fértil (la reina), a la que protegen hembras estériles (obreras) y que se aparea con los machos fértiles (soldados) para gestar las generaciones posteriores. Se trata de un sistema de castas que se asemeja al de otros insectos sociales como las abejas y las hormigas.

El escarabajo más rápido

El Usain Bolt del mundo coleóptero, y a la vez el **insecto más rápido**, es el escarabajo tigre australiano (*Cicindela hudsoni*), que puede alcanzar los 2,5 m/s (9 km/h), cubriendo 125 veces la longitud de su cuerpo por segundo. Tomando como referencia los 2,44 m de longitud de zancada de Bolt, la equivalencia en humanos sería de 305 m/s (1.097 km/h), algo menos que la velocidad del sonido. Thomas M. Merritt, del Departamento de Entomología y Nematología de la Universidad de Florida, EE.UU, publicó este estudio en 1999.

Los escarabajos salen del huevo en forma de larva (arriba a la izquierda) y a continuación atraviesan una serie de fases de desarrollo conocidas como «estadios». El último estadio es el de la «pupa», tras el que se convierten en imago o adulto.

¡Una larva de escarabajo rinoceronte pesa aprox. lo mismo que 6,25 gorriones adultos!

Los humanos comemos al menos 300 especies diferentes de escarabajo (normalmente en estado larvario).

Los pueblos San de Namibia hunden la punta de sus flechas en un veneno letal que se obtiene de las larvas y pupas de los escarabajos crisomélidos.

Dos tercios de los animales catalogados y nombrados por científicos son insectos. De éstos, un 40% son coleópteros (lo que significa que de las aprox. 1,5 millones de especies documentadas de animales, ¡unas 400.000 son escarabajos!).

El árbol plantado en Los Ángeles, California, EE.UU., para rendir homenaje al guitarrista de los Beatles, George Harrison (R.U.), lo destruyeron... ¡mariquitas y escarabajos de la corteza!
—Ñam, ñam, ñam

Los escarabajos modernos aparecieron hace aprox. 280 millones de años, lo que significa que sobrevivieron a lo que fuera que acabó con los dinosaurios.

¿!

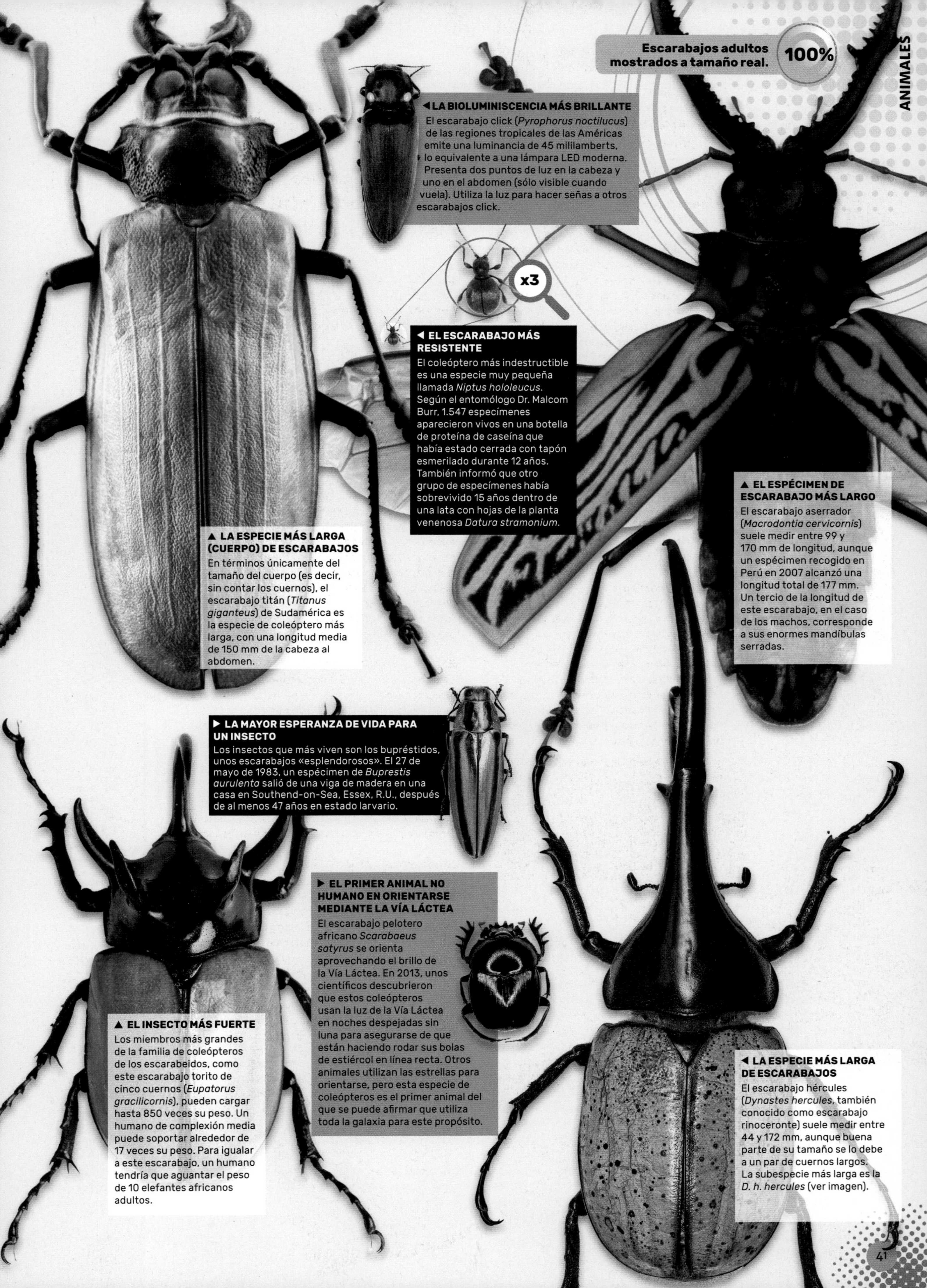

◀ LA BIOLUMINISCENCIA MÁS BRILLANTE

El escarabajo click (*Pyrophorus noctilucus*) de las regiones tropicales de las Américas emite una luminancia de 45 mililamberts, lo equivalente a una lámpara LED moderna. Presenta dos puntos de luz en la cabeza y uno en el abdomen (sólo visible cuando vuela). Utiliza la luz para hacer señas a otros escarabajos click.

◀ EL ESCARABAJO MÁS RESISTENTE

El coleóptero más indestructible es una especie muy pequeña llamada *Niptus hololeucus*. Según el entomólogo Dr. Malcom Burr, 1.547 especímenes aparecieron vivos en una botella de proteína de caseína que había estado cerrada con tapón esmerilado durante 12 años. También informó que otro grupo de especímenes había sobrevivido 15 años dentro de una lata con hojas de la planta venenosa *Datura stramonium*.

▲ EL ESPÉCIMEN DE ESCARABAJO MÁS LARGO

El escarabajo aserrador (*Macrodontia cervicornis*) suele medir entre 99 y 170 mm de longitud, aunque un espécimen recogido en Perú en 2007 alcanzó una longitud total de 177 mm. Un tercio de la longitud de este escarabajo, en el caso de los machos, corresponde a sus enormes mandíbulas serradas.

▲ LA ESPECIE MÁS LARGA (CUERPO) DE ESCARABAJOS

En términos únicamente del tamaño del cuerpo (es decir, sin contar los cuernos), el escarabajo titán (*Titanus giganteus*) de Sudamérica es la especie de coleóptero más larga, con una longitud media de 150 mm de la cabeza al abdomen.

▶ LA MAYOR ESPERANZA DE VIDA PARA UN INSECTO

Los insectos que más viven son los bupréstidos, unos escarabajos «esplendorosos». El 27 de mayo de 1983, un espécimen de *Buprestis aurulenta* salió de una viga de madera en una casa en Southend-on-Sea, Essex, R.U., después de al menos 47 años en estado larvario.

▶ EL PRIMER ANIMAL NO HUMANO EN ORIENTARSE MEDIANTE LA VÍA LÁCTEA

El escarabajo pelotero africano *Scarabaeus satyrus* se orienta aprovechando el brillo de la Vía Láctea. En 2013, unos científicos descubrieron que estos coleópteros usan la luz de la Vía Láctea en noches despejadas sin luna para asegurarse de que están haciendo rodar sus bolas de estiércol en línea recta. Otros animales utilizan las estrellas para orientarse, pero esta especie de coleópteros es el primer animal del que se puede afirmar que utiliza toda la galaxia para este propósito.

▲ EL INSECTO MÁS FUERTE

Los miembros más grandes de la familia de coleópteros de los escarabeidos, como este escarabajo torito de cinco cuernos (*Eupatorus gracilicornis*), pueden cargar hasta 850 veces su peso. Un humano de complexión media puede soportar alrededor de 17 veces su peso. Para igualar a este escarabajo, un humano tendría que aguantar el peso de 10 elefantes africanos adultos.

◀ LA ESPECIE MÁS LARGA DE ESCARABAJOS

El escarabajo hércules (*Dynastes hercules*, también conocido como escarabajo rinoceronte) suele medir entre 44 y 172 mm, aunque buena parte de su tamaño se lo debe a un par de cuernos largos. La subespecie más larga es la *D. h. hercules* (ver imagen).

Cérvidos

La posición de los ojos, a los costados de la cabeza, proporciona a los cérvidos un campo visual de unos 310º, por lo que pueden ver detrás de ellos.

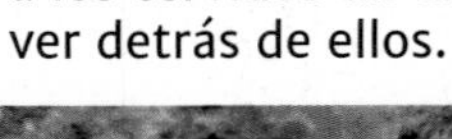

◄ EL CÉRVIDO MÁS GRANDE

El alce es la especie de cérvido más grande. En verano ingiere unos 33,1 kg de vegetación al día, sobre todo plantas leñosas y arbustos. En invierno, cuando come brotes de plantas, su ingesta desciende a 15,4 kg. En septiembre de 1897, un alce de Alaska (*Alces alces gigas*), de 2,34 m de altura hasta los omóplatos y 816 kg de peso, murió por un disparo en Yukón, Canadá.

▼ LA MIGRACIÓN ANIMAL TERRESTRE MÁS LARGA

La mayor distancia recorrida por un animal terrestre es la del caribú de Grant (*Rangifer tarandus*), de Alaska y Yukón, en Norteamérica, que se desplaza hasta 4.800 km al año. En verano come hierba y arbustos de la tundra septentrional. Sin embargo, al llegar el invierno se encamina a Yukón, rumbo al sur, en busca de líquenes y otros vegetales parecidos.

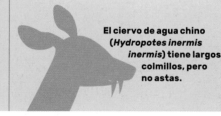

▲ LOS UNGULADOS MÁS SANGRIENTOS

(El término «ungulado» se refiere a animales con pezuñas, como los ciervos.) En la isla de Rùm (Hébridas Interiores, R.U.), la vegetación carece de minerales como el calcio y el fósforo. Para alimentarse, el ciervo rojo (*Cervus elaphus*) mata a los polluelos de las aves marinas de anidación terrestre, en especial de la pardela pichoneta (*Puffinus puffinus*, recuadro). Le arrancan la cabeza de un mordisco y mastican los huesos para obtener los minerales que precisan.

Algunos rebaños de caribús alcanzan los 100.000 miembros.

100.000

Cuatro estómagos

Al igual que las vacas, los cérvidos cuentan con un estómago principal, dividido en cuatro cámaras. Esto es común a todos los rumiantes, animales cuyo proceso digestivo consiste en masticar su propio bolo alimenticio (es decir, que regurgitan y mastican la comida que ya habían engullido).

El ciervo de agua chino (*Hydropotes inermis inermis*) tiene largos colmillos, pero no astas.

La primera especie de cérvido con astas que mudan

El cérvido más antiguo conocido por la ciencia que pierde las astas es el *Dicrocerus elegans*, una especie que vivió en Europa durante el Mioceno (hace entre 20 y 5 millones de años): hay pruebas fósiles en Francia, Alemania, Portugal, Eslovaquia y Serbia, así como en China. Sus astas eran simples, por lo que se les llama protoastas. Eran bifurcadas (*Dicrocerus* significa «astas bifurcadas»), pero sin dientes (púas o puntas) y con una base más gruesa. Sólo los machos tenían astas, y las mudaban anualmente. El pedúnculo principal de cada una de ellas se acortaba con cada muda, como les sucede a los muntíacos en la actualidad.

La especie prehistórica de cérvidos más grande

Según las pruebas fósiles y las pinturas rupestres, el alce irlandés (*Megaloceros giganteus*) debió de alcanzar los 2 m hasta los omóplatos. Su nombre procede de los numerosos ejemplares fósiles hallados en Irlanda, aunque no estaba íntimamente emparentado con el alce. Estudios genéticos han confirmado que su pariente más cercano es el actual gamo.

La especie de muntíaco más grande

El muntíaco gigante (*Muntiacus vuqangensis*) es originario de Vietnam y Camboya. Pesa entre 30 y 45 kg, el doble que otros muntíacos. También es un tercio más largo, y sus astas son hasta cuatro veces más grandes. Por todo esto, resulta de lo más curioso que la ciencia no identificara esta especie tan grande hasta 1994.

La especie de ciervo-ratón más reciente

Pese a su nombre coloquial, el ciervo-ratón constituye una familia taxonómica (*Tragulidae*) distinta de la de los ciervos (*Cervidae*). A excepción de una única especie africana, sólo se hallan en Asia. La última especie que los científicos han identificado formalmente es la del ciervo-ratón de rayas amarillas (*Moschiola kathygre*), descrita y nombrada oficialmente en 2005. Se trata de una especie originaria de la isla de Sri Lanka.

El **ungulado más pequeño** es el ciervo-ratón de Java (*Tragulus javanicus*), con una altura hasta el omóplato de entre 20 y 25 cm, entre 42 y 55 cm de longitud y entre 1,5 y 2,5 kg de peso. Los machos adultos se caracterizan por sus caninos superiores, que les salen de la mandíbula como colmillos protuberantes. Por su parte, las hembras de esta especie son capaces de concebir al cabo de dos horas de dar a luz.

P: ¿Cuántas especies de cérvidos existen?

R: Unas 100. Se encuentran en todos los continentes, salvo en la Antártida y en Australia.

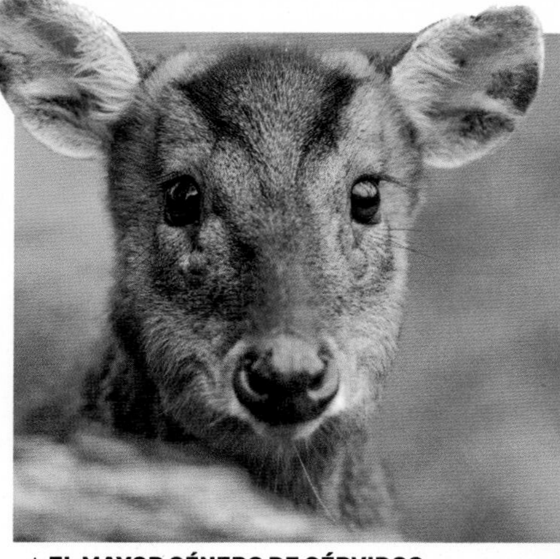

▲ EL MAYOR GÉNERO DE CÉRVIDOS

Se suele considerar que el género *Muntiacus*, que incluye a los muntíacos o ciervos ladradores, contiene 12 especies. Sin embargo, algunos investigadores también otorgan la categoría de especie a cuatro subespecies del muntíaco de la India (*M. muntjak*). Los muntíacos son originarios de Asia, pero se han introducido ejemplares en otros lugares, como R.U.

▲ LA ESPECIE DE CÉRVIDO MÁS PEQUEÑA

El pudú del norte (*Pudu mephistophiles*) no supera los 35 cm hasta los omóplatos, y alcanza un peso máximo de 6 kg. Es originario de las montañas de los Andes de Colombia, Ecuador y Perú. Los machos poseen unas astas cortas y en punta que mudan cada año, pero no son bifurcadas como las de otras especies. Las hembras no tienen astas.

▲ LA SUBESPECIE DE RENO MÁS PEQUEÑA

El macho de reno de Svalbard (*Rangifer tarandus platyrhynchus*), originario de las islas Svalbard, mide de media 160 cm y pesa entre 65 y 90 kg. Las hembras llegan a alcanzar los 150 cm y entre 53 y 70 kg. Su peso aumenta de primavera a otoño.

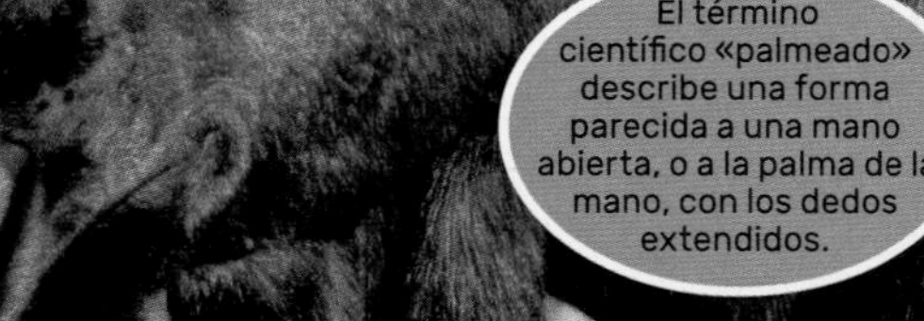

El término científico «palmeado» describe una forma parecida a una mano abierta, o a la palma de la mano, con los dedos extendidos.

▲ LAS ASTAS MÁS GRANDES

Las astas de un alce (*Alces alces*) que mataron cerca del río Stewart en Yukón, Canadá, en octubre de 1897 medían 1,99 m.

El prehistórico ciervo gigante (*Megaloceros giganteus*) poseía las **astas más largas de cualquier animal conocido**. Un ejemplar descubierto en un pantano irlandés presentaba unas astas muy palmeadas de 4,3 m de ancho.

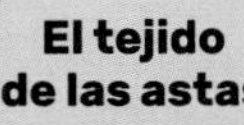

El tejido de las astas

Se trata del **tejido de mamífero que crece más deprisa**. Puede hacerlo a un ritmo de 2,5 cm al día, mucho más rápido que las uñas humanas.

9,1 m

Algunas especies, como el ciervo de cola blanca (*Odocoileus virginianus*), pueden dar saltos de 9,1 m de longitud. Además, son capaces de brincar en el aire casi 2,4 m.

▼ EL CÉRVIDO MÁS GRANDE DE TODOS LOS TIEMPOS

El alce de frente ancha (*Cervalces latifrons*) vivió durante el Pleistoceno. Según pruebas fósiles, alcanzaba los 2,1 m, un poco más que el *Megaloceros giganteus* (abajo), aunque pesaba el doble: 1.200 kg.

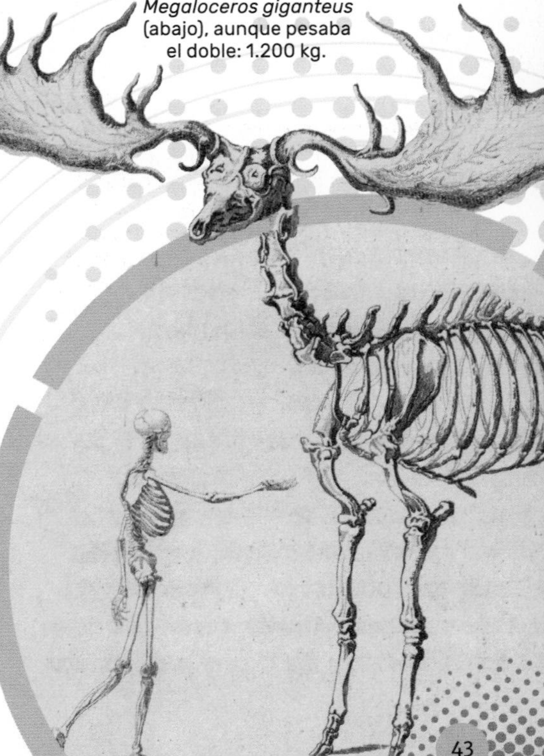

El menor radio de distribución de una especie de cérvido

El ciervo de Bawean o ciervo de Kuhl (*Hyelaphus kuhlii*), en grave peligro de extinción, sólo está presente en la minúscula isla indonesia de Bawean, entre Borneo y Java, con una superficie de unos 200 km² y 15 km de distancia entre sus extremos más alejados. Hoy en día sólo existen unos 250 ejemplares en estado salvaje, en dos grupos reducidos y topográficamente separados. Pese a los programas de cría en cautividad que se han impulsado para garantizar su supervivencia, sigue siendo la **especie de cérvido más escasa**.

La especie más común de ciervo almizclero

Las siete especies de ciervo almizclero son raras y están en peligro de extinción. Actualmente, el más común es el ciervo almizclero siberiano (*Moschus moschiferus*), declarado vulnerable por la Unión Internacional para la Conservación de la Naturaleza (UICN). Las otras seis especies están consideradas en peligro. La población mundial de ciervo almizclero siberiano disminuye debido a la caza, pues los machos adultos poseen la preciada glándula que segrega almizcle. Se calcula que hay unos 230.000 ejemplares, de los que aprox. 150.000 constituyen la población que habita en la región más oriental de la Federación Rusa.

Las astas más pequeñas

Las astas del ciervo de copete asiático (*Elaphodus cephalophus*) sólo miden unos 5 cm de largo. A menudo quedan ocultas bajo el mechón de pelo negro que tiene en la frente y al que la especie debe su nombre.

El cérvido más longevo

Un ciervo rojo escocés (*Cervus elaphus*), propiedad de la familia Fraser (R.U.), criado por humanos y llamado *Bambi*, nació el 8 de junio de 1963 y murió el 20 de enero de 1995, a los 31 años y 226 días. Los ciervos salvajes que superan los peligros que los acechan siendo cervatillos viven de 10 a 20 años.

Águilas

Proporcionalmente, los ojos de las águilas son 20 veces mayores que los de los humanos. ¡Un humano con «vista de águila» tendría unos ojos el doble de grandes que una bola de jugar a los bolos!

▲ EL PICO DE ÁGUILA MÁS LARGO
Un fósil de la ya extinguida águila de Haast (*Harpagornis moorei*) muestra una mandíbula inferior de 11,4 cm. Es casi el doble que los picos más largos de las especies de águila que sobreviven actualmente, como el águila monera (*Pithecophaga jefferyi*) o el pigargo de Steller (*Haliaeetus pelagicus*), con un tamaño de algo más de 7 cm.

El género de águila más grande

El mayor género taxonómico de águila es el *Aquila*, que incluye a las llamadas águilas «verdaderas» y, en la actualidad, suma 15 especies. Éstas incluyen al águila real (*A. chrysaetos*) de Eurasia y Norteamérica, a la inmensa águila audaz australiana (*A. audax*), al águila negra africana o de Verreaux (*A. verreauxii*) y a la magnífica águila imperial ibérica (*A. adalberti*).

La primera águila *Aquila* («verdadera»)

Las primeras águilas «verdaderas» del género *Aquila* que conoce la ciencia en la actualidad datan del Mioceno medio o tardío, hace unos 12 millones de años. Hay tres especies: *A. bullockensis*, *A. delphinensis* y *A. pennatoides*. La primera de ellas vivió en Australia; de las otras dos se tiene constancia gracias a fósiles hallados en depósitos de Grive-Saint-Alban, Francia.

La mayor especie de águila de la historia

En 1871, el geólogo alemán Julius Haast descubrió el águila de Haast (*Harpagornis moorei*) en los restos de un pantano. Era un ave de presa gigantesca, oriunda de la isla Sur de Nueva Zelanda. Se calcula que la hembra adulta de esta especie pesaba entre 10 y 15 kg, y el macho entre 9 y 12 kg. En cuanto a tamaño corporal, incluso las mayores especies de águilas de la actualidad son cerca de un 40% más pequeñas que el águila de Haast.

El tamaño de esta rapaz la convertía en un temible depredador, capaz de matar moas, unas aves que no volaban y que eran aún más grandes y pesadas que los avestruces. Sin embargo, los primeros asentamientos maoríes en la isla Sur empezaron a cazar de forma masiva las moas, lo que no sólo supuso su extinción, sino también la del águila de Haast, hacia 1400.

LAS ÁGUILAS MÁS ESCASAS EN ESTADO SALVAJE

	NOMBRE	SITUACIÓN	CANTIDAD
1	Pigargo malgache *Haliaeetus vociferoides*	CR	240 (aprox.)
2	Águila-azor de Flores *Nisaetus floris*	CR	< 255
3	Águila monera *Pithecophaga jefferyi*	CR	600 (aprox.)
4	Águila imperial ibérica *Aquila adalberti*	VU	648 (aprox.)
5	Águila-azor filipina *Nisaetus philippensis*	VU	600-900
6	Pigargo de Pallas *Haliaeetus leucoryphus*	VU	2.500- 10.000
7	Pigargo de las Salomón *Haliaeetus sanfordi*	VU	5.000 (aprox.)
8	Águila moteada *Clanga clanga*	VU	< 8.000
=9	Águila moteada hindú *Clanga hastata*	VU	3.500- 15.000
=9	Culebrera sudanesa *Circaetus beaudouini*	VU	3.500- 15.000
=9	Arpía Papúa *Harpyopsis novaeguineae*	VU	3.500- 15.000
=9	Culebrera de Kinabalu *Spilornis kinabaluensis*	VU	3.500- 15.000
=9	Águila-azor de Wallace *Nisaetus nanus*	VU	3.500- 15.000
=9	Águila imperial oriental *Aquila heliaca*	VU	3.500- 15.000

CR: En peligro crítico; VU: Vulnerable (UICN)

El águila más escasa

Se cree que sólo quedan 120 parejas de pigargos malgaches (*Haliaeetus vociferoides*, ver arriba) en los bosques del noroeste de Madagascar. En esta isla del océano Índico vivió tiempo atrás una rapaz más grande, el águila coronada malgache (*Stephanoaetus mahery*), que se extinguió hacia 1500. También desapareció en esta zona un águila de la especie *Aquila*. Aunque no ha sobrevivido ninguna rapaz, se puede observar el impacto que dejaron en los lémures, ya que aún muestran rasgos de comportamiento relacionados con la necesidad de mantenerse a salvo de estas águilas.

El águila-azor más escasa

Se cree que existen menos de 255 ejemplares de águila-azor de Flores (*Nisaetus floris*). Esta especie está completamente restringida a las pequeñas islas indonesias de Flores, Lombok, Sumbawa y Alos, en las islas menores de la Sonda, así como a los dos islotes de Satonda y Rinca.

La mayor águila de presa registrada

En el parque nacional del Manú, en Perú, un águila harpía sudamericana (ver abajo a la derecha) mató y se llevó a un macho joven de mono aullador rojo (*Alouatta seniculus*) de 7 kg de peso, en 1990.

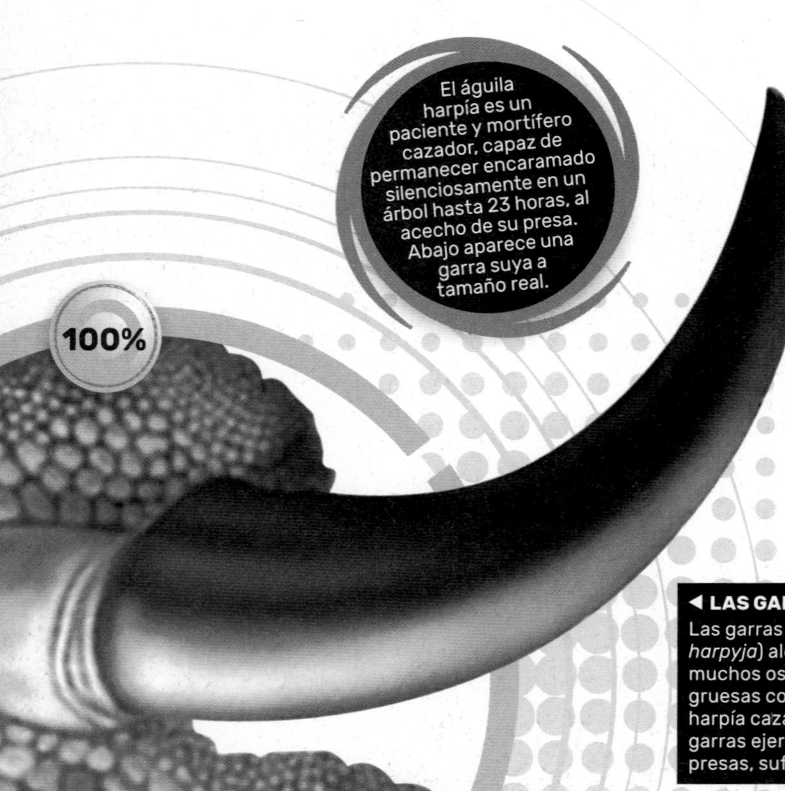

El águila harpía es un paciente y mortífero cazador, capaz de permanecer encaramado silenciosamente en un árbol hasta 23 horas, al acecho de su presa. Abajo aparece una garra suya a tamaño real.

◄ LAS GARRAS DE ÁGUILA MÁS LARGAS
Las garras traseras del águila harpía sudamericana (*Harpia harpyja*) alcanzan los 13 cm, y son más largas que las de muchos osos pardos. Sus patas pueden llegar a ser tan gruesas como la muñeca de un niño pequeño. El águila harpía caza entre el follaje del bosque pluvial, y con sus garras ejerce una presión de más de 50 kg sobre sus presas, suficiente para molerles los huesos.

El símbolo oficial del Sacro Imperio Romano era un águila de dos cabezas.

Las águilas hembra son mucho más grandes que los machos.

Con relación a su peso, el ala de un águila es más fuerte que la de un avión.

71

En la actualidad, el número de especies de águila vivas reconocidas por la ciencia es de 71.

A un grupo de águilas se le llama

BANDADA.

Las águilas calvas no tienen la cabeza pelada. El término se emplea para describir su cabeza blanca.

▲ **LA MAYOR ENVERGADURA DE UN ÁGUILA**

En el águila monera (*Pithecophaga jefferyi*), anteriormente llamada come monos, se han observado envergaduras confirmadas de hasta 2,2 m, más que el tamaño medio de cualquier otra especie. Debido a sus dimensiones y peso, las alas de estas águilas son, en realidad, relativamente cortas: en los densos bosques de Filipinas, unas alas más largas disminuirían la capacidad de aceleración que precisa para cazar monos, aves y reptiles con los que se alimenta.

▲ **EL ÁGUILA MÁS PEQUEÑA**

La culebrera de Nicobar (*Spilornis Klossi*) pesa 450 g y apenas mide 40 cm. Es ligeramente más larga que un gavilán hembra y habita en los bosques de la isla de Gran Nicobar, al norte de la isla indonesia de Sumatra. El águila culebrera no fue descrita oficialmente hasta 1902, por lo que recibió el nombre del zoólogo británico Cecil B. Kloss.

▲ **EL MAYOR NIDO DE AVE**

El 1 de enero de 1963, se examinó un nido construido por una pareja de águilas calvas (*Haliaeetus leucocephalus*) cerca de St. Petersburg, en Florida, EE.UU: medía 2,9 m de ancho y 6 m de hondo. Se calculó que este gran nido pesaba más de 1.995 kg.

Sin embargo, resulta pequeño al lado de los montículos de incubación que hace el faisán australiano (*Leipoa ocellata*). El material utilizado en estas cámaras aisladas, que son los **mayores montículos de incubación**, puede llegar a pesar 300 toneladas, ¡lo mismo que un Boeing 747!

▲ **EL ÁGUILA MÁS PESADA**

El pigargo de Steller (*Haliaeetus pelagicus*), que debe su nombre al botánico alemán Georg Steller, pesa entre 5 y 9 kg. Su masa corporal media, de 6,7 kg, es mayor que la de cualquier otra águila. Habita, sobre todo, en zonas costeras de Rusia y en regiones de Corea y Japón, y sobrevive a base de peces como el salmón, la trucha y el bacalao del Pacífico, aunque se sabe que se ha alimentado de cangrejos, patos, calamares e incluso focas. Esta pesada ave también tiene un gran tamaño, en algunos casos como un águila monera (ver arriba). No obstante, su envergadura media, de 212,5 cm, sólo es la tercera más grande de todas las águilas.

▶ EL AVE DE PRESA MÁS FUERTE

La hembra del águila harpía (*Harpia harpyja*) es capaz de matar y cargar animales de un peso corporal similar al suyo, unos 9 kg (ver izquierda). Cuando cae sobre su presa a velocidades de 32 km/h, el águila harpía genera una energía de aproximadamente 2.258 julios, el equivalente a casi tres veces la energía inicial de una bala disparada con una pistola 357 Magnum. Este pájaro es un superdepredador situado en la parte superior de la cadena alimentaria, que tiene entre sus presas a perezosos y monos aulladores.

Pandas

Los pandas tienen el sentido del olfato tan desarrollado que encuentran bambú por la noche sólo gracias a su aroma.

▲ EL PRIMER PANDA CONOCIDO POR LA CIENCIA

El *Ailurus fulgens*, del sudoeste de China y el Himalaya oriental, fue descrito y nombrado formalmente en 1825 por el naturalista francés Frédéric Cuvier. Cuatro años antes, el teniente general Thomas Hardwicke había presentado un artículo en la Linnean Society de Londres, en el que describía y nombraba esta especie. Sin embargo, el artículo de Hardwicke no se publicó hasta 1827.

El fósil de panda gigante más antiguo conocido

En 2007 se descubrió en la cueva de Jinyin, en Guangxi, sur de China, un cráneo fosilizado de panda gigante pigmeo (*Ailuropoda microta*). Esta especie vivió en los bosques tropicales de bambú del sur de China hace aproximadamente entre 2 y 4 millones de años, durante el Plioceno tardío.

El panda gigante pigmeo fue también el **panda gigante más pequeño**. Con 1 m de altura, era más menudo que el panda gigante actual (*A. melanoleuca*), y su aspecto era similar al de un perro doméstico gordo. Debido al característico deterioro de su dentadura, los científicos han sugerido que se alimentaba de brotes de bambú, al igual que su pariente actual, más grande.

El oso vivo más primitivo

En términos de desarrollo y línea evolutiva, el panda gigante se separó de los demás osos hace entre 18 y 25 millones de años. Se engloba dentro de su propia subfamilia, *Ailuropodinae* (que significa «pie de gato blanco y negro»).

El **menor territorio registrado para una especie de oso** es el del panda gigante hembra que habita en las montañas de Qinling, en la provincia de Shaanxi, China: sólo 4,2 km^2, algo más que el Central Park de Nueva York.

La mayor cantidad de pandas nacidos en un año

En 2006 se batió el récord de nacimientos de pandas: 30 cachorros nacieron con éxito en cautividad. La mayoría de ellos lo hicieron en el Wolong Panda Research Center, en el sudoeste de China, aunque el último nació en el Adventure World de Wakayama, Japón, el 23 de diciembre de 2006.

La especie más cara en cautividad

Toda la población mundial de pandas gigantes es originaria (y propiedad) de China. Los zoos de cuatro ciudades de EE.UU. (San Diego, Atlanta, Washington y Memphis) pagan cada año 1.000.000 $ al gobierno chino en concepto de arrendamiento por una pareja de estas escasas criaturas. Si nacen cachorros, en ocasiones, gemelos, deben pagarse además 600.000 $ por cría. La recaudación se destina a proyectos chinos de conservación del panda. El mantenimiento de los pandas (incluidas la producción de bambú y la seguridad) quintuplica el coste de mantener a la segunda especie más costosa: el elefante.

A *Jia Jia* le regalaron una tarta de zumo de fruta y hielo en la fiesta de su 37.° cumpleaños (abajo) al convertirse en el panda en cautividad más longevo.

P: ¿Cuántos dedos tiene en cada pata el panda gigante?

R: Seis: tiene cinco dedos y un pulgar opuesto.

La dieta más restrictiva para un oso

Más del 99% de la dieta del panda gigante la constituye el bambú. El 1% restante consiste en otros vegetales, aves y roedores pequeños y, en ocasiones, carroña. En cautividad, también ingiere huevos, fruta, miel y pescado. Lo cierto es que el panda extrae pocos nutrientes del bambú, una fuente de proteína y energía muy pobre, por lo que debe comer grandes cantidades (hasta 14 kg de brotes de bambú al día) para mantenerse saludable.

EL PRIMER...

Registro por escrito del panda menor

Existen referencias al panda menor o rojo (*A. fulgens*) en un pergamino chino del siglo XIII. El documento representa una escena de caza en la que unos humanos persiguen a esta especie. En cambio, la ciencia occidental no conoció al panda menor hasta 1821, a través de un artículo escrito por el teniente general Thomas Hardwicke (ver a la izquierda).

Panda gigante vivo visto por un occidental

El zoólogo alemán Hugo Weigold adquirió un cachorro de panda gigante en 1916 en la provincia china de Wassu, al este del río Min. Weigold participaba por entonces en la expedición Stoetzner a la China occidental y el Tíbet oriental, y había estado buscando pandas gigantes en vano. Sin embargo, pese a su intento de criarlo en cautividad, el cachorro murió poco después por falta de una alimentación adecuada.

Panda gigante mantenido fuera de China

Su-Lin (que significa «una pizca de algo precioso»), un cachorro de panda gigante, tenía unas nueve semanas cuando lo encontraron abandonado en el hueco de un árbol, cerca del río Min en la provincia de Sichuan, China, en 1936. Lo descubrió la exploradora estadounidense Ruth Harkness, quien llevó a Su-Lin a EE.UU. en diciembre de ese mismo año. El cachorro era macho, aunque Harkness lo tomó por hembra. La exploradora lo alimentó con biberón hasta que, en abril de 1937, fue adquirido por el zoo Brookfield de Chicago, donde vivió hasta la primavera de 1938, cuando murió al asfixiarse con una rama, según la autopsia oficial.

◄ EL PANDA EN CAUTIVIDAD MÁS LONGEVO (DE LA HISTORIA)

Jia Jia («bueno») es un panda gigante hembra nacido en 1978. Llegó al Ocean Park de Hong Kong en marzo de 1999, donde vivió hasta su fallecimiento, el 16 de octubre de 2016, a los 38 años. La esperanza de vida del panda gigante salvaje es de unos 18 a 20 años, y de 30 años en cautividad.

Tiempo atrás hubo pandas en libertad en el sur y el este de China, en Myanmar y en Vietnam, pero la reducción de su hábitat y la caza furtiva los han convertido en uno de los animales más amenazados del mundo.

El colorido blanco y negro del panda se ha comparado con el símbolo del Yin y el Yang (arriba), que, para los chinos, representa el equilibrio entre las fuerzas opuestas del universo.

El nombre científico del panda menor (o rojo), *Ailurus fulgens*, significa **«oso-gato fogoso»**.

El panda gigante es muy corto de vista.

A un grupo de pandas se le llama **MANADA.**

En 2011 el empresario An Yanshi (China) empezó a cultivar té verde fertilizado con caca de panda; un kg de este té cuesta 440.000 yuanes (65.065 $).

▲ EL NACIMIENTO MÁS RECIENTE DE TRILLLIZOS DE PANDA GIGANTE

Sólo se han registrado cuatro casos de nacimientos de trillizos en cautividad. El más reciente de ellos ocurrió el 29 de julio de 2014 en el parque temático Chimelong Paradise, en Guangzhou, provincia de Guangdong, al sudeste de China. Los tres cachorros de panda nacieron con una diferencia de cuatro horas entre uno y otro, y a 6 de octubre de 2016 seguían con vida, después de haber sido criados en dicho parque. A su madre, *Ju Xiao*, la inseminaron artificialmente en marzo de 2014.

◀ EL PRIMER PANDA GIGANTE NACIDO EN CAUTIVIDAD

El 9 de septiembre de 1963, un panda gigante macho llamado *Ming-Ming* («brillante») se convirtió en el primer ejemplar de su especie nacido en cautividad. Ocurrió en el zoo de Pekín, China; su padre se llamaba *Pi-Pi*, y su madre, *Li-Li*.

Casi exactamente un año después, el 4 de septiembre de 1964, *Li-Li* dio a luz a un segundo cachorro: una hembra a la que llamaron *Lin-Lin* («jade bonito»).

El área que cubren estos santuarios para pandas gigantes triplica más o menos el tamaño del estado de Rhode Island, en EE.UU.

▲ EL MAYOR HÁBITAT DEL PANDA GIGANTE

Los santuarios para pandas gigantes situados en las montañas de Qionglai y Jiajin, en la provincia de Sichuan, China, representan el mayor hábitat continuo del panda gigante. Más del 30% de la población mundial de pandas vive en esta red de reservas y parques naturales de 9.245 km². En 2006 la UNESCO declaró oficialmente Patrimonio de la Humanidad esta área.

▲ LA ESPECIE DE PANDA GIGANTE MÁS RECIENTE

El panda gigante de Qinling (*Ailuropoda melanoleuca qinlingensis*) se reconoció oficialmente como una especie independiente en 2005. A diferencia del famoso pelaje blanco y negro del panda gigante (*A. melanoleuca*), el del panda de Qinling alterna entre marrón oscuro y claro. Además, su cabeza es más redondeada. Se cree que sólo quedan entre 200 y 300 ejemplares en libertad.

◀ LA ESPECIE DE OSO MÁS VORAZ

Para sobrevivir, el panda gigante llega a consumir diariamente el 38% de su propio peso en brotes de bambú, o bien el 15% en hojas y tallos de esta planta. Y es que sólo es capaz de digerir hasta el 21% de todo el bambú que ingiere, por lo que, además, tiene que comer durante el invierno, en vez de hibernar como el resto de osos. Dedica a ello hasta 15 h al día, y consume más alimento en proporción a su peso corporal que ninguna otra especie de oso.

Loros

Los loros son capaces de imitar a los depredadores de sus depredadores. Como mascotas, emulan los sonidos que escuchan en casa, desde el habla de las personas hasta teléfonos y timbres.

La superfamilia de loros más extensa
Los *Psittaciformes* es el orden taxonómico al que pertenecen los loros. Engloba casi 400 especies y se divide en tres superfamilias: *Psittacoidea* («loros típicos»), *Cacatuoidea* (cacatúas) y *Strigopoidea* (loros de Nueva Zelanda). La más extensa es la *Psittacoidea*, con aproximadamente 350 especies, que se distribuyen principalmente por el hemisferio sur, en regiones tropicales y subtropicales.

La **superfamilia más reducida de loros** es, con mucha diferencia, la *Strigopoidea*, con sólo tres especies supervivientes, todas ellas endémicas de Nueva Zelanda y con diferencias genéticas respecto a otros loros vivos. Son el kakapo (derecha), el kea (*Nestor notabilis*) y el kaka (*N. meridionalis*).

El primer periquito común hablador
En 1788, el convicto inglés Thomas Watling fue trasladado a Nueva Gales del Sur, Australia, para cumplir una condena por falsificación de billetes en Londres. Watling tuvo un periquito (*Melopsittacus undulatus*) como mascota al que enseñó a decir «¿Cómo está usted, Dr. White?» en honor al médico de la colonia penitenciaria, el Dr. John White, un entusiasta naturalista.

La especie de loros con mayor dimorfismo sexual
El dimorfismo sexual es la variación en tamaño o apariencia entre los dos sexos de una misma especie. El loro eclecto (*Eclectus roratus*) macho presenta un plumaje verde brillante, mientras que el de la hembra es rojo brillante con una llamativa banda azul púrpura en la nuca. Todavía en la década de 1920, esta diferencia de color llevó a pensar que macho y hembra pertenecían a especies distintas.

El calancate más grande
Nativo de los bosques y selvas montanas de Perú, Bolivia y Argentina, el calancate cara roja (*Psittacara mitratus*) puede alcanzar los 38 cm de largo gracias en parte a una cola relativamente larga. Este loro de plumaje de color verde solía estar incluido en el género *Aratinga*, pero después de un estudio en profundidad realizado en 2013 pasó a estar incluido en el *Psittacara*.

El agaporni más grande
El inseparable abisinio (*Agapornis taranta*) puede crecer hasta medir 16,5 cm de largo. Principalmente de color verde, aunque con una frente roja en los machos, es endémico de Etiopía y Eritrea, en el este de África.

El guacamayo más pequeño
Originario de Sudamérica, el guacamayo de hombros rojos (*Diopsittaca nobilis*) es el único miembro de su especie. Es una mascota muy popular por su pequeño tamaño y carácter dócil que, a menudo, recibe el apodo de «miniguacamayo» en el mundo del comercio de animales domésticos. No mide más de 30 cm de largo y pesa sólo 165 g.

P: ¿Qué distingue a los loros en su forma de comer respecto a otras aves?

R: Ningún otro pájaro puede usar las patas para llevarse comida a la boca.

La especie más pequeña de loro amazona
En la actualidad, hay reconocidas casi 30 especies de loros amazona. Con un tamaño de tan sólo 25 cm, la amazona de pico negro (*Amazona agilis*) es la más pequeña. Endémico de las selvas de montaña del interior de Jamaica, el número de individuos de la especie, tiempo atrás corriente, ha disminuido debido a la deforestación, el tráfico de animales exóticos y la caza furtiva. A día de hoy está clasificado como «vulnerable» por la UICN.

El periquito más viejo en cautividad
Nacido en abril de 1948, *Charlie* murió a los 29 años y 60 días de edad el 20 de junio de 1977. J Dinsey, de Londres, R.U., fue su cuidador.

LOS MÁS SINGULARES

Cacatúa
Se estima que sólo quedan entre 560 y 1.150 ejemplares de cacatúa filipina (*Cacatua hematuropigia*), clasificada por la UICN como especie «en peligro crítico de extinción». Sufrió un declive extremadamente rápido debido a la destrucción de su hábitat (las zonas bajas húmedas), y al tráfico de aves exóticas. A día de hoy, sólo existen algunas poblaciones en ciertas islas de Filipinas.

Lori
Totalmente confinado en la isla de Nueva Caledonia, Australia, el último avistamiento confirmado de un lori diadema (*Charmosyna diadema*) data de 1913. Sin embargo, una serie de observaciones oculares han llevado a la UICN a concluir que la especie todavía podría estar presente en los inaccesibles bosques silvestres de las tierras altas, por lo que está clasificada como especie «en peligro crítico de extinción» en lugar de «extinta».

Guacamayo salvaje
También conocido como guacamayo caninde, el guacamayo barbazul (*Ara glaucogularis*) es endémico de los llanos de Moxos, al norte de Bolivia. Los trabajos de observación de especies salvajes realizados por la Asociación Armonía y la Loro Parque Fundación estiman su población en unos 350 o 400 ejemplares. Confinada en una reserva de 4.600 ha de extensión, la especie está clasificada «en peligro crítico de extinción» por la UICN.

▲ EL LORO MÁS VIEJO DE TODOS LOS TIEMPOS
Cookie, una cacatúa abanderada (*Cacatua leadbeateri*), se presentó en el zoológico Brookfield de Chicago, Illinois, EE.UU., en 1934. Tenía un año de edad aprox., y se fijó el 30 de junio de 1933 como su fecha de eclosión. Se hizo tan popular que sus cumpleaños se celebraban con una fiesta y un pastel del tamaño de una magdalena. Murió el 27 de agosto de 2016, con 82 años y 88 días.

Muchos loros son omnívoros y capaces de comer cualquier cosa, ¡incluso la carne! El loro kea de Nueva Zelanda ha sido filmado atacando ovejas y usando su pico para alcanzar la grasa de sus lomos.

100%

◄ EL LORO MÁS PEQUEÑO
El loro pigmeo (*Micropsitta pusio*), endémico de Papúa y Papúa Nueva Guinea, apenas mide 8 cm y pesa 11,5 g al llegar a la edad adulta. En total, existen seis especies de loros pigmeos. Todos los esfuerzos de criarlos en cautividad han resultado baldíos. El fracaso se achaca en parte a la dificultad para mantener su dieta basada en hongos y líquenes.

Los lorículos (*Loriculus*) duermen bocabajo colgados de las ramas.

393
Cantidad comúnmente aceptada de especies de loros modernos.

Una reunión de loros kea de Nueva Zelanda recibe el nombre de «circo».

3.000
Cantidad media de plumas de un periquito.

Los loros tienen **«pies zigodáctilos»**.

Esto significa que tienen cuatro dedos en cada pie: dos orientados hacia adelante y los otros dos hacia atrás.

El periquito es el pájaro doméstico más popular del mundo.

◀ EL LORO MÁS RUIDOSO

Según una investigación del zoo de San Diego, California, EE.UU., los chillidos de una cacatúa de las Molucas (*Cacatua moluccensis*) pueden alcanzar un volumen ensordecedor de hasta 135 decibelios. Esta cacofónica cacatúa es una especie endémica de las islas Molucas, en Indonesia. Su plumaje es predominantemente blanco y tiene una cresta rosa, que eriza cuando está inquieta o excitada. Criatura afectuosa, se asegura de que todo el mundo la escuche cuando tiene algo que decir.

▲ EL VOCABULARIO MÁS EXTENSO DE UN PÁJARO VIVO

Mascota de Gabriela Danisch, de Bad Oeynhausen, Alemania, el periquito *Oskar* fue capaz de recitar 148 palabras el 8 de septiembre de 2010. Su repertorio incluía términos en alemán, inglés y polaco.

El periquito *Puck* ostenta el récord del **vocabulario más extenso de un pájaro de todos los tiempos** con 1.728 palabras. Mascota de Camille Jordan, de Petaluma, California, EE.UU., el animal murió en 1994.

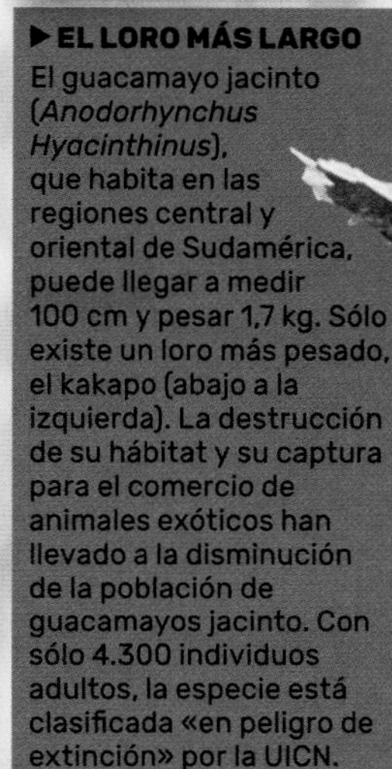

▲ MAYOR CONCENTRACIÓN DE LOROS

Situado a las afueras de Puerto de la Cruz, en la isla de Tenerife, España, Loro Parque alberga unas 4.000 aves pertenecientes a cerca de 350 especies y subespecies. En sus instalaciones se han criado especies raras, como el guacamayo de Spix (*Cyanopsitta spixii*), «en peligro crítico de extinción» según la UICN. En el sentido de las agujas del reloj desde abajo a la izquierda: un guacamayo guaruba (*Guaruba guarouba*), un guacamayo macao (*Ara macao*) y varios loris arco iris (*Trichoglossus moluccanus*).

▶ EL LORO MÁS LARGO

El guacamayo jacinto (*Anodorhynchus Hyacinthinus*), que habita en las regiones central y oriental de Sudamérica, puede llegar a medir 100 cm y pesar 1,7 kg. Sólo existe un loro más pesado, el kakapo (abajo a la izquierda). La destrucción de su hábitat y su captura para el comercio de animales exóticos han llevado a la disminución de la población de guacamayos jacinto. Con sólo 4.300 individuos adultos, la especie está clasificada «en peligro de extinción» por la UICN.

▶ EL LORO MÁS PESADO

El kakapo (*Strigops habroptilus*), que sólo puede encontrarse en tres islotes minúsculos de Nueva Zelanda, es tan escaso como singular. Además de ser la única especie de loro no voladora, también tiene una capacidad única para almacenar grasa corporal como sistema de reserva de energía. Por tanto, quizá no sorprenda que el kakapo sea el peso pesado del mundo de los loros, con ejemplares adultos que alcanzan los 4 kg.

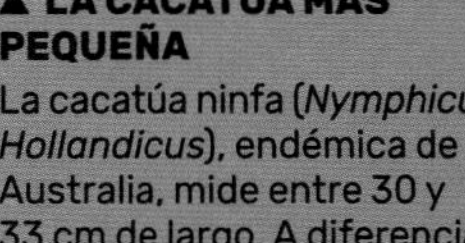

▲ LA CACATÚA MÁS PEQUEÑA

La cacatúa ninfa (*Nymphicus Hollandicus*), endémica de Australia, mide entre 30 y 33 cm de largo. A diferencia de otras especies de cacatúa, su larga cola de plumas representa casi la mitad de su longitud. En el pasado se debatió si la cacatúa ninfa era un periquito, pero recientes estudios bioquímicos y moleculares han demostrado que se trata de una cacatúa.

Cerdos

Los colmillos superiores de los babirusas se curvan hacia arriba de forma tan cerrada que, si no se los limaran, al crecer ¡podrían llegar a perforar su propio cráneo!

▲ EL CERDO SALVAJE MÁS GRANDE
El hilóquero (*Hylochoerus meinertzhageni*), o cerdo gigante del bosque, habita en África central y no fue descrito por la ciencia hasta 1904. Tiene una longitud cabeza-cuerpo de entre 1,3 y 2,1 m, una altura hasta el hombro de entre 85 y 105 cm, y un peso de entre 130 y 275 kg (más que tres hombres adultos).

▲ EL CERDO MÁS GRANDE
Criado con una dieta a base de melazas de sorgo, pieles de plátano y bazofia, el cerdo *Big Bill*, de raza Poland-China, llegó a pesar 1.157 kg, el doble de lo que pesa un oso polar macho adulto. El 1933, *Big Bill* tuvo que ser sacrificado tras romperse una pata. Una vez disecado, se exhibió en ferias ambulantes antes de desaparecer. Actualmente se desconoce su paradero.

▲ EL BABIRUSA MÁS GRANDE
El babirusa, o «cerdo ciervo», es conocido por sus colmillos encorvados. Todos los miembros del género *Babyrousa* fueron considerados una misma especie hasta que se dividió en 2002. El babirusa de Malenge o Togian (*B. togeanensis*), autóctono del archipiélago de las Togian, en Indonesia —donde se encuentran las pequeñas islas de Malenge, Batudaka, Togian y Talatakoh— puede llegar a pesar 90 kg.

▼ EL CERDO DEL INFIERNO MÁS GRANDE
Conocidos como cerdos del infierno o asesinos, los entelodontes fueron una familia taxonómica de omnívoros similares a los cerdos de principios del Mioceno. La especie de mayor tamaño, el *Daedon shoshonensis* o *Dinohyus hollandi*, medía entre 1,8 y 2 m hasta el hombro, más que un hombre de estatura media (ver abajo). Su cráneo de 90 cm de largo contenía un cerebro del tamaño de una naranja.

▲ EL PECARÍ MÁS COSMOPOLITA
El hábitat del pecarí de collar (*Pecari tajacu*) se extiende desde el norte de Argentina hasta los estados de Texas y Arizona, EE.UU., pasando por América Central y México. Asimismo, es autóctono de las islas caribeñas de Trinidad, Cuba y Puerto Rico. Con 14 kg, es también el **pecarí con menor peso**.

El gruñido de un cerdo puede alcanzar los 115 decibelios.

La palabra para designar un grupo de cerdos es «piara».

El género de cerdos más grande
El género *Sus* contiene 10 especies contemporáneas de cerdos y jabalíes típicos. Entre ellos cabe citar no tan sólo el jabalí euroasiático (*S. scrofa*), antepasado directo del cerdo doméstico, sino también a especies de algunas islas asiáticas poco comunes, como el jabalí barbudo de Palawan (*S. ahoenobarbus*) y el jabalí verrugoso de Mindoro (*S. oliveri*).

El cerdo salvaje más grande de todos los tiempos
El cerdo unicornio (*Kubanochoerus gigas*) vivió hace entre 7 y 20 millones de años durante el Mioceno, en la actual Rusia y China. Medía 1,2 m hasta el hombro y podía pesar hasta 500 kg.

El jabalí más reciente
El jabalí del Asia central (*S. scrofa davidi*) no fue reconocido como una subespecie independiente de jabalí hasta 1981. Relativamente pequeño, de color castaño y con una larga crin, su hábitat abarca Pakistán, el noroeste de la India y el sudeste de Irán.

P: ¿Qué porcentaje de ADN compartimos humanos y cerdos?

R: Aproximadamente un 95%.

El cerdo más pequeño
El jabalí enano macho adulto (*Porcula salvania*) mide entre 61 y 71 cm de largo; las hembras crecen hasta entre los 55 y 62 cm. Autóctono de la región del Terai, en India, Nepal y Bután, está catalogado como una especie «en grave peligro de extinción» por la Unión Internacional para la Conservación de la Naturaleza (UICN) desde 1996. Sólo sobreviven poblaciones aisladas en Assam, India, y en reservas naturales.

Esta especie es el único huesped conocido del *Haematopinus oliveri*, un piojo ectoparásito (que vive en el exterior). Se trata del **ectoparásito porcino menos común** y, dado que hoy en día tan sólo existen unos 150 jabalíes enanos, también se encuentra en peligro de extinción.

▲ **EL FACÓQUERO MÁS GRANDE**

El facóquero común (*Phacochoerus africanus*) es originario de gran parte del África subsahariana, que incluye Kenia, Tanzania, Nigeria y Sudáfrica. Los machos adultos pueden llegar a pesar 150 kg, mientras que las hembras pesan un 15% menos, y presumen de una longitud cabeza-cuerpo de hasta 1,5 m. Aunque es un luchador feroz, sobre todo en la época de celo, su principal método defensivo contra depredadores como el león y el cocodrilo es la huida.

▲ **EL CERDO DOMÉSTICO MÁS LANUDO**

La raza mangalica de cerdos domésticos (*S. scrofa*) tiene un pelaje largo y grueso que se asemeja a la lana de una oveja. Es originaria de Hungría, donde, en la década de 1830, se cruzaron cuatro razas: el jabalí europeo, la raza sumadija de Serbia y otros dos tipos de cerdos domésticos. Existen tres clases, el rubio, el rojo y el golondrino; y es apreciado por su carne. Es pariente lejano del ya extinguido Lincoln de pelo rizado, también muy lanudo.

▶ EL CERDO DOMÉSTICO MÁS PEQUEÑO

El cerdo kune kune, cuyo nombre significa en maorí «gordo y redondo», es originario de Nueva Zelanda, donde se cree que llegó desde Asia a bordo de los mercantes y balleneros del siglo XIX. Los adultos tan solo miden 48 cm hasta el hombro y pesan 60 kg. Fueron muy buscados por los cazadores, y a finales de la década de 1970 únicamente quedaban 50 ejemplares de pura raza. Gracias a un programa de reproducción se evitó su extinción.

2 mil millones

Es el número aproximado de cerdos domésticos que hay hoy en día.

El macho del cerdo salvaje prehistórico *Kubanochoerus* tenía un largo cuerno marrón, como los unicornios.

Especies de cerdos salvajes perviven hoy en día.

Big Major Cay es una isla de las Bahamas donde viven cerdos salvajes que se lanzan a nadar al ver acercarse los barcos con turistas.

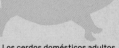

Los cerdos domésticos adultos pueden correr a 17,7 km/h.

El potamoquero rojo más pequeño

El potamoquero rojo o jabalí de río (*Potamochoerus porcus*) es originario de los bosques pluviales y pantanos del África central y occidental, en especial de Guinea y del Congo. Los machos adultos pesan entre 45 y 120 kg, miden entre 100 y 145 cm de largo y tienen una altura entre los 55 y los 80 cm hasta el hombro. Son característicos sus sonidos dulces y melódicos.

El cerdo más longevo

Nacida el 17 de julio de 1991, una hembra vietnamita de la especie *S. scrofa domesticus* llamada *Ernestine* tenía 23 años y 76 días cuando murió el 1 de octubre de 2014 en Calgary, Alberta, Canadá.

El jabalí más singular

El jabalí de las Bisayas (*S. cebifrons*) vive únicamente en Negros y Panay, dos de las islas Bisayas, Filipinas. Su población fragmentada ha disminuido en un 80% durante los últimos años, de forma que la especie ha desaparecido de un 95% de su antigua zona de distribución. La UICN la ha declarado como una especie «en grave peligro de extinción».

El mayor salto de un cerdo

Aunque los cerdos no vuelen, el 22 de agosto de 2004 un cerdo vietnamita llamado *Kotetsu* logró saltar una altura de 70 cm en la granja Mokumoku Tedsukuru, en Mie, Japón. *Kotetsu*, de 18 meses, había sido entrenado por Makoto Ieki (Japón).

El **salto de trampolín más largo realizado por un cerdo** fue de 3,31 m, y lo protagonizó *Miss Piggy*, mascota de Tom Vandeleur (Australia). El 22 de julio de 2005, saltó a una piscina de 86,5 cm de profundidad en el Royal Darwin Show, en Darwin, Australia.

El mayor número de cerdos clonados en una camada

El 5 de marzo de 2000, cinco cerditos llamados *Millie, Christa, Alexis, Carrel* y *Dotcom* nacieron tras un proceso de clonación llamado «transferencia nuclear», obra de PPL Therapeutics, la empresa que en 1996 creó a la oveja Dolly en Blacksburg, Virginia, EE.UU.

Los primeros cerdos bioluminiscentes

En 2005, un equipo del Departamento de Ciencia Animal y Tecnología de la Universidad de Taiwán añadió ADN de medusas bioluminiscentes a 265 embriones de cerdo, que se implantaron en ocho cerdas. Nacieron tres cochinillos machos bioluminiscentes con un matiz verdoso en su piel y órganos internos que se enciende como una linterna si se les proyecta una luz azul en la oscuridad. Las células madre obtenidas servirán para estudiar enfermedades en humanos, ya que la proteína verde fluorescente que producen los cerdos se observa sin necesidad de biopsias ni pruebas invasivas.

La primera ejecución de animales documentada

A principios de la Edad Media, animales como los perros, las vacas, los caballos y los cerdos podían ser llevados ante un juez si se sospechaba que habían cometido un pecado capital. En 1266 se juzgó y quemó un cerdo por haber devorado a un niño. La ejecución tuvo lugar en Fontenay-aux-Roses, Francia, y fue supervisada por los monjes de San Geneviève.

Reptiles

Tras la edición anterior del *GWR*, hemos visitado el Reptile Gardens en Dakota del Sur, EE.UU. Éstos son algunos de sus trabajadores junto con algunos habitantes del parque.

▼ EL ZOO DE REPTILES MÁS GRANDE

A 28 de febrero de 2017, Reptile Gardens, situado a las afueras de Rapid City, en Dakota del Sur, acogía más de 225 especies y subespecies de reptiles distintas, más que cualquier otro zoológico o reserva natural.

▲ COBRA REAL

También conocida como hamadríade (*Ophiophagus hannah*), tiene una longitud media de entre 3 y 4 m, por lo que es la **serpiente venenosa más larga**. En la imagen, Terry, de Reptile Gardens, sostiene uno de estos especímenes, que dista mucho de ser el más largo de todos los tiempos. Este honor recae en una cobra real capturada en abril de 1937 cerca de Port Dickson, en Negeri Dickson, Malasia, que más tarde se exhibió en el zoo de Londres. En otoño de 1939, medía 5,71 m de largo.

▲ VARANO DE SABANA

Chelsea muestra un varano de Sabana (*Varanus exanthematicus*). Este lagarto de tamaño medio vive en gran parte del África subsahariana y es un animal doméstico muy popular. Según la CITES (Convención sobre el Comercio Internacional de Especies Amenazadas de Fauna y Flora Silvestres), EE.UU. es el **mayor importador de varanos** (642.500 ejemplares hasta 2010). Hoy en día, no se considera que la población mundial de varanos esté amenazada.

▲ COCODRILO DE AGUA DULCE

Lance sujeta con cuidado un joven ejemplar de *Crocodylus johnstoni*. Originario de Australia, esta especie es el **cocodrilo más rápido en tierra firme**. Puede alcanzar los 17 km/h corriendo en una forma de galope que sólo saben hacer algunas especies de cocodrilo.

▲ BRACHYLOPHUS BULABULA

Hasta 2008, sólo se conocían dos especies de iguana en las Fiyi. Ese año, un trabajo de investigación descubrió otra en las regiones centrales de estas islas. Aunque aún carece de nombre común, la **iguana más reciente de las Fiyi** se denomina científicamente *Brachylophus bulabula* (*bulabula* significa «sano» o «próspero» en fiyiano). Katherine muestra un ejemplar.

▲ CAMALEÓN VELADO DE YEMEN

Este camaleón (*Chamaeleo calyptratus calcarifer*), que sólo vive en Yemen y Arabia Saudí, en ocasiones mide sólo 43 cm de largo, lo que lo convierte en la **subespecie de camaleón velado más pequeña**. Arriba, Virginia, de Reptile Gardens, hace de percha para un miembro de esta colorida familia.

En su hábitat natural, las tortugas gigantes de las Galápagos pueden llegar a vivir un siglo o incluso más. La **tortuga más longeva** de todos los tiempos fue una tortuga radiada de Madagascar (*Astrochelys radiata*) que vivió 188 años.

▼ **PITÓN BIRMANA**
Los ejemplares de esta especie (*Python bivittatus*) pueden llegar a medir hasta 3,7 m de longitud, aunque la **pitón birmana más larga**, una hembra llamada *Baby*, alcanzó los 5,74 m. Vivía en el Serpent Safari de Gurnee, Illinois, EE.UU. Clint nos muestra una variante albina de la especie.

▼ **LAGARTO MOTEADO**
Esta especie negra y amarilla que vive en el desierto mexicano (*Heloderma horridum*) llega hasta los 90 cm de longitud. Un ejemplar que vivió en cautividad 33 años y 11 meses fue el **lagarto venenoso más longevo** de todos los tiempos. Abajo, Kyle nos enseña un ejemplar del Reptile Gardens.

El término «reticulado» significa «en forma de red». Se refiere al dibujo de la piel de la serpiente.

▶ **PITÓN RETICULADA**
Kathy muestra un ejemplar albino de esta especie (*Python reticulatus*). Autóctona del sudeste de Asia, Indonesia y Filipinas, suele alcanzar una longitud superior a los 6,25 m. La **serpiente más larga** de la que se tiene constancia fue una pitón reticulada de 10 m de largo.

▲ **MONSTRUO DE GILA**
El *Heloderma suspectum* es autóctono del sudoeste de EE.UU. y del noroeste de México. Sólo 0,4 mg/kg de su veneno es letal para un ratón, por lo que se trata del **lagarto más venenoso**. No hay duda de que Teresa (derecha) sabe que es muy difícil que un monstruo de Gila pueda matar a un humano, ya que la cantidad de veneno de su mordedura es pequeña.

▲ **TORTUGA GIGANTE DE LAS GALÁPAGOS**
Matt, junto con un ejemplar de la imponente especie de reptiles *Chelonoidis nigra*, luce con orgullo el certificado del GWR que Reptile Gardens recibió por ser el **zoo de reptiles más grande**.

La **tortuga más grande de todos los tiempos** fue un quelonio gigante de las Galápagos llamado *Goliath*. Midió 135,8 cm de largo, 102 cm de ancho y 68,5 cm de alto, y pesaba 417 kg. *Goliath* vivió en el Life Fellowship Bird Sanctuary de Seffner, Florida, EE.UU., entre 1906 y 2002.

▲ **TORTUGA DE PATAS ROJAS**
La *Chelonoidis carbonaria* vive en el norte de América del Sur. **La tortuga de patas rojas más grande** medía 60 cm de largo y pesaba más de 28 kg. El tipo de alimentación y la longevidad son dos factores que estimulan el crecimiento. Arriba, Linda sostiene un ejemplar de un tamaño más pequeño.

Tortugas

El caparazón de una tortuga está compuesto por 50 huesos. Las costillas y las vértebras se fusionan fuera de su cuerpo para formar una armadura resistente hecha a medida.

▲ LA FAMILIA DE TORTUGAS MÁS PEQUEÑA
Existen tres familias taxonómicas de tortugas compuestas por una única especie. Éstas son la *Carettochelyidae*, que incluye a la tortuga boba papuana o tortuga nariz de cerdo (*Carettochelys Insculpta*, arriba); la *Dermatemydidae*, de la que forma parte la tortuga blanca (*Dermatemys mawii*); y la *Dermochelyidae*, con la tortuga laúd (*Dermochelys Coriacea*).

La primera tortuga con un caparazón parcial
Formalmente descrita y nombrada en 2008, la *Odontochelys semitestacea* existió hace unos 220 millones de años durante el Triásico tardío en lo que hoy es el sudoeste de China. A diferencia de las tortugas modernas, tenía dientes, placas neurales y costillas ampliadas en lugar de una concha o caparazón dorsal (superior).

La primera tortuga con un caparazón completo
El género de las *Proganochelys* apareció por primera vez en la Tierra hace 210 millones de años, durante el Triásico tardío, poco después de la evolución de los dinosaurios y los mamíferos. Poseía un caparazón completo, con espaldar (dorso) y plastrón (vientre). Omnívora y sin dientes, medía unos 60 cm de largo.

La tortuga marina fósil más antigua
En la década de 1940 se descubrieron en Villa De Leyva, Colombia, unos fósiles de 2 m de largo pertenecientes a la especie *Desmatochelys padillai*. Están datados en el Cretácico inferior, hace más de 120 millones de años.

La tortuga de agua dulce más grande de todos los tiempos
Los restos más antiguos que se conocen de una *Carbonemys cofrinii* se descubrieron en una mina de carbón en 2005, pero la especie no fue oficialmente nombrada y descrita hasta 2012. La *C. cofrinii* vivió durante el Paleoceno, hace 60 millones de años. El ejemplar que nos ocupa tenía un caparazón de 1,72 m de largo, un gran cráneo del tamaño de un balón de fútbol americano y una longitud total de casi 2,5 m, tan sólo algo inferior a un coche Smart.

El primer ejemplar documentado de *Archelon Ischyros* fue encontrado en Pierre Shale, Dakota del Sur, EE.UU. Fue formalmente descrito por el Dr. G R Wieland (abajo, con el espécimen).

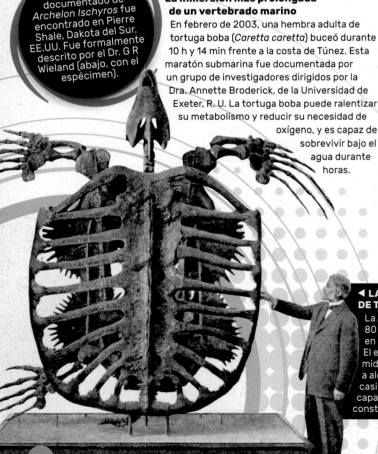

La inmersión más prolongada de un vertebrado marino
En febrero de 2003, una hembra adulta de tortuga boba (*Caretta caretta*) buceó durante 10 h y 14 min frente a la costa de Túnez. Esta maratón submarina fue documentada por un grupo de investigadores dirigidos por la Dra. Annette Broderick, de la Universidad de Exeter, R. U. La tortuga boba puede ralentizar su metabolismo y reducir su necesidad de oxígeno, y es capaz de sobrevivir bajo el agua durante horas.

*P: ¿Qué edad tenía Tu'i Malila, el **quelonio más viejo** del que se tiene constancia, cuando murió en 1965?*

R: Tenía 188 años.

La migración de reptiles más larga
En 2006 empezó el seguimiento por satélite de una tortuga laúd (*D. coriacea*), proyecto que iba a prolongarse dos años. En ese tiempo, la intrépida tortuga viajó 20.558 km: desde su punto de anidación en las playas de Papúa, Indonesia, hasta las zonas de alimentación en la costa de Oregón, EE.UU., un viaje de 647 días en total. La tortuga laúd es también el **quelonio más rápido en el agua**. Se han registrado velocidades de hasta 35 km/h.

La mayor congregación de tortugas
Cada febrero, las tortugas salen del mar cuando oscurece e invaden el mismo tramo de 10 km de ancho de la playa de Gahirmatha, en Odisha, India, para depositar más de 50 millones de huevos en la arena. Al amanecer regresan al mar. En 1991, se contabilizaron unos 610.000 ejemplares de tortuga olivácea (*Lepidochelys olivacea*) anidando en la playa.

La tortuga más amenazada
La población de tortugas de caparazón blando de Shanghái (*Rafetus Swinhoei*), que en el pasado poblaron el río Yangtze y podían encontrarse en distintas partes de China, a día de hoy se limita a tres ejemplares; un cuarto murió en enero de 2016 (ver derecha). Una de las tres tortugas supervivientes vive en un lago en el norte de Vietnam, donde fue descubierta en 2008; las otras dos, macho y hembra, lo hacen en el zoológico chino de Suzhou. Los esfuerzos por criarlas en cautividad han resultado infructuosos. Como era de esperar, la tortuga de caparazón blando está clasificada «en peligro crítico de extinción» por la UICN.

La tortuga marina más amenazada
La población de tortugas lora (*L. kempii*) ha mermado a causa de la contaminación, la destrucción de su hábitat y las redes de pesca de camarones. También son una comida popular en México. En 2014, se estimó que existían 118 nidos, aunque ese año los servicios de protección del medio natural liberaron 10.594 crías a lo largo de la costa del estado de Texas, EE.UU. La tortuga marina vive en el golfo de México y en las áreas más cálidas del océano Atlántico, pero también se la ha visto en Nueva Jersey, EE.UU., mucho más al norte. Está clasificada «en peligro crítico de extinción» por la UICN.

◄ LA TORTUGA MARINA MÁS GRANDE DE TODOS LOS TIEMPOS
La *Archelon ischyros* vivió hace entre unos 70 y 80 millones de años, durante el Cretácico tardío, en las aguas que rodean la actual Norteamérica. El ejemplar más grande del que se tiene constancia midió más de 4 m de largo y 4,9 m de ancho de aleta a aleta. Se estima que debía pesar más de 2.200 kg, casi lo mismo que un rinoceronte. En lugar de un caparazón sólido, la *Archelon* tenía un armazón óseo constituido por las costillas y la columna vertebral.

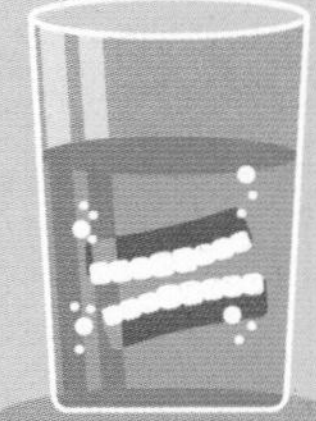

Las tortugas no tienen dientes.

Se estima que sólo una tortuga de cada mil sobrevive hasta llegar a la edad adulta.

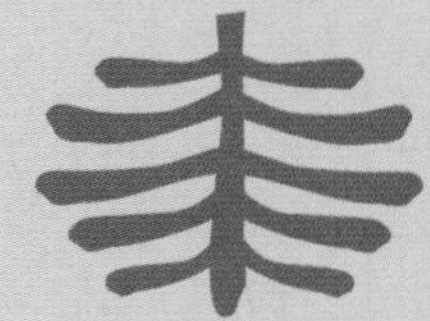

Las tortugas verdes pueden permanecer hasta cinco horas bajo el agua sin respirar por la nariz.

El caparazón de una tortuga es fruto de la evolución de su caja torácica y su espina dorsal.

Un conjunto de tortugas recibe el nombre de «grupo» o «manada».

El nombre científico de la tortuga almizclada (*Sternotherus odoratus*), nativa de Norteamérica, procede del olor fétido que desprenden las glándulas odoríferas que rodean su caparazón, probablemente para disuadir a los depredadores.

La sopa de tortuga falsa es una sopa inglesa creada en el siglo XVIII en la que no se emplea carne de tortuga. Inspiró al personaje Falsa Tortuga de *Alicia en el país de las maravillas*, de Lewis Carroll (1865).

▲ LA TORTUGA DE AGUA DULCE MÁS PEREZOSA

Autóctona de grandes ríos de tierras bajas, como el Mekong a su paso por Camboya, la enorme tortuga de Cantor (*Pelochelys cantorii*) pasa el 95% de su vida inmóvil, enterrada en la arena del fondo del río a la espera de presas, como peces y moluscos. Dos veces al día, sale a la superficie para respirar. Su pasividad contrasta con la vida mucho más activa de la tortuga boba (ver izquierda), aunque ambas especies pasan mucho tiempo sumergidas en el agua.

▲ LA TORTUGA MORDEDORA MÁS GRANDE

Pertenecientes a la familia de las *Chelydridae*, las tortugas mordedoras destacan por sus grandes cabezas y sus poderosas mandíbulas con hocicos en forma de pico. La tortuga caimán (*Macrochelys temminckii*; abajo, detalle) tiene un caparazón plateado y puede morder con gran fuerza, como el caimán. Esta tortuga de agua dulce vive en el sudeste de EE.UU. y, aunque pesa 80 kg de promedio, puede superar los 100 kg. En 1937 se encontró un ejemplar en Kansas del que se dijo que pesaba 183 kg.

▲ LA TORTUGA MÁS GRANDE

El 23 de septiembre de 1988, se encontró el cuerpo de una tortuga laúd (*D. coriacea*) que el mar había arrastrado hasta la playa en Harlech, Gwynedd, R.U. Su caparazón medía 2,91 m de largo y la distancia entre las aletas delanteras alcanzaba los 2,77 m. Este leviatán de 914 kg con caparazón de piel pesaba el doble que un piano de cola. El 16 de febrero de 1990, pasó a estar expuesta en el Museo Nacional de Gales, en Cardiff, R.U.

▲ LA TORTUGA MARINA MÁS PEQUEÑA

Nativa del golfo de México y de las áreas más cálidas del océano Atlántico, la tortuga lora (*Lepidochelys kempii*) tiene un caparazón de una longitud máxima de 75 cm y un peso de 50 kg. El ancho de su caparazón casi iguala a su longitud, lo que le proporciona una apariencia circular. La tortuga olivácea o golfina (*L. olivacea*), que vive en aguas de los océanos Pacífico e Índico, es ligeramente más pesada que su pariente cercana.

El 19 de enero de 2016, una tortuga de caparazón blando de Shanghái llamada *Cu Rùa* («tortuga bisabuela») murió en Hanoi, Vietnam. Se creía que la visión de esta venerable tortuga traía buena suerte.

▲ LA TORTUGA DE AGUA DULCE MÁS GRANDE

La tortugas de caparazón blando de Shanghái (*R. swinhoei*) miden más de 1 m de largo y hasta 0,7 m de ancho. El espécimen más pesado del que se tiene constancia llegó a los 250 kg. La afirmación de que la enorme tortuga de Cantor (*Pelochelys cantorii*, ver más arriba) es aún más grande es discutible, ya que parece probable que la especie esté compuesta de varias especies distintas todavía sin diferenciar.

▲ LA ZAMBULLIDA A MAYOR PROFUNDIDAD DE UNA TORTUGA

A diferencia de la mayoría de tortugas, la tortuga laúd pasa casi todo el tiempo en mar abierto, donde se sumerge a la caza de medusas. La anchura de sus hombros y un caparazón semicilíndrico la convierten en una nadadora potente y eficiente. En mayo de 1987, El Dr. Scott Eckert (EE.UU.) registró a una tortuga laúd equipada con un equipo de seguimiento sumergiéndose hasta 1.200 m de profundidad frente a la costa de las islas Vírgenes de los EE.UU., en el Caribe.

Ballenas

Desde un punto de vista estrictamente taxonómico, las ballenas no existen, sino que comprenden un variado grupo de mamíferos dentro del orden de los cetáceos.

▲ EL DIENTE DE BALLENA MÁS LARGO
El colmillo en espiral del narval (*Monodon monoceros*) macho es de marfil y alcanza una media de 2 m. Sin embargo, se han visto ejemplares en los que llega a superar los 3 m y pesar hasta 10 kg, con un contorno máximo de unos 23 cm. Muy excepcionalmente, puede encontrarse un narval con dos colmillos.

▲ LA BALLENA MÁS PEQUEÑA
Se suele considerar a las ballenas los miembros más grandes del orden de los cetáceos (que también incluye a delfines y marsopas), pero no todas las ballenas son enormes. La especie más pequeña de lo que comúnmente se considera una ballena es el cachalote enano (*Kogia sima*), de hasta 2,72 m de longitud y 272 kg de peso.

▲ EL ANIMAL MÁS GRANDE
La ballena azul (*Balaenoptera musculus*) puede llegar a pesar 160 toneladas, y su longitud media es de 24 m. El 20 de marzo de 1947, se capturó un ejemplar en el océano Antártico que pesaba 190 toneladas y media 27,6 m. No obstante, el **animal más largo** es el gusano cordón de bota (*Lineus longissimus*), que habita en aguas poco profundas del mar del Norte: un ejemplar que el mar arrastró hasta la playa en 1864 superó los 55 m.

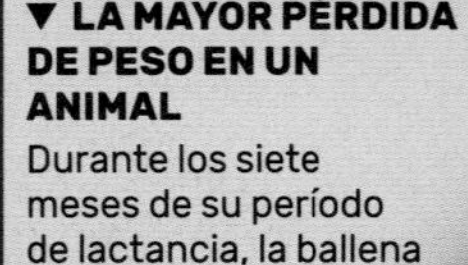

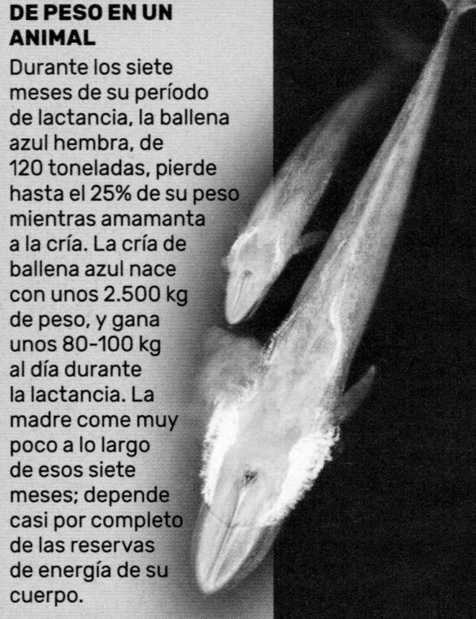

▼ LA MAYOR PÉRDIDA DE PESO EN UN ANIMAL
Durante los siete meses de su período de lactancia, la ballena azul hembra, de 120 toneladas, pierde hasta el 25% de su peso mientras amamanta a la cría. La cría de ballena azul nace con unos 2.500 kg de peso, y gana unos 80-100 kg al día durante la lactancia. La madre come muy poco a lo largo de esos siete meses; depende casi por completo de las reservas de energía de su cuerpo.

◄ LA MAYOR DIFERENCIA DE TAMAÑO ENTRE DEPREDADOR Y PRESA
La ballena azul es el **mamífero más grande** y, además, el **animal más grande** (arriba a la derecha). En cambio, su presa es minúscula: se alimenta de kril, bancos de crustáceos semejantes al camarón, de sólo 50 mm de longitud. La ballena azul engulle enormes cantidades de agua de mar repleta de kril. Luego expulsa el agua colocando la **lengua más pesada** del mundo (casi 4 toneladas) en el velo del paladar. De esta forma, el kril queda atrapado en las barbas de ballena (láminas de proteína), que cuelgan de su mandíbula superior y, después, se lo traga.

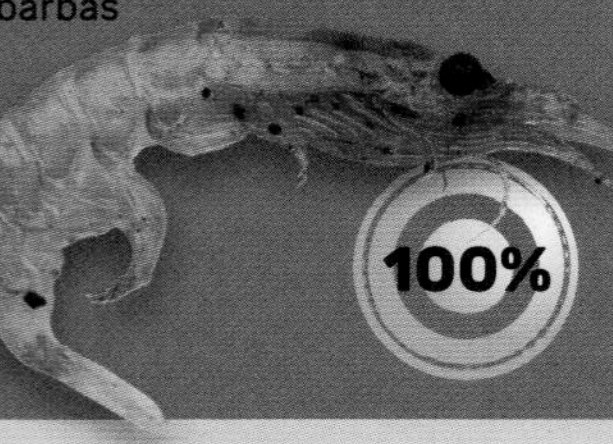

El hocico de la ballena azul mide **5 m de largo**.

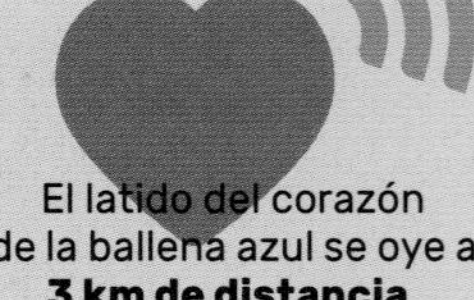

El latido del corazón de la ballena azul se oye a **3 km de distancia**.

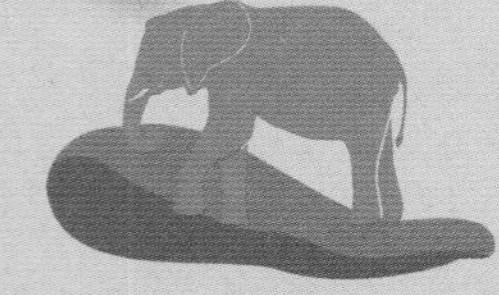

La lengua de una ballena azul pesa igual que un elefante adulto macho.

El familiar vivo más cercano de la ballena es el hipopótamo.

El basilosaurio más largo
Los basilosaurios son unas ballenas prehistóricas que existieron hace entre unos 34 y 40 millones de años, durante el Eoceno medio y principios del tardío. La mayoría se caracterizaban por tener un cuerpo alargado y sinuoso, como el de una anguila, y algunos alcanzaban tamaños descomunales. La especie de basilosaurio más larga de la que hoy en día se tiene constancia por sus fósiles es el *Basilosaurus cetoides*, de hasta 18 m de longitud (y hasta es probable que incluso más). Esta enorme longitud respondía a la acusada prolongación de la parte central de las vértebras torácicas y caudales anteriores de su columna.

La boca más grande
La ballena azul es el **animal más grande** (ver arriba), pero no el que tiene la boca más grande. Tal honor corresponde a la ballena boreal (*Balaena mysticetus*), cuya boca mide 5 m de largo, 4 m de alto y 2,5 m de ancho, y pesa aproximadamente 1 tonelada, más o menos como una vaca lechera.

La ballena con barbas más común
Debido a su tamaño relativamente discreto, a su baja producción de aceite y a su distribución básicamente por el hemisferio sur, la industria ballenera tendió a ignorar al rorcual minke antártico (*Balaenoptera bonaerensis* o *Rorqualus*) en la era premoderna, por lo que su población no se vio afectada. En 2006, un informe científico con los detalles de tres observaciones circumpolares completas, realizadas desde 1978-1979 hasta 2003-2004, estimó que se contaba en cientos de miles, muy por encima de la cantidad estimada para cualquier otra ballena con barbas.

La **mayor familia taxonómica de ballenas con barbas** es la *Balaenopteridae*, que incluye a cinco rorcuales y consiste en nueve especies actualmente reconocidas. Entre éstas están la ballena azul, el rorcual sei (*Balaenoptera* o *Rorqualus borealis*) y la ballena jorobada (*Megaptera novaeangliae*). Como todas las ballenas con barbas, los rorcuales se alimentan principalmente de minúsculos organismos marinos, que filtran del agua de mar por medio de las láminas de la barba. Estas láminas actúan como peines o tamices. Aun así, los hay que también engullen peces más grandes.

El macho adulto de **calderón** de aleta corta (*Globicephala macrorhynchus*) **más largo** registrado medía 7,2 m. Las hembras adultas alcanzan los 5,5 m. Esta especie habita en las aguas cálidas y tropicales del Pacífico.

P: ¿Qué tiene de extraño la manera de dormir del cachalote?

R: Que duermen flotando en posición vertical.

La mayor ballena dentada
El berardio de Baird (*Berardius bairdii*) es una de las tres especies clasificadas como ballenas dentadas gigantes. Originario de las frías aguas del Pacífico

Los dientes superiores del cachalote no le asoman por la mandíbula superior. De hecho, estas criaturas tienden a tragarse su alimento sin masticarlo. Aun sin dientes, el cachalote podría sobrevivir.

▲ LA COLA MÁS GRANDE

En términos absolutos, la cola de la ballena jorobada (*Megaptera novaeangliae*) es la más grande del reino animal. Comprende dos lóbulos (o «aletas») y, completamente desarrollada, es tan ancha como alta es una jirafa. Según investigaciones de Nancy Stevick, de WhaleNet.org, puede alcanzar los 5,28 m.

▲ EL MAYOR MAMÍFERO CON DIENTES

El cachalote macho adulto (*Physeter macrocephalus*, derecha) puede medir 20,5 m de largo, pero la media es de 16 m. Tiene dientes funcionales sólo en la mandíbula inferior (entre 18 y 26 a cada lado), y encajan en unas muescas de la mandíbula superior. Cada diente puede pesar 1 kg.

▲ LA MANDÍBULA MÁS GRANDE

El Museo de Historia Natural de Londres, R.U., cuenta con una mandíbula de 5 m de largo, perteneciente a un cachalote. Es casi la misma longitud que cinco bates de beisbol puestos en fila. La enorme mandíbula correspondía a un macho de casi 25,6 m.

En el pasado se creyó que el colmillo del narval era el cuerno del legendario unicornio.

A los grupos sociales de ballenas se les llama **manadas**.

▲ EL MAYOR MAMÍFERO EN EXPLOTAR

En 2004, un cachalote macho que medía 17 m y pesaba 50 toneladas de peso murió después de embarrancar en Taipei, al sudeste de China. Lo cargaron en un camión para transportarlo (abajo), pero, a medida que se descomponía, el cadáver acumuló potentes gases internos. El 26 de enero, el cuerpo del cetáceo explotó mientras el camión atravesaba la ciudad de Tainan, y salpicó de sangre y vísceras los escaparates, los vehículos y a los peatones cercanos (arriba).

Norte, alcanza una longitud máxima confirmada de 13 m y pesa hasta 14 toneladas.

La **especie más pequeña de ballena dentada** es el zifio menor o peruano (*Mesoplodon peruvianus*). Al nacer tienen un tamaño de cerca de 1,6 m y crecen hasta unos 4 m en edad adulta. Se ha constatado su presencia en aguas del Pacífico, desde California, en EE.UU., y Baja California, en México, hasta Perú y Chile, al noroeste de Sudamérica.

A octubre de 2016, la **especie de ballena dentada más reciente** era una variedad descubierta en Japón, que los pescadores locales llaman coloquialmente *karasu*. Esta especie todavía no ha sido ni nombrada ni descrita científicamente de forma oficial. Se trata de una ballena mucho más pequeña y oscura que sus parientes más cercanos, las ballenas dentadas gigantes (género *Berardius*). Por otra parte, el *karasu* habita en las aguas poco profundas de la costa japonesa y de la península de Corea, así como en el mar de Bering, frente a Alaska.

La **inmersión más profunda de un mamífero** la realizó un zifio de Cuvier (*Ziphius cavirostris*) frente a la costa del sur de California, EE.UU., en 2013. Durante tres meses, científicos marinos estudiaron a ocho ejemplares mediante unas placas conectadas con un satélite, para registrar las inmersiones de las ballenas: la más profunda alcanzó los 2.992 m, 3,5 veces la altura del Burj Khalifa, el **edificio más alto del mundo** (ver págs. 36-37).

Se ha registrado la presencia del zifio de Shepherd (*Tasmacetus shepherdi*) frente a Nueva Zelanda, Australia y Argentina. Con nada menos que 27 pares de dientes operativos en cada mandíbula, más un par de colmillos cortos en la punta de la mandíbula inferior en los machos, es la **especie de ballena dentada con más dientes**. Todas las demás ballenas dentadas cuentan con sólo un puñado, como mucho. De hecho, la escasez de dientes es un rasgo característico de estas ballenas.

Mascotas

Los antiguos egipcios tenían mascotas de todo tipo, desde perros y gatos hasta babuinos, halcones, gacelas, leones, mangostas e hipopótamos.

▲ LA CACATÚA NINFA MÁS VIEJA

A 27 de enero de 2016, *Sunshine*, una vistosa cacatúa ninfa, tenía 32 años. Este pájaro de récord vive con su cuidadora Vickie Aranda en Albuquerque, Nuevo México, EE.UU. Fue adquirida en Colorado en 1983, pero desde entonces ha estado viajando con Vickie por todo el país. *Sunshine* tiene sus preferencias en lo que a comida se refiere: no le gustan los vegetales, pero le encanta el queso y los espaguetis.

Los 100 m más rápidos de un perro en monopatín

El 16 de septiembre de 2013, el perro *Jumpy* recorrió 100 m en monopatín en tan sólo 19,65 s. Fue en el plató de *Officially Amazing*, en Los Ángeles, California, EE.UU.

La reunión de mascotas más grande

El 7 de agosto de 2007, un grupo de 4.616 mascotas salieron a dar un paseo con sus dueños durante la Feria de las Flores, en Medellín, Colombia.

Más victorias en el concurso del perro más feo del mundo

Chi-Chi, un singular perro de arena africano, ganó siete veces este concurso, que se celebra durante la feria Sonoma-Marin de Petaluma, California, EE.UU. Sus victorias llegaron en 1978, 1982-84, 1986-87 y 1991. La tradición familiar continuó con su nieto, *Rascal*, que se impuso en 2002.

El salto más alto de un caballo miniatura

El 15 de marzo de 2015, *Castrawes Paleface Orion*, el caballo de Robert Barnes, saltó 1,08 m en Tamworth, Nueva Gales del Sur, Australia.

El salto más largo de un conejillo de Indias

El 6 de abril de 2012, un conejillo de Indias llamado *Truffles* dio una salto de 48 cm en Rosyth, Fife, R.U.

El caballo más alto de todos los tiempos

Un caballo de raza shire llamado *Sampson* (más adelante rebautizado como *Mammoth*), nacido en 1846 y criado por Thomas Cleaver en Toddington Mills, Bedfordshire, R.U., midió 2,19 m en 1850.

El **caballo vivo más alto** es *Big Jake*, un caballo belga de tiro de nueve años que mide 2,10 m sin herraduras, como pudo comprobarse en Smokey Hollow Farms, Poynette, Wisconsin, EE.UU., el 19 de enero de 2010.

La cabra más alta

Mostyn Moorcock, una cabra de raza saanen británica que murió en 1977, midió hasta la cruz 1,11 m y tenía una longitud total de 1,67 m. Fue propiedad de Pat Robinson.

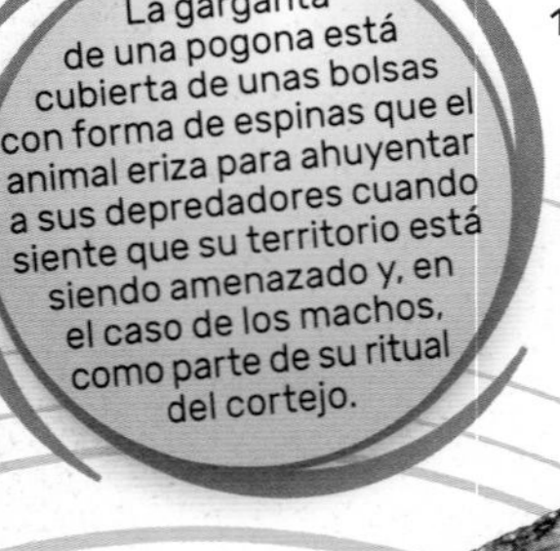

La garganta de una pogona está cubierta de unas bolsas con forma de espinas que el animal eriza para ahuyentar a sus depredadores cuando siente que su territorio está siendo amenazado y, en el caso de los machos, como parte de su ritual del cortejo.

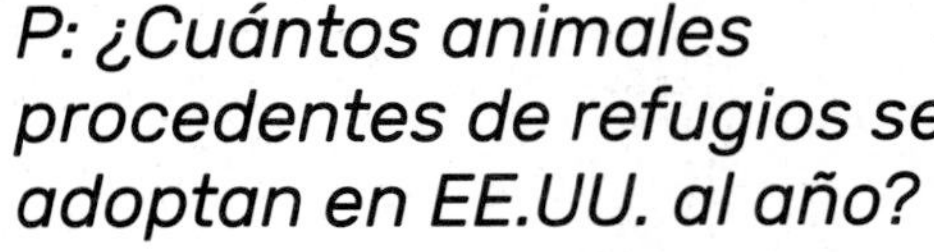

P: ¿Cuántos animales procedentes de refugios se adoptan en EE.UU. al año?

R: 2,7 millones, según la American Society for the Prevention of Cruelty to Animals (ASPCA).

La vaca más baja

Manikyam, propiedad de Akshay N. V., medía 61,1 cm desde las pezuñas hasta la cruz, como se comprobó el 21 de junio de 2014 en Kerala, India. La cruz es el punto donde se cruzan los huesos de las extremidades anteriores y el espinazo.

El burro más bajo

KneeHi medía 64,2 cm hasta la cruz, según se comprobó en Florida, EE.UU., el 26 de julio de 2011. Se trata de un burro miniatura mediterráneo, propiedad de James, Frankie y Ryan Lee.

El gato con el pelaje más largo

La gata *Sophie Smith* tenía un pelaje de 25,68 cm de largo, como pudo comprobarse en Oceanside, California, EE.UU., el 9 de noviembre de 2013. Pertenece a Jami Smith.

El conejo con el pelaje más largo

Un conejo angora llamado *Franchesca* tenía un pelaje de 36,5 cm de largo, como pudo comprobarse el 17 de agosto de 2014. *Franchesca* vive con su cuidadora, Betty Chu, en Morgan Hill, California, EE.UU.

El perro con la lengua más larga (actualidad)

Mochi, una perra de raza san bernardo, de Carla y Craig Rickert, tiene una lengua de 18,5 cm de largo, como se comprobó en Sioux Falls, Dakota del Sur, EE.UU, el 25 de agosto de 2016.

El **perro con la lengua más larga de todos los tiempos** (43 cm) fue un boxer llamado *Brandy*, que vivió hasta septiembre de 2002 con su cuidador, John Scheid, en St Clair Shores, Michigan, EE.UU.

La chinchilla más vieja

Radar vivió 29 años y 229 días desde el 1 de febrero de 1985 hasta el 18 de septiembre de 2014, cuando murió en Acton, California, EE.UU. Era la mascota de Christina Anthony.

El burro más viejo

Una burra llamada *Suzy* alcanzó los 54 años en 2002. Vivió junto a su cuidadora, Augusta Menczer, en Glenwood, Nuevo México, EE.UU.

El conejo más viejo

El 6 de agosto de 1964 se capturó al conejo silvestre *Flopsy*. Murió en Tasmania, Australia, 18 años, 10 meses y 3 semanas después en la casa de L. B. Walker,

◄ LA POGONA MÁS VIEJA DE TODOS LOS TIEMPOS

Nacido el 1 de junio de 1997, la pogona *Sebastian* tenía 18 años y 237 días cuando falleció. Su propietaria, Lee-Anne Burgess, de Middlesex, R.U., llevó a *Sebastian* a su casa la noche de Navidad de 1997. De hecho, la esperanza de vida de una pogona oscila entre los 7 y los 14 años, aunque en libertad sólo suelen vivir entre 5 y 8 años.

Sólo el 25% de los estadounidenses eligió tener un gato como mascota; el otro 75% fueron «adoptados» por un gato.

Los gatos son «**carnívoros a la fuerza**»: necesitan comer carne para sobrevivir.

Los conejillos de Indias tienen **tres** dedos en las garras **traseras** y **cuatro** en las **delanteras**.

Casi un tercio de todos los perros dálmatas son sordos.

LAS CINCO MASCOTAS MÁS CORRIENTES EN EE.UU. (en millones)

1. Peces de agua dulce: 95,5

2. Gatos: 85,8

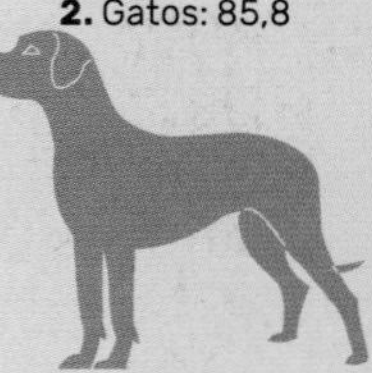

3. Perros: 77,8

4. Pájaros: 14,3

5. Animales pequeños: 12,4

Alimentar a *Freddy* cuesta alrededor de 5.090 $ al año. Cuando era un cachorro «era difícil hacerle comer», recuerda Claire. «Lo intenté todo. ¡Sospecho que lo malcrié un poco!».

▶ EL GATO DOMESTICO MÁS ALTO (VIVO)

Arcturus Aldebaran Powers mide 48,4 cm de altura hasta la cruz, según pudo verificarse en Ann Arbor, Michigan, EE.UU, el 3 de noviembre de 2016.

Sorprendentemente, sus cuidadores, William y Lauren Powers, también tienen otro felino de récord, un coon de Maine plateado de nombre *Cygnus* que tiene la **cola más larga de un gato doméstico (vivo)**. Alcanza los 44,6 cm y fue medida en Ferndale, Michigan, EE.UU., el 28 de agosto de 2016.

▲ LA CLASE DE YOGA PARA PERROS MÁS MULTITUDINARIA

Link Asset Management Ltd reunió a 270 perros y a sus dueños para una clase de yoga el 17 de enero de 2016 en Stanley Plaza, Hong Kong, China. Los beneficios de este acto se destinaron a la Hong Kong Guide Dogs Association. Suzette Ackermann (Hong Kong), monitora de «doga» (yoga para perros), dio la clase.

El 28 de septiembre de 2014, en el mismo lugar, Link Asset Management Ltd estableció un nuevo récord de **más perros con una chuchería en equilibrio sobre el morro**, con un total de 109 animales.

▲ LOS 10 M MÁS RÁPIDOS CAMINANDO SOBRE UN BALÓN (PERROS)

El 5 de febrero de 2016, un perro llamado *Sailor* recorrió en 33,22 s una distancia de 10 m caminando sobre un balón. Sucedió en el gimnasio de la Hawthorn Middle School South, en Vernon Hills, Illinois, EE.UU.

Ese mismo día, el habilidoso *Sailor* también recorrió los **10 m más rápidos caminando hacia atrás sobre un balón**, con una marca de 17,06 s.

▶ EL PERRO MÁS ALTO (VIVO)

Freddy, un gran danés mascota de Claire Stoneman (R.U., en la foto), mide 1,035 m de alto, tal como pudo comprobarse el 13 de septiembre de 2016 en Leigh-on-Sea, Essex, R.U. Irónicamente, *Freddy* era el cachorro más pequeño de la camada cuando nació, pero creció de un modo inesperado. Desafortunadamente para Claire, *Freddy* siente debilidad por los sofás de cuero: ¡en sus primeros 18 meses en casa, ya había mordisqueado 14 sofás!

Recopilatorio

Una colonia de hormigas atrapada dentro de un búnker nuclear en Polonia había sobrevivido sin reina ni machos.

▲ **EL PRIMER TERNO DISEÑADO PARA UN CABALLO**
El 15 de marzo de 2016, para la inauguración del Festival de Cheltenham, Gloucestershire, R.U., la modista Emma Sandham-King (R.U.) diseñó y confeccionó un traje Harris Tweed para *Morestead*, un veterano caballo de carreras. Se necesitaron cuatro semanas para hacer el traje (con camisa, corbata y boina) y más de 18 m de tweed tejido a mano, la cantidad para 10 trajes para una persona de complexión media.

Dinosaurios
Investigadores del Museo de Historia Natural de Londres, R.U., construyeron un detallado árbol genealógico de los dinosaurios, que sugiere que estas criaturas podrían haber empezado a desarrollarse 10 millones de años antes de lo que hoy en día es considerado el **dinosaurio más antiguo**, un *Nyasasaurus* de unos 240 millones de años.

Simios
El **primate más grande** de la historia, un *Gigantopithecus blacki*, medía 3 m de alto y pesaba unos 1.580 kg. En 2016 una investigación sugirió que el simio murió hace 100.000 años por la escasez de comida, tras convertirse los bosques en sabanas.

▲ **LA PRIMERA COLA DE DINOSAURIO CONSERVADA EN ÁMBAR**
En 2015 el paleontólogo chino Lida Xing, de la Universidad China de Geociencias de Pekín, hizo un hallazgo insólito mientras curioseaba en un mercadillo de ámbar en el estado de Kachin, Birmania: una cola emplumada dentro de un trozo de ámbar datado de mediados del Cretácico, hace 99 millones de años. Las tomografías de las plumas y de las ocho vértebras mostraron que no se trataba de un ave sino de un dinosaurio, probablemente de un celosaurio (arriba).

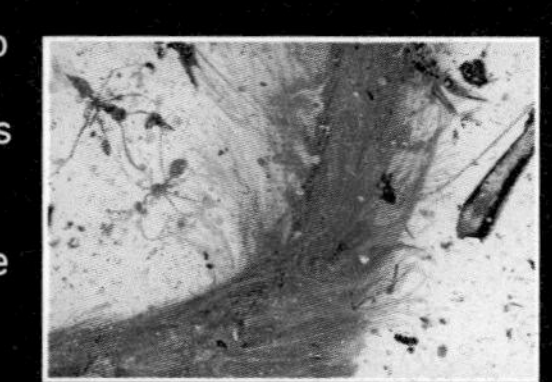

EN LAS NOTICIAS...

Gran tiburón blanco
El 15 de abril de 2012, se capturó un gran tiburón blanco de casi 6,09 m de largo y al menos 907 kg de peso en el mar de Cortés, México. El gran tiburón blanco es el **pez depredador más grande**. Los adultos tienen una longitud media de entre 4,3 y 4,6 m (las hembras suelen ser más grandes que los machos), aunque se sabe de algún ejemplar de más de 6 m.

Jirafa masái
El proyecto Girafe Facing Fragmentation Effects (GIRAFFE) que está llevando a cabo el Instituto de Wild Nature es el **mayor proyecto de investigación sobre las jirafas**, ya que controla más de 2.100 ejemplares en una superficie de 4.000 km². Está centrado en los posibles efectos de la fragmentación de los ecosistemas (por ejemplo, la reducción o pérdida de sus hábitats) en las jirafas masái (*Giraffa tippelskirchi*) del Parque Nacional Tarangire de Tanzania.

La **jirafa más alta** de la historia era un macho masái llamado *George*, que el 8 de enero de 1959 fue acogido por el zoo de Chester, R.U. Con 5,8 m de altura, ¡*George* debía agachar la cabeza para poder entrar y salir de su casa!

▼ **EL BÚFALO SALVAJE MENOS COMÚN**
El tamarao (*Bubalus mindorensis*) vive únicamente en la isla de Mindoro, Filipinas. Debido a la tala de árboles y los asentamientos humanos, su hábitat se ha reducido a algunas planicies herbáceas del interior montañoso de la isla. En 2016 se calculó que quedaban unos 430 ejemplares, y la especie está clasificado como «en grave peligro de extinción» por la UICN.

Cocodrilo del Nilo
En mayo de 2016, las pruebas de ADN confirmaron que tres cocodrilos encontrados en los pantanos de Florida, EE.UU., eran cocodrilos del Nilo carnívoros (incluso comen carne humana). Aunque no se sabe cómo llegaron allí, una hipótesis es que coleccionistas furtivos los introdujeran en el país ilegalmente.

El cocodrilo del Nilo (*Crocodylus niloticus*) es una de las 12 especies del **género más numeroso de cocodrilos** (*Crocodylus*). Otras especies son el cocodrilo del desierto (*C. suchus*) o el cocodrilo de los pantanos (*C. palustris*).

Alces
En noviembre de 2016, dos excursionistas encontraron en Unalakleet, Alaska, EE.UU., dos pares de astas de alce macho que sobresalían de la capa de hielo de 20,32 cm de grosor que cubría una laguna. Todos los indicios apuntan a que los dos alces se estaban peleando cuando se ahogaron en las aguas, que más tarde se congelaron.

El alce de Alaska (*Alces alces gigas*) es el **cérvido más grande**. En septiembre de 1897, un macho de 2,34 m de altura y de unos 816 kg de peso fue abatido por un cazador en el territorio del Yukón, Canadá.

▲ **EL ESQUELETO DE DODO MÁS CARO SUBASTADO**
El 22 de noviembre de 2016, un esqueleto casi completo de dodo (*Raphus cucullatus*) se vendió a un coleccionista privado por 428.931 $ (incluida la prima del comprador) en la subasta «Evolution» de Summers Place, en Billingshurst, West Sussex, R.U. Se cree que es uno de los 13 esqueletos de este tipo que existen; el resto se conserva en museos.

▼ LA ESPECIE DE PANGOLÍN MÁS GRANDE

En 2016, las 182 naciones del Convenio sobre el Comercio Internacional de Especies Amenazadas de Fauna y Flora Silvestre (CITES) acordaron la prohibición total del comercio internacional del pangolín. El hábitat del pangolín gigante (*Smutsia gigantea*), de 2 m de largo y 32 kg de peso, va de Senegal hasta Angola. Debido a su tamaño, esta especie es exclusivamente terrestre, aunque muchos otros pangolines también viven en los árboles.

Ante la amenaza de un depredador, los pacíficos pangolines se enrollan en una bola. Su nombre procede de la palabra malaya *penggulung*, que significa «rodillo».

▶ EL TROGÓN MÁS GRANDE

Los trogones son aves de vivos colores autóctonas del África tropical y subtropical, del sudeste asiático y de América Latina. Suelen medir de 23 a 40 cm de largo, pero el quetzal guatemalteco macho (*Pharomachrus mocinno*, fotografiado hace poco en Costa Rica, a la derecha) alcanza 1,05 m, ya que, en época de cría, extiende las dos largas coberteras de la cola para atraer a las hembras.

▲ EL PRIMER PEZ DE SANGRE CALIENTE

Gracias a un metabolismo único, el pez luna (*Lampris guttatus*), que fue descubierto en 2015, es capaz de mantener una temperatura corporal estable, más alta que el agua del mar que lo rodea. Esta especie de gran tamaño y de forma redondeada, pariente del pez remo y del pez sable, vive en las aguas templadas y tropicales de la mayoría de los océanos.

Perro

Jiff, un perro de raza Pomerania también conocido como *Jiffpom* (EE.UU.), fue declarado el **perro con más seguidores en Instagram**, con 4,8 millones de fans a 3 de mayo de 2017. En sus redes sociales se describe como «actor y modelo», y su Instagram está lleno de fotos en las que luce distintos conjuntos, disfrutando del tiempo en casa y asistiendo a estrenos de películas, ceremonias de entrega de premios, estudios de televisión y desfiles de moda.

Caribú

Un estudio de la Universidad de Manitoba de febrero de 2016 sugirió que en la región de Sahtu, en los Territorios del Noroeste de Canadá, es probable que viva una clase de caribú que la ciencia aún no ha identificado. Actualmente se busca este misterioso caribú, que el pueblo indígena de los Denes conoce como «corredor veloz».

El animal que realiza la **migración terrestre más larga** es el caribú de Grant (*Rangifer tarandus granti*), de Alaska y territorio del Yukón, en Norteamérica. Cada año recorre hasta 4.800 km (ver pág. 42 para más destalles).

▲ EL AVE MARINA FÉRTIL MÁS LONGEVA

En diciembre de 2016, una hembra de albatros de Laysan (*Phoebastria immutabilis*) llamada *Wisdom*, de 66 años, puso un huevo y empolló la cría. Durante muchos años los conservacionistas han estudiado a *Wisdom*, que cada año regresa al atolón de Midway, una reserva nacional protegida en el océano Pacífico. Este último huevo es el número 41 que pone, y desde 2006 ha empollado al menos nueve crías.

Lagarto monitor

En febrero de 2016, unos investigadores de la Universidad de Turku, Finlandia, anunciaron el descubrimiento del **lagarto monitor más reciente** en la lejana isla de Mussau, en el Pacífico. El cuerpo de este lagarto, llamado *Varanus semotus*, medía más de 1 m de largo y lucía un cuerpo negro con manchas naranjas y amarillas y una cola azul. Según los análisis genéticos, durante millones de años se ha mantenido aislado de otras especies de lagarto monitor en Mussau.

Rinoceronte de Sumatra

El 12 de marzo de 2016, se descubrió un rinoceronte de Sumatra (*Dicerorhinus sumatrensis*) en Kalimantan, la parte de la isla de Borneo que pertenece a Indonesia. Hasta entonces, se consideraba que esta especie se había extinguido en esta región. Lamentablemente, el rinoceronte murió al cabo de unas semanas por una infección causada por una antigua herida de cepo.

Con una longitud máxima de la cabeza al cuerpo de 3,18 m, una cola de 70 cm de largo y una altura hasta los hombros de 1,45 m, es el **rinoceronte más pequeño**.

▲ EL PRIMER CIEMPIÉS ANFIBIO

El *Scolopendra cataracta*, que la revista científica *ZooKeys* describió en mayo de 2016, es un ciempiés venenoso y carnívoro que puede alcanzar los 20 cm de largo. Es originario del sudeste asiático. Al igual que un anfibio, es capaz de nadar como una anguila efectuando movimientos ondulatorios horizontales con su cuerpo.

El quetzal guatemalteco es el ave nacional de Guatemala. Aparece en la bandera nacional y en el escudo de armas, y también es el nombre de la moneda del país (cuya abreviatura es GTQ).

Los más rápidos

No importa si tiene que ver con el mundo natural o con el de la técnica: la velocidad siempre emociona. Desde tanques hasta montañas rusas, desde biplanos a astronaves, la historia de los récords de velocidad es también la del desarrollo humano y de cómo la tecnología ha avanzado para desafiar a la naturaleza y viajar más rápido que nunca.

0-100 km/h

Humano (corriendo): 37,57 km/h

El 16 de agosto de 2009, Usain Bolt (Jamaica) ganó la prueba de los 100 m lisos del Campeonato del Mundo en Berlín, Alemania, con una marca de 9,58 s. Su velocidad media fue de 37,57 km/h, y la máxima rozó los 44 km/h.

Animal terrestre (largas distancias): 56 km/h

El berrendo (*Antilocapra americana*) es un ungulado semejante a un antílope que vive en EE.UU., Canadá y México. Recorre distancias de 6 km a 56 km/h.

Galgo: 67,2 km/h

El 5 de marzo de 1994, un galgo de nombre *Star Title* alcanzó los 67,2 km/h en una pista de Wyong, Nueva Gales del Sur, Australia. Recorrió 365,7 m en 19,57 s.

Tanque: 82,23 km/h

Una unidad estándar del tanque S 2000 Scorpion Peacekeeper, desarrollado por Repaircraft PLC (R.U.), alcanzó los 82,23 km/h en la pista de pruebas de QinetiQ, en Chertsey, Surrey, R.U., el 26 de marzo de 2002. Impulsado por un motor diésel de alta velocidad RS 2133, el tanque iba equipado con blindaje extra, protecciones laterales y orugas de goma de recambio.

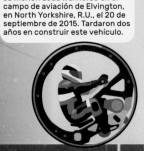

Moto monorrueda: 98,464 km/h

Kevin Scott y el equipo británico Monowheel (todos de R.U.) alcanzaron los 98,464 km/h con su monorrueda *WarHorse* en el campo de aviación de Elvington, en North Yorkshire, R.U., el 20 de septiembre de 2015. Tardaron dos años en construir este vehículo.

100-300 km/h

Mamífero terrestre (distancias cortas): 104,4 km/h

Durante una investigación realizada en 1965, un guepardo adulto hembra (*Acinonyx jubatus*) alcanzó una velocidad de 104,4 km/h mientras recorría una distancia de 201,1 m.

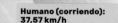

Pájaro (vuelo en horizontal): 127 km/h

Según un informe de varios investigadores que trabajan en territorio subantártico, la velocidad media en vuelo a baja altura de un albatros de cabeza gris (*Thalassarche chrysostoma*) al que se le hizo un seguimiento por satélite fue de 127 km/h. El albatros mantuvo esta velocidad durante más de 8 horas mientras se dirigía a su nido en isla Pájaro, Georgias del Sur, en medio de una tormenta antártica.

Vehículo de tracción humana: 139,45 km/h

Todd Reichert (Canadá), del equipo AeroVelo, se encargó de impulsar la bicicleta *Eta* durante el World Human Powered Speed Challenge. Alcanzó una velocidad de 139,45 km/h el 19 de septiembre de 2015. Era la tercera vez en tres días que el intrépido canadiense establecía un nuevo récord durante la prueba, que se celebró cerca de Battle Mountain, Nevada, EEUU.

Montaña rusa: 240 km/h

Formula Rossa, en Ferrari World, Abu Dabi, Emiratos Árabes Unidos, puede acelerar hasta los 240 km/h. Incluso cuando se mueve hacia arriba, recorre 52 m en 4,9 s. Abrió al público el 4 de noviembre de 2010.

Servicio de tenis: 263 km/h

El 9 de mayo de 2012, Samuel Groth (Australia) consiguió un punto de saque directo tras servir a 263 km/h durante el torneo de la ATP de Busan, Corea del Sur. Fue en el encuentro de segunda ronda que lo enfrentó con Uladzimir Ignatik (Bielorrusia). Durante el partido, el australiano sirvió en otras dos ocasiones a 255,7 km/h y 253,5 km/h, marcas que también superaron el anterior récord de Ivo Karlovic (Croacia) de 251 km/h. A pesar de establecer un nuevo récord mundial, Groth perdió el partido por 6-4, 6-3.

300-1.000 km/h

Pájaro (en picado): 300 km/h

Se estima que el halcón peregrino (*Falco peregrinus*) puede alcanzar una velocidad punta de 300 km/h volando en picado. Ningún animal es capaz de superar la velocidad de un halcón en pleno vuelo.

Viento superficial (gran altura): 371 km/h

El 12 de abril de 1934, en el monte Washington (1.916 m), New Hampshire, EE.UU., se registró un viento superficial a 371 km/h.

Biplano: 520 km/h

En 1941, un Fiat CR.42DB alcanzó una velocidad de 520 km/h. Este biplano italiano iba propulsado por un motor Daimler-Benz DB 601A de 753 kW (1.010 CV). A pesar de su velocidad, sólo se construyó un prototipo; los biplanos habían quedado eclipsados por los nuevos monoplanos.

Quad:
315,74 km/h

Terry Wilmeth (EE.UU.) alcanzó una velocidad media de 315,74 km/h tras dos carreras en el aeropuerto de Madras, Oregón, EE.UU., el 15 de junio de 2008. Su ALSR Rocket Raptor versión 6.0 era un Yamaha Raptor 700 con un motor a reacción híbrido adaptado.

Embarcación:
511,09 km/h

El récord mundial de velocidad sobre el agua es de 275,97 nudos (511,09 km/h), logrado por Ken Warby (Australia) con el hidroplano con motor a reacción *Spirit of Australia* en Blowering Dam Lake, Nueva Gales del Sur, Australia, el 8 de octubre de 1978.

Tren de levitación magnética:
603 km/h

La gama L0 (A07) es una serie de trenes de levitación magnética operados por la compañía Tōkai Ryokaku Tetsudō Kabushiki-gaisha. El 21 de abril de 2015, el L0 alcanzó una velocidad de 603 km/h en la línea de pruebas de Yamanashi, Japón.

1.000-20.000 km/h

Coche (en pista de tierra):
1.227,985 km/h

El *Thrust SSC* de Andy Green (R.U.) alcanzó una velocidad máxima de 1.227,985 km/h (mach 1,020) el 15 de octubre de 1997 en el desierto Black Rock de Nevada, EE.UU. Con dos motores a reacción Rolls-Royce, el *Thrust SSC* fue el **primer coche que rompió la barrera del sonido**.

Humano (caída libre):
1.357,6 km/h

El 14 de octubre de 2012, Felix Baumgartner (Austria) se lanzó desde la estratosfera sobre Nuevo México, EE.UU., durante la misión Red Bull Stratos, y alcanzó los 1.357,6 km/h.

Avión comercial:
2.587 km/h

El 31 de diciembre de 1968, el Tupolev Tu-144 voló por primera vez en la antigua URSS. Según se informó, alcanzó una velocidad de mach 2,4 (2.587 km/h), aunque su velocidad normal de crucero era de mach 2,2. El avión fue retirado de servicio en 1978 tras sufrir dos accidentes.

Aeronave tripulada:
3.529,56 km/h

La velocidad más alta alcanzada por una aeronave tripulada capaz de despegar y aterrizar por sus propios medios es de 3.529,56 km/h. George Morgan (hijo) y el capitán Eldon Joersz (ambos de EE.UU.) lograron este récord con un Lockheed SR-71A «Blackbird» cerca de la base aérea de Beale, California, EE.UU., el 28 de julio de 1976.

Aeronave (cohete):
7.274 km/h

El 3 de octubre de 1967, el piloto de pruebas de la USAF *Pete* Knight alcanzó una velocidad de mach 6,7 (7.274 km/h) en el cielo de California, EE.UU. Iba a los mandos de la aeronave experimental X-15A-2, que fue lanzada en pleno vuelo desde un bombardero B-52.

> 20.000 km/h

Humano (absoluto):
39.897 km/h

El 26 de mayo de 1969, el módulo de mando del *Apollo 10* alcanzó una velocidad de 39.897 km/h en su viaje de vuelta a la Tierra. La tripulación a bordo estaba formada por tres astronautas: el coronel Thomas Stafford y los comandantes Eugene Cernan y John Young.

Reentrada atmosférica en la atmósfera terrestre: 46.660 km/h

El 15 de enero de 2006, la nave espacial de la NASA *Stardust* regresó con éxito a la Tierra después de siete años de misión durante los cuales recogió muestras del cometa Wild 2. Entró en la atmósfera terrestre a una velocidad de 46.660 km/h.

Planeta:
172.248 km/h

Mercurio orbita alrededor del Sol a una distancia media de 57,9 millones de km, mientras que su período orbital es de 87,9686 días. Asimismo, su velocidad orbital media es de 172.248 km/h, lo que supone casi el doble que la de la Tierra.

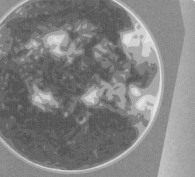

Galaxia aproximándose:
1.508.400 km/h

Aunque el universo se expande, un pequeño número de galaxias se acercan a la nuestra. M86, una galaxia lenticular (con forma de lente) situada a unos 52 millones de años luz en el cúmulo de Virgo, se mueve en dirección a la Vía Láctea a 419 km/s.

Estrella:
2.400.000 km/h

El 8 de febrero de 2005, astrónomos del Harvard-Smithsonian Center for Astrophysics, en Massachusetts, EE.UU., anunciaron el descubrimiento de la estrella SDSS J090745.0+024507, que se desplazaba a 2,4 millones de km/h.

Velocidad posible
1.079.252.848,8 km/h

La máxima velocidad posible en el universo es la velocidad de la luz. Tan sólo la alcanzan la propia luz y otras formas de radiación electromagnética, como las ondas de radio. Cuando viaja en el vacío, la velocidad de la luz alcanza los 299.792.458 m/s.

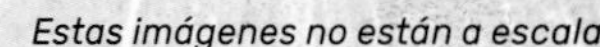

Estas imágenes no están a escala.

Descarga este póster en guinnessworldrecords.com/2018

Superhumanos

El buceador Aleix Segura Vendrell (España) aguanta la respiración durante más tiempo de lo que dura un episodio de la serie *The Big Bang Theory*.

▶ LAS UÑAS MÁS LARGAS EN AMBAS MANOS (MUJER)

Ayanna Williams, de Houston, Texas, EE.UU., no se ha cortado las uñas desde hace más de 20 años; a fecha de 7 de febrero de 2017, alcanzaban una longitud total de 576,4 cm. Las uñas de su mano izquierda son más largas que las de la derecha, ya que miden un total de 326,5 cm por 249,8 cm las de la mano diestra. Ayanna tarda 20 h en pintárselas, y necesita dos botes de esmalte. Nunca lava los platos y para dormir las apoya sobre una almohada. Ayanna pasó a ostentar el récord cuando Chris Walton, conocida como *La Duquesa* (EE.UU.), se cortó las uñas, que habían alcanzado una longitud total de 731,4 cm.

SUMARIO

La uña más larga de Ayanna es la del pulgar de la mano izquierda. Mide 68 cm, más que Chandra Bahadur Dangi, el **hombre más bajo de todos los tiempos**, que mide 54,6 cm (ver pág. 70).

ROBERT WADLOW

10 AÑOS
195,50 cm

Natural de Alton, Illinois, EE.UU, Robert pesó 3,8 kg al nacer, el 22 de febrero de 1918. A los ocho años ya era más alto que Harold, su padre, que medía 182 cm. En la escuela primaria le tuvieron que hacer un pupitre especial. Se le empezó a conocer como el *Gigante Alton*, incluso fuera de su ciudad natal.

En 2018 se conmemora el centenario del nacimiento de Robert Pershing Wadlow, el poseedor del récord más emblemático del *Libro Guinness de los récords*. Ha sido el **hombre más alto de la historia**, ya que medía 272 cm cuando murió, en 1940. Su desorbitada altura se debía a una hipertrofia de la glándula pituitaria. Conocido como el *Gigante Alton* o el *Gigante de Illinois*, Robert era un hombre humilde y afable que se esforzó por llevar una vida lo más normal posible, a pesar de su aspecto fuera de lo común. Sus fotografías no dejan indiferente a nadie. Tal vez este récord nunca se bata; su legado sigue vivo hoy en día.

Como es natural, su extraordinaria estatura atraía la atención de todo el mundo cuando iba por la calle o cuando era entrevistado por la prensa (izquierda). Aunque en 1937 accedió a ir de gira con el circo Ringling Bros, Robert insistió en hacer solamente apariciones breves y honrosas, y siempre lucía traje en el escenario.

13 AÑOS
224 cm

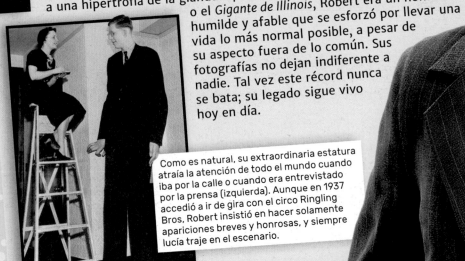

En la adolescencia, su ritmo de crecimiento no desaceleró, como se puede apreciar en las fotografías de familia en las que aparece al lado de su padre y su hermano Eugene (a la izquierda de la imagen). Cuando entró en los Boy Scouts, se le tuvo que confeccionar un uniforme a medida. Se necesitaron 12,8 m de una tela de 0,9 m de ancho.

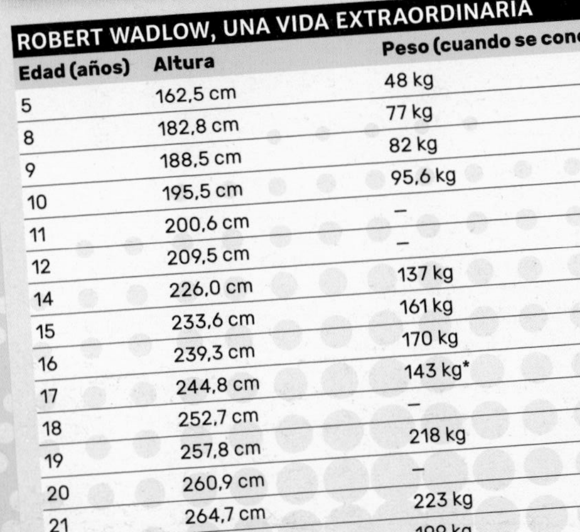

ROBERT WADLOW, UNA VIDA EXTRAORDINARIA

Edad (años)	Altura	Peso (cuando se conoce)
5	162,5 cm	48 kg
8	182,8 cm	77 kg
9	188,5 cm	82 kg
10	195,5 cm	95,6 kg
11	200,6 cm	–
12	209,5 cm	–
14	226,0 cm	137 kg
15	233,6 cm	161 kg
16	239,3 cm	170 kg
17	244,8 cm	143 kg*
18	252,7 cm	–
19	257,8 cm	218 kg
20	260,9 cm	–
21	264,7 cm	223 kg
22	272,0 cm	199 kg

Pérdida de peso a causa de su enfermedad.

272 cm
250 cm
225 cm
200 cm

18 AÑOS
252,7 cm

En 1936 finalizó la secundaria e ingresó en la universidad. Su tamaño le acarreó otras dificultades, ¡aparte de la ropa! Robert también tuvo los **pies más grandes de todos los tiempos**. Calzaba aproximadamente un 75, lo que equivale a 47 cm de largo. Sus zapatos costaban 100 $, ¡que en la actualidad equivaldrían a unos 1.500 $!

Big Boy Day
SEE HIM in person!
ROBERT WADLOW
THE BIGGEST MAN IN THE WORLD
8 ft. 8¼ in. Tall
IN HIS STOCKING FEET
WEARS SIZE 37 PETERS SHOE
21 YEARS OLD
COME SEE HIM! --- MEET HIM! --- TALK TO HIM!
REMEMBER THE DATE . . . THURSDAY, MAY 4th
THOMAS SMITH
DUANE, KENTUCKY

En 1937 fue la imagen publicitaria para la International Shoe Company (izquierda), los fabricantes de «Los zapatos de Peter». A cambio, la empresa de calzado le proporcionaba de forma gratuita su calzado a medida.

21 AÑOS
264,7 cm

Junto con su padre, Robert emprendió una serie de viajes e hizo numerosas apariciones públicas. Llegó a visitar 800 localidades y 41 estados. En Hollywood, se fotografió con estrellas de cine como Mary Pickford. Sin embargo, su desorbitada altura afectaba a su salud. Necesitaba una férula para caminar y apenas tenía sensibilidad en los pies.

UN LEGADO QUE SIGUE VIVO

Casi un siglo después de su nacimiento, la vida de Robert sigue fascinando a la gente. Se le han dedicado canciones, como «The giant of Illinois», del dúo The Handsome Family y «The tallest man, the broadest shoulders», de Sufjan Stevens.

En 2010 la exposición sobre Wadlow en Ripley's «Belive it or Not!» de Nueva York, EE.UU., fue visitada por Khagendra Thapa Magar (Nepal), el **hombre vivo más bajo del mundo**. Khagendra mide 67,08 cm, ¡sólo 20 cm más que un zapato de Robert!

22 AÑOS
272 cm

Robert murió el 15 de julio de 1940 en Manistee, Michigan, EE.UU., debido a una ampolla infectada en el tobillo provocada por una férula mal colocada. Fue enterrado en el cementerio de Oakwood, Alton, en un féretro de 3,28 m de largo, 81 cm de ancho y 76 cm de fondo. Unas 27.000 personas asistieron a su funeral.

En julio de 2016, en la World's Biggest LEGO® Brick Show, que tuvo lugar en la galería Kazimierz de Cracovia, Polonia, se expuso una figura de LEGO de Robert con bastón. Hay otras estatuas de él en Alton, en las cascadas del Niágara y en Farmington Hills, Michigan, EE.UU.

100 cm
75 cm
50 cm
25 cm
0

Los más longevos

Según la Organización Mundial de la Salud, en 2050 la población de personas mayores de 80 años será de 395 millones, cuatro veces más que la de 2000.

▲ LA MAYOR REUNIÓN DE CENTENARIOS
El 4 de noviembre de 2016, un grupo de 45 personas centenarias se congregaron en la Casa del Parlamento en Brisbane, Queensland, Australia. Organizado por la Queensland Community Care Network (Australia), asistieron a un anticipado almuerzo navideño de Annastacia Palaszczuk, la primera ministra de Queensland y mecenas de la residencia de la tercera edad 100+ Club.

▲ EL JUGADOR DE DARDOS PROFESIONAL MÁS LONGEVO
A 18 de julio de 2016, George Harness (R.U., n. el 7 de agosto de 1917) seguía participando en competiciones de dardos de la Old Leake and District Darts League en Boston, R.U., con 98 años y 346 días. Empezó a jugar en 1938 y llegó a enfrentarse al mejor jugador de dardos del mundo, Eric Bristow, pero perdió.

◄ EL ÁRBITRO DE FÚTBOL EN ACTIVO DE MÁS EDAD
Peter Pak-Ngo Pang (EE.UU., n. en Indonesia el 4 de noviembre de 1932) seguía arbitrando partidos de fútbol en la liga masculina de adultos de San José, California, EE.UU., con 83 años y 137 días. El 20 de marzo de 2016, consiguió oficialmente el récord al arbitrar un partido entre el Agave y el Moctezuma, que se jugó en San José.

▲ LOS ATLETAS MÁS LONGEVOS
Robert Marchand (Francia, n. el 26 de noviembre de 1911) es el **ciclista profesional más longevo**. El 4 de enero de 2017, con 105 años y 39 días, recorrió 22,547 km en una hora en el velódromo de Saint-Quentin-en-Yvelines, Francia.

La **piragüista profesional más longeva** es Avis Noott (R.U., n. el 24 de junio de 1938). El 6 de marzo de 2016, con 77 años y 256 días, participó en una regata en Dulverton, R.U.

La edad combinada de la **pareja casada de más edad que ha corrido una maratón** es de 163 años y 360 días, formada por Masatsugu Uchida, de 83 años y 272 días, y su mujer, Ryoko Uchida (ambos de Japón), de 80 años y 88 días. El 30 de octubre de 2016, corrieron la Shimada Oigawa Marathon en Shimada, Japón.

LAS PERSONAS VIVAS DE MÁS EDAD (a 26 de abril de 2017)

Al cierre de esta edición, 19 de las 20 personas de más edad del mundo son mujeres. Y de éstas, nueve son japonesas.

1. Violet Brown
(Jamaica) 10 de marzo de 1900
117 años y 47 días

2. Nabi Tajima
(Japón) 4 de agosto de 1900
116 años y 265 días

3. Chiyo Miyako
(Japón) 2 de mayo de 1901
115 años y 359 días

4. Ana Vela-Rubio
(España) 29 de octubre de 1901
115 años y 179 días

5. Marie-Josephine Gaudette
(Italia/EE.UU.) 25 de marzo de 1902
115 años y 32 días

6. Giuseppina Projetto-Frau
(Italia) 30 de mayo de 1902
114 años y 331 días

Fuente: Grupo de Investigación Gerontológica (www.grg.org)

▼ LA TRAYECTORIA MÁS LARGA COMO MIEMBRO DE UNA BANDA
John Gannon (Irlanda, n. el 27 de mayo de 1918) forma parte de la St James's Brass and Reed Band (fundada en 1800) desde el 22 de marzo de 1936. El 22 de marzo de 2017, cumplió 81 años de servicio ininterrumpido. En 1961, tras 25 años en la banda, se convirtió en miembro vitalicio y quedó exento de pagar las cuotas.

La mayor edad conjunta entre una madre y una hija (de todos los tiempos)

Sarah Knauss (EE.UU., 1880-1999) y su hija de 96 años, Kathryn *Kitty* Knauss Sullivan (EE.UU., 1903-2005) tenían una edad conjunta de 215 años y 140 días cuando Sarah murió, a los 119 años y 97 días. Kathryn tenía 96 años y 43 días.

LOS MÁS LONGEVOS

Gimnasta olímpica (mujeres)

El 14 de agosto de 2016, con 41 años y 56 días, Oksana Chusovitina (Uzbekistán) compitió en los Juegos Olímpicos de Río de Janeiro, Brasil. Terminó séptima en la final femenina de salto.

Jugador de fútbol profesional en marcar un gol en un campeonato liguero

El 12 de marzo de 2017, Kazuyoshi Miura (Japón, n. el 26 de febrero de 1967) anotó un tanto a los 50 años y 14 días con el Yokohama FC en el estadio Nippatsu Mitsuzawa de Yokohama, Japón.

Ganadora de un partido del circuito de la ITF

Con 69 años y 85 días, la tenista Gail Falkenberg (EE.UU., n. el 16 de enero de 1947) derrotó a una contrincante 47 años más joven. El 10 de abril de 2016, ganó a Rosalyn Small, de 22 años (EE.UU., n. el 22 de junio de 1993), por 6-0 y 6-1 en la primera ronda del torneo Futures de la ITF disputado en tierra batida, que tuvo lugar en Pelham, Alabama, EE.UU.

Astronauta

El 29 de octubre de 1998, John Glenn (EE.UU., 18 de julio de 1921-8 de diciembre de 2016) tenía 77 años y 103 días cuando se embarcó en una misión espacial, esta vez a bordo del *Discovery STS-95*. Al cabo de nueve días, el 7 de noviembre de 1998, Glenn regresó a la Tierra.

Peggy Whitson (EE.UU., n. el 9 de febrero de 1960) se convirtió en la **astronauta más anciana** con 56 años y 282 días. El 18 de noviembre de 2016, partió rumbo a la *Estación Espacial Internacional* a bordo de un *Soyuz MS-03*, que despegó del cosmódromo de Baikonur, Kazajistán, a las 2:20 de la mañana hora local, y entró en órbita al cabo de 8 min.

◀▶ LA PERSONA VIVA DE MÁS EDAD

La **persona viva de más edad** es Violet Brown (Jamaica, n. el 10 de marzo de 1900), con 117 años y 47 días a 26 de abril de 2017. Es la última persona viva nacida como súbdita de la reina Victoria. Ostenta este récord desde el 15 de abril de 2017, tras el fallecimiento de la italiana Emma Martina Luigia Morano, a la edad de 117 años y 137 días.

El **hombre vivo de más edad** es Israel Kristal (Israel), que nació el 15 de septiembre de 1903 en el pueblo de Malenie, cerca de Zarnów, en el Imperio Ruso (en la actualidad, Polonia). El 26 de abril de 2017, tenía 113 años y 223 días.

En octubre de 2016, Kristal celebró su *bar mitzvah*... ¡100 años después! La Primera Guerra Mundial fue la causante de que no pudiera celebrar esta ceremonia con la que se festeja el paso a la edad adulta al cumplir 13 años.

◀▶ EL MULTIMILLONARIO DE MÁS EDAD

El productor cinematográfico multimillonario Sir Run Run Shaw (China, izquierda) falleció el 7 de enero de 2014, supuestamente a los 106 años y 38 días, ya que su fecha de nacimiento (noviembre de 1907) no está confirmada.

David Rockefeller, padre (EE.UU., n. el 12 de junio de 1915, derecha), tenía un patrimonio neto de 3.300 millones de dólares al morir, el 20 de marzo de 2017, con 101 años y 281 días. Es el **multimillonario más longevo** del que se tiene constancia.

7. Kane Tanaka
(Japón) 2 de enero de 1903
114 años y 114 días

8. Maria-Giuseppa Robucci-Nargiso
(Italia) 20 de marzo de 1903
114 años y 37 días

9. Iso Nakamura
(Japón) 23 de abril de 1903
114 años y 3 días

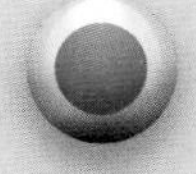

10. Tae Ito
(Japón) 11 de julio de 1903
113 años y 289 días

El 30 de marzo de 2017, a las 15:51 GMT, Whitson igualó el récord de **más tiempo acumulado en paseos espaciales**, con 50 h y 40 min, fijado previamente por su compañera de la NASA Sunita Williams. El paseo espacial empezó oficialmente a las 11:29 GMT y duró 7 h y 4 min. Una vez finalizado, Whitson batió el récord con un tiempo de 53 h y 22 min.

Era el octavo paseo espacial para Whitson, lo que también la convierte en la **mujer que ha realizado el mayor número de paseos espaciales**.

Graduado universitario

El 19 de marzo de 2016, con 96 años y 200 días, Shigemi Hirata (Japón, n. el 1 de septiembre de 1919) obtuvo el título de licenciado en Arte por la Universidad de Arte y Diseño de Kioto, en Kioto, Japón.

Persona en tatuarse por primera vez

El 6 de abril de 2016, con 104 años recién cumplidos, Jack Reynolds (R.U., n. el 6 de abril de 1912) se hizo el primer tatuaje en Chesterfield, R.U. Él mismo diseñó el tatuaje, con el texto «Jacko 6.4.1912».

Gemelas (de todos los tiempos)

Kin Narita y Gin Kanie (ambas de Japón, n. el 1 de agosto de 1892) fueron las gemelas más ancianas de las que se tiene constancia. Kin murió el 23 de enero de 2000 de un infarto, a los 107 años y 175 días.

Los **gemelos de más edad** de los que se tiene constancia fueron Glen y Dale Moyer (EE.UU., n. el 20 de junio de 1895), que vivieron 105 años. Glen murió el 16 de abril de 2001, con 105 años y 300 días.

Persona (de todos los tiempos)

Jeanne Louise Calment (Francia) es la **persona más longeva de todos los tiempos**, con 122 años y 164 días. Nació el 21 de febrero de 1875 y murió en una residencia de Arlés, Francia, el 4 de agosto de 1997. Cuando le preguntaron en su 120 cumpleaños qué esperaba del futuro, respondió: «Uno muy corto».

El **hombre más anciano de todos los tiempos** fue Jiroemon Kimura (19 de abril de 1897-12 de junio de 2013, Japón), que murió a los 116 años y 54 días de edad.

▲ EL DIBUJANTE DE CÓMICS Y ARTISTA EN ILUSTRAR UNA PORTADA DE CÓMIC MÁS LONGEVO

Ken Bald (EE.UU, n. el 1 de agosto de 1920, arriba a la izquierda) dibujó la portada del n.° 2 de *Contest of Champions* (Variante clásica, 2015) con 95 años y 95 días, tal y como se comprobó el 4 de noviembre de 2015. GWR charló con él recientemente:

GWR: ¿Cuál es tu portada favorita de todas las que has ilustrado?
R: Mi primera portada favorita es la del n.° 1 de *Namora*, que vio la luz a finales de 1940. Mi segunda portada favorita es la del n.° 9 de *Millie the Model*, y la tercera es la que hice para Marvel en 2015: *Contest of Champions*. Esta última no sólo me brindó la oportunidad de crear una magnífica portada con una amplia difusión a los 95 años, sino también recuperar a tres de mis personajes de la Edad de Oro y, además, ilustrarlos tal y como se dibujan hoy en día.

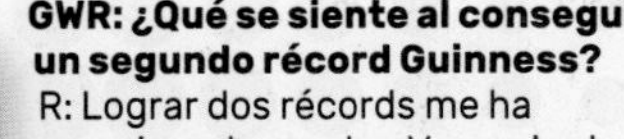

GWR: ¿Qué se siente al conseguir un segundo récord Guinness?
R: Lograr dos récords me ha emocionado mucho. Verme junto a mi mejor amigo, Stan Lee (arriba a la derecha) en el mismo *Guinness World Records* será sin duda uno de los momentos culminantes de mi carrera profesional. Stan y yo empezamos casi al mismo tiempo en el mundo del cómic, y después de todos estos años, más de 70, me parece increíble que nos hayamos vuelto a encontrar.

Anatomía

Los humanos resplandecemos. Nuestros cuerpos emiten pequeñas cantidades de luz mil veces más débiles de lo que el ojo humano puede percibir.

▲ LA PERSONA MÁS BAJA VIVA (CON MOVILIDAD)
Jyoti Amge (India, izquierda) medía 62,8 cm el 16 de diciembre de 2011, al cumplir 18 años. Hasta ese momento, había sido la adolescente más baja.

Khagendra Thapa Magar (Nepal, derecha), anteriormente el adolescente más bajo, medía 67,08 cm el 14 de octubre de 2010.

Más dedos en manos y pies (polidactilismo) al nacer

La india Akshat Saxena nació con siete dedos en cada mano y 10 en cada pie, tal como confirmaron los médicos el 20 de marzo de 2010. Tras una exitosa operación, Akshat vio reducida la cantidad a cinco en cada extremidad.

Las uñas más largas en una mano de todos los tiempos

Las uñas de la mano izquierda de Shridhar Chillal (India) alcanzaron una longitud total combinada de 909,6 cm, según se comprobó en Pune, Maharashtra, India, el 17 de noviembre de 2014. La uña más larga era la del pulgar y medía 197,8 cm.

Las **uñas más largas de un par de manos (hombres, de todos los tiempos)** fueron las de Melvin Boothe (EE.UU.). Cuando fueron medidas en Troy, Michigan, EE.UU., el 30 de mayo de 2009, su longitud combinada era de 9,85 m.

Las **uñas más largas de un par de manos (mujeres, de todos los tiempos)** pertenecieron a Lee Redmond (EE.UU.). Lee empezó a dejárselas crecer en 1979 y las cuidó hasta que alcanzaron una longitud de 8,65 m el 23 de febrero de 2008. Tristemente, Lee perdió sus uñas en un accidente automovilístico en 2009. Para la mujer con las uñas más largas en la actualidad, ver pág. 64.

El atleta más alto en competir en unos Juegos Paralímpicos

Con 2,46 m de altura, Morteza Mehrzad Selakjani formó parte del equipo iraní de voleibol sentado en los Juegos Paralímpicos de Río, Brasil, celebrados entre el 7 y el 18 de septiembre de 2016. Fue el máximo anotador de la final, con 28 puntos, en la que su equipo se alzó con la victoria. Incluso estando sentado, la mano derecha de Selakjani puede golpear la pelota desde 1,93 m de altura.

El hombre vivo más alto

Sultan Kösen (Turquía, n. el 10 de diciembre de 1982) mide 251 cm, tal como se comprobó en Ankara, Turquía, el 8 de febrero de 2011. También tiene la **mano de mayor envergadura**: 30,48 cm, que fue medida en la oficina de Guinness World Records en Londres, R.U., el 7 de mayo de 2010.

La **mujer viva más alta** es Siddiqa Parveen (India). Según se informa, su altura

P: ¿De qué presentan una cantidad anormal en el cuerpo los afectados por hipertricosis?

R: De pelo.

es de 249 cm, aunque desafortunadamente, debido a problemas de salud y a su incapacidad para mantenerse en pie, es imposible determinar con exactitud su estatura. El Dr. Debashis Saha estima su altura en al menos 233,6 cm.

Los gemelos más altos

Los gemelos idénticos Michael y James Lanier, de Troy, Michigan, EE.UU., miden ambos 2,235 m de alto. Jugaron a baloncesto en la Universidad de Denver y UCLA, respectivamente. Su hermana Jennifer mide 1,57 m.

Las **gemelas más altas** son Ann y Claire Recht (ambas de EE.UU.). Fueron medidas el 10 de enero de 2007 y el promedio de sus respectivas alturas es de 2,01 m. Ambas son jugadoras de voleibol.

La pareja casada más alta de todos los tiempos

Se dijo que Anna Haining Swan (Canadá, 1846-88) medía 246,38 cm pero, de hecho, su altura era de 241,3 cm. El 17 de junio de 1871, se casó con Martin van Buren Bates (EE.UU., 1837-1919), que medía 236,22 cm. La altura combinada de la pareja era de 477,52 cm.

La mujer más baja de todos los tiempos

Pauline Musters, conocida como la *Princesa Paulina* (Países Bajos), midió 30 cm al nacer. Cuando falleció en 1895 a la edad de 19 años, el examen *post mortem* estableció su altura en 61 cm.

Chandra Bahadur Dangi (Nepal), con una altura de 54,6 cm, es el **hombre más bajo de todos los tiempos**, tal como pudo comprobarse en Katmandú, Nepal, el 26 de febrero de 2012.

Los gemelos más bajos

Matyus y Béla Matina (1903-1935 aprox.), de Budapest, Hungría, que más tarde se nacionalizaron estadounidenses, medían ambos 76 cm.

La estatura más variable

Adam Rainer (Austria, 1899-1950) es la única persona de la historia médica en haber sido un enano y un gigante. Con 21 años apenas medía 118 cm, pero luego comenzó a crecer rápidamente. Hacia 1931, con 218 cm, casi había doblado su altura. Este súbito crecimiento lo debilitó tanto que quedó postrado en la cama hasta el día de su muerte, cuando midió 234 cm.

◀ EL ACTOR MÁS ALTO
Neil Fingleton (R.U., izquierda, con el editor jefe del *GWR*, Craig Glenday, en 2008) medía 232,5 cm. Neil cambió la cancha de baloncesto por el cine. Apareció en *X-Men: primera generación* (EEUU/R.U., 2011), *47 Ronin* (EE.UU., 2013) y *El destino de Júpiter* (USA/Australia, 2015). También apareció en las series de televisión *Doctor Who* y *Juego de Tronos*, como el gigante salvaje Mag el Poderoso (derecha). Falleció el 25 de febrero de 2017.

EL CABELLO HUMANO MÁS LARGO

Los pelos son unas finas hebras de proteínas (en gran parte queratina, que también se encuentra en las uñas) que crecen por todo el cuerpo, con excepción de las palmas de las manos, las plantas de los pies y los labios.

Espalda: 13 cm. Craig Bedford (R.U.), 9 de noviembre de 2012.
Abdomen: 16,77 cm. Elaine Martin (EE.UU.), 25 de enero de 2013.
Pezón: 17 cm. Daniele Tuveri (Italia), 13 de marzo de 2013.
Oreja: 18,1 cm. Anthony Victor (India), 26 de agosto de 2007.
Brazo: 18,9 cm. Kenzo Tsuji (Japón), 22 de octubre de 2012.
Ceja: 19,1 cm. Zheng Shusen (China), 6 de enero de 2016.
Pierna: 22,46 cm. Jason Allen (EE.UU.), 25 de mayo de 2015.
Pecho: 23,5 cm. Zhao Jingtao (China), 13 de septiembre de 2014.

▲ LAS PESTAÑAS MÁS LARGAS

Shanghai, alias de You Jianxia (China), luce unas vistosas pestañas. La más larga es la del párpado izquierdo, que mide 12,40 cm, tal y como se comprobó en Changzhou, provincia de Jiangsu, China, el 28 de junio de 2016. Hasta entonces, la pestaña más larga en el párpado del ojo izquierdo pertenecía a Gillian Criminisi (Canadá). Según la medición realizada el 13 de mayo de 2016, su longitud era de 8,07 cm.

▲ EL PEINADO *HIGH TOP FADE* MÁS ALTO

El modelo Benny Harlem (EE.UU.) se convirtió en una sensación de internet por unas fotografías con su hija Jaxyn en Instagram. Su peinado *high top fade* alcanzaba los 52 cm de alto, según se comprobó el 6 de noviembre de 2016 en Los Ángeles, California, EE.UU. El cabello de Benny (al que él se refiere como su «corona») necesita más de dos horas de dedicación.

▲ EL CULTURISTA MÁS VETERANO

El 7 de septiembre de 2015, Jim Arrington (EE.UU., n. el 1 de septiembre de 1932) participó en una competición profesional de culturismo en Muscle Beach, Venice, California, EE.UU., con 83 años y 6 días. Quedó cuarto entre los competidores de más de 60 años. Jim es culturista desde hace más de 40 años y afirma no haber perdido la motivación por ir al gimnasio.

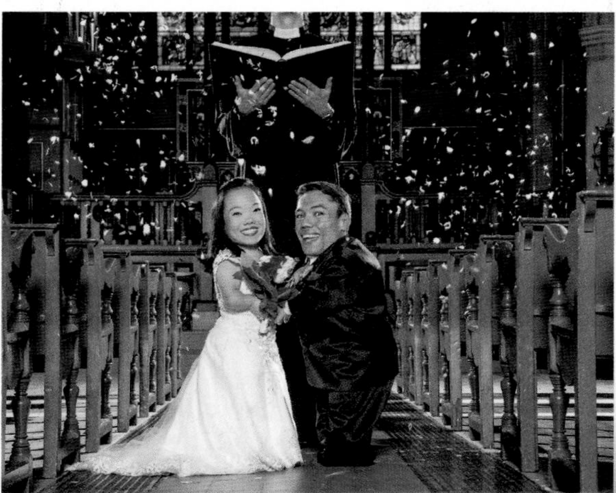

▲ EL MATRIMONIO MÁS BAJO

Paulo Gabriel da Silva Barros y Katyucia Hoshino (ambos de Brasil) tienen una altura combinada de 181,41 cm, según se verificó en Itapeva, São Paulo, Brasil, el 3 de noviembre de 2016. Se conocieron a través de una red social de internet el 20 de diciembre de 2008 y se casaron el 17 de septiembre de 2016. El Día del GWR de 2016, la feliz pareja visitó nuestras oficinas en Londres, R.U., donde participaron en un evento especial de Facebook Live.

Un estudio sobre los países miembros de la OCDE (Organización para la Cooperación y el Desarrollo Económicos) de 2014 puso de manifiesto que México tenía una tasa de obesidad del 32%. Entre los países industrializados, sólo EE.UU. presenta una tasa mayor (36,5%).

▲ EL HOMBRE VIVO MÁS PESADO

En noviembre de 2016, Juan Pedro Franco Salas (México) salió de su dormitorio por primera vez en seis años para ser hospitalizado y recibir tratamiento. El 18 de diciembre pesaba 594,8 kg. Juan Pedro sufre obesidad mórbida: a los seis años ya pesaba 63,5 kg, lo mismo que un hombre adulto de constitución media. Padece diabetes tipo 2, disfunción tiroidea, hipertensión y edema pulmonar. Se espera que la cirugía para que pierda peso le permita volver a caminar sin ayuda.

Arte corporal

Una máquina para tatuar perfora la piel hasta 3.000 veces por minuto. Penetra a una profundidad aproximada de 1 mm.

▲ MÁS HUESOS TATUADOS EN EL CUERPO

A 27 de abril de 2011, Rick Genest Rico (Canadá) lucía 139 tatuajes de huesos en su cuerpo, cifra que pudo verificarse en el plató de *Lo Show dei Record*, en Milán, Italia. Muchos de los tatuajes de Rick simulan el aspecto de un cadáver, de ahí su otro apodo: *Zombie Boy*. Él mismo realizó la mayoría de los diseños junto al artista tatuador de Montreal Frank Lewis.

▲ LA MÁQUINA DE TATUAR MÁS GRANDE

Ray Webb (EE.UU.), de NeoTat, en compañía de Burnaby Q. Orbax y Sweet Pepper Klopek (ambos de Canadá) construyeron una máquina de tatuar de 1,29 m de altura, 0,83 m de profundidad, 0,32 m de ancho y un peso de 68,94 kg. Esta versión a mayor escala de una máquina de tatuar NeoTat se midió el 30 de agosto de 2015 en el Hell City Tattoo Festival de Phoenix, Arizona, EE.UU., donde Orbax la usó para tatuar la pierna de Pepper (arriba a la derecha).

▲ LA SESIÓN DE TATUAJE MÁS LARGA (EQUIPO DE DOS)

Entre el 17 y el 19 de julio de 2016, Giuseppe Colibazzi tatuó a Danny Galassi (ambos de Italia) en una sesión de 52 h y 56 min en el salón Tattoo Fantasy de Civitanova Marche, Italia. Colibazzi tiene más de 30 años de experiencia y transmite sesiones de tatuaje en directo desde su página web.

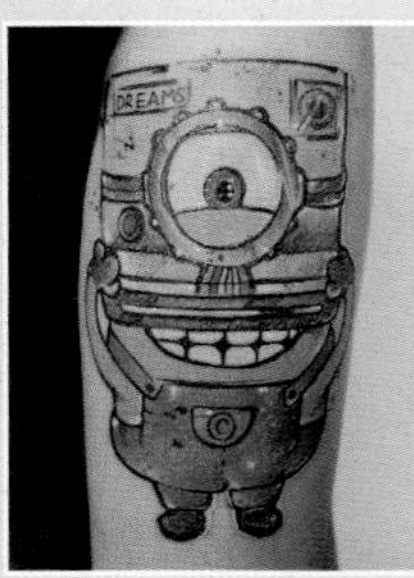

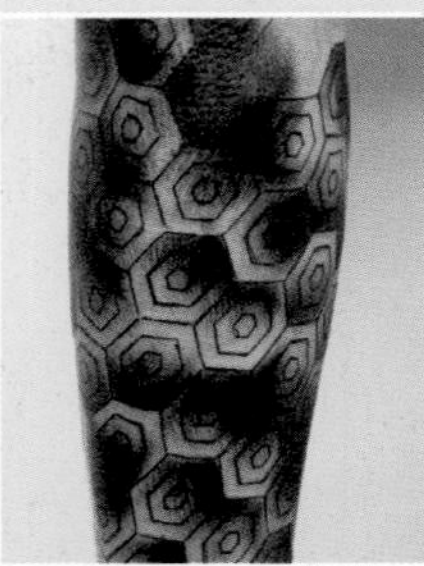

▲ LA SESIÓN DE TATUAJE MÁS LARGA (VARIAS PERSONAS)

Alle Tattoo, alias de Alessandro Bonacorsi (Italia), realizó una sesión de tatuaje de 57 h, 25 min y 30 s en Limidi di Soliera, Italia, el 3 de enero de 2017. Completó 28 tatuajes, entre ellos la imagen de un minion (arriba a la izquierda), la del dios hindú Ganesha (arriba en el centro) y varios dibujos abstractos (arriba a la derecha). Para conocer otro récord de Alessandro, ver abajo a la derecha.

HISTORIA DEL ARTE CORPORAL

5000 a.C.
Aparece en la India la pintura corporal con henna.

3200 a.C.
Ötzi, el hombre de hielo, se tatúa 61 dibujos, los **tatuajes más antiguos que existen**.

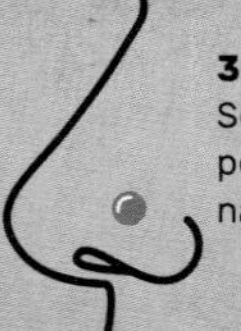

3000 a.C.
Se generalizan las perforaciones en nariz y lengua.

1000 a.C. aprox.
Se inicia en China la práctica del vendado de los pies.

200 d.C.
La civilización precolombina Paracas practica la deformación craneal.

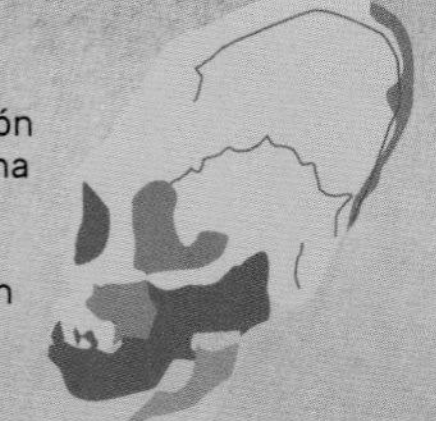

MODIFICACIONES CORPORALES

Más modificaciones corporales

A 14 de marzo de 2017, Rolf Buchholz (Alemania) se había sometido a 516 modificaciones del cuerpo, entre las que se cuentan 481 *piercings*, dos «cuernos» subdérmicos y cinco implantes magnéticos en los dedos de su mano derecha.

El récord de **más modificaciones corporales en una mujer** lo ostenta María José Cristerna (México). Las 49 alteraciones corporales de María José incluyen implantes transdérmicos en la frente, pecho y brazos, y múltiples *piercings* en sus cejas, labios, nariz, lengua, lóbulos de las orejas y ombligo. Además, a 8 de febrero de 2011, los tatuajes cubrían el 96% de su cuerpo, lo que la convierte en la **mujer más tatuada**.

◄ MÁS EXPANSORES EN LA CARA

Un expansor es una pieza hueca en forma de tubo utilizada en la joyería corporal. A 27 de noviembre de 2014, Joel Miggler (Alemania) tenía su cara decorada con 11 expansores, tal como se verificó en Küssaberg, Alemania. Los adornos en la cara de Joel van desde los 3 mm hasta los 34 mm.

P: ¿Por qué se prohibieron los tatuajes en la ciudad de Nueva York desde 1961 hasta 1997?

R: Por temor a que las agujas para tatuar propagaran la hepatitis B.

Victor Hugo Peralta (Uruguay) y su esposa Gabriela (Argentina) forman el **matrimonio con más modificaciones corporales** (84), tal como pudo verificarse en *Lo Show dei Record*, en Milán, Italia, el 7 de julio de 2014. Juntos suman 50 *piercings*, 8 microdérmicos, 14 implantes corporales, 5 implantes dentales, 4 dilatadores de orejas, 2 tornillos en la oreja y 1 lengua bífida.

Más *piercings* en toda una vida (mujeres)

A 8 de junio de 2006, Elaine Davidson (Brasil/R.U.) se había hecho 4.225 *piercings*. Además, realza el exotismo de su aspecto con tatuajes, maquillaje brillante, y plumas y cintas en su pelo.

◀ **MÁS TATUAJES DE PERSONAJES DE UNA SERIE DE ANIMACIÓN**
El australiano Michael Baxter ha decorado su cuerpo con los tatuajes de 203 personajes distintos de *Los Simpson*. El recuento fue realizado en Bacchus Marsh, Victoria, Australia, el 3 de diciembre de 2014. Para completar la obra, se necesitaron 12 meses y unas 130 horas de trabajo con la aguja. El artista tatuador fue Jade Baxter-Smith.

▲ **MÁS CUERPOS PINTADOS**
El 31 de julio de 2015, 497 personas se pintaron de colores brillantes en un evento organizado por PLAY (Polonia) durante la 21.ª edición del Woodstock Festival Poland, que se celebra cada año y es de entrada libre. Los organizadores eligieron la pintura corporal porque encajaba con los valores del festival de diversión y autoexpresión.

◀ **LOS ANCIANOS CON MÁS TATUAJES**
Desde que se hizo su primer tatuaje de una mariposa en 2006, la **anciana más tatuada**, Charlotte Guttenberg (EE.UU.), ha dedicado más de 1.000 horas a cubrir el 91,5% de su cuerpo, tal como pudo verificarse el 3 de junio de 2015.
El **anciano más tatuado**, Charles *Chuck* Helmke (EE.UU.), se hizo su primer tatuaje en 1959. A 2 de agosto de 2016, había cubierto el 93,75% de su cuerpo. Pareja de toda la vida, Chuck y Charlotte se conocieron... en un estudio del tatuaje.

1300
Marco Polo describe por primera vez la elongación del cuello en Birmania.

1850 aprox.
Empiezan a usarse corsés extremos para lograr «cinturas de avispa».

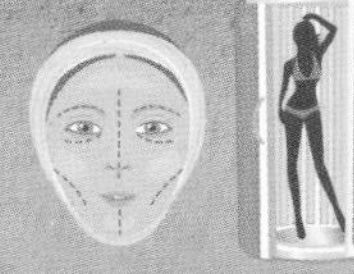

2017
La cirugía plástica y cosmética y el bronceado son prácticas habituales.

Más *piercings* en la cara
A 17 de febrero de 2012, Axel Rosales, de Villa María, Argentina, tenía 280 *piercings* faciales. A 5 de enero de 2017, el récord de **más *piercings* en la lengua** estaba fijado en 20, récord que ostenta Francesco Vacca, de Belleville, Nueva Jersey, EE.UU.

El expansor más grande en el lóbulo de la oreja
A 14 de abril de 2014, Kalawelo Kaiwi (EE.UU.) tenía unos expansores de 10,5 cm de diámetro en cada uno de sus lóbulos, tal como pudo verificarse en la Hilo Natural Health Clinic de Hawái, EE.UU.

TATUAJES

Más tatuajes del mismo personaje de animación
Lee Weir (Nueva Zelanda) se ha tatuado al portagonista de *Los Simpsons*, Homer, 41 veces, tal como se verificó el 5 de junio de 2014 en Auckland, Nueva Zelanda. Homer aparece como bufón saltarín saliendo de una caja, como personificación de la muerte, como Hulk o como un donut. Ver también a Michael Baxter (arriba).

Más personas formando una frase tatuada
El 10 de octubre de 2015, Alessandro Bonacorsi (Italia) escribió las palabras «Paso a paso juntos por un mundo de paz felicidad familia pasión arte amor tatuaje y música» en el cuerpo de 77 personas en Limidi di Soliera, Módena, Italia. Cada persona fue tatuada con una letra de la oración.

La persona de más edad en tatuarse por primera vez
Jack Reynolds, R.U., n. el 6 de abril de 1912, se tatuó con motivo de su 104 cumpleaños en Chesterfield, R.U.

Más personas tatuándose con henna al mismo tiempo
1.200 personas se hicieron tatuajes con henna en un evento organizado por Charotar Education Society (India) en Anand, Gujarat, India, el 28 de julio de 2015.

▲ **LA CINTURA MÁS ESTRECHA DE UNA PERSONA VIVA**
Cathie Jung (EE.UU.), mide 1,70 m y tiene una cintura de apenas 38,1 cm de diámetro cuando lleva un corsé; sin él, mide 53,3 cm. Amante de la ropa de época victoriana, empezó usando un cinturón de 15,2 cm de espesor para reducir gradualmente su cintura, de 66 cm por aquel entonces. Nunca se ha sometido a una cirugía con este fin.

Transhumanismo

El término «transhumanismo» describe el uso de la ciencia y la tecnología para superar las limitaciones humanas y mejorar nuestras capacidades físicas y mentales.

▲ LA PRIMERA PRÓTESIS IMPRESA EN 3D USADA EN UNOS JUEGOS PARALÍMPICOS
La ciclista alemana Denise Schindler compitió en los Juegos Paralímpicos de Río 2016 con una prótesis de policarbonato impresa en 3D de la pierna derecha. Fue la primera atleta en usar un miembro impreso en 3D en este evento deportivo, en el que ganó una medalla de plata en contrarreloj y un bronce en ciclismo en ruta. Para la fabricación íntegra de la prótesis, que tiene un peso de 812 g, apenas se necesitaron 48 horas.

LOS PRIMEROS...

Cámara implantada
En noviembre de 2010, Wafaa Bilal, un fotógrafo de origen iraquí, profesor de la Universidad de Nueva York, EE.UU., se implantó una cámara como parte del proyecto artístico «3rdi». La cámara, conectada a una placa de titanio bajo su cuero cabelludo, hacía que Wafaa tuviera ojos en la parte posterior de la cabeza. El aparato hacía fotografías a intervalos de 1 min que se subían a internet y se mostraban en tiempo real en una instalación de arte digital de un museo de Qatar.

***Biohacker* con tecnología de detección de terremotos**
El término «*biohacking*» describe el acto de implantar dispositivos cibernéticos en el cuerpo humano para mejorar sus capacidades. En 2013 la artista y bailarina Moon Ribas (España) se implantó en el brazo izquierdo un dispositivo que le transmitía datos sobre terremotos en toda la Tierra en tiempo real. El sistema se basaba en una aplicación para teléfonos inteligentes conectada con sensores sísmicos de todo el mundo para detectar leves movimientos de nivel 1 en la escala de Richter. La fuerza de los terremotos determinaba la intensidad de las vibraciones recibidas por Ribas.

Implante informático de biovigilancia
El desarrollador de software Tim Cannon (EE.UU.) es un pionero del *biohacking* y cofundador de Grindhouse Wetware, donde se diseñan este tipo de tecnologías. En 2013, se convirtió en el primer portador del sensor Circadia de Grindhouse, que se insertó bajo la piel de un antebrazo. Mediante un sistema inalámbrico, el dispositivo mandaba los datos de su pulso y temperatura corporal a un teléfono inteligente a intervalos regulares. El Circadia, que portó durante tres meses, contaba con un sistema de carga inalámbrica y luces de estado LED que brillaban bajo la piel.

Brazo protésico completamente integrado
En enero de 2013, un camionero sueco se convirtió en el primer receptor de un brazo protésico implantado en un hueso y controlado directamente por sus propios nervios, y eso a pesar de haber perdido la extremidad hacía más de diez años. Los investigadores de la Universidad Chalmers de Tecnología en Gotemburgo, Suecia, insertaron primero un implante permanente de titanio en la médula ósea del muñón y, a continuación, colocaron un brazo protésico controlado con electrodos implantados también en el muñón, lo que proporciona mayor control y fiabilidad que los sensores que se colocan sobre la piel.

P: ¿De qué es abreviatura el término «cíborg»?

R: De «organismo cibernético».

Auriculares implantados
En 2013 Rich Lee (EE.UU.) tenía unos altavoces implantados en su trago (parte del oído externo) que le permitían escuchar música y recibir llamadas telefónicas gracias a una bobina electromagnética colocada alrededor de su cuello. Lee planea modificar sus implantes para que le proporcionen funciones de ecolocalización similares a las de un murciélago.

Oreja biónica impresa en 3D
En mayo de 2013, expertos en nanotecnología de la Universidad de Princeton, Nueva Jersey, EE.UU., en colaboración con la Universidad Johns Hopkins (EE.UU.), crearon una oreja artificial impresa en 3D que podía recibir señales de radio. Se realizó con una impresora 3D corriente y se empleó hidrogel, un material que se emplea como armazón en la ingeniería de tejidos. La oreja puede recibir señales con un rango de frecuencia de hasta 5 Ghz.

Persona con una oreja implantada en un brazo
Stelarc (Australia, n. en Chipre), un artista performer y académico en la Curtin University of Perth, Australia, tiene una «tercera oreja» desde 2007: un implante con forma de oreja bajo la piel de su antebrazo izquierdo. La investigación y la búsqueda de fondos demoraron el proyecto una década, pero Stelarc finalmente encontró tres cirujanos plásticos que hicieron una oreja a partir de sus propias células y un armazón biocompatible. Las células crecieron alrededor de dicho armazón hasta que se convirtió en una parte viva de su cuerpo con su propio riego sanguíneo. Pese a ello, Stelarc no puede oír nada con ella.

Biobrújula disponible comercialmente
La North Sense (abajo) es una pequeña brújula que se implanta en el pecho de las personas y vibra cuando el usuario se orienta hacia el norte magnético. Creada por el grupo de *biohacking* Cyborg Nest, está diseñada para ayudar a orientarse sin necesidad de leer una brújula; en lugar de eso, el portador «siente» el rumbo dentro de su cuerpo, como si se tratara de un sexto sentido. La North Sense, que se sujeta con un *piercing* metálico, salió a la venta en junio de 2016. Uno de los cofundadores de Cyborg Nest, Neil Harbisson, ostenta su propio récord de implantes (ver abajo).

◄ PRIMERA ANTENA IMPLANTADA
En 2004 Neil Harbisson (R.U.), que nació con una rara forma de ceguera que le impide percibir cualquier color que no sea el blanco o el negro, se implantó una antena en la parte posterior del cráneo. La antena está conectada a una cámara que cuelga frente a sus ojos y transpone las frecuencias de color en frecuencias de sonido que Neil oye como notas musicales. El espectro de colores que escucha va desde las notas más bajas, rojo oscuro para él, hasta las notas más altas, que representan el morado. Neil es el **primer cíborg reconocido oficialmente**.

100%

Historia de las prótesis

Siglos X-VIII a.C.
La momia de una noble que vivió entre 950 y 710 a.C. presenta una prótesis de cuero y madera en sustitución de uno de los dedos de los pies. Es la **prótesis más antigua que se conoce**.

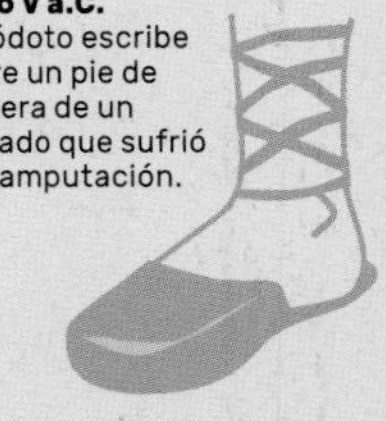

Siglo V a.C.
Heródoto escribe sobre un pie de madera de un soldado que sufrió una amputación.

200 a.C. aprox.
El general romano Marcus Sergius pierde la mano derecha que sustituye por una de hierro que le ayuda a sostener el escudo.

1540 aprox.
Ambroise Paré, un cirujano militar francés, crea «Le Petit orrain», una mano mecánica accionada por un resorte, y una pierna con una rodilla articulada con cerradura.

1861
James Hanger, soldado confederado durante la Guerra Civil estadounidense, pierde una pierna en el conflicto. Diseña y patenta una pierna con articulaciones en la rodilla y el tobillo.

Década de 1880
El soplador de vidrio alemán F. A. Muller fabrica la primera lente de contacto. Hacia la misma época, el médico Adolf E. Fick (Alemania) y el óptico francés Edouard Kalt desarrollan sus propios diseños.

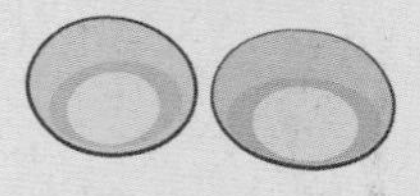

1982
Graeme Clark (Australia) inventa el implante coclear, posiblemente la primera parte del cuerpo que puede ser descrita como «biónica» (es decir, un sistema electrónico o mecánico incorporado en el cuerpo).

2008
Touch Bionics (R.U.) lanza la mano i-limb, la **primera mano biónica disponible comercialmente**.

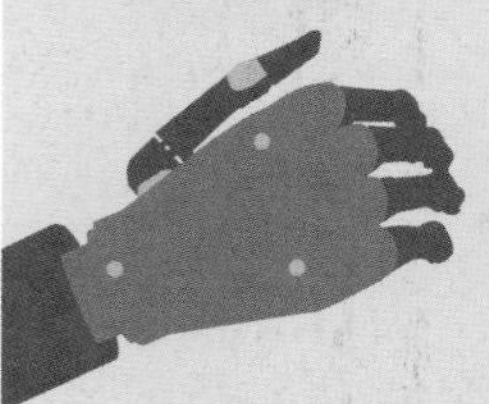

▲ **LA PRIMERA PRÓTESIS BASADA EN UN VIDEOJUEGO**
Concebido en abril de 2015 y completado el 1 de junio de 2016, el «brazo Jensen», de la empresa británica Open Bionics, es la primera extremidad artificial funcional basada en un videojuego. Propiedad del jugador de videojuegos Daniel Melville (R.U.), es una copia de la empleada por Adam Jensen en Deus Ex, una serie de videojuegos ciberpunk ambientada en una era futurista transhumana. Para la fabricación de este miembro impreso en 3D fue necesario alrededor de un mes, desde su diseño hasta el momento en que ya podía usarse.

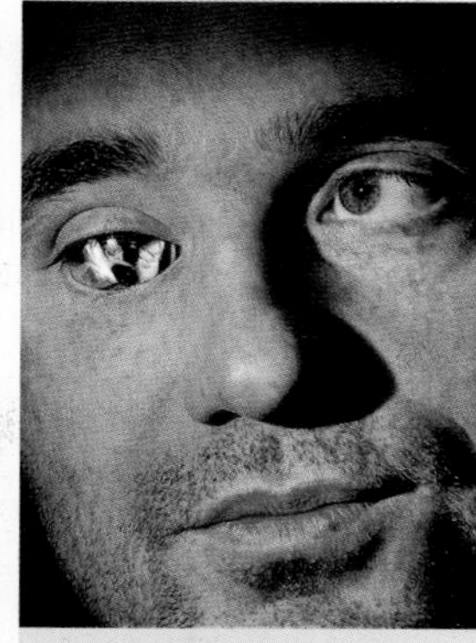

▲ **PRIMER OJO FALSO EQUIPADO CON UNA CÁMARA BIÓNICA**
En 2009, Rob Spence (Canadá) desarrolló un ojo biónico para reemplazar el globo ocular que perdió cuando era niño. Conocido como «eyeborg», consiste en una diminuta cámara digital dentro de un ojo falso que graba y transmite vídeos en directo mediante un sistema inalámbrico. Hay una versión con una luz LED roja inspirada en el cíborg protagonista de la película de 1984 *Terminator*.

▶ **TRAYECTO MÁS LARGO CON UN EXOESQUELETO MECÁNICO**
Monty Reed (EE.UU.) participó en la «carrera divertida» de 5,47 km celebrada en Seattle el día de San Patricio con su exoesquelto «Lifesuit» en 2005. La completó en 95 min, a una velocidad media de poco más de 3,2 km/h. Él mismo diseñó y construyó el artefacto, que concibió en 1987 después de fracturarse la espalda mientras servía como soldado de infantería en el ejército de EE.UU.

▶ **MÁS EXTREMIDADES PROTÉSICAS CONTROLADAS CON LA MENTE**
En diciembre de 2014, Leslie Baugh (EE.UU.), que perdió los brazos en un accidente, se convirtió en la primera persona en controlar dos brazos biónicos mediante su sistema nervioso. Las prótesis las desarrolló la Universidad Johns Hopkins, en Maryland, EE.UU. Baugh se sometió a cirugía para redireccionar a los brazos protésicos los nervios que controlaban sus extremidades. Después, entrenó su mente para mover ambos brazos independientemente.

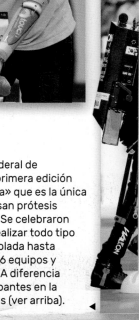

▲ **PRIMER BRAZO PROTÉSICO PROVISTO DE UNA MÁQUINA DE TATUAR**
En 2016 el artista e ingeniero J. L. Gonzal construyó una prótesis para el tatuador residente en Lyon J. C. Sheitan Tenet (ambos de Francia, arriba) con una máquina para tatuar extraíble. Gonzal utilizó piezas de una vieja máquina de escribir y de un gramófono para dar a la prótesis un ligero aspecto *steampunk*. Tenet, que perdió su antebrazo derecho de niño, utiliza la máquina principalmente para sombrear sus diseños.

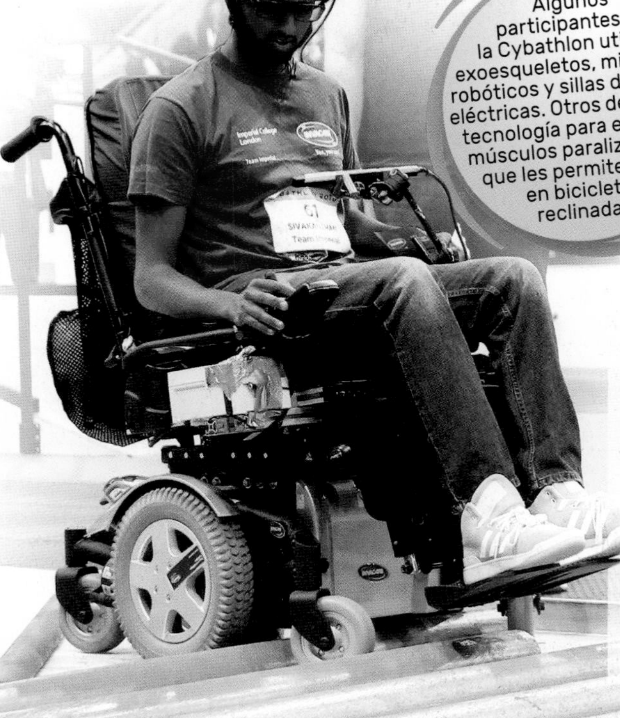

Algunos participantes de la Cybathlon utilizan exoesqueletos, miembros robóticos y sillas de ruedas eléctricas. Otros desarrollan tecnología para estimular músculos paralizados, lo que les permite correr en bicicletas reclinadas.

▲

◀ **PRIMERA COMPETICIÓN PARA ATLETAS BIÓNICOS**
El 8 de octubre de 2016, el Instituto Federal de Tecnología de Zúrich, Suiza, acogió la primera edición de la Cybathlon, una «olimpiada biónica» que es la única competición dirigida a personas que usan prótesis biónicas de propulsión asistida. Se celebraron carreras en las que había que realizar todo tipo de actividades, desde hacer la colada hasta superar obstáculos. Participaron 66 equipos y 400 competidores de distintos países. A diferencia de los Juegos Paralímpicos, los participantes en la Cybathlon utilizan prótesis motorizadas (ver arriba).

Fanáticos del fitness

Paddy Doyle (R.U.) realizó 1.500.230 flexiones documentadas en tan sólo un año natural. Esto equivale a más de 4.100 diarias.

DOMINADAS Y DOMINADAS SUPINAS

Más dominadas en:	Récord	Nombre y nacionalidad	Lugar	Fecha
1 min	50	Michael Eckert (EE.UU.)	Iwakuni, Japón	11 oct 2015
1 min dando palmadas	30	Blake Augustine (EE.UU.)	Neosho, EE.UU.	19 dic 2015
1 min (barra detrás de la cabeza)	23	Jamshid Turaev (Uzbekistán)	Limassol, Chipre	16 may 2015
1 min con dos dedos (ver derecha)	19	Jamshid Turaev (Uzbekistán)	Limassol, Chipre	19 mar 2016
1 min cargando 18,14 kg	=29	Ron Cooper (EE.UU.)	Allston, EE.UU.	20 jul 2016
	=29	Adam Sandel (EE.UU.)	Allston, EE.UU.	20 jul 2016
1 min cargando 27,21 kg	23	Ron Cooper (EE.UU.)	Marblehead, EE.UU.	23 jul 2016
1 h	1.009	Stephen Hyland (R.U.)	Stoneleigh, R.U.	1 ago 2010
1 h (mujeres)	725	Eva Clarke (Australia)	Abu Dabi, EAU	10 mar 2016
6 h	3.515	Andrew Shapiro (EE.UU.)	Great Falls, EE.UU.	14 may 2016
12 h	5.742	Andrew Shapiro (EE.UU.)	Great Falls, EE.UU.	14 may 2016
12 h (mujeres)	2.740	Eva Clarke (Australia)	Abu Dabi, EAU	11 may 2016
24 h	7.306	Andrew Shapiro (EE.UU.)	Great Falls, EE.UU.	14 may 2016
Dominadas explosivas más rápidas	**Récord**	**Nombre y nacionalidad**	**Lugar**	**Fecha**
Subiendo 4 m	8,23 s	Tazio Gavioli (Italia)	Pekín, China	7 dic 2012
Subiendo 7 m	19,5 s	Tazio Gavioli (Italia)	Pekín, China	12 ene 2016
Más dominadas supinas en:	**Récord**	**Nombre y nacionalidad**	**Lugar**	**Fecha**
1 min	57	Guy Schott (EE.UU.)	Santa Rosa, EE.UU.	20 dic 2008
1 h	993	Stephen Hyland (R.U.)	Stoneleigh, R.U.	16 nov 2011
8 h	3.733	Stephen Hyland (R.U.)	Stoneleigh, R.U.	24 jun 2007
12 h	4.040	Joonas Mäkipelto (Finlandia)	Helsinki, Finlandia	28 oct 2016
24 h	5.050	Joonas Mäkipelto (Finlandia)	Lempäälä, Finlandia	6-7 feb 2016
Posición de bandera humana (consecutivas)	25	Zheng Daxuan (China)	Pekín, China	8 ene 2016

▲ MÁS DOMINADAS CON DOS DEDOS EN UN MINUTO

El 19 de marzo de 2016, en un club de fitness en Limassol, Chipre, Jamshid Turaev (Uzbekistán) levantó su peso hasta 19 veces en un minuto valiéndose de los dedos corazón. Turaev, que entrenó para este récord durante cinco años, realizó 25 dominadas, pero seis fueron invalidadas por no ajustarse a las reglas.

▼ MÁS SENTADILLAS CON UNA PIERNA SOBRE UNA TABLA DE EQUILIBRIOS

Silvio Sabba (Italia) acumula varios récords de series de sentadillas con una pierna sobre diferentes objetos, desde la hoja de un hacha a un balón de fútbol. El 10 de junio de 2016, en Milán, Italia, Sabba realizó 22 sentadillas con una pierna en un minuto sobre una tabla en equilibrio y superó por una su propio récord, establecido el año anterior también en Milán.

SENTADILLAS, PLANCHAS CON SENTADILLA Y SENTADILLAS CON UNA PIERNA

Más sentadillas en:	Récord	Nombre y nacionalidad	Lugar	Fecha
1 min (una pierna)	47	Silvio Sabba (Italia)	Milán, Italia	2 ene 2012
1 min cargando 18,14 kg	59	Silvio Sabba (Italia)	Milán, Italia	6 sep 2016
1 min cargando 27,21 kg	47	Silvio Sabba (Italia)	Milán, Italia	21 jul 2016
1 min cargando 36,28 kg	42	Silvio Sabba (Italia)	Milán, Italia	24 jul 2016
1 min cargando 45,35 kg	38	Paddy Doyle (R.U.)	Birmingham, R.U.	30 dic 2012
1 h	4.708	Paddy Doyle (R.U.)	Birmingham, R.U.	8 nov 2007
Más planchas con sentadilla en:	**Récord**	**Nombre y nacionalidad**	**Lugar**	**Fecha**
1 min	70	Craig De-Vulgt (R.U.)	Margam, R.U.	24 jun 2007
1 min cargando 18,14 kg	21	Paddy Doyle (R.U.)	Birmingham, R.U.	28 mar 2011
1 h (alternando piernas)	2.504	Paddy Doyle (R.U.)	Londres, R.U.	3 sep 1992
Sentadillas con una pierna en:	**Récord**	**Nombre y nacionalidad**	**Lugar**	**Fecha**
1 min sobre una cama de clavos	30	Silvio Sabba (Italia)	Londres, R.U.	6 mar 2015
1 min sobre una barra	30	Silvio Sabba (Italia)	Milán, Italia	10 oct 2013
1 min descalzo sobre tres hojas de hacha	29	Silvio Sabba (Italia)	Milán, Italia	4 jul 2016
1 min sobre una pelota de fútbol americano	23	Silvio Sabba (Italia)	Milán, Italia	21 jul 2015
1 min sobre una tabla de equilibrios (ver izquierda)	22	Silvio Sabba (Italia)	Milán, Italia	10 jun 2016
1 min sobre un cable de acero	20	Silvio Sabba (Italia)	Milán, Italia	5 may 2015
1 min sobre las manos de otra persona	18	Silvio Sabba (Italia)	Milán, Italia	21 jun 2016

BURPEES

Más *burpees* en:	Récord	Nombre y nacionalidad	Lugar	Fecha
1 min	47	Mario Silvestri (Italia)	Venafro, Italia	19 mar 2016
1 min (mujeres)	37	Wendy Ida (EE.UU.)	Lakewood, EE.UU.	2 jul 2012
1 min con salto mortal hacia atrás	25	Joshua Romeo (EE.UU.)	Coral Gables, EE.UU.	12 dic 2015
1 h	1.840	Paddy Doyle (R.U.)	Birmingham, R.U.	4 feb 1994
1 h (mujeres, ver derecha)	1.272	Eva Clarke (Australia)	Dubái, EAU	9 ene 2015
1 h, pecho hasta el suelo	920	Eva Clarke (Australia)	Dubái, EAU	14 nov 2016
12 h	8.718	Eva Clarke (Australia)	Dubái, EAU	9 ene 2015
12 h (hombres)	6.800	Lee Ryan (R.U.)	Dubái, EAU	9 ene 2015
24 h	12.003	Eva Clarke (Australia)	Dubái, EAU	10 ene 2015
24 h (hombres)	10.110	Lee Ryan (R.U.)	Dubái, EAU	10 ene 2015

▲ MÁS *BURPEES* EN UNA HORA (MUJERES)

Ya sea en ultramaratones, crossfit o jiu-jitsu brasileño, la exsoldado Eva Clarke (Australia) siempre busca nuevos desafíos físicos. El 9 de enero de 2015, realizó 1.272 *burpees* en una hora en el Autodrome de Dubái, Emiratos Árabes Unidos.

FLEXIONES

Más flexiones:	Récord	Nombre y nacionalidad	Lugar	Fecha
Consecutivas, un dedo	124	Paul Lynch (R.U.)	Londres, R.U.	21 abr 1992
Consecutivas, 90°	16	Willy Weldens (Francia)	París, Francia	9 nov 2014
En 30 s, un dedo	41	Xie Guizhong (China)	Pekín, China	8 dic 2011
En 5 h, un brazo	8.794	Paddy Doyle (R.U.)	Birmingham, R.U.	12 feb 1996
En 12 h	19.325	Paddy Doyle (R.U.)	Birmingham, R.U.	1 may 1989
En 24 h	46.001	Charles Servizio (EE.UU.)	Fontana, EE.UU.	25 abr 1993
En 24 h, nudillos	9.241	Eva Clarke (Australia)	Abu Dabi, EAU	1 feb 2014
Más flexiones en 1 min	**Récord**	**Nombre y nacionalidad**	**Lugar**	**Fecha**
Dorso de las manos	132	Abdul Latif Mahmoud Saadiq (Qatar)	Doha, Qatar	20 nov 2009
Explosivas, todo el cuerpo	82	Stephen Buttler (R.U.)	Morda, R.U.	17 nov 2011
Pliométricas (hasta una plataforma de 1 m de altura)	9	Ahmed Valentino Kerigo (Noruega)	Pekín, China	11 ene 2016
Boca abajo (ver derecha)	27	Manvel Mamoyan (Armenia)	Yerevan, Armenia	23 oct 2015
Plancha (sin que los pies toquen el suelo)	36	Temur Dadiani* (Georgia) *Ambas piernas amputadas	Tbilisi, Georgia	3 ago 2014
Azteca (tocando pies con manos en cada flexión)	50	Jason Shen (EE.UU.)	Palo Alto, EE.UU.	18 ene 2014
En balones medicinales	68	Mohammad Hassaan Butt (Pakistán)	Karachi, Pakistán	7 jun 2015
Palmadas	90	Stephen Buttler (R.U.)	Morda, R.U.	17 nov 2011
Nudillos	85	Roman Dossenbach (Suiza)	Basel, Suiza	21 dic 2016
Dos dedos/dos brazos	52	Aryan Grover (India)	Jaipur, India	26 ago 2015
Cargando 18,14 kg	77	David Wileman (R.U.)	Mansfield, R.U.	27 nov 2013
Cargando 18,14 kg, palmadas	55	Stephen Buttler (R.U.)	Morda, R.U.	17 nov 2011
Cargando 18,14 kg, nudillos	26	Irfan Mehsood (Pakistán)	Khyber Pakhtunkhwa, Pakistán	5 sep 2016
Cargando 18,14 kg, un brazo	33	Hiroyuki Gondou (Japón)	Yamato, Japón	10 may 2014
Cargando 18,14 kg, una pierna levantada	31	Irfan Mehsood (Pakistán)	Khyber Pakhtunkhwa, Pakistán	21 jul 2016
Cargando 27,21 kg	57	Ron Cooper (EE.UU.)	Marblehead, EE.UU.	11 feb 2016
Cargando 27,21 kg, un brazo	22	Paddy Doyle (R.U.)	Birmingham, R.U.	18 jul 2011
Cargando 27,21 kg, dorso de las manos	38	Paddy Doyle (R.U.)	Birmingham, R.U.	18 jul 2011
Cargando 36,28 kg	51	Rohtash Choudhary (India)	Faridabad, India	21 jun 2016
Cargando 36,28 kg, un brazo	21	Paddy Doyle (R.U.)	Birmingham, R.U.	8 sep 2011
Cargando 36,28 kg, dorso de las manos	37	Paddy Doyle (R.U.)	Birmingham, R.U.	8 ene 2012
Cargando 36,28 kg, una pierna levantada	21	Irfan Mehsood (Pakistán)	Khyber Pakhtunkhwa, Pakistán	5 sep 2016
Cargando 45,35 kg	38	Ron Cooper (EE.UU.)	Marblehead, EE.UU.	2 dic 2016
Cargando 45,35 kg, dorso de las manos	26	Paddy Doyle (R.U.)	Birmingham, R.U.	8 ene 2012
Más flexiones en 1 h	**Récord**	**Nombre y nacionalidad**	**Lugar**	**Fecha**
Dos brazos	2.392	Roman Dossenbach (Suiza)	Basel, Suiza	29 nov 2016
Dorso de las manos	1.940	Paddy Doyle (R.U.)	Birmingham, R.U.	8 nov 2007
Un brazo	1.868	Paddy Doyle (R.U.)	Birmingham, R.U.	27 nov 1993
Un brazo, dorso de las mano	1.025	Doug Pruden (Canadá)	Edmonton, Canadá	8 nov 2008
Nudillos	2.175	Syed Taj Muhammad (Pakistán)	Karachi, Pakistán	20 mar 2016
Nudillos (mujeres)	1.206	Eva Clarke (Australia)	Abu Dabi, EAU	31 ene 2014
Cargando 18,14 kg, dorso de las mano (ver derecha)	663	Paddy Doyle (R.U.)	Birmingham, R.U.	13 may 2008

▲ MÁS FLEXIONES BOCA ABAJO EN UN MINUTO
El 23 de octubre de 2015, en Yerevan, Armenia, el atleta armenio Manvel Mamoyan realizó 27 flexiones boca abajo en 60 s. Para que sus flexiones fueran contabilizadas, el ángulo de los codos tenía que alcanzar 90° o menos antes de que Manvel volviera a enderezar los brazos.

▲ MÁS FLEXIONES CON EL DORSO DE LAS MANOS EN UNA HORA CARGANDO UN PAQUETE DE 18,14 KG
El 13 de mayo de 2008, en Birmingham, R.U., el atleta de pruebas de resistencia Paddy Doyle (R.U.) realizó 663 flexiones en una hora apoyándose en el dorso de las manos con el peso equivalente a un niño de cuatro años sobre la espalda.

▲ MÁS TIEMPO CORRIENDO A LA PATA COJA EN UNA CINTA
El siete veces campeón del mundo de salto a la comba, Peter Nestler (EE.UU.), corrió a la pata coja sobre una cinta durante 8 min y 6,5 s en Tulsa, Oklahoma, EE.UU., el 6 de septiembre de 2014. La cinta se programó a una velocidad constante de 6,5 km/h. Peter desarrolló esta habilidad mientras entrenaba para una maratón de saltos.

CINTA DE CORRER

Mayor distancia en:	Récord	Nombre y nacionalidad	Lugar	Fecha
12 h	143,84 km	Ronnie Delzer (EE.UU.)	The Woodlands, EE.UU.	20 ago 2016
12 h (mujeres)	128,62 km	Bernadette Benson (Australia)	Perth, Australia	28 may 2016
24 h	260,40 km	Dave Proctor (Canadá)	Calgary, Canadá	28 may 2016
24 h (mujeres)	247,20 km	Edit Bérces (Hungría)	Budapest, Hungría	9 mar 2004
48 h	405,22 km	Tony Mangan (Irlanda)	Longford, Irlanda	24 ago 2008
48 h (mujeres)	322,93 km	Kristina Paltén (Suecia)	Stockholm, Suecia	5 nov 2014
48 h (equipo de 12)	868,64 km	Porsche Human Performance (R.U.)	Goodwood, R.U.	5 jul 2009
1 semana	833,05 km	Sharon Gayter (R.U.)	Middlesbrough, R.U.	21 dic 2011
1 semana (hombres)	827,16 km	Márcio Villar do Amaral (Brasil)	Rio de Janeiro, Brasil	4 jul 2015
Más rápido en correr:	**Récord**	**Nombre y nacionalidad**	**Lugar**	**Fecha**
50 km (mujeres)	3 h, 55 min y 28 s	Gemma Carter (R.U.)	Londres, R.U.	6 mar 2015
50 millas (hombres)	7 h y 1 min	Ian Griffiths (R.U.)	Goudhurst, R.U.	7 nov 2001
100 km	6 h, 21 min y 40 s	Phil Anthony (R.U.)	Canterbury, R.U.	3 dic 2014
100 km (mujeres)	8 h, 30 min y 34 s	Arielle Fitzgerald (Canadá)	Calgary, Canadá	28 may 2016
100 km (equipo de 12)	5 h, 1 min y 20 s	High Performance Running (Bélgica)	Lokeren, Bélgica	14 dic 2013
100 millas	13 h, 42 min y 33 s	Suresh Joachim (Australia)	Mississauga, Canadá	28 nov 2004
100 millas (mujeres)	14 h, 15 min y 8 s	Edit Bérces (Hungría)	Budapest, Hungría	9 mar 2004
100 millas (equipo de 12)	8 h y 23 min	Radley College (R.U.)	Abingdon, R.U.	13 feb 2011

Todos los récords están actualizados a fecha de 21 de diciembre de 2016.

Proezas de fuerza

El equipo de halterofilia de Corea del Norte atribuye su éxito a una alimentación a base de kimchi (col fermentada) y fideos en caldo frío.

BARRA

Mayor peso levantado en...	Récord	Nombre y nacionalidad	Lugar	Fecha
Flexión del brazo (1 h)	50.320 kg	Eamonn Keane (Irlanda, abajo)	Louisburgh, Irlanda	31 may 2012
Flexión del brazo (1 min)	3.600 kg	Eamonn Keane (Irlanda)	Louisburgh, Irlanda	18 nov 2012
Press de banca (un levantamiento)	401,5 kg	Blaine Sumner (EE.UU.)	Columbus, EE.UU.	5 Mar 2016
Press de banca (1 h, un brazo)	10.458,42 kg	Dariusz Slowik (Canadá)	Hornslet, Dinamarca	2 jun 2016
Press de banca (1h, dos brazos)	138.480 kg	Eamonn Keane (Irlanda)	Marina del Rey, EE.UU.	22 jul 2003
Press de banca (1 min)	6.960 kg	Eamonn Keane (Irlanda)	Louisburgh, Irlanda	18 nov 2012
Levantamiento de peso: press de banca (12 h)	815.434 kg	Glen Tenove (EE.UU.)	Irvine, EE.UU.	17 dic 1994
Press de pie (1 h)	68.500 kg	Eamonn Keane (Irlanda)	Louisburgh, Irlanda	8 dic 2012
Press de pie (1 min)	4.000 kg	Eamonn Keane (Irlanda)	Louisburgh, Irlanda	8 dic 2012
Remos (1 h)	126.720 kg	Eamonn Keane (Irlanda)	Louisburgh, Irlanda	18 nov 2012
Remos (1 min)	4.700 kg	Eamonn Keane (Irlanda)	Louisburgh, Irlanda	8 dic 2012
Remo de pie (1 min)	4.440 kg	Eamonn Keane (Irlanda)	Louisburgh, Irlanda	8 nov 2012
Peso muerto (atletismo de fuerza, un levantamiento)	500 kg	Eddie Hal (R.U.)	Leeds, R.U.	9 jul 2016
Peso muerto (rueda, un levantamiento)	524 kg	Žydrūnas Savickas (Lituania)	Columbus, EE.UU.	1 mar 2014
Peso muerto (un dedo)	121,70 kg	Benik Israelyan (Armenia)	Yerevan, Armenia	12 feb 2012
Peso muerto (dedo meñique)	110 kg	Suren Aghabekyan (Armenia)	Yerevan, Armenia	23 mar 2013
Peso muerto (24 h)	475.065 kg	Ian Atkinson (R.U.)	Warrington, R.U.	16 nov 2002
Peso muerto (1 h)	115.360 kg	Eamonn Keane (Irlanda)	Louisburgh, Irlanda	14 jul 2013
Peso muerto (1 min)	5.520 kg	Eamonn Keane (Irlanda)	Louisburgh, Irlanda	18 nov 2012
Peso muerto, sumo (1 h, hombres)	54.464 kg	Nick Mallory (R.U.)	Hemel Hempstead, R.U.	21 mar 2011
Peso muerto, sumo (1 h, mujeres)	47.552,9 kg	Thienna Ho (EE.UU.)	San Francisco, EE.UU.	14 ago 2010
Peso muerto, sumo (1 min)	9.130 kg	Greg Austin Doucette (Canadá)	Halifax, Canadá	9 ago 2015
Sentadilla (24 h)	459.648 kg	Shaun Jones (R.U.)	Norwich, R.U.	23 mar 2010
Sentadilla (1 h)	57.717,36 kg	Walter Urban (Canadá)	Nueva York, EE.UU.	15 ago 2015
Sentadilla (1 min)	5.035,42 kg	Joshua Spaeth (EE.UU.)	Kennewick, EE.UU.	15 ago 2015

▲ **EL MAYOR NÚMERO DE PERSONAS LEVANTADAS Y LANZADAS EN DOS MINUTOS (MUJERES)**
El 19 de diciembre de 2008, Aneta Florczyk (Polonia) levantó y lanzó a 12 hombres en el escenario del GWR en Madrid, España. Superó a Irene Gutiérrez (España), que había levantado a 10 hombres unos minutos antes. Aneta se hizo famosa con un vídeo en el que enrolla una sartén con las manos.

En la imagen de la izquierda, el forzudo Eamonn Keane (centro) recibe 12 de sus certificados del GWR de manos del personal del Guinness World Records. Cuando no levanta pesas, ¡es maestro de primaria!

MANCUERNAS

Mayor peso levantado en...	Récord	Nombre y nacionalidad	Lugar	Fecha
Elevaciones frontales (1 h)	18.830 kg	Eamonn Keane (Irlanda)	Louisburgh, Irlanda	12 oct 2011
Elevaciones frontales (1 min)	1.215 kg	Eamonn Keane (Irlanda)	Louisburgh, Irlanda	16 oct 2013
Remos, dos brazos (1 h)	32.730 kg	Eamonn Keane (Irlanda)	Louisburgh, Irlanda	30 mar 2010
Remos, un brazo (1 min)	1.975,85 kg	Robert Natoli (EE.UU.)	Liverpool, EE.UU.	22 mar 2014
Press con mancuernas de pie (1 min, mujeres)	910 kg	Kristin Rhodes (EE.UU.)	Pekín, China	4 dic 2012
Mosca en banco inclinado (1 h)	40.600 kg	Eamonn Keane (Irlanda)	Louisburgh, Irlanda	28 sep 2011
Mosca en banco inclinado (1 min)	2.160 kg	Eamonn Keane (Irlanda)	Louisburgh, Irlanda	16 oct 2013
Elevaciones laterales (1 h)	19.600 kg	Eamonn Keane (Irlanda)	Louisburgh, Irlanda	1 feb 2011
Elevaciones laterales (1 min)	1.575 kg	Eamonn Keane (Irlanda)	Louisburgh, Irlanda	16 oct 2013
Elevaciones laterales posteriores (1 h)	32.500 kg	Eamonn Keane (Irlanda)	Louisburgh, Irlanda	6 oct 2010
Elevaciones laterales posteriores (1 min)	1.845 kg	Eamonn Keane (Irlanda)	Louisburgh, Irlanda	16 oct 2013

PESAS RUSAS

Mayor peso levantado en...	Récord	Nombre y nacionalidad	Lugar	Fecha
Ciclo largo (1 h)	33.184 kg	Anatoly Ezhov (Bielorrusia)	Zagreb, Croacia	21 sep 2014
Press militar (1 h, hombres)	51.030 kg	Anatoly Ezhov (Bielorrusia)	Tel Aviv, Israel	7 jun 2015
Press militar (1 h, mujeres)	26.441,80 kg	Larisa Strucheva (Rusia)	Arkhangelsk, Rusia	7 feb 2016
Arranque (1 h, hombres)	34.160 kg	Evgeny Nazarevich (Bielorrusia)	Grodno, Bielorrusia	13 abr 2015
Arranque (1 h, mujeres)	14.430, 3 kg	Anna Lewandowska (Polonia)	Grodno, Bielorrusia	17 oct 2015
Envión (1 h)	53.424 kg	Anatoly Ezhov (Bielorrusia)	Tashkent, Uzbekistán	15 jun 2014
Balanceo (1 h)	21.224 kg	Jason Peter Gee (EE.UU.)	Brighton, EE.UU.	6 jun 2015
Balanceo (1 h, mujeres)	20.816 kg	Eszter Füleki (Hungría)	Gyöngyös, Hungría	17 sep 2016

▲ **LOS ESCALONES DE FUERZA MÁS RÁPIDOS (3 X 225 KG)**
El 26 de junio de 2014, Zydrunas *Big Z* Savickas (Lituania) subió cinco escalones (los «escalones de fuerza») cargado con tres pesas de 225 kg por separado en tan sólo 31,60 s en *Lo Show dei Record* en Milán, Italia. Cada pesa equivalía a la mitad de un piano de cola.

MAYOR PESO ARRASTRADO CON...

Parte del cuerpo/método	Objeto	Récord	Nombre y nacionalidad	Lugar	Fecha
Lengua (mujeres)	Mujer	113 kg	Elaine Davidson (R.U.)	Londres, R.U.	16 sep 2012
Lengua (hombres)	Mujer	132 kg	Gordo Gamsby (Australia)	Londres, R.U.	16 sep 2012
Órbitas oculares	*Rickshaw* con tres mujeres	411,65 kg	Chayne Hultgren, *The Space Cowboy* (Australia)	Milán, Italia	25 abr 2009
Orejas (perforadas)	Avión Cessna	677,8 kg	Johnny Strange (R.U.)	North Weald, R.U.	12 may 2014
Gancho en cavidad nasal y boca	Coche	983,1 kg	Ryan Stock (Canadá)	Estambul, Turquía	5 jun 2013
Párpados	Coche	1.500 kg	Dong Changsheng (China)	Changchun, China	26 sep 2006
Orejas (pendientes)	Coche	1.562 kg	Gao Lin (China)	Pekín, China	19 dic 2006
Espada tragada	Coche	1.696,44 kg	Ryan Stock (Canadá)	Las Vegas, EE.UU.	28 oct 2008
Orejas (con abrazaderas, mujeres)	Furgoneta	1.700 kg	Asha Rani (India)	Leicester, R.U.	20 jun 2013
Barba	Coche	2.205 kg	Kapil Gehlot (India)	Jodhpur, India	21 jun 2012
	Tren	2.753,1 kg	Ismael Rivas Falcon (España)	Madrid, España	15 nov 2001
Con tacones altos	Camión	6.586,16 kg	Lia Grimanis (Canadá)	Toronto, Canadá	11 jun 2014
Pelo (hombres)	Autobús	9.585,4 kg	He Yi Qun (China)	Jiangyin, China	13 ene 2015
Pelo (mujeres)	Autobús de dos pisos	12.216 kg	Asha Rani (India)	Milán, Italia	7 jul 2014
Movimiento de pulso	Camión de bomberos	14.470 kg	Kevin Fast (Canadá)	Cobourg, Canadá	13 abr 2016
Dientes	Autobús con 12 pasajeros	13.713,6 kg	Igor Zaripov (Rusia)	Jiangyin, China	7 ene 2015
	Dos trenes	260,8 t	Velu Rathakrishnan (Malasia)	Kuala Lumpur, Malasia	18 oct 2003
	Vehículo cisterna	576 t	Omar Hanapiev (Rusia)	Makhachkala, Rusia	9 nov 2001

▲ LA CASA ARRASTRADA MÁS PESADA
El 18 de septiembre de 2010, el pastor Kevin Fast (Canadá), poseedor de varios récords, arrastró una casa de 35,9 t a lo largo de 11,95 m en Cobourg, Ontario, Canadá. Tardó 1 min y 1 s, y lo realizó durante un acto benéfico para recaudar fondos. Asegura que el secreto de su fuerza es la *poutine*, un plato típico de Quebec compuesto de patatas fritas, queso y salsa de carne.

▲ EL MAYOR PESO LEVANTADO CON UNAS OREJAS PERFORADAS
El 21 de agosto de 2016, Johnny Strange (R.U.) levantó un barril de cerveza que pesaba 21,63 kg con sus orejas perforadas en el Norbreck Castle Hotel de Blackpool, R.U. Superó su propio récord en 6,73 kg. Con razón se le conoce como «el hombre de las orejas de acero».

MAYOR PESO LEVANTADO CON...

Parte del cuerpo/método	Récord	Nombre y nacionalidad	Lugar	Fecha
Gancho en la frente	4,5 kg	Burnaby Q Orbax (Canadá)	Milán, Italia	21 jul 2014
Órbita ocular (mujeres)	6 kg	Asha Rani (India)	Mahilpur, India	1 feb 2013
Ganchos en las mejillas	6,89 kg	Sweet Pepper Klopek (Canadá)	Saint John, Canadá	18 jul 2016
Uña	9,98 kg	Alagu Prathap (India)	Tamil Nadu, India	18 sep 2016
Lengua	12,5 kg	Thomas Blackthorne (R.U.)	Ciudad de México, México	1 ago 2008
Hilo dental (boca y nariz)	15,8 kg	Christopher Snipp (R.U.)	Gravesend, R.U.	11 may 2013
Orejas (perforadas, levantar y hacer girar)	16 kg	Erik Sprague, *el Hombre lagarto* (EE.UU.)	Milán, Italia	19 jun 2014
Órbita ocular (hombres)	16,2 kg	Manjit Singh (India)	Leicester, R.U.	12 sep 2013
Orejas (perforadas)	21,63 kg	Johnny Strange (R.U., izquierda)	Blackpool, R.U.	21 ago 2016
Ambas órbitas oculares (mujeres)	22,95 kg	Ellen "Pinkie" Pell (EE.UU.)	Chattanooga, EE.UU.	2 abr 2016
Dedos de los pies	23 kg	Guy Phillips (R.U.)	Horning, R.U.	28 may 2011
Ambas cavidades oculares (hombres)	24 kg	Manjit Singh (India)	Leicester, R.U.	15 nov 2012
Pezones	32,6 kg	Mika Nieminen, *el Barón* (Finlandia)	Londres, R.U.	19 jul 2013
Dos orejas (con abrazaderas)	34,9 kg	Asha Rani (India)	Rampur, India	18 jul 2014
Ganchos en los antebrazos	45,18 kg	Burnaby Q Orbax (Canadá)	Saint John, Canadá	17 jul 2015
Omóplatos	51,4 kg	Feng Yixi (China)	Pekín, China	8 dic 2012
Pelo (mujeres)	55,6 kg	Asha Rani (India)	Rampur, India	18 jul 2014
Barba	63,80 kg	Antanas Kontrimas (Lituania)	Estambul, Turquía	26 jun 2013
Meñiques	67,5 kg	Kristian Holm (Noruega)	Herefoss, Noruega	13 nov 2008
Pelo (hombres)	81,5 kg	Abdurakhman Abdulazizov (Rusia)	Zubutli-Miatli, Rusia	16 nov 2013
Una oreja (con abrazadera)	82,6 kg	Rakesh Kumar (India)	Estambul, Turquía	25 jul 2013
Dientes	281,5 kg	Walter Arfeuille (Bélgica)	París, Francia	31 mar 1990
Cuello	453,59 kg	Eric Todd (EE.UU.)	Turney, EE.UU.	19 oct 2013
Aliento (bolsa neumática)	=1.990,25 kg	Brian Jackson (EE.UU.)	Jiangyin, China	12 ene 2015
	=1.990,25 kg	Ding Zhaohai (China)	Jiangyin, China	12 ene 2015

VARIOS

Objeto levantado	Récord	Nombre y nacionalidad	Lugar	Fecha
Hilera de ladrillos sostenidos a la altura del pecho	102,73 kg (20 ladrillos)	Fred Burton (R.U.)	Cheadle, R.U.	5 jun 1998
Tronco (de 150 kg, 1 min)	900 kg	Žydrūnas Savickas (Lituania)	Milán, Italia	3 jul 2014
Bala de heno (fuerza vasca, bala de 45 kg levantada a 7 m con polea, 2 min)	990 kg	Inaki Berceau Sein (España)	Milán, Italia	25 abr 2009
Yunque (mínimo 18 kg, 90 s)	1.584 kg	Alain Bidart (Francia)	Soulac-sur-Mer, Francia	17 ago 2005
Piedra (fuerza vasca, piedra de 100 kg, 1 min)	2.200 kg	Jose Ramón Iruretagoiena, *Izeta II* (España)	Madrid, España	16 feb 2008
Mayor peso levantado (un levantamiento, dos coches más conductores y plataforma)	2.422,18 kg	Gregg Ernst (Canadá)	Bridgewater, Canadá	28 jul 1993
Piedra (atlas de 50,2 kg, 1 h)	13,805 kg	Nick Mallory (R.U.)	Hemel Hempstead, R.U.	28 oct 2011
Barril de cerveza (de 62,5 kg, 6 h)	56,375 kg	Tom Gaskin (R.U.)	Newry, R.U.	26 oct 1996

▲ EL MAYOR NÚMERO DE SENTADILLAS CON MÁS PESO EN 2 MIN (130 KG, MUJERES)
Maria Strik (Países Bajos) hizo 29 sentadillas con una barra de 130 kg en 2 min, en *Lo Show dei Record* en Roma, Italia, el 4 de abril de 2012, en un reto contra Anett von der Weppen (EE.UU.) y Nina Geria (Ucrania).

Los 100 m más rápidos

¿Qué distancia son 100 m? Unas cinco veces la longitud de una pista de bolos. O 150 veces la longitud de un paso. ¡U 80.000 veces la longitud de un grano de arena!

▲ EN UNA PELOTA SALTARINA (MUJERES)

El 26 de septiembre de 2004, Dee McDougall (R.U.) recorrió 100 m en una pelota saltarina en 39,88 s en la Universidad de Saint Andrews, Fife, R.U.

Ashrita Furman (EE.UU.) logró el **tiempo más rápido en recorrer 100 m con una pelota saltarina** (30,2 s) el 16 de noviembre de 2004 en Nueva York, EE.UU.

Desplazándose con el trasero

Miki Sakabe (Japón) completó una distancia de 100 m impulsándose básicamente con el glúteo mayor en 11 min y 59 s, el 25 de octubre de 2009 en el estadio de atletismo de Fukagawa en Hokkaido, Japón.

Soplando un sello

El 3 de octubre de 2010, Christian Schäfer (Alemania) recorrió 100 m haciendo volar un sello a soplidos en 3 min y 3 s en el ASV Dachau en Dachau, Alemania.

En una bañera

El 17 de agosto de 2013, Tony Bain (Nueva Zelanda) recorrió 100 m a remo a bordo de una bañera flotante en un 1 min y 26,41 s, en el plató de *Officially Amazing*, en Cardiff, R.U.

Caminando por una cuerda floja

El 6 de junio de 2013, Aisikaier Wubulikasimu (China) recorrió 100 m caminando por una cuerda floja en 38,86 s en Wenzhou, provincia de Zhejiang, China.

Maurizio Zavatta (Italia) registró el **mejor tiempo en caminar hacia atrás una distancia de 100 m por una cuerda floja** (1 min y 4,57 s) el 20 de mayo de 2014 en Kaifeng, provincia de Henan, China.

En un patín de pedales (individual)

El 13 de octubre de 2013, Giuseppe Cianti (Italia) recorrió 100 m con un patín de pedales en 38,7 s en Marina di Scilla, Reggio Calabria, Italia.

Haciendo un *moonwalk*

El 8 de diciembre de 2010, el chino Luo Lantu recorrió 100 m haciendo el paso *moonwalk* en un tiempo de 32,06 s en Pequín, China. El récord se grabó para el programa *Zheng Da Zong Yi - Guiness World Records Special*.

Montystar (ver a la derecha) llevó un arnés para tirar de la avioneta una distancia de 100 m. La avioneta pesaba al menos 500 kg, más o menos como un oso polar adulto.

Arrastrando una avioneta

El 23 de febrero de 2011, Montystar Agarawal (India) tardó sólo 29,84 s en arrastrar una avioneta Cessna 100 m en el plató de *Guinness World Records Ab India Todega* en Baramati, Maharashtra, India.

Practicando esferismo

La leyenda del críquet Andrew Flintoff (R.U.) recorrió haciendo esferismo 100 m en 26,59 s en *BT Sport Relief Challenges: Flintoff's Record Breakers*. Acometió el récord el 19 de marzo de 2012 en el campo de críquet KIA Oval, en Londres, R.U.

Por camas elásticas

El 26 de febrero de 2009, Steve Jones (R.U.) recorrió 100 m saltando por una serie de camas elásticas en 24,11 s, en el plató de *Guinness World Records Smashed*, Crowthorne, R.U.

P: ¿Quién es más rápido, Usain Bolt o un gato doméstico?

R: Un gato. En 2009 Bolt alcanzó los 44,71 km/h en su récord mundial de los 100 m, pero un gato puede llegar a correr a 47,9 km/h.

Con zuecos

El 3 de marzo de 2016, la estrella del rugbi australiano Drew Mitchell corrió 100 m con zuecos en 14,43 s. Fue en el plató de *Sky Sports Rugby*, en Toulon, Francia. Es uno de los cuatro récords que ostenta el rapidísimo Wallaby, ¡establecidos todos el mismo día! Mitchell se sobrepuso al dolor para batir el récord anterior de 16,27 s establecido por Andre Ortolf (Alemania, ver derecha) el 25 de octubre de 2013.

En *rap jumping*

Este deporte extremo consiste en bajar haciendo rápel por una pared vertical en posición horizontal (con los pies en la pared) mirando hacia el suelo. Luis Felipe de Carvalho Leal (Brasil) descendió los 100 m más rápidos en el edificio RB1 de Río de Janeiro, Brasil, el 23 de octubre de 2011.

En una carrera de carretillas

El 15 de mayo de 2005, Otis Gowa (Australia) tardó 14 s en empujar una carretilla 100 m, en Davis Park en Mareeba, Queensland, Australia.

Con un disfraz de caballo (hombres)

El 30 de julio de 2009, Shane Crawford y Adrian Mott (ambos de Australia) corrieron 100 m en 12,045 s con un disfraz de caballo en *The Footy Show*, en Melbourne, Victoria, Australia.

El 18 de agosto de 2005, Samantha Kavanagh y Melissa Archer (ambas de R.U.) recorrieron los **100 m más veloces con un disfraz de caballo (mujeres)** en 18,13 s, en un acto organizado por la agencia publicitaria Claydon Heeley Jones Mason en Harrow School, Harrow-on-the-Hill, Middlesex, R.U.

Con zancos

El 17 de agosto de 2013, Liang Shaolun (China) tardó sólo 11,86 s en recorrer 100 m con zancos en la Asia-Pacific Experimental School de la Beijing Normal University, China.

Esquiando hacia atrás cuesta abajo

El 27 de abril de 2009, Andy Bennett (R.U.) esquió 100 m hacia atrás en 9,48 s. Estableció el récord en la pista de nieve *indoor* Snozone de Milton Keynes, R.U.

◄ LOS 100 M VALLAS CON ALETAS MÁS RÁPIDOS

El 13 de septiembre de 2008, Christopher Irmscher (Alemania) recorrió 100 m vallas con unas aletas en 14,82 s. Lo logró en Colonia, Alemania, en el programa *Guinness World Records - Die Größten Weltrekorde*. Dos años más tarde, el 8 de diciembre de 2008, Veronica Torr (Nueva Zelanda) registró el **mejor tiempo en recorrer 100 m vallas con aletas (mujeres)**, con 18,523 s, en el plató de *Zheng Da Zong Yi - Guinness World Records Special* en Pequín, China.

¿Quieres conseguir un récord?

Estos son algunos récords por lograr en los 100 m. Para inscribirte, consulta la página *guinnessworldrecords.com*.

Aguantando una cuchara sobre la nariz.

Dando volteretas hacia adelante.

Con patines en línea.

Con chanclas.

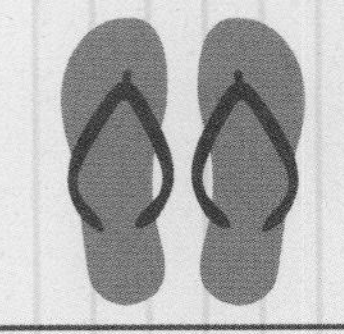

Tocando un sousafón.

Haciendo de camarero.

Con los ojos vendados.

Con un exoesqueleto mecánico.

Saltando a pídola.

1 2 3 4 5 6 7 8 9

◄ EN PATINES DE RUEDAS CON TACONES

El 21 de agosto de 2013, Marawa Ibrahim patinó 100 m con unos patines de ruedas y zapatos de tacón en un tiempo de 26,10 s en Regent's Park, Londres, R.U. Cuatro años más tarde, el 1 de febrero de 2017, la talentosa Marawa registró el **mejor tiempo en recorrer 100 m haciendo girar un un hula-hoop** (17,87 s) en Sheep Meadow, Central Park, Nueva York, EE.UU. La hazaña se pudo seguir por Guinness World Records Facebook Live.

▲ EN UNA SILLA

El 15 de agosto de 2014, André Ortolf (Alemania) recorrió 100 m en 31,92 s sentado en una silla giratoria de seis ruedas, en Augsburg, Alemania. Ese mismo año, había logrado el **tiempo más rápido en recorrer 100 m con botas de esquí**, pero Max Willcocks (R.U.) lo superó después con un tiempo de 14,09 s. André también formó parte del equipo que el 30 de junio de 2016 registró el **tiempo más rápido en una carrera de relevos de 4 × 100 con uniforme de bombero** (59,58 s), en Augsburg.

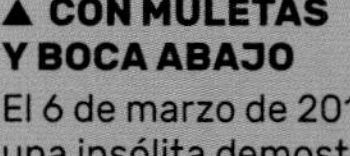

▲ CON MULETAS Y BOCA ABAJO

El 6 de marzo de 2014, en una insólita demostración de fuerza, resistencia y equilibrio, Tameru Zegeye (Etiopía) recorrió 100 m boca abajo y con muletas en 57 s en Fürth, Bavaria, Alemania. Tameru nació con una deformación en los pies y no puede utilizar las piernas, pero ha desarrollado una fuerza prodigiosa en el torso y ahora es un artista de circo.

▲ A BORDO DE UNA CALABAZA

El 23 de mayo de 2013, Dmitri Galitzine (R.U.), recorrió a remo una distancia de 100 m en 2 min y 0,3 s a bordo de una calabaza de 272,15 kg, en Trafalgar Wharf en Portchester, Hampshire (R.U.). Para acometer el récord usó un remo de kayak estándar disponible en el mercado, y lo único que le hizo a la calabaza fue vaciarla.

► CON ZAPATOS DE TACÓN (MUJERES)

El 2 de mayo de 2015, la danesa Majken Sichlau recorrió 100 m en 13,557 s con unos zapatos con un tacón de 9,5 cm de alto durante los Juegos de Tårnby 2015, en el estadio de Tårnby, Copenhague, Dinamarca.

◄ EN UNA CARRERA CON UN HUEVO EN UNA CUCHARA

El 23 de septiembre de 2013, en un acto inaugural del *GRW 2014* en Sídney, Nueva Gales del Sur, la australiana Sally Pearson recorrió 100 m sosteniendo un huevo en una cuchara en tan sólo 16,59 s. Sally es corredora de vallas olímpica y su especialidad son, de hecho, los 100 m vallas. Incluso ¡fue campeona olímpica en 2012!

► SOBRE UNA *SLACKLINE*

El francés Lucas Milliard tardó sólo 1 min y 59,73 s en recorrer los 100 m de longitud de una *slackline* en un acto organizado el 12 de junio de 2016 por Hailuogou National Glacier Forest Park y Huway.com en Luding, Sichuan, China.

Théo Sanson (Francia) tiene el récord del **tiempo más rápido en caminar 100 m hacia atrás sobre una *slackline*** (6 min y 1 s). La prueba, organizada por Wind Team (China), tuvo lugar el 6 noviembre de 2016 en la montaña Yuntai, provincia de Henan, China.

La cuerda sobre la que caminó Lucas estaba a unos 70 m de altura, entre dos pilares del Hailuogou Valley Bridge.

▲ A CUATRO PATAS

El 6 de noviembre de 2015, Kenichi Ito (Japón) recorrió 100 m a cuatro patas en un tiempo de 15,71 s en el estadio olímpico de Komazawa, Setagaya, Tokio (Japón). Anteriormente, ya había batido el récord en cuatro ocasiones. Kenichi tardó casi 10 años en desarrollar esta peculiar forma de desplazarse, que recuerda el modo en que se mueve el mono patas africano.

Artistas de circo

El Día Mundial del Circo se celebra el tercer sábado de abril de cada año. Fue establecido en 2010 por Su Alteza Real la princesa Estefanía de Mónaco.

▲ MÁS CAPTURAS DE MALABARES (MOTOSIERRA Y DOS BOLAS)
El 13 de mayo de 2016, *The Space Cowboy* (alias de Chayne Hultgren, Australia) realizó 162 capturas de malabares con una motosierra de gasolina en marcha y dos bolas de malabares estándar, en Byron Bay, Nueva Gales del Sur, Australia.

El mago con mayores ganancias anuales (año en curso)
Según la revista *Forbes*, el mago e ilusionista David Copperfield (EE.UU.) ingresó 64.000.000 $ entre el 1 de junio de 2015 y el 1 de junio de 2016. Estos ingresos provienen sobre todo del espectáculo que desde hace años ofrece en Las Vegas, Nevada, EE.UU.

Malabares con tres balones de baloncesto durante más tiempo
El 7 de octubre de 2016, *Morimori* (alias de Shun Ishimori, Japón) realizó juegos malabares con tres balones de baloncesto durante 1 h y 37 s en Sendai, Miyagi, Japón.

La distancia más larga recorrida en monociclo haciendo malabares con tres objetos
El 9 de agosto de 2015, Ole-Jacob Hovengen (Noruega) recorrió 6.400 m en un monociclo haciendo malabares con tres objetos en Drammen, Noruega.

LOS MÁS RÁPIDOS

150 m sobre la cuerda floja
El 15 de noviembre de 2016, en Wulong, Chongqing, China, Maurizio Zavatta (Italia) recorrió 150 m sobre la cuerda floja con los ojos vendados en 4 min y 55,12 s, en el programa de TV *Guinness World Records Special* de la CCTV. Las normas del GWR establecen que la cuerda floja debe estar a una altura de por lo menos 10 m. Zavatta realizó este peligroso paseo a 212,8 m de altura, y así también logró el récord de **paseo sobre la cuerda floja con los ojos vendados a más altura**.

20 m haciendo volteretas de contorsionista
El 11 de marzo de 2013, Leilani Franco (R.U./Filipinas) recorrió 20 m haciendo volteretas de contorsionista (arqueando la espalda en sentido contrario) en 17,47 s en el Royal Festival Hall de Londres, R.U.

La familia Nock es una institución en el mundo del circo. Fundaron el primer circo de Suiza en 1840, y en 1954 actuaron para la reina Isabel II, que los apodó los «Nerveless Nocks» (los «imperturbables Nocks»).

MÁS...

Antorchas apagadas con la lengua en un minuto
The Space Cowboy apagó 48 antorchas con la lengua en Byron Bay, Nueva Gales del Sur, Australia, el 13 de mayo de 2016.

Restallidos con un látigo en un minuto
El 16 de octubre de 2016, Jack Lepiarz (EE.UU.) restalló un látigo 278 veces en sólo 60 s en Carver, Massachusetts, EE.UU.

P: «Circus» es una palabra latina. ¿Qué significa?

R: «Círculo» o «anillo».

Hula-hoops girando simultáneamente movidos con distintas partes del cuerpo
El 16 de abril de 2016, la alemana Dunja Kuhn hizo girar 43 hula-hoops con distintas partes del cuerpo en *The Saturday Show* celebrado en Londres, R.U.

La **mayor cantidad de hula-hoops girando simultáneamente** es de 200, récord establecido por Marawa Ibrahim (Australia) en Los Ángeles, California, EE.UU., el 25 de noviembre de 2015.

Ashrita Furman (EE.UU.), que ostenta diversos GWR desde hace muchos años, estableció el récord de **más giros con un hula-hoop de 2 kg en un minuto**. La marca, que Furman fijó en 142 giros, fue lograda durante el programa *¡Despierta América!* en Nueva York, EE.UU., el 22 de julio de 2016.

Trampas para ratas accionadas con la lengua en un minuto
Durante la Baltimore Tattoo Arts Convention celebrada en Baltimore, Maryland, EE.UU., el 16 de abril de 2016, Casey Severn (EE.UU.) accionó 13 trampas para ratas con la lengua en 60 s.

Capturas de malabares con cinco bolas en un minuto
Michael Ferreri (España) realizó 388 capturas con cinco bolas en 60 s en el Festival del Circo de Namur en Bélgica, el 10 de noviembre de 2016.

El 27 de febrero, David Rush (EE.UU.) realizó 194 *head rolls* con tres bolas en 60 s en Garden City, Idaho, EE.UU. GWR define un «head roll» como la acción de hacer rodar una bola por la frente y volver a cogerla mientras se siguen haciendo malabarismos entre las capturas.

El 2 de abril, logró el récord de **más capturas de malabares con los ojos vendados con tres bolas en un minuto** (364) en el Taco Bell Arena de Boise, Idaho, EE.UU.

Por último, el 4 de junio, David logró el **mayor número de capturas de malabares con tres bolas en un minuto** (428) en Meridian, Idaho, EE.UU.

Capturas de malabares sobre un monociclo con los ojos vendados
The Space Cowboy realizó 10 capturas consecutivas de malabares mientras montaba un monociclo con los ojos vendados en Byron Bay, Nueva Gales del Sur, Australia, el 13 de mayo de 2016.

◀ MÁS SALTOS MORTALES EN UNA RUEDA DE LA MUERTE EN UN MINUTO
El 12 de febrero de 2016, Annaliese Nock (EE.UU.) completó cuatro saltos mortales en una rueda de la muerte en 60 s en el Circus Sarasota, en Sarasota, Florida, EE.UU. Annalise, que representa a la octava generación de una familia de artistas de circo, realizó la hazaña acompañada de su padre, Bello Nock (EE.UU., también a la izquierda). El mismo Bello posee otro GWR: el 10 de noviembre de 2010, recorrió la **distancia más larga sobre una cuerda floja sin refuerzos** (130 m). El primo de Bello, Freddy Nock (Suiza) también ha llegado muy alto, con los récords de **paseo más largo por un cable de teleférico** (995 m), el 30 de agosto de 2009, y el de **recorrido más largo en bicicleta sobre una cuerda floja** (85 m), el 7 de septiembre de 2015.

Más espadas tragadas...

... por un hombre: **24** (*The Space Cowboy*, Australia)

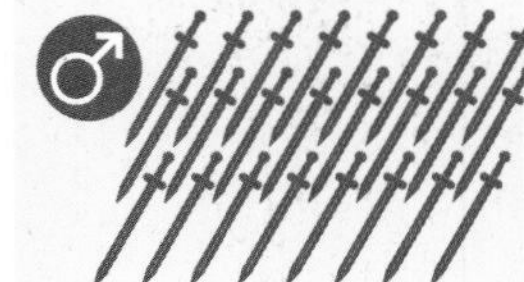

... haciendo malabares: **18** (*The Space Cowboy*)

... por una mujer: **13** (Natasha Veruschka, EE.UU.)

... y retorcidas: **13** (Franz Huber, Alemania)

... colgado cabeza abajo: **5** (Franz Huber)

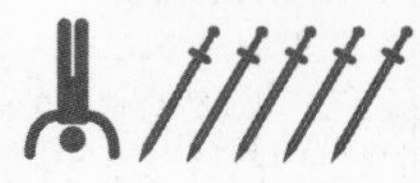

... bajo el agua: **4** (*The Space Cowboy*)

... montando en un monociclo: **3** (*The Space Cowboy*)

El objeto más pesado tragado como una espada:
Un martillo de demolición DeWALT D25980 de 38 kg de peso incluyendo la broca. Thomas Blackthorne (R.U.).

El vehículo más pesado arrastrado con una espada tragada:
Un Audi A4 de 2002 de 1.696,44 kg. Ryan Stock (Canadá).

Más personas tragando el mismo objeto:

4, Thomas Blackthorne, *The Space Cowboy*, *Captain Frodo* (Noruega) y Gordo Gamsby (Australia) se juntaron para «tragarse» un taburete de bar.

▲ MÁS SALTOS A LA COMBA DE UNA PIRÁMIDE HUMANA DE TRES PISOS EN 30 SEGUNDOS

El 7 de enero de 2016, seis estudiantes de la Escuela de Artes Marciales de Tagou (China) formaron una pirámide humana y saltaron a la comba 32 veces en medio minuto. Esta exhibición de coordinación, fuerza y agilidad acrobática tuvo lugar en el plató de *Guinness World Records Special* de la CCTV, en Pekín, China. Tagou obtuvo el récord en el enfrentamiento contra la Escuela de Artes marciales de Zhonghua (China).

▲ MENOR TIEMPO EN RECORRER 10 M SOBRE BOTELLAS DE VIDRIO

El 12 de enero de 2016, Tang Hui (China) necesitó sólo 57,1 s para recorrer una distancia de 10 m caminando sobre las bocas de una hilera de botellas de vidrio en el plató de *Guinness World Records Special* de la CCTV, en Pekín, China. Debido a la dificultad de la prueba, Tang no lo logró hasta su tercer y último intento.

▲ MAYOR DISTANCIA BAJO BARRAS DE LIMBO A 30,48 CM DE ALTURA

El 14 de enero de 2016, Shemika Charles (Trinidad y Tobago) recorrió una distancia de 3,1 m bajo unas barras de limbo a 30,48 cm de altura en el plató de *Guinness World Records Special* de la CCTV, en Pekín, China. Shemika también ostenta el récord de **limbo a menor altura (mujeres)**, con una asombrosa marca de 21,59 cm lograda en el plató de *Live! with Regis and Kelly*, en Nueva York, EE.UU., el 16 de septiembre de 2010.

▲ MÁS BOTELLAS ABIERTAS CON UN LÁTIGO EN UN MINUTO

El 12 de enero de 2016, Adam Winrich (EE.UU.) abrió 12 botellas con un látigo en 60 s en el plató de *Guinness World Records Special* de la CCTV, en Pekín, China. Entre sus otros récords está el de **más botellas atrapadas con un látigo en un minuto** (18) y **más restallidos con dos látigos en un minuto** (646).

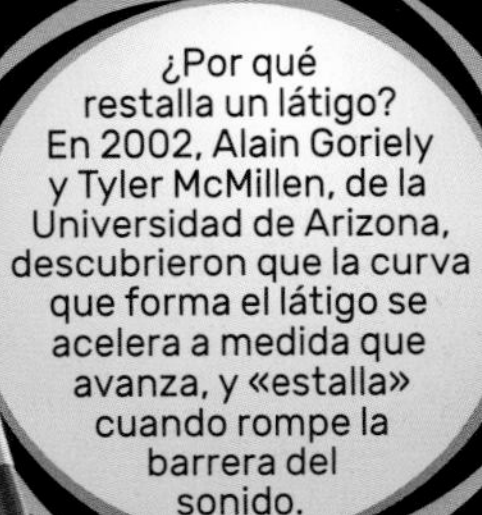

¿Por qué restalla un látigo? En 2002, Alain Goriely y Tyler McMillen, de la Universidad de Arizona, descubrieron que la curva que forma el látigo se acelera a medida que avanza, y «estalla» cuando rompe la barrera del sonido.

▲ CARRERA MÁS LARGA COMO MAESTRO DE CEREMONIAS

Norman Barrett (R.U.) se convirtió en el maestro de ceremonias del Robert Brothers Circus el invierno de 1956-57. Ha desempeñado el cargo en distintos circos, y el invierno de 2016-2017 celebró sus 60 años de carrera. En 2010, se convirtió en Miembro de la Orden del Imperio Británico, y un año más tarde fue incluido en el International Circus Hall of Fame.

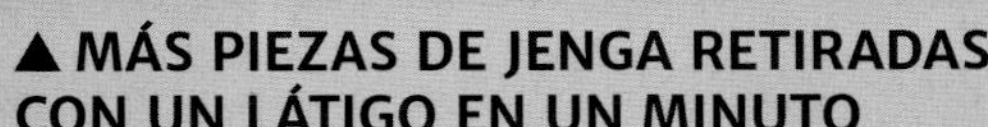

▲ MÁS PIEZAS DE JENGA RETIRADAS CON UN LÁTIGO EN UN MINUTO

April Choi (EE.UU.) retiró cuatro piezas de una columna de jenga en 60 s con un látigo en Peoria, Illinois, EE.UU., el 27 de septiembre de 2016. El día fue muy fructífero para April ya que también logró el récord de **más restallidos con un látigo sobre una *slackline* en un minuto** (127) en Bradley Park, Peoria. Para la consecución del récord, sólo se contabilizaron aquellos restallidos claramente audibles.

Recopilatorio

Los mensajes que emite el cerebro se propagan por los nervios del cuerpo a velocidades cercanas a los 322 km/h.

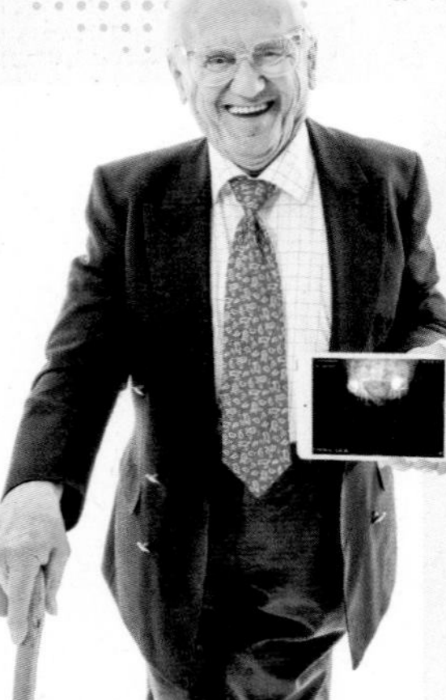

▲ LA CADERA ARTIFICIAL MÁS DURADERA

A 19 de noviembre de 2015, la cadera artificial de Norman Sharp (R.U.) tenía 66 años y 353 días. En 1925, a los cinco años de edad, Norman ingresó en el hospital con artritis séptica. Se pasó cinco años en el Royal National Orthopaedic Hospital, mientras se le fusionaban las caderas y aprendía a andar de nuevo. Al cabo de otros 18 años le colocaron la prótesis de cadera izquierda, el 1 de diciembre de 1948. El 22 de diciembre de ese mismo año, le pusieron la derecha. Norman aparece arriba con una radiografía de su cadera izquierda.

La serie de bostezos más larga

En 1888 el doctor Edward W. Lee informó del caso de una chica de 15 años que se pasó cinco semanas bostezando sin parar. El caso se publicó en el *Memphis Journal of the Medical Sciences*.

La madre más prolífica

La mayor cifra registrada de hijos nacidos de una misma madre es 69: los de Valentina Vassilyev, una campesina que vivió en Shuya, Rusia, durante el siglo XVIII. En sus distintos alumbramientos dio a luz a 16 pares de gemelos, siete tandas de trillizos y siete tandas de cuatrillizos.

La mayor cantidad de generaciones de gemelos consecutivas

Tres familias comparten este récord. La familia Rollings (R.U.) presume de cuatro generaciones consecutivas de gemelos, nacidos entre 1916 y 2002. Los Taylor (EE.UU.) registraron la misma cifra entre 1919 y 2002, mientras que en los Sims se dieron cuatro generaciones sucesivas de gemelos que nacieron entre 1931 y 2013.

La mayor cantidad de decimales memorizados del número pi

El indio Rajveer Meena memorizó la asombrosa cantidad de 70.000 decimales del número pi, según se comprobó en la Universidad VIT de Vellore, Tamil Nadu, India, el 21 de marzo de 2015. Rajveer llevó los ojos vendados durante todo la prueba, que duró unas 10 h.

La secuencia más larga de números binarios memorizados en un minuto

El 3 de abril de 2015, Aravind Pasupathy (India) memorizó 270 números binarios en 60 s, en el Kasthuri Sreenivasan Trust de Coimbatore, India.

El mayor tiempo conteniendo la respiración voluntariamente (hombres)

El apneísta español Aleix Segura Vendrell contuvo la respiración durante unos extenuantes 24 min y 3,45 s en Barcelona, España, el 28 de febrero de 2016.

▶ EL PIE MÁS GRANDE DE UNA PERSONA VIVA

El pie derecho de Jeison Orlando Rodríguez Hernández, de Venezuela, mide 40,1 cm de largo, y el izquierdo 39,6 cm, según se midió en Maracay, Aragua, Venezuela, el 6 de octubre de 2014. Jeison, que es un gran jugador de baloncesto, tiene 21 años y mide 221 cm. Vive en Maracay con su familia y se ha pasado gran parte de su vida descalzo. Necesita unos zapatos especiales de la talla 60,5 fabricados a medida en Alemania.

El **pie más grande de todos los tiempos** perteneció a Robert Wadlow, el *Gigante Alton* (ver pp. 66-67).

▲ EL GRITO MULTITUDINARIO MÁS ALTO EN UN CERTAMEN DEPORTIVO EN PISTA CUBIERTA

Los aficionados de los Kansas Jayhawks (EE.UU.) se unieron para emitir un grito que alcanzó los 130,4 decibelios en la previa al partido de baloncesto que enfrentó a su equipo contra los West Virginia en Lawrence, Kansas, EE.UU., el 13 de febrero de 2017. El partido finalizó con la victoria de Kansas en la prórroga.

▲ LA BOCA MÁS ANCHA

La boca del angoleño Francisco Domingo Joaquim, alias *Chiquinho*, mide 17 cm sin estirarla; estirada al máximo, da para introducir una lata de refresco de 330 ml de lado. A *Chiquinho* lo descubrieron en un mercado de Angola y Guinness World Records lo invitó al plató de *Lo Show di Record*, en Roma, Italia, para testificar la asombrosa medida de su boca el 18 de marzo de 2010.

El mayor tiempo sujetando dos aviones

Chad Netherland (EE.UU.) consiguió evitar el despegue de dos ultraligeros Cessna que tiraban en direcciones opuestas durante 1 min y 0,6 s, en el Richard I Bong Airport de Superior, Wisconsin, EE.UU., el 7 de julio de 2007.

La mayor cantidad de operaciones sufridas

Desde el 22 de julio de 1954 hasta finales de 1994, Charles Jensen (EE.UU.) se sometió a un total de 970 operaciones para extraer varios tumores asociados al síndrome de nevus de células basales.

El porcentaje más elevado de quemaduras corporales al que se ha sobrevivido

Tony Yarijanian (EE.UU.) sobrevivió a quemaduras de tercer grado en cerca del 90% de su cuerpo causadas por una explosión en California, EE.UU., el 15 de febrero de 2004. Tony permaneció un total de tres meses en coma, fue operado en 25 ocasiones y recibió 60 transfusiones sanguíneas.

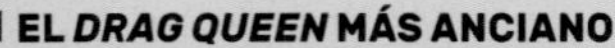

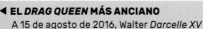

◀ EL *DRAG QUEEN* MÁS ANCIANO

A 15 de agosto de 2016, Walter *Darcelle XV* Cole (EE.UU., n. el 16 de noviembre de 1930) permanecía en activo como artista *drag queen* a sus 85 años y 273 días. Es el propietario y gestor del Darcelle Showplace de Portland, Oregón, el club que alberga el espectáculo *drag* desde hace más tiempo en la costa oeste de EE.UU.

▲ **LA MAYOR CANTIDAD DE CHASQUIDOS EN UN MINUTO (DE UNA MANO)**
Satoyuki Fujimura (Japón) chasqueó los dedos 296 veces en 60 s en el plató de *Tanteil Knight Scoop* de Osaka, Japón, el 23 de diciembre de 2016. Satoyuki es un universitario de Osaka y aprendió este truco de su madre a los 15 años.

Anthony Morigerato (EE.UU.), bailarín de claqué, logró la **mayor cantidad de repiqueteos de claqué en un minuto** (1.163) en la escuela de danza Eleanor de Albany, Nueva York, EE.UU., el 23 de junio de 2011.

La supervivencia sin pulso más prolongada

Julie Mills (R.U.) estuvo al borde de la muerte debido a una grave insuficiencia cardíaca y a una miocarditis vírica. El 14 de agosto de 1998, los cirujanos del hospital John Radcliffe de Oxford, R.U., la mantuvieron con vida durante una semana con una bomba no pulsátil para sangre (AB180). Dentro de ese lapso de tiempo, Julie estuvo tres días sin pulso. El dispositivo, implantado por Stephen Westby, especialista en cirugía cardiovascular, era el cuarto que se utilizaba desde su invención en EE.UU. Fue el primer caso en que el paciente sobrevivió a este proceso.

La supervivencia más prolongada con el corazón fuera del cuerpo

El de Christopher Wall (EE.UU., n. el 19 de agosto de 1975) es el caso de supervivencia más prolongada que se conoce a una malformación congénita llamada *ectopia cordis* (corazón ubicado en el exterior del cuerpo). La mayoría de casos no superan las 48 h de vida.

▲ **LA SUPERVIVENCIA MÁS PROLONGADA DE UN PACIENTE A UN TRASPLANTE DE CORAZÓN**
John McCafferty (R.U., n. el 28 de Julio de 1942) se sometió a un trasplante cardíaco ortotópico durante la noche del 20-21 de octubre de 1982, en el hospital Harefield de Middlesex, R.U. Por entonces le informaron de que su esperanza de vida era de unos cinco años, pero sobrevivió otros 33 años y 111 días, hasta que falleció el 9 de febrero de 2016. John (arriba, derecha) junto a su cirujano, Sir Magdi Yacoub.

El receptor más joven de dos donantes de corazón

En 1992, a los dos años de edad, Sophie Parker (R.U.) se sometió a una operación en el hospital londinense de Harefield, R.U. para recibir el corazón de un donante que complementara al suyo, muy debilitado. En marzo de 1998, el corazón natural de Sophie ya no funcionaba debidamente, por lo que le trasplantaron un segundo corazón en apoyo del primero.

El tratamiento de diálisis de riñón más prolongado

Muris Mujičić (Croacia) se sometió a diálisis de riñón durante 41 años y 112 días en Rijeka, Croacia, entre el 16 de mayo de 1974 y el 4 de septiembre de 2016. Durante ese período, a Muris le realizaron también dos trasplantes de riñón, sin resultado positivo.

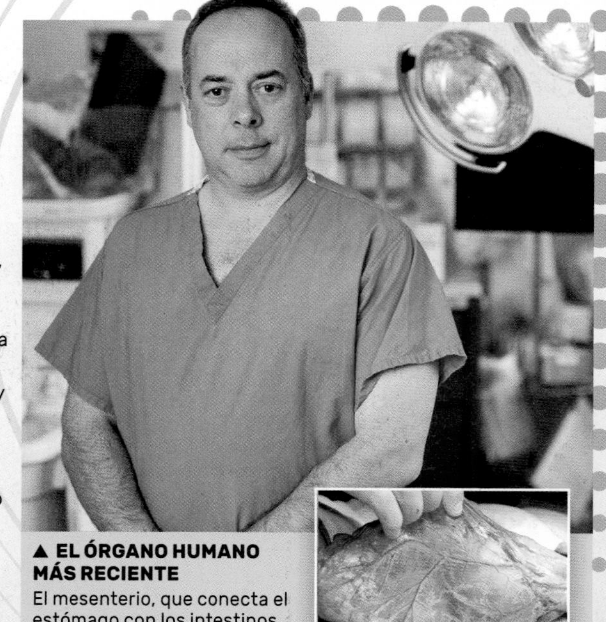

▲ **EL ÓRGANO HUMANO MÁS RECIENTE**
El mesenterio, que conecta el estómago con los intestinos y mantiene en su lugar al sistema digestivo inferior, es la estructura más reciente del cuerpo humano que se ha clasificado como órgano, con lo que el total asciende a 79. En las publicaciones del cirujano irlandés J. Calvin Coffey (arriba), de la Real Facultad de Cirujanos de Irlanda, y del doctor Peter O'Leary, en *The Lancet Gastroenterology & Hepatology* en noviembre de 2016, se cataloga al mesenterio como un órgano con funciones propias, aunque se precisan nuevas investigaciones para identificar su función exacta.

▲ **LA MAYOR CANTIDAD DE PERSONAS RAPÁNDOSE LA CABEZA SIMULTÁNEAMENTE**
El 12 de marzo de 2016, la Asociación Canadiense contra el Cáncer y el cuerpo de bomberos de Calgary se unieron para rapar la cabeza a 329 personas al mismo tiempo en la Academia de Entrenamiento de Bomberos de Calgary, en Alberta, Canadá. El objetivo era recaudar fondos para luchar contra el cáncer y concienciar sobre los agentes cancerígenos en los lugares de trabajo. Se recaudaron más de 140.000 $.

La mayor cantidad de mamografías realizadas en 24 horas

Super Farmacia Rebeca y Servicios Preventivos de Salud (ambos de Puerto Rico) realizaron 352 mamografías en 24 h en Isabela, Puerto Rico, el 30 de septiembre de 2016.

La mayor cantidad de plasma donado

A 11 de mayo de 2015, Terry Price (EE.UU.) había donado 894,206 litros de plasma sanguíneo en BioLife Plasma Services, en Texas, EE.UU.

▶ **LA MAYOR CANTIDAD DE PERSONAS EN DECLARARSE DONANTES DE ÓRGANOS EN UNA HORA**
El 6 de septiembre de 2016, un total de 6.697 personas se registraron como donantes de órganos en Dindigul, Tamil Nadu, India. Fue un acontecimiento organizado por la Asociación Médica India del distrito de Dindigul, el Rotary International District 3000 y la Facultad de Ingeniería y Tecnología PSNA (todos de la India), para concienciar sobre la importancia de la donación de órganos para salvar vidas.

Los más largos

A menudo estamos muy seguros de conocer el mundo en el que vivimos, pero a veces resulta que la realidad es bastante diferente. Parece imposible que el **animal más largo** sea un gusano, ¿verdad? ¿Y que un tren pese más que 800 ballenas azules o que se haya producido un atasco de 18 millones de coches? ¡Sigue leyendo y sorpréndete!

EL DIENTE MÁS LARGO EXTRAÍDO A UN HUMANO
Nuestro repaso a las cosas más largas del mundo empieza con un diente de 3,2 cm de longitud. Al final de este recorrido, sabrás que existe un tren más largo que Las Vegas Strip, un atasco que dobla la longitud del canal de Panamá, y un río más largo que varios juntos.

100%

1 cm-1 m

Diente humano extraído: 3,2 cm

El 6 de abril de 2009, el Dr. Ng Lay Choo extrajo un diente de 3,2 cm de largo a Loo Hui Jing (Singapur), en la clínica Eli Dental Surgery de Singapur.

Lengua: 10,1 cm

Nick Stoeberl (EE.UU.) tiene una lengua que mide 10,1 cm desde la punta hasta la mitad del labio superior cerrado, como se verificó en Salinas, California, EE.UU., el 27 de noviembre de 2012.

Vello de la oreja: 18,1 cm

El vello que le nace a Anthony Victor (India) en el centro de la oreja (en el medio del pabellón auricular), mide 18,1 cm en su punto más largo.

Insecto: 62,4 cm

Descubierto en 2014, el insecto palo *Phryganistria chinensis* mide 62,4 cm de longitud. Un espécimen se encuentra en la colección del Museo del Insecto del Oeste de China, en Chengdu, provincia de Sichuan.

Uñas (promedio): 98,5 cm

La suma de las uñas de Melvin Boothe (EE.UU.) alcanzó los 98,5 cm tal y como se comprobó en Troy, Michigan, EE.UU., el 30 de mayo de 2009. Desgraciadamente, Melvin falleció en diciembre de 2009. Las **uñas más largas de una mujer** (promedio) fueron las de Lee Redmond (EE.UU.), con un total de 86,5 cm, constatado en *Lo Show dei Record* en Madrid, España, el 23 de febrero de 2008.

1-50 m

Judía: 1,3 m

Harry Hurley, de Carolina del Norte, EE.UU., cultivó una *Vigna unguiculata sesquipedalis* que midió 1,3 m de longitud, como se comprobó en el mercado State Farmers Market de Carolina del Norte el 13 de septiembre de 1997.

Pelo (de una mujer): 5,627 m

Xie Qiuping (China) no se corta el pelo desde 1973, cuando tenía tan sólo 13 años. En el último registro, el 8 de mayo de 2004, sus mechones alcanzaban los 5,627 m de largo.

Pez: 7,6 m

El pez remo gigante (*Regalecus glesne*), conocido como «el rey de los arenques», es el más largo de los peces óseos o peces «de verdad», y puede encontrarse por todo el planeta. Hacia 1885, unos pescadores capturaron un ejemplar de 7,6 m de largo y 272 kg de peso en la punta de Pemaquid, Maine, EE.UU. El 18 de julio de 1963, un equipo de científicos divisaron desde el laboratorio marino de Sandy Hook otro pez remo en Asbury Park, Nueva Jersey, EE.UU., con una longitud de 15,2 m aprox.

Serpiente: 10 m

La pitón reticulada (*Python reticulatus*) del sudeste asiático, Indonesia y Filipinas suele superar los 6,25 m de longitud. El espécimen más largo del que se tiene constancia midió 10 m, y fue cazada en Célebes (Sulawesi), Indonesia, en 1912.

Bicicleta: 41,42 m

Con 41,42 m, cerca del doble de la longitud de una pista de bolos, la compañía energética Santos y la Universidad de Australia del Sur (ambas de Australia) construyeron la bicicleta más larga. Se midió y se puso a prueba en Adelaida, Australia, el 17 de enero de 2015.

50 m-5 km

Animal: 55 m

El gusano cordón de bota (*Lineus longissimus*) es una especie de nemertino o gusano cinta que habita en aguas poco profundas del mar del Norte. En 1864, tras una tormenta en Saint Andrews en Fife, R.U., fue arrastrado hasta la orilla un espécimen de al menos 55 m (más que una piscina olímpica).

Perrito caliente: 203,80 m

Novex S.A. (Paraguay) hizo un perrito caliente de 203,80 m en el transcurso de la Expoferia 2011, en Mariano Roque Alonso, Paraguay, el 15 de julio de 2011.

Barco: 399 m

Los buques portacontenedores de Mærsk de clase Triple E (Dinamarca) miden de longitud 399 m, más de cinco veces y media el tamaño de un Boeing 747. El primer buque fue el *MV Mærsk Mc-Kinney Møller*, que zarpó de los astilleros de Daewoo Shipbuilding & Marine Engineering, en Okpo, Geoje (Corea del Sur), el 24 de febrero de 2013.

Sofá:
1.006,61 m

Mnogo Mebeli (Rusia) fabricó un sofá que medía 1.006,61 m en Sarátov, Rusia, el 25 de julio 2014.

Cola de un vestido de novia:
2.599 m

El 20 de agosto de 2015, Shililanshan (China) presentó un vestido de novia con una cola de 2.599 m de longitud, en Xiamen, Fujian (China), más de 20 veces más largo que un campo de fútbol americano.

5-200 km

Tren:
7,353 km

Con 7,353 km, el tren más largo estaba formado por 682 vagones de mercancías remolcados por ocho locomotoras diésel eléctricas. Fabricado por BHP Iron Ore, viajó 275 km a través de Australia el 21 de junio de 2001. Es también el **tren más pesado**, con 99.732,1 toneladas.

Cadena de clips:
37,41 km

El 16 de diciembre de 2011, trabajadores de Lyreco Deutschland GmbH (Alemania) completaron una cadena de clips de 37,41 km de longitud en el hotel InterContinental Berlín, Alemania.

Túnel ferroviario:
57 km

El 15 de octubre de 2010, los ingenieros que trabajaban a 2.000 m bajo los Alpes suizos perforaron la última roca que faltaba para culminar el túnel ferroviario más largo del mundo. El túnel de base de San Gotardo, de 57 km, tardó 14 años en construirse, con un coste de 12.200 millones $. La ceremonia de inauguración se celebró el 1 de junio de 2016. Comenzó a funcionar el 11 de diciembre de 2016, y está preparado para recibir 300 trenes al día.

Puente:
164 km

La línea de alta velocidad Jinghu (o línea de alta velocidad Pekín-Shanghái) pasa sobre el Gran Puente de Danyang-Kunshan, que tiene 164 km de longitud. Esta línea fue abierta en junio de 2011 y también discurre por el viaducto Langfang-Qingxian, de 114 km, el segundo puente más largo del mundo.

Atasco de tráfico:
176 km

El 16 de febrero de 1980, se originó el atasco más largo (176 km) en el norte de Lyon, en dirección a París, Francia.

El **atasco más largo por número de vehículos** implicó a 18 millones de coches, que intentaban cruzar la frontera entre Alemania del Este y del Oeste el 12 de abril de 1990.

> 200 km

Cañón:
446 km

El río Colorado creó el Gran Cañón en el centro-norte de Arizona, EE.UU. a lo largo de millones de años. Se extiende 446 km desde el cañón de Mármol hasta los acantilados Grand Wash Cliffs (más que la longitud de la red de metro de Londres). El cañón mide 1,6 km de profundidad y su anchura oscila entre 0,5 y 29 km.

Cadena humana:
1.050 km

El 11 de diciembre de 2004, más de 5 millones de personas unieron sus manos para formar una cadena humana de 1.050 km de longitud desde Teknaf hasta Tentulia, en Bangladesh. Se trataba de una protesta para exigir nuevas elecciones.

Tendido eléctrico:
2.500 km

El tendido eléctrico más largo de corriente continua de alta tensión es el enlace Río Madeira, en Brasil, que se extiende a lo largo de más de 2.500 km entre Porto Velho y São Paulo. Esta línea lleva energía hidroeléctrica desde la represa de Itaipú hasta São Paulo a través de la Amazonia.

Muralla:
3.460 km

La Gran Muralla China tiene una longitud de 3.460 km, más de tres veces la longitud de Gran Bretaña, eso sin contar las ramificaciones y construcciones secundarias que suman otros 3.530 km.

Río:
6.695 km

La principal fuente del río Nilo es el lago Victoria, en el África centro-oriental. Desde su último afluente que nace en Burundi, el Nilo recorre una distancia de 6.695 km. ¡Eso es más que los ríos Misisipi, Rin, Sena y Támesis juntos!

SUPERHÉROES

Brad guarda la colección del Caballero Oscuro en el «batmuseo» que tiene en su sótano. Entre sus artículos favoritos se cuentan un ejemplar de *Batman* de 1942 (el núm. 11 del Vol. 1) y un cinturón multiusos fabricado por la empresa Ideal Toy en 1966.

SUMARIO

LA MAYOR COLECCIÓN SOBRE BATMAN

A 11 de abril de 2015, Brad Ladner, de Roswell, Nuevo México, EE.UU., poseía 8.226 objetos distintos relacionados con Batman. Brad comenzó su colección en 1988, cuando el cómic *Batman: Una muerte en la familia* salió a la venta. Si pudiera elegir un superpoder, Brad optaría por uno que Batman no posee: la invisibilidad.

Superhéroes: cronología

El *GWR 2018* incluye a una gran cantidad de «superhumanos», entre ellos, muchas personas normales que han hecho cosas extraordinarias. Pero la cronología que te ofrecemos a continuación está dedicada a los superhéroes clásicos, que presentamos por orden de su primera aparición, sea ésta en un cómic, en una película o en cualquier otro formato, y con sus trajes originales.

1936-40

1936: The Phantom

Creado por Lee Falk (EE.UU.), The Phantom fue el **primer superhéroe**. Debutó en un periódico el 17 de febrero de 1936. Sus historias narraban las aventuras de Kit Walker, que se ponía una máscara y un traje morado para convertirse en «el fantasma que camina». Este personaje de ojos blancos, sin pupilas visibles, se convirtió en el modelo de muchos superhéroes posteriores, como Batman, Linterna Verde y Flecha Verde.

1938: Superman

El Hombre de Acero hizo su primera aparición en el n.° 1 de *Action Comics*, el **cómic más valioso**. Superman fue el **primer superhéroe con superpoderes**: capacidades de otro mundo que le permitían correr más rápido que un tren o subir de un salto hasta lo alto de un gran edificio. En ediciones posteriores, haría gala de visión de rayos X, superfuerza y de la capacidad de volar.

1939: Batman

Creado por el ilustrador Bob Kane y el escritor Bill Finger (ambos de EE.UU.), el Cruzado Enmascarado debutó en el n.° 27 de *Detective Comics*. En los primeros bocetos de Kane, Batman lucía una túnica de color rojo brillante, alas y un antifaz negro. Finger hizo algunas sugerencias clave que transformaron su indumentaria en algo mucho más sugerente.

1939: Capitán Marvel

Hay un gran número de capitanes Marvel en el Universo Marvel, pero el que aquí se ve debutó en el n.° 2 de *Whiz Comics* (febrero de 1940, según la fecha de portada), propiedad ahora de DC. Muy popular en la década de 1940, la venta de sus cómics superaban a las de Superman. También se le conoce como *Shazam*, la palabra que al pronunciarse transforma al niño Billy Batson en el poderoso Capitán Marvel.

1940: The Comet

Enero de 1940 vio el debut de The Comet en el n.° 1 de *Pep Comics*. En el n.° 17 se convirtió en el **primer superhéroe en morir**, aunque el personaje volvería a la vida en distintas ocasiones a partir de la década de 1960.

1940-41

1940: Flash

Creado por el ilustrador Harry Lampert y el guionista Gardner Fox, el Velocista Escarlata apareció por primera vez en el n.° 1 de *Flash Comics* (enero de 1940, según la fecha de portada). En un principio, su alter ego era Jay Garrick, pero ha pasado por varias encarnaciones.

1940: Fantomah/Woman in Red

Dos personajes de cómic se disputan el título de la primera superheroína. Fantomah fue la **primera superheroína** con poderes sobrehumanos que llegó a imprenta, en el n.° 2 de *Jungle Comics* (febrero de 1940). Pero la primera superheroína con máscara y traje distintivo (y con un nacimiento «natural») fue Woman in Red, creación de Richard Hughes y George Mandel para el n.° 2 de *Thrilling Comics* (marzo de 1940).

1940: Sociedad de la Justicia de América

El **primer equipo de superhéroes** fue la SJA, que apareció por primera vez en la portada del n.° 3 de *All Stars Comics* (invierno de 1940-41). Los miembros fundadores (arriba, de izquierda a derecha) fueron: Átomo, el Doctor Fate, Linterna Verde, Hawkman, Flash, The Sandman, Hourman (Hour-man en aquel entonces) y Espectro.

1941: Capitán América

Creado por Joe Simon y Jack Kirby, este superhéroe tachonado de estrellas hizo su debut en el n.° 1 de *Captain America Comics*, fechado en portada en marzo de 1941. El icónico escudo redondo del capitán (detalle) sustituyó la versión triangular inicial del n.° 2.

1941: Aquaman

El prodigio acuático de DC fue creado por Paul Norris y Mort Weisinger. Debutó en el n.° 73 de *More Fun Comics* en noviembre de 1941. Más adelante se convirtió en uno de los fundadores de la Liga de la Justicia América.

1941-62

1941:
Wonder Woman

La heroína de DC Comics debutó en el n.° 8 de *All Star Comics* (diciembre de 1941, según la fecha de portada), pero no protagonizó su propio cómic hasta el verano de 1942.

1959:
Supergirl

El éxito de Superman inspiró a DC para crear su equivalente femenina, Kara Zor-El, su prima. Ideada por Otto Binder (guionista) y Al Plastino (ilustrador), apareció por primera vez en el n.° 252 de *Action Comics* en mayo de 1959.

1960:
La Liga de la Justicia

También conocida como Liga de la Justicia de América (LJA), este supergrupo de estrellas de DC debutó a finales de 1960. Aunque Batman y Superman estaban incluidos originalmente, no solían aparecer, mientras que el Detective Marciano (abajo, extremo de la derecha) terminó su período inicial con la LJA en 1968. El quinteto de abajo apareció en la portada de su primer número.

1961:
Los 4 Fantásticos

El n.° 1 de *Los 4 Fantásticos*, la primera colaboración entre Stan Lee y Jack Kirby, llegó a los quioscos en noviembre de 1961. Fueron el primer superequipo de Marvel y contribuyeron al crecimiento meteórico de la empresa en la década de 1960.

1962:
Hulk

La radiaciones gamma convirtieron a doctor Bruce Banner en un Goliat desbocado de color verde y en uno de los personajes más longevos de Marvel. *El increíble Hulk* debutó en mayo de 1962.

1962-74

1962:
Spider-Man

El icónico lanzarredes de Marvel debutó en el n.° 15 de *Amazing Fantasy* (agosto de 1962) y *The Amazing Spider-Man* apareció en marzo de 1963. El personaje fue ideado por Stan Lee y el ilustrador Steve Ditko.

1963:
Ironman

En el n.° 39 de *Tales of Suspense* (marzo de 1963) debutó el poderoso alter ego de Tony Stark. Robert Downey Jr. (EE.UU.), portagonista de las seis películas filmadas hasta ahora sobre el hombre de hierro, es el **intérprete de un superhéroe de más éxito.**

1963:
X-Men

El n.° 1 de *X-Men* se publicó el 10 de septiembre de 1963. Los miembros de la Escuela del Profesor X para Jóvenes Dotados se llamaban originalmente «los mutantes», pero el editor de Marvel, Martin Goodman, pensó que el nombre podría ser confuso y Stan Lee lo cambió.

1971:
La cosa del pantano

Creado por Len Wein (guionista) y Bernie Wrightson (ilustrador), este inquietante personaje de DC apareció en el n.° 92 de *House of Secrets* (julio de 1971) antes de protagonizar su propio cómic al año siguiente.

1974:
Lobezno

Este canadiense con garras, que debutó en la última viñeta del n.° 180 de *El increíble Hulk* (octubre de 1974), fue reclutado por el Profesor X para su grupo de jóvenes dotados en el n.° 1 de *Giant-Size X-Men* (1975).

1974-2004

1984:
Las Tortugas Ninja

En mayo de 1984, los héroes con medio caparazón Michelangelo, Leonardo, Donatello y Rafael empezaron a protagonizar su propio cómic, publicado por Mirage Studios. En 1987 le siguió una serie de TV de dibujos animados. Los creadores iniciales fueron Kevin Eastman y Peter Laird, que lo imaginaron como una sátira de cuatro cómics de éxito de la época: *Ronin*, *Cerebus*, *Daredevil* y *New Mutants*.

1991:
Deadpool

El n.° 98 de *New Mutants* (febrero de 1991) vio la aparición de un mercenario bocazas. Tras su inicio como villano, se transformó en un antihéroe ambiguo, y en 1993 tuvo su miniserie, *The Circle Chase*. En 2016, *Deadpool* (EE.UU.) fue la **película clasificada R (restringida) con mayores ingresos brutos en EE.UU.**

1993:
Hellboy

Un primer prototipo del superhéroe demoníaco de Mike Mignola apareció en la portada del n.° 4 del fanzine italiano *Dime Press* (marzo 1993) antes de definirse del todo en el n.° 2 de *San Diego Comic-Con Comics* (agosto de 1993).

1993:
Mighty Morphin Power Rangers

A raíz del éxito de la serie de TV de 1993, Hamilton empezó a publicar cómics sobre los Power Rangers en noviembre de 1994. Más adelante, Marvel Comics lanzó dos series propias. En marzo de 2016, Boom! Studios publicó un volumen basado en la serie original.

2004:
Los Increíbles

Producida por Pixar, la película *Los Increíbles* (EE.UU.) se estrenó el 27 de octubre de 2004 y consiguió lo que en su momento fueron los mayores ingresos brutos en un fin de semana. Cinco años después, Boom! Studios publicó una miniserie en cómic basada en la película. Se prevé el estreno de una secuela en junio de 2018.

Descarga este póster en guinnessworldrecords.com/2018

EL PRIMER SUPERHÉROE DE UNA TIRA CÓMICA

El Hombre Enmascarado, también conocido como «el fantasma que camina», fue creado por el escritor estadounidense Lee Falk e hizo su primera aparición en febrero de 1936 (dos años antes que Superman). La tira cómica narraba las aventuras de Kit Walker, que lucía una máscara y un traje ajustado de color morado cuando actuaba como superhéroe. El personaje prosigue su lucha contra el crimen en tiras cómicas de periódicos actuales.

EL PRIMER PERSONAJE FEMENINO EN PROTAGONIZAR UN CÓMIC

Sheena, reina de la selva, debutó en el primer número del cómic *Wags*, que se publicó en R.U. en 1937. Apareció en EE.UU. en el número 1 de *Jumbo Comics* en septiembre de 1938, y en la primavera de 1942 protagonizaría su propio cómic: *Sheena, reina de la selva*. El debut de Wonder Woman llegaría un poco después, en el verano de 1942.

SUPERHÉROES

CÓMICS

LA PRIMERA SUPERHEROÍNA

La primera superheroína en una publicación impresa fue Fantomah (arriba), una antigua princesa egipcia capaz de cambiar de aspecto y con poderes sobrenaturales. Creada por Barclay Flagg (también conocido como Fletcher Hanks, EE.UU.) debutó en el n.° 2 de *Jungle Comics* en febrero de 1940. Sin embargo, la primera superheroína en lucir una máscara y un traje distintivo fue the Woman in Red (la mujer de rojo, abajo), creación de Richard Hughes y George Mandel (ambos de EE.UU.) para el n.° 2 de *Thrilling Comics*, publicado en marzo de 1940. The Woman in Red era el alter ego de la policía Peggy Allen.

El cómic más valioso
El n.° 1 de *Action Comics*, publicado el 18 de abril de 1938 (aunque fechado en junio en la portada) fue valorado en 8.140.000 $ en enero de 2017 por Nostomania, una guía que recoge los precios de los cómics. Para el **cómic más caro**, es decir, el precio más elevado que se ha pagado por uno, ver la página siguiente.

El n.° 1 de *Action Comics* fue el del debut de Superman, el **primer superhéroe con superpoderes**, creado por el escritor Jerry Siegel (EE.UU.) y el dibujante Joe Shuster (Canadá/EE.UU.).

El primer superhéroe en morir
The Comet, también conocido como John Dickering (EE.UU.), fue un luchador contra el crimen creado por el dibujante John Cole (EE.UU.) para *Pep Comics*. Apareció por primera vez en enero de 1940 y murió abatido a tiros por los secuaces de su némesis, Big Boy Malone, 17 números después, en julio de 1941.

Más tiempo transcurrido entre la muerte de un superhéroe y su renacimiento
Entre la muerte del compañero del Capitán América, Bucky Barnes, en el n.° 56 de *Los Vengadores* vol. 1 (1968) y su regreso en el n.° 5 de *Captain America* vol. 5 (2005), trascurren 37 años en el mundo real. Ed Brubaker rehizo la historia de Bucky en 2005 para reintroducirlo como el Soldado de Invierno.

El videojuego basado en un cómic más vendido
Según VGChartz, *Batman: Arkham City* (Rocksteady, 2011) había vendido más de 11,13 millones de copias a 27 de abril de 2016.

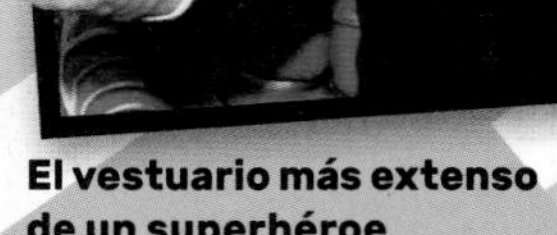

El vestuario más extenso de un superhéroe
Incluyendo todas las versiones, Iron Man, de Marvel, tiene 58 armaduras distintas, del modelo 1 al 52. La última se transforma en automóvil y vuelve a convertirse en armadura apretando un botón en el salpicadero del coche.

MÁS...

Películas inspiradas en la obra de un autor de cómics
Con *Doctor Strange* (EE.UU.) en 2016, a 31 de enero de 2017, Hollywood había llevado al cine las creaciones y cocreaciones de cómic de Stan Lee (EE.UU.) 29 veces.

EL CREADOR DE PERSONAJES DE CÓMIC MÁS PROLÍFICO

Desde la aparición de the Destroyer en agosto de 1941 hasta la de Stripperella en 2011, Stan Lee (EE.UU.) ha dado vida a por lo menos 343 personajes de cómic. Esta cifra tiene en cuenta las colaboraciones que *Stan the Man* realizó con artistas como Jack Kirby y Steve Ditko (ambos de EE.UU.).

MÁS CÓMICS DIBUJADOS Y ESCRITOS DE FORMA CONSECUTIVA

Los aficionados al cómic podrían pensar en Stan Lee o Brian Michael Bendis como candidatos al récord de más cómics consecutivos dedicados a un personaje o grupo de personajes. Sin embargo, el récord pertenece al canadiense Dave Sim, autor del cómic independiente *Cerebus*. Desde diciembre de 1977 hasta marzo de 2004, Sim escribió y dibujó las aventuras del cerdo hormiguero Cerebus en 300 números consecutivos.

MÁS VIDEOJUEGOS BASADOS EN UN SUPERHÉROE DE CÓMIC JAPONÉS

La serie *Dragon Ball*, de Akira Toriyama, tiene como protagonista a Son Goku, un muchacho con cola de mono con una fuerza sobrehumana y gran dominio de las artes marciales. La serie contó con 146 títulos entre 1986 y 2016 para una vasta selección de plataformas, desde la Super Cassette Vision a la PlayStation y la Xbox One. Como colección manga, *Dragon Ball* apareció entre 1984 y 1995 en *Weekly Shonen Jump*.

EL EJEMPLAR DE CÓMIC MÁS VENDIDO

El n.° 1 de *X-Men* (Marvel Comics, 1991), alcanzó unas ventas de 8,1 millones de copias. Fue obra de Chris Claremont (R.U.) y Jim Lee (EE.UU., n. en Corea del Sur). Lee dibujó cuatro portadas distintas, 1A, 1B, 1C y 1D, que se combinan para formar una imagen más grande y servir de portada desplegable de la versión 1E, que apareció un mes después.

Cómics publicados por un autor
Conocido como *El rey del manga*, Shotaro Ishinomori (Japón) publicó 770 títulos de cómic (reunidos en 500 volúmenes).

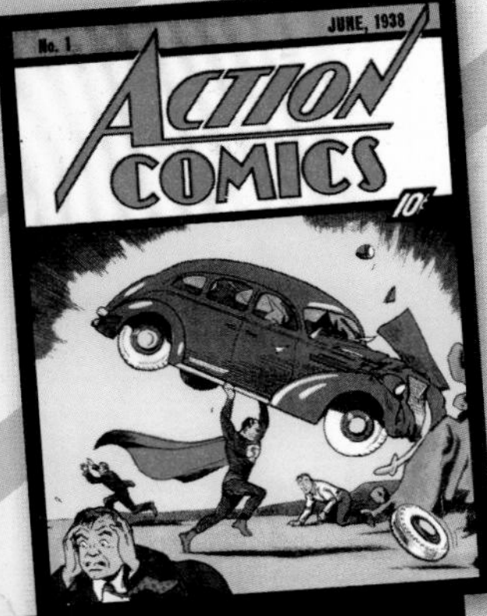

EL CÓMIC MÁS CARO

El 24 de agosto de 2014, una copia de 1938 del n.° 1 de *Action Comics*, que vio el debut de Superman, fue vendida por 3.207.852 $ a Metropolis Collectibles (EE.UU.) en una subasta en línea.

El **cómic de la Edad de Plata más caro** jamás vendido es una edición de 1962 del n.° 15 de *Amazing Fantasy*, en el que hizo su debut Spider-Man. Fue adquirido en una subasta en línea por un comprador anónimo, que pagó 1.100.000 $ el 8 de marzo de 2011. La expresión «Edad de Plata» hace referencia a los cómics publicados entre 1956 y 1970 aprox.

Portadas de un cómic de superhéroes
La portada del n.° 666 de *The Amazing Spider-Man*, de Marvel, prólogo de la historia de Dan Scott «Spider Island», tuvo 145 versiones, la mayoría dedicadas a vendedores de cómics al por menor.

La **portada de un cómic más cara vendida en una subasta** fue una edición de *Tintín en América*. Se vendió por 1.300.000 € a un postor anónimo en junio de 2012 por la casa de subastas Artcurial, con sede en París. La ilustración fue realizada en 1932 en tinta y aguada por el creador de Tintín, Hergé, alias de Georges Remi (Bélgica).

El 10 de mayo de 1963, un coleccionista anónimo pagó 312.500 € por una página dibujada a mano del álbum de Tintín de 1963 *Las joyas de la Castafiore*, convirtiéndose en la **página de cómic más cara vendida en una subasta**.

Premios de la Industria del Cómic Will Eisner al...

- **Mejor escritor:** Alan Moore (R.U.) ha recibido en nueve ocasiones el premio Eisner al mejor escritor por trabajos como *Watchmen* (1988), *Batman: la broma asesina* (1989), *From Hell* (1995-97), *Supreme* (1997) y *La liga de los hombres extraordinarios* (2000-01 y 2004).
- **Mejor dibujante/lápiz final:** P Craig Russell y Steve Rude (ambos de EE.UU.) lo han ganado cuatro veces cada uno.
- **Mejor colorista:** Dave Stewart (EE.UU.) ha recogido hasta nueve premios Eisner, en 2003, 2005, 2007-11, 2013 y 2015 por su trabajo en proyectos como *Hellboy, Capitán América, Daredevil, Batwoman* y *X-Men*, para Dark Horse, DC y Marvel.
- **Mejor artista de portada:** el artista James Jean (EE.UU., n. en la República de China) ganó el premio seis veces consecutivas entre 2004 y 2009, en parte en reconocimiento por su trabajo en el título de DC/Vertigo *Fábulas*.
- **En una categoría:** El estadounidense Todd Klein ha ganado el premio a la mejor rotulación en 16 ocasiones, la última en 2011.
- **Mejor serie nueva:** Brian K. Vaughan (EE.UU.) ha escrito cuatro títulos que se han llevado el premio a la mejor serie nueva: *Ex Machina* en 2005; la temporada n.° 8 de *Buffy, cazavampiros* en 2008; *Saga* en 2013; y *Paper Girls* en 2016.
- **Mejor antología:** *Dark Horse Presents*, publicado por Dark Horse Comics desde 1986, ha logrado cinco galardones a la mejor antología, en 1992, 1994 y 2012-14.

¿Por qué hay un guion en medio de la palabra «Spider-Man»? Stan Lee lo introdujo para distinguir el nombre de este personaje del de Superman, de DC Comics.

EL EDITOR DE CÓMICS MÁS GRANDE (ACTUALIDAD)

A finales de 2015, Marvel (EE.UU.) tenía una cuota de mercado mayor que la de cualquier otro editor de cómics, un 41,82% de todos los ejemplares vendidos, según el distribuidor global de cómics Diamond Comic Distributors. El segundo mayor editor de cómics de ese año fue DC (EE.UU.), con una cuota de mercado del 27,35%.

LA PELÍCULA SOBRE EL ORIGEN DE UN SUPERHÉROE MÁS TAQUILLERA

Según The-Numbers.com, la película *Spider-Man* (EE.UU., 2002) de Sam Raimi había recaudado 821.706.375 $ hasta el 8 de diciembre de 2016. El argumento trata de cómo el estudiante Peter Parker (interpretado por Tobey Maguire) desarrolla habilidades sobrehumanas tras ser picado por una araña radioactiva. Con *The Amazing Spider-Man* (EE.UU., 2012), protagonizada por Andrew Garfield, la franquicia volvió a contar la historia desde el principio. Una segunda reinvención, *Spider-Man: Homecoming* (EE.UU.), está programada para julio de 2017.

LA PRIMERA PELÍCULA DE SUPERHÉROES

Es posible identificar al primer superhéroe cinematográfico si usamos una definición estricta del término. En *Adventures of Captain Marvel* (EE.UU., marzo de 1941) los espectadores pudieron ver por primera vez a un hombre corriente, Billy Batson (interpretado por Frank Coghlan Jr.), convertirse en un héroe con uniforme y poderes sobrehumanos (el Capitán Marvel, interpretado por Tom Tyler, arriba).

SUPERHÉROES DE CINE

LA SUPERHEROÍNA MÁS TAQUILLERA

La superheroína con más éxito en protagonizar su propia película es Catwoman/Patience Phillips en *Catwoman* (EE.UU., 2004), que consiguió recaudar 82.102.379 $ en taquillas de todo el mundo. Halle Berry (EE.UU.) protagonizó la película y su interpretación fue galardonada con el premio a la «Peor Actriz de 2004» en los Premios Golden Raspberry (Razzie), galardón que aceptó y recogió en persona en una inolvidable ceremonia.

El primer superhéroe en televisión
Superman fue el primer superhéroe de cómic en tener su propia serie de televisión. Las *Aventuras de Superman*, serie de 1952, fue protagonizada por George Reeves como Hombre de Acero y patrocinada por la empresa de cereales Kellogg's.

El superhéroe más representado en televisión
El personaje de Superman ha aparecido en cuatro series de televisión de acción real y lo han interpretado cinco actores estadounidenses diferentes: George Reeves (*Aventuras de Superman*, 1952-58); John Newton y Gerard Christopher (*Superboy*, 1988-92); Dean Cain (*Lois y Clark: Las nuevas aventuras de Superman*, ABC, 1993-97); y Tom Welling (*Smallville*, Warner Bros., posteriormente CW, 2001-11). Un sexto actor, John Rockwell (EE.UU.), interpretó el papel en *The Adventures of Superboy* (1961), un episodio piloto de una serie que nunca se emitió. Además, Superman también ha aparecido en numerosas películas, series cinematográficas y series de televisión animadas.

El actor más taquillero como superhéroe
Las seis cintas existentes hasta la fecha protagonizadas por Robert Downey Jr. (EE.UU.) en el papel de Tony Stark, también conocido como Iron Man, han recaudado 6.500 millones de dólares, más que las de cualquier otro actor en un papel de superhéroe. Ver el coste desglosado del traje de Iron Man a la derecha.

El superhéroe de película más taquillero
Según The-Numbers.com, a 14 de diciembre de 2016, Batman se situaba a la cabeza de recaudación en taquillas mundiales, con un total de 4.573 millones de dólares. El competidor que más cerca está de superar al Caballero Oscuro es Spider-Man, que hasta la misma fecha había recaudado 3.963 millones de dólares.

La película de superhéroes más larga
El Caballero Oscuro: La leyenda renace (EE.UU., 2012) tiene el récord de duración con 164 min. Pisándole los talones tenemos otra película del Cruzado Enmascarado: *Batman v. Superman: El amanecer de la justicia* (EE.UU., 2016) dura 151 min.

La reinvención más taquillera
De las películas que se han vuelto a producir (no continuaron con la serie cinemátográfica sino que empezaron desde el inicio de la historia), *The Amazing Spider-Man* (EE.UU., 2012) es la que mayor éxito ha obtenido, habiendo recaudado

En el mundo real, la armadura que lleva Tony Stark en *Iron Man 3* (EE.UU., 2013) tendría un coste superior a los 100.000.000 $, según mashable.com. ¡Y eso sin tener en cuenta lo que costaría la tecnología de control mental para manejarla!

¡En 2008, un adolescente británico se cambió el nombre por el de «Capitán fantástico más rápido que Superman, Spiderman, Batman, Lobezno, Hulk y Flash juntos»!
INSTITUTE OF

LA PELÍCULA NO APTA PARA MENORES MÁS TAQUILLERA

La película no apta para menores que ha cosechado una mayor recaudación internacional es el filme de Marvel *Deadpool* (EE.UU., 2016). Se trata de una cinta subida de tono y atrevida protagonizada por Ryan Reynolds. Hasta el 8 de diciembre de 2016, había recaudado 783.770.709 $, según The-Numbers.com.

LA PELÍCULA DE ANIMACIÓN DE SUPERHÉROES MÁS TAQUILLERA

Big Hero 6 (2014) recaudó unos increíbles 652.127.828 $ en las taquillas de todo el mundo, por delante de los 614.726.752 $ de *Los Increíbles* (2004). La película cuenta la historia del niño prodigio Hiro, su grupo de amigos y el robot enfermero Baymax que se convierten en superhéroes de alta tecnología para intentar salvar su ciudad, San Fransokyo.

757.890.267 $, según The-Numbers.com, hasta el 4 de noviembre de 2016.

El tráiler más visto de una película de superhéroes
El tráiler de la película de Marvel *Vengadores: La era de Ultrón* (EE.UU.), estrenada en cines en abril/mayo de 2015, había alcanzado las 79.919.212 reproducciones a 15 de diciembre de 2016.

La película de superhéroes con mayor número total de muertos
En la película de Marvel *Guardianes de la galaxia* (EE.UU., 2014) hubo un total de 83.871 muertes en pantalla. Es la inclusión de toda la Nova Corps en la lista de fallecidos la que hace que se dispare el total de muertes. *El Hombre de Acero* (EE.UU./Canadá/R.U., 2013) también deja un reguero de víctimas enorme en Metrópolis y Smallville, además de la muerte de todo ser vivo en el planeta Krypton, cuya destrucción también aparece en *Superman* (EE.UU./R.U., 1978). Si Krypton fuera comparable a la Tierra en términos de variedad y abundancia de seres vivos, el número total de muertes en esa película sería incalculable, pero podríamos estar hablando de 1 billón de especies.

La mayor recaudación en taquilla para un compositor
Las 94 bandas sonoras de Hans Zimmer (Alemania), con títulos como *Batman v. Superman: El amanecer de la justicia* (EE.UU., 2016), *The Amazing Spider-Man 2* (EE.UU., 2014) y *El Caballero Oscuro: La leyenda renace* (EE.UU./R.U., 2012), habían recaudado 26.400 millones de dólares a 1 de marzo de 2017, según The-Numbers.com.

La banda sonora de mayor duración en una película de superhéroes
Incluyendo el tema de 28 min y 16 s «Man of Steel: Hans' Original Sketchbook», la banda sonora de la película *El Hombre de Acero* (EE.UU., 2013), compuesta por Hans Zimmer, dura un total de 118 min.

En la lista de las 100 películas con más éxito, el 17% corresponde a cintas de superhéroes. A noviembre de 2016, *Los Vengadores* ocupaba el puesto n.º 5 de esta lista.

LA PELÍCULA DE SUPERHÉROES MÁS TAQUILLERA

La película de superhéroes con más éxito en taquilla internacional es la cinta de Marvel *Los Vengadores* (EE.UU., 2012), que recaudó 1.519.479.547 $ durante las 22 semanas que estuvo en los cines entre el 4 de mayo y el 4 de octubre de 2012. La película, dirigida por Joss Whedon (EE.UU.), recaudó el 52% de toda la taquilla de EE.UU. del mes de mayo.

MÁS TRAJES OFICIALES DE SUPERHÉROES EN UN VIDEOJUEGO

A 14 de marzo de 2017, los desarrolladores de Gazillion Entertainment, EE.UU., habían diseñado 462 trajes de superhéroe para su videojuego de rol multijugador masivo en línea (MMORPG, por sus siglas en inglés) *Marvel 2016*. Cada una de las vestimentas es una adaptación oficial de trajes aparecidos en cómics o películas. La lista completa incluye 24 conjuntos para Iron Man, 21 para Spider-Man y 11 para Tormenta y Jean Gray. El MMORPG fue lanzado en 2013 y renombrado en enero de 2016.

SUPERHÉROES
VIDEOJUEGOS

EL GRUPO DE SUPERHÉROES DE CÓMIC CON MÁS APARICIONES EN VIDEOJUEGOS

Desde la *Liga de la Justicia de América* de DC Comics a *Los Vengadores* de Marvel, hace mucho tiempo que los grupos de superhéroes son un componente esencial en el mundo del cómic. De todos ellos, ninguno ha protagonizado más videojuegos que los X-Men. A 1 de marzo de 2017, los supermutantes de Charles Xavier habían protagonizado 27 videojuegos propios y aparecido en otros cinco protagonizados por el carismático Lobezno. Sólo Spiderman y Batman cuentan con más juegos dedicados.

El primer superhéroe en un videojuego de disparos en primera persona
X-Men: The Ravages of Apocalypse se lanzó en 1997 para PC. Los jugadores interpretaban a un ciborg creado por Magneto y cazaban clones malvados de los personajes de X-Men. Publicado por Marvel, era una conversión de *Quake* (id Software, 1996), y requería este videojuego para ejecutarlo.

El primer videojuego basado en el Universo Cinematográfico de Marvel
A 4 de enero de 2016, se habían rodado 14 películas basadas en el Universo Cinematográfico de Marvel. El primer juego fue *Iron Man* (SEGA, 2008).

El MMO de superhéroes más duradero de todos los tiempos
El MMO *City of Heroes* (NCSOFT) estuvo disponible durante 8 años y 300 días antes de ser retirado en noviembre de 2012.

El **MMO de superhéroes más duradero (disponible)** es *Champions Online*. Basado en un juego de mesa y desarrollado por Cryptic Studios (EE.UU.), a 14 de marzo de 2017 llevaba 7 años y 194 días en línea.

Primera aventura conversacional autorizada con un superhéroe
Questprobe featuring The Hulk se lanzó en 1984 para siete plataformas. Le siguieron dos secuelas (una con Spider-Man y otra con Antorcha Humana y la Cosa) antes de que los desarrolladores de Adventure International quebraran.

El primer superhéroe creado para un videojuego
Desarrollado en 1986 por ZX Spectrum, *Redhawk* permite a los jugadores transformarse en un poderoso héroe usando la palabra mágica «Kwah!». Mediante una línea de comandos se ejecutaban acciones que aparecían en una tira cómica en la pantalla.

El primer videojuego de Batman
El Caballero Oscuro debutó en los videojuegos con *Batman* (derecha), Ocean Software para ZX Spectrum, MSX y Amstrad CPC, 1986. Fue obra de sólo dos personas: el programador Jon Ritman y el diseñador Bernie Drummond.

El **primer villano de Batman en aparecer en un videojuego** fue Sin Tzu, un perverso señor de la guerra, obra del guionista Flint Dille y del ilustrador Jim Lee, que hizo su primera aparición en *Batman: Rise of Sin Tzu*, de Ubisoft lanzado en 2003. Desde entonces, Tzu ha aparecido pocas veces en la serie de cómic.

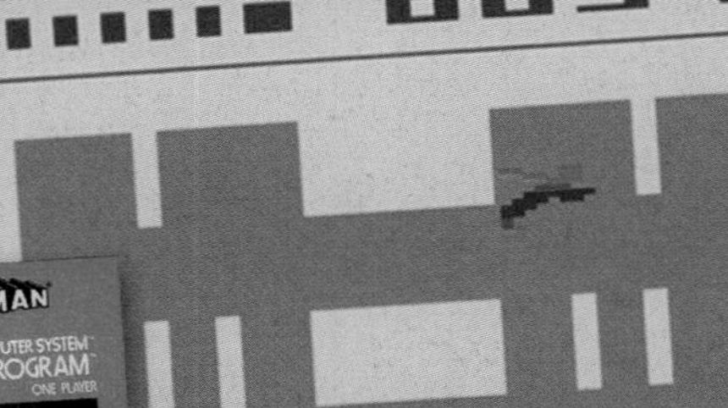

PRIMER VIDEOJUEGO OFICIAL DE UN SUPERHÉROE

Diseñado por John Dunn (EE.UU.), *Superman* se lanzó en diciembre de 1978 para la videoconsola Atari 2600, cuando se estrenó la película homónima. Los jugadores tenían que capturar a Lex Luthor y regresar al *Daily Planet* lo antes posible. *Superman* fue el primer juego diseñado para la Atari 4K ROMs.

En el **primer videojuego de Batman** (arriba), los jugadores tenían que encontrar a Robin, el compañero del superhéroe, a través de distintos espacios isométricos, además de resolver puzzles y recoger distintos objetos a lo largo del camino (izquierda).

Más personajes de cómic en un videojuego

Scribblenauts Unmasked: A DC Comics Adventure (5th Cell, 2013) pone en liza a 1.718 personajes del Universo DC, desde superhéroes y supervillanos a personas corrientes como Lois Lane y Alfred Pennyworth. *Scribblenauts* permite a los jugadores anotar el nombre de sus personajes favoritos en el cuaderno de Max y convocarlos al mundo del juego.

El superhéroe con más apariciones en videojuegos

A 8 de febrero de 2017, desde su debut en 1982 con *Spider-Man* para la videoconsola Atari 2600 hasta *Spider-Man Unlimited* (2014), desarrollado por Gameloft, este personaje de Marvel había protagonizado 37 videojuegos en 32 formatos distintos. Spider-Man también ha aparecido como coprotagonista en casi 20 títulos más, como *Marvel Super Hero Squad* (2009) o el juego de ninjas *The Revenge of Shinobi* (1989).

El videojuego de superhéroes peor valorado
Elegido el «peor juego de todos los tiempo» por GameTrailers.com y el «peor juego basado en un cómic de todos los tiempos» por GameSpy, *Superman: The New Superman Adventures* (Titus Interactive, 1999), diseñado para la Nintendo 64, ha sido víctima de la kryptonita. A 13 de febrero de 2017, su aprobación en GameRankings era de sólo un 22,9%.

El **videojuego de superhéroes mejor valorado** fue *Batman: Arkham City* (Rocksteady, 2011), diseñado para la PlayStation 3, con una aprobación en GameRankings del 95,94%.

El más rápido en terminar *Batman: Arkham City*
El 22 de diciembre de 2016, *DarkAtrax* (Canadá) completó este juego de acción y aventura para PC de Rocksteady en 1 h, 21 min y 31 s. Lo logró en el modo «fácil» (sin Catwoman, que alarga la partida). El 24 de diciembre de 2016, Speedrun.com verficó el récord.

El más rápido en terminar *LEGO Marvel Super Heroes*
El 21 de noviembre 2015, *Shadowsmith97* (EE.UU.) completó este juego de acción y aventura de 2013 en 4 h, 40 min y 4 s con una Xbox, mejorando la marca en más de 20 min. *Shadowsmith97* también cuenta con el **mejor tiempo en el modo cooperativo** junto con *xKingofCTownx*: 3 h, 57 min y 29 s.

Más participaciones como actor de doblaje en videojuegos de superhéroes
A 23 de marzo de 2017, el veterano actor de doblaje Fred Tatasciore (EE.UU.) había participado en 53 juegos de superhéroes distintos. Especializado en héroes de peso pesado y villanos como Hulk, Bane, la Cosa y Dr. Muerte, entre otros, ha aparecido en *LEGO Marvel Vengadores*, *Viewtiful Joe 2* y en otros títulos sobre Spider-Man y los X-Men.

Más interpretaciones de un mismo superhéroe en videojuegos
Steve Blum (EE.UU.) fue el primer intérprete de Lobezno, de Marvel, en el juego de rol de Activision *X-Men Legends* (2004). A 8 de febrero de 2017, Blum había representado el papel de este antihéroe de voz áspera en 15 ocasiones.

Más interpretaciones de una misma superheroína en videojuegos
Harley Quinn (también conocida como Harleen Quinzel) de DC Comics, es una supervillana que suele aparecer en las historias de Batman y Superman. A 8 de febrero de 2017, Tara Strong (Canadá) le había prestado su voz en 10 juegos.

Con los títulos de *LEGO* y *Arkham*, el volumen de ventas de videojuegos de Batman alcanza los 55.440.000 $, según VGChartz.

El videojuego de superhéroes más vendido

A 17 de marzo de 2017, *LEGO® Batman: el videojuego* (Traveller's Tales, 2008) había vendido 13,4 millones de copias entre todas las plataformas, según VGChartz. Se convirtió así en el **videojuego de Batman más vendido** y en el **videojuego basado en un personaje de DC Comics más vendido**. Primer juego LEGO de Traveller's Tales con una historia original, se basa en la lucha de Batman contra las bandas de supervillanos de Pingüino, Joker y Enigma. Tuvo dos secuelas: *DC Super Heroes* (2012) y *Beyond Gotham* (2014).

Guinness World Records 2018 Gamer's Edition

Para más información sobre carreras a toda velocidad, récords de puntuación, los más diversos logros y muchos otros datos superlativos sobre los videojuegos (además de capítulos con la presentación de distintos superhéroes), hazte con un ejemplar del ***Guinness World Records 2018 Gamer's Edition***.

MAYOR REUNIÓN DE PERSONAS DISFRAZADAS DE PERSONAJES DE CÓMIC

El 25 de septiembre de 2015, 1.784 personas se disfrazaron de personajes de cómic en la convención Salt Lake Comic Con en Utah, EE.UU. Para el reto, sólo se permitía la participación de personajes originales de cómic (y no de televisión o cine), por lo que un grupo de expertos en cómics velaron para que se cumpliera este requisito.

SUPERHÉROES

COSPLAY

Thomas se confeccionó este traje imitando la armadura que se hizo Tony Stark para luchar contra Hulk en el filme *Los Vengadores: La era de Ultrón* (EE.UU., 2015).

EL DISFRAZ DE *COSPLAY* MÁS GRANDE (UNA PERSONA)

Thomas DePetrillo (EE.UU.) diseñó y confeccionó esta armadura cazahulk de Iron Man que mide 2,89 m de alto, 1,93 m de ancho en los hombros y pesa 48,08 kg. Thomas tarda 20 minutos en ponerse el traje que, incluyendo el casco, es 17,7 cm más alto que el **hombre más alto de todos los tiempos**, Robert Wadlow.

El más rápido en completar una media maratón disfrazado de superhéroe (hombres)
El 2 de octubre de 2016, Michael Kallenberg (R.U.) corrió la media maratón de Cardiff en Gales, R.U., en 1 h, 9 min y 33 s disfrazado de Robin. Carwyn Jones, disfrazado de Batman, llegó detrás de él (1 h, 10 min y 45 s).

El evento dedicado al *cosplay* más longevo
El World Cosplay Summit se celebra anualmente en Nagoya, Japón, desde hace 13 años contando la edición de 2016, celebrada entre el 30 de julio y el 7 de agosto. Los participantes se caracterizan de personajes de videojuegos, anime, manga y tokusatsu japonés.

El congreso culmina con el campeonato mundial de *cosplay*. El récord de **victorias en el mundial de *cosplay*** es de tres, compartido por dos equipos. Los italianos fueron campeones en 2005, 2010 y 2013; y los brasileños en 2006, 2008 y 2011. Los anfitriones japoneses han ganado dos veces; en 2016 ganó Indonesia.

El récord de **más países participantes en un torneo de *cosplay*** fue de 30, en el campeonato mundial de 2016 celebrado en Nagoya durante los días 6 y 7 de agosto. Algunos de los países fueron Australia, India, Kuwait, Dinamarca o México.

EL MÁS RÁPIDO EN CORRER UNA MARATÓN DISFRAZADO DE SUPERHÉROE

El 24 de abril de 2016, Matt Gunby (R.U.) terminó la maratón Virgin Money de Londres en 2 h, 27 min y 43 s disfrazado de Wonder Woman.

La **más rápida en correr una maratón disfrazada de superhéroe (mujeres)** es Camille Herron (EE.UU.) que, disfrazada de Spider-Man, completó la maratón Route 66, disputada en Tulsa, Oklahoma, EE.UU., en 2 h, 48 min y 51 s, el 18 de noviembre de 2012.

LA REUNIÓN MÁS GRANDE DE GENTE DISFRAZADA DE SUPERMAN

El 27 de julio de 2013, el festival Kendal Calling celebrado en Lowther Deer Park, Cumbria, R.U. reunió a 867 Hombres (mujeres y niños) de Acero coincidiendo con el estreno de *El Hombre de Acero* (EE.UU., Canadá, R.U., 2013) en un evento organizado por Escapade (R.U.), en beneficio de la organización «Help for Heroes».

MÁS ACCESORIOS FUNCIONALES EN UN TRAJE DE *COSPLAY*

Un traje de Batman elaborado por el experto en efectos especiales Julian Checkley (R.U.) incorpora 23 accesorios funcionales, entre ellos un lanzador de bolas de fuego, un dispositivo de rastreo, un batarang plegable, bombas de humo y una batgarra. El disfraz, diseñado y elaborado en 2016, está inspirado en el traje del videojuego *Batman: Arkham Origins* (Warner Bros., 2013).

Julian imprimió el traje en 3D con caucho de uretano maleable. Pasó tres meses cargando su creación de accesorios.

MÁS GENTE DISFRAZADA DE…

Personajes de *Dragon Ball*
El 1 de noviembre de 2012, la Editorial Planeta (España) consiguió que 307 personas se disfrazaran de personajes de la serie de manga *Dragon Ball* en el Saló del Manga de Barcelona, España.

Spider-Man
La empresa Charterhouse (Australia) reunió a 438 personas disfrazadas de Spider-Man en Sídney, New South Wales, Australia, el 28 de julio de 2015.

Ben 10
El 25 de marzo de 2016, 475 personas se convirtieron en Ben 10 por un día en el Red Sea Mall de Jeddah, Arabia Saudí. El evento lo organizó Rainbow Flavoured Milk (Arabia Saudí).

Batman
542 personas se pusieron el famoso atuendo con capa en Calgary, Alberta, Canadá, el 18 de septiembre de 2014. Nexen Energy (Canadá) organizó el evento.

Hulk
El 13 de julio de 2012, 574 personas aparecieron pintadas de verde en el Muckno Mania Festival de Castleblayney, Irlanda.

Tortugas Ninja
El Nickelodeon Suites Resort reunió a 1.394 Tortugas Ninja en Orlando, Florida, EE.UU., el 9 de agosto de 2014.

Superhéroes (en un sólo lugar)
1.580 personas se disfrazaron de diversos superhéroes el 2 de octubre de 2010 en Los Ángeles, California, EE.UU. El evento, organizado por Paramount Pictures (EE.UU.), fue parte de la promoción de la película de DreamWorks *Megamind* (EE.UU., 2010).

MÁS GENTE DISFRAZADA DE SUPERHÉROES EN 24 HORAS (VARIOS LUGARES)

El 18 de abril de 2015, 2.003 personas se disfrazaron de superhéroe en 14 lugares distintos del mundo durante 24 horas, en un evento organizado por DC Comics (EE.UU.). Todos los personajes eran del universo de combatientes del crimen de DC. El evento empezó en Queensland, Australia, y terminó en Los Ángeles, California, EE.UU.

EL MÁS RÁPIDO

SUPERHÉROE: Flash, de DC, tiene acceso a la fuerza de la supervelocidad, una fuente de energía extradimensional que le permite moverse a velocidades increíbles. Distintos personajes han asumido la identidad de Flash, siendo el más rápido Wally West (izquierda). Otro personaje superrápido de Marvel, Mercurio, utilizó la «niebla terrigen» para viajar más rápido que el tiempo en la serie limitada *Son of M*, pero no pudo conservar el poder.
SUPERVILLANO: Hunter Zolomon, alias Zoom (derecha), era incluso más rápido que Flash. En el n.° 199 de *Flash Vol. 2*, Wally West apenas puede ver a Zoom cuando corre, ¡y mucho menos seguirle el ritmo!

SUPERHÉROES

¡KAPOW!

El experto en cómics Rob Cave nos ofrece un compendio de superhéroes superlativos. La lucha entre las fuerzas del bien y del mal por poseer récords intergalácticos hace palidecer los esfuerzos de los simples mortales por batir una marca.

EL MÁS FUERTE

SUPERHÉROE: Thor, Hércules y el Increíble Hulk son poderosos contendientes al título, pero Superman (izquierda) los supera a todos. Gracias a una batería solar sobrecargada, fue capaz de levantar 200 trillones de toneladas en el n.° 1 de *All-Star Superman*. Y en sus tres combates de peso pesado contra Hulk («el más fuerte de todos»), Superman fue el claro ganador en al menos dos ocasiones.
SUPERVILLANO: El monstruo prehistórico kryptoniano Doomsday (derecha) dejó a Superman a un paso de la muerte y mantuvo a raya a la Liga de la Justicia gracias a su fuerza. Doomsday no puede ser derrotado de la misma manera dos veces.

...éroe más grande
...oes, como el ...stico, Plastic Man ... Man, tienen la ...e remodelar sus ... no pueden alterar ...ificativamente. ...ambién conocido ...y/Starman, ... de aumentar la ...asa de un objeto, ...el Hombre ...al, Hank Pym, ... del Macroverso ...terior, «más ...e realidades», ...os Poderosos ... 1. ... y aparte de ...ue pueden cambiar de tamaño, el superhéroe más grande es Mogo, un planeta viviente miembro del Linterna Verde Corps. Apareció por primera vez en el n.° 188 de *Green Lantern Vol. 2*, y es lo bastante masivo como para poseer su propio campo gravitacional.

El superhéroe más pequeño
Varios superhéroes, con el Hombre Hormiga, Hank Pym, la Avispa (alias de Janet van Dyne) y Átomo (alias de Ray Palmer) ente ellos, pueden reducir su tamaño hasta niveles subatómicos. Sin embargo, Arcturus Rann y los micronautas nacieron y viven en el Microverso, un espacio al que sólo se accede si se tienen unas dimensiones subatómicas.

El superhéroe más inteligente
Michael Holt, también conocido como Terrific, posee 14 doctorados, pero según las estimaciones realizadas en el n.° 5 de *Crisis Infinita* sólo es la tercera persona más inteligente de la Tierra en el Universo DC. Hank Pym descubrió las partículas Pym y fue apodado el «Científico supremo de la Tierra» por la entidad cósmica Eternidad en el n.° 30 de *Los Poderosos Vengadores Vol. 1*. Sin embargo, Reed Richards, de los 4 Fantásticos, ha demostrado su inteligencia más allá de sus logros científicos. Consciente de sus propias limitaciones, Richards suele recurrir a la experiencia de otros, entre ellos sus hijos Franklin y Valeria, para enfrentarse a desafíos aparentemente irresolubles, como el despiadado Consejo Interdimensional de Reeds.

El supervillano más inteligente
El androide extraterrestre Brainiac quizá posea un intelecto de nivel 12, pero Superman lo ha superado y derrotado en varias ocasiones. Adrian Veidt, también conocido como Ozymandias, apodado «El hombre más inteligente del planeta» en *Watchmen*, ha logrado engañar a gobiernos de todo el mundo (y al doctor Manhattan) con un plan mortal que incluye una amenaza extraterrestre de su invención.

El superhéroe menos poderoso
Creado por Mark Millar y John Romita, hijo, para el n.° 1 de *Kick-Ass*, Dave Lizewski, alias Kick-Ass, es un adolescente normal y corriente que se pone un traje de neopreno para enfrentarse a las fuerzas del mal. Sin entrenamiento, herramientas ni un mínimo sentido común, Lizewski trata de aprender de sus errores y no permite que los contratiempos y las lesiones lo disuadan.

EL MÁS PODEROSO

SUPERHÉROE: El Doctor Manhattan, el «superhéroe supremo» de *Watchmen*, de Alan Moore (izquierda), es el producto de un accidente durante una experimento físico. Puede manipular la materia a nivel atómico y ver la realidad desde una perspectiva al margen del tiempo lineal.

SUPERVILLANO: El Antimonitor (derecha) es un ser omnipotente y omnisciente del planeta Qward en el universo antimateria. En *Crisis en tierras infinitas* consume estrellas para obtener energía, con lo que destruye miles de universos y a muchos de sus héroes.

EL MÁS RICO

SUPERHÉROE: T'Challa, alias la Pantera Negra (izquierda), es el monarca absoluto del pequeño reino africano de Wakanda, una nación que se ha enriquecido con la venta de parte de sus reservas de vibranium, un metal extraterrestre. Gracias a la cuidadosa reinversión de los beneficios, T'Challa ha contribuido a que la reserva nacional de Wakanda gestione billones de dólares.

SUPERVILLANO: La némesis de los 4 Fantásticos, el Dr. Victor Von Doom (derecha) es un inventor brillante y el soberano absoluto de Latveria. Aunque ha sido depuesto en varias ocasiones, inevitablemente termina recuperando el poder con los recursos económicos de su país de nuevo a su disposición.

El primer mutante
El adversario mutante de los X-Men, Apocalipsis, nació hace unos 5.000 años. Se dio a sí mismo el título de «El que vino primero». Pero en el n.° 1 de *X-Necrosha*, la mutante y vampiro psíquica Selene Gallio, conocida como Reina Negra, parece tener 17.000 años. Además, parece tener algún vínculo con la edad de Hyborian, anterior a las civilizaciones históricas.

El supervillano más lento
Simple ladrón de bancos, el Hombre Tortuga planeó el crimen perfecto. Entraría en la cámara de alta seguridad de un banco y se escondería hasta que los trabajadores estuvieran desprevenidos. Barry Allen, una de las encarnaciones del superrápido Flash, frustró sus planes. En contraposición al superhéroe, el Hombre Tortuga fue llamado «El hombre más lento en la Tierra».

El superhéroe más genérico
Superhéroe hizo su debut en el n.° 1 de *Generic Comic Book*. Obtuvo su fuerza y supersentidos de una colección de objetos que brillan en la oscuridad. Tal como se advierte en la portada: «ESTE CÓMIC CONTIENE: un superhéroe neurótico con todo tipo de problemas personales», así como «un villano que busca dominar el mundo a través de los medios más arcanos».

EL SUPERHÉROE MÁS DIFÍCIL DE DERROTAR

Incluso los superhéroes más fuertes muerden el polvo en algún momento de su carrera. Pero no Doreen Green, también conocida como la Chica Ardilla (derecha). En su primera aparición en el n.° 8 de *Marvel Super-Heroes Vol. 2*, se graduó en *The Unbeatable Squirrel Girl Beats Up the Marvel Universe!*, en el que Doreen y/o su doble Allene derrotan, someten o resuelven de forma equitativa todos los conflictos que se les presentan.

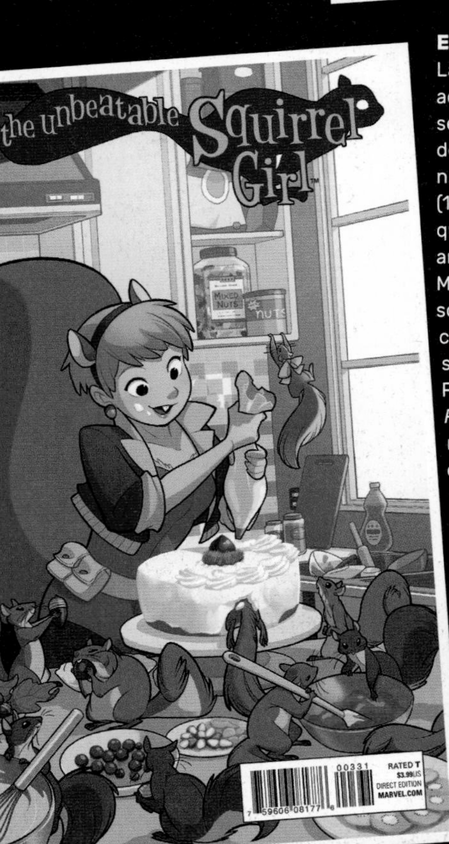

El superhéroe más joven
La tradición de héroes adolescentes en los cómics se remonta al menos hasta el debut de Dick Grayson en el n.° 38 de *Detectives Comics* (1940), pero hay superhéroes que iniciaron sus carreras antes incluso que el Chico Maravilla. Franklin Richards sólo tenía cuatro años y medio cuando se unió al grupo de superhéroes infantiles Power Pack en el n.° 17 de *Power Pack*. Igualmente, es mucho mayor que Winter Moran, que en el n.° 9 de *Miracleman* ¡salva al mundo al nacer!

Winter hereda los poderes de su padre, Miracleman, que los recibió de la raza alienígena de los qys. Esto bastó para convencer a los qys y sus rivales tradicionales, los warpsmiths, del ascenso de la humanidad al mundo de la «clase inteligente», por lo que decidieron no destruir la Tierra.

EL DISFRAZ DE UNA SERIE DE TV MÁS CARO

El disfraz de Superman de la serie de 1955 *Aventuras de Superman* (EE.UU.) se vendió por 180.000 $ durante la subasta Profiles in History celebrada en Los Ángeles, California, EE.UU., el 30 de septiembre de 2015. Hasta 1955, la serie se rodó en blanco y negro. Durante esos años los colores del traje de Superman eran el blanco y el marrón, que ofrecían una mejor definición en las pantallas de televisión.

LA MAYOR COLECCIÓN SOBRE *2000 AD*

Robert Stewart (R.U.) posee 10.018 artículos relacionados con *2000 AD*, según pudo comprobarse en Sunderland, R.U., el 25 de marzo de 2016. Robert lleva reuniendo cómics de *2000 AD* desde 1977, pero su colección no creció significativamente hasta finales de la década de 1980. El primer objeto que adquirió fue una camiseta de Judge Death, que su madre acabó tirando a la basura. El artículo favorito de Robert es una máquina de pinball de Judge Dredd.

RECOPILATORIO

LA MAYOR COLECCIÓN SOBRE *LA COSA DEL PANTANO*

John Boylan (EE.UU.) posee 797 artículos relacionados con *La cosa del pantano*, según pudo comprobarse en Sioux Falls, Dakota del Sur, EE.UU., el 21 de marzo de 2015. El tesoro de John incluye cómics, anuncios, carteles de películas, figurillas, ropa y hasta alguna pieza original de la producción. Entre sus artículos preferidos se cuentan una chaqueta de un miembro del equipo de la serie y un reloj y un saco de dormir promocionales.

El primer equipo de superhéroes
Los miembros fundadores de la Sociedad de la Justicia de América fueron Átomo, el Doctor Fate, Flash, Green Lantern, Hawkman, Hourman (Hour-man en aquel entonces), Sandman y Spectre, a los que se puede ver sentados alrededor de una mesa en la portada del número 3 de *All Star*, correspondiente al invierno de 1940. Johnny Thunder, aunque mencionado en esa portada, no aparece representado y no se integraría en el grupo hasta el número 6. En ediciones posteriores, los héroes colaborarían para derrotar a enemigos más poderosos que cada uno de ellos por separado, idea que inspiraría todos los equipos de superhéroes siguientes, desde la Liga de la Justicia hasta Los Vengadores y los X-Men.

La película de superhéroes para mayores de 13 años más taquillera
En *Los vengadores* (2012) varios superhéroes de Marvel, con Iron Man, Thor y el Capitán América entre ellos, se unen para salvar el mundo de Loki. La película había ganado, según The-Numbers.com, 1.519.479.547 $ a 14 de diciembre de 2016. Cuando se combinan esas cifras con las de *Los Vengadores: La era de Ultrón* (2015), la serie promedia unos increíbles 1.462.092.708 $ por película, los **ingresos brutos más altos para una serie de películas**.

La película de superhéroes para mayores de 10 años más taquillera
Big Hero 6 (EE.UU., 2014), propiedad inicialmente de Marvel, fue desarrollada por Disney Animation Studios. Según The-Numbers.com, a 14 de diciembre de 2016 había ganado 652.127.828 $.

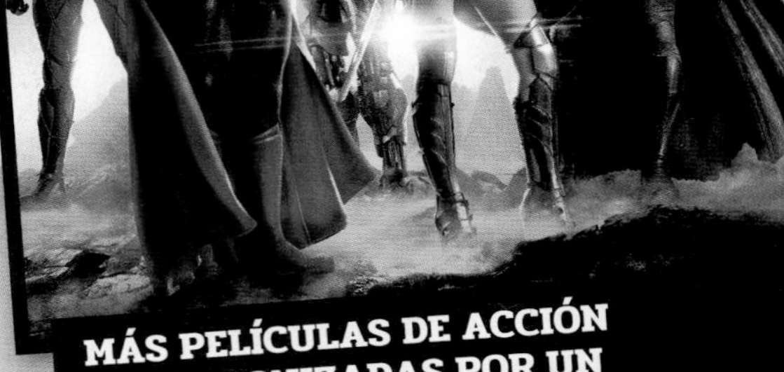

MÁS PELÍCULAS DE ACCIÓN PROTAGONIZADAS POR UN SUPERHÉROE

Además de la series de animación, Batman ha protagonizado 10 largometrajes. El primero de ellos, *Batman* (EE.UU., 1966), fue una versión de la serie de televisión protagonizada por Adam West. El Cruzado Enmascarado fue interpretado después por Michael Keaton, Val Kilmer, George Clooney y Christian Bale. En *la Liga de la Justicia* (EE.UU., 2017, arriba) y *Batman v. Superman: el amanecer de la justicia* (EE.UU., 2016), Ben Affleck toma el relevo.

LA MAYOR COLECCIÓN DE CÓMICS

Bob Bretall (EE.UU.) es propietario de una colección inigualable de 101.822 cómics distintos en Mission Viejo, California, EE.UU., según pudo comprobarse el 6 de agosto de 2015. Bob conserva la mayoría de cómics en su garaje, que tiene una capacidad para tres coches, aunque también dispone de una habitación exclusiva para cómics donde guarda una selección de títulos y objetos relacionados con el mundo del cómic.

El personaje más habitual del Universo Cinematográfico de Marvel
Nick Furia, interpretado por Samuel L. Jackson (EE.UU.), ha aparecido en siete películas del Universo Cinematográfico de Marvel: *Iron Man* (2008), *Iron Man 2* (2010), *Thor* (2011), *Capitán América: El primer vengador* (2011), *Los Vengadores* (2012), *Capitán América: El soldado de invierno* (2014) y *Los Vengadores: La era de Ultrón* (2015). Jackson también interpretó a Furia en dos episodios de la serie de TV *Agents of S.H.I.E.L.D.* (ABC, 2013-actualidad).

EL *BATPOD* MÁS CARO VENDIDO EN UNA SUBASTA

Una moto *batpod* de *El Caballero Oscuro: La leyenda renace* (EE.UU., 2012) se vendió por 404.393 $ en la Prop Store Live Auction 2016 (R.U.), celebrada el 27 de septiembre de 2016.

Pero ése no es el artículo de Batman más caro vendido en una subasta. El 19 de enero de 2013, un batmóvil (recuadro de la derecha) utilizado en la serie de televisión *Batman* de la década de 1960 alcanzó un precio, incluyendo la comisión para el vendedor, de 4.620.000 $ durante la subasta de coches Barrett-Jackson, celebrada en Scottsdale, Arizona, EE.UU.

Durante la misma subasta, el bat-traje de *El Caballero Oscuro: La leyenda renace* se vendió por 248.857 $, mientras que el traje de Bane alcanzó los 124.428 $.

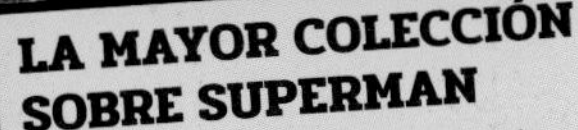

LA MAYOR COLECCIÓN SOBRE SUPERMAN

A 14 de febrero de 2016, Marco Zorzin (Brasil) había reunido 1.518 artículos distintos relacionados con el Hombre de Acero. Marco es un fan tan incondicional de Kal-El, el último kryptoniano, que se añadió oficialmente el término «Superman» a su propio nombre. Su supercolección incluye todas las películas de Superman protagonizadas por Christopher Reeve en cinta VHS, así como un termo, una petaca, una fiambrera, una gorra de béisbol, un reloj de pulsera, unos auriculares y un saco de boxeo inflable temáticos, entre otras muchas cosas.

El especialista de cine, teatro y televisión más prolífico

Roy Alon (R.U., 1942-2006) trabajó en 937 proyectos de cine, teatro y televisión como especialista, coordinador de especialistas y director de segunda unidad. En concreto, participó en 148 películas (incluyendo las cuatro de Superman con Christopher Reeve y la mayoría de la serie de James Bond), 739 programas de TV, 13 producciones teatrales y 37 anuncios.

El especialista más bajo

Kiran Shah (R.U., n. en Kenia) mide 126,3 cm, según se comprobó el 20 de octubre de 2003. Desde 1976, ha aparecido en 52 películas. Destaca su trabajo como doble de Elijah Wood en las largas escenas de acción de la trilogía *El señor de los anillos* (Nueva Zelanda/EE.UU., 2001-03).

La ausencia más prolongada de un personaje del Universo Cinematográfico de Marvel

El personaje de Thaddeus *Thunderbolt* Ross, interpretado por William Hurt (EE.UU.), debutó en la gran pantalla en *El increíble Hulk* (EE.UU., 2008). Tardó 7 años y 328 días en hacer su segunda aparición en *Capitán América: Civil War* (EE.UU., 2016).

Más daños materiales en una película de superhéroes

Se calcula que los daños de la ciudad de Metrópolis (además de los del satélite de Wayne Enterprises) durante la batalla culminante de Superman y el general Zod en *El Hombre de Acero* (EE.UU./Canadá/R.U., 2013) alcanzarían los 750.000 millones de $. Como ya había sucedido en *Superman* (EE.UU./R.U./Panamá/Suiza, 1978), protagonizada por Christopher Reeve, en esta película también se destruye un mundo extraterrestre (Krypton).

Las piezas favoritas de Eric son cuatro prototipos inéditos de figurillas de *X-Men* que nunca llegaron a fabricarse.

LA MAYOR COLECCIÓN SOBRE X-MEN

A 28 de junio de 2012, Eric Jaskolka (EE.UU.) atesoraba un total de 15.400 artículos distintos relacionados con X-Men en West Des Moines, Iowa, EE.UU. Eric comenzó coleccionando sólo cómics en 1989, y dos años más tarde empezó también a coleccionar juguetes de la película.

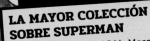

Los más pesados

El **hombre más pesado** pesaba 63 veces más que el **bebé más pesado**, aunque sólo pesaba la mitad que el **carnívoro terrestre más pesado**. Pero ¿pesa más la **campana más pesada** que el **tanque más pesado**? Y ¿existe cualquier cosa en la tierra que pueda pesar más que una ballena azul? GWR tiene las respuestas.

Estas imágenes no están a escala.

0-100 kg

Manzana: 1,849 kg

Chisato Iwasaki (Japón) cultivó una manzana de 1,849 kg en la ciudad de Hirosaki, Japón. Fue pesada el 24 de octubre de 2005.

Objeto extraído de un estómago: 4,5 kg

«Tricobezoar» es el nombre médico que recibe una bola de pelo que se forma como resultado de la tricofagia (comerse el propio pelo). El tricobezoar más grande extraído quirúrgicamente de un ser humano medía 37,5 x 17,5 x 17,5 cm, pesaba 4,5 kg y estaba en el estómago de una chica de 18 años. La intervención se realizó en el Rush University Medical Center de Chicago, Illinois, EE.UU., en noviembre de 2007.

Bebé al nacer: 9,98 kg

La giganta Anna Bates (cuyo apellido de nacimiento era Swan, Canadá) llegó a medir 241,3 cm. El 19 de enero de 1879 dio a luz a un bebé de 9,98 kg y una altura de 71,12 cm en su casa de Seville, Ohio, EE.UU.

Ave voladora: 18,1 kg

La avutarda kori (*Ardeotis kori*) vive en el centro y en el sur de África. El ejemplar más pesado del que se tiene constancia es un macho de 18,1 kg que fue abatido en Sudáfrica en 1936 por el cazador H. T. Glynn, que más tarde donaría su cabeza y su cuello al British Museum de Londres, R.U.

Manto de abejas: 63,7 kg

El 15 de mayo de 2014, Ruan Liangming (China) se cubrió con un manto de abejas de 63,7 kg en el condado de Fengxin, ciudad de Yichun, Jiangxi, China. Se estima que el manto tenía 637.000 abejas, entre ellas 60 reinas.

100-1.000 kg

Deportista (mujer): 203,21 kg

La luchadora de sumo Sharran Alexander (R.U.) pesó 203,21 kg el 15 de diciembre de 2011.

Tortuga: 417 kg

Una tortuga gigante de las Galápagos (*Chelonoidis nigra*) llamada *Goliat* llegó a medir 135,8 cm de largo, 102 cm de ancho y 68,5 cm de alto. Pesó 417 kg. La vida de *Goliat* transcurrió en el Life Fellowship Bird Sanctuary de Seffner, Florida, EE.UU., de 1960 a 2002.

Hombre (de todos los tiempos): 635 kg

Jon Brower Minnoch (EE.UU., 1941-83) sufrió obesidad desde la niñez. En 1963 medía 185 cm y pesaba 178 kg. En 1966 subió hasta los 317 kg, y en septiembre de 1976 hasta los 442 kg. En marzo de 1978, Minnoch fue ingresado en el University Hospital de Seattle, EE.UU., donde el Dr. Robert Schwartz, especialista en endocrinología, calculó que pesaba más de 635 kg. Su peso se explica en parte por la acumulación de agua provocada por una insuficiencia cardíaca congestiva.

Bicicleta usable: 860 kg

Jeff Peeters (Bélgica) construyó una bicicleta de 860 kg y la utilizó en Mechelen, Bélgica, el 19 de agosto de 2015. El 100% de los materiales que empleó eran reciclados.

Carnívoro terrestre: 900 kg

En 1960 se encontró un oso polar de unos 900 kg en un bloque de hielo en el mar de Chukchi, al oeste de Kotzebue, Alaska, EE.UU. Su peso se estimó a partir de sus dimensiones: 3,5 m desde la nariz hasta la cola, 1,5 m del contorno del cuerpo y 43 cm de perímetro de las patas.

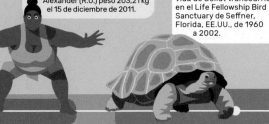

1.000-7.000 kg

Calabaza:
1.190,49 kg

El belga Mathias Willemijns cultivó una calabaza que alcanzó los 1.190,49 kg, tal y como constató la Great Pumpkin Commonwealth (GPC) en Ludwigsburg, Alemania, el 9 de octubre de 2016.

Berlina rellena:
1.695 kg

El 21 de enero de 1993, una berlina rellena de 1,69 toneladas fue servida por los representantes de Hemstrought's Bakeries, Donato's Bakery y la emisora de radio WKLL-FM (todos de EE.UU.) en Utica, Nueva York, EE.UU.

Pez óseo:
2.000 kg

Se han documentado especímenes de pez luna (*Mola mola*) con un peso de unas 2 toneladas y un tamaño de 3 m entre las puntas de las aletas.

Motocicleta usable:
4.749 kg

La *Panzerbike*, de 4,749 toneladas, fue construida por Tilo y Wilfried Niebel, de Harzer Bike Schmiede, en Zilly, Alemania, y pesada el 23 de noviembre de 2007.

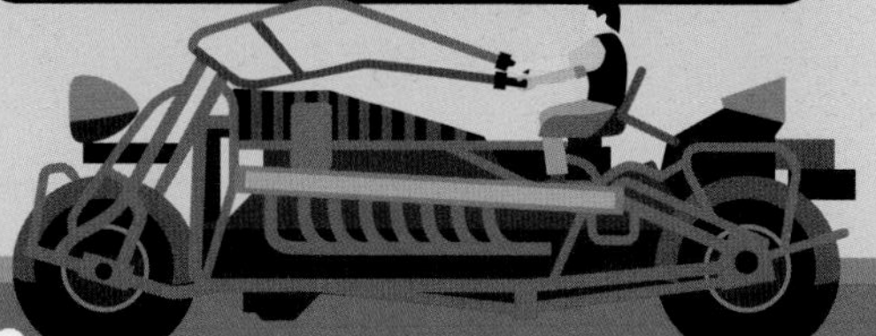

Pastel de bodas:
6.818 kg

El pastel de bodas más grande del mundo pesó 6,818 toneladas y fue preparado por los chefs del hotel y casino Mohegan Sun de Uncasville, Connecticut, EE.UU. Fue exhibido en su estand de la feria nupcial de New England el 8 de febrero de 2004.

7.000-600.000 kg

Pez cartilaginoso:
21.500 kg

El 11 noviembre de 1949, se capturó un tiburón ballena (*Rhincodon typus*) en la isla de Baba, cerca de Karachi, Pakistán, que pesó 21,5 toneladas. Sus 12,65 m de largo le sirvieron para convertirse también en el **pez más grande**. Los peces cartilaginosos tienen esqueletos de cartílagos en lugar de los huesos de muchas otras especies.

Tanque (actualidad):
63.000 kg

El carro de combate M1A2 Abrams, fabricado por General Dynamics Land Systems (EE.UU.), tiene un peso de combate de 63 toneladas, que lo convierten en el tanque más pesado actualmente en servicio. Está equipado con un cañón de 120 mm y alcanza una velocidad máxima de 68 km/h.

Campana todavía en uso:
92.000 kg

La campana de Mingun pesa 92 toneladas y tiene un diámetro de 5,09 m en su borde. Localizada cerca de Mandalay, Birmania, se hace sonar golpeándola por su lado exterior con un mazo de teca. Fue fundida en Mingun a finales del reinado de Bodawpaya (1782-1819).

Animal:
190.000 kg

Las ballenas azules (*Balaenoptera musculus*), cuya longitud media es de unos 24 m, pueden llegar a pesar 160 toneladas. Un gran espécimen, capturado en el océano Antártico el 20 de marzo de 1947, pesó 190 toneladas y midió 27,6 m.

Aeronave (de todos los tiempos): 640.000 kg

El avión con un peso máximo al despegue es el Antonov An-225 *Mriya* (que significa «sueño»). Al principio pesaba 600 toneladas, pero entre 2000 y 2001 se reforzó su suelo y aumentó el peso hasta las 640 toneladas. Sólo se construyeron dos unidades de esta aeronave gigante.

> 600.000 kg

Cohete:
2.903.000 kg

El *Saturno V* (EE.UU.) fue el cohete más grande, pero no el más potente. Medía 110,6 m de alto con la nave espacial *Apolo* en la parte superior, y pesaba 2.903 t en la plataforma de lanzamiento. El *Saturno V* tenía un empuje al despegue de 3.447 t. El primer *Saturno V* fue lanzado en 1967 y el decimotercero y último despegó en 1973.

Vehículo terrestre:
14.196.000 kg

Según Off-Highway Research, la máquina más pesada capaz de moverse por sus propios medios es la excavadora de rueda de cangilones Bagger 293, una máquina empleada para movimientos de tierra que pesa 14.196 toneladas. Fabricada por TAKRAF en Leipzig, Alemania, se emplea en una mina de carbón a cielo abierto en el estado de Renania del Norte-Westfalia. Con sus 220 m de largo y 94,5 m de alto hasta la punta de su brazo, es capaz de mover 240.000 m³ de tierra al día.

Submarino:
26.500.000 kg

El 23 de septiembre de 1980, la OTAN anunció la botadura del primero de los submarinos rusos de la clase 941 Akula (designados *Tifón* por la OTAN) en un astillero cubierto secreto en el mar Blanco. Se notificó que los buques tienen un desplazamiento de 26.500 toneladas y miden 171,5 m de largo. Para más información, ver la pág. 211.

Edificio:
703.500.000 kg

El Palacio del Parlamento en Bucarest, Rumania, está considerado el edificio más pesado del mundo. Contiene 700.000 toneladas de acero y bronce, a las que hay que sumar 1 millón de m³ de mármol, 3.500 toneladas de vidrio y 900.000 m³ de madera.

Agujero negro:
7,9 x 10^{40} kg

En 2009, los astrónomos a cargo del telescopio espacial de rayos gamma *Swift* de la NASA midieron la masa de un agujero negro supermasivo en el centro del cuásar S5 0014+81. Con 40 mil millones de masas solares, este agujero negro en aproximadamente 10.000 veces más masivo que el agujero negro supermasivo situado en el centro de la Vía Láctea.

Descarga este póster en guinnessworldrecords.com/2018

Recordmanía

Quién sabe hasta dónde puede llevarte la pasión por coleccionar. GWR ha validado colecciones de **tubos de dentífrico** (2.037), **bolsas para el mareo de aviones** (6.290) y **trozos de uñas de los pies** (de 24.999 personas).

Gente de todos los estados de EE.UU. y de otros 29 países han enviado ositos de peluche a Jackie, que se crio en casas de acogida y de pequeña nunca tuvo uno. Ahora admite que «¡Estoy recuperando el tiempo perdido!».

SUMARIO

◀ **LA MAYOR COLECCIÓN DE OSITOS DE PELUCHE**

A 31 de diciembre de 2012, Jackie Miley (EE.UU.) tenía 8.026 ositos de peluche, todos ellos distintos. Vive en Hill City, Dakota del Sur, EE.UU., una localidad cuya población es poco más de una décima parte de su colección.

La mayor parte de sus ositos se encuentran en Teddy Bear Town, una casita situada en la calle principal de Hill City.

Cosas grandes

La **tetera más grande** (derecha) contenía suficiente té como para llenar 30 barriles de cerveza o casi 10 bañeras.

▲ LA SANDALIA MÁS GRANDE
Por encargo del municipio de Sahuayo (México), un grupo de artesanos confeccionó un enorme huarache (un tipo de sandalia tradicional mexicana) de 7,45 m de largo y 3,9 m de ancho, tal como pudo comprobarse en Sahuayo, Michoacán, México, el 24 de noviembre de 2016. Para su confección se emplearon unos 80 m² de cuero.

▲ LA TETERA MÁS GRANDE
Con un peso de unos 1.200 kg y unas medidas de 4 m de altura y 2,58 m de diámetro en la parte más ancha de su «vientre», esta tetera gigante de hierro, obra de Sultan Tea (Marruecos), fue presentada al público en Mequinez, Marruecos, el 27 de abril de 2016. El día de su estreno se prepararon 1.500 l de té con 3 kg de menta.

▲ EL MUÑECO CABEZÓN MÁS GRANDE
Applied Underwriters (EE.UU.) presentó un muñeco cabezón de 4,69 m en Orlando, Florida, EE.UU., el 8 de abril de 2016. Creado por la tienda de atrezo y decorados Rentos Dino Studios, tiene la forma de un gigantesco perro san Bernardo, la mascota de la empresa. El animal menea la cabeza cuando se tira de la cuerda que cuelga de su cuello.

▲ LA TABLA DE SURF DE REMO MÁS GRANDE
El 25 de septiembre de 2016, Tropical (España) presentó una tabla de surf de remo de 14,85 m de largo en la playa de las Canteras, Las Palmas de Gran Canaria, España. Un grupo de 25 personas recorrieron en ella una distancia de 2 km en 40 min. Ocho días antes y en el mismo lugar, Tropical había presentado la **colchoneta inflable más grande** (derecha), de 73,95 m².

Títere o marioneta
La mascota del Italian Festival que se celebra anualmente en Ottawa mide 17,82 m de altura. Fue presentada al público junto al Villa Marconi Long-Term Care de Ottawa, Canadá, el 6 de septiembre de 2008.

Muñeca de trapo
Confeccionada por la Fundación Mundo Mejor (Colombia), la muñeca de trapo más grande mide 6,5 m de altura. Se realizó con motivo de la Feria Nacional de la Niñez y su Mundo, celebrada en Palmira, valle del Cauca, Colombia, el 4 de abril de 2014.

Cubo de Rubik
Tony Fisher (R.U.) construyó un cubo con unas aristas de 1,57 m de largo, tal como pudo verificarse en Ipswich, Suffolk, R.U., el 5 de abril de 2016 (ver también pág. 121).

▼ LA BICICLETA MÁS PESADA

Jeff Peeters (Bélgica) construyó una bicicleta de 860 kg en la que posteriormente dio una vuelta en Mechelen, Bélgica, el 19 de agosto de 2015. Jeff, que tiene un largo historial como creador de artilugios mecánicos, fabricó esta bicicleta sin igual con componentes reciclados, como unos viejos neumáticos de tractor.

Para demostrar que se podía usar su bicicleta (y que una persona podía moverla pedaleando), Jeff circuló por una calle de Mechelen 100 m, tal como estipula la normativa del GWR.

El tobogán flotante más alto
El 18 de junio de 2016, Baysports (Irlanda) presentó un tobogán flotante de 6,52 m de altura en Athlone, County Roscommon, Irlanda. El tobogán es parte del Baysports Boat Training and Water Sports Centre.

LOS MÁS GRANDES

Raqueta de bádminton
M Dileef (India) fabricó una raqueta de bádminton de 16,89 m de largo, tal como pudo comprobarse en Kozhikode, Kerala, India, el 1 de abril de 2016. La descomunal raqueta era 24 veces más grande que una estándar.

Pastilla de jabón
El 11 de diciembre de 2015, Jinan Rujia Co., Ltd. (China) presentó una pastilla de jabón de 14,45 toneladas de peso (alrededor de dos veces el peso de un elefante africano), en Jinan, Shandong, China. Necesitaron tres meses para producirla.

▲ **LA CARRETA CUBIERTA MÁS GRANDE**

David Bentley (EE.UU.) construyó artesanalmente esta carreta cubierta a escala ampliada de 12,2 x 3,65 x 7,6 m con acero y roble de Illinois en 2001. Seis años más tarde, el Abraham Lincoln Tourism Bureau de Logan County, Illinois, la compró por 10.000 $ y la llevó desde la casa de Bentley en Pawnee, Illinois, hasta la ruta 66 a su paso por Lincoln, Illinois. Una figura de Abraham Lincoln de 3,6 m de alto hecha con fibra de vidrio va sentada en el pescante. Arriba puede verse a su lado a Tina Rusk, del departamento de marketing del ayuntamiento de la localidad.

▶ **EL COCHECITO DE BEBÉ MÁS GRANDE**

El 19 de septiembre de 2016, en Chicago, Illinois, EE.UU., Jamie Roberts y Tom Koltun, presidente de la empresa de artículos para bebés, Kolcraft, (ambos de EE.UU.) presentaron el cochecito de bebé Contours Bliss de 6,3 m de perímetro. A escala ampliada del original, permite a los adultos probarlo antes de comprarlo.

◀ **LA BARAJA DE CARTAS MÁS GRANDE**

El 14 de mayo de 2016, el sueco Claes Blixt (en la imagen de la izquierda) presentó una baraja de cartas de 158,4 x 104,4 cm en Tranemo, Suecia. En total, este descomunal conjunto de 55 naipes pesaba 200 kg, más o menos lo mismo que cuatro reinas de carne y hueso.

Un mecanismo para tanques de *paintball* genera suficiente presión (20.684 kPa) para disparar los dardos.

▶ **LA PISTOLA DE DARDOS NERF MÁS GRANDE**

Mark Rober (EE.UU.) construyó una pistola de dardos Nerf de 1,82 m de largo, según se verificó en Sunnyvale, California, EE.UU., el 22 de junio de 2016. Empleó flotadores tipo fideo y desatascadores para los dardos de espuma, que salen disparados a 64 km/h.

Caballito de balancín
Creado por Gao Ming (China), el caballito de balancín más grande mide 12,727 x 4,532 x 8,203 m, tal como se pudo comprobar en Linyi, provincia de Shandong, China, el 7 de julio de 2014.

Peonza
Un equipo de la planta de Mizushima de la siderúrgica Kawasaki Seitetsu en Okayama, Japón, fabricó una peonza de 2 m de altura, 2,6 m de diámetro y un peso de 360 kg. El 3 de noviembre de 1986 la hicieron girar durante 1 h, 21 min y 35 s.

Osito de peluche
Confeccionado por Dana Warren (EE.UU.), el osito de peluche cosido más grande medía 16,86 m de largo. Fue finalizado el 6 de junio de 2008 y expuesto en la Exploration Place en Wichita, Kansas, EE.UU.

Yoyó
El 15 de septiembre de 2012, Bet Johnson (EE.UU.) presentó un yoyó de 3,62 m de diámetro y un peso de 2.095,6 kg en Cincinnati, Ohio, EE.UU. Atado a una grúa, el disco cayó 36,5 m antes de rebotar.

Tarjeta de visita
El 14 de noviembre de 2016, Santosh Kumar Rai (India) presentó en Chhattisgarh, India, una tarjeta de visita de 4,18 m² (el tamaño de una cama extragrande), que reproducía a escala ampliada una tarjeta de visita de las que Rai emplea habitualmente.

Sobre
El 24 de noviembre de 2015, Bhanu y Aaditya Pratap Singh (ambos de la India) exhibieron un sobre de 23,93 m de ancho y 13,5 m de alto en Chhattisgarh, India.

Herradura
Abhishek Mazumder (India) fabricó una herradura de 2,36 m de ancho y 2,47 m de alto, como se comprobó en Mumbai, India, el 20 de noviembre 2016.

Zanfona
La «zanfona Bosch», obra de Steven Jobe (EE.UU.), mide 3,4 m de largo, como pudo comprobarse en Warren, Rhode Island, EE.UU., el 2 de junio de 2016.

Llave
El 15 de mayo de 2016, Ard Canaán Restaurant (Qatar) presentó una llave de 7,76 m de largo y 2,8 m de ancho en Doha, Qatar.

Tablero de Monopoly
Ceres Studentenvereniging (Países Bajos) presentó un tablero de Monopoly de 900,228 m² en Wageningen, Países Bajos, el 30 de noviembre de 2016. Su tamaño era casi 3.500 veces más grande que el de uno estándar.

Tabla de güija
Blair Murphy y Team Gran Midway (EE.UU.) presentaron una tabla de güija de 121,01 m², aproximadamente la mitad que una pista de tenis, en Windber, Pennsylvania, EE.UU., el 28 de octubre de 2016.

Destornillador
El estudiante de ingeniería Aaditya Pratap Singh (India) presentó un destornillador de 6,32 m de largo en Raipur, India, el 16 de junio de 2016.

LEGO®
• **Mamut:** Bright Bricks (R.U.) construyó un mamut con piezas de LEGO de 2,47 m de altura, 3,8 m de largo y 1,3 m de ancho en BRICKLIVE, Birmingham, R.U., el 1 de noviembre de 2015.
• **Escultura de un estadio:** el 12 de mayo de 2005, LEGOLAND Deutschland Resort (Alemania) dio a conocer una maqueta a escala 1:50 del estadio de fútbol Allianz Arena de Múnich, Alemania, construida con más de un millón de piezas de LEGO. Con 5 m de largo, 4,5 m de ancho y 1 m de altura, fue presentada en Gunzburg, Alemania.
• **Barco (sobre soportes):** DFDS (Dinamarca) construyó un barco a escala con piezas de LEGO de 12,035 m, como pudo comprobarse en Copenhague, Dinamarca, el 17 de agosto de 2016.
• **Escultura (número de piezas):** Land Rover (R.U.) construyó un modelo a escala del puente de la Torre de Londres con 5.805.846 piezas de LEGO, tal como se comprobó el 28 de septiembre de 2016. Con unas medidas de 44 m de ancho y 13 m de altura, se colocó en Packington Hall, Solihull, R.U.

Colecciones

Desde la Reina Isabel II hasta el expresidente de EE.UU. Franklin D Roosevelt, muchos líderes mundiales han sido coleccionistas entusiastas de sellos, la que se conoce como la «afición de los reyes».

Bálsamo labial
A 29 de noviembre de 2015, Jace Hoffman, de Marietta, Georgia, EE.UU., poseía 553 bálsamos labiales.

Artículos relacionados con *La Sirenita*
A 16 de enero de 2016, Jacqueline Granda (Ecuador) había reunido 874 artículos distintos relacionados con la película de animación de Disney *La Sirenita*.

Artículos relacionados con *Viaje al Oeste*
A 30 de enero de 2016, el actor Liu Xiao Ling Tong (China) tenía una colección de 1.508 objetos distintos sobre la obra *Viaje al Oeste*. Se almacenan en Huai'an, Jiangsu, China.

Artículos relacionados con *The Legend of Zelda*
A 14 de julio de 2016, Anne Martha Harnes (Noruega) poseía 1.816 objetos relacionados con la serie de videojuegos *The Legend of Zelda*, como pudo comprobarse en Molde, Noruega.

Sombreros de policía
A 31 de diciembre de 2015, Andreas Skala (Alemania) había reunido 2.534 sombreros de policía distintos. Esta colección de sombreros fue contada y verificada en Hennigsdorf, Alemania.

Huellas de garras
RedPepper Agency y Área Metropolitana del Valle de Aburrá (ambas de Colombia) recogieron 22.429 huellas de animales en la campaña Huellatón, para sensibilizar sobre los efectos nocivos de los fuegos artificiales en los animales. La colección se verificó en Medellín, Colombia, el 4 de octubre de 2015.

Envoltorios de caramelos
A 23 de diciembre de 2015, la colección más extensa de envoltorios de caramelos alcanzaba las 5.065 unidades. Es propiedad de Milan Lukich Valdivia, de Tacna, Perú, que la inició hace unos 32 años.

Artículos relacionados con los cocodrilos
A 2 de septiembre de 2015, Andrew Gray (R.U.) tenía 6.739 objetos relacionados con los cocodrilos en Burton Latimer, Northamptonshire, R.U.

Artículos relacionados con el espionaje
El escritor e historiador de la inteligencia militar H Keith Melton (EE.UU.) posee más de 7.000 objetos relacionados con el espionaje. ¡Su colección es tan secreta que no podemos revelar su ubicación!

▲ **LA COLECCIÓN MÁS GRANDE DE OBJETOS RELACIONADOS CON LOS BÚHOS**
A 4 de agosto de 2016, Yaakov Chai, de Tel Aviv, Israel, poseía 19.100 objetos relacionados con los búhos. Yaakov falleció antes de que la colección fuera verificada, pero sus amigos y seres queridos ampliaron la colección hasta los 20.239 artículos.

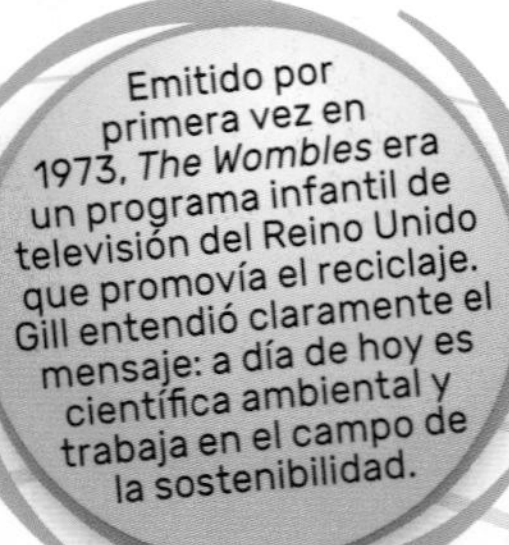
Emitido por primera vez en 1973, *The Wombles* era un programa infantil de televisión del Reino Unido que promovía el reciclaje. Gill entendió claramente el mensaje: a día de hoy es científica ambiental y trabaja en el campo de la sostenibilidad.

P: El actor estadounidense Nicolas Cage es un gran coleccionista. ¿Sabes de qué?

R: De cómics. Supuestamente se gastó 1.000.000 $ en cómics en la edición de 2016 de Amazing Las Vegas Comic Con.

Artículos relacionados con *Tomb Raider*
A 26 de septiembre de 2016, el español Rodrigo Martín Santos había acumulado 3.050 piezas distintas relacionadas con *Tomb Raider* en Madrid, España.

Artículos relacionados con Mickey Mouse
A 29 de abril de 2016, Janet Esteves (EE.UU.) había reunido 10.210 artículos distintos sobre Mickey Mouse, como pudo verificarse en Katy, Texas, EE.UU.

Artículos relacionados con Winnie the Pooh
A 18 de octubre de 2015, Deb Hoffmann, de Waukesha, Wisconsin, EE.UU., había acumulado 13.213 objetos relacionados con Winnie the Pooh.

Artículos relacionados con las vacas
A 9 de junio de 2015, Ruth Klossner (EE.UU.) poseía 15.144 artículos relacionados con las vacas, como pudo verificarse en Lafayette, Minnesota, EE.UU.

Artículos relacionados con los plátanos
Ken Bannister (EE.UU.), propietario del International Banana Club Museum de Altadena, California, EE.UU., ha reunido 17.000 artículos relacionados con los plátanos en su museo desde 1972.

Artículos relacionados con Pokémon
Lisa Courtney, de Welwyn Garden City, R.U., ha reunido 17.127 objetos sobre Pokémon, tal como pudo verificarse el 10 de agosto de 2016.

Sacacorchos
El rumano Ion Chirescu posee 23.965 sacacorchos, como pudo verificarse en Bucarest el 18 de junio de 2015. Ion también es el dueño de la **mayor colección de planchas**, que proceden de diferentes países y pertenecen a períodos distintos. A 3 de agosto de 2016, estaba compuesta por 30.071 planchas.

Coches en miniatura
A 9 de junio de 2016, Nabil Karam (Líbano) poseía 37.777 coches en miniatura, como pudo comprobarse en Zouk Mosbeh, Líbano.

Monedas del mismo año
Samirbhai Patel (Australia) posee 51.504 monedas de cinco céntimos de dólar australiano, todas de 2006. Su colección se verificó el 22 de agosto de 2015 en Perth, Australia.

◄ **ARTICULOS RELACIONADOS CON *THE WOMBLES***
A 7 de agosto de 2016, Gill Seyfang (R.U.) había acumulado 1.703 artículos distintos sobre *The Wombles*, como se verificó en Norwich, Norfolk, R.U. Gill siente particular cariño por un conjunto de artículos de tocador de los años 70, que incluye pastillas de jabón con la forma de los personajes, gel de baño y polvos de talco, y que ha sobrevivido intacto durante más de 40 años.

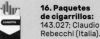

LAS COLECCIONES MÁS GRANDES DE TODOS LOS TIEMPOS

1. Cajas de cerillas: 3.159.119; Ed Brassard (EE.UU.).

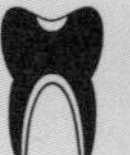
2. Dientes humanos: 2.000.744; Hermano Giovanni Battista Orsenigo (Italia).

3. Libros: 1.500.000; John Q Benham (EE.UU.).

4. Etiquetas de cajas de cerillas: 1.054.221; Steven Smith (R.U.).

5. Etiquetas de cerveza: 548.567; Hendrik Thomann (Alemania).

6. Botones: 439.900; Dalton Stevens (EE.UU.).

7. Tarjetas rasca y gana: 319.011; Darren Haake (Australia).

8. Bolígrafos: 285.150;Angelika Unverhau (Alemania).

9. Vitolas de puros: 211.104; Alfred Manthe (Alemania).

10. Billetes de autobús: 200.000; Ladislav Šejnoha (República Checa).

11. Anillos de carreras de palomas: 164.023; Christian Hennek (Alemania).

12. Billetes de tren: 163.235; Frank Helker (Alemania).

13. Posavasos: 152.860; Leo Pisker (Austria).

14 =. Artefactos de magia: 150.000; David Copperfield (EE.UU.).

14 =. Bolsas de plástico y de papel: 150.000; Heinz Schmidt Bachem (Alemania).

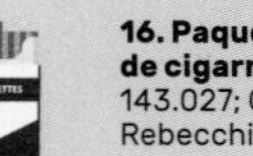
16. Paquetes de cigarrillos: 143.027; Claudio Rebecchi (Italia).

17. Servilletas: 125.866; Martina Schellenberg (Alemania).

18. Folletos de discotecas: 113.012; Marco Brusadelli (Italia).

19. Tréboles de cuatro hojas: 111.060; Edward Martin Sr (EE.UU.).

20. Puntos de libro: 103.009; Frank Divendal (Países Bajos).

▼ JUEGOS DE MONOPOLY

Tal como pudo comprobarse en el programa de la BBC *The One Show*, Neil Scallan (R.U.) poseía 1.677 juegos distintos de Monopoly a 27 de julio de 2016. Todos los juegos eran oficiales y estaban sin abrir. Neil tiene repartida su colección entre Hayes, en Middlesex, y Crawley, en Sussex Occidental, R.U.

▲ ARTÍCULOS RELACIONADOS CON *DOCTOR WHO*

A 20 de junio de 2016, Lily Connors (R.U.) había reunido 6.641 artículos relacionados con *Doctor Who*, como pudo verificarse en Pontypridd, R.U. Pero Lily no se conforma, y sueña con aparecer como extra en un episodio de *Doctor Who* y poseer un Dalek a tamaño real. Los récords le vienen a Lily de familia: su hermano Thomas ostenta varios GWR sobre habilidades relacionadas con el baloncesto, incluyendo el de **más tiempo haciendo girar tres balones de baloncesto** (7,5 s) y **más tiros libres encestados de espaldas a la canasta en un minuto** (9).

◄ ARTÍCULOS RELACIONADOS CON HELLO KITTY

Desde hace más de 30 años, el japonés Masao Gunji lleva buscando con entusiasmo objetos relacionados con Hello Kitty. A 23 de noviembre de 2016, había reunido 5.169 artículos distintos, como pudo contarse y verificarse en el centro cívico del distrito cuarto de Yotsukaido, Chiba, Japón. Esta colección de récord está formada por una amplia variedad de objetos, desde peluches a cajas bento, toallas y artículos de papelería.

▼ BOLAS DE NIEVE (JUGUETE)

Wendy Suen (Canadá/China, n. en Hong Kong) ha reunido 4.059 bolas de nieve distintas, como pudo comprobarse el 27 de noviembre de 2016 en Shanghái, China. Wendy comenzó su colección en 2000 y ésta es la segunda vez que supera su propio récord. Desde que logró la hazaña por primera vez en 2005 con 904 bolas, su tesoro ha crecido de forma significativa.

La primera bola de nieve de Wendy, que fue un regalo de su esposo, tiene un gato gris en el exterior y un ratón en el interior.

Comida gigante

La carne de una hamburguesa de comida rápida puede proceder de hasta 100 vacas distintas.

▲ EL CUCURUCHO MÁS ALTO
Hennig-Olsen Is AS y Trond L Wøien (ambos de Noruega) presentaron el 26 de julio de 2015, en Kristiansand, Noruega, un helado de cucurucho de 3,08 m de alto, aproximadamente la mitad de una jirafa adulta. El helado estaba compuesto de un cono de 95,85 kg, 60 kg de cobertura de chocolate, 1.080 l de helado y 40 kg de mermelada.

LOS MÁS PESADOS

Pan tipo naan: Loblaw Companies Limited (Canadá) presentó un pan tipo naan de 32 kg en Toronto, Ontario, Canadá, el 19 de abril de 2016.

Magdalena: El 16 de octubre de 2015, Schär y NIP Food (ambas de Italia) presentaron en Milán, Italia, una magdalena de 146,65 kg.

Profiterol: Las empresas italianas Associazione Cons.erva, Etica Del Gusto, Despar, Uova Pascolo Fantoni y Crespi prepararon un profiterol de 150 kg (la mitad de lo que pesa un piano de cola) en Gemona del Friuli, Udine, Italia, el 17 de abril de 2016.

Pastel vegano: Skipp Communications AG y Merz AG (ambas de Suiza) prepararon un pastel de 433,56 kg que no contenía ningún producto de origen animal. Se presentó y pesó en Chur, Suiza, el 16 de junio de 2016.

Halva: Con un peso de 630 kg, superior al de un oso polar adulto, Al Hosni Omani Sweets y Murshid Bin Sulaiman Al Hosni (ambas de Omán) prepararon la halva más grande en Muscat, Omán, el 23 de noviembre de 2015.

Caja de galletas: Oreo (EE.UU.) y Tmall (China) presentaron una caja de galletas de 904,58 kg (casi el mismo peso de 70 lingotes de oro) en el Super Brand Day, en Pekín, China, el 3 de mayo de 2016.

Caja de tabletas de chocolate: El 29 de enero de 2016, Meiji Corporation (Japón) presentó una caja de tabletas de chocolate de 2.044 kg en el Koto Supporting Center de Tokio, Japón.

Tiramisú: El 25 de mayo de 2015, Associazione Cons.erva, Despar, Latte Blanc, Caffè Toto y Uova Pascolo (todas de Italia) presentaron en Gemona del Friuli, Italia, el tiramisú más grande, cuyo peso de 3.015 kg era casi 50 veces el peso promedio del hombre.

P: En la Dinamarca del siglo XVI el queso no era sólo una comida. ¿Qué otro uso tenía?

R: Se empleaba como moneda.

Curri: La Indian Chefs & Culinary Association of Singapore presentó 15.394 kg de curri el 1 de agosto de 2015 en Singapur, más de lo que pesan cuatro hipopótamos.

Laddu: PVVS Mallikharjuna Rao (India) sirvió una ración de 29.465 kg (cuatro veces el peso de un elefante africano) de este dulce redondo indio en Tapeswaram, Andhra Pradesh, India, el 6 de septiembre de 2016.

LA RACIÓN MÁS GRANDE DE...

Tiras de cerdo: Sonny's BBQ (EE.UU.) preparó una barbacoa con 912,62 kg de tiras de cerdo en el Central Park de Winter Park, Florida, EE.UU., el 12 de octubre de 2016.

Puré de patatas: Jason Lin, Colin Stockdale, Tyler Hubeny y Evan Armstrong (todos de EE.UU.) prepararon 1.197,94 kg (más o menos el peso de una morsa) de puré de patatas en Binghamton, Nueva York, EE.UU., el 20 de junio de 2015.

Quinoa: El Comité Organizador FEGASUR 2016 y La Municipalidad Provincial de San Román (ambos de Perú) prepararon 1.680,2 kg de quinoa en Juliaca, Perú, el 18 de junio de 2016. Los coches de EE.UU. pesan aproximadamente lo mismo de promedio.

Pudin de arroz: En nombre de Shree Parshwa Padmavathi Seva Trust, Su Santidad el Dr. Vasanth Vijayji Maharaj (India) sirvió 2.070 kg de pudin de arroz en Krishnagiri, Tamil Nadu, India, el 31 de mayo de 2015.

Gumbo: Braud & Gallagher (EE.UU.) preparó 2.630 kg de este plato típicamente criollo en Larose, Louisiana, EE.UU., el 7 de noviembre de 2015. La cifra casi sixtuplica el peso de uno de los caimanes americanos que pueden encontrarse en la zona.

Pollo a la parrilla: El 27 de febrero de 2016, Simplemente Parrilla La Balanza (Uruguay) preparó en Maldonado, Uruguay, 6.487,9 kg de pollo a la parrilla, lo que supone alrededor de la mitad del peso de un autobús de dos pisos.

Cerdo asado: El 6 de marzo de 2016, la Fundación Produce Yucatán, A C (México) sirvió en Mérida, Yucatán, México, 6.626,15 kg de cerdo asado, más de tres veces el peso de un gran tiburón blanco adulto.

El volumen de esta bebida de récord sería el equivalente al de 60 bañeras.

World's Largest
Sweet Tea
Summerville
SOUTH CAROLINA

◀ EL TÉ HELADO MÁS GRANDE
El 10 de junio de 2016, la ciudad de Summerville, Carolina del Sur, EE.UU., preparó 9.554 l de té helado con 95,2 kg de hojas de té y 771,1 kg de azúcar. Los organizadores empezaron usando 136 kg de hielo para enfriarlo, lo que no bastó para bajar la temperatura a menos de 7,2 °C, como exigían las reglas del GWR. Para lograrlo, se añadieron decenas de kilos de hielo.

El hombre de pan de jengibre más pesado: 651 kg.

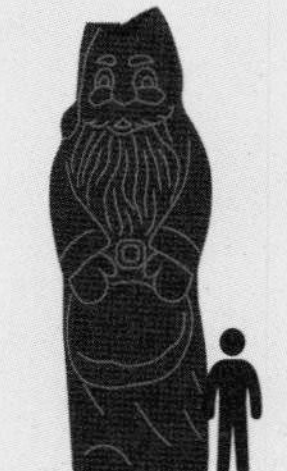

El Papá Noel de chocolate más alto: 5 m.

El bastón de caramelo más grande tiene una altura de 11,15 m y un diámetro de 10,1 cm.

La cena de Navidad más pesada se preparó con un pavo, zanahorias, chirivías, brócoli y trozos de coliflor, patatas asadas, aperitivos salados y 25 coles de Bruselas. Toda la comida pesó un total de 9,6 kg.

El pudin de Navidad más pesado: 3.280 kg.

El tronco de Navidad más pesado: 2.490 kg.

▲ EL MAYOR SURTIDO DE QUESOS

Brigitta Bonino (Suiza) preparó una muestra de 590 variedades de queso, todos ellos suizos, en Thörishaus, Berna, Suiza, el 21 de mayo de 2016. Brigitta es propietaria de una tienda de quesos llamada Chäsi Thörishaus y afrontó el récord con motivo del 25 aniversario del establecimiento.

La **tabla de quesos más grande** pesó 1.531,27 kg y fue preparada por Bel Leerdammer (Países Bajos) en Leerdam, Utrecht, Países Bajos, el 11 de septiembre de 2015.

▲ EL PRETZEL MÁS GRANDE

El 25 de octubre de 2015, la empresa Industrias La Constancia y su marca Pilsener (ambas de El Salvador) prepararon un pretzel de 783,81 kg en el Centro Internacional de Ferias y Convenciones (CIFCO), San Salvador, El Salvador. Esta gigantesca pasta horneada, de 8,93 m de largo por 4,06 m de ancho, era 4.600 veces más pesada que un pretzel normal de 170 g o igual de pesada que el corazón de una ballena azul.

▲ EL VASO DE SPRITZ MÁS GRANDE

El 10 de mayo de 2016, Costa Crociere (Italia) ofreció este descomunal aperitivo de 1.000,25 l. El intento de récord tuvo lugar con motivo del evento comercial Protagonisti del Mare a bordo del crucero *Costa Favolosa*, mientras que realizaba el recorrido entre Barcelona, España, y Marsella, Francia.

El **vaso de mojito más grande** se llenó con 3.519 l, casi el mismo volumen que 60 barriles de cerveza, y fue preparado por 4-Jack's Bar & Bistro (República Dominicana) en Punta Cana, República Dominicana, el 16 de abril de 2016.

▲ EL PUEBLO DE PAN DE JENGIBRE CON MÁS EDIFICIOS

Hay 1.102 edificios en el pueblo de pan de jengibre de la imagen de arriba. Construido por Jon Lovitch (EE.UU.), se exhibió en el New York Hall of Science de Corona, Nueva York, EE.UU., el 17 de noviembre de 2015.

El **pueblo de pan de jengibre más extenso** medía 45,29 m² y lo presentó El Dorado Royale, de Karisma (México), en Playa del Carmen, Quintana Roo, México, el 11 de diciembre de 2015. Realizado por 16 chefs, con 216 edificios repartidos en 27 manzanas, se inspiró en edificios reales de las ciudades de la península de Yucatán.

▲ LA PIZZA MÁS LARGA

Napoli Pizza Village (Italia) horneó una pizza de 1.853,88 m de largo en Nápoles, Italia, el 18 de mayo de 2016. Para lograrlo se reunieron 250 maestros de la pizza napolitana tradicional llegados de todo el mundo, algunos de tan lejos como Australia. La receta incluía 2.000 kg de harina, 1.600 kg de tomates, 2.000 kg de queso fior di latte y 200 l de aceite de oliva, todo servido por proveedores locales.

▲ LA LATA DE CAVIAR MÁS GRANDE

El 28 de diciembre de 2016, AmStur Caviar of Dubái (Emiratos Árabes Unidos) presentó una lata de caviar de 17,82 kg de peso en el hotel Burj Al Arab Jumeirah de Dubái. Bautizada como «Mashenomak», en honor al espíritu de un monstruo marino de una leyenda nativa americana, los huéspedes del hotel se comieron todo el caviar con cucharas de madreperla grabadas especialmente para la ocasión.

▲ LA ESCULTURA DE MANTEQUILLA MÁS GRANDE

El 26 de septiembre de 2015, Lactalis American Group, Inc. (EE.UU.) presentó una escultura de mantequilla de 1.075 kg en Nueva York, EE.UU. Moldeada con mantequilla Président y erigida sin ningún tipo de soportes internos o externos, la pieza se inspira en el paisaje urbano de París. Aparecen monumentos de la ciudad tan famosos como la Torre Eiffel, Notre Dame o el Arco del Triunfo.

Diversión con la comida

No se te ocurra retar a un ave a un concurso de comer chili: a diferencia de los mamíferos, no perciben ni el picante más feroz.

▲ LA PILA MÁS ALTA DE TORTITAS
James Haywood y Dave Nicholls (ambos de R.U.) elaboraron y posteriormente apilaron y levantaron una torre de tortitas de 101,8 cm de altura. Tuvo lugar en el Center Parcs Sherwood Forest (R.U.), en Rufford, Newark, R.U., el 8 de febrero de 2016.

Takeru siempre realiza su característico «meneo Kobayashi»: se retuerce mientras come para que el alimento se le asiente en las tripas.

◀ LA MAYOR CANTIDAD DE HAMBURGUESAS INGERIDAS EN 3 MIN
El competidor de engullir comida Takeru Kobayashi (Japón) dio cuenta de 12 hamburguesas en 3 min en el plató de *Lo Show dei Record* en Milán, Italia, el 11 de julio de 2014. Cada hamburguesa pesaba 113 g sin cocinar, y cada panecillo, 50 g. Otras proezas de Takeru incluyen la **mayor cantidad de perritos calientes ingeridos en 3 min** (seis, el 25 de agosto de 2009) y la **mayor cantidad de albóndigas ingeridas en 1 min** (29, el 8 de marzo de 2010).

▲ LA ESTATUA DE MAZAPÁN MÁS ALTA
Para conmemorar el 400.° aniversario de la muerte del escritor Miguel de Cervantes (España), la ciudad española de Toledo elaboró una estatua de mazapán de Don Quijote de La Mancha, el legendario personaje de su obra más importante. La estatua se presentó el 23 de abril de 2016 y medía 3,59 m. Requirió 300 h de trabajo y 349 kg de almendras.

◀ LA MAYOR CANTIDAD DE PIMIENTOS CAROLINA REAPER INGERIDOS EN 1 MIN
El 13 de noviembre de 2016, Gregory Foster (EE.UU.) ingirió 120 g de pimientos Carolina Reaper en el concurso de la PuckerButt Pepper Company en la Exposición de Salsa Picante de Arizona, en Tempe, Arizona, EE.UU.

▶ LA MAYOR CANTIDAD DE SALCHICHAS ELABORADAS EN 1 MIN
El 20 de julio de 2016, Tim Brown (R.U.) elaboró 60 salchichas en 60 s en Moodiesburn, North Lanarkshire, R.U. Carnicero por tradición familiar, formó equipo con Devro, fabricante de tripa para salchichas, para superar el récord anterior de 44 salchichas. Según testigos de la hazaña, las salchichas estaban «deliciosas».

LA MAYOR CANTIDAD INGERIDA EN 1 MIN DE...

Salsa de manzana: 1.163 g
André Ortolf (Alemania), 7 de octubre de 2016.

Nubes de gominola: 25
Anthony Falzon (Malta), 25 de marzo de 2013.

Empanadillas japonesas: 10
Pete Czerwinski (Canadá), 16 de mayo de 2016.

Potitos: 590 g
Abdulrahman Abood Eid (Kuwait), 16 de marzo de 2013.

Bizcochos: 16
Patrick Bertoletti (EE.UU.), 26 de junio de 2013.

▼ LA MAYOR CANTIDAD DE VELAS EN UNA TARTA
El 27 de agosto de 2016, Ashrita Furman y el Sri Chinmoy Centre (ambos de EE.UU.) decoraron una tarta con 72.585 velas en Nueva York, EE.UU. Se conmemoraba el que hubiera sido el 85.° cumpleaños del maestro de meditación Sri Chinmoy. Superó la anterior marca (50.151) de Mike's Hard Lemonade en Los Ángeles, California, EE.UU., del 13 de abril de 2016.

La mayor pizza comercializada
«El gigante siciliano» tiene un tamaño de 1,87 m² y se vende en la pizzería Big Mama's and Big Papa's de Los Ángeles, California, EE.UU., con cualquier ingrediente.

El tamal más largo
La Municipalidad Distrital de San Luis de Shuaro (Perú) elaboró un tamal de 39,55 m en San Luis de Shuaro, Chanchamayo, Junín, Perú, el 21 de junio de 2016.

La mayor hamburguesa
El Black Bear Casino Resort (EE.UU.) cocinó una hamburguesa de 913,54 kg en Carlton, Minnesota, EE.UU., el 2 de septiembre de 2012. Incluía tomates (23,81 kg), lechuga (22,68 kg), cebolla (27,22 kg), queso (18,14 kg) y beicon (7,48 kg).

El mayor burrito
El 3 de noviembre de 2010, CANIRAC La Paz preparó un burrito de 5.799,44 kg en La Paz, Baja California Sur, México. Relleno de pescado, cebolla y frijoles refritos, se elaboró con una sola tortilla de harina, de más de 2.000 kg de peso y 2,4 km de longitud.

La mayor ración de *beshbarmak*
Beshbarmak, que significa «cinco dedos», es un plato de carne picada y fideos que se come con la mano. El 6 de julio de 2015, la Sociedad Geográfica Kazaja (Kazajistán) elaboró un *beshbarmak* de 736,5 kg de peso (más que un dromedario) en Astana, Kazajistán.

La mayor tarta de galletas
El 31 de julio de 2016, Bangalore Baking Buddies (India) elaboró una tarta de galletas que pesaba 1.078 kg en el Park Hotel de Bangalore, Karnataka, India. Se requirieron más de 10 h de trabajo y 550 kg de galletas trituradas para hacer el dulce que, después, se repartió entre las escuelas locales.

▲ **LA MAYOR CANTIDAD DE ALUBIAS EN SALSA INGERIDAS CON PALILLOS EN 1 MIN**

El 1 de julio de 2015, *Mr. Cherry*, alias de Cherry Yoshitake (Japón), se comió 71 alubias en salsa en 60 s con unos palillos (una alubia a la vez) en el plató de *Officially Amazing*, en RAF Bentwaters, Suffolk, R.U. *Mr. Cherry* se impuso a dos contrincantes: *Sizzling* Steve Kish y *US Ray* (alias de Ray Butler), que ingirieron 65 y 36 alubias, respectivamente.

▲ **EL MENOR TIEMPO EN BEBERSE UNA BOTELLA DE KÉTCHUP**

El 17 de febrero de 2012, el periodista de TV alemán Benedikt Weber se tomó una botella de kétchup en 32,37 s en el magazín informativo *Galileo*, en el Chong's Diner de Nuremberg, Alemania. Para ello, Weber usó una pajita que medía 0,60 cm de diámetro.

◀ **LA MAYOR CANTIDAD DE MARMITE INGERIDA EN 1 MIN**

El 7 de septiembre de 2016, André Ortolf (Alemania) ingirió 252 g de pasta de levadura Marmite en Augsburgo, Alemania. Batió el anterior récord de 218 g, establecido por su héroe, Ashrita Furman (EE.UU.), el 16 de mayo de 2012. Amante de los récords, André también logró el de la **mayor cantidad de puré de patatas ingerido en 30 s**, con 598 g, el 17 de junio de 2016 en Augsburgo.

Huevos de chocolate con crema: 6
Pete Czerwinsky (Canadá), 11 de abril de 2014.

Ferrero Rocher: 9
Pete Czerwinsky (Canadá), 4 de enero de 2012.
Patrick Bertoletti (EE.UU.), 14 de enero de 2012.

Uvas: 73
Dinesh Shivnath Upadhyaya (India), 7 de junio de 2014.

Hamburguesas: 5
Ricardo Francisco, alias *Rix Terabite* (Filipinas), 27 de agosto de 2016.

Galletas Jaffa: 17
Pete Czerwinsky (Canadá), 9 de enero de 2013.

P: ¿Cuál es el ingrediente para pizza más popular en EE.UU.?

R: El pepperoni.

El mayor número de personas relevándose para darse de comer

El 11 de diciembre de 2016, un total de 1.101 personas acudieron al mercado de la manzana de Tusugaro, en la ciudad de Itayanagi, en Kitatsugaru, Aomori, Japón, y se dieron de comer manzanas frescas unas a otras. Itayanagi es, desde 1875, el centro de la producción japonesa de manzanas, de las que produce unas 26.000 toneladas cada año.

La pirámide de galletas más alta

El 11 de noviembre de 2016, la Universidad de Stratford construyó una pirámide de galletas que medía 2,79 m de altura, en el centro comercial Potomac Mills de Woodbridge, Virginia, EE.UU. Estaba formada por más de 3.628,7 kg de galletas planas y rectangulares, sin ningún soporte interno. La pirámide se realizó para conmemorar el 40.° aniversario de la institución.

El mayor evento de degustación de chocolate

Fundación Nuestra Tierra acogió un evento de degustación de chocolate en la Expoferia Internacional del Chocolate 2016, en Caracas, Venezuela. Un total de 419 personas probaron tres marcas de chocolate venezolano artesanal el 1 de octubre de 2016.

La mayor cantidad de gente desayunando en la cama

El 16 de agosto de 2015, el Sheraton Langfang Chaobai River Hotel de Langfang, Hebei, China, sirvió el desayuno en la cama a un total de 418 personas. De esta forma, batió el anterior récord de 388, establecido por el Pudong Shangri-La, en el este de Shanghái, China.

El menor tiempo en preparar una tortilla

El programa de cocina de TV *Saturday Kitchen* (R.U.) desafía a los chefs a preparar una tortilla de tres huevos en el menor tiempo posible. El 2 de mayo de 2015, Theo Randall (R.U.) logró la marca de 14,76 s, en directo en el plató de Cactus Studios de Londres, R.U.

El menor tiempo en beberse una pinta de leche

El 26 de julio de 2015, James McMillan (Nueva Zelanda) se bebió una pinta de leche en 3,97 s en Christchurch, Nueva Zelanda. Este récord se registró en la página web de GWR Challengers.

El 17 de mayo de 2016, Dennis *La Amenaza* Bermúdez (EE.UU.) logró el récord de **menor tiempo en beberse un litro de jugo de limón con pajita**, con 22,75 s, en la ciudad de Nueva York, EE.UU.

La mayor cantidad de latas de bebida sostenidas con la cabeza

John Evans (R.U.) sostuvo 429 latas (173 kg) en equilibrio sobre su cabeza en Ilkeston School, Derbyshire, R.U., el 5 de junio de 2007.

Participación multitudinaria

El récord de participación multitudinaria más reducido del GWR es el de **mayor número de personas embutidas en un gorro de natación** (4), conseguido por el equipo Badekappe en Maguncia, Alemania, en 2015.

La mayor concentración de dragones danzantes
La compañía de danza Persatuan Tarian Naga Dan Singa Qi Ling Malaysia reunió 99 dragones danzantes y a 990 bailarines para dirigirlos, en Shah Alam, Malasia, el 15 de noviembre de 2015.

La mayor concentración de millonarios de la lotería
La National Lottery (R.U.) reunió a 110 afortunados en Londres, R.U., el 7 de octubre de 2015. ¡La suma total de premios alcanzó los 980.400.000 $!

El mayor número de personas en una báscula
El 8 de enero de 2016, la campaña de sanidad pública Scale Back Alabama (EE.UU.) persuadió a 157 alabamienses para subirse a una báscula en una estación de pesaje para camiones en Montgomery, Alabama. Los participantes pesaron en total 13.789 kg, es decir, unos 87 kg por persona.

El mayor número de personas vestidas de ninja
El 17 de abril de 2016, 268 ninjas se concentraron en la escuela primaria Jyosei, en Hikone, Shiga, Japón, a raíz de una propuesta de Kuniko Teramura y varios amigos suyos (todos de Japón).

La mayor concentración de receptores de un trasplante de órganos
La carrera a pie Donate Life (EE.UU.), un evento solidario que tuvo lugar en la Universidad Estatal de California, en Fullerton, EE.UU., concentró a 314 receptores de órganos el 30 de abril de 2016.

El mayor número de personas disfrazadas de perro
La mutua de seguros agrícolas NFU Mutual (R.U.) reunió a 439 personas vestidas con un disfraz de perro para apoyar a la asociación de perros guía Guide Dog for the Blind Association (R.U.). Este evento solidario se celebró en Stratford-upon-Avon, R.U., el 20 de abril de 2016.

El mayor número de personas jugando al Monopoly
El 19 de marzo de 2016, Día Mundial del Monopoly, Universal Studios Singapore organizó una partida de Monopoly con 605 personas.

El mayor número de personas disfrazadas de pingüino
Con motivo del Día del Guinness World Records, el 12 de noviembre de 2015, el centro Richard House para enfermos terminales (R.U.) reunió a 624 personas vestidas de pingüino en el anfiteatro The Scoop, Londres, R.U.

P: ¿En qué año tuvo lugar la primera maratón de Londres?

R: En 1981 (el 29 de marzo, para ser exactos).

El mayor número de personas manteniendo una pelota sin que se caiga al suelo
La compañía italiana de artículos deportivos Diadora reclutó a 1.406 jugadores juveniles de fútbol estilo libre para promocionar sus nuevas zapatillas de fútbol. El acontecimiento tuvo lugar en su sede central en Caerano di San Marco, Italia, el 7 de mayo de 2016.

El mayor número de personas en posición de plancha abdominal
El 6 de noviembre de 2016, 1.623 personas se colocaron en posición de plancha abdominal en el Jio Garden en el Bandra Kurla Complex, Bombay, India.

El mayor número de personas llevando unos cuernos
El 26 de marzo de 2016, 1.731 fans de la estrella Lu Han (podría traducirse como «el ciervo del alba») fueron a su concierto en Pekín, China, con cuernos fluorescentes.

El mayor número de personas utilizando un palo *selfie*
El 6 de mayo del 2016, en un descanso del partido de béisbol entre Los Angeles Angels y los Tampa Bay Rays en Anaheim, California, EE.UU., 2.121 personas sacaron su palo *selfie* para hacerse una foto.

El mayor número de modelos en una pasarela
Desde vestidos de gala hasta disfraces de Darth Vader se pudieron ver en el desfile organizado por very.co.uk (R.U.) en el Pier Head, Liverpool, R.U., el 4 de julio de 2015, en el que participaron 3.651 personas.

El mayor número de personas cantando a coro
Un coro compuesto por 4.166 personas interpretó una canción a cuatro voces (*Adelande, sólo adelante, mi querida patria Turkmenistán*) en la inauguración del centro cultural turcomano Ak Öýü en Mary, Turkmenistán, el 26 de noviembre de 2015.

El mayor número de personas llevando zuecos
5.008 personas acudieron con zuecos y trajes tradicionales al patio de la escuela de primaria Nantum, en Taichung, Taiwán, el 20 de junio de 2015.

El mayor número de personas con bigote postizo
El 29 de noviembre de 2015, 6.471 fans de los Denver Broncos asistieron a un partido de fútbol americano contra los New England Patriots con bigotes postizos de color naranja brillante, el color de los Broncos, en Denver, Colorado, EE.UU.

▲ LA MAYOR CONCENTRACIÓN DE PERSONAS DISFRAZADAS DE PERSONAJES DE *DOCTOR WHO*
La cadena de televisión de ciencia ficción Syfy Latinoamérica (EE.UU.) aprovechó la convención internacional de La Mole Comic Con en Ciudad de México (México) para reunir un ejército de 492 Cybermen, Daleks, acompañantes, Oods, Ángeles Llorosos y, por supuesto, varias regeneraciones del famoso Señor del Tiempo. El evento tuvo lugar el 19 de marzo de 2016, y el propio Doctor n.° 12, Peter Capaldi (arriba), recogió el certificado.

◄ EL MAYOR NÚMERO DE PERSONAS APIÑADAS EN UNA FURGONETA VW (MODELO CLÁSICO)
Para hacer un recuento de todas las personas que participan en un récord multitudinario, se establecen puestos de control con muchos jueces. Estos intentos se suelen llevar a cabo en recintos del tamaño de un campo de fútbol. Sin embargo, este récord, conseguido por la aseguradora Confort Insurance (R.U.) en Malvern, R.U., el 5 de septiembre de 2015, fue más fácil de validar. Sólo se necesitó la presencia de unos pocos jueces para contar a los 50 pasajeros a medida que salían de la furgoneta.

EN NAVIDAD
La mayor concentración de:

Muñecos de nieve
398
Buttercrane Shopping Centre (R.U.), 17 de noviembre de 2016.

Ángeles
1.275
Centro de salud de la fundación Misericordia (Canadá), 1 de diciembre de 2015.

Elfos de Papá Noel
1.762
Siam Paragon Development Sociedad Limitada (Tailandia), 25 de noviembre de 2014.

Jerséis de Navidad
3.473
Kansas Athletics (EE.UU.), 19 de diciembre de 2015.

Papás Noel
18.112
Archidiócesis Thrissur (India), 27 de diciembre de 2014.

Cantantes de villancicos
25.272
Coro Godswill Akpabio Unity Choir (Nigeria), 13 de diciembre de 2014.

▲ LA MAYOR CONCENTRACIÓN DE PERSONAS DISFRAZADAS DE FRUTA

El 18 de julio de 2015, el excéntrico dúo de DJ Dada Life (Olle Cornéer y Stefan Engblom, ambos de Suecia) logró que 629 seguidores acudieran disfrazados de plátano a su evento Citizens of Dada Land, en San Bernadino, California, EE.UU. Conocido por sus originales conciertos en vivo, el dúo también batió en 2013 el récord de la **pelea de almohadas más numerosa** (con 3.813 participantes), que conservó durante menos de un año.

▲ EL MAYOR NÚMERO DE PERSONAS CEPILLÁNDOSE LOS DIENTES

El 7 de enero de 2016, My Dental Plan (India) repartió cepillos de dientes, pasta dentífrica y vasos a 16.414 personas para batir un nuevo récord de gente cepillándose los dientes a la vez. El acto tuvo lugar en el área deportiva del colegio Delhi Public School, en Karnataka, India. Se siguieron las recomendaciones de la Organización Mundial de la Salud sobre cómo cepillarse los dientes, que exige un mínimo de un minuto de cepillado.

▲ LA MAYOR CONCENTRACIÓN DE *STEAMPUNKS*

Atraídos por su amor a la moda victoriana, adornos con metales cobrizos y decoración de sombreros con objetos varios, 228 devotos de la cultura *steampunk* asistieron el 4 de junio de 2016 al Steampunk New Zealand Festival en Oamaru. El *steampunk* es un género de ciencia ficción que se caracteriza por imaginar un mundo moderno en el que predomina la tecnología a vapor característica de la era industrial.

▲ LA CONCENTRACIÓN MÁS NUMEROSA DE PERSONAS DISFRAZADAS DE ELEFANTE

La organización benéfica 2 Wish Upon a Star (R.U.) reunió a una manada de 385 elefantes de poliéster en el Principality Stadium de Cardiff el 13 de agosto de 2016. Fundada por Rhian Burke (R.U.) tras la pérdida con una semana de diferencia de su hijo George y de su marido, tiene como mascota un elefante llamado *Gorgeous George*. Este evento pretendía concienciar sobre la importancia de la asistencia a las familias tras la pérdida de un ser querido en Gales y en el resto del Reino Unido.

▲ LA MAYOR CONCENTRACIÓN DE PERSONAS CON MARIONETAS

El 14 de mayo de 2016, el Dr. Zoolittle, del Zoo de San Diego (EE.UU.), representó una obra de 2 min 45 s de duración sobre la fundación del zoológico con 508 leones de marioneta. El acto recreaba el rugido del león que había inspirado al fundador del zoo, Harry Wegeforth, y formaba parte de los actos conmemorativos del centenario de este zoo de fama mundial.

Según las normas del GWR, para batir un récord de salto a la comba, cada uno de los participantes tiene que dar un mínimos de 12 saltos.

▲ EL MAYOR NÚMERO DE PERSONAS SALTANDO A LA MISMA COMBA

Los estudiantes del colegio Wat Lam Nao (Tailandia) batieron un nuevo récord de salto a la comba en Bangkok, Tailandia, el 11 de enero de 2016. Ninguno de los 300 estudiantes tocó la cuerda (lo que habría supuesto su descalificación), a pesar de que completaron más de dos veces el número de saltos mínimo para batir el récord.

Talentos peculiares

Cuando se trata de batir récords, Ashrita Furman (EE.UU.) sigue siendo el número uno. Ha conseguido más de 550 récords, y los que faltan...

▲ LA PILA MÁS PESADA DE CAJAS DE BOTELLAS EN EQUILIBRIO SOBRE LA BARBILLA
El 13 de enero de 2016, Sun Chaoyang (China) sostuvo una pila de cajas de botellas de 44,2 kg en el plató de *Guinness World Records Special* de la CCTV, en Pekín, China. La anterior marca, de 42,4 kg (2006) era de Ashrita Furman.
Sun también ostenta el récord de la **mayor cantidad de bicicletas en equilibrio sobre la barbilla** (3) desde el 8 de diciembre de 2011.

El menor tiempo en pegar a una persona a la pared con cinta adhesiva
Ashrita Furman pegó a Alec Wilkinson (ambos de EE.UU.) a una pared en 26,69 s, en el Sri Chinmoy Centre de la ciudad de Nueva York, EE.UU., el 9 de junio de 2015. Era la sexta vez que Ashrita batía este récord.

Ashrita logró también el **menor tiempo en pegarse uno mismo a la pared** (2 min y 12,63 s), en el Sri Chinmoy Centre, el 5 de octubre de 2011.

El ciclo de *stacking* más veloz (individual)
William Orrell (EE.UU.) rompió por primera vez la barrera de 5 s en la modalidad de ciclo individual de *stacking* (vasos apilados), con un tiempo de 4,813 s, en Columbus, Georgia, EE.UU., el 7 de enero de 2017. William también ostenta el récord en la modalidad de *stacking* 3-3-3, con una marca de 1,363 s, lograda en Eatonton, Georgia, EE.UU., el 14 de noviembre de 2015.

Entre el 18 y 19 de octubre de 2013, Mohammed Sahraoui (Alemania), del club SST Butzbach, completó la **mayor cantidad de ciclos de *stacking* en 24 horas**: 4.719. La hazaña tuvo lugar durante el noveno Sportkongress, celebrado en Stuttgart, Baden-Württemberg, Alemania.

LA MAYOR CANTIDAD DE...

Velas encendidas en la boca
El 10 de julio de 2016, Dinesh Shivnath Upadhyaya (India) se metió en la boca 17 velas encendidas en su ciudad natal de Mumbai, India.

A continuación logró el récord de la **mayor cantidad de arándanos introducidos en la boca** (70), el 25 de julio de 2016.

Dinesh ya había conseguido anteriormente el récord de **menor tiempo en pelar y comerse tres naranjas**: 1 min y 7,94 s, el 25 de febrero de 2016.

Los vasos oficiales del *stacking* están diseñados para ayudar a los competidores a que los apilen lo más deprisa posible. Cuentan con unos nervios internos para separarlos con rapidez y con orificios en la base para que no se queden enganchados.

Bolas de bolos apiladas en vertical
Shen Xiaoshi (China) apiló 10 bolas de jugar a los bolos en vertical sin utilizar adhesivo, el 8 de enero de 2016, ante el público de *Guinness World Records Special* de la CCTV, en Pekín, China. Shen tardó más de 2 h en completar su pila, que se derrumbó al tratar de añadir una undécima bola. De esta forma, igualó la marca establecida por Dave Kremer (EE.UU.) en Los Ángeles, California, EE.UU., el 19 de noviembre de 1998.

Gorros de natación puestos en un minuto
André Ortolf (Alemania) se puso 26 gorros de natación en 60 s en su ciudad natal de Augsburgo, Alemania, el 16 de mayo de 2016.

P: Al cantante Justin Bieber se le dan muy bien los puzles. ¿Sabes cuál especialmente?

R: El cubo de Rubik. Es capaz de completarlo en menos de 2 min.

Galletas rellenas de nata apiladas en 30 segundos
Mr. Cherry, alias de Cherry Yoshitake (Japón), apiló 26 galletas rellenas de nata en medio minuto en el plató del programa *Officially Amazing* de la CBBC, en Glasgow, R.U., el 22 de noviembre de 2016. Se impuso a Stephen *Sizzling Steve* Kish (25 galletas).

En el mismo programa, el grupo acrobático Acropolis (R.U.) completó la **mayor cantidad de saltos con una comba humana en un minuto** (48), logrado el 18 de octubre de 2016 en la catedral de Durham del condado de Durham, R.U.

Copas globo apiladas con un toro
An Liqiang (China) apiló un total de 16 copas globo utilizando un toro en el plató de *Guinness World Records Special* de la CCTV, en Pekín, China, el 9 de enero de 2016. Tardó casi una hora entera en completar la delicada proeza.

Saltos mortales en un túnel de viento en un minuto
El 6 de diciembre de 2016, se acometieron tres récords acrobáticos en varios lugares de Australia, emitidos por *Facebook Live*. En el iFLY Indoor Skydiving Downunder de Sídney, Nueva Gales del Sur, Australia, Kurmet Jaadla (Estonia) dio 54 saltos mortales en 60 s.

En el iFLY Indoor Skydiving de Perth, Australia occidental, el instructor David Hyndman (Australia) consiguió la **mayor distancia recorrida sobre el muro de un túnel de viento vertical en un minuto**: 227,89 m.

Mientras, en el iFLY Indoor Skydiving Gold Coast de Queensland, Amy Watson, de 11 años, logró la **mayor cantidad de giros horizontales en un minuto (individual)**: con su marca de 44 aplastó el anterior récord, de 26.

Calcetines doblados con un pie en un minuto
El japonés Yui Okada dobló 11 pares de calcetines tan sólo con la ayuda de un pie. Después, recogió los calcetines y los colocó en una cesta. La prueba tuvo lugar en el plató de *Grand Whiz-Kids TV*, en Shibuya, Tokio, Japón, el 3 de junio de 2012.

Saltos a la comba con las botas de esquiar y los esquís puestos en un minuto
Sebastian Deeg (Alemania) realizó 61 saltos ataviado con el equipo de esquí en el plató de *ZDF Fernsehgarten en Garmisch-Partenkirchen*, Alemania, el 27 de noviembre de 2016.

◄ EL MENOR TIEMPO EN ERIGIR UNA PIRÁMIDE DE 171 VASOS
El 3 de enero de 2017, James Acraman (R.U.) regresó a la sede del GWR en Londres para volver a intentar el récord de erigir la pirámide de 171 vasos apilados más veloz, que no logró por sólo 5 s en su intento anterior (1 de diciembre de 2016). Esta vez, James completó una pirámide con 18 vasos en su base en 1 min y 26,9 s ante miles de seguidores por *Facebook Live*. James lleva casi ocho años dedicándose al *stacking*, y entrena entre 1 y 2 h diarias.

CUERPOS ASOMBROSOS

Trampas para ratones en la lengua

Sweet Pepper Klopel (Canadá) accionó con la lengua 58 trampas para ratones en 60 s el 16 de julio de 2015.

Gomas elásticas en la cara

Shripad Krishnarao Vaidya (India) se puso 82 gomas elásticas alrededor de la cara en 1 min el 19 de julio de 2012.

Pasar el cuerpo a través de una raqueta de tenis

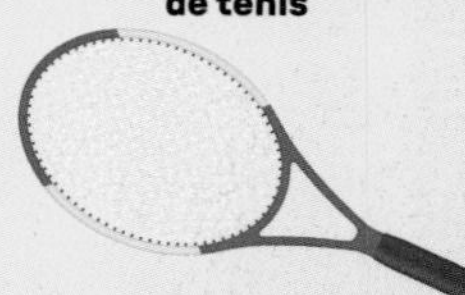

Thaneswar Guragai (Nepal) pasó a través de una raqueta de tenis 38 veces en 60 s el 26 de febrero de 2012.

La mayor cantidad de palmadas

El 5 de mayo de 2014, Eli Bishop (EE.UU.) dio 1.020 palmadas en 1 min en Boston, Massachusetts, EE.UU.

Monedas lanzadas con el codo

El 6 de abril de 1993, Dean Gould (R.U.) atrapó 328 monedas que había dejado caer desde el codo, con la palma de la mano del mismo brazo.

Palillos en la barba

Jeff Langum (EE.UU.) se hizo una barba de 3.157 palillos el 3 de julio de 2014 en Milán, Italia.

▼ LA MAYOR CANTIDAD DE CAÑONES DE CONFETI ACCIONADOS EN UN MINUTO

André Ortolf (Alemania) accionó 78 cañones de confeti en la antigua estación de bomberos de Augsburgo, Alemania, el 9 de enero de 2016. Este récord lo habían logrado con anterioridad el experto en supervivencia Edward *Oso* Grylls, el jugador de críquet Andrew Flintoff (ambos de R.U.) y, cómo no, el héroe de André, Ashrita Furman (EE.UU.)

▼ LA MAYOR CANTIDAD DE GLOBOS INFLADOS EN UNA HORA

El 4 de septiembre de 2015, Hunter Ewen (EE.UU.) infló 910 globos en 60 min en el Wild Basin Lodge & Event Center de Allenspark, Colorado, EE.UU., y reventó el anterior récord de 671, establecido por Ashrita Furman (EE.UU.), el 21 de enero de 2014. Cada globo debía inflarse hasta un diámetro mínimo de 20 cm para ser válido. Hunter ya había ostentado este récord en 2011.

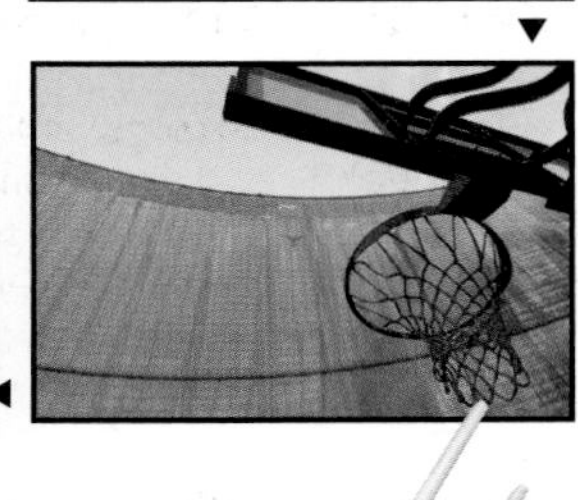

▲ LA CANASTA ENCESTADA DESDE MÁS ALTURA

El 26 de septiembre de 2016, Brett Stanford, Derek Herron y Scott Gaunson (todos de EE.UU., en la imagen de la derecha), del canal de Youtube *How Ridiculous*, viajaron hasta la presa de Mauvoisin en Valais, Suiza, para recuperar el récord arrebatado por las estrellas de pruebas deportivas Dude Perfect (EE.UU.). Herron subió a lo más alto de la presa para intentar encestar en una canasta situada 180,968 m más abajo. Por increíble que parezca, lo logró al tercer intento.

▼ LA MAYOR CANTIDAD DE VOLANTES ATRAPADOS CON PALILLOS CHINOS EN 1 MIN

Mr. Cherry (en la imagen) y Haruka Kuroda (ambos de Japón) atraparon 23 volantes con unos palillos chinos en 60 s en el plató de *Officially Amazing*, en RAF Bentwaters, Suffolk, R.U., el 8 de agosto de 2015. En el reto, que se concibió especialmente para el programa de televisión, el equipo japonés arrasó a sus dos rivales (los equipos estadounidense y británico) por una diferencia de 19 volantes.

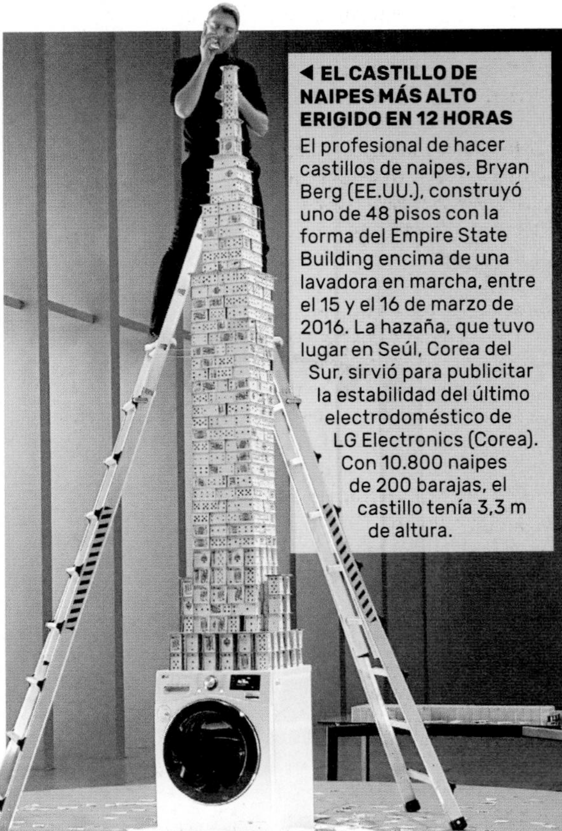

◀ EL CASTILLO DE NAIPES MÁS ALTO ERIGIDO EN 12 HORAS

El profesional de hacer castillos de naipes, Bryan Berg (EE.UU.), construyó uno de 48 pisos con la forma del Empire State Building encima de una lavadora en marcha, entre el 15 y el 16 de marzo de 2016. La hazaña, que tuvo lugar en Seúl, Corea del Sur, sirvió para publicitar la estabilidad del último electrodoméstico de LG Electronics (Corea). Con 10.800 naipes de 200 barajas, el castillo tenía 3,3 m de altura.

Ya se trate de mover canicas con palillos chinos, de correr hacia atrás a gatas o de partir nueces con las nalgas, pocos talentos son más extravagantes que los de *Mr. Cherry*... y ¡lo ha demostrado a base de récords!

Cubos de Rubik

Hay 43.252.003.274.489.856.000 (43 quintillones) de posibilidades de mezclar el cubo de Rubik. Pero cualquier cubo de 3 x 3 se puede resolver en 20 movimientos o menos.

◄ EL ROBOT MÁS RÁPIDO EN RESOLVER UN CUBO DE RUBIK
Creado por Albert Beer (Alemania), el Sub1Reloaded completó un cubo de Rubik en 0,637 s en Múnich, Alemania, el 9 de noviembre de 2016. Usó dos webcams para captar la disposición de los seis lados del cubo y empleó un algoritmo para resolverlo con 20 movimientos mediante seis motores que hacían girar los lados del cubo.

► EL MENOR TIEMPO EN RESOLVER UN CUBO DE RUBIK HACIENDO MALABARES
Teo Kai Xiang, de Singapur, resolvió un cubo de Rubik mientras hacía malabares con dos pelotas en 22,25 s, el 14 de febrero de 2015. Con la mano derecha hizo malabares y con la izquierda alineó las caras del cubo. La demostración fue en la Universidad Nacional de Singapur, en la Competición de Cubo de Rubik 2015.

▲ EL CUBO MÁGICO MÁS GRANDE
Oskar van Deventer (Países Bajos) ha creado un cubo mágico de 17 x 17 x 17 de 1.539 piezas. Tardó diez horas en ordenar y pintar todas las piezas, impresas en 3D por la empresa de EE.UU. Shapeways, y 5 horas más en montar el cubo. Se presentó en el Simposio de Puzzles de Nueva York, EE.UU., el 12 de febrero de 2011.

▲ MÁS GENTE RESOLVIENDO CUBOS DE RUBIK
El 4 de noviembre de 2012, la Escuela de Ingeniería de Pune (India) reunió a 3.248 personas intentando resolver el cubo de Rubik a la vez en el recinto de la facultad en Maharashtra, India. 3.267 personas participaron en el intento, pero solo 3.248 terminaron el cubo de Rubik en el tiempo límite establecido de 30 minutos.

EL MOSAICO CON CUBOS DE RUBIK MÁS GRANDE
El 7 de diciembre de 2012, se presentó esta obra de arte de 277,18 m² con las célebres vistas de Macao, China, en One Central Macau. El estudio de diseño canadiense Cube Works, dirigido por su director creativo Josh Chalom (EE.UU.), hizo el mosaico de 68,78 x 4,03 m con 85.626 cubos.

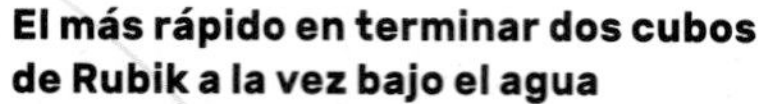

El más rápido en terminar dos cubos de Rubik a la vez bajo el agua
David Calvo (España) resolvió dos cubos a la vez bajo el agua en 1 min y 24 s en el plató de *Lo Show dei Record* en Roma, Italia, el 1 de abril de 2010.

El cubo de Rubik terminado con menos movimientos
Marcel Peters (Alemania) terminó un cubo de Rubik con 19 movimientos en Cubelonia (9 y 10 de enero de 2016) en Colonia, Alemania. Igualó el récord de Tim Wong (EE.UU.), en el encuentro Irvine Fall 2015, en Irvine, California, EE.UU. (11 de septiembre de 2015).

La World Cube Association también hace un seguimiento del récord de la **menor media de movimientos en terminar un cubo de Rubik**, que se calcula según las actuaciones en tres rondas en la competición final. La media de Peters fue de 24,33 movimientos (24-25-24) para resolver un cubo de 3 x 3 x 3 en el Open de Schwandorf en Alemania, el 28 y 29 de mayo de 2016.

◄ EL PRIMER CUBO DE RUBIK
Ernő Rubik, profesor de arquitectura en Budapest, Hungría, inventó el cubo de Rubik en 1974. Fue el resultado de intentar construir un «objeto imposible» para estimular a sus alumnos, y cuando tuvo uno hecho, tardó tres meses en resolverlo. Los primeros cubos se vendieron como Bűvös Kocka («cubos mágicos») y pesaban el doble que los actuales. Desde 1980 se han vendido unos 400 millones de cubos de Rubik.

MÁS CUBOS DE RUBIK RESUELTOS...

Bajo el agua
Anthony Brooks (EE.UU.) resolvió cinco cubos de Rubik tras tomar aire una sola vez en el Liberty Science Center de Jersey City, Nueva Jersey, EE.UU., el 1 de agosto de 2014.

Con los ojos tapados
El 16 de noviembre de 2013, Marcin Kowalczyk (Polonia) batió su propio récord al resolver 41 cubos en 54 min y 14 s con los ojos tapados, en el SLS Świerklany 2013 en Świerklany, Polonia.

▲ **EL CUBO DE RUBIK MÁS GRANDE RESUELTO POR UN ROBOT**

El 15 de marzo de 2015, el MultiCuber 999, construido por David Gilday (R.U.) resolvió un cubo de 9 x 9 x 9 en The Big Bang Fair en Birmingham NEC, R.U. Se trata de un robot de LEGO® controlado por una aplicación para teléfonos. Con una cantidad de posibles soluciones de 278 dígitos, el robot lo resolvió en 34 min y 25,89 s. David es ingeniero en ARM, empresa que diseña los procesadores de la mayoría de teléfonos inteligentes.

▲ **EL CUBO DE RUBIK MÁS GRANDE**

Tony Fisher (R.U.), aficionado a los puzles, creó un cubo de Rubik con lados de 1,57 m de largo, como se comprobó el 5 de abril de 2016 en Ipswich, Suffolk, R.U. Tardó dos meses en construirlo en su casa y es completamente funcional. Ha recibido visitas incluso de Japón para ver este gran cubo. Tony también hace cubos diminutos (derecha).

▲ **EL CUBO DE RUBIK MÁS PEQUEÑO**

De sólo 5,6 mm de ancho, este minúsculo cubo es obra de Tony Fisher (R.U.). Pese a ser tan diminuto, funciona como un cubo de Rubik normal, aunque es necesario usar pinzas para manipularlo. Este cubo, que cabe en la punta del dedo, ha sido fabricado con plástico esmerilado mediante una impresora 3D.

▶ EL MÁS RÁPIDO EN TERMINAR UN CUBO DE RUBIK

El estudiante Feliks Zemdegs (Australia) tardó 4,73 s en resolver un cubo de Rubik de 3 x 3 x 3 en el concurso POPS Open en Melbourne, Australia, el 11 de diciembre de 2016. Feliks batió por una centésima de segundo el récord anterior, establecido cinco semanas antes por Mats Valk (Países Bajos). Cuando Feliks batió el récord, Mats estaba sentado justo al lado.

Feliks logró el récord, pero Mats ganó el concurso en 2016. Su media fue de 6,83 s, y la de Feliks de 6,97 s.

En un monociclo

El indio Krishnam Raju Gadiraju terminó 170 cubos en menos de 90 min sobre un monociclo en Bangalore, India, el 19 de octubre de 2016.

El 19 de octubre de 2014, Krishnam terminó 2.176 cubos con la mano izquierda en Hyderabad, India, el **mayor número de cubos de Rubik resueltos en 24 horas con una mano**. ¡Resolvió el último cuando sólo quedaba un segundo! Terminó con un tiempo medio de 33,34 s por cubo.

Corriendo una maratón

El 3 de noviembre de 2012, durante la maratón Rock 'n' Roll Savannah en Savannah, Georgia, EE.UU., Shane White (EE.UU.) completó 175 cubos de Rubik.

En bicicleta

El 7 de agosto de 2016, el joven de 17 años Shreevatsch Rajkumar (India) pedaleó durante 7 h, 2 min y 56 s mientras resolvía 751 cubos en la Abacus Montessori School de Chennai, Tamil Nadu, India.

En competición en un sólo año

En 2012 Sébastien Auroux (Alemania) resolvió 2.033 de 2.122 cubos de Rubik durante las competiciones de la World Cube Association. Esto equivale a resolver 5,5 cubos todos los días, sin incluir los que completó fuera de la competición oficial.

En una hora (equipo de nueve personas)

El mayor número de cubos solucionados en 60 min es de 2.454, logrado por el EQUIPO INDIA (todos de India) en Chennai, Tamil Nadu, India, el 23 de enero de 2016.

En 24 horas

El 3 de octubre de 2013, Eric Limeback (Canadá) terminó 5.800 cubos de Rubik en la Wilfrid Laurier University de Waterloo, Ontario, Canadá. Eric batió el récord anterior, establecido en 4.786 cubos, cuando le quedaban 4 h y 7 min. Terminó el cubo 5.800 en 23 h, 59 min y 59,7 s, y el tiempo medio fue de 14,89 s por cubo.

EL MÁS RÁPIDO EN RESOLVER...

Cubo	Nombre y nacionalidad	Tiempo	Año
3 x 3 x 3	Feliks Zemdegs (Australia)	4,73	2016
2 x 2 x 2	Maciej Czapieski (Polonia)	0,49	2016
4 x 4 x 4	Feliks Zemdegs (Australia)	21,54	2015
5 x 5 x 5	Feliks Zemdegs (Australia)	41,27	2016
6 x 6 x 6	Feliks Zemdegs (Australia)	1:27,85	2017
7 x 7 x 7	Feliks Zemdegs (Australia)	2:18,13	2017
Megaminx	Yu Da-hyun (República de Corea)	33,17	2016
Pyraminx	Drew Brads (EE.UU.)	1,32	2015
Clock	Nathaniel Berg (Suecia)	3,73	2015
Skewb	Jonatan Klosko (Polonia)	1,10	2015
Square-1	Tommy Szeliga (EE.UU.)	6,84	2016
3 x 3 x 3 con los ojos tapados	Kaijun Lin (China)	18,50	2016
3 x 3 x 3 con una mano	Feliks Zemdegs (Australia)	6,88	2015
3 x 3 x 3 con los pies	Jakub Kipa (Polonia)	20,57	2015

Fuente: World Cube Association, a 23 de marzo de 2017.

Grandes bolas de...

¡Papel, cuerda, papel film, pintura, pelo de perro o palomitas! Te presentamos una selección de increíbles esferas de récord de los archivos del GWR.

▲ LAS BOLAS DE PIEDRA MÁS GRANDES DE LA ANTIGÜEDAD
Dispersas por el delta del Diquís, en Costa Rica hay más de 1.000 esferas de granito a las que los autóctonos llaman «Las bolas grandes». Se considera que un pueblo precolombino, aún por identificar, las talló a partir de moles de granito originariamente esféricas. La más grande de estas bolas tiene un diámetro de 2,5 m y pesa más de 16 toneladas.

LAS MÁS GRANDES

Bola de papel film
El centro juvenil Hessle Road Network (R.U.) formó una bola de papel film de 213,2 kg, casi la mitad de lo que pesa un piano de cola. El récord se registró en Hull, R.U., el 14 de noviembre de 2013.

Bola de pelo de perro
El 7 de abril de 2012, el Texas Hearing and Service Dogs (EE.UU.) presentó una bola de 91,17 kg, tres veces más pesada que un dálmata. Estaba formada por los pelos de 8.126 perros, caídos al cepillarlos, y se pesó en Austin, Texas, EE.UU.

Pelota de playa hinchable
La cadena de supermercados polaca Real fabricó una pelota de playa hinchable de 15,82 m de diámetro. Se presentó en Czluchów, Polonia, el 8 de mayo de 2012.

Bola de cinta magnética
EMC Corporation (EE.UU.) formó una bola de cinta magnética de 570 kg, 2,125 m de ancho y 2,030 m de alto, con 6.500 cintas que, en fila, cubrirían la distancia entre Londres y Nueva York. Se exhibió en la galería Kings Place de Londres, R.U., el 19 de enero de 2011.

Bola de pan ácimo
En Noah's Ark Original Deli (EE.UU.) prepararon una bola de pan ácimo (una masa sin levadura) de 121,1 kg, tal como se comprobó en la ciudad de Nueva York, EE.UU., el 6 de agosto de 2009.

Bola de papel
La Agencia de Control de la Polución de Minnesotta (EE.UU.) confeccionó una bola de papel reciclado de 193,2 kg de peso y 3,13 m de ancho, tal y como se comprobó el 5 de agosto de 2014.

Llevó un año entero crear esta inmensa bola de cintas. No es de extrañar, teniendo en cuenta que está formada por unos 117,8 km de cinta, ¡más o menos, la longitud del muro de Adriano, en el R.U.!

Bola de palomitas
Los trabajadores de The Popcorn Factory de Lake Forest, Illinois, EE.UU., crearon una bola de palomitas de 1.552,6 kg el 29 de septiembre de 2006.

Bola de cuarzo rosa
Yang Chin-Lung (Taiwán) posee una bola de cuarzo rosa de 145,6 m de diámetro, según se certificó en Tainan, Taipei, China, el 31 de marzo de 2015.

Bola de cuerda
Confeccionada por J.C. Payne de Valley View, Texas, EE.UU., entre 1989 y 1992, la mayor bola de cuerda medía 4,03 m de diámetro, con una circunferencia de 12,65 m.

P: ¿Cuántas pelotas de tenis se usaron durante el torneo de Wimbledon de 2016?

R: 54.250.

MISCELÁNEA

La pelota de tenis más veloz atrapada
Anthony Kelly (Australia) atrapó una pelota de tenis que iba a una velocidad de 192,9 km/h en el Olympic Park de Sydney, Nueva Gales del Sur, Australia, el 12 de noviembre de 2015.

La mayor cantidad de pelotas de tenis atrapadas en una hora
El 21 de julio de 2015, Ashrita Furman (EE.UU.) atrapó 1.307 pelotas de tenis en 60 min en la ciudad de Nueva York, EE.UU. Cada pelota iba a un mínimo de 100 km/h.

La pelota de pimpón más veloz
David Knierim y su hijo Abraham (ambos de EE.UU.) lanzaron una pelota de pimpón, mediante un lanzador al vacío, a 806 m/s, más del doble de la velocidad del sonido, en Wilsonville, Oregón, EE.UU., el 24 de mayo de 2016.

La recepción de una pelota de críquet lanzada desde mayor altura
El antiguo capitán de Inglaterra Nasser Hussain (R.U., n. en India) atrapó una pelota de críquet que dejó caer un dron «Batcam» desde 46 m (el equivalente a 14 pisos), en el Lord's Cricket Ground de Londres, R.U., el 30 de junio de 2016. El acto fue organizado por Sky Sports Cricket.

El control de un balón de fútbol lanzado desde mayor altura
Theo Walcott (R.U.) controló un balón de fútbol que se dejó caer desde una altura de 34 m en el campo de entrenamiento del Arsenal FC, en St. Albans, R.U., el 29 de noviembre de 2016. Patrocinó la prueba Betfair (R.U.).

La mayor cantidad de pelotas de golf apiladas
Don Athey de Bridgeport, Ohio, EE.UU., apiló nueve pelotas de golf en vertical (sin adhesivo) el 4 de octubre de 1998. Se sostuvieron durante 20 s.

La mayor pirámide de pelotas de golf
16.206 pelotas integraron la pirámide realizada por Cal Shipman y The First Tee of Greater Tyler (ambos de EE.UU.), presentada en la escuela elemental Mamie G. Griffin en Tyler, Texas, EE.UU., el 31 de enero de 2014.

◄ LA BOLA DE CINTAS MÁS GRANDE
Con 907,18 kg de peso y una circunferencia de 3,89 m, esta enorme bola de cintas se creó en Louisville, Kentucky, EE.UU., el 6 de mayo de 2011. El Portland Promise Center (EE.UU.), una asociación para el desarrollo de la comunidad, organizó la prueba de este récord, y los autores de la bola fueron los niños que asisten a los programas que lleva a cabo el centro. Entre otras, se empleó cinta de embalar, cinta aislante, cinta de carrocero, cinta adhesiva, papel de aluminio y venda deportiva.

Malabares con la mayor cantidad de pelotas, técnica múltiple (es decir, más de una pelota lanzada a la vez)
14
Aleksandr Koblikov (Ucrania), 2013.

Malabares con rebote con la mayor cantidad de pelotas
12
Alan Sulc (República Checa), 2008.

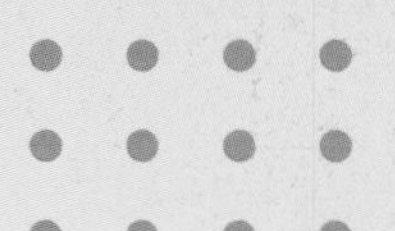

Malabares con la mayor cantidad de pelotas (clásico)
11
Alex Barron (R.U.), 2012.

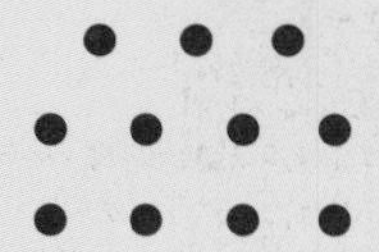

Malabares con la boca con la mayor cantidad de pelotas de pimpón
7
Tony Fercos (EE.UU., n. en República Checa), mediados de la década 1980.

Malabares con la mayor cantidad de balones de fútbol
5
Víctor Rubilar (Argentina), 2006; igualado por Mark Vermeer (Países Bajos), 2014 e Isidro Silveira (España), 2015.

Malabares con la mayor cantidad de bolas de bolos
3
Milan Roskopf (Eslovaquia), 2011.

▲ **LA BOLA DE DISCOTECA MÁS GRANDE**

El festival de música Bestival (R.U.) presentó una bola de espejos de 10,33 m de diámetro para la Desert Island Disco de Robin Hill Country Park, en la isla de Wight, R.U., el 7 de septiembre de 2014. La marca NEWSUBSTANCE, con Mungo Denison (ambos de R.U.) a la cabeza, fabricó la bola que se iluminó y empezó a girar cuando Nile Rodgers y Chic salieron a actuar al escenario.

R. Stanton Avery (EE.UU.) inventó la etiqueta autoadhesiva. Se eligió el 13 de enero, fecha de su nacimiento, como el Día Nacional de la Pegatina.

▶ **LA BOLA DE PEGATINAS MÁS GRANDE**

John Fischer y su equipo de StickerGiant (ambos de EE.UU.) se armaron de paciencia para crear una bola de 105,05 kg con más de 177.000 pegatinas y etiquetas, según se verificó en Longmont, Colorado, EE.UU., el 13 de enero de 2016, primer Día Nacional de la Pegatina de EE.UU. La bola, apodada *Saul*, fue declarada oficialmente candidata a las elecciones presidenciales de 2016, bajo el lema «Nos mantendremos unidos».

▲ **LA BOLA DE GOMAS ELÁSTICAS MÁS GRANDE**

Megaton, creación de Joel Waul (EE.UU.) pesó 4.097 kg (más o menos el doble de un rinoceronte adulto) tal y como se constató en Lauderhill, Florida, EE.UU., el 13 de noviembre de 2008 para el Día del GWR. Joel empezó la esfera en abril de 2004 y utilizó un total de 700.000 gomas elásticas. Mide 2 m de alto.

▲ **EL BALÓN DE RUGBY MÁS GRANDE**

El 15 de marzo de 2011, Cathay Pacific Airways Ltd. presentó un balón de rugby de 4,709 m de longitud y 2,95 m de altura para el Cathay Pacific/Credit Suisse Hong Kong Sevens, en Hong Kong, China. La circunferencia de la bola es de 12,066 m de lado a lado, y de 9,34 de arriba abajo. Es unas 20 veces el tamaño de un balón de rugby reglamentario, como el que sostiene arriba Angela Wu, del GWR.

▲ **EL BALÓN DE FÚTBOL MÁS GRANDE**

El 12 de febrero de 2013, el Doha Bank (Qatar) presentó un balón de fútbol hecho con piel artificial de 12,19 m de diámetro en Doha, Qatar. Con una circunferencia de 38,3 m, pesa unos 960 kg. El impresionante esférico se exhibió en el aparcamiento del LuLu Hypermarket, en Doha.

▼ LA MAYOR CANTIDAD DE CAPAS DE PINTURA EN UNA PELOTA

A 2 de mayo de 2017, la pelota de béisbol de Michael Carmichael, de Alexandria, Indiana, EE.UU, tenía unas 25.506 capas de pintura. En 1977 comenzó a pintarla, junto con su esposa Glenda, a razón de unas dos capas al día. La pelota tenía una circunferencia de 4,57 m en su parte más ancha.

¿Cómo se cuentan las capas de pintura? Un arboricultor tomó una muestra del núcleo de la bola y calculó que una capa tenía un grosor de unos 0,00197612 cm, lo que da un total de 25.506 capas.

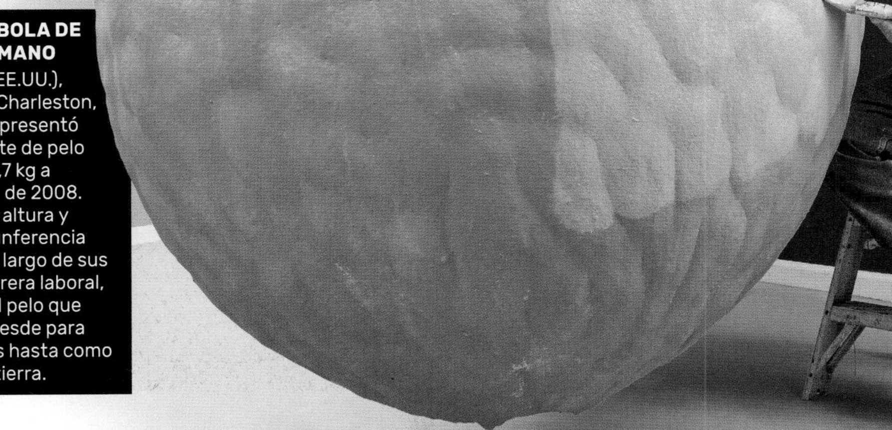

◀ **LA MAYOR BOLA DE CABELLO HUMANO**

Henry Coffer (EE.UU.), un barbero de Charleston, Misuri, EE.UU., presentó una bola gigante de pelo que pesaba 75,7 kg a 8 de diciembre de 2008. Medía 1,2 m de altura y tenía una circunferencia de 4,26 m. A lo largo de sus 50 años de carrera laboral, Henry utilizó el pelo que iba cortando desde para reparar baches hasta como abono para la tierra.

Recopilatorio

Para conseguir un récord Guinness, no siempre hay que entrenarse como un profesional. Igual puedes lograrlo con un poco de imaginación...

La mayor escultura de fruta
En Saadeddin Co. (Arabia Saudí) crearon una escultura de 5,95 m de alto con dátiles de Jeddah, Arabia Saudí, el 23 de noviembre de 2016. Dicha escultura, de la altura aproximada de una jirafa adulta, tenía forma de palmera.

La mayor exposición de molinillos de viento
El parque de atracciones LunEur, en Roma, Italia, celebró su reapertura con una exposición de 576 molinillos de viento, el 27 de octubre de 2016. LunEur está considerado el parque de atracciones más antiguo de Italia, pues abrió en 1953.

▲ LA MAYOR CANTIDAD DE RAMOS DE NOVIA ATRAPADOS
Jamie Jackson, de Draper, Utah, EE.UU., asiste a muchísimas bodas. Tantas, que ha llegado a convertirse en una especialista atrapando ramos nupciales. Jamie ha asistido a más de 100 bodas desde 1996 y ha cogido 50 ramos de novia. Sólo cuatro novias de las que logró el ramo se han divorciado, un hecho que, según asegura, demuestra que trae buena suerte.

▲ LA VUELTA MÁS RÁPIDA A DOS RUEDAS AL NORDSCHLEIFE DE NÜRBURGRING
El 3 de noviembre de 2016, Han Yue (China) completó una vuelta al célebre trazado Nordschleife del autódromo de Nürburgring en un Mini Cooper, sin que las ruedas de la derecha tocaran el suelo. Tardó 45 min y 59,11 s en sortear los 73 giros y curvas de esta pista de 20,8 km de longitud situada en Renania-Palatinado, Alemania.

El mayor álbum de fotos en línea de personas levantando el pulgar
Entre el 9 de abril y el 7 de mayo de 2016, Unicharm Consumer Products (China) recopiló 50.470 imágenes de entusiastas personas con el pulgar alzado.

El mayor colchón de muelles
Lijun Hou y su equipo (todos de China) fabricaron un colchón gigantesco de 20 x 18,8 m y de un grosor de 0,31 m; es decir, más o menos el tamaño de una cancha de tenis. El monstruoso colchón se expuso en un acontecimiento público celebrado en Harbin, Heilongjiang, China, el 15 de abril de 2016.

▲ EL LÁTIGO MÁS LARGO CHASQUEADO

El 18 de agosto de 2016, el artista del látigo Nathan Griggs (Australia) logró un sonoro «crac» con un látigo de 100,45 m de longitud durante un espectáculo en el Defiance Mill Park de Queensland, Australia.

El 9 de marzo de 2017, Nathan consiguió la **mayor cantidad de chasquidos con dos látigos en un minuto**. Con un látigo de piel de canguro en cada mano, realizó 697 chasquidos diferenciados en 60 s (más de 11 por segundo) en Altona, Victoria, Australia.

La mayor exposición de ranas de papel
El 1 de abril de 2016, en el Jumamoto Kodomo Bunka Kaikan, un centro cultural infantil de Kumamoto, Japón, se creó un mosaico con forma de rana con 1.578 ranas de papel. Fue obra de 238 niños, sus padres, voluntarios y empleados del centro.

▲ LOS 50 M MÁS RÁPIDOS CAMINANDO SOBRE LAS MANOS CON UN BALÓN DE FÚTBOL ENTRE LAS PIERNAS
Zhang Shuang (China) recorrió 50 m en 26,09 s caminando sobre las manos con un balón de fútbol entre las rodillas, el 30 de abril de 2016 en la China West Normal University.

El récord general de los **50 m más rápidos corriendo sobre las manos** es de 16,93 s y lo estableció Mark Kenny (EE.UU.) el 9 de febrero de 1994.

▲ LA MAYOR DISTANCIA RECORRIDA CON UNA BICICLETA EN EQUILIBRIO SOBRE LA BARBILLA
El 13 de abril de 2016, Ashrita Furman (EE.UU.) recorrió 20,62 m a pie con una Raleig Super Course *vintage* sobre la barbilla.

El 29 de junio de 2015, logró la **mayor distancia recorrida con un cortacésped en equilibrio sobre la barbilla**: 122,92 m.

El golpe de golf hacia atrás más largo
El 4 de marzo de 2016, Lynn Ray (EE.UU.) lanzó una pelota de golf 286,2 m de espaldas a la dirección del saque.

Al día siguiente, Ray logró la **mayor cantidad de pelotas de golf lanzadas más allá de 300 yardas en una hora** (459).

La mayor cantidad de saltos en paracaídas en tándem en 8 horas
RedBalloon (Australia) realizó 155 saltos en paracaídas en tándem en 8 h, en Wollongong, Australia, en diciembre de 2016.

La mayor cantidad de vasos en equilibrio sobre la frente
El 9 de julio de 2016, Saar Kessel (Israel) sostuvo sobre la frente una torre de 81 cm con 305 vasos de plástico durante 10 s en Mishmar HaShiv'a, Israel.

También consiguió el récord de la **mayor cantidad de fichas de póquer en equilibrio sobre un dedo** (84).

▲ **LA MAYOR CANTIDAD DE LATAS DE BEBIDA APLASTADAS CON EL CODO**
El instructor de artes marciales paquistaní Muhammad Rashid estableció un nuevo récord mundial al aplastar 77 latas de bebida con el codo en 60 s, en Gemona del Friuli, Italia, el 17 de abril de 2016, en un evento de la Associazione Cons.erva (Italia). Entre sus numerosos récords de artes marciales, están el de la **mayor cantidad de golpes de nunchaku en 1 min** (350) y el de la **mayor cantidad de giros de una vara envuelta en fuego en 1 min** (188).

En una cadena de personas cogidos de las muñecas
Los empleados de Telenor Pakistán y los alumnos de Beaconhouse School System (ambos de Pakistán) se cogieron de las muñecas para formar una fila de 2.950 personas en Islamabad, Pakistán, el 29 de septiembre de 2016.

En una hélice de ADN humana
El 23 de abril de 2016, la Medical University de Varna (Bulgaria) reunió a 4.000 personas para formar una hélice de ADN. Dicha formación se concibió en South Beach, Varna, Bulgaria, en la costa del mar Negro. Los participantes vistieron camisetas y gorras de colores para diferenciar las dos hebras entrelazadas de la hélice y otras partes del ADN.

▲ **LA MAYOR CANTIDAD DE LATAS DE BEBIDA PEGADAS A LA CABEZA POR SUCCIÓN DE AIRE**
Jamie *Cabeza de lata* Keeton (EE.UU.) posee un talento muy peculiar: por razones que aún no están del todo claras, los poros de su piel actúan como vasos de succión, y se adhieren a cualquier cosa con la que puedan sellarse herméticamente. Jamie hizo una demostración de tan curiosa habilidad ante el público del *Guinness World Records Special* de la CCTV en Pekín, China, el 11 de enero de 2016, cuando logró pegarse ocho latas de aluminio a la cabeza.

La fila más larga de cajas nido para pájaros
El canal de televisión ruso Tricolor TV puso en fila 4.000 cajas nido para pájaro (que abarcaron 1.124 km) en el Ostankino Park de Moscú, Rusia, el 23 de abril de 2016.

La mayor cantidad de gente soplando velas simultáneamente
1.717 participantes se juntaron para soplar velas el 21 de noviembre de 2016 en Muscat, Omán, en un evento organizado por la Fundación para el Empleo del Ministerio de Sanidad de Muscat.

▼ **EL MAYOR DOMINÓ HUMANO CON COLCHONETAS DE PLAYA**
El 17 de septiembre de 2016, Tropical (España) puso en fila a 603 participantes, cada uno con una colchoneta, en la playa de Las Canteras en Las Palmas de Gran Canaria, España. En 3 min y 40 s, todos los participantes habían caído de forma consecutiva.

En un espectáculo de variedades (de aficionados)
El 25 de noviembre de 2016, la final del Schools Spectacular (Australia) reunió a 5.322 alumnos que bailaron, cantaron y tocaron en un escenario en Sídney, Australia.

Formando una cifra
El 7 de mayo de 2016, un grupo de 7.511 participantes se unieron para formar la cifra «450» en un acontecimiento organizado por el gobierno de la región de Orel y la Organización de Jóvenes Voluntarios de Victory en Orel, Rusia. El acto se organizó para conmemorar el 450.° aniversario de la región de Orel.

El menor tiempo en ingerir 500 g de mozzarella
Ashrita Furman (EE.UU.) aumentó su extraordinaria lista de récords ingiriendo 500 g de queso mozzarella en 1 min y 34 s, el 12 de abril de 2016.

▲ **LA MAYOR RACIÓN DE ROCOTOS RELLENOS**
La Universidad San Ignacio de Loyola y la Municipalidad Provincial de Arequipa (ambos de Perú) repartieron 542,72 kg de rocotos rellenos en la Plaza de Armas de Arequipa, Perú, el 27 de noviembre de 2016. Esta receta de pimientos rellenos es una especialidad peruana.

LA MAYOR CANTIDAD DE GENTE...

En una escena navideña
El ayuntamiento de Calne y la Bible Society (ambos de R.U.) recrearon una escena navideña viviente con 1.254 personas en Calne, R.U., el 3 de diciembre de 2016.

En una cadena de abrazos
1.290 personas se juntaron por iniciativa de la Fundación Teletón México A.C. (México) para formar una cadena de abrazos en Ciudad de México, el 10 de diciembre de 2016.

Transformando una imagen humana
GEMS Education reunió a 2.223 personas en Dubái, Emiratos Árabes Unidos, el 28 de noviembre de 2016 para formar una mano abierta con los colores del emirato. Después, se transformó en el saludo con tres dedos que popularizó el jeque Mohammed bin Rashid Al Maktoum, dirigente de Dubái.

▶ **LA MAYOR CANTIDAD DE CUCHARAS COLGANDO DEL CUERPO**
El 7 de agosto de 2016, Marcos Ruiz Ceballos (España) sostuvo 64 cucharas de acero inoxidable en su cuerpo durante los 5 s que establecía la normativa del GWR. Tuvo lugar en Kashikojima, Japón, y durante unos 4 min Kana Okamoto (Japón) le colocó las cucharas en el pecho y la espalda. Para este récord, las cucharas se pueden colocar en cualquier lugar del cuerpo salvo en el rostro, que cuenta con un récord propio (abajo).

El **mayor número de cucharas colgando del rostro** es 31, por Dalibor Jablanovic (Serbia) en 2013.

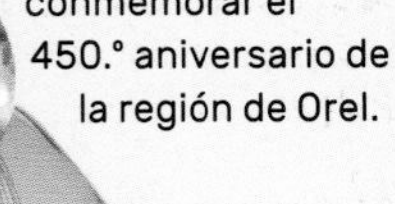

Los más jóvenes

Presentamos una selección de los más jóvenes en batir un GWR, desde una tatara-tatara-tatarabuela de 109 años hasta un bebé todavía en el útero.

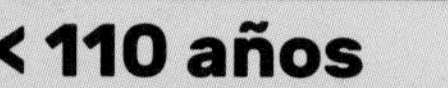

< 110 años

Tatara-tatara-tatarabuela: 109 años y 100 días

El 21 de enero de 1989, Augusta Bunge (EE.UU., n. el 13 de octubre de 1879) se convirtió en tatara-tatara-tatarabuela a los 109 años de edad cuando su tatara-tataranieta dio a luz a un niño, Christopher John Bollig.

Portador del récord de la «persona viva más anciana»: 107 años y 327 días

Cuando Jennie Howell (EE.UU.), la **persona más anciana del mundo**, murió el 16 de diciembre de 1956, Anne Marie Carsterson (EE.UU., n. el 24 de enero de 1849) se convirtió en la persona viva más anciana, y en la «más joven» en ostentar ese título, un récord aún sin batir a 20 de marzo de 2017.

Presidente de EE.UU.: 42 años y 322 días

Theodore Roosevelt (n. el 27 de octubre de 1858) asumió la presidencia de EE.UU. el 14 de septiembre de 1901, tras el asesinato de su predecesor, William McKinley.
El presidente electo **de EE.UU. más joven** fue John F. Kennedy (n. el 29 de mayo de 1917), que tomó posesión a los 43 años y 236 días, el 20 de enero de 1961.

Persona en pisar la Luna: 36 años y 201 días

Charlie Duke (EE.UU., n. el 3 de octubre de 1936) se convirtió a los 36 años en la persona más joven en pisar la superficie lunar el el 21 de abril de 1972, durante la misión del *Apolo 16*.

Jefe *scout*: 34 años y 334 días

Edward *Oso* Grylls (R.U., n. el 7 de junio de 1974) tenía 34 años cuando fue nombrado jefe *scout*. El Consejo del Movimiento *Scout* lo anunció en Londres, R.U., el 17 de mayo de 2009. El anterior jefe *scout* más joven había sido Charles Maclean (R.U.), que asumió el cargo cuando tenía 43 años de edad, en 1959.

< 30 años

Jefe de estado (actual): 27 años aprox.

Kim Jong-un se convirtió en líder de Corea del Norte el 17 de diciembre de 2011, tras la muerte de su padre, Kim Jong-il. La edad exacta de Kim Jong-un nunca se ha confirmado oficialmente, pero se cree que tenía 27 años cuando sucedió a su padre (aunque su fecha de nacimiento varía entre el 8 de enero de 1982, de 1983 o bien de 1984).

Persona en cruzar un océano a remo en solitario: 20 años y 219 días

Callum Gathercole (R.U., n. el 15 de mayo de 1995) se aventuró con 20 años a cruzar a remo el Atlántico de este a oeste, desde La Gomera hasta Antigua, en su embarcación *Small and Mighty*. El trayecto duró 58 días, 15 h y 15 min, del 20 de diciembre de 2015 al 16 de febrero de 2016. El GWR determina los récords de remo oceánico según la edad del remero al inicio de la travesía.

Multimillonario (actual): 19 años y 236 días

A 16 de marzo de 2016, la noruega Alexandra Andresen (n. el 23 de julio de 1996) tenía 19 años y poseía un patrimonio estimado de 1.062.620.000 €, según *Forbes*. Alexandra es competidora profesional de doma y la fortuna familiar procede de la industria del tabaco.

Jinete de rodeo profesional: 18 años y 125 días

Brian Canter (EE.UU., n. el 25 de junio de 1987) tenía 18 años cuando se presentó a la final mundial de jinetes de rodeo profesionales de 2005. Terminó entre los 50 mejores, y en 2006 ocupó el octavo lugar.

Jugador de la NBA: 18 años y 6 días

Andrew Bynum (EE.UU., n. el 27 de octubre de 1987) se convirtió en el jugador más joven en disputar un partido de la NBA al enfrentarse a los Denver Nuggets con Los Angeles Lakers (ambos de EE.UU.), el 2 de noviembre de 2005.

< 18 años

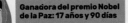

Piloto en puntuar en un Campeonato Mundial de Fórmula 1: 17 años y 180 días

Max Verstappen (Países Bajos, n. el 30 de septiembre de 1997) acabó en séptimo lugar en el Gran Premio de Malasia, el 29 de marzo de 2015, con 17 años.

Ganadora del premio Nobel de la Paz: 17 años y 90 días

El 10 de octubre de 2014, Malala Yousafzai (Pakistán, n. el 12 de julio de 1997) recibió el premio Nobel de la Paz junto con el activista indio Kailash Satyarthi.

Medallista de oro olímpico individual: 13 años y 268 días

Marjorie Gestring (EE.UU., n. el 18 de noviembre de 1922) logró la medalla de oro en salto de trampolín a los 13 años, en los Juegos Olímpicos de Berlín, el 12 de agosto de 1936.

El 13 de agosto de 1932, a los 14 años y 309 días, Kusuo Kitamura (Japón, n. el 9 de octubre de 1917) ganó los 1.500 m de natación en estilo libre y se convirtió en el **medallista de oro olímpico individual más joven (hombres)**.

Artista en solitario n.º 1 de la lista de álbumes de EE.UU.: 13 años y 103 días

Un joven Stevie Wonder (EE.UU., n. el 13 de mayo de 1950) tenía 13 años cuando *Recorded Live: 12 Year Old Genius* (1963) llegó a la cima de la lista de EE.UU.

Participante en Wimbledon: 13 años

Mita Klima (Austria, n. en 1893) supuestamente tenía 13 años cuando participó en el cuadro individual en 1907.

< 13 años

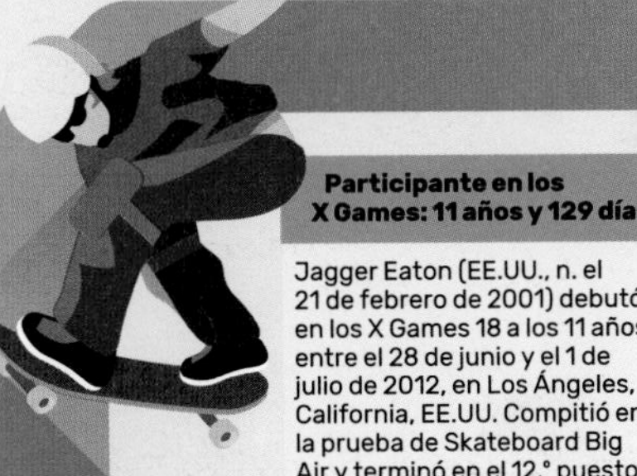

Participante en los X Games: 11 años y 129 días

Jagger Eaton (EE.UU., n. el 21 de febrero de 2001) debutó en los X Games 18 a los 11 años, entre el 28 de junio y el 1 de julio de 2012, en Los Ángeles, California, EE.UU. Compitió en la prueba de Skateboard Big Air y terminó en el 12.º puesto.

Árbitro de fútbol: 9 años y 303 días

Con sólo 9 años de edad, Samuel Keplinger (Alemania, n. el 27 de abril de 1998) arbitró el encuentro de un torneo alevín de equipos masculinos de fútbol 7, que acabó con empate a 0 entre el SSV Bobingen y el SV Reinhartshausen en Bobingen, Bavaria, Alemania, el 24 de febrero de 2008.

Pirata: 8-11 años

El pirata más joven del que existen pruebas documentadas es John King. El 9 de noviembre de 1716, el famoso pirata *Negro Sam*, alias de Samuel Bellamy (R.U.), apresó el *Bonetta*, barco de pasajeros en el que viajaban King (que entonces tenía entre 8 y 11 años) y su madre. Según declaraciones de Abijah Savage (capitán del *Bonetta*), fechadas el 30 de noviembre de 1716, King insistió en unirse a los piratas, amenazando con quitarse la vida o hacer daño a su madre si no accedían a su deseo. Finalmente, *Negro Sam* le permitió hacerlo.

Director de cine: 7 años y 340 días

Saugat Bista (Nepal, n. el 6 de enero de 2007) es el director más joven en rodar una película profesional. Tenía 7 años cuando *Love you Baba* (Nepal, 2014) se entrenó en los cines el 12 de diciembre.

Ganadora de un Oscar: 6 años y 310 días

El pequeño milagro, tal como se conoció a Shirley Temple (EE.UU., n. el 23 de abril de 1928), obtuvo un galardón especial juvenil «en reconocimiento a su extraordinaria contribución al cine de entretenimiento durante el año 1934», el 27 de febrero de 1935, a los 6 años.

< 6 años

Batería: 4 años y 319 días

Julian Pavone (EE.UU., n. el 14 de mayo de 2004) actuó en su 20.º concierto (la cantidad mínima que establece el GWR para validar este récord) a los cuatro años, el 20 de marzo de 2009.

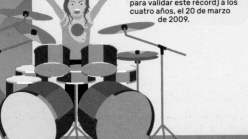

Maestro de ceremonias de circo: 3 años

El 26 de diciembre de 2005, Cranston Chipperfield (R.U.) se convirtió con tres años en la persona más joven en ejercer como maestro de ceremonias, en el Circus Royale de Strathclyde Country Park, en Lanarkshire, R.U. Es la octava generación de maestros de ceremonia de la familia Chipperfield.

Superviviente del *Titanic*: 72 días

El 10 de abril de 1912, Millvina Dean (R.U., n. el 2 de febrero de 1912) zarpó, junto con sus padres y un hermano mayor de 18 meses, en el viaje inaugural del crucero *Titanic*. Iban en tercera clase. Millvina logró sobrevivir, con su madre y su hermano, cuando, el 14 de abril de 1912, la «insumergible» nave chocó contra un iceberg y naufragó. Su padre, Bert, fue uno de los 1.517 fallecidos.

Paciente trasplantado de corazón: 1 h

El 8 de noviembre de 1996, Cheyenne Pyle (EE.UU.), con sólo 1 h de vida, se convirtió en el paciente más joven de la historia en someterse a un trasplante al recibir el corazón de un donante en el hospital infantil de Jackson, Miami, Florida, EE.UU.

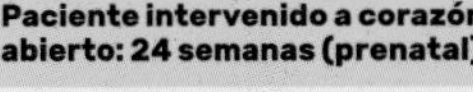

Paciente intervenido a corazón abierto: 24 semanas (prenatal)

Tucker Roussin (EE.UU., n. el 9 de mayo de 2013) fue operado a corazón abierto estando aún en el útero, a las 24 semanas de gestación. La intervención tuvo lugar en Filadelfia, Pennsylvania, EE.UU., en febrero de 2013.

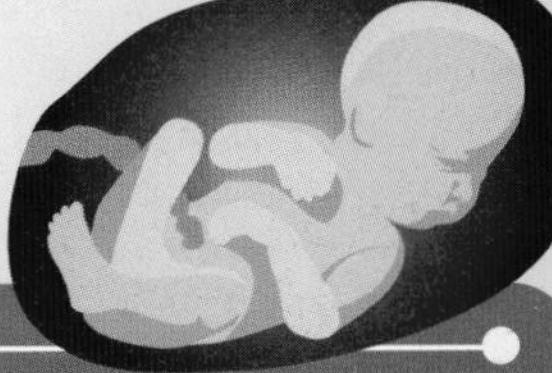

Aventuras

El intrépido aventurero Erik Weihenmayer (EE.UU.) ha coronado las Siete Cumbres y ha recorrido en kayak el Gran Cañón. Se quedó ciego a los 13 años.

El primer traje aéreo fue creado por el inventor y sastre Franz Reichelt. El 4 de febrero de 1912, saltó desde la torre Eiffel, en París, para probar el paracaídas que él mismo había fabricado, pero impactó contra el suelo y murió en el acto.

SUMARIO

◀ EL VUELO EN FORMACIÓN MÁS NUMEROSO CON TRAJE AÉREO (APROBADO POR LA FAI)

El 17 de octubre de 2015, 61 paracaidistas con traje aéreo, dirigidos por Taya Weiss (EE.UU.), saltaron en caída libre desde tres aviones a 4.114 m de altura para, posteriormente, juntarse a 1.676 m y formar un espectacular diamante de colores (ver abajo) sobre el valle de Perris, en California (EE.UU.). Para cumplir los requisitos del récord, tuvieron que volar en formación cerrada (sin agarrarse) y en un lugar asignado para cada uno. Tres jueces de la Fédération Aéronautique Internationale (FAI) certificaron la hazaña.

Circunnavegación

Suele considerarse a Fernando de Magallanes la primera persona en circunnavegar el globo, pero en realidad murió, como la mayor parte de la tripulación de su flota, antes de terminar el viaje.

▲ LA PRIMERA CIRCUNNAVEGACIÓN EN ULTRALIGERO
Entre el 22 de marzo y el 21 de julio de 1998, Brian Milton (R.U.) voló alrededor del mundo en el ultraligero con alas flexibles *Pegasus Quantum 912*. La ausencia de cabina convirtió el viaje en un gran desafío al volar en condiciones climáticas extremas, especialmente cuando cruzó el desierto sirio y el interior de Islandia. Brian voló a una altitud de 610 m la mayor parte del tiempo, con una velocidad media de 105 km/h.

La primera circunnavegación en automóvil anfibio

Ben Carlin (Australia) ha protagonizado la única circunnavegación en un vehículo anfibio. Junto con sus socios de Half-Safe, modificó un jeep Ford GPA, con el que partió de Nueva Escocia, Canadá, el 19 de julio de 1950, y regresó a Montreal, Canadá, el 8 de mayo de 1958, tras un viaje de 62.764 km por tierra y 15.450 km por mares y ríos.

La primera circunnavegación en un barco impulsado por energía solar

Un equipo internacional liderado por Raphaël Domjan (Suiza) gobernó el *MS Tûranor PlanetSolar* en su viaje alrededor del mundo rumbo al oeste con inicio en Mónaco. Tardó 1 año y 220 días, entre el 27 de septiembre de 2010 y el 4 de mayo de 2012.

La primera circunnavegación en vehículos sin motor a lo largo del ecuador

Mike Horn (Sudáfrica) viajó a lo largo del ecuador desde Libreville, Gabón, en bicicleta, piragua y trimarán. Su viaje duró 1 año y 147 días, entre el 2 de junio de 1999 y el 27 de octubre de 2000.

Más circunnavegaciones seguidas en barco

Entre el 25 de mayo de 1986 y el 13 de marzo de 1988 (1 año y 239 días), Jon Sanders (Australia) hizo tres circunnavegaciones seguidas, una hacia el oeste y dos hacia el este, en el *Parry Endeavour*, una balandra de 13,9 m de eslora. Partió y llegó a Fremantle, Australia Occidental. En total, recorrió 131.535 km, la **distancia más larga recorrida en barco sin detenerse**.

Kane Avellano aprovechó su viaje para recaudar fondos para UNICEF, la organización de la ONU que vela por la infancia. Su objetivo inicial era lograr 1.000 £ (1.188 €), pero en abril de 2017 ya había más que duplicado esa cifra.

La persona de más edad en circunnavegar el mundo en transporte público programado

El 16 de agosto de 2012, Saburō Shōchi (Japón, n. en 1906) volvió a Fukuoka, Japón, después de haber dado la vuelta al mundo usando tan sólo el transporte público. Tenía exactamente 106 años.

LA CIRCUNNAVIGACIÓN MÁS RÁPIDA...

En vuelos regulares

Entre el 8 y el 10 de enero de 1980, David J Springbett (R.U.) dio la vuelta al mundo en vuelos regulares en 44 h y 6 min. Fue hacia el este desde Los Ángeles, California, EE.UU., vía R.U., Baréin, Tailandia, Japón y Hawái.

Kirk Miller y John Burnham (ambos de EE.UU.), realizaron la **circunnavegación más rápida en vuelos regulares pasando por los seis continentes (Norteamérica y Sudamérica por separado)**, que duró 63 h y 47 min. Empezaron en Bangkok, Tailandia, el 7 de septiembre de 2016, y volaron hacia el este parando en Australia, EE.UU., Sudamérica, Europa y África antes de finalizar su viaje el 10 de septiembre.

P: ¿Cómo se llama el personaje de Julio Verne que da la vuelta al mundo?

R: Phileas Fogg.

En avión de pasajeros (reconocida por la FAI)

Bajo la normativa de la Fédération Aéronautique Internationale (FAI), que permite vuelos que excedan la longitud del trópico de Cáncer o de Capricornio, un Concorde de Air France pilotado por los capitanes Michel Dupont y Claude Hetru (ambos de Francia) circunnavegó el mundo en 31 h, 27 min y 49 s entre el 15 y el 16 de agosto de 1995. A bordo había un total de 80 pasajeros y 18 tripulantes.

En helicóptero (reconocida por la FAI)

Edward Kasprowicz y el tripulante Stephen Sheik (ambos de EE.UU.) dieron la vuelta al mundo en un helicóptero Agusta Westland Grand en 11 días, 7 h y 5 min. Empezaron y finalizaron su viaje en Nueva York, EE.UU., donde aterrizaron el 18 de agosto de 2008 después de pasar por Groenlandia, R.U., Italia, Rusia y Canadá, y hacer más de 70 paradas para repostar.

En coche

El récord de **primer hombre y primera mujer en circunnavegar la Tierra en coche con mayor rapidez** cruzando seis continentes según las reglas vigentes en 1989 y 1991, con una distancia recorrida superior a la longitud del Ecuador (40.075 km), lo ostentan Saloo Choudhury y su esposa Neena Choudhury (ambos de la India). El viaje duró 69 días, 19 h y 5 min, desde el 9 de septiembre al 17 de noviembre de 1989. La pareja, que conducía un Hindustan «Contessa Classic» de 1989, empezó y terminó su viaje en Delhi, India.

En barco a motor

El 26 de junio de 2009, la Unión Internacional Motonautique (UIM) reconoció el récord del *Earthrace* de la circunnavegación más rápida en barco a motor. El viaje, que duró 60 días, 23 h y 49 min, comenzó en Sagunto, España, el 27 de abril de 2008 y finalizó en el mismo lugar el 27 de junio.

En barco sin detenerse, rumbo al oeste, en solitario (mujeres)

Entre el 20 de noviembre de 2005 y el 18 de mayo de 2006, durante 178 días, 3 h, 5 min y 34 s, Dee Caffari (R.U.) navegó alrededor del mundo en su monocasco *Aviva* de 22 m de eslora. Partió y llegó a Portsmouth (R.U.). El 16 de febrero de 2009, Caffari completó la Vendée Globe, una carrera de veleros alrededor del mundo, y se convirtió en la **primera mujer en dar la vuelta al mundo en barco en ambas direcciones sin detenerse**.

◄ LA PERSONA MÁS JOVEN EN CIRCUNNAVEGAR EL GLOBO EN MOTO (HOMBRES)
Kane Avellano (R.U., n. el 20 de enero de 1993) dio la vuelta al mundo en su moto Triumph Bonneville T100 en solitario y sin asistencia. Partió de su ciudad natal (South Shields, Tyne and Wear, R.U.) el 31 de mayo de 2016, y regresó el 19 de enero de 2017, un día antes de cumplir 24 años. En 233 días, Avellano recorrió 45.161 km, pasó por 36 países y 5 continentes, y tuvo que vérselas con condiciones climáticas extremas, desde los monzones indios al intenso calor de los desiertos de Australia.

LAS PRIMERAS CIRCUNNAVEGACIONES

Circunnavegación completa

Vittoria (España), comandada por Juan Sebastián de Elcano, del 20 de septiembre de 1519 al 8 de septiembre de 1522.

En avión

Chicago y *New Orleans* (EE.UU.), por dos equipos estadounidenses, del 6 de abril al 28 de septiembre de 1924.

Vuelo en solitario

Wiley Post (EE.UU.) a bordo del *Winnie Mae*, del 15 al 22 de julio de 1933.

Bajo el agua

USS *Triton*, del 15 de febrero al 10 de abril de 1960.

En nave espacial

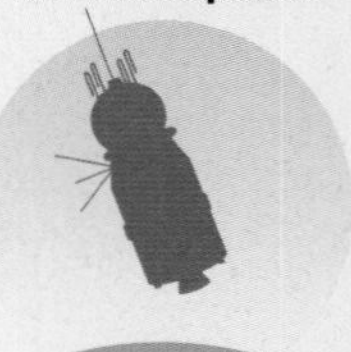

Yuri Gagarin (URSS/ahora Rusia), a bordo del *Vostok 1*, el 12 de abril de 1961.

Caminando (verificado)

David Kunst (EE.UU.), del 20 de junio de 1970 al 5 de octubre de 1974.

En helicóptero

H. Ross Perot Jr. y Jay W. Coburn (ambos de EE.UU.) a bordo del *Spirit of Texas*, del 1 al 30 de setiembre de 1982.

▲ LA CIRCUNNAVEGACIÓN MÁS RÁPIDA EN GLOBO (RECONOCIDA POR LA FAI)

Entre el 12 y el 23 de julio de 2016, Fedor Konyukhov (Rusia, detalle) dio la vuelta al mundo en solitario en 268 h y 20 min en un globo Rozière, con un sistema mixto de aire caliente y helio para elevarse. Partió de Northam, en Australia Occidental, y aterrizó en Bonnie Rock, en el mismo estado. Mejoró así en dos días el récord anterior del aventurero Steve Fossett (EE.UU.), a pesar de tomar una ruta más larga.

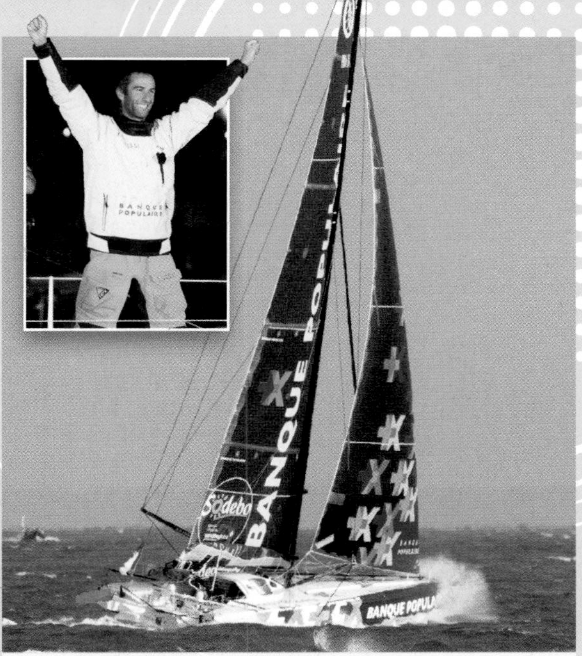

▲ LA CIRCUNNAVEGACIÓN MÁS RÁPIDA EN VELERO MONOCASCO EN SOLITARIO

Armel Le Cléac'h (Francia, arriba a la izquierda) pasó 74 días, 3 h y 35 min navegando alrededor del mundo a 15,43 nudos (28,58 km/h) de media, según lo ratificó el World Sailing Speed Record Council (WSSRC). Le Cléac'h ganó la edición 2016-17 de la regata en solitario Vendée Globe con el *Banque Populaire VIII*. Arribó a Les Sables d'Olonne, Francia, el 19 de enero de 2017.

▲ LA CIRCUNNAVEGACIÓN MÁS RÁPIDA EN BICICLETA (MUJERES)

Paola Gianotti (Italia) dio la vuelta al mundo en bicicleta en 144 días, entre el 8 de marzo y el 30 de noviembre de 2014. Empezó y terminó su viaje en Ivrea, Turín, Italia, y recorrió 29.595 km. Tuvo que superar una fractura de vértebra sufrida en un accidente de tráfico. En 2015, se convirtió en la primera mujer en completar la prueba de ciclismo extremo Red Bull Trans-Siberian.

◀ CIRCUNNAVEGACIÓN MÁS RÁPIDA EN BICICLETA (HOMBRES)

Con inicio y final en el aeropuerto de Auckland, Nueva Zelanda, Andrew Nicholson (Nueva Zelanda) completó la vuelta al mundo en 123 días y 43 min, entre el 12 de agosto y el 13 de diciembre de 2015. Expatinador de velocidad, participó en tres JJ.OO. de Invierno. Con su proeza, Andrew estaba apoyando las investigaciones sobre el cáncer de la Universidad de Otago, Nueva Zelanda.

▲ LA CIRCUNNAVEGACIÓN EN VELERO MÁS RÁPIDA

Entre el 16 de diciembre de 2016 y el 26 de enero de 2017, Francis Joyon (Francia) y una tripulación de cinco navegantes dieron la vuelta el mundo sin detenerse en 40 días, 23 h, 30 min y 30 s a bordo del *IDEC*, un trimarán de 36,57 m de eslora. Cubrieron una distancia de 40.003 km a una velocidad media de 21,96 nudos (40,66 km/h). El viaje comenzó en el faro del Créac'h, Bretaña, Francia, y terminó en Lizard Point, Cornualles, R.U. El récord fue ratificado por el WSSRC.

◀ LA MUJER DE MÁS EDAD EN NAVEGAR EN SOLITARIO Y SIN ASISTENCIA ALREDEDOR DEL MUNDO

Jeanne Socrates (R.U., n. el 17 de agosto de 1942) tenía 70 años y 325 días cuando completó la vuelta al mundo con el *Nereida*, un monocasco de 11,58 m de eslora, el 8 de julio de 2013. Comenzó y finalizó en Victoria, Columbia Británica, Canadá, tras recorrer 46.300 km y pasar 258 días, 14 h, 16 min y 36 s en el mar.

En marzo de 1999, el piloto del *Solar Impulse 2*, Bertrand Piccard, y Brian Jones (R.U.) se pusieron a los mandos del globo *Breitling Orbiter 3* para realizar un viaje alrededor del mundo que supuso la **primera circunnavegación en globo**.

▲ LA PRIMERA CIRCUNNAVIGACIÓN EN UN AVIÓN PROPULSADO CON ENERGÍA SOLAR (RECONOCIDA POR LA FAI)

Del 9 de marzo de 2015 al 26 de julio de 2016, André Borschberg y Bertrand Piccard (ambos de Suiza, arriba a la derecha) viajaron alrededor del mundo con el *Solar Impulse 2*, un avión que sólo funcionaba con energía solar. El viaje, que empezó y finalizó en Abu Dhabi, Emiratos Árabes Unidos, duró 505 días, 19 h y 53 min, incluidos los 10 meses que el equipo tuvo que permanecer en Hawái, EE.UU., por problemas con el sobrecalentamiento de las baterías.

Alpinismo

En Nepal, el monte Everest es conocido como Sagarmāthā, que se traduce como «la frente del cielo».

▲ LA PERSONA DE MÁS EDAD EN ESCALAR EL KILIMANJARO
Angela Vorobeva (Rusia, n. el 4 de febrero de 1929) subió el Kilimanjaro, Tanzania, con 86 años y 267 días. Su expedición partió de Londorossi Gate (2.360 m) el 23 de octubre de 2015 y llegó al pico Uhuru (5.895 m) el 29 de octubre.

El **hombre de más edad en escalar el Kilimanjaro** es Robert Wheeler (EE.UU., n. el 15 de marzo de 1929). Alcanzó la cumbre el 2 de octubre de 2014, con 85 años y 201 días.

Desde 1994, y por motivos religiosos, en Bután está prohibido escalar montañas de más de 6.000 m de altura. Por esta razón, el Kangkar Pünzum podría no ser coronado nunca.

La primera ascensión al Everest

La **montaña más alta** de la Tierra fue escalada por primera vez el 29 de mayo de 1953 a las 11:30 de la mañana, por Edmund Percival Hillary (Nueva Zelanda) y Tenzing Norgay (India/Tíbet). El jefe de la expedición era el coronel John Hunt (R.U.).

Reinhold Messner (Italia) y Peter Habeler (Austria) realizaron la **primera ascensión del Everest sin oxígeno suplementario** el 8 de mayo de 1978. Para algunos alpinistas, ésta es la primera ascensión «verdadera», ya que superar los efectos de la altitud (por la baja concentración de oxígeno) es parte del desafío para alcanzar las cumbres más altas.

El ascenso más rápido al Everest y al K2 sin oxígeno suplementario

Karl Unterkircher (Italia) escaló las dos montañas más altas del mundo en 63 días, cuando llegó a la cumbre del K2 el 26 de julio de 2004.

El **ascenso más rápido al Everest y al K2 sin oxígeno suplementario (mujeres)** lo realizó Alison Hargreaves (R.U., ver pág. siguiente) en 92 días, hazaña que completó el 13 de agosto de 1995.

Nives Meroi y Romano Benet (ambos de Italia) realizaron el **ascenso más rápido al Everest y al K2 sin oxígeno suplementario por un matrimonio** (295 días). Lo completaron el 17 de mayo de 2007.

La primera persona en escalar todas las montañas de más de 8.000 m

Reinhold Messner se convirtió en la primera persona en escalar las 14 montañas del mundo de más de 8.000 m cuando llegó a la cima del Lhotse (8.516 m), en la frontera entre Nepal y Tíbet, el 16 de octubre de 1986. De esta forma, pasó a ser también la **primera persona en escalar todos los ochomiles sin oxígeno suplementario**. A fecha de 2017, sólo otros 14 escaladores habían igualado esta hazaña.

La primera ascensión al Saser Kangri II

Una expedición indio-japonesa alcanzó el pico noroeste de esta montaña india el 7 de septiembre de 1985, pero no fue hasta el 24 de agosto de 2011 cuando Mark Richey, Steve Swenson y Freddie Wilkinson (todos de EE.UU.) coronaron el pico sudeste (7.518 m), a mayor altitud. Hasta ese momento, el Saser Kangri II era la segunda montaña más alta todavía sin escalar, por detrás del Kangkar Pünzum (también conocida como Gangkhar Puensum; 7.570 m), en Bután (izquierda).

P: De las 169 montañas que superan los 7.000 m de altura, ¿cuántas siguen sin ser escaladas?

R: 10.

La primera persona en escalar las Siete Cumbres

Las montañas más altas de cada continente (considerando Norteamérica y Sudamérica por separado) se conocen como las Siete Cumbres. Patrick Morrow (Canadá) completó el 5 de agosto de 1986 la lista que reconoce el Puncak Jaya, en Indonesia, como el punto más alto de Oceanía, en lugar del monte Kosciuszko, en Australia.

La **primera persona en escalar las Siete Cumbres (lista Kosciuszko)** fue Richard *Dick* Bass (EE.UU.), que completó la serie el 30 de abril de 1985.

La persona más joven en escalar las Siete Cumbres

Johnny Collinson (EE.UU., n. el 29 de marzo de 1992) alcanzó la cumbre del macizo de Vinson, en la Antártida, el 18 de enero de 2010, a los 17 años y 295 días, completando la lista en un año exacto.

Jordan Romero (EE.UU., n. el 12 de julio de 1996) sólo tenía 15 años y 165 días cuando completó las Siete Cumbres el 24 de diciembre de 2011. Sin embargo, dada la peligrosa naturaleza del alpinismo, el GWR no acepta récords de menores de 16 años.

Más premios Leopardo de las Nieves

Boris Korshunov (Rusia, n. el 31 de agosto de 1935) ganó nueve premios Leopardo de las Nieves (ver pág. siguiente) entre 1981 y 2004, dos con la lista inicial de cuatro montañas y siete con la actual lista de cinco. Recibió su noveno premio en 2004, a los 69 años, y se convirtió en la **persona de más edad en ganar el premio Leopardo de las Nieves**.

La ascensión más rápida de la cara norte del monte Eiger en solitario

El 16 de noviembre de 2015, Ueli Steck (Suiza) escaló la cara norte del monte Eiger, en los Alpes suizos, por la ruta de Heckmair en 2 h, 22 min y 50 s. Era la tercera vez que batía el récord de velocidad de ascensión al Eiger. Lo había logrado antes en 2007 y 2008.

Más nacionalidades en el Everest en una temporada

Durante la temporada de alpinismo de la primavera de 2013, 661 escaladores de 46 países distintos ascendieron el Everest. Por nacionalidades, el grupo más numeroso fue el de los nepalíes, con 362.

◄ PRIMERA ASCENSIÓN DEL EVEREST (MUJERES)
El 20 de octubre de 2016, Junko Tabei (Japón, n. el 22 de septiembre de 1939) falleció con 77 años. Pionera del alpinismo, alcanzó la cumbre del Everest el 16 de mayo de 1975 (primera imagen de la izquierda). En el intento, sobrevivió a una avalancha que sepultó su campamento bajo la nieve y la dejó inconsciente 6 min.

Fue también la **primera mujer en escalar las Siete Cumbres**, tras coronar el Puncak Jaya, Indonesia, el 28 de junio de 1992, y finalmente el monte Elbrus, Rusia, el 28 de julio de 1992, con el que completaba la lista de las montañas más altas de cada continente.

EVEREST 2016

La temporada de alpinismo 2016 (abril-mayo) por la vertiente nepalí del Everest en cifras:

Equipos en el campamento base al inicio de la temporada.

Permisos de escalada expedidos, más otros 265 de 2015 extendidos. Se concedieron dos permisos para la cara suroeste; todos los demás eran para la ruta normal.

11.000 $

Precio de un permiso de escalada.

Ingresos generados para la economía nepalí.

11 de mayo

Primera llegada a la cumbre registrada, a cargo de nueve escaladores nepalíes.

Última llegada a la cumbre registrada.

Casos de congelación comunicados.

5

Muertes comunicadas.

▲ LA ASCENSIÓN MÁS RÁPIDA A LAS SIETE CUMBRES INCLUYENDO EL PUNCAK JAYA (MUJERES)

Maria Gordon (R.U.) escaló las Siete Cumbres, incluyendo el Punkac Jaya además del Kosciuszko, en 238 días, 23 h y 30 min. Empezó con el ascenso al monte Kilimanjaro, en Tanzania, y terminó en el monte Kosciuszko, en Australia, el 17 de junio de 2016. Batía así el récord anterior de 295 días, de Vanessa O'Brien (EE.UU.) en 2012-13. Gordon también realizó expediciones a los polos Norte y Sur.

▲ MÁS CUMBRES ANDINAS DE MÁS DE 6.000 M ESCALADAS

Maximo Kausch (R.U., residente en Brasil) está intentado escalar todas las montañas de los Andes de más de 6.000 m. El 3 de enero de 2017, coronó el Nevado del Plomo (6.070 m), su 74.° seismil andino.

La **primera persona en escalar las 12 cumbres más altas de los Andes** fue Darío Bracali (Argentina) en 2004. Desapareció en el Dhaulagiri en 2008.

▲ LA ASCENSIÓN MÁS RÁPIDA A LAS TRES MONTAÑAS MÁS ALTAS SIN OXÍGENO SUPLEMENTARIO (HOMBRES)

Silvio Mondinelli (Italia) escaló el Everest (8.848 m), el Kangchenjunga (8.586 m) y el K2 (8.611 m) en el plazo de 3 años y 64 días. Terminó el 26 de julio de 2004.

Gerlinde Kaltenbrunner (Austria) necesitó 5 años y 101 días para completar el 23 de agosto de 2011 la **ascensión más rápida a las tres montañas más altas sin oxígeno suplementario (mujeres)**.

▲ EL MÁS RÁPIDO EN GANAR EL PREMIO LEOPARDO DE LAS NIEVES

El premio Leopardo de las Nieves se entrega a los escaladores que han coronado las cinco montañas de más de 7.000 m en territorio de la antigua Unión Soviética. Andrzej Bargiel (Polonia) lo logró en 29 días, 17 h y 5 min entre el 16 de julio y el 14 de agosto de 2016. Estas cinco cumbres son el pico Imeni Ismail Samani (7.495 m), el Jengish Chokusu (7.439 m), el Qullai Abuali Ibni Sino (7.134 m), el Yevgenii Korzhenevskoy (7.105 m) y el Khan Tangiri Shyngy (7.010 m).

▲ EL PRIMER ASTRONAUTA EN ASCENDER AL EVEREST

El 20 de mayo de 2009, el exastronauta de la NASA Scott Parazynski (EE.UU.) coronó el Everest y se convirtió en la primera persona en viajar al espacio y escalar la montaña más alta de la Tierra. Según la NASA, Parazynski participó en cinco misiones y pasó más de 1.381 horas en órbita, incluyendo 47 horas dedicadas a siete paseos espaciales. Antes de comenzar su descenso del Everest, dejó en la cumbre una pequeña roca lunar recogida por la tripulación del *Apolo 11*.

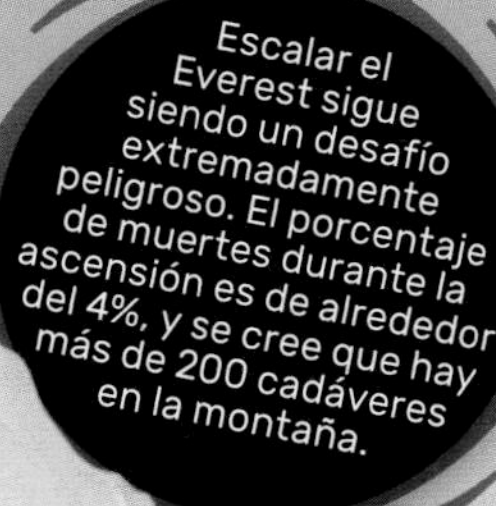

Escalar el Everest sigue siendo un desafío extremadamente peligroso. El porcentaje de muertes durante la ascensión es de alrededor del 4%, y se cree que hay más de 200 cadáveres en la montaña.

▲ PRIMERA ASCENSIÓN AL EVEREST Y AL K2 SIN OXÍGENO SUPLEMENTARIO (MUJERES)

Alison Hargreaves (R.U.) alcanzó la cumbre del Everest el 13 de mayo de 1995, la **primera ascensión indiscutible al Everest sin oxígeno suplementario (mujeres)**, y la del K2 el 13 de agosto de 1995, de nuevo sin usar oxígeno suplementario. Perdió la vida durante el descenso del K2, ese mismo día debido a una tormenta.

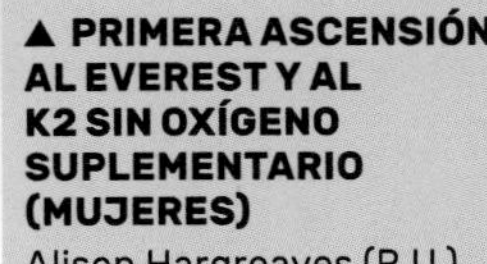

▶ MÁS MUJERES EN ESCALAR EL EVEREST EN UNA TEMPORADA

En la temporada de la primavera de 2016, 68 mujeres coronaron el Everest. 15 de ellas eran de la India, 12 de EE.UU. (incluyendo a Vanessa Blasic, en la foto de su expedición) y en tercer lugar se situó China, con 8 escaladoras.

El **mayor número de mujeres en llegar a la cumbre del Everest en un día** es 22, el 19 de mayo de 2013.

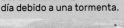

Los polos

Si se derritiera todo el hielo de la Antártida, el nivel del mar en todo el mundo subiría entre 60 y 64 m.

▲ LA PRIMERA VEZ QUE SE COMPLETÓ LA EXPEDICIÓN TERRA NOVA

Robert Falcon Scott (R.U.) intentó, en 1912, convertirse en la primera persona en llegar al polo Sur geográfico con la Expedición Antártica Británica, conocida como la expedición Terra Nova. Lamentablemente falleció junto con todos los componentes de la expedición. El 7 de febrero de 2014, Ben Saunders y Tarka L'Herpiniere (ambos de R.U.) completaron la ruta de Scott al realizar un viaje de ida y vuelta (2.890 km en total) entre la isla de Ross y el polo Sur, con esquís y tirando de unos trineos que al principio pesaban casi 200 kg cada uno. Su viaje de 105 días también es la **travesía más larga por el polo.**

Antes de su fatídica última expedición, Falcon Scott cosechó varios hitos. Lideró la Expedición Antártica Nacional (1901-1904) que fue la que, hasta la fecha, había logrado llegar más al sur.

LOS PRIMEROS...

En llegar al polo Sur

Un equipo noruego formado por cinco hombres liderados por el explorador Roald Amundsen llegó al polo Sur el 14 de diciembre de 1911 a las 11 de la mañana. Habían emprendido la marcha 53 días atrás, a bordo de unos trineos tirados por perros, en la bahía de las Ballenas.

Expedición motorizada al polo Sur

El 4 de enero de 1958, Sir Edmund Hillary (Nueva Zelanda) lideró el equipo neozelandés de la Expedición Transatlántica de la Commonwealth al polo Sur, la primera que lo intentaba con vehículos de motor. El equipo usó una flota de cinco tractores Ferguson especialmente adaptados, dotados de orugas y con una rueda extra a cada lado. Las orugas podían ser sustituidas por ruedas cuando las condiciones lo permitieran. Los tractores se pintaron de rojo para ser más visibles.

En cruzar el Ártico

El 21 de febrero de 1968, la Expedición Británica Transártica salió de Point Barrow, Alaska, EE.UU. y el 29 de mayo de 1969 llegó al archipiélago de las Siete Islas, al noreste de Spitsbergen, 464 días después. El trayecto fue de 4.699 km con una desviación de 1.100 km, mientras que la distancia en línea recta era de 2.764 km. El equipo estaba formado por Wally Herbert (líder), el comandante Ken Hedges, del Cuerpo Médico del Ejército Real, Allan Gill y el doctor Roy Koerner (glaciólogo), además de 40 huskies. Esta hazaña también constituye la **travesía más larga por el océano Ártico**.

Circunnavegación de superficie a través de ambos polos

El 2 de septiembre de 1979, Sir Ranulph Fiennes y Charles Burton (ambos de R.U.), de la Expedición TransGlobe Británica, se dirigieron al sur desde Greenwich, Londres, R.U. El 15 de diciembre de 1980 cruzaron el polo Sur y el 10 de abril de 1982, el polo Norte. El 29 de agosto de 1982 regresaron a Greenwich tras completar 56.000 km.

Persona en llegar a pie a los dos polos

Robert Swan (R.U.) lideró una expedición formada por tres hombres que el 11 de enero de 1986 alcanzó el polo Sur. También había encabezado la expedición Icewall, compuesta por ocho hombres, que el 14 de mayo de 1989 había llegado al polo Norte.

▼ LA NAVEGACIÓN MÁS MERIDIONAL

El 26 de febrero de 2017, el *Spirit of Enderby*, comandado por el capitán Dmitry Zinchenko (Rusia), llegó a las coordenadas 78° 44.008' S, 163° 41.434' O, la latitud más meridional a la que se ha navegado. Heritage Expeditions (Nueva Zelanda) organizó esta expedición a la bahía de las Ballenas en el mar de Ross (Antártida). La latitud se confirmó con instrumentos portátiles.

P: ¿Cuántos amaneceres hay en el polo Norte al año?

R: Uno: el Sol sale en el equinoccio de primavera (poco antes del 20 de marzo), permanece sobre el horizonte y se pone tras el equinoccio de otoño (cerca del 23 de septiembre).

Persona en llegar al polo Norte en solitario

El 14 de mayo de 1986, el médico explorador Jean-Louis Étienne (Francia) llegó al polo Norte tras un viaje en solitario y sin perros que duró 63 días, aunque recibió abastecimiento en varias ocasiones.

Expedición al polo Sur en un tractor de ruedas

A las 18:55 (UTC) del 22 de noviembre de 2014, Manon Ossevoort (Países Bajos) salió de la base de Novo en la Antártida con un gigantesco tractor Massey Ferguson 5610. Junto con su equipo, logró completar un viaje circular de 4.638 km hasta el polo Sur en 27 días, 19 h y 25 min. La expedición Antártida 2 regresó a Novo el 20 de diciembre de 2014, después de 438 h y 17 min de conducción a una media de 10,58 km/h.

MISCELÁNEA

El viaje en bicicleta más rápido al polo Sur

El 17 de enero de 2014, Juan Menéndez Granados (España) llegó al polo Sur en solitario con su bicicleta, adaptada con unas ruedas especiales para rodar por la nieve y otros terrenos abruptos, tras haber recorrido 1.130 km desde Hercules Inlet en 46 días. No contó con ningún tipo de ayuda ni asistencia, aunque recurrió a los esquís y al trineo cuando le fue imposible pedalear.

El matrimonio en llegar al polo Sur más rápido (sin ayuda ni asistencia)

Chris y Marty Fagan (EE.UU.) llegaron al polo Sur desde la barrera de hielo de Ronne tras 48 días de viaje (del 2 de diciembre de 2013 al 18 de enero de 2014). Recorrieron 890 km a 18,54 km/día de media.

La persona más joven en hacer una travesía hasta el polo Norte

Tessum Weber (Canadá, n. el 9 de mayo de 1989) tenía 20 años y 340 días cuando el 14 de abril de 2010 finalizó una travesía al polo Norte geográfico. Formaba parte de una expedición de cuatro hombres (entre ellos, su padre, Richard) que el 3 de marzo de 2010 salió de McClintock, en el cabo Discovery, Nunavut, Canadá, y 41 días y 18 horas después llegó al polo. Recorrieron una distancia en línea recta de 780 km.

La **persona más joven en hacer una travesía hasta el polo Sur** es Lewis Clarke (R.U., n. el 18 de noviembre de 1997). El 18 de enero de 2014, con 16 años y 61 días, llegó al polo Sur geográfico. Esquió 1.123,61 km desde Hercules Inlet, en la barrera de hielo de Ronne, asistido por un guía experimentado.

La Tierra tiene múltiples polos Norte y Sur. Éstos son algunos de los que se encuentran en el polo Sur.

Polo Sur geográfico
Uno de los dos puntos (junto con el polo Norte) de intersección entre el eje teórico de rotación de la Tierra y su superficie. En el sur, está marcado con una estaca que se cambia de lugar cada año, según los datos de los satélites de la marina de EE.UU.

Polo Sur magnético
Punto en que las líneas de los campos magnéticos son perpendiculares a la superficie del planeta. Su posición varía con los cambios del campo magnético.

Polo Sur geomagnético
Punto de intersección de la superficie de la Tierra con el eje de un dipolo hipotético en el centro del planeta, que representa su campo geomagnético.

Polo Sur cartográfico
Punto fijo en el que coinciden todas las líneas de longitud cuando se trazan en el globo terráqueo.

Polo Sur ceremonial
Esfera metálica en un pedestal situado en la estación del polo Sur. Se usa para tomar fotos.

Polo de inaccesibilidad
Punto de la Antártida más alejado del océano Austral: 82° 06' S, 54° 58' E.

▲ **LA PRIMERA MUJER EN LLEGAR AL POLO NORTE**

El 2 de mayo de 1986, Ann Bancroft (EE.UU.) llegó al polo Norte junto con otros cinco integrantes de su equipo. Salieron de Drep Camp, en la isla de Ellesmere, Canadá, el 8 de marzo, y usaron trineos tirados por perros.

En la imagen, detrás de Bancroft, aparece Liv Arnesen (Noruega), la **primera mujer en completar un viaje en solitario al polo Sur sin ayuda ni asistencia**. Arnesen salió sola de Hercules Inlet el 4 de noviembre de 1994 y llegó al polo 50 días después, el 24 de diciembre.

▲ **LA PERSONA QUE HA REALIZADO MÁS EXPEDICIONES AL POLO SUR**

Hannah McKeand (R.U.) realizó seis expediciones al polo Sur entre el 4 de noviembre de 2004 y el 9 de enero de 2013. Cada una consistía en recorrer entre 965 y 1.126 km, según la ruta, y pasar entre 40 y 50 días en uno de los entornos más adversos del planeta.

La **persona que ha completado más expediciones a los polos** es Richard Weber (Canadá), con un total de ocho. Llegó al polo Norte geográfico desde la costa seis veces entre el 2 de mayo de 1986 y el 14 de abril de 2010, y al polo Sur geográfico en dos ocasiones desde la costa entre el 7 de enero de 2009 y el 29 de diciembre de 2011.

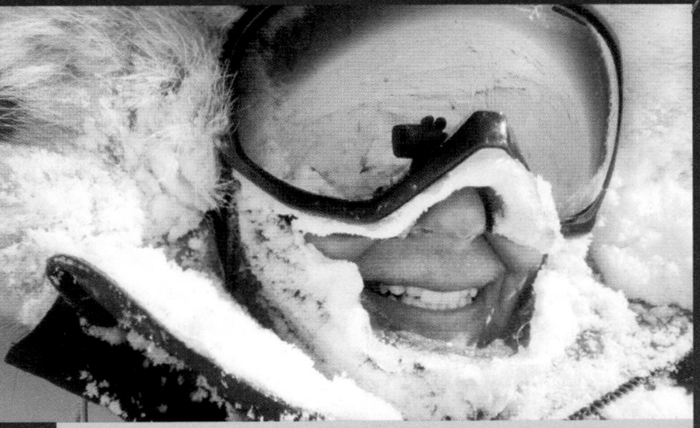

▲ **EL VIAJE EN SOLITARIO MÁS RÁPIDO AL POLO SUR (MUJERES, SIN AYUDA NI ASISTENCIA)**

Johanna Davidsson (Suecia) esquió hasta el polo Sur geográfico desde Hercules Inlet, en el extremo del continente antártico. El viaje, de 38 días, 23 h y 5 min, se inició el 15 de noviembre de 2016 y finalizó el 24 de diciembre del mismo año. No utilizó cometas de tracción ni abastecimientos, y cubrió una distancia en línea recta de 1.130 km.

Regresó a Hercules Inlet esquiando con cometas de tracción durante 12 días. Al final del viaje había recorrido unos 2.270 km.

▲ **LAS PRIMERAS GEMELAS EN CONQUISTAR LAS SIETE CUMBRES Y ESQUIAR LOS ÚLTIMOS GRADOS POLARES**

Las gemelas Tashi y Nungshi Malik (Indonesia, n. el 21 de junio de 1991) escalaron las siete cumbres (la cima más alta de cada continente) según la lista Carstensz y esquiaron el último grado de los polos Norte y Sur entre el 2 de febrero de 2012 y el 21 de abril de 2015. El concepto «último grado» se refiere a la distancia existente entre el grado 89 y el 90 de latitud en los polos, unos 111 km.

▲ **LA EXPEDICIÓN MÁS VELOZ AL POLO SUR (CON ASISTENCIA DE VEHÍCULOS)**

El 24 de diciembre de 2013, Parker Liautaud (Francia/EE.UU.) y Doug Stoup (EE.UU.) llegaron al polo Sur después de esquiar 563,3 km arrastrando trineos desde la barrera de hielo de Ross. Tardaron 18 días, 4 h y 43 min, y caminaron unos 30 km/día, aunque Liautaud sufrió de mal de altura. La expedición también sirvió para estudiar el cambio climático.

◀ **EL MENOR TIEMPO EN ASCENDER LAS SIETE CUMBRES Y ESQUIAR LOS ÚLTIMOS GRADOS POLARES (HOMBRES)**

Colin O'Brady (EE.UU.) conquistó las siete cumbres, incluida la pirámide de Carstensz, y esquió los últimos grados polares (ver arriba) en 138 días, 5 h y 55 min. El 10 de enero de 2016, inició esta ambiciosa aventura en el polo Sur, que completó el 27 de mayo de 2016, al coronar el monte Denali, en Alaska, EE.UU.

Remo oceánico

El número de personas que han completado una travesía oceánica a remo es inferior al de que han alcanzado la cima del Everest.

▲ OCEAN ROWING SOCIETY INTERNATIONAL

Kenneth F Crutchlow y Peter Bird fundaron la Ocean Rowing Society (R.U.) en 1983. Mas tarde se unieron Tom Lynch (EE.UU.), Tatiana Rezvaya-Crutchlow y Chris Martin (ambos de R.U.). Mantiene un registro de todos los intentos de travesías a remo por océanos y grandes masas de agua, como los mares Caribe y de Tasmania, así como de viajes alrededor de Gran Bretaña. También clasifica, verifica y adjudica todos los logros en remo oceánico.

Bote de clase clásica
Casco en forma de «V»; más espacio cubierto para la tripulación; menor aprovechamiento del viento; relativamente estable. «Pareja» y «Cuádruple» hacen referencia al número de remeros en esta clase de bote (2 y 4, respectivamente).

Bote de clase abierta
Casco de fondo plano; menos espacio cubierto para la tripulación; mayor aprovechamiento del viento; menos estable.

Mid-Pacific
Por lo general, travesía entre California y Hawái o desde Sudamérica hasta alguna isla en mitad del océano.

ATLÁNTICO

Primera travesía a remo

El 6 de junio de 1896, los noruegos George Harbo y Frank Samuelsen zarparon de Nueva York, EE.UU., en un bote de 5,48 m de eslora rumbo a las islas Sorlingas, R.U. Recorrieron 5.262 km en 55 días.

Primera travesía a remo de cualquier océano en solitario (mujeres)

Victoria *Tori* Murden (EE.UU.) llegó a la isla de Guadalupe el 3 de diciembre de 1999, tras cruzar el Atlántico desde la isla canaria de Tenerife en su bote de 7 m de eslora. Recorrió 4.770 km en línea recta en 81 días, 7 h y 31 min, tras hacer frente a ráfagas de viento de 129 km/h y a olas de hasta 6,1 m de altura.

La travesía a remo más rápida en solitario (mujeres)

Entre el 26 de diciembre de 2002 y el 21 de febrero de 2003, Anne Quéméré (Francia) viajó desde La Gomera hasta Guadalupe, 4.741 km en línea recta en 56 días, 10 h y 9 min. Con este tiempo, Quéméré mejoraba el récord de Tori Murden logrado en 1999.

Entre el 14 de diciembre de 2016 y el 12 de febrero de 2017, Elaine Hopley (R.U.) protagonizó la **travesía a remo más rápida en solitario (mujeres, de este a oeste, clase abierta)**. Esta aventura para recuaudar fondos para una asociación benéfica, la llevó desde La Gomera hasta Antigua en 59 días, 19 h y 14 min.

La distancia más larga remada en 24 horas

Entre las 23:00 GMT del 12 de junio de 2015 y las 23:00 GMT del 13 de junio, Tom Hudson (R.U.) y Pete Fletcher (Australia) remaron 216,24 km a bordo del *Macpac Challenger*, durante una travesía transatlántica entre Nueva York, EE.UU., y Falmouth, R.U.

La travesía a remo más rápida de este a oeste (equipo de cuatro mujeres)

Entre el 20 de diciembre de 2015 y el 29 de enero de 2016, el equipo Row Like a Girl, formado por Lauren Morton, Bella Collins, Georgina Purdy y Olivia Bolesworth (todas de R.U.) remó desde La Gomera a Antigua en el *Mrs Nelson* en 40 días, 8 h y 26 min, a una velocidad media de 2,63 nudos (4,87 km/h).

El primer equipo en cruzar un océano en kayak

Entre el 21 de octubre de 2015 y el 30 de enero de 2016, la pareja húngara Levente Kovácsik y Norbert Ádám Szabó cruzaron el océano Atlántico desde Huelva, España, hasta Antigua, en el mar Caribe, vía Gran Canaria, a bordo de su kayak *Kele*.

P: ¿Cuántas travesías oceánicas a remo se habían logrado completar a marzo de 2017?

R: 452, según la Ocean Rowing Society.

La persona de más edad en cruzar un océano a remo (hombres)

Peter Smith (Antigua y Barbuda, n. el 17 de mayo de 1941) tenía 74 años y 217 días cuando empezó su travesía a remo del Atlántico. Peter y los otros tres tripulantes del *Wa'Omoni* fueron de La Gomera, en las islas Canarias (20 de diciembre de 2015) hasta Antigua (10 de febrero de 2016) en 52 días, 9 h y 9 min.

MID-PACIFIC

La travesía a remo más rápida de este a oeste (cuádruple masculino)

Entre el 5 de junio y el 14 de julio de 2016, Uniting Nations, equipo formado por Fiann Paul (Islandia, n. en Polonia, ver página siguiente), Thiago Silva (Brasil), Cyril Derreumaux y Carlo Facchino (ambos de EE.UU.), realizaron la travesía del Mid-Pacific a bordo del *Danielle* en 39 días, 12 h y 20 min, a una velocidad media de 2,21 nudos (4,09 km/h).

El hombre de más edad en realizar la travesía del Mid-Pacific a remo

Greg Vlasek (EE.UU., n. el 30 de diciembre de 1955) tenía 60 años y 158 días cuando el 5 de junio de 2016 inició un viaje entre Monterey, California, EE.UU., y Diamond Head, en O'ahu, Hawái, EE.UU., donde llegó el 23 de julio como miembro del equipo de cuatro remeros del *Isabel*.

La travesía más rápida de este a oeste (pareja masculina)

Louis Bird (R.U.) y Erden Eruç (EE.UU./Turquía) remaron desde Monterey a Hawái, EE.UU., en 54 días, 3 h y 45 min. Su viaje a bordo del *Yves* se desarrolló entre el 5 de junio y el 29 de julio de 2016, a una velocidad media de 1,61 nudos (2,98 km/h).

La travesía más rápida de este a oeste (pareja femenina)

El equipo de remo Fight the Kraken, formado por Vicki Otmani y Megan Biging (ambas de EE. UU.), recorrió 3.870 km en 57 días, 16 h y 9 min entre el 5 de junio y el 31 de julio de 2016 a bordo del *Sedna*. Viajaron entre Monterey, California, EE.UU., y O'ahu, Hawái, a una velocidad media de 1,51 nudos (2,79 km/h).

La travesía más rápida de este a oeste (pareja mixta, clase abierta)

Del 15 de junio al 23 de agosto 2016, Riaan Manser y Vasti Geldenhuys (ambos de Sudáfrica) fueron de Monterey a O'ahu en el *Honeymoon* en 39 días, 4 h y 46 min, a una velocidad media de 2,22 nudos (4,11 km).

◄ EL PRIMER EQUIPO EN CRUZAR EL ATLÁNTICO DE ESTE A OESTE ENTRE TERRITORIOS CONTINENTALES DE EUROPA Y SUDAMÉRICA

Entre el 7 de febrero y el 28 de marzo de 2016, los cinco remeros del *Ellida*, Matt Bennett, Oliver Bailey, Aldo Kane, Jason Fox y Ross Johnson (todos de R.U.), recorrieron 6.176 km entre Lagos, Portugal, y Carúpano, Venezuela, en 50 días, 10 h y 36 min. Autodenominados *Pícaros del remo oceánico*, se conocieron en las fuerzas armadas de R.U. Comenzaron su épico viaje con la esperanza de recaudar 353.450 $ para una organización benéfica de ayuda a la infancia.

Hitos del remo oceánico

Primera travesía oceánica:
George Harbo, Frank Samuelsen (ambos de Noruega, ver izquierda)
1896: A, O>E

Primera persona en cruzar un océano en solitario:
John Fairfax (R.U.)
1969: A, E>O

Primera persona en cruzar dos océanos:
John Fairfax (R.U.)
1969: A, E>O
1971-72: P, E>O

Primera mujer en cruzar un océano:
Sylvia Cook (R.U.)
1971-72: P, E>O

Primera persona en cruzar el Pacífico en solitario:
Peter Bird (R.U.)
1982-83: P, E>O

Primera persona en cruzar dos océanos en solitario:
Gérard d'Aboville (Francia)
1980: A, O> E
1991: P, O> E

Primera mujer en cruzar dos océanos:
Kathleen Saville (EE.UU.)
1981: A, E>O
1984-85: P, E>O

Primera mujer en cruzar un océano en solitario:
Tori Murden (EE.UU.)
1999: A, E>O

Primera persona en realizar tres travesías oceánicas:
Erden Eruç (EE.UU./Turquía)
2006: A, E>O
2007-10: P, E>O
2010: I, E>O

Primera mujer en realizar tres travesías oceánicas:
Roz Savage (R.U.)
2006: A, E>O
2008-10: P, E>O
2011: I, E>O

Primera persona en cruzar dos océanos en un año:
Livar Nysted (Islas Feroe)
2013: A, E>O; I, E>O

Clave:
A = Atlántico
I = Índico
P = Pacífico
E = Este
O = Oeste

▲ **LA TRAVESÍA DEL ATLÁNTICO DE ESTE A OESTE MÁS RÁPIDA DE UN EQUIPO DE CUATRO**

Entre el 14 de diciembre de 2016 y el 19 de enero de 2017, el equipo Latitude 35, formado por Jason Caldwell, Matthew Brown (ambos de EE.UU.), Angus Collins y Alex Simpson (ambos de R.U.), remaron 4.722,6 km desde La Gomera, en las islas Canarias, hasta la isla caribeña de Antigua en 35 días, 14 h y 3 min, a una velocidad media de 2,986 nudos (5,53 km/h).

▶ **LA PRIMERA TRIPULACIÓN FEMENINA EN CRUZAR EL ATLÁNTICO DE OESTE A ESTE**

Entre el 7 de junio y el 26 de julio de 2016, Guin Batten, Molly Brown, Alex Holt, Mary Sutherland y Gilly Mara (todas de R.U.) remaron en el *Liberty* 5.306 km desde Liberty Landing Marina, en Nueva Jersey, EE.UU., hasta Falmouth, en Cornwall, R.U., en 48 días, 13 h y 49 min. La tripulación se seleccionó con una serie de pruebas de fuerza y resistencia.

▲ **LA PAREJA DE MÁS EDAD EN REALIZAR UNA TRAVESÍA OCEÁNICA (MEDIA DE EDAD)**

Pat Hines (EE.UU., n. el 28 de junio de 1954) y Liz Dycus (EE.UU., n. el 29 de agosto de 1957) recorrieron la Mid-Pacific de este a oeste cuando sumaban 120 años y 258 días. Zarparon de Monterey, California, EE.UU., (5 de junio de 2016) en el *Roosevelt* y llegaron a O'ahu, Hawái, EE.UU. (21 de julio de 2016).

▲ **LA PAREJA DE MÁS EDAD EN REALIZAR LA MID-PACIFIC (HOMBRES)**

Rick Leach (EE.UU., n. el 14 de septiembre de 1962) y Todd Bliss (EE.UU., n. el 15 de febrero de 1964) sumaban 106 años y 10 días de edad al iniciar la travesía de este a oeste, de Monterey hasta Diamond Head, en O'ahu, Hawái, EE.UU, en el *Row Aloha*, entre el 5 de junio de 2016 y el 29 de julio de 2016. Se conocieron mientras estudiaban en la California State University Maritime Academy, en Vallejo, EE.UU.

▲ **EL MÁS JOVEN EN CRUZAR EL ATLÁNTICO DOS VECES**

Shaun Pedley (R.U., n. el 17 de febrero de 1992, arriba a la izquierda), inició su segunda travesía atlántica el 20 de diciembre de 2015, con 23 años y 306 días. La **persona más joven en cruzar tres veces el Atlántico** es Angus Collins (R.U., n. el 21 de septiembre de 1989, arriba a la derecha). Inició su tercera travesía el 14 de diciembre de 2016, con 27 años y 84 días.

▶ **EL PRIMER EQUIPO MIXTO EN CRUZAR EL ATLÁNTICO DE ESTE A OESTE ENTRE TERRITORIOS CONTINENTALES DE EUROPA Y SUDAMÉRICA**

Luke Richmond, Susannah Cass, Jake Heath y Mel Parker (todos de R.U.) viajaron de Lagos (Portugal) a Pontinhas (Brasil) en 54 días, 10 h y 45 min, entre el 29 de febrero de y el 23 de abril de 2016.

◀ **MÁS RÉCORDS DE VELOCIDAD EN TRAVESÍAS POR DISTINTOS OCÉANOS OSTENTADOS A LA VEZ**

Fiann Paul (Islandia, n. en Polonia) realizó la **travesía del Atlántico de este a oeste más rápida** con el *Sara G* en 2011. Con el *Avalon* protagonizó la **travesía del océano Índico de este a oeste más rápida** en 2014. Su tercer récord de velocidad en remo oceánico fue con el *Danielle* en 2016 (izquierda).

▼ EL PRIMER EQUIPO EN CRUZAR EL ATLÁNTICO SUR

Entre el 4 de mayo y el 23 de septiembre de 2016, la pareja letona formada por Kārlis Bardelis y Gints Barkovskis remó 5.763 km entre Lüderitz, Namibia, y Rio das Ostras, Brasil, en 141 días, 19 h y 35 min en el *Linda*. Los letones son uno de los únicos dos equipos que han cruzado el Atlántico en un viaje con inicio y final en el hemisferio sur. Amyr Khan Klink (Brasil) se convirtió en la **primera persona en cruzar a remo el Atlántico Sur** tras viajar entre Namibia y Brasil entre el 9 de junio y el 18 de septiembre de 1984.

El remero oceánico Kārlis Bardelis no es ningún novato en viajes épicos. En 2013, este aventurero cruzó Europa en 60 días valiéndose de un par de patines en línea.

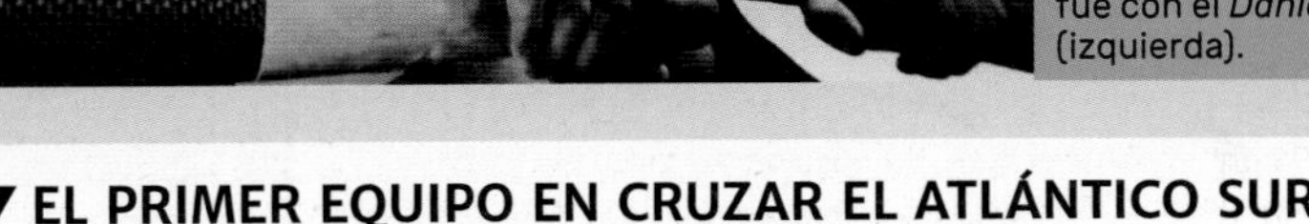

14. Ventanillas en cubierta y cabina

200 l. Agua potable

80 kg. Barritas (chocolate)

600 paquetes. Comida para deportistas profesionales

750. Barritas (muesli)

50 kg. Nueces

La FAI

La Fédération Aéronautique Internationale (FAI) es el organismo que acredita los récords de los deportes aéreos. Se fundó el 14 de octubre de 1905 en París, Francia.

▲ LA FAI
Situada en la «capital olímpica» de Lausana, Suiza, la FAI es una organización no gubernamental y sin ánimo de lucro cuyo objetivo es promover las actividades aeronáuticas y astronáuticas por todo el mundo. LA FAI ratifica los récords internacionales y coordina la organización de competiciones internacionales. Todos los récords que figuran en estas páginas han sido aprobados por la FAI.

La mayor altitud en una órbita elíptica (un único astronauta)
El 12 de abril de 1961, el piloto soviético Yuri Gagarin alcanzó una altitud de 327 km a bordo del *Vostok 3KA* (*Vostok 1*). Completó una órbita alrededor de la Tierra que duró 108 min desde el despegue hasta el aterrizaje. La silla eyectable lo propulsó fuera de la nave y, una vez separada de ésta, abrió su paracaídas a 7 km de la superficie terrestre. Su corto viaje marcó un antes y un después en los vuelos espaciales (derecha).

La caída libre desde una mayor altura sin paracaídas de frenado
El 14 de octubre de 2012, tras saltar desde una cápsula espacial a una altura de 38.969,4 m sobre Nuevo México, EE.UU., el paracaidista acrobático Felix Baumgartner (Austria) descendió 36.402,6 m durante 4 min y 20 s. Luego empleó el paracaídas y aterrizó. Había saltado desde una altura cuatro veces superior a la del Everest, la **montaña más alta** del planeta.

La mayor altitud que ha alcanzado un avión propulsado con energía solar
El 8 de julio de 2010, el piloto y explorador suizo André Borschberg fijó un récord de altitud al sobrevolar Payerne, Suiza, a 9.235 m a bordo del *Solar Impulse 1*. Es la mayor altura que ha alcanzado un avión tripulado que funciona con energía solar.

Casi cinco años después, Borschberg voló durante 117 h y 52 min (o 4 días, 21 h y 52 min) a bordo del *Solar Impulse 2*. Es el **vuelo más largo en un avión solar que se ha realizado en solitario**. El 28 de junio de 2015, despegó de Nagoya, Japón, y el 3 de junio de 2015 aterrizó en Hawái, EE.UU.

El mayor incremento de altitud a bordo de un avión solar
El 24 de abril de 2016, en ruta desde Kalaeloa, Hawái, hasta Mountain View, California (EE.UU.), Bertrand Piccard (Suiza, abajo a la derecha) ascendió 9.024 m con el *Solar Impulse 2*. La **mayor distancia que se ha recorrido a bordo de un avión solar entre unos puntos predefinidos** es de 5.851,3 km, récord que también se anotó Piccard con el mismo avión en un viaje desde la ciudad de Nueva York, EE.UU., hasta Sevilla, España, finalizado el 23 de junio de 2016.

La mayor distancia a bordo de un planeador clase libre (ida y vuelta)
El 4 de enero de 2016, Max H. S. Leenders (Países Bajos) recorrió una distancia de ida y vuelta de 1.251 km en un planeador Schempp-Hirth Nimbus 4DM. El récord se fijó en Douglas, Cabo del Norte, Sudáfrica. La denominación «ida y vuelta» implica un circuito cerrado con un único punto de giro estipulado.

Padalka es un auténtico viajero en el tiempo. Durante el largo tiempo que estuvo en órbita, envejeció ligeramente más despacio de lo que lo habría hecho en la Tierra. Pero desde su perspectiva, ¡fue como si el planeta hubiera avanzado sólo unos 0,02 s!

P: ¿Qué porcentaje de la población mundial ha volado alguna vez?

R: Alrededor de un 5%.

En el mismo modelo de planeador, el 21 de enero de 2003, Klaus Ohlmann (Alemania, ver pág. siguiente) recorrió la **mayor distancia en un planeador (tres puntos de giro)** en Chapelco, Argentina. La categoría «tres puntos de giro» en planeadores designa un recorrido con un máximo de tres puntos de giro, y un punto de salida y uno de llegada estipulados. Éstos pueden estar incluidos en los puntos de giro.

El vuelo más lejano de un avión no tripulado
El vuelo más largo realizado por un avión convencional no tripulado a escala real es de 13.219,86 km. El 22 de abril de 2001, el Northrop Grumman Global Hawk *Southern Cross II* de la Fuerza Aérea de EE.UU. despegó de la base aérea de Edwards, en California, y el 23 de abril, 30 h y 23 min después, aterrizó en la base Edinburgh de la Real Fuerza Aérea Australiana (RAAF) en Adelaida, Australia del Sur. El Global Hawk es un avión espía de gran altitud y resistencia.

El vuelo más lejano sin escalas de un avión
Steve Fossett (EE.UU.) recorrió 41.467,53 km a bordo del *Virgin Atlantic GlobalFlyer*, que despegó del Centro Espacial Kennedy en Florida, EE.UU., el 8 de febrero de 2006. Fossett logró la marca histórica el 11 de febrero de 2006 cuando sobrevolaba Shannon, Irlanda.

La mayor altitud que ha alcanzado un dirigible
El 17 de agosto de 2006, Stanislaw Fuodoroff (Rusia) hizo ascender el dirigible térmico Augur Au-36 *Snow Goose* a una altitud de 8.180 m sobre Moscú, Rusia.

El vuelo más largo en un globo tripulado
Según el registro de la FAI, Brian Jones (R.U.) y Bertrand Piccard batieron el récord de permanencia en vuelo a bordo del globo *Breitling Orbiter 3* durante una vuelta al mundo del 1 al 21 de marzo de 1999, con 19 días, 21 h y 47 min. El punto de partida fue Château-d'Oex, en Suiza y el de llegada, el oeste de Egipto.

Del 19 de junio al 2 de julio de 2002, Steve Fossett efectuó la **primera circunnavegación en globo (en solitario)** a bordo del *Bud Light Spirit of Freedom*, una combinación de globo aerostático y de gas. Despegó de Northam, en Australia Meridional, y aterrizó en Eromanga, en Queensland, Australia, tras haber recorrido 33.195 km.

◄ LA ESTANCIA MÁS LARGA EN EL ESPACIO (TOTAL)
Cuando aterrizó el 12 de septiembre de 2015, tras haber completado un período de servicio en la *Estación Espacial Internacional (EEI)*, Gennady Ivanovich Padalka había estado 878 días, 11 h, 29 min y 24 s en el espacio. En agosto de 1998, se le encargó la primera misión espacial: trabajar a bordo de la antigua estación espacial *Mir*. Estuvo 198 días preparando la estación para desactivarla y retirarla de órbita, y el 28 de febrero de 1999 regresó a la Tierra. Entre 2002 y 2012 visitó en tres ocasiones la recién finalizada *EEI*, y en dos viajes fue comandante de la estación.

Hitos de la aviación

21 de noviembre de 1783
Primer vuelo en globo tripulado
Jean-François Pilâtre de Rozier y el marqués d'Arlandes (ambos de Francia); París, Francia.

2 de julio de 1900
Primer vuelo en un dirigible rígido
El conde Ferdinand Adolf August von Zeppelin (Alemania); lago Constanza, Alemania.

17 de diciembre de 1903
Primer vuelo a motor
Orville Wright (EE.UU.); Kitty Hawk, Carolina del Norte, EE.UU.

13 de noviembre de 1907
Primer vuelo en helicóptero
Paul Cornu (Francia); Calvados, Normandía, Francia.

14 de octubre de 1947
El primer ser humano en romper la barrera del sonido
Chuck Yeager (EE.UU.); desierto de Mojave, EE.UU.

12 de abril de 1961
El primer vuelo espacial tripulado
Yuri Gagarin (URSS, actualmente Rusia); desde Kazajistán (antigua URSS).

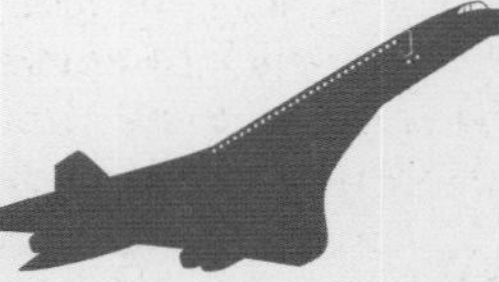

21 de enero de 1976
Primer vuelo de pasajeros supersónico programado
Concorde: rutas Londres-Bahréin y París-Río de Janeiro.

▲ **LA SERIE DE CAÍDAS LIBRES *INDOOR* EN FORMACIÓN DE 4 MÁS LARGA**

El 23 de octubre de 2015, el equipo NMP Pch HayaBusa, formado por los belgas Andy Grauwels, David Grauwels, Jeroen Nollet y Dennis Praet, completaron una serie de 43 formaciones en el Hurricane Factory, el único túnel de viento que hay en Praga, República Checa. Los cuatro paracaidistas lograron el récord durante el primer campeonato mundial de paracaidismo acrobático *indoor* organizado por la FAI.

▲ **LA MAYOR VELOCIDAD ALCANZADA EN UN PLANEADOR (IDA Y VUELTA)**

El 22 de diciembre de 2006, Klaus Ohlmann (Alemania) alcanzó los 306,8 km/h en un trayecto de ida y vuelta de 500 km en Zapala, Argentina. Tripuló un Schempp-Hirth Nimbus-4DM. También tiene el récord del **vuelo libre más largo que se ha efectuado en un planeador** (2.256,9 km), realizado el 12 de enero de 2010 en El Calafate, Argentina. Esta categoría incluye un vuelo con un punto de salida y uno de llegada preestablecidos y sin giros.

▲ **LA MAYOR VELOCIDAD ALCANZADA CON UN DIRIGIBLE**

El 27 de octubre de 2004, Steve Fossett (EE.UU., arriba a la izquierda) y su copiloto Hans-Paul Ströhle (Alemania) alcanzaron una velocidad de 115 km/h con un dirigible LZ N07-100 de la compañía Zeppelin Luftschifftechnik sobre Friedrichschafen, Alemania.

Del 1 al 3 de marzo de 2005, Fossett realizó la **primera circunnavegación con un avión sin repostar (en solitario)**, en 67 h y 1 min, a bordo del *Virgin Atlantic GlobalFlyer* (abajo, izquierda y derecha). Inició y finalizó el trayecto en Salina, Kansas, EE.UU. El avión, fabricado por Scaled Composites, era propulsado por un único motor turborreactor.

▶ **LA MAYOR DISTANCIA EN ALA DELTA EN LÍNEA RECTA A UNA META DEFINIDA**

El 13 de octubre de 2016, los brasileños André Wolf (en la imagen) y Glauco Pinto volaron uno al lado del otro en sendos alas delta durante una distancia en línea recta establecida de 603 km, desde Tacima hasta Paraíba, al noreste de Brasil. Wolf voló en un Litespeed RX 3.5 de Moyes Delta Gliders, y Pinto, en un Laminar 14 de Icaro 2000.

Los paracaidistas con traje aéreo que participan en concursos de acrobacias aéreas son puntuados en tres rondas. Cada una incluye tres tipos de salto: distancia, velocidad y duración.

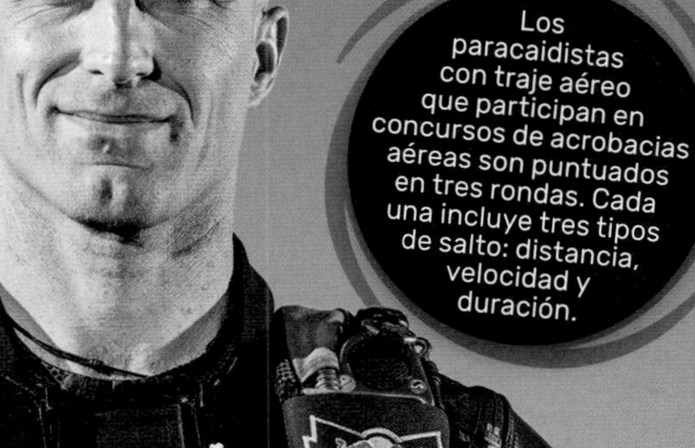

▲

▶ EL VUELO MÁS LARGO CON UN TRAJE AÉREO

El 6 de noviembre de 2016, Chris Geiler (Australia) voló durante 95,7 s durante el primer campeonato mundial de vuelo acrobático con traje aéreo organizado por la FAI en Florida, EE.UU. Los atletas saltan de un avión a unos 4.000 m de altitud. Su zona de competición se sitúa entre los 2.000 y 3.000 m de altitud y el objetivo es ser el que vuela más lejos, más rápido o durante más tiempo dentro de esta «ventana» de 1.000 m.

Recopilatorio

John o'Groats no es realmente el punto más septentrional de Gran Bretaña. Dunnet Head está unos 18 km más al norte, dirección oeste.

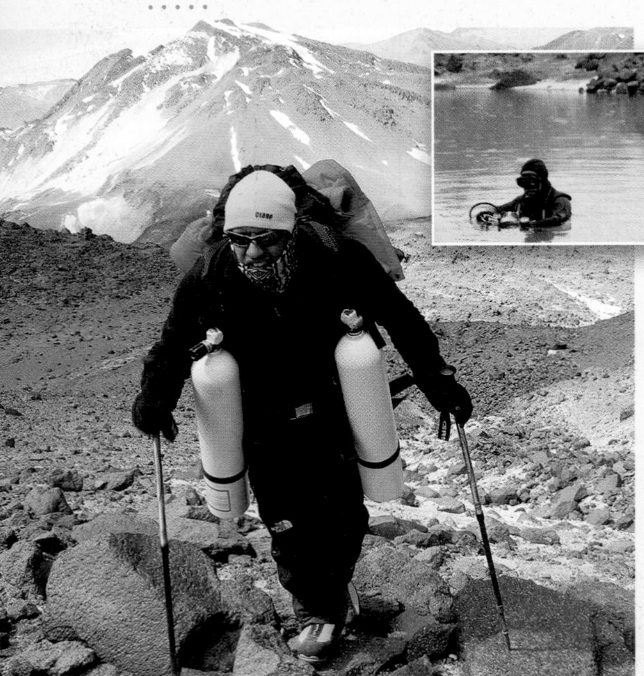

▲ LA MAYOR ALTITUD A LA QUE SE HA BUCEADO
El 21 de febrero de 2016, Ernő Tósoki (Hungría) buceó en un lago permanente en la ladera oriental del volcán activo Ojos del Salado, en la frontera entre Chile y Argentina, a una altura de 6.382 m. Tósoki y su compañera Patricia Nagy (Hungría) tuvieron que ascender hasta ese punto con una carga de 100 kg de material repartida entre los dos. La combinación de montañismo y submarinismo es un desafío físico tremendo y Tósoki pasó cinco años entrenando para lograr la hazaña.

El viaje más rápido desde Land's End hasta John o'Groats en bicicleta elíptica

Entre el 26 y el 31 de mayo de 2016, Idai Makaya (R.U.) viajó entre el punto más meridional y el más septentrional de R.U. en 5 días y 4 min. Idai mejoró así el récord anterior de 6 días y 10 h establecido por Glen Burmeister (R.U.) en 2014.

El viaje más largo en minimoto

Entre el 5 y el 17 de septiembre de 2016, Sigríður Ýr Unnarsdòttir (Islandia), Michael Reid y Chris Fabre (ambos de EE.UU.) recorrieron 2.504,77 km entre Middletown, Ohio, EE.UU., y Ruidoso, Nuevo México, EE.UU.

El viaje más largo en coche por un solo país

Entre el 11 de marzo y el 14 de abril de 2016, K. Raju, Jayanth Varma Kunaparaju, Purushotham y Arun Kumar (todos de la India) recorrieron una distancia de 36.060,1 km por toda la India. Emprendieron su épico viaje para promover la Swachh Bharat Abhiyan («Misión India Limpia»), una iniciativa gubernamental para mejorar la limpieza de pueblos y ciudades del país.

Entre el 8 de mayo y el 25 de julio de 2016, Sushil Reddy (India) completó el **viaje más largo en bicicleta motorizada**: 7.423,88 km con inicio y final en Mumbai, India. Su bicicleta se alimentaba con energía solar.

▲ EL VUELO SUBTERRÁNEO EN GLOBO A MÁS PROFUNDIDAD
El 18 de septiembre de 2014, el austriaco Ivan Trifonov pasó en globo por la boca de la cueva Mamet, en Obrovac, Croacia, y descendió hasta una profundidad de 206 m. El vuelo duró 26 min desde el despegue hasta el aterrizaje, y se utilizó un globo con un diseño especial.

Ivan también cuenta en su haber con el **primer vuelo en globo sobrevolando el polo Norte**, en 1996, y el **primer vuelo en globo sobrevolando el polo Sur**, en 2000.

▲ EL VIAJE MÁS LARGO EN TRACTOR
Entre el 8 de mayo y el 23 de octubre de 2016, Hubert Berger (Alemania) viajó por Europa en su tractor Eicher Tiger II de 1970. Pasó por 36 países y cubrió una distancia de 25.378,4 km, marca que superó el récord anterior de 21.199 km establecido por Vasilii Hazkevich (Rusia) en 2005. «Mi credo es la aventura. [Intento] escapar de la locura cotidiana con mi tractor», declaró Berger.

El vuelo en un avión de tracción humana más largo

El 23 de abril de 1988, Kanellos Kanellopoulos (Grecia) recorrió 115,11 km con su avión a pedales *Daedalus 88*. 3 h, 54 min y 59 s después de emprender vuelo desde Heraklion, Creta, una ráfaga de viento rompió la cola del aparato y se estrelló a escasos metros de la orilla de la isla de Santorini.

El viaje más largo en *rickshaw*/bicitaxi (hombres)

Entre el 27 de septiembre y el 16 de octubre de 2015, Scott Thompson (R.U.) recaudó dinero para cuatro organizaciones benéficas indonesias pedaleando 2.597,2 km desde Banda Aceh, en Aceh, Indonesia, a Bumi Serpong Damai, en Tangerang, Indonesia.

El **viaje más largo en *rickshaw*/bicitaxi (mujeres)** lo realizó Crystal Davis (Australia) en 2015. Pedaleó 1.672 km desde Port Douglas hasta Hervey Bay, en Queensland, Australia, entre el 17 de octubre y el 12 de diciembre.

El viaje más largo en moto por un único país (individual)

Entre el 19 de septiembre de 2014 y el 29 de agosto de 2015, Danell Lynn (EE.UU.) recorrió un total de 78.214 km por EE.UU. en su motocicleta Triumph Bonneville. Inició su viaje en Phoenix, Arizona, y visitó los 48 estados contiguos de EE.UU.

▲ EL VIAJE MÁS RÁPIDO A TODOS LOS PAÍSES SOBERANOS (MUJERES)
Entre el 24 de julio de 2015 y el 2 de febrero de 2017, Cassandra De Pecol (EE.UU.) visitó los 195 países soberanos requeridos por GWR en una gira que duró 1 año y 193 días. Entre los lugares más destacados están Paro Taktsang, en Bhután (arriba), y Yemen (arriba a la derecha). Con su viaje a la Antártida en febrero de 2017 (derecha), Cassandra también visitó todos los continentes.

El viaje más largo en vehículo eléctrico (no solar)

Entre el 29 de julio y el 28 de agosto de 2016, Nic Megert y Anton Julmy (ambos de Suiza) recorrieron 22.339,7 km por Europa con un Tesla Model S. Comenzaron y terminaron el viaje en Berna, Suiza, y cubrieron una media de 800 km diarios, con lo que superaron el anterior récord de Norman Hajjar (EE.UU.) de 2014 (19.607,96 km).

El **viaje más largo en vehículo eléctrico solar**, de 29.753 km, fue realizado por el equipo del SolarCar Proeject Hochschule Bochum (Alemamia) entre el 26 de octubre de 2011 y el 15 de diciembre de 2012.

El viaje más largo en un manipulador telescópico

Entre el 28 de abril y el 2 de junio de 2014, Leo Tergujeff (Finlandia) recorrió 4.296 km al volante de un manipulador telescópico Merlo P 25.6 (conocido en EE.UU. como «recogedor de cerezas»). Fue de Italia a Finlandia pasando por Eslovenia, Hungría, República Checa, Alemania y Suecia.

El viaje más largo en kite surf (mujeres)
Anke Brandt (Alemania) recorrió 489,62 km en kite surf entre Amwaj Marina y la isla de Al Dar, Baréin, entre el 17 y el 19 de abril de 2016.

El **viaje más largo en kite surf (hombres)** lo realizó Francisco Lufinha (Portugal), que recorrió 862 km entre el 5 y el 7 de julio de 2015.

Primera travesía del Mar Negro a remo y en solitario
Entre el 12 de junio y el 11 de julio de 2016, Scott Butler (R.U.) remó desde Burgas, Bulgaria, hasta Batumi, Georgia, durante 29 días, 6 h y 2 min. Recorrió 1.207 km.

▲ **SALTO DESDE MÁS ALTURA SIN PARACAÍDAS**
El 30 de julio de 2016, Luke Aikins (EE.UU.) realizó un salto desde un avión a 7.620 m de altura sin paracaídas ni traje aéreo, que llamó «Heaven Sent» (enviado del cielo). Aterrizó en una red de 9,2 m² en Simi Valley, en el sur de California, EE.UU. Pasó un año y medio preparándose para este salto de 3 min, y usó un GPS para guiarse hasta la red. La cadena de televisión Fox lo retransmitió en directo.

▲ **MÁS PAÍSES VISITADOS EN BICICLETA EN 24 HORAS (EQUIPO)**
El 2 de octubre de 2016, los pilotos James van der Hoorn (arriba a la izquierda) y Thomas Reynolds (arriba a la derecha, ambos de R.U.) pasaron por siete países (Croacia, Eslovenia, Hungría, Austria, Eslovaquia, República Checa y Polonia) en bicicleta en 24 horas en un desafío con fines benéficos.

El 9 de agosto de 2010, Van der Hoorn e Iain Macleod (R.U.) establecieron el récord de **más países visitados en una aeronave de ala fija en 24 h** (11).

El viaje a pie más rápido de Land's End a John o'Groats de un equipo mixto
Entre el 23 y el 27 de marzo de 2016, el equipo FFJogle2016 (R.U.) cruzó todo R.U. en 4 días, 18 h y 2 min en apoyo a varias causas benéficas. 12 personas formaron dos grupos, los Nightswatch (guardianes de la noche) y los Days of Thunder (días de trueno) que corrían de día y de noche, respectivamente.

La vuelta a Australia en bicicleta más rápida
Reid Anderton (Australia) recorrió 14.178 km en bicicleta en 37 días, 1 h y 18 min, del 10 de marzo al 15 de abril de 2013.

El viaje más largo en bicicleta anfibia
Ebrahim Hemmatnia (Países Bajos/Irlanda) recorrió 2.371 km por el océano Atlántico del 22 de noviembre de 2014 al 29 de enero de 2015.

▲ **EL VIAJE MÁS LARGO DESCALZO**
Del 1 de mayo al 12 de agosto de 2016, Eamonn Keaveney (Irlanda) caminó descalzo 2.080,14 km. Su objetivo era dar a conocer y recaudar fondos para el centro Pieta House, dedicado a la prevención de suicidios. Este maestro de primaria empezó su viaje en Claremorris, condado de Mayo, Irlanda, y completó la circunnavegación al país en el mismo punto de partida 103 días después, tras enfrentarse a la lluvia, las espinas, el tráfico y los pies doloridos.

Menos tiempo en cruzar el canal de la Mancha en un velero monocasco
El 24 de noviembre de 2016, Phil Sharp (R.U.) zarpó de Cowes, en la isla de Wight, R.U., a las 06:38:27 UTC (tiempo universal coordinado) y cruzó el canal de la Mancha sin escalas ni soporte en 9 h, 3 min y 6 s. Cruzó la línea de llegada, situada en Dinard, Francia, a las 15:41:33 UTC. Phil promedió una velocidad de 15,25 nudos (28,24 km/h) en su velero de regatas *Imerys*, lo que le permitió batir el tiempo de 12 h, 1 min y 31 s establecido por Jean Luc Van Den Heede (Francia) en noviembre de 2004. El récord de velocidad fue verificado por el World Sailing Speed Record Council.

▲ **LA MAYOR DISTANCIA RECORRIDA EN BICICLETA EN UN AÑO**
El 5 de abril de 2017, tras 326 días intentando batir el récord bajo la normativa de la UltraMarathon Cycling Association, Amanda Coker (EE.UU.) superó la marca de 122.432,4 km establecida por Kurt Searvogel (EE.UU.) el 9 de enero de 2016. Al final del día 326, Amanda había recorrido 122.686,56 km. Increíblemente, con 39 días por delante, Amanda siguió recorriendo una media diaria de 376,2 km.

▶ MAYOR DISTANCIA NAVEGADA EN 24 HORAS EN UN MONOCASCO (EN SOLITARIO)

Entre las 7 de la mañana (UTC) del 15 de enero y las 7 de la mañana del 16 de enero de 2017, Alex Thomson (R.U.) recorrió 994,17 km en su monocasco de 18,28 m de eslora *Hugo Boss*. Thomson, que intentaba dar caza a Armel Le Cléac'h, que lideraba la Vendée Globe, una regata alrededor del mundo, marcó una velocidad media de 22,36 nudos (41,41 km/h). A pesar de su ritmo récord, terminó segundo.

El récord de Alex Thomson es aún más impresionante si se considera que lo consiguió en condiciones cambiantes de viento frente a la costa española y que el ala de estribor se había visto afectada en el curso de la regata.

La mayor altitud

¡No apto para los que sufran de vértigo! Porque aquí hablamos de todo lo que esté relacionado con lo vertical y lo vertiginoso: desde gente que da un salto enorme con un pogo saltarín y tiburones supersaltadores, hasta olas oceánicas gigantes y un hogar situado por encima de la estratosfera. ¿Tienes miedo a las alturas?

0-3 m

Salto sin carrera: 1,616 m

El 13 de mayo de 2016, Evan Ungar (Canadá) dio un salto en vertical con los pies juntos hasta una plataforma de 1,616 m de alto. Este director de gimnasio logró el récord delante de 100 forzudos en One Health Clubs en Oakville, Ontario, Canadá.

Salto de un perro: 1,727 m

Cinderella May, un galgo cuyos dueños son Kate Long y Kathleen Conroy, de Miami, Florida, EE.UU., saltó 1,727 m en la Purina Incredible Dog Challenge National el 7 de octubre de 2006 en Missouri, EE.UU.

Salto de altura (mujeres): 2,09 m

El 30 de agosto de 1987, Stefka Kostadinova (Bulgaria) saltó 2,09 m en el Campeonato Mundial de Atletismo de Roma, Italia. Stefka consiguió siete récords mundiales de salto en pista cubierta y al aire libre.

Salto con un monopatín (medio tubo): 2,35 m

El 6 de julio de 2005, Jacke Olson (Suecia) alcanzó una altura de 2,35 m en el escenario de *L'Eté de Tous les Records*. El 27 de julio de 2005, Terence Bougdour (Francia) lo igualó en el mismo programa.

Salto de altura: 2,45 m

El 27 de julio de 1993, el cubano Javier Sotomayor saltó 2,45 m en Salamanca, España. Anteriormente, el 4 de marzo de 1989, Sotomayor también había conseguido el **mayor salto de altura en pista cubierta**, con 2,43 m, en Budapest, Hungría.

3-9 m

Salto con un pogo saltarín: 3,36 m

El 15 de octubre de 2016, Biff Hutchison (EE.UU.) realizó un salto de 3,36 m con un pogo saltarín en Burley, Idaho, EE.UU. Batió así su propio récord de 2,93 m, que había logrado en el Pogopalooza 10 en 2013.

De una tostada: 4,57 m

En 2012 Matthew Lucci (EE.UU.) diseñó una tostadora capaz de expulsar una tostada hasta una altura de 4,57 m. El récord anterior, logrado en 2008, era de 2,6 m.

Salto con pértiga (mujeres, al aire libre): 5,06 m

El 28 de agosto de 2009, la rusa Yelena Isinbayeva saltó una altura de 5,06 m en Zúrich, Suiza. Era la 17.ª vez que batía el récord mundial al aire libre desde 2003.

Salto de un tiburón: 6 m

El marrajo o tiburón de aleta corta (*Isurus oxyrinchus*) es capaz de elevarse 6 m desde la superficie del agua y alcanzar a los pesqueros. Esto se debe en parte a que es muy veloz; con sus 56 km/h, es también el **tiburón más rápido**.

Salto con pértiga (hombres, pista cubierta): 6,16 m

El 15 de febrero de 2014, Renauld Lavillenie (Francia) alcanzó una altura de 6,16 m en la competición Pole Vault Stars celebrada en Donetsk, Ucrania. El récord anterior (6,15 m) lo había ostentado Sergei Bubka (Ucrania) durante casi 21 años.

9-100 m

Lanzamiento de una tortita: 9,47 m

El 13 de noviembre de 2010, Dominic Cuzzacrea (EE.UU.) lanzó una tortita a 9,47 m de altura en el Walden Galleria de Cheektowaga, Nueva York, EE.UU. El 24 de octubre de 1999, ya había establecido el récord de la **maratón más rápida dando vueltas a una tortita** (3 h, 2 min y 27 s).

Salto a una piscina hinchable: 11,56m

El 9 de septiembre de 2014, *Professor Splash*, alias de Darren Taylor (EE.UU.), saltó desde 11,56 m a una piscina de goma de 30 cm de profundidad en el *Guinness World Records Special* de la CCTV (China).

Una ola medida por una baliza: 19 m

En diciembre de 2016, científicos de la Organización Meteorológica Mundial confirmaron que el 4 de febrero de 2013 se registró una ola de 19 m de altura en el océano Atlántico Norte, entre Islandia y R.U.

Una caída no mortal por el hueco de un ascensor: 70 m

En mayo de 1998, Stuart Jones (Nueva Zelanda) sobrevivió a una caída desde 23 pisos (70 m) por el hueco de un ascensor en el edificio de Midland Park en Wellington, Nueva Zelanda.

Un paseo en bicicleta por la cuerda floja: 72,5 m

El 28 de agosto de 2010, Nik Wallenda (EE.UU.) recorrió los más de 30 m que separan la Royal Towers del hotel Atlantis Paradise Island en Nassau, Bahamas. La cuerda estaba a 72,5 m de altura.

100-10.000 m

Capital de un país: 3.631 m

La Paz, la capital administrativa de Bolivia, se encuentra a una altitud de 3.631 m sobre el nivel del mar. Sucre, la capital constitucional de Bolivia, está a 2.810 m, prácticamente igual que Quito, la capital de Ecuador, que está a 2.850 m.

Vía ferroviaria: 4.000 m

Gran parte de la línea del ferrocarril Qinghai-Tíbet, en China, está a 4.000 m sobre el nivel del mar, con una altura máxima de 5.072 m. Inaugurada en 2006, cubre un recorrido de 1.956 km y sus vagones están presurizados y disponen de máscaras de oxígeno.

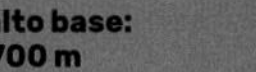

Una montaña sin escalar: 7.570 m

Con 7.570 m de altitud, el Gangkhar Puensum, en Bután, es uno de los 40 picos más altos del mundo, y la montaña más alta que jamás ha sido coronada. En la década de 1980 hubo varios intentos fallidos, hasta que en 1994 se prohibió su ascensión.

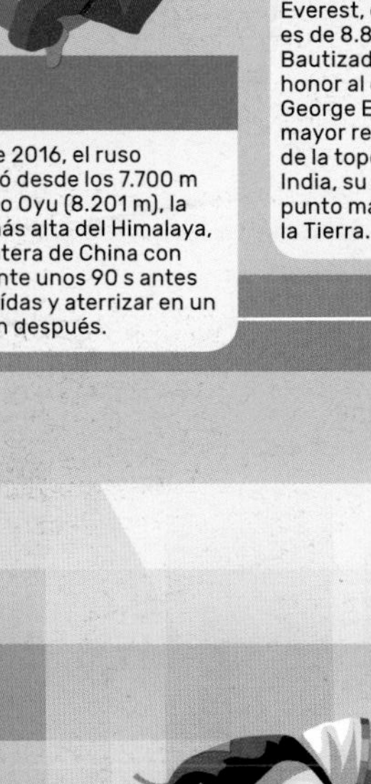

Salto base: 7.700 m

El 5 de octubre de 2016, el ruso Valery Rozov saltó desde los 7.700 m de altura en el Cho Oyu (8.201 m), la sexta montaña más alta del Himalaya, situada en la frontera de China con Nepal. Cayó durante unos 90 s antes de abrir el paracaídas y aterrizar en un glaciar unos 2 min después.

Montaña: 8.848 m

Según unos estudios de India y China, la altitud oficial del Everest, en el Himalaya, es de 8.848 m. Bautizado en honor al coronel Sir George Everest, el mayor responsable de la topografía de India, su cima es el punto más alto de la Tierra.

>10.000 m

Vuelo de un ave: 11.300 m

El 29 de noviembre de 1973, un buitre moteado (*Gyps rueppelli*) chocó con un avión comercial a casi 11.300 m de altitud sobre Abiyán, Costa de Marfil. Esta ave no suele superar los 6.000 m.

Vuelo en un planeador: 15.460 m

El 29 de agosto de 2006, Steve Fossett (EE.UU.) pilotó un planeador a una altitud de 15.460 m sobre El Calafate, Argentina. Este aventurero poseedor de varios récords desapareció al año siguiente mientras pilotaba una avioneta por el desierto de la Gran Cuenca, entre Nevada y California, EE.UU.

Vuelo en un globo de aire caliente: 21.027 m

El 26 de noviembre de 2005, Vijaypat Singhania (India) alcanzó una altitud de 21.027 m a bordo de un globo Cameron Z-1600 en Bombay, India.

Nubes estratosféricas: 25.000 m

Compuestas de cristales de hielo, agua muy fría y ácido nítrico, las nubes estratosféricas polares o nacaradas se forman a unos 21.000-25.000 m de altitud.

Salto en caída libre con paracaídas: 41.422 m

El 25 de octubre de 2014, Alan Eustace (EE.UU.) saltó de un globo de helio a una altura de 41.422 m en Roswell, Nuevo México, EE.UU.

Hogar: 330.000 m

La *Estación Espacial Internacional* orbita alrededor de la Tierra a entre unos 330.000 y 410.000 m de altitud. Normalmente, está ocupada por seis tripulantes.

Descarga este póster en guinnessworldrecords.com/2018

Sociedad

El voto es obligatorio en 22 países, incluido Brasil, Tailandia y Egipto. En Australia, no votar comporta una multa de 15,34 $.

Trump ganó las elecciones de EE.UU. al conseguir 304 votos del Colegio Electoral frente a los 227 de Clinton. Sin embargo, Clinton ganó el «voto popular», con 65.853.625 votos frente a los 62.985.106 de Trump.

SUMARIO

◀ LAS ELECCIONES MÁS CARAS

Las elecciones presidenciales de EE.UU. de 2016 fueron la noticia política más destacada de los últimos tiempos en todo el mundo. Según el Center for Responsive Politics, el coste total de las elecciones alcanzó la increíble cifra de 6.600 millones de $. Tras el ajuste de la inflación, esta suma superó en 86.500.000 $ las anteriores de 2012.

En el marco de la campaña presidencial, los candidatos Donald Trump (republicano) y Hilary Clinton (demócrata) participaron en el **debate presidencial televisado más visto** (en la imagen), con 84.000.000 de espectadores sólo en EE.UU. Celebrado el 26 de septiembre de 2016, el primero de los tres debates batió el récord anterior de 80,6 millones de telespectadores que siguieron el cara a cara entre Jimmy Carter y Ronald Reagan en 1980.

La ceremonia de investidura de Trump alcanzó la cifra récord de 90.000.000 $. Fue la **inauguración presidencial más costosa**, y tuvo lugar en el Capitolio de Washington, DC, el 20 de enero de 2017 (ver pág. 146).

Política y superpotencias

Franklin Delano Roosevelt es el único presidente de EE.UU. que ha desempeñado cuatro mandatos constitucionales (1933-1945). Actualmente, la Constitución estadounidense limita la presidencia a dos legislaturas.

El primer hacktivismo político

El hacktivismo se basa en el empleo de herramientas digitales y de las redes informáticas con fines políticos. El primer caso registrado se produjo en octubre de 1989, cuando el cibergusano «Gusanos contra asesinos nucleares» accedió a ordenadores de la NASA y del Departamento de Energía de EE.UU.

El presidente de EE.UU. que más penas ha conmutado

Al dejar el cargo el 20 de enero de 2017, Barack Obama había indultado a 1.715 presos. En su última jornada completa como presidente, el 19 de enero de 2017, conmutó la pena a 330 presos federales. Obama escribió en Twitter: «EE.UU. es una nación de segundas oportunidades, y 1.715 personas las merecían».

La ceremonia de investidura presidencial más costosa

El comité inaugural del presidente Donald Trump recaudó 90.000.000 $ para cubrir los costes de la ceremonia de investidura celebrada el 10 de enero de 2017, más del doble de lo que costó la ceremonia de Obama en 2013. Boeing, Dow Chemical y el Bank of America hicieron donaciones de 1.000.000 $.

El jefe de Estado que más años ha ostentado el cago sin pertenecer a la realeza (de todos los tiempos)

El 25 de noviembre de 2016, murió Fidel Alejandro Castro Ruz, más conocido como Fidel Castro (Cuba, n. el 13 de agosto de 1926). Ocupó primero el cargo de primer ministro (1959-1976) y luego el de presidente (1976-2008), durante 49 años y 3 días.

En 2006 Fabián Escalante, guardaespaldas de Fidel Castro, reveló que éste había sufrido 638 atentados, el **mayor número de intentos de asesinato**.

El partido político que más tiempo ha estado en el poder

Fundado en 1929 y elegido ese mismo año, el Partido Revolucionario Institucional (PRI) de México se mantuvo en el poder hasta el 2000, 71 años. Originalmente llamado Partido Revolucionario Nacional, en 1938 cambió a Partido de la Revolución Mexicana, y en 1946 al nombre actual.

La presidencia más breve

Pedro Lascuráin gobernó México durante una hora el 19 de febrero de 1913. Era el sucesor legal del presidente Madero, que había sido depuesto y después asesinado. El vicepresidente de México estaba detenido, así que Lascuráin juró el cargo, nombró sucesor al general Victoriano Huerta y dimitió.

▲ LA MAYOR FILTRACIÓN ILEGAL DE DOCUMENTOS CLASIFICADOS

En abril de 2016, se publicaron una serie de documentos internos del bufete de abogados panameño Mossack Fonseca sobre empresas secretas en paraísos fiscales de 140 políticos, funcionarios y deportistas. Con más de 11 millones de registros de los últimos 40 años, es unas 1.500 veces mayor que los datos filtrados por Wikileaks en 2010.

La Reina celebra un segundo aniversario «oficial» en junio. Sigue una tradición iniciada en 1748 por Jorge II, que consideró que hacía demasiado frío para celebrar un desfile de cumpleaños en noviembre y organizó un segundo en verano.

P: ¿Qué importantes acontecimientos políticos estudian los psefólogos?

R: Las elecciones.

El primer ministro más rico

Según *Forbes*, la fortuna del italiano Silvio Berlusconi se estimaba en 11.000 millones de dólares en 2005. Se dice que Vladímir Putin, exprimer ministro y actual presidente de Rusia, tiene un patrimonio neto estimado de 70.000 millones de dólares, pero *Forbes* no ha podido confirmarlo.

El parlamento más grande (órgano legislativo)

La Asamblea Popular Nacional de China tiene 2.987 miembros que se reúnen anualmente en el Gran Salón del Pueblo de Pekín. Las «asambleas populares» municipales, regionales y provinciales, además del Ejército Popular de Liberación, eligen a los miembros para cinco años.

El dirigente mundial más alto

Filip Vujanović se convirtió en presidente de Montenegro en mayo de 2003. Con 196 cm era el presidente más alto a fecha de 2016. Tras ocupar el cargo de primer ministro de Montenegro, fue elegido presidente cuando el país se independizó, y posteriormente fue reelegido en 2008 y 2013.

El **dirigente mundial más bajo** fue Benito Juárez, presidente de México entre 1858 y 1872, que medía 137 cm.

LOS MÁS JÓVENES

«El niño de la casa»

Al miembro más joven de un Parlamento se le otroga el título no oficial de «El niño de la casa». En 2010, Anton Abele (Suecia, n. el 10 de enero de 1992) fue elegido para representar la provincia de Estocolmo a los 18 años y 277 días.

Jefe de Estado (actual)

El 17 de diciembre de 2011, Kim Jong-un pasó a gobernar Corea del Norte tras la muerte de su padre, Kim Jong-il. Nunca se ha confirmado la edad exacta de Jong-un, pero se cree que tenía 27 años en el momento de la sucesión.

Monarca reinante

Rukirabasaija Oyo Nyimba Kabamba Iguru Rukidi IV, o King Oyo (n. el 16 de abril de 1992), tenía tres años cuando llegó al poder en el reino ugandés de Toro en 1995. Ahora gobierna el 3% de la población de 33 millones de Uganda. Su influencia es simbólica porque el condado lo gobierna un presidente electo.

◄ EL REINADO MÁS LARGO DE UN MONARCA VIVO

La Reina Isabel II llegó al trono de Gran Bretaña el 6 de febrero de 1952, por lo que a 4 de abril de 2017 llevaba 65 años y 57 días de reinado sin interrupciones. Su papel es simbólico y ceremonial, no ejerce poder político. Además del R.U., más de 130 millones de personas de 15 estados de la Commonwealth, incluidos Australia y Canadá, la reconocen como su monarca, la **mayor cantidad de países gobernados por un mismo jefe de Estado**.

MUJERES JEFAS DE GOBIERNO

Mujeres designadas o elegidas jefas de gobierno:

Alemania: Angela Merkel

Bangladesh: Sheikh Hasina

Noruega: Erna Solberg

Namibia: Saara Kuugongelwa

Polonia: Beata Szydło

Myanmar: Aung San Suu Kyi

R.U.: Theresa May

MUJERES JEFAS DE ESTADO

Mujeres nombradas o elegidas jefas de Estado en un sistema presidencial:

Liberia: Ellen Johnson Sirleaf

Suiza: Doris Leuthard

Lituania: Dalia Grybauskaitė

Chile: Michelle Bachelet

Malta: Marie-Louise Coleiro Preca

Croacia: Kolinda Grabar-Kitarović

Mauricio: Ameenah Gurib

Nepal: Bidhya Devi Bhandari

Islas Marshall: Hilda Heine

Taiwán: Tsai Ing-wen

Estonia: Kersti Kaljulaid

Información actualizada a 23 de marzo de 2017.

▲ EL PAÍS QUE HA TENIDO MÁS PRIMERAS MINISTRAS
Incluyendo los períodos interinos, Noruega ha tenido tres primeras ministras: Gro Harlem Brundtland en tres ocasiones (del 4 de febrero de 1981 al 4 de octubre de 1981, del 9 de mayo de 1986 al 16 de octubre de 1989 y del 3 de noviembre de 1990 al 25 de octubre de 1996); Anne Enger Lahnstein, de forma interina, del 30 de agosto de 1998 al 23 de septiembre de 1998; y Erna Solberg (en la imagen) del 16 de octubre de 2013 al 8 de mayo de 2017.

▲ EL PARTIDO POLÍTICO CON MÁS AFILIADOS
El Partido Bharatiya Janata de la India hizo público que había alcanzado la cifra de 100 millones de afiliados a julio de 2015. Se creó como partido político en 1980, derivado del Bharatiya Jana Sangh (fundado en 1951). Bajo el liderazgo del primer ministro Narendra Modi, este partido de derechas superó al Partido Comunista Chino, que cuenta con unos 86 millones de afiliados.

▲ EL MIEMBRO MÁS JOVEN DE UN GABINETE
A los 22 años, Shamma bint Suhail bin Faris Al Mazrui fue nombrada ministra de Estado de Juventud de los Emiratos Árabes Unidos en el gabinete del jeque Mohammed bin Rshid Al Maktoum, presentado en febrero de 2016. También es presidente del Consejo de Juventud. El jeque Mohammed escribió en Twitter: «La juventud es la mitad de nuestras sociedades árabes, así que es lógico darles voz y mando para gobernar la nación».

▲ LA DIPUTADA ACTUAL DEL R.U. MÁS JOVEN
Mhairi Black (R.U., n. el 12 de septiembre de 1994) fue elegida diputada por Paisley y Renfrewshire South en 2015, cuando contaba con 20 años y 237 días. Se presentó como representante del Partido Nacional Escocés y obtuvo 23.548 votos, un 32,9% más que su predecesor laborista.

▲ EL PRESIDENTE QUE LLEVA MÁS AÑOS EN EL CARGO
Teodoro Obiang Nguema Mbasogo (n. el 5 de junio de 1942) es presidente de Guinea Ecuatorial desde 1979, cuando desbancó a su tío y tomó el control de este país centroafricano rico en petróleo. Mbasogo (en el cuadro en una visita a España en 1982) ha ganado desde entonces todas las elecciones, tildadas de fraudulentas por la oposición. El 24 de abril de 2016, tras 37 años de gobierno, volvió a ganar con el 90% de los votos.

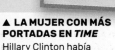

▲ LA MUJER CON MÁS PORTADAS EN *TIME*
Hillary Clinton había aparecido en 23 portadas de la revista *Time* a diciembre de 2016. La exprimera dama y candidata presidencial demócrata protagonizó su primera portada el 14 de septiembre de 1992, y la más reciente el 15 de febrero de 2016 (arriba a la derecha).

Desde el primer número publicado el 3 de marzo de 1923, el **récord de portadas de la revista *Time*** está en poder del 37.º presidente de EE.UU., Richard Milhous Nixon (arriba a la izquierda), con 55.

▲ EL PAÍS CON MÁS PAZ
Islandia ocupó la primera posición del Índice de Paz Global de 2016 con 1.192 puntos, por delante de Dinamarca, el segundo en la lista, con 1.246 puntos. Islandia mantiene el primer puesto desde 2011. Este índice tiene en cuenta factores como conflictos nacionales e internacionales, la seguridad en la sociedad y la militarización del país.

▲ EL PAÍS CON MÁS SOLICITUDES DE ASILO POLÍTICO
Según el Pew research Center (EE.UU.), Alemania recibió 442.000 solicitudes de asilo político en 2015. La cantidad de solicitantes de asilo en la Unión Europea fue de 1,3 millones. La mitad de los refugiados procedían de Siria, Afganistán o Irak, donde los conflictos y las guerras externas y civiles (véase la derecha) han obligado a miles de personas a tener que desplazarse.

▲ EL POLÍTICO CON MÁS SEGUIDORES EN TWITTER
A 25 de enero de 2017, Barack Obama (EE.UU., @BarackObama), expresidente de EE.UU., tenía 83.313.483 seguidores en la red social. Obama ocupar el tercer puesto global de Twitter, tras los cantantes Katy Perry (95 millones de seguidores) y Justin Bieber (91 millones).

▼ EL PAÍS CON MENOS PAZ
Siria ocupó la última posición del Índice de Paz Global de 2016, publicado por el Instituto de Economía y Paz, con 3.806 puntos. El país de Oriente Medio lleva desde 2011 inmerso en una guerra civil que ha devastado ciudades como Aleppo (imagen de la izquierda). El Observatorio Sirio de los Derechos Humanos calculó que unas 313.000 personas habían fallecido en la guerra hasta enero de 2017.

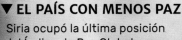

Dinero y economía

Según la organización Oxfam, el 1% de la población mundial acumula tanta riqueza como el 99% restante.

La marca con un aumento de las ganancias más rápido

Según Interbrand, Facebook (EE.UU.) aumentó un 48% sus ganancias en 2016. Ha crecido más que cualquier otra empresa, ya que pasó de unos ingresos de 5.090 millones de dólares en el ejercicio fiscal cerrado a 12 de diciembre de 2012, a 17.930 millones de dólares en el de 2015.

La economía más innovadora

El Índice Mundial de Innovación otorga a Suiza una puntuación de 66,28. Publicado por la Organización Mundial de la Propiedad Intelectual, la Universidad de Cornell (EE.UU.) y el INSEAD (Instituto Europeo de Administración de Empresas), emplea 82 indicadores para evaluar el grado de creatividad e innovación de las políticas económicas nacionales.

La sociedad más equitativa

Aunque las sociedades escandinavas como Dinamarca, Noruega y Suecia suelen ser consideradas las más equitativas del mundo, según las cifras contrastadas más recientes del Banco Mundial (para 2015), Ucrania es el país en el que la brecha entre ricos y pobres es menor, con una puntuación de 0,25 según el coeficiente de Gini, que es el detector de la desigualdad salarial más empleado. Una puntuación de 1 registra la desigualdad máxima (una persona concentra todos los ingresos), mientras que un 0 indica una igualdad perfecta (todos los ciudadanos tienen los mismos ingresos). También según esta fuente, en 2015 Sudáfrica tenía un coeficiente de Gini de 0,65, por lo que era la **sociedad menos equitativa**.

La menor brecha de género

El Índice Global de la Brecha de Género 2015 del Foro Económico Mundial valora la desigualdad de género del 0 (desigualdad total) al 1 (igualdad absoluta). Según este índice, Islandia es el país con menor desigualdad de género, con una puntuación de 0,881. Esta cifra se basa en cuatro indicadores sobre el trato recibido por las mujeres: participación y oportunidades en el terreno económico, nivel educativo, salud y supervivencia, y empoderamiento político. Para conocer el país con la **mayor brecha de género**, ver la página siguiente.

▲ EL MAYOR GASTO EN SANIDAD

Según la Organización Munidal de la Salud, el gobierno de EE.UU. invierte en salud un 17,1% del producto interior bruto (PIB, o bienes y servicios que genera un país, tanto del sector público como del privado).

Timor Oriental era el país con el **menor gasto destinado a Sanidad** en relación con el PIB, que dicha organización estimaba en un 1,5%.

En 2010 los multimillonarios Warren Buffett y Bill y Melinda Gates fundaron Giving Pledge, una iniciativa que pretende que los más ricos del mundo donen más de la mitad de su fortuna a causas benéficas.

P: ¿En qué país viven el 46% de todos los millonarios?

R: En EE.UU., según el Informe de Riqueza Mundial de Credit Suisse.

La empresa más grande por volumen de activos

Según *Forbes*, el Banco Industrial y Comercial de China (ICBC) poseía unos valores contables de 3,42 billones de dólares en 2016. Esta cifra refleja cómo se calculan los valores del banco en sus propios libros o estados financieros.

En 2015 Walmart Stores (EE.UU.) fue la **mayor empresa en volumen de ventas** por tercer año consecutivo, con 482.100 millones de dólares de beneficios netos generados en ese año.

La mayor empresa de publicidad por volumen de ingresos

El informe sobre agencias de Ad Age 2016 cataloga la empresa británica WPP como la mayor agencia publicitaria, con beneficios de 18.693 millones de dólares en 2015 y 179.000 empleados en 111 países.

LOS MÁS ELEVADOS

Ingresos anuales de un director general (actualidad)

Según *Forbes*, del 1 de junio de 2015 al 1 de junio de 2016 John Hammergren (EE.UU.) fue el director general mejor pagado (131,19 millones de dólares). Es presidente y director ejecutivo de la firma de servicios médicos y farmacéuticos McKesson.

Gasto público

El gobierno de EE.UU. es el país con un gasto público más elevado. Según el World Factbook de la CIA, en 2016 ascendió a 3,893 billones de dólares, es decir, un 17% de todo el gasto mundial.

Según esta fuente, EE.UU. también es el país con **mayores ingresos públicos**, unos 3,363 billones de dólares en 2016, sobre todo de tasas e impuestos.

Crecimiento económico

Según datos del Banco Mundial, Irlanda tuvo un índice de crecimiento de un 26% en 2015, en parte por el aumento notable de las inversiones extranjeras.

Yemen registró el **menor crecimiento económico** durante 2015. Según el mismo informe, su PIB se redujo en un 28,1% ese año.

Gasto en educación

De acuerdo con las últimas cifras de *The Economist*, Lituania invierte en educación alrededor de un 18% del PIB. Cuba ocupa el segundo lugar, con algo más del 12%. Sudán del Sur es el país con menor gasto en educación, un 0,8 del PIB.

◀ LA PERSONA MÁS RICA

Según *Forbes*, Bill Gates, el empresario estadounidense del software, era el hombre más rico del mundo a abril de 2017, con una fortuna estimada de 86.900 millones de dólares. Fue el hombre vivo más rico entre 1995 y 2007, lo fue de nuevo en 2009, y lo es desde 2014.

Por su parte, Liliane Bettencourt (Francia, arriba), una de las principales accionistas de L'Oréal, era la **mujer más rica** a 1 de junio de 2016 según *Forbes*, con una fortuna de 36.100 millones de dólares, pese haber perdido el año anterior 4.000 millones por la bajada de las acciones de L'Oréal.

Las 10 mejores empresas según el informe de las Mejores Marcas del Mundo 2016 de Interbrand*

178.119 millones de $
En los tres primeros meses del ejercicio fiscal de 2017, Apple vendió 78,29 millones de iPhones

Google

133.252 millones de $
Cada segundo se realizan unas 60.000 búsquedas en Google.

73.102 millones de $
Cada segundo se toman casi 22.000 bebidas que pertenecen a Coca-Cola.

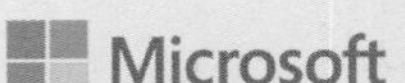

72.795 millones de $
Si en 1986 hubieras comprado acciones de Microsoft por valor de 1.000 $, hoy en día tendrían un valor aproximado de 740.000 $.

53.580 millones de $
El gigante japonés del automóvil Toyota gasta más de 1.000.000 $ en investigación y desarrollo cada hora.

52.500 millones de $
También conocido como el *Gigante Azul*, IBM es uno de las empresas con más trabajadores del mundo, con unos 380.000.

51.808 millones de $
En 2016 Samsung registró más patentes en EE.UU. (8.551) que cualquier otra empresa, según la aplicación Sqoop.

amazon

50.338 millones de $
Se calcula que el 12 de julio de 2016, el Amazon Prime Day, la empresa envió unos 636 artículos cada segundo.

Mercedes-Benz

43.490 millones de $
En 2016 el fabricante de coches de lujo vendió 2,23 millones de unidades. Por primera vez superaba los 2 millones.

43.130 millones de $
La tecnología de General Electric genera alrededor de un tercio de la electricidad mundial.

**Según el método de valoración de marcas que usa Interbrand, las empresas se evalúan a partir de unos criterios específicos, como el rendimiento económico, el crecimiento de la marca y la influencia que ejerce el propio nombre de la marca en una compra.*

▲ **LA MAYOR ECONOMÍA**

Según el informe Perspectivas de la Economía Mundial del Fondo Monetario Internacional, EE.UU. tenía el mayor PIB del mundo, con unos 18,561 billones de dólares a fecha de octubre de 2016. Esta cifra representa un 24,7% del PIB mundial. China ocupaba el segundo lugar, con unos 11,391 billones de dólares; y Japón, el tercero, con un PIB de 4,730 billones de dólares. El conjunto de estos tres países suma en torno a un 46% del PIB mundial.

▲ **EL COSTE DE LA VIDA MÁS BAJO**

Numbeo.com, una base de datos mundial en línea creada por los popios usuarios, otorgó a Egipto una calificación de 22,36 (la más baja de todo el mundo) en su índice del coste de la vida a diciembre de 2016. Los países se evalúan por el coste relativo de un típico estilo de vida occidental. Se utilizan los precios de la ciudad de Nueva York (EE.UU., puntuación de 100) como referencia.

▲ **EL COSTE DE LA VIDA MÁS ALTO**

Según una encuesta de Numbeo.com en 2017, las Bermudas tienen el coste de la vida más alto, con una puntuación de 146,19. Se calcula que las tiendas de comestibles son un 39,55% más caras con respecto a Nueva York, los restaurantes un 51,39%, y los alquileres un 4,76%. En cambio, en función del salario medio, el poder adquisitivo de los habitantes de las Bermudas es un 8,35% inferior que el de los neoyorkinos.

▲ **LA MAYOR LIBERALIZACIÓN ECONÓMICA**

En 2016 Hong Kong tenía la economía más liberalizada del mundo, valorada en un 88,6 por la Fundación Heritage. Esta cifra representa una caída de un punto respecto a 2015. El ranking considera factores como una regulación eficiente, la transparencia del gobierno y el fomento del espíritu empresarial. Singapur le sigue de cerca, con un 87,8.

▲ **LA MAYOR BRECHA DE GÉNERO (PAÍS)**

Yemen es el país que tiene una mayor desigualdad de género, según el Índice Global de la Brecha de Género 2015 del Foro Económico Mundial, con una puntuación de 0,484. De 145 países, ocupa el lugar 145 en cuanto a la participación y oportunidades en el terreno económico, el 142 en el nivel educativo, el 123 en salud y supervivencia y el 140 en empoderamiento político.

▲ **EL BANCO MÁS GRANDE (EN TÉRMINOS GENERALES)**

El Banco Industrial y Comercial de China (ICBC) es un banco de propiedad estatal fundado en 1984 como una sociedad limitada. Según *Forbes*, tenía un valor de activos de 3,616 billones de dólares en 2016. Esta cifra refleja el valor de mercado de sus activos. El ICBC cuenta con 490 millones de clientes minoristas y 5.320 empresas corporativas, con sucursales en Asia, Europa, América y Oceanía.

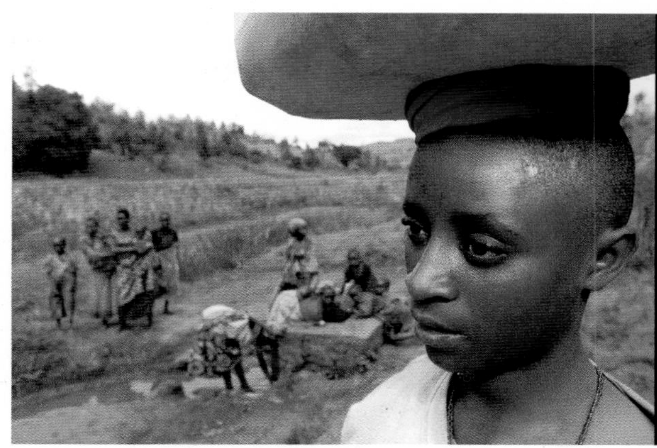

◀ **EL PAÍS CON EL MENOR PIB PER CÁPITA**

La población más pobre es la de Burundi, según los últimos datos del Banco Mundial, con un PIB per cápita de 277,10 $.

Sin incluir los diminutos principados de Mónaco y Liechtenstein, la **gente más rica** vive en Luxemburgo, según información del Fondo Monetario Internacional (FMI), con un PIB per cápita de 105.829 $ a octubre de 2016.

▲ **EL MAYOR GASTO EN DEFENSA COMO PORCENTAJE DEL PIB**

Afganistán (imagen) y Omán gastaron en 2015 un 16,4% de su PIB, según *The Economist*. Arabia Saudí fue tercero, con un 13%.

En términos generales, EE.UU. tuvo el **mayor presupuesto en defensa** con 596.000 millones de dólares, según datos del Instituto Internacional de Estudios para la Paz de Estocolmo (SIPRI). Esta cifra supuso un ligero aumento respecto a los 587.000 millones de 2014.

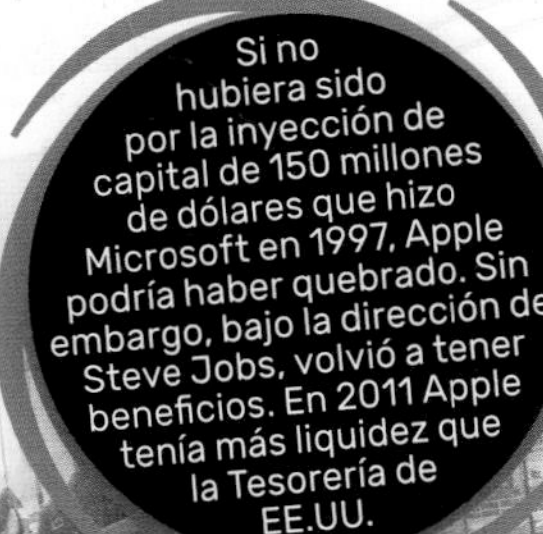

Si no hubiera sido por la inyección de capital de 150 millones de dólares que hizo Microsoft en 1997, Apple podría haber quebrado. Sin embargo, bajo la dirección de Steve Jobs, volvió a tener beneficios. En 2011 Apple tenía más liquidez que la Tesorería de EE.UU.

▲ **LA MAYOR EMPRESA POR BENEFICIOS**

Apple, el gigante estadounidense de la tecnología, es la mayor empresa del mundo, con 53.700 millones de dólares de beneficios anuales a 22 de abril de 2016. Por segundo año consecutivo, Apple también lideró la lista Fortune 500 de las 10 empresas más rentables.

Crimen y castigo

Los analistas de mercado prevén que, en 2019, el coste del cibercrimen internacional superará los 2,1 billones de dólares.

▲ EL MAYOR ÍNDICE DE ASESINATOS PER CÁPITA

Según un estudio de las Naciones Unidas, el número de asesinatos por cada 100.000 habitantes en Honduras en 2012 fue de 90,4. Nigeria registró la mayor cantidad de asesinatos en términos absolutos (33.817), aunque, dado que su población es mayor, equivalió a «sólo» 20 por cada 100.000 habitantes.

El primer acosador de una celebridad

Edward Jones (R.U.) acosó a la reina Victoria entre 1838 y 1841, cuando se introdujo repetidas veces en el palacio de Buckingham para espiarla y robarle ropa interior. Obligado a servir en la marina real, el «joven Jones» se acabó marchando a Australia, donde llegó a ser el pregonero de la ciudad de Perth.

El verdugo con una vida laboral más prolongada

William Calcraft (R.U.) sirvió como verdugo durante 45 años, entre 1829 y 1874. Ejerció sus funciones en casi todos los ahorcamientos de la cárcel de Newgate, en Londres, R.U.

El pirata más productivo

Samuel Bellamy, nacido en Inglaterra en 1689, gozó de una perdurable fama como el pirata *Negro Sam*. En sólo dos años, de 1715 a 1717, capitaneó más de 50 barcos en el Caribe y el Atlántico, y amasó una fortuna equivalente a más de 105.000.000 $ actuales. Bellamy falleció el 26 de abril de 1717, cuando se hundió el barco de esclavos *Whydath*, que acababa de apresar.

El coste más elevado de la piratería en alta mar en un año

El Banco Mundial calculó que el coste de la piratería frente a la costa de Somalia, en África oriental, fue de aproximadamente 18.000 millones de dólares en 2013. La cifra superó el anterior récord, de entre unos 7.000 y 11.000 millones de dólares, establecido en 2011.

Las empresas de navegación comercial y sus aseguradoras suelen pagar los rescates. En 2010 se pagaron 238.000.000 $, la **suma más elevada por rescates pagada a piratas en un año**. El coste medio de cada rescate fue de 5.400.000 $.

El pago por un rescate de un secuestro más elevado

El 9 de febrero de 2011, piratas somalíes secuestraron el petrolero griego *M/T Irene SL* con una carga de dos millones de barriles de petróleo, frente a la costa de Omán. Después de retener a sus 25 tripulantes durante 58 días, obtuvieron un rescate de 13.500.000 $.

Los garajes de la policía de Dubái están llenos de vehículos de alta gama. ¡Además del Veyron, han utilizado un Lamborghini Aventador, un McLaren MP4-12C, un Aston Martin One-77 y dos Ferrari FF!

P: ¿A cuántos criminales convictos ejecutó el verdugo William Calcraft?

R: Se calcula que a unos 450.

El mayor botín de diamantes

En febrero de 2003, un grupo de ladrones asaltó el Antwerp World Diamond Centre y huyó con más de 100.000.000 $ en diamantes, gemas y otras joyas. La banda italiana, liderada por el astuto Leonardo Notarbartolo, fue detenida más tarde. Sin embargo, la gran mayoría de los diamantes no se recuperó nunca.

La mayor cantidad de secuestros en un país (per cápita)

Según la Oficina de las Naciones Unidas contra la Droga y el Delito, en el Líbano se produjeron 18.371 secuestros por cada 100.000 habitantes en 2014. El segundo puesto lo ocupaba Bélgica, con 9.959, y el tercero Luxemburgo, con 9.343.

El grupo insurrecto más rico

El Daesh o Estado Islámico de Irak y Siria (ISIS) está reconocido como organización terrorista por las Naciones Unidas y, a fecha de 2014, se le calculaba una fortuna de 2.000 millones de dólares según cálculos de *Forbes*. Buena parte de estos ingresos proceden de la venta ilegal de petróleo, del contrabando y de la extorsión y el robo. Cuando el ISIS tomó el control de la ciudad iraquí de Mosul en 2014, se hizo con los fondos del banco local, estimados en más de 300.000.000 $.

La cárcel más pequeña

La isla de Sark es la más pequeña de las cuatro islas británicas principales del Canal y en ella viven unas 600 personas. Su cárcel, construida en 1856, tiene una capacidad máxima para dos internos.

La mayor base de datos de ADN

El FBI creó el Sistema Nacional de Indexación de ADN (NDIS) en 1994. En abril de 2016, contenía los perfiles de 12,2 millones de delincuentes (perfiles genéticos de criminales conocidos), de 2,6 millones de detenidos y 648.000 perfiles forenses (pruebas de escenas de crímenes).

La mayor cantidad de criminales identificados a partir de los retratos robot de un especialista

Entre junio de 1982 y mayo de 2016, se identificaron y se llevaron ante la justicia a 751 criminales en Texas, EE.UU., gracias a los precisos retratos robot de la artista forense Lois Gibson (EE.UU.). Antes de trabajar para la policía de Houston, retrataba a turistas en San Antonio, Texas.

◀ EL COCHE DE POLICÍA MÁS RÁPIDO EN SERVICIO

Para poder seguir la estela de los deportivos que conducen los acaudalados ciudadanos de Dubái, la policía de este emirato decidió invertir en abril de 2016 1.600.0000 $ en uno de los coches más potentes del planeta: un Bugatti Veyron. Con una increíble velocidad máxima de 407 km/h, su motor de 1.000 caballos y 16 cilindros le permite pasar de 0 a 96,5 km/h en sólo 2,5 s. Es incluso más veloz que el Lamborghini Gallardo, utilizado por la policía italiana.

Muertes por armas de fuego frente a muertes por terrorismo

Según la agencia estadounidense de Centros para el Control y la Prevención de enfermedades (CDC), las muertes causadas por arma de fuego en EE.UU. son significativamente superiores a las causadas por el terrorismo.

440.095 muertes por arma de fuego en EE.UU. entre 2001 y 2014.

3.412 muertes de ciudadanos de EE.UU. (en el país o en el extranjero) por actos terroristas durante el mismo período.

Fuentes: CDC, CNN.

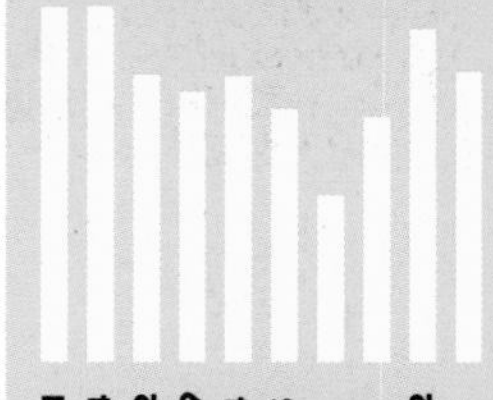

Número de ataques terroristas (2006-15)

2006: **14.371**
2007: **14.414**
2008: **11.662**
2009: **10.969**
2010: **11.604**
2011: **10.283**
2012: **6.771**
2013: **9.964**
2014: **13.482**
2015: **11.774**

Índice de criminalidad per cápita más elevado (cifras por cada 100.000 personas), según el informe de 2014 de la Oficina de la ONU contra la Droga y el Delito.

Robos de coches: 502,8 Uruguay

Allanamiento (robo de una propiedad después de forzar la entrada): **1.506,7 Países Bajos**

Atraco (robo de propiedades a un individuo): **1.529,3 Bélgica**

Agresión (ataque físico a un individuo sin resultado mortal): **1.324,7 Granada (Antillas Menores)**

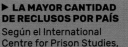

▲ **LA MAYOR CANTIDAD DE CADENAS PERPETUAS**

El 19 de abril de 1995, estalló una bomba en un edificio federal de Oklahoma City, en Oklahoma, EE.UU., que mató a 168 personas. Tras ser juzgado en 1997, Terry Lynn Nichols (EE.UU.) fue condenado a cadena perpetua sin libertad condicional por idear y llevar a cabo el atentado. En 2004 Nichols fue condenado por 161 cargos de asesinato en primer grado y sentenciado a 161 cadenas perpetuas consecutivas.

Robert Levinson ha sido visto muy pocas veces desde que lo secuestraron en 2007. En 2013 su familia hizo públicas unas fotos que había recibido de Levinson desaliñado y vestido con un mono naranja.

▲ **EL SECUESTRO MÁS LARGO**

El exinvestigador del FBI Rovert Levinson (EE.UU.) fue secuestrado en la isla iraní de Kish el 9 de marzo de 2007. Aunque, según él, sólo vigilaba contrabandistas de tabaco para la industria tabacalera, más tarde se supo que trabajaba para la CIA. Levinson continúa en paradero desconocido, pese a la recompensa de 5.000.000 $. A 6 de noviembre de 2016, llevaba 9 años y 242 días desaparecido.

▲ **EL MAYOR RESCATE POR UN SECUESTRO (ERA MODERNA)**

El gánster de Hong Kong Cheung-Tze (conocido como *El gran derrochador* por su ostentoso estilo de vida) obtuvo un total de 206.000.000 $ por por entregar sanos y salvo a dos empresarios: Victor Li y Walter Kwok, secuestrados en 1996 y 1997, respectivamente. Su codicioso plan era secuestrar a los 10 magnates de Hong Kong más ricos. No obstante, su tercer intento de secuestro fracasó, y Cheung fue arrestado y ejecutado en China, el 5 de diciembre de 1998.

▲ **LA MAYOR CANTIDAD DE PERIODISTAS ENCARCELADOS (ANUAL)**

A 1 de diciembre de 2016, había 259 periodistas en la cárcel por ejercer su profesión, según la organización sin ánimo de lucro Comité para la Protección de Periodistas (CPJ). 2016 fue el año con más periodistas encarcelados desde que el CPJ inició su vigilancia en 1990. En la imagen, manifestantes protestan por el récord de periodistas encarcelados en 2016 en Turquía.

► **LA MAYOR CANTIDAD DE RECLUSOS POR PAÍS**

Según el International Centre for Prison Studies, la población carcelaria de EE.UU. ascendía a 2.217.947 a julio de 2016. China ocupaba el segundo lugar, con 1.649.804 reclusos, si bien su población total es mucho mayor. EE.UU. tenía 693 internos por cada 100.000 personas, sólo por detrás de las Seychelles, donde 799 personas de cada 100.000 estaban entre rejas.

El estrecho de Malaca conecta los océanos Índico y Pacífico. Una cuarta parte de todo el transporte comercial pasa por sus aguas.

▼ EL MAYOR NÚMERO DE CASOS DE PIRATERÍA EN UN AÑO

Según el informe de la Agencia Marítima Internacional (IMB, por sus siglas en inglés), en 2016 la piratería registró su índice más bajo desde 1998 (191 casos en alta mar). El año 2000 fue el de mayor número de ataques piratas (469), desde que se tiene registro. De ellos, 242 se dieron en el sudeste de Asia y en el estrecho de Malaca, entre Malasia, Indonesia y Singapur. El incremento de efectivos policiales y patrullas marítimas (izquierda) ha contribuido al notable descenso de la piratería en la zona.

Je t'aime... Francia envía cuatro veces más emojis de corazones en los mensajes que cualquier otro país.

▲ EL MAYOR USUARIO DEL EMOJI DE LA CACA
En abril de 2015, el desarrollador de teclados de pantalla táctil SwiftKey anunció los resultados de un estudio para saber qué emojis se usaban más en cada país. Los más populares en EE.UU. eran la calavera y el pastel, mientras que la sonrisa con guiño era el emoji más frecuente en R.U. La caca sonriente resultó el emoji más utilizado en Canadá, con el 0,48%.

El alfabeto coreano, conocido como hangul en Corea del Sur, fue creado en 1443 por el rey Sejong *el Grande*. Antes, los textos coreanos se componían en chino clásico.

Primera lengua escrita
La cerámica de la cultura Yangshao descubierta en 1962 cerca de Xi'an, en la provincia china de Shaanxi, incluye protocaracteres de los números 5, 7 y 8. Se ha datado entre los años 5.000 y 4.000 a.C.

La lengua con más sonidos
La lengua !Xóõ (también conocida como Ta'a) la habla una pequeña comunidad de 3.000 personas seminómadas del sur de Botsuana y este de Namibia. Los lingüistas han contado 161 sonidos distintos (técnicamente «segmentos», equivalentes a los sonidos asociados a letras o pares de letras en español). En comparación, el inglés sólo tiene 40.

El !Xóõ presenta la **mayor cantidad de consonantes en una lengua**, con un total de 130. Además de los sonidos consonánticos, tiene una amplia gama de pausas y chasquidos, como el ruido de desaprobación.

La lengua menos común
Según la base de datos lingüística Ethnologue, más de 400 lenguas del mundo están al borde de la extinción, debido a que únicamente viven una pequeña cantidad de hablantes ancianos. Se cree que es muy probable que cada dos semanas desaparezca una lengua.

Algunas de estas lenguas en peligro de extinción, probablemente menos de 10, sólo tienen un hablante nativo vivo. Por ejemplo, a finales del siglo XIX había 10.000 hablantes de yagán, una lengua de Sudamérica, pero en la década de 1930 ya sólo quedaban 70. La única hablante nativa viva de la que se tiene constancia es Cristina Calderón (Chile, n. en 1928).

El país con más lenguas oficiales
Zimbabue cuenta con 16 lenguas oficiales contempladas en la constitución que aprobó el parlamento el 9 de mayo de 2013. Ésta es la lista completa de las lenguas oficiales de Zimbabue: chichewa, chibarwe, inglés, kalanga, khoisan, nambya, ndau, ndebele, shangani, shona, lengua de signos, sotho, tonga, tswana, venda y xhosa. (Ver en la página siguiente el **país con más lenguas no oficiales**.)

P: ¿Cuántas lenguas existen en la actualidad?

R: Hay 7.097 lenguas «vivas», según Ethnologue.com.

El sonido más común en las lenguas
Ninguna lengua conocida carece de la vocal «a».

El emoji más popular (actual)
Según un estudio llevado a cabo entre la Universidad de Michigan (EE.UU.) y la Universidad de Pekín (China) publicado en *International Journal of UbiComp* en septiembre de 2016, el emoji más usado es la cara con lágrimas de felicidad (o emoji de la risa). De los 427 millones de mensajes examinados en 212 países o regiones, este símbolo representaba el 15,4% de los emojis empleados a través de la aplicación Kika Emoji Keyboard..

El mayor usuario de emojis en Instagram (país)
Un estudio de 2015 para Instagram analizó el contenido de los mensajes de texto en la aplicación y se descubrió que el 63% de los mensajes de usuarios finlandeses contenían uno o más emojis. Finlandia quedaba muy lejos de Francia con el 50%, R.U. con el 48% y Alemania con el 47%. En la parte inferior de la tabla estaba Tanzania, con sólo el 10%.

EL PRIMER...

Emoticono digital
Scott Fahlman (EE.UU.), de la Carnegie Mellon University en Pittsburgh, EE.UU., escribió el primer «smiley» el 19 de septiembre de 1982. En un tablón de mensajes electrónicos propuso usar :-) y :-(para trasmitir el contexto emocional del mensaje y evitar malentendidos.

Contraseña de emoji
El 15 de junio de 2015, la empresa de software financiero Intelligent Environments (R.U.) lanzó un software de código de emojis que permitía acceder a cuentas bancarias introduciendo cuatro caracteres de una gama de 44 emojis. El código ya está integrado en la aplicación de banca digital de la empresa para móviles Android.

Emoji bloqueado en Instagram
En abril de 2015, un empleado de la empresa de prensa *online* BuzzFedd comprobó que si buscaba la berenjena en Instagram no daba resultados. Este emoji había sido bloqueado por su uso como metáfora de los genitales masculinos, lo que la red social consideraba una infracción de sus pautas de comunidad.

◄ LA LENGUA AISLADA MÁS COMÚN
Una lengua aislada es aquélla a la que no se ha encontrado parentesco con ninguna otra. La tercera lengua aislada más común es el mapudungún, que habla el pueblo mapuche de Sudamérica, unas 300.000 personas. La segunda más común es el euskera, con 666.000 hablantes concentrados en el País Vasco. Sin embargo, ninguna se acerca al coreano, hablado por unos 78 millones de personas.

Las lenguas más habladas

Ethnologue.com lleva un control de todas las lenguas del mundo. Éstas son las diez lenguas más habladas como primera lengua. En cada entrada aparece el país principal, la cantidad de países donde se habla y el número total de hablantes.

1. Chino
China (35 países): 1.302 millones de hablantes

2. Español
España (31): 427 millones

3. Inglés
R.U. (106): 339 millones

4. Árabe
Arabia Saudí (58): 267 millones

5. Hindi
India (4): 260 millones

6. Portugués
Portugal (12): 202 millones

7. Bengalí
Bangladesh (4): 189 millones

8. Ruso
Rusia (17): 171 millones

9. Japonés
Japón (2): 128 millones

10. Lahnda
Pakistán (8): 117 millones

▲ MÁS LENGUAS OFICIALES (ORGANIZACIÓN INTERNACIONAL)

Todos los países que acceden a la Unión Europea deben escoger una lengua principal. Con la entrada del croata en 2013, la UE tiene ahora 24 lenguas oficiales, desde el búlgaro al sueco. Miles de traductores realizan la tarea de traducir entre esas lenguas, una labor que cuesta unos 330 millones de euros al año.

ENGLISH: Call me Ishmael.
EMOJI:

▲ LA NOVELA MÁS LARGA TRADUCIDA A EMOJIS

En 2009, el ingeniero de datos Fred Benenson (EE.UU.) comenzó un proyecto que consistía en traducir la novela *Moby Dick*, de Herman Melville, a emojis. Escogió este libro en parte por su gran dimensión: 206.052 palabras. Contrató a cientos de personas para traducir cada una de las 6.438 frases del libro a emojis. Se votaron las mejores versiones, que se reunieron en una sola obra. El libro se terminó en 2010 con el título *Emoji Dick*.

▲ EL EMOJI MÁS CONFUSO

En un estudio de abril de 2016 de la Universidad de Minnesota, EE.UU., un grupo de voluntarios puntuaron emojis en una escala emocional del 1 al 10 de positivo a negativo. Con interpretaciones entre la risa eufórica y el dolor extremo, la «cara sonriente con la boca abierta y los ojos muy cerrados» de Microsoft obtuvo la valoración más dispar, con 4,4 puntos.

▲ EL PAÍS CON MÁS LENGUAS NO OFICIALES

Situada en el suroeste del Océano pacífico, Papúa Nueva Guinea alberga hablantes de 840 lenguas, una extensa lista que va del abadí al zimakani, e incluye el tok pisin, el motu y el inglés. La mayor parte de los 7 millones de habitantes de la isla viven en zonas rurales fragmentadas con sus propios dialectos, por eso la mayoría de lenguas del país tienen menos de mil hablantes.

▲ LA LENGUA MÁS ESPECÍFICA DE UN GÉNERO

Durante unos mil años, en una región de la provincia de Hunan en el sur de China, las mujeres usaron el *nüshu* («escritura de mujeres») para comunicar sus sentimientos a otras mujeres. Se cree que fue inventado por una concubina del emperador de la dinastía Song (960-1279 d.C.). La última mujer que conocía la lengua fuera de círculos académicos, Yang Huanyi, murió el 20 de septiembre de 2004 a los 98 años.

▲ EL PRIMER EMOJI

Shigetaka Kurita (Japón, izquierda) diseñó los primeros pictogramas conocidos como «emoji» entre 1998 y 1999 cuando concibió la primera plataforma de internet móvil («i-mode») para la empresa japonesa de telecomunicaciones NTT DOCOMO. Inspirado por los símbolos de las previsiones del tiempo y el manga, Kurita creó 180 iconos para favorecer una comunicación concisa entre móviles.

▲ LA PRIMERA MARCA CON SU PROPIO EMOJI EN TWITTER

Desde el 18 de septiembre de 2015 hasta finales de año, al escribir en Twitter #shareacoke aparecía un emoji de dos botellas de Coca-Cola brindando. La campaña de marketing de la agencia Wieden + Kennedy se realizó tras un acuerdo entre Coca-Cola y Twitter. Pepsi también encargó una campaña publicitaria y, en 2016, con la etiqueta #pepsimoji los usuarios de Twitter podían añadir pegatinas de la marca a sus imágenes.

▶ LA LENGUA MÁS HABLADA

Según la página de internet de lenguas Ethnologue, el chino aparece como lengua oficial en 35 países y tiene 1.302 millones de hablantes (ver página anterior). Con 897 millones de hablantes, el mandarín es con diferencia la variedad más común. El español tiene 427 millones de hablantes en 31 países, y el inglés 339 millones de hablantes en 106 países.

Banderas

En los Juegos Olímpicos de Berlín de 1936, Haití y Liechtenstein se dieron cuenta de que sus banderas eran idénticas. En 1937, Liechtenstein añadió una corona a su bandera.

▲ EL ASTA MÁS ALTA
El 23 de septiembre de 2014, el municipio de Jeddah y la empresa Abdul Latif Jameel Community Initiatives (Arabia Saudí) levantaron un asta de 171 m en Jeddah, Arabia Saudí. La bandera saudita que ondea en el asta, de 32,5 × 49,35 m, podría cubrir seis pistas de tenis.

El color más común de las banderas nacionales
El color rojo aparece en un 74% de todas las banderas nacionales. Le siguen el blanco y el azul, presentes en un 71% y un 50% del total, respectivamente.

La bandera nacional más larga (formato oficial)
La bandera de Qatar es la única bandera nacional cuya anchura es más del doble de su altura, según su proporción oficial entre altura y anchura de 11:28. La bandera granate con una franja vertical blanca de nueve dientes en el lado del asta (derecha) se adoptó el 9 de julio de 1971, justo antes de que Qatar se independizara de Gran Bretaña, el 3 de septiembre.

La bandera nacional más pequeña
El Instituto de Computación Cuántica (Canadá) creó un facsímil de 0,697 μm^2 de la bandera canadiense, medido el 6 de septiembre de 2016 en Waterloo, Ontario, Canadá. Para obtener el color, se oxidó una oblea de silicio en un horno de tubo a fin de crear una capa de dióxido de silicio de un grosor específico. Los efectos de interferencia de la fina lámina en el dióxido de silicio dan el color rojo. No obstante, la bandera es demasiado pequeña para las técnicas de imagen convencionales, y las únicas imágenes que se pueden visualizar están en una escala de grises de microscopía electrónica.

El primer izado de la bandera olímpica
Diseñada en 1914 por Pierre de Coubertin (Francia), el fundador de los Juegos Olímpicos modernos, la bandera olímpica se izó por primera vez en los Juegos Olímpicos de Amberes, Bélgica, en 1920. Está compuesta por cinco anillos entrelazados, que representan los continentes de donde proceden los atletas olímpicos. Se escogieron los colores azul, amarillo, negro, verde y rojo, combinados con un fondo blanco, porque la bandera nacional de todos los países contiene al menos uno de estos colores.

La bandera original se perdió tras los Juegos Olímpicos de Amberes y se hizo otra para los de París de 1924. En 1997 se desveló que el atleta estadounidense Hal Haig Prieste la había robado del asta en los Juegos de 1920 tras una apuesta.

El **primer izado de la bandera de un medallista de oro en una ceremonia de entrega de medallas olímpicas** tuvo lugar en los juegos de 1932, celebrados en Los Ángeles, California, EE.UU.

En 2008, la nadadora Natalie du Toit (Sudáfrica) se convirtió en la **primera abanderada en unos Juegos Olímpicos de Verano y unos Juegos Paralímpicos**, en Pequín, China. Ganadora de 13 medallas de oro paralímpicas, forma parte de un reducido grupo de 9 atletas que han competido en ambos Juegos.

En 1995 este fan incondicional de las banderas se cambió su nombre de nacimiento, Har Parkash Rishi, por Guinness Rishi.

◀ EL MAYOR NÚMERO DE BANDERAS TATUADAS EN EL CUERPO
Guinness Rishi (India) decoró su cuerpo con 366 tatuajes de banderas entre julio de 2009 y julio de 2011. Estableció este primer récord en mayo de 2010, pero lo batió tatuándose 61 banderas más en el estudio KDz Tattoos de Nueva Delhi, India. Se tardaron 3 h y 3 min en terminar esta nueva serie de banderas.

P: ¿Qué significan los triángulos de la bandera de Nepal (ver a la derecha)?

R: Las montañas del Himalaya.

LOS MÁS GRANDES

Bandera tendida en el suelo
El 16 de diciembre de 2013, se midió en Doha, Qatar, una bandera hecha por Moquim Al Hajiri, de *Brooq Magazine* (ambos de Qatar). Su superficie, 101.978 m², ¡equivalía a unas 390 pistas de tenis!

La **mayor bandera en ondear** medía 2.661,29 m² y fue fabricada el 30 de noviembre de 2016 por Abina Co., Ltd (Tailandia) en Chiang Rai, Tailandia. Se colgó de tres grúas.

Mosaico de coches representando una bandera nacional
El 2 de diciembre de 2009, una formación de 413 coches creó un mosaico de la bandera de los Emiratos Árabes Unidos para un acto organizado por el Ministerio de Cultura, Juventud y Desarrollo Comunitario en Al Fujairah, Emiratos Árabes Unidos.

Mural de una bandera
El 14 de abril de 2016, se expuso un mural de la bandera estadounidense de 15.499,46 m² en el tejado de un edificio de Destin, Florida, EE.UU. Algo más pequeño que la extensión que ocupan tres campos de fútbol americano, fue obra del artista Robert Wyland (EE.UU.). El proyecto empezó en octubre de 2015 y finalizó en abril de 2016.

EL MAYOR NÚMERO DE...

Banderas nacionales desplegadas en una ciudad en 24 horas
El 29 de mayo de 2000, se exhibieron 25.898 banderas estadounidenses en la villa de Waterloo, Nueva York, EE.UU. Cerca de 300 niños participaron en el acto, que fue el momento estelar de la semana conmemorativa de Waterloo, cuna de la festividad del Día de los Caídos.

Distintas banderas ondeando al mismo tiempo
El 12 de diciembre de 2016, American Express Meetings & Events (EE.UU.) hizo ondear 462 banderas diferentes en la exposición de INTER[action] celebrada en el Centro de Convenciones Morial en Luisiana, EE.UU.

Personas haciendo señas con banderas
El 21 de noviembre de 2010, la Agrupación de Scouts de Hong Kong (China) juntó a 23.321 personas para hacer señas con banderas en el estadio de Hong Kong. Usaron las banderas para indicar «HKS100» y celebrar así el centenario de su organización.

La única bandera que no es rectangular es la de Nepal.

La bandera de Paraguay es la única que tiene un escudo diferente en el anverso y en el reverso.

Las banderas del Chad y de Rumanía son idénticas.

Al girar la bandera de Polonia, se obtiene la bandera de Indonesia y Mónaco.

La bandera noruega contiene las banderas de otros seis países: 1. Francia; 2. Países Bajos; 3. Polonia; 4. Tailandia; 5. Indonesia y 6. Finlandia (no proporcionales).

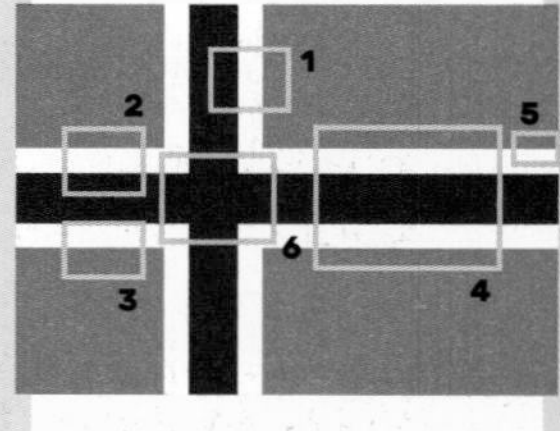

Según el Código de la Bandera de EE.UU., «la bandera representa un país vivo y es considerada en sí misma algo vivo».

En contra de la creencia popular, no está prohibido quemar la bandera de los EE.UU. El Día de la Bandera (14 de junio), los *Boy Scouts* estadounidenses prenden fuego a miles de ellas.

Anatomía de una bandera

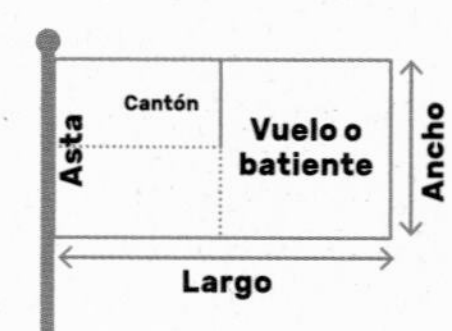

▲ LA MAYOR BANDERA EN ONDEAR TRAS UN SALTO EN PARACAÍDAS

El 10 de diciembre de 2015, una Al Adaam (la bandera nacional de Qatar) de 1.436,22 m² ondeó en el aire tras el salto en paracaídas de Larry Compton (EE.UU.) en un acto organizado por el Lekhwiya en Doha, Qatar. La bandera medía 60,6 m de largo por 23,7 m de ancho, unas tres veces la superficie de una pista de baloncesto.

▲ LA BANDERA MÁS CARA VENDIDA EN UNA SUBASTA

El 14 de junio de 2006, se vendió una bandera de la Guerra de la Independencia de EE.UU. a un comprador anónimo por 12.336.000 $, en Sotheby's, Nueva York, EE.UU. El 2 de julio de 1779, el teniente coronel británico Banastre Tarleton se apoderó del estandarte del 2.° Regimiento de Dragones Ligeros Continentales en Pound Ridge, condado de Westchester, Nueva York, EE.UU. Subastada por uno de sus descendientes, es la bandera americana más antigua que se conserva con un fondo de 13 franjas rojas y blancas.

▲ LA BANDERA NACIONAL CON MÁS COLORES

Si sólo se tienen en cuenta las banderas de los países que son miembros de las Naciones Unidas, la bandera de Sudáfrica, adoptada el 27 de abril de 1994, es la que tiene más colores (sin incluir las insignias): seis. Simbolizan la unidad: el rojo, el blanco y el azul son los clores de la república bóer, mientras que el amarillo, el negro y el verde proceden del estandarte del Congreso Nacional Africano.

▲ LA BANDERA MÁS GRANDE IZADA EN UN ASTA

El 2 de diciembre de 2011, se izó una bandera nacional mexicana de 34,3 × 60 m (más grande que ocho pistas de tenis) en un acto que coordinó la ciudad de Piedras Negras, en Coahuila, México. Se necesitaron 40 miembros de las fuerzas armadas de México para manejar esta gigantesca bandera e izarla por un asta de 100 m.

▲ LA BANDERA NACIONAL QUE MÁS VECES HA CAMBIADO

La bandera de EE.UU., a la que se añadía una estrella cada vez que un estado entraba en la Unión, ha sufrido 26 cambios desde su adopción el 14 de junio de 1777, cuando el Segundo Congreso Continental aprobó la Resolución de la Bandera. En 1911, Henry Mosler pintó *El nacimiento de la bandera* (arriba). Betsy Ross, la mujer que aparece de pie, cosía banderas durante la Guerra de la Independencia, y supuestamente participó en la confección de la primera bandera de EE.UU.

▲ LA BANDERA CON EL MAYOR NÚMERO DE PERSONAS

La bandera civil y estatal de Belice muestra dos leñadores de pie delante de una caoba, en una escena que simboliza la industria maderera del país. Adoptada el 21 de septiembre de 1981, cuando el país se independizó del R.U., es la única bandera nacional con personas como motivo central.

▲ LA BANDERA NACIONAL HUMANA MÁS GRANDE

El 7 de diciembre de 2014, 43.830 participantes crearon una imagen gigantesca de la bandera nacional de India. El acto fue organizado por Rotary International del Distrito 3230 y News7Tamil (ambos de India) en el campo de la YMCA en Nandanam, Chennai, India. Según los organizadores, el objetivo consistió en celebrar «la unidad en la diversidad en la India».

▲ LA BANDERA NACIONAL MÁS ANTIGUA DEL MUNDO

En 1625, se adoptó una cruz blanca escandinava sobre un fondo rojo como bandera oficial del estado de Dinamarca, mientras que las proporciones de la cruz se fijaron en 1748. En Dinamarca, se la conoce como el «Dannebrog» o «paño danés». Excepto Groenlandia, todos los países nórdicos incluyen la cruz escandinava con el centro desplazado en la bandera nacional.

Moda de récord

El comercio mundial de gorros de punto factura unos 4.800 millones de dólares anuales.

La persona más rica del mundo de la moda
Según *Forbes*, Amancio Ortega (España), dueño de la empresa de moda Zara, tenía una fortuna estimada en 67.000 millones de dólares a 1 de junio de 2016, por lo que es la segunda persona más rica del mundo. Ortega abrió la primera tienda de Zara en 1975. Hoy en día, el grupo Inditex tiene más de 7.000 tiendas.

La **mujer más rica del mundo de la moda** es Liliane Bettencourt (Francia), principal accionista de la empresa de cosmética L'Oréal. Bettencourt, cuyo padre fundó la empresa en 1909, tenía un patrimonio de 36.100 millones de dólares a 1 de junio de 2016.

El desfile de moda más costoso
El desfile anual de Victoria's Secret del 30 de noviembre de 2016 costó unos 20.000.000 $. El espectáculo de lencería, celebrado en el Grand Palais de París, Francia, presentó 82 conjuntos que lucieron modelos como Kendall Jenner y Adriana Lima, y contó con la actuación de Lady Gaga.

El sujetador más caro
Presentado el 13 de marzo de 2011 en el desfile de Victoria's Secret, el Heavenly Star Bra estaba valorado en 12,59 millones de dólares. Contaba con 1.200 zafiros rosas de Sri Lanka y un diamante central en forma de esmeralda valorado en 10.6000.000 $.

La celebridad del mundo de la moda con más seguidores en Twitter
La modelo y estrella de televisión Kim Kardashian (EE.UU.) tenía 50.600.000 seguidores a 24 de marzo de 2017. Eso la convierte en la celebridad del mundo de la moda más popular en las redes sociales, y la decimotercera en total.

▲ EL MODELO MASCULINO DE MAYOR EDAD
El 25 de marzo de 2015, el modelo y actor Wang Deshun (China, n. en 1936) causó sensación al desfilar con el pecho al descubierto a sus 79 años cuando presentó unos diseños de Hu Sheguang durante la semana de la moda de Pekín. Wang, que había sido profesor de pasarela, se mantiene en forma con tres horas de gimnasio al día.

P: ¿A qué deporte se planteó dedicarse profesionalmente la modelo Gisele?

R: Al Voleibol.

La modelo más veces nombrada modelo del año en los Fashion Awards
Kate Moss (R.U.) ha sido reconocida tres veces modelo del año, en 1996, 2001 y 2006. Moss ha protagonizado campañas para Chanel, Calvin Klein, Dior y Gucci, y diseñó una colección para Topshop.

El diseñador más veces nombrado diseñador del año en los Fashion Awards
Alexander McQueen (R.U.) ha sido reconocido cuatro veces diseñador del año (1996, 1997, 2001 y 2003). Su marca ha ganado diez de estos prestigiosos premios hasta diciembre de 2016, la **mayor cantidad de reconocimientos en los Fashion Awards**.

La modelo de mayor edad en aparecer en la revista *Vogue*
Bo Gilbert (R.U., n. en 1916) apareció en la edición británica de mayo de 2016 de *Vogue* a los 100 años, en el centenario de la revista.

La cantante Tina Turner (n. el 26 de noviembre de 1939) se convirtió en la **modelo de portada de *Vogue* de mayor edad** al posar para la edición alemana en abril de 2013 a los 73 años.

Más portadas en *Vogue* de EE.UU.
La actriz y modelo Lauren Hutton (EE.UU.) apareció en 26 portadas entre noviembre de 1966 y noviembre de 1999, seis más que las modelos Jean Shrimpton (R.U.) y Karen Graham (EE.UU.).

Más portadas de revista de moda consecutivas
Hasta el 2 de noviembre de 2015, Girolamo Panzetta (Italia) había aparecido en todas las portadas de la revista japonesa de moda masculina *LEON* desde su lanzamiento en septiembre de 2001 (170 portadas).

El canal de YouTube de moda/belleza con más suscriptores
Yuya, alias de la mexicana Mariand Castrejón Castañeda, tenía 17.883.628 suscriptores a 24 de marzo de 2017. También conocida como *Lady16makeup*, *Yuya* empezó su videoblog en 2009.

Primera marca de diseñador
Charles Frederick Worth (1825-1895) fue el primer diseñador en firmar sus creaciones con una etiqueta, hacer pases de modelos y organizar colecciones de temporada dos veces al año. Nacido en Lincolnshire, R.U., se mudó a Francia en 1845, donde las damas de la corte de Napoleón III descubrieron su talento para el diseño. En 1871, Worth tenía 1.200 empleados.

◄ LA MODELO CON MÁS INGRESOS ANUALES (ACTUAL)
Gisele Bündchen (Brasil) ganó 30.500.000 $ en 12 meses hasta junio de 2016, según *Forbes*. Pese a retirarse de las pasarelas en 2015, sigue siendo la que más gana en la industria gracias a contratos con Chanel o Carolina Herrera. Con unos ingresos estimados en su carrera de 400.000.000 $, también es la **modelo más rica**.

Según las últimas cifras disponibles, el **modelo con más ingresos anuales (actual)** es Sean O'Pry (EE.UU.), con 1.500.000 $ en la temporada 2013-2014. O'Pry ha aparecido en campañas para Versace y H&M.

LAS MARCAS DE MODA QUE MÁS VENDEN

fitbit

Marca de tecnología ponible para hacer actividad física con más ventas
Fitbit (EE.UU.) tuvo unas ventas estimadas de 19.023.200 unidades en 2015. (Cifras de 12 de agosto de 2016).

SAMSUNG

Empresa de tecnología ponible autónoma con más ventas
Samsung Cop (República de Corea) tuvo unas ventas de 1.705.900 unidades en 2014. (Cifras de 17 de septiembre de 2015).

Marca de tecnología ponible inteligente con más ventas
El Apple Watch (EE.UU.) tuvo unas ventas estimadas de 8.719.700 unidades en 2015. (Cifras de 23 de agosto de 2016).

La mayor marca de ropa
La tienda de moda H&M (Suecia) tuvo unas ventas estimadas de 18.757.863.800 $ en 2016. (Cifras de 16 de enero de 2017).

La mayor marca de calzado
Nike (EE.UU.) tuvo unas ventas estimadas de 27.395.441.700 $ en 2015. (Cifras del 27 de abril de 2016).

La mayor marca de bañadores masculinos
Speedo (R.U.) tuvo unas ventas estimadas de 136.152.200 $ en 2015. (Cifras del 25 de abril de 2016).

SWAROVSKI

El mayor minorista de joyería y relojes de lujo
Swarovski (Austria) es la que más unidades/tiendas tiene: 525 en 2015. (Cifras del 24 de octubre de 2016).

Fuente: Base de datos Euromonitor International Passport

▲ LAS ZAPATILLAS MÁS CARAS VENDIDAS EN UNA SUBASTA (USADAS)

Unas zapatillas de baloncesto Nike Air Jordan 12, usadas y firmadas por Michael Jordan, mítico jugador de los Chicago Bulls, se vendieron por 104.765 $ en diciembre de 2013. El vendedor fue un recogepelotas al que Jordan se las regaló tras su «partido de la gripe» en 1997, llamado así porque marcó 38 puntos pese a estar enfermo.

▲ LAS ZAPATILLAS MÁS CARAS VENDIDAS EN UNA SUBASTA

El 12 de noviembre de 2016, se vendieron un par de zapatillas Nike Mag inspiradas en la película de 1989 *Regreso al futuro II* en la gala benéfica de la Fundación Michael J Fox en Nueva York, EE.UU., por 200.000 $. Las zapatillas, diseñadas por Tinker Hatfield y Tiffany Beers, de Nike, incluían unos paneles LED y cordones automáticos, como los que llevaba en la película de Fox el personaje de Marty McFly.

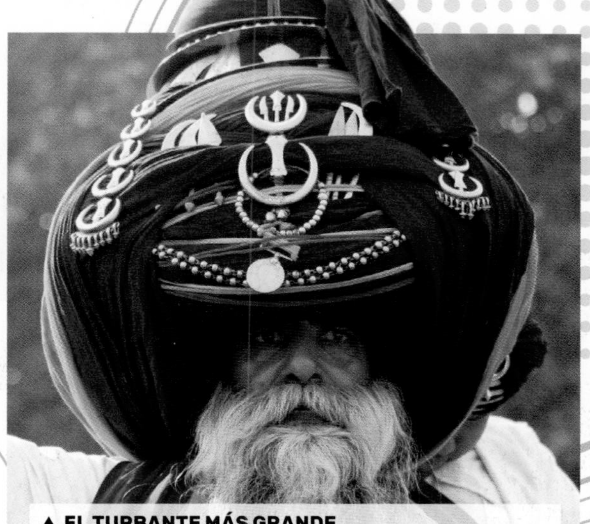

▲ EL TURBANTE MÁS GRANDE

El turbante de Major Singh (India), un sij nihang, está hecho con 400 m de tela y pesa 35 kg. Además, lleva más de 100 horquillas y 51 símbolos religiosos de metal. Este tipo de turbante redondo, conocido como *dumaala*, es común en los sij nihang, que tienen la tradición de competir a ver quién puede ponerse el turbante más grande.

▶ MÁS TURBANTES ATADOS EN UNA HORA

El 24 de mayo de 2016, el artista del turbante Santosh Raut (India) colocó un turbante *pheta* a 129 personas en el salón de la Fundación de Periodistas de Pune, India. Los turbantes *pheta* se suelen llevar en eventos formales, como una boda, y están confeccionados con unos 8 m de tela, así que para este récord se usó más de 1 km de tela (1.032 m para ser exactos).

▲ EL TRAJE MÁS CARO VENDIDO EN UNA SUBASTA

El 20 de febrero de 2015, el magnate del diamante Laljibhai Tulsibhai Patel (India) compró un traje en una subasta por 43.131.311 rupias (693.174 $) en Surat, Gujarat, India. El traje había sido del primer ministro indio Narendra Modi (arriba a la derecha), cuyo nombre formaba la raya diplomática dorada. La recaudación fue para la fundación Namami Gange, un proyecto para limpiar el río Ganges.

▲ LOS PANTALONES MÁS ANTIGUOS

En mayo de 2014, se descubrieron unos pantalones de al menos 3.300 años en un antiguo cementerio de la cuenca del Tarim en la región de Xinjiang, en el noroeste de China. Los pantalones son de lana con un cordón en la cintura y adornos cosidos. Se cree que eran de un jinete nómada. La invención de los pantalones podría estar relacionada con la necesidad de protección de los jinetes a lomos del caballo, así como para facilitar su movilidad.

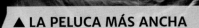

▲ LA PELUCA MÁS ANCHA

El 27 de enero de 2017, la actriz Drew Barrymore (EE.UU.) apareció en el plató de *The Tonight Show* en Nueva York, EE.UU., con una peluca de 2,23 m de ancho. La enorme peluca era obra de Kelly Hanson y Randy Carfagno Productions LLC (ambos de EE.UU.).

Lavabos

Según Naciones Unidas, de los 7.000 millones de personas que hay en el mundo, 6.000 millones tienen teléfono móvil, y sólo 4.500 millones tienen lavabo.

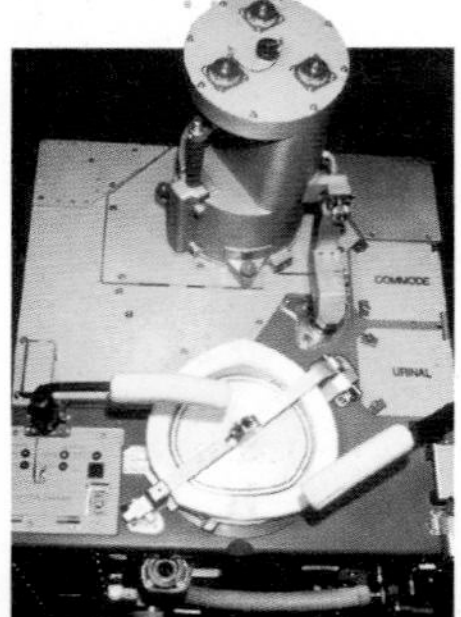

▲ EL SISTEMA DE INODORO MÁS CARO
Cuando se lanzó el transbordador *Endeavour* el 13 de enero de 1993, llevaba un nuevo inodoro unisex incorporado en la cubierta intermedia. La NASA describió el mecanismo de 23.400.000 $ como «un sistema completo en el espacio de recogida y tratamiento de aguas residuales que ocupa la mitad que una cabina telefónica».

Primer inodoro con cisterna
En contra de la creencia popular, Thomas Crapper (R.U., 1836-1910) no inventó el inodoro. El primer sistema con cisterna lo diseñó hacia 1590, 245 años antes de que naciera Crapper, sir John Harington, ahijado de la reina Isabel I. Su invento, que bautizó *Ajax*, contenía una cisterna que, al girar un mango, enviaba agua limpia al «pozo del taburete», que abría una válvula y dejaba bajar el contenido a una fosa séptica. El primer *Ajax* lo construyó en su casa de Kelston, Somerset, y en 1592 hizo instalar uno para su majestad en su dormitorio del palacio de Richmond.

La **primera patente de un inodoro con cisterna** la obtuvo Alexander Cumming (R.U.) en 1775. Este relojero y mecánico escocés mejoró el modelo *Ajax* de Harington con un doble giro en forma de «S» en la tubería de residuos, que atrapaba el agua y eliminaba los nocivos gases de alcantarillado. Hoy en día aún se usa este diseño en forma de «S», «J» o «U».

Primer inodoro en aparecer en una obra de teatro
El primer acto del montaje de André Antoine de la obra *La Fille Élisa*, de Edmond de Goncourt (ambos de Francia) estrenada en París, Francia, el 24 de diciembre de 1890 estaba ambientado en una habitación de hotel, con inodoro y lavamanos. Pese a que hoy en día puede aparecer en escena sin reparo alguno, Lord Chamberlain prohibió el sonido de la cisterna de un retrete en 1953 en *The Living Room*, de Graham Greene.

En EE.UU. no se consideraba adecuado que el cine mostrara inodoros. La **primera película de Hollywood donde apareció un inodoro** fue *Psicosis*, de Alfred Hitchcock (R.U.), en 1960.

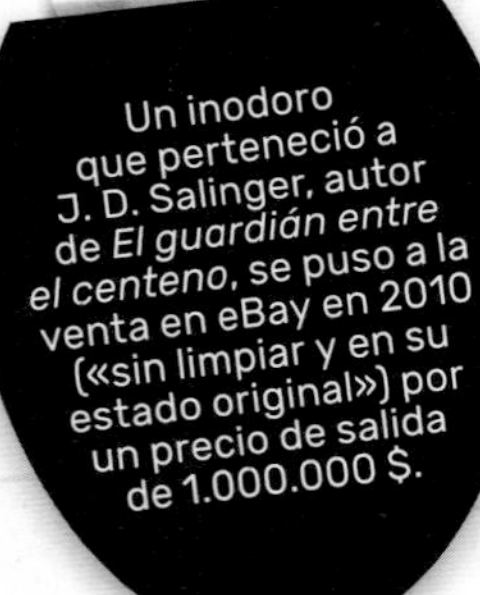

Un inodoro que perteneció a J. D. Salinger, autor de *El guardián entre el centeno*, se puso a la venta en eBay en 2010 («sin limpiar y en su estado original») por un precio de salida de 1.000.000 $.

La escultura más pequeña de un inodoro
Takahashi Kaito (Japón), de SII Nanotechnology, Inc., creó «Chisai Benjo» («Inodoro pequeño») en 2005 grabando silicona con un haz iónico. Este diminuto inodoro sólo se ve si se aumenta 15.000 veces. Una imagen de la creación tomada con un microscopio electrónico de barrido ganó el premio al objeto más bizarro en el 49.° Congreso Internacional de Tecnología y Nanofabricación con Haz de Electrones, Iones y Fotones.

El inodoro remolcado a más velocidad
Brewton McCluskey (EE.UU.) alcanzó los 83,7 km/h en un inodoro remolcado en el South Georgia Motorsports Park en Cecil, Georgia, EE.UU., el 4 de abril de 2011. McCluskey fue remolcado por un coche conducido por Brian Griffin (EE.UU.).

◄ LA COLECCIÓN MÁS GRANDE DE OBJETOS RELACIONADOS CON EL INODORO
El 19 de octubre de 2015, Marina y Mykola Bogdanenko, de Kiev, Ucrania, exhibieron orgullosos sus 524 objetos curiosos relacionados con los inodoros. Su obsesión por coleccionar adornitos escatológicos empezó en 1995, cuando abrieron un negocio de «ingeniería sanitaria» en Kiev.

P: ¿Cuántos estadounidenses tienen un accidente en el lavabo al año?

R: 40.000, según el Instituto de Estadística de EE.UU.

La maratón más rápida disfrazado de inodoro
Marcus Mumford (R.U.) corrió la maratón Virgin Money de Londres de 2014 en 2 h, 57 min y 28 s disfrazado de inodoro.

El más rápido en derribar 10 inodoros portátiles
Philipp Reiche (Alemania) sólo tardó 11,30 s en derribar 10 inodoros portátiles, cada uno de 2 m de alto y 1 m de ancho en el Europa-Park, en Rust, Alemania, el 22 de junio de 2013. El intento se grabó para el programa *Wir holen den Rekord nach Deutschland*.

Más tapas de inodoro de madera rotas con la cabeza en un minuto
Kevin Shelley (EE.UU.) partió 46 tapas de inodoro de madera por la mitad con la cabeza en 60 s en el programa de *Guinness World Records - Die größten Weltrekord*, en Colonia, Alemania, el 1 de septiembre de 2007.

El más rápido en pasar por un asiento de inodoro tres veces
İlker Çevik (Turquía) pasó el cuerpo a través de un asiento de inodoro tres veces en sólo 28,14 s durante el espectáculo GWR Live! celebrado en el Foro Bornova de Izmir, Turquía, el 25 de mayo de 2010.

Al año siguiente, el 8 de abril de 2011, el flexible turco actuó en *Lo Show dei Record en Milán*, Italia, donde batió el récord de la **persona en pasar más veces por un asiento de inodoro en un minuto**, con nueve pases completos.

El rollo de papel higiénico más grande
El 26 de agosto de 2011, conocido por los papirófilos (amantes del papel) como el Día Nacional del papel Higiénico, Charmin/Procter & Gamble (EE.UU.) presentó un rollo de papel higiénico de 2,97 m de diámetro, más ancho que un autobús escolar. El rollo se desplegó en la sede central de la empresa en Cincinnati, Ohio, EE.UU., y tenía papel suficiente para 95.000 rollos normales. Darrick Johnson, director de la planta de Procter & Gamble, calculó que podía cubrir más de 92.900 m², o el equivalente a 16 campos de fútbol oficiales de la FIFA.

La pirámide de papel higiénico más alta
Ivan Zarif Nieto, Rafael Migani Monteiro y Fernando Gama (todos de Brasil) colocaron 23.821 rollos de papel higiénico en forma de pirámide de 4,1 m de alto en São Paulo, Brasil, el 20 de noviembre de 2012.

En la Casa Blanca hay **35 inodoros**.

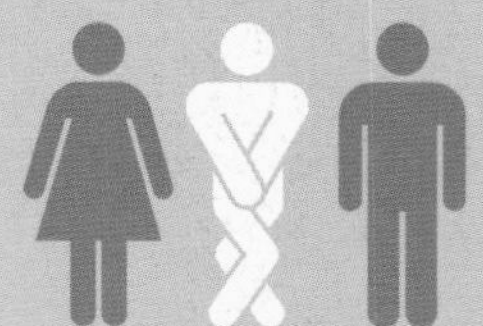

Una de cada tres personas no tiene acceso a un lavabo apropiado.

¿Encima o debajo?
El fabricante de papel higiénico Cottonelle preguntó si los consumidores colgaban el rollo de papel hacia el exterior o hacia el interior. Resultados:

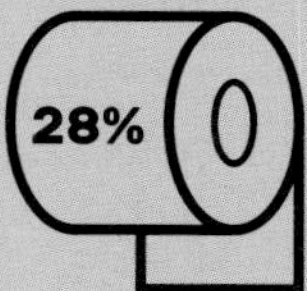

De media, una persona pasa 270 días de su vida en el lavabo.

4.000 rollos de papel higiénico gastarás en tu vida. Colocados uno encima del otro, superarían la altura del Empire State Building.

x1 = 400 rollos

27.000 árboles se talan todos los días para fabricar papel higiénico.

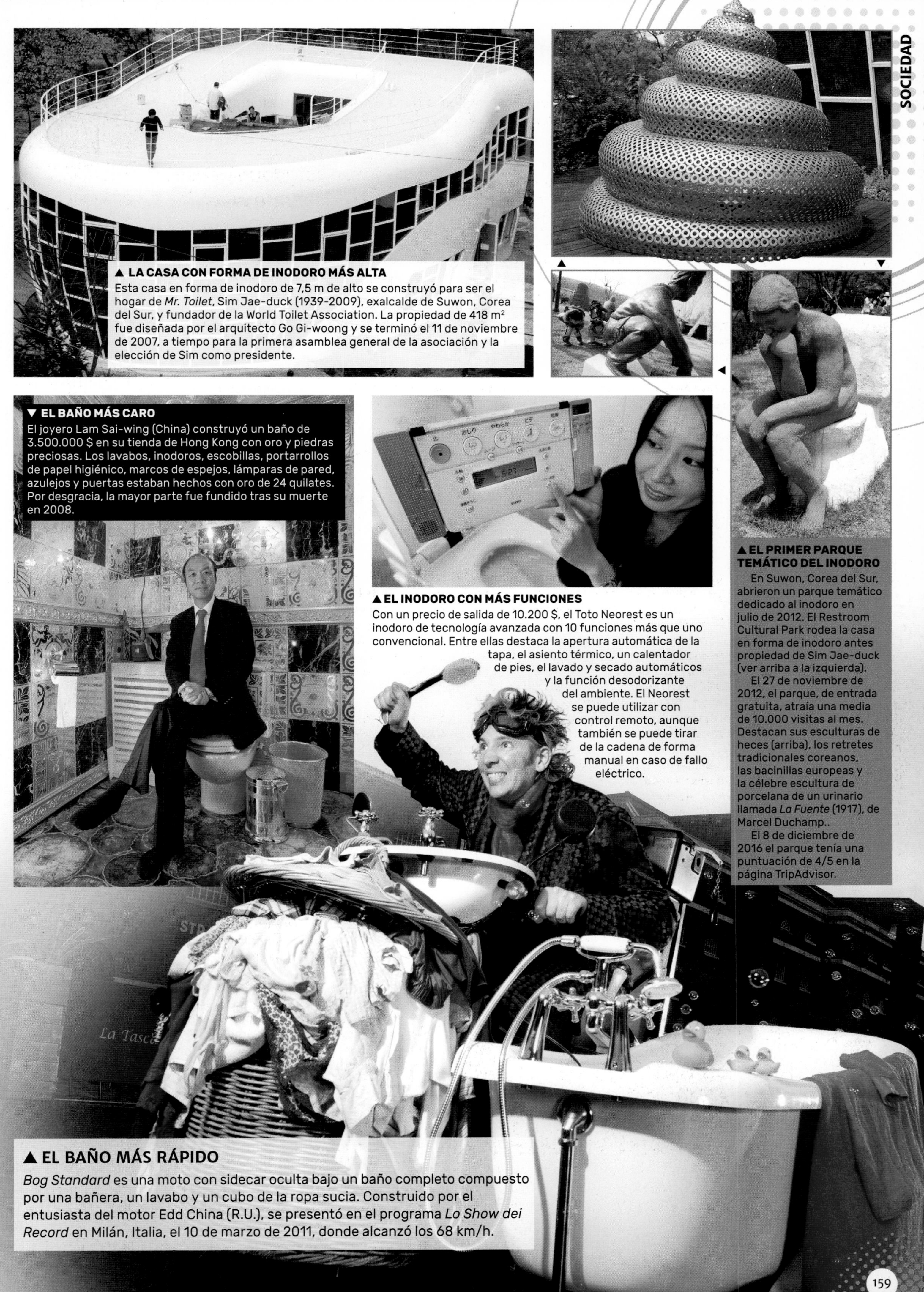

▲ LA CASA CON FORMA DE INODORO MÁS ALTA

Esta casa en forma de inodoro de 7,5 m de alto se construyó para ser el hogar de *Mr. Toilet*, Sim Jae-duck (1939-2009), exalcalde de Suwon, Corea del Sur, y fundador de la World Toilet Association. La propiedad de 418 m^2 fue diseñada por el arquitecto Go Gi-woong y se terminó el 11 de noviembre de 2007, a tiempo para la primera asamblea general de la asociación y la elección de Sim como presidente.

▲ EL PRIMER PARQUE TEMÁTICO DEL INODORO

En Suwon, Corea del Sur, abrieron un parque temático dedicado al inodoro en julio de 2012. El Restroom Cultural Park rodea la casa en forma de inodoro antes propiedad de Sim Jae-duck (ver arriba a la izquierda).

El 27 de noviembre de 2012, el parque, de entrada gratuita, atraía una media de 10.000 visitas al mes. Destacan sus esculturas de heces (arriba), los retretes tradicionales coreanos, las bacinillas europeas y la célebre escultura de porcelana de un urinario llamada *La Fuente* (1917), de Marcel Duchamp..

El 8 de diciembre de 2016 el parque tenía una puntuación de 4/5 en la página TripAdvisor.

▼ EL BAÑO MÁS CARO

El joyero Lam Sai-wing (China) construyó un baño de 3.500.000 $ en su tienda de Hong Kong con oro y piedras preciosas. Los lavabos, inodoros, escobillas, portarrollos de papel higiénico, marcos de espejos, lámparas de pared, azulejos y puertas estaban hechos con oro de 24 quilates. Por desgracia, la mayor parte fue fundido tras su muerte en 2008.

▲ EL INODORO CON MÁS FUNCIONES

Con un precio de salida de 10.200 $, el Toto Neorest es un inodoro de tecnología avanzada con 10 funciones más que uno convencional. Entre ellas destaca la apertura automática de la tapa, el asiento térmico, un calentador de pies, el lavado y secado automáticos y la función desodorizante del ambiente. El Neorest se puede utilizar con control remoto, aunque también se puede tirar de la cadena de forma manual en caso de fallo eléctrico.

▲ EL BAÑO MÁS RÁPIDO

Bog Standard es una moto con sidecar oculta bajo un baño completo compuesto por una bañera, un lavabo y un cubo de la ropa sucia. Construido por el entusiasta del motor Edd China (R.U.), se presentó en el programa *Lo Show dei Record* en Milán, Italia, el 10 de marzo de 2011, donde alcanzó los 68 km/h.

Recopilatorio

Si todas las personas que en 2016 se vieron obligadas a desplazarse formaran un país, sería el 21.º más poblado.

▲ LA CIUDAD MENOS HABITABLE
A marzo de 2017, Damasco, la capital de Siria, ocupaba el último lugar en el Ranking de Habitabilidad Global 2016, según una encuesta de la Economist Intelligence Unit en 140 ciudades. Con una puntuación de 30,2 sobre 100, quedó por debajo de Trípoli, la capital de Libia (35,9). La encuesta evalúa estos cinco factores: estabilidad, asistencia sanitaria, educación, cultura y medio ambiente, e infraestructura.

La **ciudad más habitable** es Melbourne, en Australia, con una puntuación de 97,5. ▼

Los juegos deportivos para empresas más antiguos
Los Juegos Bancarios de México se han celebrado cada año desde 1966. A lo largo de 50 años, han participado más de 207.000 trabajadores de entidades financieras y bancos.

La trayectoria más larga como abogado
Según se comprobó el 31 de mayo de 2016, el palestino Fuad Shehadeh había trabajado durante 66 años y 187 días como abogado profesional en Ramallah, Ribera Occidental, en el territorio palestino.

La **trayectoria más larga como profesor de lengua** es de 55 años. La desempeñó Ren Zuyong (China), que en 1959 inició su carrera como profesor de chino y prosiguió su trabajo en Xinghua, Jiangsu, China, hasta el 30 de agosto de 2014.

Millard M. Jordan (EE.UU.) es el **jefe de policía que más tiempo ha permanecido en el cargo**. Entre 1962 y el 6 de enero de 2014, cuando se jubiló, Jordan había servido durante 51 años y 243 días en Lawtey, Florida, EE.UU., según se corroboró el 25 de febrero de 2016.

▲ LA MAYOR ESPERANZA DE VIDA
Según los datos del World Factbook de la CIA de 2016, los habitantes de Mónaco tienen una esperanza de vida de 89,5 años. Japón, que había encabezado la lista el año anterior, ocupa el segundo lugar junto con Singapur, con una esperanza de vida de 85 años.

El país africano del Chad presenta la **esperanza de vida más baja**, con 50,2 años. Solo el Chad y Guinea-Bissau (50,6) tienen una esperanza de vida inferior a los 51 años.

La dinastía reinante más antigua
El emperador de Japón, Akihito (n. el 23 de diciembre de 1933), es el eslabón número 125 desde Jimmu Tenno, el primer emperador. Durante mucho tiempo se creyó que Jimmu había subido al trono el 11 de febrero del año 660 d.C., pero es probable que la fundación del imperio fuera entre los años 40 y 10 d.C.

El mayor concurso de proyectos de desarrollo social/mundial
El 2 de julio de 2016, el Campus Party sobre tecnología (México) recibió 267 propuestas en Guadalajara, Jalisco. El premio para el proyecto ganador, cuyo objetivo era facilitar el acceso a Internet a pueblos de zonas rurales, fue de 1.000.000 pesos mexicanos (54.605 $). El propósito de estos concursos es promover iniciativas para mejorar la vida de comunidades en desarrollo mediante cambios eficaces y sostenibles.

La ceremonia de entrega de premios a mayor altitud
El 28 de noviembre de 2016, Ram Bahadur Subedi y Puskar Nepal (ambos de Nepal) organizaron los National Box Office Film Fare Awards, en honor a la industria cinematográfica nepalí. Tuvieron lugar a una altitud de 4.627 m en Thukla, Solukhumbu, Nepal.

La peregrinación a mayor altitud
Una ruta de 53 km de largo en el monte Kailash, en el Tíbet, está a una altura de 6.638 m. El Kailash es sagrado para los budistas, jainistas, hinduistas y los seguidores de la antigua religión Bön.

La **peregrinación a menor altitud** se realiza a la antigua ciudad de Jericó, en Israel, a 244 m bajo el nivel del mar. Jericó está cerca del mar Muerto, la **masa de agua a menor altitud**, y atrae tanto a cristianos como a judíos.

La población más alta
Según el diario *eLife* del 26 de julio de 2016, los hombres más altos eran los de los Países Bajos, con una estatura media de más de 182,5 cm. Las mujeres más altas viven en Letonia, con una estatura media que supera los 168 cm.

En cuanto a la **población más baja**, las guatemaltecas presentaban una estatura media de 149,4 cm, según una encuesta de *eLife*. Timor Oriental contaba con los hombres más bajos, cuya estatura media no llegaba a los 160 cm.

La ratio de hombres por mujeres más baja
Según el World Factbook de la CIA 2016, en Yibuti sólo hay 84 hombres por cada 100 mujeres. Los Emiratos Árabes Unidos cuentan con la **mayor proporción de hombres respecto a las mujeres**, con 218 hombres por cada 100 mujeres, según la misma fuente.

◀ EL PRIMER ASTRONAUTA EN VOTAR EN EL ESPACIO
Los cosmonautas rusos Yuri Onufriyenko y Yury Usachov (primero y segundo de la izquierda, imagen de al lado) votaron en las elecciones presidenciales del 16 de junio de 1996 a través de representantes en la Tierra, mientras estaban en la estación espacial *Mir*.

Al año siguiente, tras una reforma de la ley electoral de Texas, David Wolf (EE.UU., arriba) votó en unas elecciones locales desde la estación *Mir* a través de una línea reservada.

▲ **EL MÁS GALARDONADO CON PREMIOS A LA SOCIEDAD CIVIL**

Entre el 7 de noviembre de 1982 y el 30 de septiembre de 2015, Tsunejiro Koga (Japón, arriba a la izquierda) recibió 72 premios a la sociedad civil (verificado el 23 de febrero de 2016). 57 medallas de honor fueron por generosas aportaciones económicas para el bienestar público, una medalla por actividades para la rehabilitación de delincuentes, y una distinción de la Orden del Sol Naciente (Rayos de Oro y Plata).

La mayor ceremonia de renovación de votos matrimoniales

El 8 de octubre de 2016, un total de 1.201 parejas renovaron sus votos matrimoniales en un acto organizado por la Western Michigan University en Kalamazoo, Michigan, EE.UU.

La mayor concentración para bailar una antigua danza mexicana

El 17 de julio de 2016, un total de 260 participantes vestidos con los trajes típicos mexicanos y aztecas se reunieron para bailar delante de la pirámide precolombina de Teotihuacán, en Estado de México, México.

El artículo de consumo con más presencia en el mundo

Se calcula que en todo el mundo se fabrican billones de bolsas de plástico. Sólo en EE.UU., los consumidores desechan al año 100.000 millones de bolsas de plástico.

La primera referencia escrita que se tiene de la morcilla

La primera referencia escrita a un alimento elaborado con sangre se encuentra en *La Odisea*, de Homero, datada aproximadamente en el año 800 a.C. El poema griego cita a un hombre que ha rellenado una tripa con grasa y sangre y que es muy fácil de asar. La morcilla se suele preparar con sangre cocida de cerdo o ternera y otros ingredientes como grasa, harina de avena o carne, utilizados como espesantes.

El mayor número de muertes causadas por *selfies* (países)

India registra un 59,8% de todas las muertes vinculadas a un *selfie*, según el informe de investigación *Me, Myself and My Killfie: Characterizing and Preventing Selfie Deaths*, publicado en noviembre de 2016 por Hemank Lamba (India/EE.UU.) y otros colaboradores en la Universidad Carnegie Mellon de Pittsburgh, EE.UU. El equipo descubrió que, desde marzo de 2014, 127 «*killfies*» habían sido noticia en los medios de todo el mundo, 76 de ellos en la India. En el mismo período hubo más muertes por *selfies* que por ataques de tiburones.

▲ **LA MAYOR PUNTUACIÓN EN EL ÍNDICE DE DEMOCRACIA**

Cada año, la unidad de Inteligencia de *The Economist* publica una lista para determinar el rango de democracia de los países. En 2017 Noruega (arriba) logró una puntuación de 9,93 sobre 10, la más alta en la historia de este índice. Noruega se mantiene como líder desde 2012. Islandia ocupa el segundo lugar, con 9,50. Corea del Norte (derecha) recibió un 1,08 sobre 10, la **puntuación más baja en el índice de democracia**. Desde 2010 se le ha concedido la misma puntuación.

▲ **EL MAYOR NÚMERO DE EXCLAMACIONES EN EL NOMBRE DE UNA LOCALIDAD**

El nombre del municipio canadiense de Saint-Louis-du-Ha! Ha! (1.318 habitantes), en el Quebec, se remonta a 1874, y contiene una exclamación más que Westward Ho!, en Cornualles, R.U. «Ha! Ha!» se refiere al término francés *ha-ha*, un elemento usado en el diseño de jardines para crear una frontera invisible; en este caso, lo más probable es que sea el cercano lago de Témiscouata.

El mayor número de votos electorales en un mismo año

En 2004 más de 1.100 millones de personas votaron en 58 elecciones presidenciales y parlamentarias, desde las elecciones presidenciales en Georgia del 4 de enero, hasta la tercera ronda de las elecciones presidenciales en Ucrania, del 26 de diciembre.

▼ **EL MAYOR NÚMERO DE DESPLAZADOS (ACTUALIDAD)**

El 20 de junio de 2016, el Día Mundial del Refugiado, el Alto Comisionado de las Naciones Unidas para los Refugiados (ACNUR) anunció que 65,3 millones de personas se habían visto obligadas a abandonar su hogar el año anterior por un conflicto, persecución, violaciones de derechos humanos o hambruna. Esto equivale a una de cada 113 personas de todo el planeta, y también significa que cada minuto 24 personas se ven obligadas a desplazarse. Fue la primera vez que se superaron los 60 millones de desplazados desde la Segunda Guerra Mundial.

Más de la mitad de los refugiados bajo el mandato de la ONU procedían de uno de estos tres países: Siria, Afganistán o Somalia. En la imagen, emigrantes que cruzan Eslovenia en octubre de 2015.

Los que más ganan

Éstos son los famosos con los mayores ingresos anuales desde el 1 de junio de 2015 hasta el 1 de junio de 2016, según *Forbes*. Los que ganan menos tienen unos ingresos anuales 500 veces más elevados que la renta media estadounidense. Una personalidad se mantiene a la cabeza de la lista.

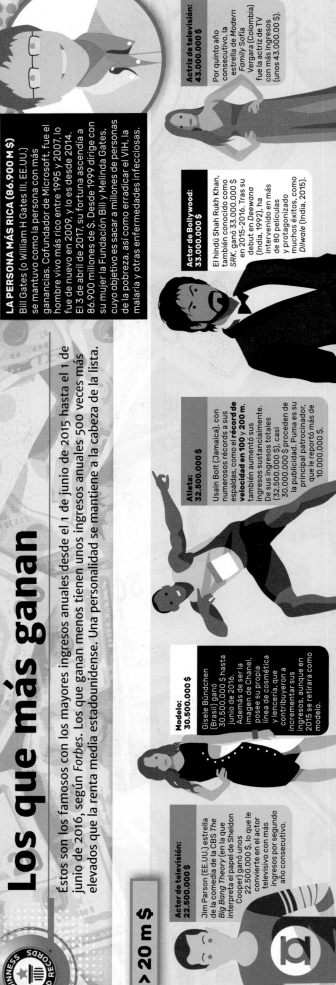

LA PERSONA MÁS RICA (86.900 M $)
Bill Gates (o William H Gates III, EE.UU.) se mantuvo como la persona con más ganancias. Cofundador de Microsoft, fue el hombre vivo más rico entre 1995 y 2007, lo fue de nuevo en 2009, y lo es desde 2014. El 3 de abril de 2017, su fortuna ascendía a 86.900 millones de $. Desde 1999 dirige con su mujer la Fundación Bill y Melinda Gates, cuyo objetivo es sacar a millones de personas de la pobreza, así como erradicar el VIH, la malaria y otras enfermedades infecciosas.

> 20 m $

Actor de televisión: 22.500.000 $
Jim Parson (EE.UU.) estrella de la comedia de la CBS *The Big Bang Theory* (en la que interpreta el papel de Sheldon Cooper) ganó unos 22.500.000 $, lo que le convierte en el actor televisivo con más ingresos por segundo año consecutivo.

Modelo: 30.500.000 $
Gisele Bündchen (Brasil) ganó 30.500.000 $ hasta junio de 2016. Además de ser la imagen de Chanel, posee su propia línea de cosmética y lencería, que contribuyeron a incrementar sus ingresos, aunque en 2015 se retirara como modelo.

Atleta: 32.500.000 $
Usain Bolt (Jamaica), con numerosos récords a sus espaldas, como el **récord de velocidad en 100** y **200 m**, también aumentó sus ingresos sustancialmente. De sus ingresos totales (32.500.000 $), casi 30.000.000 $ proceden de la publicidad. Puma es su principal patrocinador, que le reportó más de 10.000.000 $.

Actor de Bollywood: 33.000.000 $
El hindú Shah Rukh Khan, también conocido como *SRK*, ganó 33.000.000 $ en 2015-2016. Tras su debut en *Deewana* (India, 1992), ha intervenido en más de 80 películas y protagonizado muchos éxitos, como *Dilwale* (India, 2015).

Actriz de televisión: 43.000.000 $
Por quinto año consecutivo, la estrella de *Modern Family* Sofía Vergara (Colombia) fue la actriz de TV con más ingresos (unos 43.000.00 $).

45-60 m $

Actriz de cine: 46.000.000 $
Tras su papel estelar en las lucrativas franquicias *Los juegos del hambre* y *X-Men*, en 2015-16 la actriz norteamericana Jennifer Lawrence se embolsó 46.000.000 $.

Piloto de Fórmula 1: 46.000.000 $
La estrella británica de F1 Lewis Hamilton ganó 46.000.000 $, de los que 42.000.000 $ procedieron de su actividad como piloto. En 2015 se adjudicó su tercer Campeonato Mundial de F1.

Estrella de *realities*: 51.000.000 $
De los 51.000.000 $ que Kim Kardashian West (EE.UU.) ganó, buena parte fueron gracias al juego para móviles *Kim Kardashian: Hollywood*, que sólo en 2015 generó 71.800.000 $.

Jugador de fútbol americano: 53.000.000 $
El quarterback de los Carolina Panthers, Cam Newton (EE.UU.), se embolsó 53.000.000 $. Como muchos deportistas de élite, la mayor parte de sus ganancias procedieron de su salario y de las primas por victorias. Las campañas publicitarias le reportaron «sólo» 12.000.000 $.

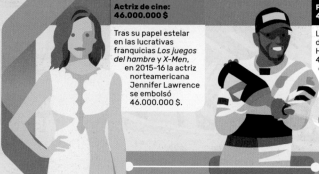

Chef: 54.000.000 $
Gordon Ramsay (R.U.), conocido sobre todo por sus programas televisivos de cocina, como *Hell's Kitchen*, *MasterChef USA* y *Ramsay's Kitchen Nightmares*, ganó unos 54.000.000 $.

60-75 m $

Disc-jockey:
63.000.000 $

DJ Calvin Harris (n. Adam Wiles, R.U.) ganó en 2015-16 63.000.000 $. Durante los dos años anteriores también encabezó la lista de DJ con más ingresos.

Mago:
64.000.000 $

Se estima que David Copperfield (EE.UU.) ganó alrededor de 64.000.000 $. Buena parte de sus ingresos se deben a su exitoso espectáculo en Las Vegas, Nevada, EE.UU.

Actor:
64.500.000 $

Dwayne Johnson (EE.UU, llamado *La Roca*), exluchador profesional, ganó unos 64.500.000 $. *San Andrés* (EE.UU, 2015) y la película de animación de Disney *Vaiana* (EE.UU., 2016), son dos de los filmes en los que intervino durante este período.

Músico (hombres):
70.000.000 $

La estrella del country Garth Brooks (EE.UU.) ganó 70.000.000 $. Buena parte de sus ingresos provienen de su exitosa gira de regreso a los escenarios, que en 2016 prolongó por tercer año consecutivo.

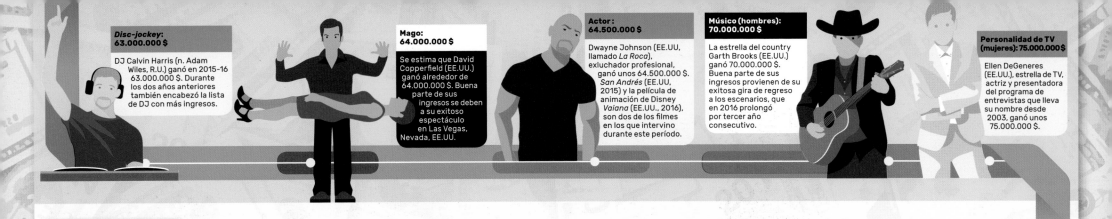

Personalidad de TV (mujeres): 75.000.000 $

Ellen DeGeneres (EE.UU.), estrella de TV, actriz y presentadora del programa de entrevistas que lleva su nombre desde 2003, ganó unos 75.000.000 $.

75-90 m $

Jugador de baloncesto:
77.000.000 $

LeBron James (EE.UU.), jugador de los Cleveland Cavaliers, ganó unos 77.000.000 $ en 2015-16. Alrededor de 54.000.000 $ provinieron de una serie de suculentas promociones publicitarias con marcas como Nike, Coca-Cola y Samsung.

Locutor de radio:
85.000.000 $

El provocador locutor Howard Stern (EE.UU.) tuvo unos ingresos de 85.000.000 $. En diciembre de 2015, anunció que había firmado un nuevo contrato de cinco años con la emisora Sirius XM.

Humorista:
87.500.000 $

Kevin Hart (EE.UU.), con más de 100 programas en directo, obtuvo unos beneficios brutos de más de 1.000.000 $ por cada uno, es decir, unos 87.500.000 $ anuales.

Futbolista:
88.000.000 $

Según la lista *Forbes*, la superestrella del Real Madrid Cristiano Ronaldo (Portugal) es uno de los deportistas más ricos. Alrededor de 32.000.000 $ de sus ganancias proceden de la publicidad, en especial con Nike.

Personalidad de TV:
88.000.000 $

Phil McGraw (EE.UU.), la estrella de TV conocida por su programa de entrevistas *Dr. Phil*, ganó unos 88.000.000 $.

> 90 m $

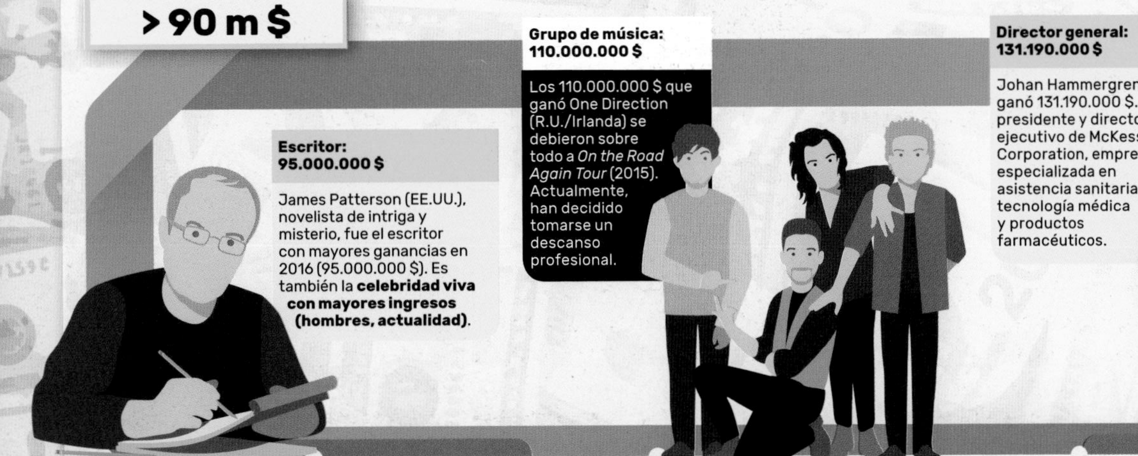

Escritor:
95.000.000 $

James Patterson (EE.UU.), novelista de intriga y misterio, fue el escritor con mayores ganancias en 2016 (95.000.000 $). Es también la **celebridad viva con mayores ingresos (hombres, actualidad)**.

Grupo de música:
110.000.000 $

Los 110.000.000 $ que ganó One Direction (R.U./Irlanda) se debieron sobre todo a *On the Road Again Tour* (2015). Actualmente, han decidido tomarse un descanso profesional.

Director general:
131.190.000 $

Johan Hammergren (EE.UU) ganó 131.190.000 $. Es presidente y director ejecutivo de McKesson Corporation, empresa especializada en asistencia sanitaria, tecnología médica y productos farmacéuticos.

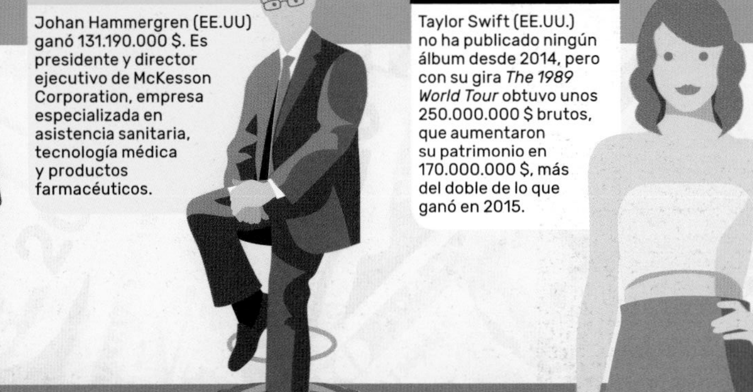

Celebridad:
170.000.000 $

Taylor Swift (EE.UU.) no ha publicado ningún álbum desde 2014, pero con su gira *The 1989 World Tour* obtuvo unos 250.000.000 $ brutos, que aumentaron su patrimonio en 170.000.000 $, más del doble de lo que ganó en 2015.

Celebridad fallecida:
825.000.000 $

El *Rey del pop* sigue vivo... Michael Jackson (EE.UU., 1958-2009) generó 825.000.000 $ y encabeza la lista *Forbes* de celebridades fallecidas que más dinero han ganado desde 2012-2013.

Descarga este póster en guinnessworldrecords.com/2018

Arte y comunicación

El ingeniero de sonido estadounidense Kevin O'Connell ganó finalmente su primer Oscar durante los premios de la Academia de 2017. Sus 20 nominaciones anteriores habían terminado en decepción.

El desconcierto reinó durante la 89.ª gala de los Oscars. Debido a una confusión con los sobres, se anunció por error a *La La Land* como Mejor Película, cuando la ganadora era *Moonlight* (EE.UU., 2016).

SUMARIO

◀ LA PELÍCULA CON MÁS NOMINACIONES A LOS OSCARS

El 24 de enero de 2017, *La La Land* (EE.UU., 2016) recibió 14 nominaciones a los Oscars e igualó a *Eva al desnudo* (EE.UU., 1950) y *Titanic* (EE.UU., 1997). Finalmente, esta tragicomedia musical, protagonizada por Emma Stone y Ryan Gosling, consiguió seis estatuillas en la ceremonia del 26 de febrero de 2017.

El director de *La La Land*, Damien Chazelle (EE.UU., n. el 19 de enero de 1985), se convirtió en el **ganador más joven del premio de la Academia al Mejor Director**, batiendo un récord vigente desde 1931. Chazelle (izquierda) tenía 32 años y 38 días.

Libros

El expresidente estadounidense George Bush (padre) ganó menos con sus memorias que su perra Millie con su «autobiografía».

▲ LAS MAYORES GANANCIAS ANUALES DE UN AUTOR DE LITERATURA INFANTIL (ACTUAL)
El *Diario de Greg*, que apareció por primera vez en 2004 en la página web educativa FunBrain, se ha convertido en un fenómeno global con 11 libros y 3 películas. Según la revista *Forbes*, se estima que entre junio de 2015 y junio de 2016, la serie proporcionó a su autor e ilustrador, Jeff Kinney (EE.UU.), unas ganancias de 19.500.000 $. Kinney también es diseñador de juegos, actor, director de películas, productor y humorista gráfico.

La mayores ganancias anuales de un escritor actual

Según *Forbes*, el escritor de novelas de suspense James Patterson (EE.UU.) obtuvo unas ganancias de 95.000.000 $ entre junio de 2015 y junio de 2016.

El libro de ficción más vendido

La falta de cifras auditadas hace difícil establecer qué obra de ficción ha vendido más copias. Se considera que *Historia de dos ciudades* (1859), de Charles Dickens (R.U.), podría haber vendido más de 200 millones. También se afirma que *Don Quijote de la Mancha*, de Miguel de Cervantes Saavedra (España), publicado en dos partes (1605 y 1615), podría haber vendido más de 500 millones de ejemplares, cifra que no puede verificarse.

La primera novela de detectives

Según la British Library, el primer ejemplo de ficción detectivesca es *The Notting Hill Mistery*, de Charles Felix (R.U.), que se publicó por entregas en la revista semanal *Once a Week* entre 1862 y 1863.

La **primera escritora especializada en el género policíaco** fue Mary Fortune (Australia), que escribió más de 500 historias de detectives. La primera de ellas, *The Dead Witness*, apareció en el *Australian Journal* el 20 de enero de 1866. Las 78 novelas policíacas escritas por Agatha Christie (R.U.) han vendido en conjunto unos 2.000 millones de copias publicadas en 44 idiomas distintos, lo que la convierte en la **escritora de ficción más vendida**.

El primer audiolibro

En noviembre de 2016 se encontró una copia del primer audiolibro, fechado en 1935. Los cuatro discos de goma-laca contenían el texto de la novela de Joseph Conrad *Tifón* (1902). Grabados por el Royal National Institute of Blind People, los redescubrió Matthew Rubery en la Queen Mary University de Londres, R.U.

La máquina de escribir más cara

En 1952, Ian Fleming (R.U.) encargó una máquina de escribir bañada en oro para acabar su primera novela, *Casino Royale*, en la que debutaba el agente secreto James Bond. Se vendió por 89.473 $ en la sala Christie's de Londres, R.U., el 5 de mayo de 1995.

La colección de libros raros más valiosa

En febrero de 2015, la Universidad de Princeton, Nueva Jersey, EE.UU., anunció que había recibido como donación una colección de libros valorada en 300.000.000 $. La colección, reunida por el filántropo William H Scheide (EE.UU.), contiene primeras ediciones de las obras de Shakespeare, la copia original de la Declaración de Independencia Americana y partituras de Bach, Beethoven y Mozart.

Fundada en 1800, la Biblioteca del Congreso de Estados Unidos ha sido pasto de las llamas en dos ocasiones: en 1814, cuando fue incendiada por las fuerzas británicas, y el 24 de diciembre de 1851, cuando un rayo provocó la pérdida de dos tercios de sus 55.000 volúmenes.

P: Durante la Segunda Guerra Mundial, Roald Dahl trabajó en el MI6 con alguien que también se convertiría en un famoso escritor. ¿De quién se trata?

R: Ian Fleming.

El precio más elevado de una ilustración de un libro en una subasta

Un coleccionista anónimo británico compró la acuarela de Beatrix Potter *The Rabbits' Christmas Party* (pintada en la década de 1890), propiedad de su hermano Bertram, el 17 de junio de 2008 por 579.232 $.

Más libros firmados

Vickrant Mahajan (India) firmó 6.904 copias de su libro *Yes Thank You Universe* durante un evento celebrado en Jammu, India, el 30 de enero de 2016.

El mayor archivo de obras de *fanfiction*

FanFiction.net, sitio fundado en octubre de 1998, cuenta con relatos de ficción escritos por fans sobre libros, programas de televisión, películas y cómics preexistentes. Tiene más de 2 millones de usuarios y 8 millones de páginas publicadas en más de 30 idiomas. Entre las más populares están las de Harry Potter, con más de 650.000 relatos, y la serie de manga *Naruto*, con más de 300.000.

Más escritores publicados per cápita

Islandia tiene una larga tradición de narrar historias, desde las sagas de la Edad Media hasta los modernos audiolibros para teléfonos inteligentes, a los que se puede acceder con códigos de barras públicos. Según datos de 2012, se publican cinco libros por cada 1.000 habitantes, el **mayor número de libros publicados per cápita**, y 1 de cada 10 islandeses publicará un libro a lo largo de su vida.

El libro devuelto a una biblioteca con más retraso

En 1956, el profesor Sir John Plumb (R.U.) devolvió un libro del Sidney Sussex College, Cambridge, R.U., prestado en 1667-68, 288 años atrás. Sin embargo, no se le aplicó ninguna sanción.

Cuando Emily Canellos-Simms (EE.UU.) devolvió el libro de poesía *Days and Deeds* a la biblioteca pública de Kewanee, Illinois, EE.UU., 47 años después de que su madre lo tomara prestado en abril de 1955, tuvo que pagar una multa de 345,14 $ (dos centavos por día de retraso), la **mayor multa jamás pagada a una biblioteca**.

◄ LA BIBLIOTECA MÁS GRANDE
La Biblioteca del Congreso de Estados Unidos, en Washington, DC, EE.UU., cuenta con más de 162 millones de documentos que ocupan 1.348 km de estanterías. Las colecciones incluyen más de 38 millones de libros y otros materiales impresos, 3,6 millones de grabaciones, 14 millones de fotografías, 5,5 millones de mapas, 7,1 millones de partituras y 70 millones de manuscritos.

Washington, DC, también alberga la **mayor biblioteca de libros de derecho**, la Law Library del Congreso de Estados Unidos, con más de 2,9 millones de volúmenes, y boletines oficiales de otros países.

El libro más grande:
5 x 8,06 m
(ancho por alto cuando está cerrado).

Más libros tumbados como piezas de dominó:
10.200
Logrado por Sinners Domino Entertainment (Alemania), el 14 de octubre de 2015.

La mayor pirámide de libros:
70.247
Realizada por Perak State Public Library Corporation & Imagika Sdn Bhd (ambas de Malasia), el 26 de diciembre de 2015.

Más tiempo haciendo girar un libro de GWR sobre un dedo:

44 min y 20 s
es el récord de Himanshu Gupta (India), logrado el 17 de abril de 2016.

La mayor pila de libros sostenida en equilibrio en la cabeza es de
62.
(Peso: 98,4 kg), por John Evans (R.U.), el 9 de diciembre de 1998.

x1 = 5 libros

▶ **EL PRIMER EJEMPLO DE *FANFICTION***

La *fanfiction* permite a los fans de ciertos libros o series de televisión publicar historias sobre sus personajes favoritos. Sus orígenes se vinculan a la aparición de *Spockanalia*, un fanzine sobre *Star Trek* publicado en EE.UU. en 1967 y editado por Sherna Comerford y Devra Langsam (ambas de EE.UU.). El creador de *Star Trek*, Gene Roddenberry (EE.UU.), les escribió una carta el 24 de abril de 1968, en la que afirmaba que *Spockanalia* era una «lectura obligatoria [para] cualquier escritor novel y [para] cualquiera que tome decisiones en el mundo del espectáculo».

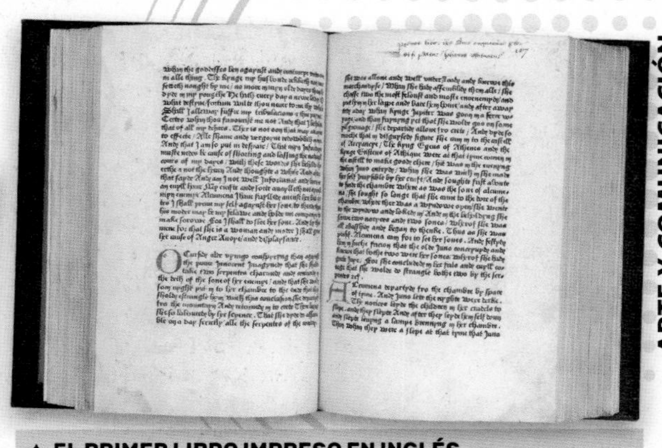

▲ **EL PRIMER LIBRO IMPRESO EN INGLÉS**

The Recuyell of the Historyes of Troye es una traducción de William Caxton (R.U.) de una curiosa obra francesa de 1474. En esa época, la mayoría de los libros no se escribían en inglés, sino en latín. Propiedad del duque de Northumberland (R.U.) hasta el día de su subasta, el 15 de julio de 2014, se vendió en la sala Sotheby's de Londres, R.U., por 1.851.460 $.

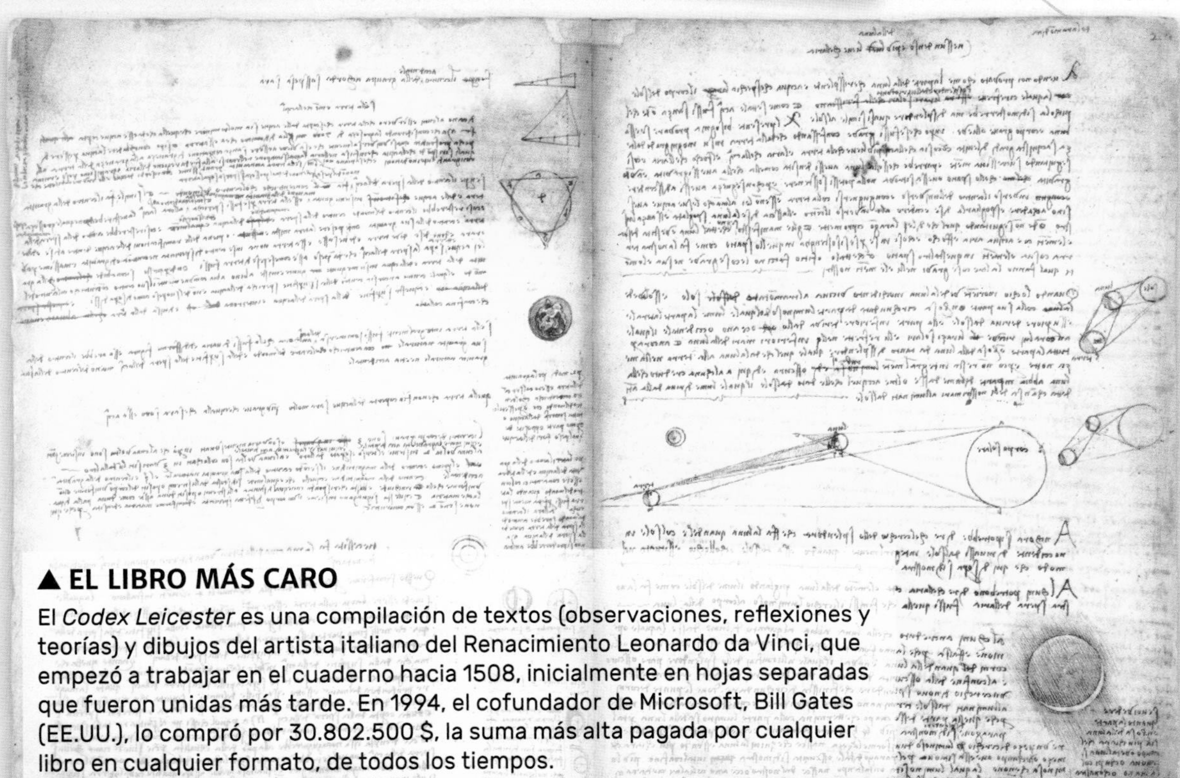

▲ EL LIBRO MÁS CARO

El *Codex Leicester* es una compilación de textos (observaciones, reflexiones y teorías) y dibujos del artista italiano del Renacimiento Leonardo da Vinci, que empezó a trabajar en el cuaderno hacia 1508, inicialmente en hojas separadas que fueron unidas más tarde. En 1994, el cofundador de Microsoft, Bill Gates (EE.UU.), lo compró por 30.802.500 $, la suma más alta pagada por cualquier libro en cualquier formato, de todos los tiempos.

▲ **LA OBRA DE TEATRO MÁS VENDIDA**

Publicada y estrenada en los escenarios el 31 de julio de 2016, la obra teatral *Harry Potter y el legado maldito* había vendido 3.866.156 copias en todo el mundo a 6 de agosto de 2016, según Nielsen BookScan. Basada en una idea de J K Rowling (R.U.), la creadora de la serie, la obra está ambientada sobre todo en 2020, con el mago Harry Potter cuando ya es adulto y su hijo, Albus Severus Potter, como protagonistas.

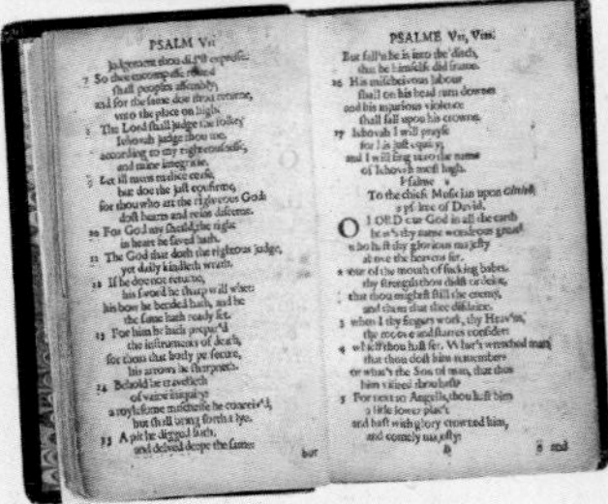

▲ **EL LIBRO IMPRESO MÁS CARO**

En 1640, los habitantes de la colonia de la bahía de Massachusetts imprimieron 1.700 ejemplares de *Bay Psalm Book*, que se convirtió en el primer libro impreso en la América del Norte británica. El 26 de noviembre de 2013, el empresario estadounidense David Rubenstein adquirió una de las 11 copias que quedaban por 14,16 millones de $ en una subasta en la sala Sotheby's de Nueva York, EE.UU., para cederla a una biblioteca.

▶ **EL PRIMER LIBRO CON MAPAS GRABADOS**

El libro más antiguo con mapas grabados en hueco, en contraposición a aquellos con xilografías, se realizó en Bolonia, Italia, en 1477. Es una traducción de la época medieval a cargo de Giacomo d'Angelo Da Scarperia (Italia) de *Cosmographia*, un atlas y tratado sobre cartografía que fue compilado por el escritor greco-egipcio Ptolomeo hacia el año 150. La obra de Da Scarperia contiene 26 grabados impresos con planchas de cobre y es el primer libro con mapas realizados por un artista conocido, Taddeo Crivelli (Italia). Anteriormente se había creído que la traducción de Da Scarperia se había publicado en 1482, hasta que unos documentos encontrados en Bolonia lo desmintieron.

Televisión

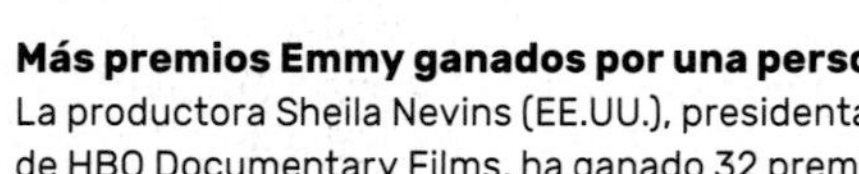

Para la filmación de la serie documental de naturaleza *Planeta Tierra II*, se organizaron 117 expediciones distintas, con 2.089 días de trabajo de campo.

Más premios Emmy ganados por una persona
La productora Sheila Nevins (EE.UU.), presidenta de HBO Documentary Films, ha ganado 32 premios Primetime Emmy. En 2016, Nevins fue reconocida con el premio al mérito excepcional en cine documental por *Jim: The James Foley Story*, biografía de un corresponsal de guerra estadounidense.

También tiene el récord de **más nominaciones a los premios Emmy recibidas por una persona** (74), junto con el operador de cámara Héctor Ramírez (EE.UU.).

Más premios Emmy para un programa de TV
El veterano programa de humor de la NBC *Saturday Night Live* recibió el 50.° premio de su historia en la ceremonia de 2016 cuando las presentadoras Tina Fey y Amy Poehler fueron reconocidas con el premio Emmy a la mejor actriz invitada en un programa de humor. *Saturday Night Live* ha recibido un total de 209 nominaciones, la **mayor cantidad de nominaciones a los Primetime Emmy de un programa de televisión**.

Más premios Emmy de una serie dramática
El 18 de septiembre de 2016, el drama fantástico de HBO *Juego de tronos* (EE.UU.) se llevó los Emmy al mejor guion y a la mejor serie dramática, y sumó un total de 38, la **mayor cantidad de premios Emmy de una serie de ficción**.

Impulsada por el éxito de series como *Juego de tronos* y *Boardwalk Empire*, en 2015 HBO recibió la **mayor cantidad de nominaciones a los premios Primetime Emmy de una cadena de televisión en un año** (126).

La serie de televisión más pirateada
Por quinto año consecutivo, el sitio web de monitoreo de descargas TorrentFreak declaró a *Juego de tronos* la serie de televisión más veces descargada ilegalmente. En su momento culminante, el capítulo final de la sexta temporada, que se emitió el 26 de junio de 2016, 350.000 torrents la estaban compartiendo al mismo tiempo. En segundo y tercer lugar se situaban *The Walking Dead*, de AMC, y *Westworld*, de HBO (ambas de EE.UU.).

El programa deportivo con el mismo presentador durante más tiempo
A 8 de diciembre de 2016, Juan Carlos Tapia Rodríguez (Panamá) llevaba 41 años y 334 días al frente del programa panameño de boxeo *Lo mejor del boxeo*.

P: ¿Qué serie de televisión (estrenada en 2016) está ambientada en Hawkins, Indiana, EE.UU.?

R: Stranger Things.

Las mayores ganancias de una estrella de un programa de telerrealidad
Según *Forbes*, Kim Kardashian West (EE.UU.) ganó 51.000.000 $ entre el 1 de junio de 2015 y el 1 de junio de 2016. Alrededor del 40% de sus ingresos provinieron del juego para móviles *Kim Kardashian: Hollywood*, que sólo en 2015 generó 71.800.00 $.

Las mayores ganancias anuales de una estrella de TV de todos los tiempos
Entre junio de 2009 y junio de 2010, Oprah Winfrey (EE.UU.) ganó unos 275.000.000 $ gracias a su revista, su programa de radio, su productora Harpo y el lanzamiento de Oprah Winfrey Network.

Las **mayores ganancias anuales de una estrella de TV de todos los tiempos (hombres)** se sitúan en 95.000.000 $, cifra que alcanzaron en los 12 meses anteriores a junio de 2013 Simon Cowell (R.U.), juez en un programa de telerrealidad, y la gran figura de la radio, Howard Stern (EE.UU.).

La serie de TV de ciencia ficción más prolífica (en número de episodios)
El 29 de abril de 2017, se emitió el episodio 819 de *Doctor Who* (BBC, R.U.). La cifra total abarca la serie original, compuesta por 695 episodios emitidos entre 1963 y 1989, y la serie moderna, que arrancó en 2005; pero no incluye programas especiales o la película para la televisión de 1996.

El **Doctor Who más joven** fue Matt Smith (R.U., n. el 28 de octubre de 1982), que filmó sus primeras escenas como el Señor del Tiempo con 26 años.

El **Doctor Who de más edad** fue William Hartnell (R.U., n. el 8 de enero de 1908), que interpretó el papel con 57 años y repitió en el especial décimo aniversario emitido en 1973, cuando tenía 65 años.

En número de episodios, el **Doctor Who más prolífico** fue Tom Baker (R.U.), que protagonizó 173 entregas (temporadas 12-18) entre 1974 y 1981, más que cualquier otro actor que haya interpretado al personaje. Baker, que había sido monje, trabajaba en la construcción cuando recibió la llamada de la BBC.

Más libros de ficción derivados de un programa de televisión
Se han escrito más de 600 novelizaciones e historias originales del *Doctor Who*, de las cuales más de 120 están ambientadas en el mismo universo.

▲ EL SUPERHÉROE DE TELEVISIÓN MÁS POPULAR
The Flash, de la cadena The CW, llegó en 2016 a 3,1 millones de «expresiones de demanda» diarias, según Parrot Analytics. Esta empresa mide la audiencia global de productos televisivos a través de sitios web que retransmiten en *streaming*, medios sociales y canales tradicionales.

El **programa de TV más popular en 2016** fue la serie *Juego de tronos*, con una media de 7.191.848 expresiones de demanda diarias.

El **televisor más grande** fue un Sony Color Jumbotron, cuya pantalla medía 24,3 x 45,7 m. Fue construido con motivo de la Exposición Internacional de 1985, celebrada en Tukuba, prefectura de Ibaraki, Japón.

◀ LA FRANQUICIA DE CIENCIA FICCIÓN DE MÁS ÉXITO EN TELEVISIÓN
Las estimaciones de ingresos sugieren que la franquicia *Star Trek* valía más de 6.000 millones de dólares en 2016. Esta cifra incluye los ingresos por redifusión y ventas de DVD más los procedentes de libros y videojuegos y las ganancias brutas generadas por las películas, de 1.730 millones de dólares. El 7 de octubre de 2016, William Shatner (a la derecha), que interpretó al capitán Kirk, recibió el certificado de GWR de manos de su editor jefe, Craig Glenday.

PEQUEÑA PANTALLA, GRANDES COLECCIONES:

Aparatos de radio y TV:
10.060
(Göran Ågårdh, Suecia)

Objetos de *Los pitufos*:
6.320
(Gerda P Scheuers, EE.UU.)

Objetos de *Los ángeles de Charlie*:
5.569
(Jack Condon, EE.UU.)

Objetos de *Los Simpson*:
2.580
(Cameron Gibbs, Australia)

Daleks:
1.801
(Rob Hull, R.U.)

Objetos de *Scooby-Doo*:
1.116
(Rebecca Findlay, Canadá)

Objetos de *Barrio Sésamo*:
942
(Sheila Chustek, EE.UU.)

▲ EL PROGRAMA DE TV MÁS CARO

Los 10 episodios de la primera temporada de la serie dramática de Netflix *The Crown* (2016) costaron unos 130.000.000 $. La serie recrea la vida de la reina Isabel II (interpretada por Claire Foy) desde la década de 1940 hasta nuestros días, y se basa en parte en la obra teatral de Peter Morgan *The Audience* (1993). Participaron muchos de los creativos de la película ganadora de un Oscar *La reina* (R.U./EE.UU./Alemania/Francia, 2006), en la que Helen Mirren interpreta a la monarca.

▲ EL ELENCO DE UNA SERIE MEJOR PAGADO

A 22 de septiembre de 2016, los cuatro actores mejor pagados de la televisión estadounidense eran las estrellas de *The Big Bang Theory*: Jim Parsons (25.500.000 $); Johnny Galecki (24.000.000 $); Simon Helberg (22.500.000 $, todos de EE.UU.); y Kunal Nayyar (India/EE.UU., n. en R.U., 22.000.000 $). La estrella femenina de la serie, Kaley Cuoco (EE.UU.), fue la segunda actriz mejor pagada de la televisión, con 24.500.000 $, por detrás de Sofía Vergara (abajo a la izquierda). La suma de los emolumentos de estos actores eleva los gastos salariales de *The Big Bang Theory* a más de 100.000.000 $.

▲ LAS MAYORES GANANCIAS ANUALES DE UNA ACTRIZ EN UNA SERIE DE TV ACTUAL

Según *Forbes*, la estrella de *Modern Family*, Sofía Vergara (Colombia) fue la actriz de televisión mejor pagada por quinto año consecutivo, con unos 43.000.000 $ en los 12 meses anteriores al 1 de junio de 2016. La cifra supone un aumento significativo respecto a los 28.500.000 $ que se calcula que ganó en 2014-15.

▲ LA CARRERA MÁS LARGA COMO PRESENTADOR DE TV

Sir David Attenborough (R.U.) hizo su debut en la televisión en *Zoo Quest* (BBC, R.U., detalle) en 1954, y presentó *Planeta Tierra II* (BBC, R.U., arriba) en 2017, 63 años después. El naturalista ha ganado premios BAFTA por programas en blanco y negro, color, HD y 3D.

El **programa de televisión con el mismo presentador durante más tiempo** es *The Sky at Night* (BBC, R.U.), que tuvo al frente al astrónomo Sir Patrick Moore (R.U.) durante 55 años: desde su primera emisión en 1957 hasta la muerte de Moore el 9 de diciembre de 2012.

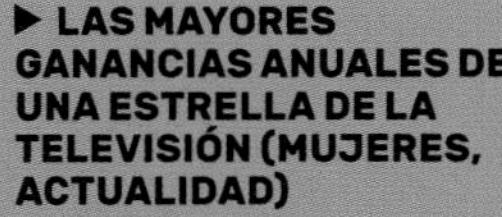

▶ LAS MAYORES GANANCIAS ANUALES DE UNA ESTRELLA DE LA TELEVISIÓN (MUJERES, ACTUALIDAD)

Según *Forbes*, en los 12 meses anteriores al 1 de junio de 2016, Ellen DeGeneres (EE.UU.), estrella de la TV, actriz y presentadora de un magacín al que da nombre, ganó unos 75.000.000 $.

Las **mayores ganancias anuales de una estrella de la televisión (hombres, actualidad)** son los 88.000.000 $ que se embolsó el Dr. Phil McGraw (EE.UU.).

▲ LA PRIMERA SERIE DE TV EN REALIDAD VIRTUAL

Invisible, una serie de ciencia ficción que cuenta la historia de los Ashlands, una poderosa familia de Nueva York con un don sobrenatural, ha sido descrita por sus productores como «la primera gran serie de televisión en realidad virtual en 360°». Cada episodio, filmado con una cámara estática 3600 VR (arriba, sobre la mesa), proporciona una experiencia panorámica completa. Codirigida por Doug Liman (detalle), la primera temporada de *Invisible* consistió en cinco episodios de seis minutos, disponible para la plataforma Samsung VR en 2016.

En un principio, estaba previsto que *Rectify* se emitiera en el canal AMC y la protagonizara Walton Goggins, actor de la serie *The Shields*. Finalmente, se emitió por el canal hermano SundanceTV, y se convirtió en su primera serie de ficción.

▶ LA SERIE DE TV MEJOR VALORADA (ACTUALIDAD)

La 4.ª temporada de la serie dramática de SundanceTV *Rectify* se estrenó el 26 de octubre de 2016 y obtuvo una valoración de 99 sobre 100 en Metacritic y de 8,8 entre los espectadores. Retrata la lucha de Daniel Holden (Aden Young), que regresa al hogar tras pasar 19 años encarcelado por error acusado de asesinato.

La **serie de televisión mejor valorada (de todos los tiempos)** es la 5.ª temporada de *Breaking Bad* (2012), con una puntuación en Metacritic de 99 y una nota de 9,6 entre los espectadores.

Tiburón (ver más abajo) está considerada como el **primer éxito de taquilla de verano.** Fue la primera película en superar los 200.000.000 $ en taquilla en Norteamérica (EE.UU. y Canadá).

▲ LA CLAQUETA MÁS CARA

El 27 de septiembre de 2016, Prop Store vendió una claqueta usada en el rodaje de la película *Tiburón* (EE.UU., 1975), de Steven Spielberg, por 108.875 $ en la Prop Store Live Auction celebrada en Londres, R.U. El diseño de la claqueta, en consonancia con la película, tiene los bordes dentados como la mandíbula de un tiburón.

La película con el montaje más rápido

Con 3.007 tomas distintas reunidas en 79 min y 59 s, la película de acción *El tren de la muerte* (EE.UU., 2002), protagonizada por el actor belga Jean-Claude Van Damme, es el largometraje más rápido de la historia, con tomas de una duración media (ASL, por sus siglas en inglés) de 1,53 s.

La **película con un montaje más pausado** es *El arca rusa*, de Aleksandr Sokurov (Rusia, 2002), que fue rodada en una sola toma de 91 min y 26,3 s, lo que supone un ASL de 5.486,3 s, el promedio más alto en un largometraje narrativo con mucha diferencia.

La película de Bollywood más cara

La taquillera *2.0* (India, 2017), una historia de ciencia ficción también conocida como *Robot 2*, costó 3.000 millones de rupias indias (44.100.000 $). La protagoniza la estrella Akshay Kumar (Canadá, n. en la India).

LOS INGRESOS BRUTOS EN TAQUILLA MÁS ELEVADOS DE...

Una película surcoreana

La película de Yeon Sang-ho *Estación Zombie* (Corea del Sur) batió el récord nacional de taquilla tras su estreno en julio de 2016. Según The Numbers, en febrero de 2017 había recaudado 99.063.777 $ en todo el mundo, dato que la convierte en la película surcoreana más taquillera de todos los tiempos.

Una película sin villano

En enero de 2017, la 22.ª película con mayores ingresos brutos en taquilla era la producción de Disney/Pixar *Buscando a Dory* (EE.UU., 2016). Se trata también de la película con un argumento sin un claro antagonista de más éxito hasta la fecha, y de la primera película de estas características en recaudar más de 1.000.000.000 $ en todo el mundo: según The Numbers, 1.022.617.376 $ a 29 de diciembre de 2016.

Un estudio

En un comunicado de prensa fechado el 19 de diciembre de 2016, Walt Disney Studios anunció que era el primer estudio en obtener 7.000 millones de dólares en ingresos brutos en taquilla en un solo año; en total, 7.605 millones de dólares en todo el mundo (2.900 millones de dólares en EE.UU. y Canadá y 4.700 millones de dólares en el resto de los mercados internacionales).

MÁS...

Nominados a los Oscar en una película de superhéroes

El reparto de *Batman v. Superman: el amanecer de la justicia* (EE.UU., 2016) contó con un total de nueve actores nominados al Oscar: cuatro oscarizados (Ben Affleck, Jeremy Irons, Holly Hunter y Kevin Costner) y cinco nominados (Amy Adams, Jesse Eisenberg, Diane Lane, Laurence Fishburne y Michael Shannon). Es la película de superhéroes con más nominados a fecha de enero de 2017.

P: ¿Cuál es la película más larga del Universo Cinematográfico de Marvel?

R: Capitán América: Civil War, con 2 h y 27 min de duración.

Películas de Disney entre las 10 más taquilleras

5 de las 10 películas más taquilleras de 2016 fueron producidas por Disney, si se incluyen también las de sus filiales Lucasfilm, Pixar y Marvel Entertainment, y se contempla el acuerdo de distribución que mantiene con Marvel Entertainment. *Capitán América: Civil War, Rogue One: Una historia de Star Wars, Buscando a Dory, Zootrópolis* y *El libro de la selva* ocuparon las cinco primeras posiciones de la lista (ver derecha).

Premios Globo de Oro ganados por una película

La comedia musical *La La Land* (EE.UU., 2016) fue nominada a siete Globos de Oro y ganó en todas las categorías:

- Mejor película. Comedia o musical.
- Mejor actriz . Comedia o musical (Emma Stone).
- Mejor actor. Comedia o musical (Ryan Gosling).
- Mejor director. Comedia o musical (Damien Chazelle).
- Mejor guión (Chazelle).
- Mejor banda sonora (Justin Hurwitz).
- Mejor canción original («City of Stars», de Hurwitz, interpretada por Stone y Gosling).

Extras digitales en una escena

En la secuencia de la procesión egipcia en *X-Men: Apocalipsis* (EE.UU., 2016) aparecen 295.000 personas, pero de hecho sólo había 25 actores cuando se filmó, el resto fueron creados mediante efectos visuales digitales.

THE NUMBERS

The Numbers es la base de datos sobre información financiera de la industria del cine más grande de internet, con datos de más de 25.000 películas y 125.000 personas del mundo del celuloide. Fundada en 1997 por Bruce Nash, actualmente registra más de 5 millones de visitas anuales, tanto de aficionados al cine como de grandes estudios, productoras independientes e inversores que consultan información para decidir qué películas hacer y cuándo estrenarlas. Su base de datos, conocida como OpusData, con más de 7 millones de datos sobre el negocio cinematográfico, aglutina información procedente de estudios de cine, exhibidores, prensa y otras fuentes.

THE NUMBERS

◄ LA SAGA DE PELÍCULAS DE ANIMACIÓN DIGITAL MÁS EXTENSA

El estreno en julio de 2016 de *Ice Age: El gran cataclimo* (EE.UU.) convirtió a esta serie de películas de animación digital de Blue Sky Studios en la más extensa al ser la primera en llegar a las cinco entregas. La saga se basa en las aventuras de un grupo de animales prehistóricos, y comenzó con *Ice Age: La edad de hielo* (EE.UU.) en 2002. Las cuatro primeras películas fueron los largometrajes de animación con mayor recaudación en sus respectivos años. Hasta la fecha, la más taquillera es *Ice Age 3: el origen de los dinosaurios* (EE.UU., 2009), que a 11 de diciembre de 2016 había recaudado 859.701.857 $ en todo el mundo, según The Numbers.

brutos en 2016

Capitán América: Civil War (EE.UU.): 1.151.684.349 $

Rogue One: Una historia de Star Wars (EE.UU./R.U.): 1.050.441.501 $

Buscando a Dory (EE.UU.): 1.022.617.376 $

Zootrópolis (EE.UU.): 1.019.922.983 $

El libro de la selva (R.U./EE.UU.): 963.901.123 $

Mascotas (Japón/EE.UU.): 875.958.308 $

Batman v. Superman: El amanecer de la justicia (EE.UU.): 868.160.194 $

Animales fantásticos y dónde encontrarlos (R.U./EE.UU): 804.702.363 $

Deadpool (EE.UU.): 783.770.709 $

Escuadrón suicida (EE.UU.): 746.100.054 $

Fuente: The Numbers. Todas las cifras se refieren a ingresos brutos obtenidos en

▲ **LA PELÍCULA DE ANIMACIÓN MÁS PIRATEADA (ACTUALIDAD)**

Buscando a Dory (EE.UU., 2016), de Disney-Pixar, se descargó ilegalmente más que cualquier otra película de animación de 2016, según TorrentFreak. Debido a la dificultad para conocer el número de descargas, la empresa ya no publica estimaciones sino una clasificación.

Deadpool (EE.UU., 2016) es la **película más pirateada (actualidad)**, según TorrentFreak.

▲ **EL ESTRENO INTERNACIONAL MÁS EXITOSO DE UNA PELÍCULA DE BOLLYWOOD**

Dangal, una película a medida de la superestrella de Bollywood Aamir Khan (India), narra la historia basada en hechos reales de una familia de mujeres dedicadas a la lucha libre. El 21 de diciembre de 2016, a los tres días de su estreno, había recaudado 31.200.000 $ en siete países distintos, batiendo el propio récord de Khan de 28.800.000 $ con la comedia *PK* (India) de diciembre de 2014.

▲ **LOS MAYORES INGRESOS BRUTOS EN TAQUILLA EN EE.UU. EN UN DÍA DE AGOSTO**

Según The Numbers, *Escuadrón suicida* (EE.UU.) recaudó 64.893.248 $ el día de su estreno, el 5 de agosto de 2016, en 4.255 cines de todo EE.UU.

En tres días, la película había recaudado 133.682.248 $ en EE.UU., los **mayores ingresos brutos en taquilla en EE.UU. en un fin de semana de agosto**.

▲ **MÁS APARICIONES EN PELÍCULAS INTERPRETANDO A UN SUPERHÉROE DE MARVEL**

Los actores estadounidenses Samuel L. Jackson (como Nick Furia) y Robert Downey Jr. (como Tony Stark/Iron Man) empatan en el número de apariciones en las 14 películas del Universo Cinematográfico de Marvel rodadas hasta marzo de 2016: siete cada uno.

◀ **LA PELÍCULA EN LENGUA NO INGLESA CON MAYORES INGRESOS BRUTOS**

Estrenada en todo el mundo en febrero de 2016, la aventura fantástica de Stephen Chow *Měi rén yú* (*La sirena*, China, 2016) había recaudado 552.198.479 $ a 9 de junio de 2016, según The Numbers. Además de ser la película filmada y estrenada en una lengua distinta al inglés más taquillera, es también la **película no producida en Hollywood con mayores ingresos brutos**.

▲ **MÁS ENTREGAS DE SAGAS EN UN MISMO AÑO**

De las 100 películas con mayores ingresos brutos de 2016, 37 fueron secuelas, películas derivadas o entregas de una saga. Es el tercer año consecutivo que se bate este récord. De las 20 películas con mayores ingresos brutos, 13 fueron secuelas o entregas de una saga, con *Kung Fu Panda 3* (China/EE.UU., imagen principal) y *Animales fantásticos y dónde encontrarlos* (R.U./EE.UU., recuadro), película derivada de la saga de Harry Potter, entre ellas. Seis de las 10 películas más taquilleras fueron secuelas o entregas de una saga.

▲ MÁS PAPELES PROTAGONISTA FEMENINOS ENTRE LAS 100 PELÍCULAS MÁS TAQUILLERAS DEL AÑO

De las 100 películas más taquilleras de 2016 en todo el mundo, 31 contaron con una mujer como intérprete principal. Esto supone la cifra más alta hasta la fecha y un aumento notable respecto a las 20 de 2015. En la imagen, en el sentido de las agujas del reloj empezando por arriba, puede verse a Amy Adams; Janelle Monáe, Taraji P Henson y Octavia Spencer; y Felicity Jones.

Estrellas de cine

Las 10 estrellas de cine mejor pagadas ganaron un total de 471,5 millones de dólares en 2016, según *Forbes*.

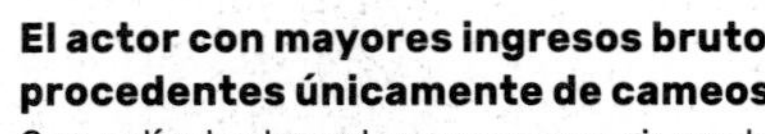

El actor con mayores ingresos brutos procedentes únicamente de cameos
Con películas basadas en sus creaciones batiendo récords de taquilla, quizá no sorprenda que el cerebro de Marvel Comics, Stan Lee (EE.UU.), también haya querido tener un lugar frente a la cámara. A 24 de marzo de 2017, las 36 películas en las que ha aparecido en un cameo, desde su debut en *Mallrats* (EE.UU., 1995) hasta su papel en *Doctor Strange* (EE.UU., 2016), le han proporcionado unos ingresos de 18.777.702.132 $, según The-Numbers.com.

▲ MÁS NOMINADO A LOS OSCAR SIN GANAR
El ingeniero de sonido Kevin O'Connell (EE.UU.) fue nominado 20 veces a un premio Oscar, la primera de ellas por *La fuerza del cariño* (EE.UU., 1983) en la edición de 1984, sin lograr ni una sola estatuilla. Su suerte cambió por fin durante la ceremonia de 2017, en la que compartió el premio al mejor sonido con Andy Wright, Robert Mackenzie y Peter Grace (todos de Australia) por *Hasta el último hombre* (EE.UU./Australia, 2016).

La actriz de Hollywood más rentable
Según *Forbes*, ninguna actriz de Hollywood generó más beneficios en relación con sus honorarios que la estrella de *Los vengadores* Scarlett Johansson (EE.UU.). A 1 de junio de 2016, sus últimos tres grandes proyectos cinematográficos, entre los que se cuentan *Capitán América: Civil War* (2016) y *Lucy* (2014), habían recaudado 88,60 $ brutos por cada dólar que se le pagó. Para el **actor de Hollywood más rentable**, ver la página siguiente.

El James Bond mejor pagado
Se estima que los honorarios del actor británico Daniel Craig por encarnar a James Bond en *Spectre 007* (R.U./EE.UU., 2015) alcanzaron los 39.000.000 $. Esto convierte a Craig en el actor mejor pagado, con mucha diferencia, por interpretar este papel, incluso teniendo en cuenta la inflación.

En *Spectre 007*, Craig aparece con ropa y accesorios valorados en unos 56.220 $, lo que convierte a Bond en el **personaje cinematográfico con un vestuario más caro**.

Tanto Sean Connery como Roger Moore (ambos de R.U.) interpretaron al agente secreto británico 007 en siete ocasiones, el **mayor número de interpretaciones de James Bond**. Connery apareció en la primera película de la serie, *Agente 007 contra el Dr. No* (R.U., 1962), y Moore hizo su debut en *Vive y deja morir* (R.U., 1973).

Jesper Christensen (Dinamarca) es el primer actor que ha interpretado al mismo villano en tres películas de James Bond: el **mayor número de apariciones de un mismo villano en películas de James Bond**. Christensen interpretó al personaje del Sr. White en *Casino Royale* (R.U./EE.UU./República Checa/Alemania/Italia, 2006), *Quantum of Solace* (R.U./EE.UU., 2008) y *Spectre 007*.

El actor estadounidense Tom Cruise fue relacionado con la primera película de *Iron Man* antes de que Robert Downey Jr. se hiciera con el papel. Cruise fue también uno de los actores que sonaron para *Soy leyenda*, que finalmente protagonizó Will Smith.

La estrella de más edad de una película superéxito taquillero
El actor Harrison Ford (EE.UU., n. el 13 de julio de 1942) tenía 73 años y 156 días cuando se estrenó *Star Wars episodio VII: El despertar de la Fuerza* (EE.UU.) el 16 de diciembre de 2015. A 2 de junio de 2016, esta espectacular superproducción había logrado unos ingresos brutos de 2.058.662.225 $ en las taquillas de todo el mundo.

P: ¿Cuál fue la primera película del Universo Cinematográfico de Marvel que se estrenó?

R: Iron Man (EE.UU., 2008).

El Batman de más edad
Ben Affleck (EE.UU., n. el 15 de agosto de 1972) tenía 43 años y 223 días cuando el 25 de marzo de 2016 se estrenó *Batman v. Superman: El amanecer de la justicia* (EE.UU.), con lo que se convertía en el actor más veterano en interpretar a Batman en el cine. Tras él se sitúa Michael Keaton (EE.UU., n. el 5 de septiembre de 1951), que tenía 40 años y 288 días cuando se puso el bat-traje para *Batman vuelve* (EE.UU./R.U.), estrenada el 19 de junio de 1992.

MÁS...

Participaciones en películas de Disney en un año
El actor Idris Elba (R.U.) puso voz al personaje de Fluke en *Buscando a Dory*, al jefe Bogo en *Zootrópolis* y al tigre de bengala Shere Khan en *El libro de la selva* (todas de EE.UU., 2016).

Interpretaciones de un hombre lobo en el cine
El actor español Paul Naschy (nombre artístico de Jacinto Molina Álvarez) interpretó por primera vez al hombre lobo en la película *La marca del hombre lobo* (España, 1968). Durante las cuatro décadas siguientes repitió personaje en otras 14 películas, en las que llevó al licántropo Waldemar Daninsky al Himalaya en *El hombre lobo y el Yeti* (España, 1975), a Japón en *La bestia y la espada mágica* (España/Japón, 1982) y a Sudamérica en su última interpretación, *Un hombre lobo en el Amazonas* (Brasil, 2005).

Nominados al Oscar en una película
El juego de Hollywood, de Robert Altman (EE.UU., 1992), contó en su reparto con 23 nominados al Oscar: 13 ganadores (Tim Robbins, Whoopi Goldberg, Sydney Pollack, Cher, James Coburn, Joel Grey, Jack Lemmon, Marlee Matlin, Julia Roberts, Susan Sarandon, Rod Steiger, Louise Fletcher y Anjelica Huston) y 10 nominados (Dean Stockwell, Karen Black, Gary Busey, Peter Falk, Sally Kellerman, Sally Kirkland, Burt Reynolds, Lily Tomlin, Teri Garr y Nick Nolte).

◀▶ MAYORES GANANCIAS ANUALES DE UN ACTOR DE CINE (TODOS LOS TIEMPOS)
Según *Forbes*, las mayores ganancias anuales de un actor de cine en un solo año ascienden a 80.000.000 $. El primero en alcanzar esa cifra fue Will Smith (EE.UU., derecha) en 2007-08 tras el éxito de películas como *Soy leyenda* (EE.UU., 2007) y *Hancock* (EE.UU., 2008). En 2014-15 se le sumó la estrella de *Iron Man*, Robert Downey Jr. (EE.UU., izquierda), tras el estreno de *Vengadores: La era de Ultrón* (EE.UU., 2015).

A partir de los datos de The-Numbers.com, te presentamos la lista de ingredientes necesarios para producir un gran éxito de taquilla.

Actor principal:
Tom Hanks (EE.UU.)
9.283.733.292 $

Actriz principal:
Emma Watson (R.U.)
7.787.852.895 $

Actor de reparto:
Warwick Davis (R.U.)
13.254.450.305 $

Actriz de reparto:
Maggie Smith (R.U.)
7.918.738.027 $

Director:
Steven Spielberg (EE.UU.)
9.755.487.265 $

Productor: Kevin Feige (EE.UU.)
10.896.167.397 $

Director de fotografía:
Andrew Lesnie (Australia)
7.960.202.614 $

Guionista:
Steve Kloves (EE.UU.)
7.575.525.594 $

Compositor:
Hans Zimmer (Alemania)
26.339.539.415 $

Fuente: The-Numbers.com; actualizado a 1 de marzo de 2017.

▲ **EL ACTOR DE HOLLYWOOD MÁS RENTABLE**

Por segundo año consecutivo, ningún actor de Hollywood ha generado más beneficios en relación con sus honorarios que Chris Evans (EE.UU.), según *Forbes*. A 1 de junio de 2016, sus tres últimas grandes películas, entre las que se cuenta *Capitán América: Civil War* (EE.UU., 2016), recaudaron 135,80 $ por cada dólar que cobró.

▲ **MÁS ACTORES OSCARIZADOS INTÉRPRETES DE UN MISMO SUPERHÉROE**

Tres actores oscarizados han interpretado a Batman en los 10 largometrajes dedicados a este personaje: **1.** George Clooney (EE.UU., *Batman y Robin* [EE.UU./R.U., 1997]), Oscar al mejor actor de reparto por *Syriana* (EE.UU./EAU, 2005); **2.** Ben Affleck (EE.UU. *Batman v. Superman: El amanecer de la justicia* [EE.UU., 2016]), Oscar al mejor guion original por *El indomable Will Hunting* (EE.UU., 1997) y mejor película por *Argo* (EE.UU., 2012); y **3.** Christian Bale (R.U., *Batman Begins* [EE.UU./R.U., 2005], *El caballero oscuro* [EE.UU./R.U., 2008] y *El caballero oscuro: la leyenda renace* [EE.UU./R.U., 2012]), Oscar al mejor actor de reparto por *The Fighter* (EE.UU., 2010).

▲ **MÁS PREMIOS GLOBO DE ORO**

Meryl Streep (EE.UU.) ha sido galardonada a lo largo de su carrera cinematográfica con ocho Globos de Oro: 1980, 1982-83, 2003-04, 2007, 2010 y 2012. El primero fue el de mejor actriz de reparto por *Kramer contra Kramer* (EE.UU., 1979); y el último, el de mejor actriz dramática por *La dama de hierro* (R.U./Francia, 2011). En 2017 también recibió el premio Cecil B DeMille, que es un Globo de Oro honorífico por sus «destacadas contribuciones al mundo del espectáculo».

Además, Streep es también la **actriz con más nominaciones a los Globos de Oro** (30).

▶ **EL PROTAGONISTA MÁS JOVEN DE UNA PELÍCULA DEL UNIVERSO CINEMATOGRÁFICO DE MARVEL**

Tom Holland (R.U., n. el 1 de junio de 1996) sólo tenía 20 años y 123 días cuando terminó el rodaje de *Spider-Man: Homecoming* (EE.UU., 2017). Ver la entrevista de GWR a Tom en la página 9.

▶ **MAYORES GANANCIAS ANUALES DE UNA ACTRIZ DE CINE (PRESENTE AÑO)**

Forbes estima que Jennifer Lawrence (EE.UU.) tuvo unos ingresos brutos de 46.000.000 $ entre junio de 2015 y junio de 2016, por lo que la estrella de *Los juegos del hambre* y *X-Men* fue la actriz mejor pagada por segundo año consecutivo. La siguiente en la lista de 2015-16 fue la estrella de *Los cazafantasmas*, Melissa McCarthy (EE.UU.), con unas ganancias brutas de 33.000.000 $.

▼ MAYORES GANANCIAS ANUALES DE UN ACTOR DE CINE (PRESENTE AÑO)

Forbes estima que el exluchador Dwayne Johnson (EE.UU., también conocido como *La Roca*) ganó 64.500.000 $ entre junio de 2015 y junio de 2016. Entre sus éxitos cinematográficos se cuenta la producción de Disney *Vaiana* (EE.UU., 2016), en la que pone voz al personaje de Maui. Los dos siguientes actores en la lista de 2015-16 fueron Jackie Chan (alias de Chan Kong-sang, China), con unas ganancias de 61.000.000 $ y Matt Damon (EE.UU.), con 55.000.000 $.

Maui carga un gigantesco anzuelo que le permite cambiar de aspecto. En un momento de la película, adopta la forma del reno Sven, personaje de *Frozen: El reino del hielo* (EE.UU., 2013), también producida por Disney.

Cuatro de las diez películas con mayores ingresos brutos de todos los tiempos en las taquillas estadounidenses pertenecen a la saga de *Star Wars*. En total, han recaudado 2.400 millones de dólares.

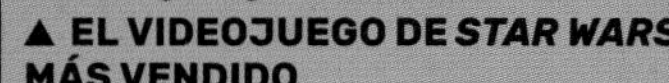

▲ **EL VIDEOJUEGO DE *STAR WARS* MÁS VENDIDO**

LEGO Star Wars: La saga completa (2007) acumulaba ventas por 15,29 millones de dólares a 23 de febrero de 2017. Se trata de un compendio de dos títulos anteriores: *LEGO Star Wars: The Video Game* (2005) y *LEGO Star Wars II: The Original Trilogy* (2006).

▲ **EL LEGO® SOBRE *STAR WARS* CON SOPORTES INTERNOS MÁS GRANDE (CANTIDAD DE PIEZAS)**

En mayo de 2013, LEGO presentó en Times Square, Nueva York, EE.UU., un caza estelar Ala-X de *Star Wars* a escala 1:1 hecho con 5.335.200 piezas de LEGO. Incluía soportes de acero y fue necesario un año para su construcción.

◀ **LA FRANQUICIA DE PELÍCULAS MÁS VALIOSA**

Según *Fortune*, el valor de la franquicia de *Star Wars* alcanzaba los 41.980 millones de dólares a 24 de diciembre de 2016. Los ingresos en taquilla de las ocho películas filmadas tan sólo suponen una quinta parte del total; el resto de ingresos proceden de la venta de copias en formatos para consumo doméstico y digital, así como juguetes, promoción comercial, libros, juegos y propiedad intelectual.

GWR presenta un desglose de los datos de recaudación en las taquillas de todo el mundo de todas las películas de *Star Wars* realizadas hasta la fecha.

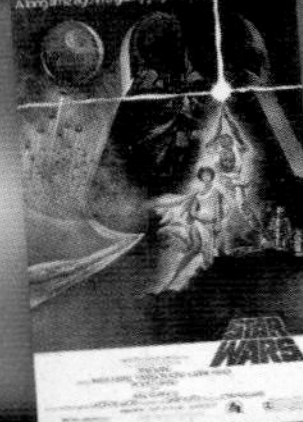

Star Wars IV: Una nueva esperanza
Fecha de estreno: 25 de mayo de 1977 (EE.UU.)
Recaudación en taquilla: 786.598.007 $

Star Wars V: El Imperio contraataca
Fecha de estreno: 21 de mayo de 1980 (EE.UU.)
Recaudación en taquilla: 534.171.960 $

Star Wars VI: El retorno del Jedi
Fecha de estreno: 25 de mayo de 1983 (EE.UU.)
Recaudación en taquilla: 572.705.079 $

Star Wars I: La amenaza fantasma
Fecha de estreno: 19 de mayo de 1999 (EE.UU.)
Recaudación en taquilla: 1.027.044.677 $

Los mayores ingresos brutos en taquilla de una serie de películas de ciencia ficción
A 16 de enero de 2017, las películas de la saga de *Star Wars* habían recaudado un total de 7.456.076.338 $ en las taquillas de todo el mundo, según las cifras de The-Numbers.

La **película de *Star Wars* con mayores ingresos brutos** es *El despertar de la Fuerza*, con 2.058.662.225 $ en la taquilla global. Es también la **película en alcanzar más rápido los mil millones de dólares de ingresos brutos**, marca que logró en sólo 12 días, entre el 16 y el 27 de diciembre de 2015, con lo que batía el récord anterior de 13 días establecido por *Jurassic World* en 2015 (EE.UU.).

Más apariciones en películas de *Star Wars*
Anthony Daniels (R.U.) ha aparecido en las ocho películas de *Star Wars* filmadas hasta la fecha como intérprete del droide de protocolo C-3PO. Realiza un breve cameo en *Rogue One: Una historia de Star Wars* y está previsto que vuelva a aparecer en 2017 en la esperada *Star Wars VIII: Los últimos Jedi*.

Más nominaciones a los Oscar por una película de *Star Wars*
Una nueva esperanza ganó 6 de los 10 premios de la Academia a los que optaba: dirección de arte, diseño de vestuario, banda sonora original, sonido, montaje y efectos visuales.

La **menor cantidad de nominaciones a los Oscar de una película de *Star Wars*** (1) recae en *El ataque de los clones* (efectos visuales) y *La venganza de los Sith* (maquillaje). Ninguna obtuvo el galardón.

Más miniaturas en una escena de una película
Para las secuencias de carreras en Mos Espa de *La amenaza fantasma*, se recreó a los espectadores del Grand Arena con 450.000 bastoncillos de algodón pintados a mano.

Más tomas de efectos visuales en una película
Hay 2.200 tomas de efectos visuales tanto en *El ataque de los clones* como en *La venganza de los Sith*. Irónicamente, esta última es la única que no estuvo nominada al Oscar a los mejores efectos visuales.

P: ¿Quién fue el director más joven de una película de Star Wars?

R: George Lucas (33 años y 11 días).

Más actores en el papel de un personaje de *Star Wars*
Diez actores han interpretado a Darth Vader o Anakin Skywalker, personaje al que un actor da voz mientras otro aparece en pantalla. La primera pareja la formaro David Prowse (R.U., *Episodios IV-VI*) y James Earl Jon (EE.UU., la voz de Vader en los *Episodios IV-VI*, *Rogue* y posiblemente, aunque no acreditado, en el *Episodio* El especialista Bob Anderson (R.U.) se vistió de Vader el *Episodio IV* y en las dos películas siguientes. El rest fueron: Sebastian Shaw (R.U., *Episodio VI*), C Andrew Nelson (EE.UU., edición especial del *Episodio V*, 1997), Jake Lloyd (EE.UU., *Episodio I*), Hayden Christensen (Canadá, *Episodios II-III*), el especialista Gene Bryan (EE.UU., *Episodio III*), Spencer Wilding y el doblador Daniel Naprous (ambos de R.U., *Rogue One*).

▲ LA PELÍCULA DE ACCIÓN PROTAGONIZADA POR UNA MUJER CON MAYORES INGRESOS BRUTOS

Rogue One: Una historia de Star Wars, en la que Felicity Jones (R.U.) encabeza el reparto con el papel de Jyn Erso, había recaudado 1.050.789.328 $ en todo el mundo a 12 de abril de 2017. La cifra eclipsó los 864.000.00 $ ganados por *Los juegos del hambre: en llamas* (EE.UU., 2013), con Jennifer Lawrence como Katniss Everdeen.

▶ EL CLUB DE DISFRACES DE *STAR WARS* MÁS GRANDE

Fundado por Albin Johnson (EE.UU.) en 1997 como «club de fans de las tropas de asalto», la legión 501 contaba con 11.019 miembros a 26 de abril de 2017. Ahora, todos los aliados del Imperio Galáctico además de cazarrecompensas y «moradores del Imperio» están invitados a unirse. De acuerdo con sus principios, los miembros «celebran las películas de *Star Wars* con disfraces para promover la calidad y mejora del vestuario y los accesorios y contribuir a la comunidad local».

◀ LA MAYOR COLECCIÓN DE ARTÍCULOS DE *STAR WARS*

Steve Sansweet (EE.UU.) ha acumulado unos 500.000 artículos sobre *Star Wars* en el rancho Obi-Wan, en el norte de California, EE.UU. A 14 de enero de 2017, «sólo» 131.000 artículos se habían auditado y catalogado. Esta cifra ya es suficiente para superar el récord anterior por un factor de seis, y la colección de Sansweet no deja de crecer...

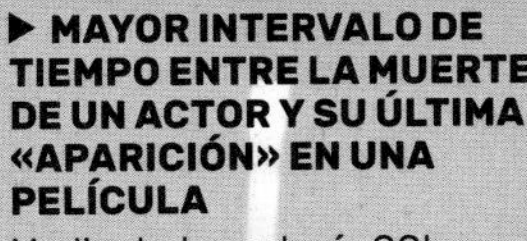

▶ MAYOR INTERVALO DE TIEMPO ENTRE LA MUERTE DE UN ACTOR Y SU ÚLTIMA «APARICIÓN» EN UNA PELÍCULA

Mediante tecnología CGI, Peter Cushing (R.U., 1913-94) volvió a la pantalla 22 años después de su muerte. Las imágenes de Cushing en el papel de Gran Moff Tarkin en *Una nueva esperanza* se recrearon para *Rogue One: Una historia de Star Wars*.

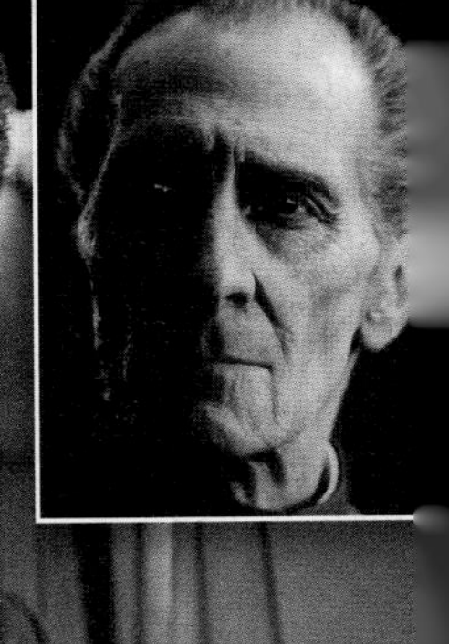

Star Wars II: El ataque de los clones

Fecha de estreno: 16 de mayo de 2002 (EE.UU.)

Recaudación en taquilla: 656.695.615 $

Star Wars III: La venganza de los Sith

Fecha de estreno: 19 de mayo de 2005 (EE.UU.)

Recaudación en taquilla: 848.998.877 $

Star Wars VII: El despertar de la Fuerza

Fecha de estreno: 18 de diciembre de 2015 (EE.UU.)

Recaudación en taquilla: 2.058.662.225 $

Rogue One: Una historia de Star Wars

Fecha de estreno: 16 de diciembre de 2016 (EE.UU. / R.U.)

Recaudación en taquilla: 1.050.789.328 $

Star Wars VIII: Los últimos Jedi

Fecha de estreno programada: 15 de diciembre de 2017 (EE.UU.)

El objeto más caro de *Star Wars* (que no aparece en la película)

Una cámara Panavision PSR de 35 mm utilizada por George Lucas para la fotografía principal de *Una nueva esperanza* en 1976 fue vendida en la casa de subastas Profiles in History en diciembre de 2011 por 625.000 $, cifra que incluye la prima del comprador. La cámara había sido adquirida por la actriz Debbie Reynolds, madre de Carrie Fisher, actriz que interpretó a la princesa Leia en la película.

El objeto más caro de *Star Wars* (que aparece en la película)

El 1 de octubre de 2015, una maqueta de un burlador de bloqueos perseguido por un destructor imperial en la escena inicial de *Una nueva esperanza* se vendió por 450.000 $ en la casa de subastas Profiles in History, en Calabasas, California, EE.UU. La cifra incluye la prima del comprador. Esta miniatura de 40,6 cm procedía de la colección de Grant McCune, jefe de maquetas de la unidad de miniaturas y efectos ópticos de la película

La figura de *Star Wars* más cara

El 19 de julio de 2016, una edición francesa de una figurilla de Boba Fett fabricada por Meccano para promocionar el estreno de *El Imperio contraataca* en 1980 fue vendida por 34.491 $ en Vectis, una casa de subastas con sede en R.U.

Más productos de LEGO sobre una franquicia

Había 46 productos de LEGO de temática *Star Wars* disponibles en 2016, lo que equivale a más de 20.000 piezas con un coste total de 2.400 $. Si se suman los juegos, las ediciones exclusivas y las minifiguras que acompañan a revistas y libros o se ofrecen como obsequios o artículos promocionales, la cifra asciende a 67 conjuntos.

El menor intervalo de tiempo entre estrenos de películas de *Star Wars*

Rogue One: Una historia de Star Wars se estrenó en todo el mundo el 16 de diciembre de 2016, sólo 364 días después del estreno de *El despertar de la Fuerza*, el 18 de diciembre de 2015.

▼ EL SENCILLO DE MÚSICA INSTRUMENTAL MÁS VENDIDO

«Star Wars Theme/Cantina Band», de *Meco*, alias de Domenico Monardo (EE.UU.), es un tema de la banda sonora de *Star Wars*, de John Williams (EE.UU.), con arreglos de música disco. Recibió un disco de platino de la Recording Industry Association of America (RIAA) después de superar los 2 millones de copias vendidas. Está incluido en el álbum *Star Wars and Other Galactic Funk* (abajo).

Música

Se necesitarían 5.447 años para escuchar «One Dance», de Drake, tantas veces como ha sido reproducida en Spotify.

▲ EL PRIMER DISCO DE VINILO REPRODUCIBLE EN FORMA DE PUZZLE
En septiembre de 2016, Sugar Coat (R.U.) presentó un vinilo de 7 pulgadas en forma de puzzle del tema «Me Instead». Ilustrado con una escena de supermercado, es uno de los 35 diseños del trío londinense para promocionar su primer sencillo. También usaron un disco espejo, uno de piel sintética y otro espolvoreado con polvo de carbón.

El vinilo más valioso (sencillo)

La única copia conocida de «That'll Be the Day»/«In Spite of All the Danger» (1958), de The Quarrymen (R.U.), grabada en un estudio casero en Liverpool, R.U., por Paul McCartney, John Lennon y George Harrison (junto con el batería Colin Hanton y el pianista John *Duff* Lowe), antes de convertirse en los Beatles, está valorada en 124.400 $.

Más entradas simultáneas en la lista de éxitos de R.U.

La Official Albums Chart del 21 de enero de 2016 contaba con 19 discos de David Bowie (R.U., cuyo nombre de nacimiento era David Jones) en el Top 100. El mítico músico, que murió de cáncer el 10 de enero de 2016, tenía 10 discos en el Top 40, entre ellos su 25.° álbum de estudio, *Blackstar*, que debutó en el n.° 1 (146.168 copias). Era la décima vez que un disco de *El Duque Blanco* ocupaba ese lugar en la lista de R.U.

El productor de música profesional más joven

El 21 de febrero de 2015, cuando se lanzó su disco de debut autoproducido, *My Journey*, Brandon Bailey Johnson (EE.UU.) tenía 12 años y 363 días.

MÁS...

Hermanos con éxitos en solitario en listas *Billboard*

Los nueve hijos de Joe y Katherine Jackson: Rebbie, Jackie, Tito, Jermaine, La Toya, Marlon, Michael, Randy y Janet (todos de EE.UU.), han colocado temas en las listas de éxitos de EE.UU. como intérpretes en solitario. Michael Jackson fue el primero cuando «Got to Be There» entró en el n.° 89 de los Hot 100 de *Billboard* el 30 de octubre de 1971. El 4 de junio de 2016, casi 45 años después, Tito Jackson redondeó el récord familiar al debutar en el n.° 29 de la lista Adult R&B con «Get It Baby».

Selena Gomez lleva el nombre en honor a Selena Quintanilla-Pérez, la reina de la música tejana. La música tejana es una combinación de folk y pop surgida en las comunidades méxico-estadounidenses de Texas, EE.UU.

Canciones en el Top 20 de R.U. simultáneas

El 16 de marzo de 2017, la Official Singles Chart incluía 16 temas del cantautor británico Ed Sheeran en el Top 20. Sheeran acaparaba el Top 5: «Shape of You» (n.° 1 por novena semana consecutiva), «Galway Girl» (n.° 2, nueva entrada), «Castle on the Hill» (n.° 3, sin cambios), «Perfect» (n.° 4, nueva entrada) y «New Man» (n.° 5, nueva entrada). Los 16 temas aparecen en la edición de lujo del tercer álbum de estudio de Sheeran, ÷ («Divide»), que debutó en el n.° 1 de la Official Albums Chart el 16 de marzo de 2017 tras vender 672.000 copias, logro que lo convirtió en el **disco con más copias vendidas en menos tiempo por un artista masculino de R.U**.

P: ¿Cómo se conoce a los sobrinos de Michael Jackson, Taj, Taryll y TJ?

R: Como 3T, un grupo de pop y R&B.

Temas de un solista en la lista de éxitos de EE.UU. simultáneos

El 8 de abril de 2017, Drake (Canadá, n. Aubrey Drake Graham) tenía 24 temas en la lista Hot 100 de *Billboard*. Eso también lo convirtió en el **solista con más temas colocados en el Hot 100**: 154.

Décadas con un tema en el Top 20 de la lista Hot Country Songs de EE.UU.

Dolly Parton (EE.UU.) ha tenido temas en el Top 20 durante seis décadas consecutivas (1960-2010). Su primera canción en ese exclusivo club fue «Something Fishy», 1967; desde entonces ha colocado otros 73 temas en el Top 20. El 8 de octubre de 2016, una nueva versión de su hit de 1974 «Jolene» interpretada junto al quinteto *a cappella* Pentatonix (EE.UU.) debutó en el número 18 de la Hot Country Songs de *Billboard*. Era la 107.ª entrada de Dolly en esa lista, el **mayor número de éxitos en la lista Hot Country Songs de EE.UU. de una artista**.

Números 1 en la lista Tropical Albums de *Billboard*

El 28 de febrero de 2015, el *Caballero de la salsa*, Gilberto Santa Rosa (Puerto Rico), logró un número 1 por 12.ª vez con *Necesito un bolero*.

Premios World Music Awards al artista de Oriente Medio con mejores ventas

El cantautor egipcio y «padre de la música del Mediterráneo», Amr Diab, ha sido premiado en cuatro ocasiones: 1996, 2001, 2007 y 2013.

CD firmados consecutivamente por un artista

El grupo masculino mexicano de música pop CD9 firmó 6.194 CD consecutivos en Ciudad de México, México, el 25 de abril de 2016. Los cinco componentes del grupo autografiaron copias de la edición especial de su álbum *Evolution* en una sesión que duró 4 h y 54 min.

Canciones en un álbum digital

El 2 de diciembre de 2016, The Pocket God (R.U.) logró el récord de más canciones en un álbum digital con *100xmas30* (111 canciones). Continuación de *100x30* (2015) y *Shakespeare Verses Streaming* (2016), ambos con 100 temas, *100xmas30* insiste en la batalla de este conjunto *indie* contra la industria de la música digital por el pago de derechos de autor, y sirvió para recuperar un récord que habían perdido frente a Kapten Hurricane (Suecia), quienes habían publicado en 2016 un álbum digital con 101 pistas titulado *100 Rock Songs*.

◄ MÁS SEGUIDORES EN INSTAGRAM
A 21 de febrero de 2017, la cantante y actriz Selena Gomez (EE.UU.) tenía 110.607.553 seguidores en esta red social. La cifra la coloca por delante de sus colegas estadounidenses Taylor Swift (97.854.110) y Ariana Grande (97.365.150). Gómez grabó tres discos con Selena Gomez & the Scene y sus primeros dos discos en solitario, *Stars Dance* (2013) y *Revival* (2015) entraron directamente en el n.°1 de la lista de 200 álbumes de *Billboard*.

ACTUACIONES EN CIRCUNSTANCIAS EXTREMAS (los conciertos más disparatados)

Con más frío
Charlie Simpson (R.U.): a -30 °C, en Oymyakon, Rusia, 24 de noviembre de 2012.

A más profundidad
Agonizer (Finlandia): a 1.271 m bajo tierra, en la mina Pyhäsalmi, Oy, Finlandia, 4 de agosto de 2007.

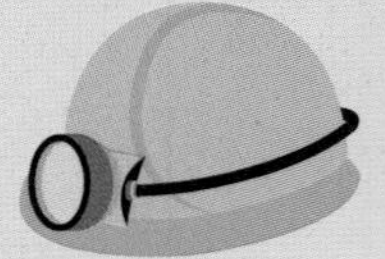

A más profundidad bajo el agua (recinto)
Katie Melua (R.U., n. en Georgia): a 303 m bajo el mar, en la plataforma de gas Troll, Bergen, Noruega, 1 de octubre de 2006.

A más velocidad
Jamiroquai (R.U.): a 1.017 km/h, en el vuelo ZT6902 procedente de Múnich, Alemania, el 27 de febrero de 2007.

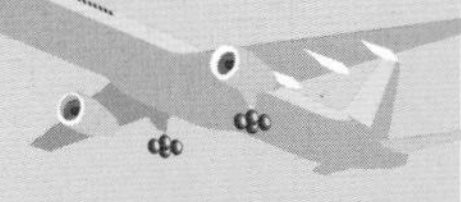

El primer directo al espacio
Paul McCartney (R.U.): a la *Estación Espacial Internacional*, en Anaheim, California, el 12 de noviembre de 2005.

Primera banda en actuar en todos los continentes
Metallica (EE.UU.): tras actuar en la base Carlini, Antártida, el 8 de diciembre de 2013.

A más altitud sobre el nivel del mar
Oz Bayldon (R.U.): a 6.476 m, en la cumbre del Mera, Nepal, el 16 de mayo de 2012.

▲ **LOS INGRESOS ANUALES MÁS ELEVADOS DE TODOS LOS TIEMPOS DE UNA ESTRELLA DEL POP FEMENINA**

Se estima que Taylor Swift (EE.UU.) ganó 170.000.000 $ en los 12 meses que precedieron al 1 de junio de 2016, según *Forbes*. La cantante y compositora responsable de éxitos con ventas millonarias como «Shake It Off» ostenta numerosos récords, como el de **más semanas en el n.° 1 de la lista Artist 100 de *Billboard*** (31), a 25 de marzo de 2017.

▲ **MÁS PREMIOS DAESANG EN LOS MNET ASIA MUSIC AWARDS**

En los Mnet Asian Music Awards de 2016, la banda de pop EXO (Corea del Sur/China) ganó el premio al Álbum del Año por *EX'ACT*. Fue el quinto Daesang («gran premio») tras el premio al Álbum del Año en las ediciones de 2013 a 2015 y al Artista del Año en 2014. Igualaban así el registro de BIGBANG (Corea del Sur, derecha), que ganó el premio a la Canción de Año en 2007 y en 2015 y al Artista del Año en 2008, 2012 y 2015.

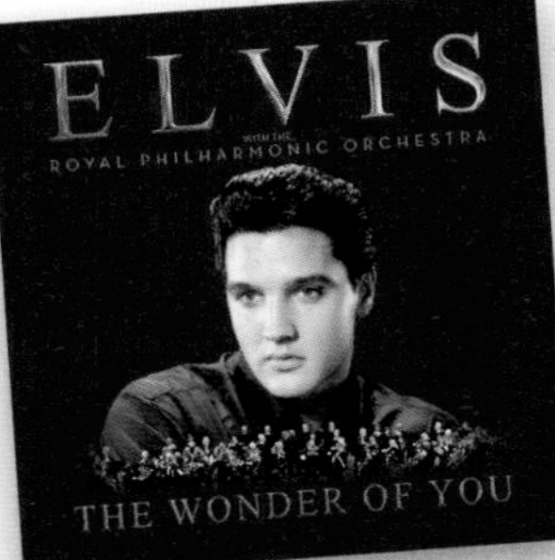

▲ **MÁS DISCOS N.° 1 DE UN SOLISTA EN R.U.**

El 3 de noviembre de 2016, un disco de Elvis Presley (EE.UU., 1935-1977) volvía al primer puesto de la Official Albums Chart de R.U por 13.ª vez. En *The Wonder of You* se usaron archivos vocales de Elvis e intervino la Royal Philharmonic Orchestra. *El Rey* superaba a Madonna como el solista con más discos en alcanzar el n.° 1 en R.U., a una semana de los 60 años de su primer n.° 1 (*Rock'n Roll*, 1956).

▶ **EL PRIMER CANTAUTOR EN GANAR EL PREMIO NOBEL DE LITERATURA**

En 2016 Bob Dylan (EE.UU., n. Robert Zimmerman) recibió el Premio Nobel de Literatura por la creación de «nuevas formas de expresión poética dentro de la gran tradición de la canción estadounidense». En su repertorio destacan temas como «Blowin' in the Wind», «The Times They Are a-Changin'» o «Like a Rolling Stone». Es el primer Nobel de Literatura que se concede a un compositor.

◀ **LA CANCIÓN MÁS CORTA EN ENTRAR EN EL HOT 100 DE *BILLBOARD***

Creada e interpretada por *Pikotaro* (alias de Daimaou Kosaka, Japón) «PPAP (Pen-Pineapple-Apple-Pen)» apenas dura 45 s. Entró en el Hot 100 el 29 de octubre de 2016.

◀ **MAYORES INGRESOS DE UNA CELEBRIDAD FALLECIDA**

Michael Jackson (EE.UU., 1958-2009) ganó unos 825.000.000 $ (brutos) en los 12 meses previos al 1 de octubre de 2016, según *Forbes*. Buena parte de estos elevados ingresos procedieron de la venta por 750.000.000 $ de la mitad del catálogo de Sony/ATV Music Publishing, que incluía los derechos por los discos de los Beatles. Los ingresos del *Rey del pop* en 2015-16 lo convierten en la **celebridad (viva o muerta) con mayores ingresos de todos los tiempos** en un período de 12 meses.

«One Dance», de Drake permaneció en el n.° 1 de la lista Official Singles durante 15 semanas, lo que le sitúa en la tercera posición compartida en la clasificación de más semanas encabezando la lista de R.U., a tres de Frankie Laine con «I Believe» (1953).

▶ EL TEMA MÁS REPRODUCIDO EN SPOTIFY

A 13 de abril de 2017, «One Dance», de Drake (Canadá) se había reproducido 1.182.920.493 veces en este servicio de música por *streaming*. Incluido en el álbum *Views* (2016), en este tema colaboran los cantantes Wizkid y Kyla.

En la lista Streaming Songs de *Billboard* del 8 de abril de 2017, 21 de las 22 pistas del exitoso álbum de Drake *More Life* (2017) lograron la cifra récord de 384,8 millones de reproducciones.

Números 1 de la música

El 11 de enero de 2016, un día después de la muerte de David Bowie (R.U.), las grabaciones de sus temas disponibles en la plataforma de vídeos VEVO se visionaron 51 millones de veces.

SPOTIFY

Más reproducido en 2016	Artista	Reproducciones	
Hombre	Drake (Canadá)	5.800.000.000	
Mujer	Rihanna (Barbados)	2.900.000.000	
Grupo	Twenty One Pilots (EE.UU.)	2.600.000.000	
Tema (hombres)	«One Dance», Drake con Wizkid & Kyla (Canadá/Nigeria/R.U.)	1.000.000.000	
Tema (mujeres)	«Cheap Thrills», Sia (Australia)	623.000.000	
Tema (grupo)	«Don't Let Me Down», The Chainsmokers con Daya (ambos de EE.UU.)	710.000.000	
Álbum (hombres)	*Views*, Drake (Canadá)	2.600.000.000	
Álbum (mujeres)	*ANTI*, Rihanna (Barbados)	1.600.000.000	
Álbum (grupo)	*Blurryface*, Twenty One Pilots (EE.UU.)	1.400.000.000	
Artista revelación	ZAYN (R.U.)	894.000.000	
Todos los tiempos	**Artista**	**Reproducciones**	**Fecha**
Artista	Drake (Canadá)	11.000.000.000	26 abr 2017
Mujer	Rihanna (Barbados)	6.600.000.000	26 abr 2017
Tema	«One Dance», Drake con Wizkid & Kyla (Canadá/Nigeria/R.U.)	1.100.000.000	26 abr 2017
Tema en 24 horas	«Shape of You», Ed Sheeran (R.U.)	10.000.000	26 abr 2017
Tema en una semana	«Shape of You», Ed Sheeran (R.U.)	64.000.000	26 abr 2017
Álbum	*Purpose*, Justin Bieber (Canadá)	4.600.000.000	26 abr 2017
Álbum en una semana	*÷ («Divide»)*, Ed Sheeran (R.U.)	374.000.000	26 abr 2017

▲ **RIHANNA**
Nacida en Barbados con el nombre de Robyn Rihanna Fenty, Rihanna ha conquistado el mundo del pop. A 26 de abril de 2017, era la **intérprete femenina más reproducida en Spotify**, con 6.600 millones de reproducciones de sus canciones. «Work», que interpreta junto a Drake, del álbum de 2016 *ANTI*, es la canción más popular de Rihanna, con más de 600 millones de reproducciones.

YOUTUBE (A 11 DE MAYO DE 2017)

Canales más vistos	Canal	Visionados
Entretenimiento	T-Series (India)	17.933.029.645
Hombre	JustinBieberVEVO (Canadá)	15.116.431.053
Mujer	KatyPerryVEVO (EE.UU.)	11.816.049.727
Medios de comunicación	GMM Grammy Official (Tailandia)	9.699.943.749
Grupo	OneDirectionVEVO (R.U./Irlanda)	7.269.976.966
Comunidad	Trap Nation (EE.UU.)	4.609.314.422
Marca	Beats by Dre (EE.UU.)	260.037.674
Vídeos más vistos	**Artista**	**Visionados**
Hombres	«Gangnam Style», PSY (Corea del Sur)	2.834.806.435
Dueto	«See You Again», Wiz Khalifa con Charlie Puth (ambos de EE.UU.)	2.707.093.131
Mujeres	«Shake it Off», Taylor Swift (EE.UU.)	2.110.214.601
Grupo (hombres)	«Sugar», Maroon 5 (EE.UU.)	1.989.872.721
Infantil	«Wheels on the Bus» Plus Lots More Nursery Rhymes, LittleBabyBum (R.U.)	1.869.854.000
Grupo (mujeres)	«Work from Home», Fifth Harmony con Ty Dolla $ign (ambos de EE.UU.)	1.543.630.467
Vídeo anterior a Youtube (realizado antes de abril de 2005)	«November Rain», Guns N' Roses (EE.UU.), 1992	788.028.638
Más visto en 24 horas	«Gentleman», PSY (Corea del Sur)	38.409.306

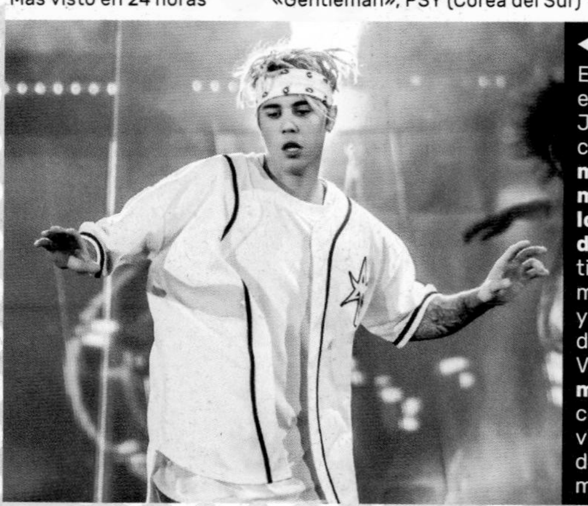

◀ **JUSTIN BIEBER**
El 22 de octubre de 2012, el cantante canadiense Justin Bieber se convirtió en el **primer músico con un canal musical que alcanza los 3.000 millones de visionados**. Bieber tiene fans en todo el mundo, los «Beliebers», y protagoniza noticias de sociedad. Su canal VEVO es el **canal musical más visto en YouTube**, con 15.110 millones de visionados a 11 de mayo de 2017, y el tercer canal más visto en general.

FACEBOOK • INSTAGRAM • TWITTER • MUSICAL.LY (A 11 DE MAYO DE 2017)

Más seguidores en Facebook	Artista	Seguidores
Intérprete femenina	Shakira (Colombia)	104.547.254
Intérprete masculino	Eminem (EE.UU.)	90.634.055
Intérprete fallecido	Michael Jackson (EE.UU.)	75.179.320
Grupo musical	Linkin Park (EE.UU.)	61.774.733
Medios de comunicación	MTV (EE.UU.)	49.177.020
Comunidad	Music	41.721.716
Marca	iTunes (EE.UU.)	30.910.151
Entretenimiento	*The Voice* (Países Bajos)	16.759.244
Más seguidores en Instagram	**Artista**	**Seguidores**
Intérprete femenina	Selena Gomez (EE.UU.)	120.135.089
Intérprete masculino	Justin Bieber (Canadá)	86.485.071
Grupo musical	One Direction (R.U./Irlanda)	17.484.094
Más seguidores en Twitter	**Artista**	**Seguidores**
Intérprete femenina	Katy Perry (EE.UU.)	97.740.227
Intérprete masculino	Justin Bieber (Canadá)	93.739.524
Grupo musical	One Direction (R.U./Irlanda)	31.747.631
Medios de comunicación	MTV (EE.UU.)	15.091.798
Comunidad	Apple Music (EE.UU.)	9.046.269
Entretenimiento	*The X Factor* (R.U.)	7.017.137
Marca	SoundCloud (Alemania)	2.218.096
Más retuiteos	**Artista**	**Retuiteos**
Intérprete masculino	Harry Styles (R.U.)	180.607
Grupo (hombres)	BTS (Corea del Sur)	152.112
Intérprete femenina	Beyoncé (EE.UU.)	33.038
Grupo (mujeres)	Fifth Harmony (EE.UU.)	11.103
Más seguidores en Musical.ly	**Artista**	**Seguidores***
Dúo femenino	Lisa and Lena (Alemania)	19.100.000
Mujer	Ariel Martin (*Baby Ariel*, EE.UU.)	19.000.000
Hombre	Jacob Sartorius (EE.UU.)	16.700.000
Cantante femenina	Selena Gomez (EE.UU.)	11.100.000
Cantante masculino	Bruno Mars (EE.UU.)	1.200.000

**Cifras actualizadas a 8 de mayo de 2017.*

LOS SENCILLOS MÁS VENDIDOS POR TERRITORIO

Territorio	Canción	Intérprete	Año	Unidades vendidas*
Mundo	«White Christmas»	Bing Crosby (EE.UU.)	1942	50 millones
EE.UU.	«White Christmas»	Bing Crosby (EE.UU.)	1942	25 millones
Japón	«Soba ni Iru ne»	Thelma Aoyama con SoulJa (ambos de Japón)	2008	9,2 millones
Corea del Sur	«Cherry Blossom Ending»	Busker Busker (Corea del Sur)	2012	6,5 millones
Francia	«Petit Papa Noël»	Tino Rossi (Francia)	1946	5,7 millones
R.U.	«Something About the Way You Look Tonight»/«Candle in the Wind 1997»	Elton John (R.U.)	1997	4,9 millones
Alemania	«Something About the Way You Look Tonight»/«Candle in the Wind 1997»	Elton John (R.U.)	1997	4,5 millones
Canadá	«Pour que tu m'aimes encore»	Celine Dion (Canadá)	1995	2,1 millones
Australia	«Party Rock Anthem»	LMFAO con Lauren Bennett y GoonRock (EE.UU./R.U./EE.UU.)	2011	1 millón
España	«Amor Gitano»	Alejandro Fernández (México) y Beyoncé (EE.UU.)	2007	480.000

▲ BING CROSBY
El tema favorito de las fiestas de Navidad, «White Christmas», cantado por Bing Crosby (EE.UU.) en la película *Quince días de placer* (EE.UU., 1942), ganó el premio de la Academia a la mejor canción original. Fue una de las cuatro composiciones de Crosby galardonadas con un Oscar entre 1937 y 1951, la **mayor cantidad de canciones premiadas con el Oscar cantadas por la misma persona**.

▶ *THRILLER*
El clásico de 1982 de Michael Jackson, el **álbum más vendido**, ha recibido 29 discos de platino de la Recording Industry Association of America (RIAA). *Thriller* reportó a Jackson ocho premios Grammy en la ceremonia de 1984, entre ellos el de álbum del año y el de grabación del año por «Beat It», la **mayor cantidad de premios Grammy ganados por un artista en un año**.

LOS ÁLBUMES MÁS VENDIDOS POR TERRITORIO

Territorio	Álbum	Intérprete	Año	Unidades vendidas*
Mundo	*Thriller*	Michael Jackson (EE.UU.)	1982	66 millones
EE.UU.	*Thriller*	Michael Jackson (EE.UU.)	1982	32 millones
Japón	*First Love*	Hikaru Utada (Japón)	1999	7,6 millones
R.U.	*Greatest Hits*	Queen (R.U.)	1981	6,1 millones
Francia	*D'eux*	Celine Dion (Canadá)	1995	4,4 millones
Brasil	*Thriller*	Michael Jackson (EE.UU.)	1982	3,8 millones
Italia	*La vita è adesso*	Claudio Baglioni (Italia)	1985	3,8 millones
Corea del Sur	*Mis-Encounter*	Kim Gun-mo (Corea del Sur)	1995	3,3 millones
Alemania	*Mensch*	Herbert Grönemeyer (Alemania)	2002	3,1 millones
Canadá	*Thriller*	Michael Jackson (EE.UU.)	1982	2,4 millones
España	*Más*	Alejandro Sanz (España)	1997	2,2 millones
Australia	*Bat Out of Hell*	Meat Loaf (EE.UU.)	1977	1,7 millones

MÁS SEMANAS EN EL N.º 1 (SENCILLO)

Territorio	Lista	Canción	Artista	Año(s)	Semanas
Brasil	Billboard	«I Want to Know What Love Is»	Mariah Carey (EE.UU.)	2009-10	27
Francia	SNEP	«Happy»	Pharrell Williams (EE.UU.)	2013-14	22
R.U.	Official Charts Company	«I Believe»	Frankie Laine (EE.UU.)	1953	=18
Bélgica	Ultrapop	«Hello»	Adele (UK)	2015-16	=18
Alemania	GfK Entretenimiento	«Rivers of Babylon»	Boney M (Jamaica/Montserrat/Aruba)	1978	17
EE.UU.	Billboard	«One Sweet Day»	Mariah Carey y Boyz II Men (EE.UU.)	1995-96	=16
Bélgica	Ultrapop	«Kvraagetaan»	Fixkes (Bélgica)	2007	=16
Canadá	Billboard	«I Gotta Feeling»	The Black Eyed Peas (EE.UU.)	2009	=16
		«Shape of You»	Ed Sheeran (R.U.)	2017	=16
Australia	ARIA	«Shape of You»	Ed Sheeran (R.U.)	2017	=15
Países Bajos	Stichting Nederlandse	«Shape of You»	Ed Sheeran (R.U.)	2017	=15

▼ MARIAH CAREY
Mariah Carey (EE.UU.) es la artista que ha encabezado durante más tiempo las listas de éxitos de EE.UU. (dueto con el grupo de R&B Boyz II Men) y Brasil (con una versión del gran éxito de Foreigner de 1984). Después de que «Vision of Love» llegara al nº 1 de *Billboard* el 4 de agosto de 1990, Carey se convirtió en la **artista con más sencillos en alcanzar el n.º 1 en EE.UU.** Está empatada con Elvis Presley con 18, y se sitúa a sólo dos de los Beatles, con 20.

MÁS PREMIOS GANADOS (A 11 DE MAYO DE 2017)

Premio	Artista	Premios
Billboard Music Awards (EE.UU.)	Michael Jackson (EE.UU.)	40
Grammy Awards (EE.UU.)	Sir Georg Solti (R.U., n. en Hungría)	=31
Teen Choice Awards - Music (EE.UU.)	One Direction (R.U.)	=31
American Music Awards (EE.UU.)	Michael Jackson (EE.UU.)	26
Juno Awards (Canadá)	Anne Murray (Canadá)	=24
MTV Video Music Awards (EE.UU.)	Beyoncé (EE.UU.)	=24
Country Music Association Awards (EE.UU.)	George Strait (EE.UU.)	23
Latin Grammy Awards (EE.UU.)	Calle 13 (Puerto Rico)	22
ARIA Music Awards (Australia)	Silverchair (Australia)	21
MTV Europe Music Awards	Justin Bieber (Canadá)	20
BRIT Awards (R.U.)	Robbie Williams (R.U.)	18
Echo Music Prize (Alemania)	Helene Fischer (Alemania, n. en Rusia)	16
Melon Music Awards (Corea del Sur)	Girls' Generation (Corea del Sur)	=13
Mnet Asian Music Awards (Corea del Sur)	EXO (Corea del Sur)	=13
NRJ Music Awards (Francia)	M Pokora (Francia)	11
MTV Video Music Awards Japón	Exile (Japón)	=10
Nickelodeon Kids' Choice Awards - Music (EE.UU.)	Selena Gomez (EE.UU.)	=10
The Headies (Nigeria)	Mode 9 (Nigeria)	9
Festival de la Canción de Sanremo (Italia)	Domenico Modugno & Claudio Villa (Italia)	4

**Cifras estimadas.*

Recopilatorio

El Louvre dispone de unos 60.386 m² de salas de exposiciones, casi 10 veces el tamaño de la Casa Blanca.

▲ EL CANAL DE YOUTUBE DE UN MILENIAL MÁS VISITADO
A 4 de mayo de 2017, «Ryan ToysReview» sumaba 12.076.126.791 visionados desde su lanzamiento el 16 de marzo de 2015, más que cualquier otro canal de YouTube de un «milenial» (es decir, de alguien nacido después de 2000). Un niño de seis años llamado Ryan (EE.UU., n. el 6 octubre de 2010) sube vídeos a este canal de sí mismo (o de su familia) en los que se divierte con juegos o juguetes y los evalúa.

El año con ingresos brutos más elevados de Broadway
Según The Broadway League, en 2016 se recaudaron 1.416 millones de dólares en las taquillas de los teatros de Broadway, Nueva York, EE.UU., entre la semana que finalizó el domingo 3 de enero de 2016 y la semana que finalizó el 1 de enero de 2017. En total, 13,61 millones de espectadores.

El primer espectáculo de Broadway retransmitido en directo por internet
La producción de la Roundabout Theatre Company *She Loves Me!* fue retransmitida desde Studio 54, en West 54th Street, Nueva York, EE.UU., a las 8 de la tarde del 30 de junio de 2016.

▲ EL CINE MÁS ANTIGUO QUE NUNCA HA CERRADO SUS PUERTAS
El State Theatre de Washington, Iowa, EE.UU., se inauguró en 1893 y empezó a proyectar películas el 14 de mayo de 1897. Ese día, las entradas costaban 15, 25 o 35 centavos cada una. Hasta 1931 también acogió óperas, pero desde entonces es exclusivamente un cine. A 27 de marzo de 2017, llevaba en el negocio 119 años y 317 días. La imagen de abajo se tomó en noviembre de 1894, al año de su inauguración.

Menos tiempo para ver todas las obras de Shakespeare
Dan Wilson (R.U.) vio todas las obras de teatro atribuidas a William Shakespeare en 328 días para celebrar su 37.° cumpleaños. Comenzó con *Julio César* en un instituto de Lewes, en el Lewes Town Hall Sussex del Este, R.U., el 27 de noviembre de 2014. La última obra a la que asistió fue *Pericles*, que vio en el Oregon Shakespeare Festival de Ashland, EE.UU., el 21 de octubre de 2015, el día de su 38.° cumpleaños.

▲ LA PRODUCCIÓN TEATRAL MÁS RÁPIDA
La Sharpe Academy of Theatre Arts (R.U.) llevó a escena el musical *Annie* en apenas 15 horas en el teatro Watersmeet de Rickmansworth, Hertfordshire, R.U., el 29 de agosto de 2016. Los miembros de la compañía recibieron el guión a las 6 de la mañana y el telón se izó a las 9 de la noche, cuando finalizó una cuenta atrás realizada por el público al ritmo marcado por un reloj digital situado en el escenario. Al final, el público se puso en pie para ovacionar a los actores.

Más premios Laurence Olivier
Harry Potter y el legado maldito, obra teatral producida por Sonia Friedman Productions, Sir Colin Callender y Harry Potter Theatrical Productions; y escrita por Jack Thorne a partir en una historia original de Thorne, J. K. Rowling y John Tiffany (todos de R.U.), fue galardonada con nueve premios en la ceremonia de los Oliviers celebrada el 9 abril de 2017: mejor director (John Tiffany), mejor obra original, mejor actor (Jamie Parker), mejor actriz de reparto (Noma Dumezweni), mejor actor de reparto (Anthony Boyle), mejor diseño de escenarios (Christine Jones), mejor diseño de vestuario (Katrina Lindsay), mejor sonido (Gareth Fry) y mejor iluminación (Neil Austin).

El legado maldito recibió 11 nominaciones, con lo que igualó el récord de **más nominaciones a los premios Olivier de una producción**, que tenía en solitario el musical *Hairspray* (2008), obra que finalmente consiguió cuatro galardones.

El siguiente espectáculo con mayores ingresos brutos en 2016 fue *Varekai*, también del Cirque du Soleil, con una recaudación estimada de unos 53.000.000 $.

▶ LA GIRA CIRCENSE CON MAYORES INGRESOS BRUTOS (AÑO EN CURSO)
Según el informe anual de Pollstar Top 100 tour list, se estima que *Toruk - El primer vuelo*, producción del Cirque du Soleil (Canadá), recaudó unos 66.600.000 $ en 2016. Se representó 293 veces en 44 ciudades durante ese año, con unas ventas estimadas de 957.446 entradas en todo el mundo. *Toruk* se basa en personajes y criaturas de la **película con la mayor recaudación bruta** de todos los tiempos: *Avatar* (EE.UU./R.U., 2009).

Más cortometrajes producidos
Epiphany Morgan y Carl Mason (ambos de Australia) realizaron 365 películas documentales en 70 ciudades, según se verificó el 7 de junio de 2016. Como parte de un proyecto titulado «365 docobites», viajaron a los cinco continentes durante un año. Su objetivo era presentar al mundo «un desconocido todos los días» con breves documentales. La serie se vio primero a través de su web y después, en Australia, por la cadena de TV SBS 2.

▲ **MÚSICOS EN SNAPCHAT**

El cuarteto de pop-rock 5 Seconds of Summer (imagen de arriba, Australia; @5SOSSnapchat) era el **grupo más popular en Snapchat** a 10 de marzo de 2017. Asimismo, el cuarteto británico de pop Little Mix (@littlemix_offic, abajo) era el **grupo femenino más popular en Snapchat** en esa fecha.

El DJ, productor, estrella de la radio y ejecutivo de sello discográfico DJ Khaled (EE.UU.; @djkhaled305) era el **cantante más popular en Snapchat** a 10 de marzo de 2017. En esa misma fecha, Taylor Swift (EE.UU.; @taylorswift) era la **cantante más popular en Snapchat**.

La **pintura más cara vendida en una subasta** es *Mujeres de Argel* (*Versión 0*) de Pablo Picasso (España), fechada el 14 de febrero de 1955. Se vendió por 179.300.000 $, incluyendo la comisión de algo más del 12%, en la subasta celebrada en la sala Christie's de Nueva York, EE.UU., el 11 de mayo de 2015. El comprador, que pujó por teléfono, eligió permanecer en el anonimato. El mismo día y en el mismo lugar, el bronce de 1947 del escultor suizo Alberto Giacometti *L'homme au doigt* (*El hombre que señala*) fue vendido por 141.285.000 $, la **escultura más cara vendida en una subasta**. Los 180 cm de altura de la escultura muestran a un hombre alto y enjuto (en el estilo marca de la casa de Giacometti), con un brazo extendido.

El festival de música con mayores ingresos brutos

Durante los fines de semana del 7 al 9 de octubre y del 14 al 16 de octubre de 2016, la primera edición del festival Desert Trip, celebrado en el Empire Polo Club Grounds de Indio, California, EE.UU., recaudó 160.112.532 $ con la venta de 150.000 entradas, según el informe anual de Pollstar. El cartel del festival estaba lleno de estrellas e incluía a veteranos como Neil Young, Paul McCartney, Bob Dylan, The Who y The Rolling Stones.

▲ **LA MAYOR EXPOSICIÓN DE OBRAS DE ARTE DEDICADA A UN PERSONAJE DE VIDEOJUEGOS**

La *Sonic the Hedgehog 25th Anniversary Collection*, que se exhibió en Castle Fine Art de Londres, R.U., entre el 1 y el 5 de diciembre de 2016, fue la mayor exposición de obras de arte sobre un único personaje de videojuego. Autorizada por SEGA y comisariada por Washington Green, mostró 25 obras de arte originales encargadas por Sonic a ocho artistas distintos, valoradas hasta en 49.912 $.

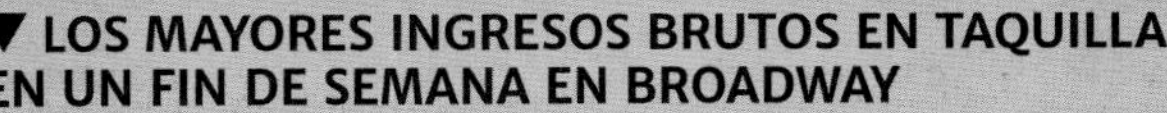

Mayor audiencia en un concierto en directo de música para videojuegos

El 13 de agosto de 2015, 752.109 personas disfrutaron del concierto Video Games Live en el Beijing Exhibition Theatre de Pekín, China. 750.023 lo siguieron por *streaming* en el servicio chino de videohosting Youku y otras 2.086, en vivo. Se superó el anterior récord de Video Games Live de 320.000 personas, en el San Diego Comic-Con de 2013 patrocinado por Amazon/Twitch.

El compositor de música para videojuego de más edad

Koichi Sugiyama (Japón, n. el 11 de abril de 1931) tenía 85 años y 46 días el 27 de mayo de 2016, día del lanzamiento de *Dragon Quest Heroes II*.

Primera película basada en una aplicación

La película de animación *Angry Birds: la película* (EE.UU./Finlandia, 2016) fue la primera basada en una aplicación. A 21 de febrero de 2017, había recaudado 349.334.510 $ en taquilla, según The-Numbers.com.

El museo más visitado

Según el informe anual de Themed Entertainment Association (TEA) y AECOM, el Louvre, en París, Francia, atrajo a 8.700.000 visitantes en 2015, el último año del que existen cifras disponibles.

La pintura más cara vendida en una transacción privada

Nafea Faa Ipoipo (*¿Cuándo te casas?*, 1892) de Paul Gauguin (Francia) se vendió por 300.000.000 $ en febrero de 2015. De esta forma se superó el récord establecido por *Los jugadores de cartas* (década de 1890) de Paul Cézanne (Francia), adquirido por la familia real de Qatar en 2011 por 250.000.000 $. En septiembre de 2015, el magnate estadounidense Ken Griffin supuestamente pagó 300.000.000 $ por una pintura, *Interchange* (*Intercambio*, 1955) de Willem de Kooning (Países Bajos/EE.UU.).

▼ **LOS MAYORES INGRESOS BRUTOS EN TAQUILLA EN UN FIN DE SEMANA EN BROADWAY**

El fin de semana del 1 de enero de 2017, las ocho representaciones de *Hamilton* (EE.UU., 2015) celebradas en el Richard Rodgers Theatre de Nueva York, EE.UU., recaudaron 3.335.430 $. El 3 de mayo de 2016, también logró el **mayor número de nominaciones a los premios Tony de un musical** (16). Terminó llevándose 11, uno menos que el récord de **más premios Tony logrados por un musical**, establecido por *The Producers* en 2001. Uno de los principales artífices de la obra, Lin-Manuel Miranda (derecha), se hizo con los premios a la mejor banda sonora y al mejor libreto.

Hamilton está basada en la vida de Alexander Hamilton, uno de los padres fundadores de EE.UU.

Los que tienen más años

Desde ancianas mascotas hasta los fragmentos más antiguos de nuestro planeta, recorremos los 4.550 millones de años de historia de la Tierra para homenajear los más diversos récords de longevidad.

0-100 años

Perro:
29 años y 5 meses

El perro que más años ha vivido fue un pastor australiano llamado *Bluey*, que murió a la edad de 29 años. Su dueño, Les Hall, de Rochester, Victoria, Australia, lo adoptó en 1910 cuando era un cachorro. Trabajó como perro pastor durante casi 20 años, hasta que fue sacrificado el 14 de noviembre de 1939.

Gato:
38 años y 3 días

Creme Puff nació el 3 de agosto de 1967 y murió el 6 de agosto de 2005. ¡Vivió ni más ni menos que 38 años! Residió en Austin, Texas, EE.UU., junto con su dueña, Jake Perry.

Carpín:
43 años

Un carpín llamado *Tish*, cuyos dueños fueron Hilda y Gordon Hand, de Carlton Miniott, Yorkshire del Norte, R.U., vivió 43 años. Peter, el hijo de Hilda, consiguió a *Tish* en el puesto de una feria en 1956.

Un medallista olímpico:
72 años y 280 días

El 26 de junio de 1920, en los Juegos Olímpicos de Amberes, Oscar Swahn (n. en Suecia el 20 de octubre de 1847) se convirtió en el **medallista olímpico más anciano** a los 72 años de edad. Con 64 años y 258 días, había formado parte del equipo ganador de la prueba del tiro al ciervo (disparo doble) desde 100 m, en los Juegos Olímpicos de Estocolmo, Suecia. Con esa victoria se convirtió en el **medallista de oro olímpico de más edad**. La prueba de tiro al ciervo desde 100 m fue olímpica entre 1908 y 1948.

Monarca reinante:
91 años y 11 días

Su Majestad la reina Isabel II (R.U.) nació el 21 de abril de 1926, y el 23 de enero de 2015 se convirtió en la reina más anciana del mundo, con la edad de 88 años y 277 días. A 2 de mayo de 2017, tenía 91 años y 11 días.

100-500 años

Mensaje en una botella:
108 años y 138 días

El mensaje enviado en una botella más antiguo estuvo 108 años y 138 días en el mar. Arrojado por la Asociación Biológica de la Marina (R.U.) al mar del Norte (52° 4,8' N; 0033° 37' E) el 30 de noviembre de 1906, apareció en la isla alemana de Amrum el 17 de abril de 2015.

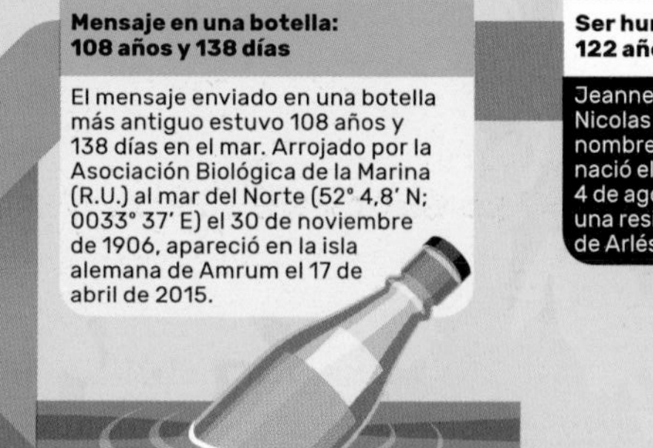

Ser humano:
122 años y 164 días

Jeanne Louise Calment (Francia), hija de Nicolas (1837-1931) y Marguerite (cuyo nombre de soltera era Gilles, 1838-1924), nació el 21 de febrero de 1875. Murió el 4 de agosto de 1997, con 122 años, en una residencia de ancianos de Arlés, Francia.

Zoo:
265 años

El zoo más antiguo en funcionamiento es el Tiergarten Schönbrunn de Viena, en Austria. Se abrió al público en 1779, pero fue fundado en 1752. Era inicialmente una colección de animales salvajes de la corona.

Jardín topiario:
327 años aprox.

Levens Hall, en Cumbria, R.U., tiene unos diseños topiarios plantados y modelados en la década de 1690. Destacan piezas de ajedrez, unos grandes paraguas y la llamada «Judge's Wig» (peluca del juez).

Parque de atracciones:
434 años

Bakken, en Klampenborg, al norte de Copenhague, en Dinamarca, abrió sus puertas en 1583 y es el parque de atracciones en funcionamiento más antiguo del mundo. Cuenta con más de 150 atracciones, como una montaña rusa de madera construida en 1932.

500-8.000 años

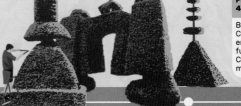

Competición de lucha libre: 557 años

El festival de lucha libre de Kirkpinar se celebra cada año desde 1460 cerca de Edirne, Turquía. Los participantes, totalmente cubiertos en aceite, se disputan el Cinturón de Oro.

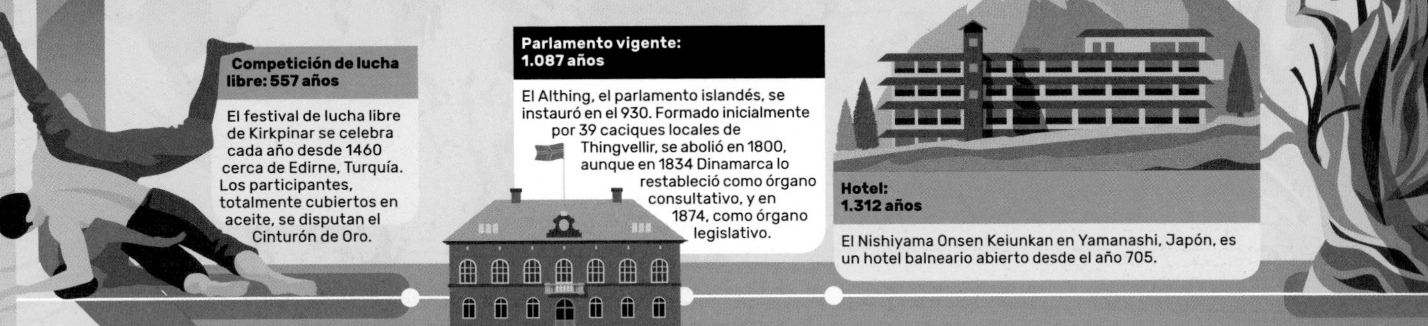

Parlamento vigente: 1.087 años

El Althing, el parlamento islandés, se instauró en el 930. Formado inicialmente por 39 caciques locales de Thingvellir, se abolió en 1800, aunque en 1834 Dinamarca lo restableció como órgano consultativo, y en 1874, como órgano legislativo.

Hotel: 1.312 años

El Nishiyama Onsen Keiunkan en Yamanashi, Japón, es un hotel balneario abierto desde el año 705.

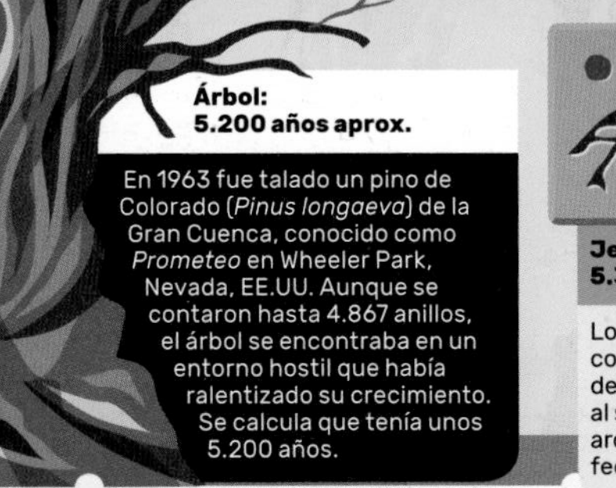

Árbol: 5.200 años aprox.

En 1963 fue talado un pino de Colorado (*Pinus longaeva*) de la Gran Cuenca, conocido como *Prometeo* en Wheeler Park, Nevada, EE.UU. Aunque se contaron hasta 4.867 anillos, el árbol se encontraba en un entorno hostil que había ralentizado su crecimiento. Se calcula que tenía unos 5.200 años.

Jeroglíficos egipcios: 5.300 años aprox.

Los ejemplares más antiguos que se conocen de jeroglíficos egipcios fueron descubiertos en 1999 en Abidos, a 483 km al sur de El Cairo. Grabados en sellos de arcilla y etiquetas de marfil, han sido fechados entre el 3400 y el 3200 a.C.

8.000-100 millones de años

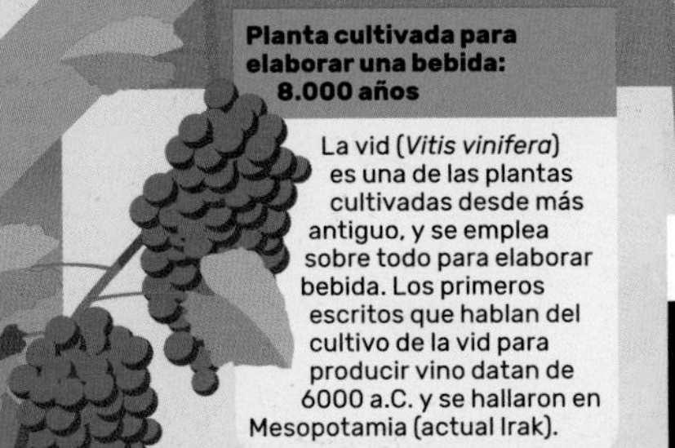

Planta cultivada para elaborar una bebida: 8.000 años

La vid (*Vitis vinifera*) es una de las plantas cultivadas desde más antiguo, y se emplea sobre todo para elaborar bebida. Los primeros escritos que hablan del cultivo de la vid para producir vino datan de 6000 a.C. y se hallaron en Mesopotamia (actual Irak).

Plantas cultivadas como alimento: 11.500 años

Las primeras plantas cultivadas fueron los denominados ocho cultivos fundadores del Neolítico: el lino, cuatro especies de leguminosas y tres de cereales. Su siembra se inició a principios del Holoceno en comunidades agrícolas del Creciente Fértil, en el sudoeste asiático (9500 a.C.)

Arte rupestre: 40.800 años

En 1903 se descubrieron pinturas rupestres en la cueva de El Castillo, en Puente Viesgo, Cantabria, España. Además de pinturas de animales y huellas de manos, hay un disco rojo de al menos 40.800 años de antigüedad, y una mano en negativo de unos 37.300 años.

Núcleo de hielo: 740.000 años

El núcleo de hielo más antiguo, con 3.139 m de largo y 10 cm de diámetro, tiene 740.000 años de historia climática. Se perforó en el Dome C, en la Antártida, en el marco del Proyecto Europeo para la Perforación del Hielo en la Antártida (EPICA), en el que participan 10 países, y se anunció el 9 de junio de 2004.

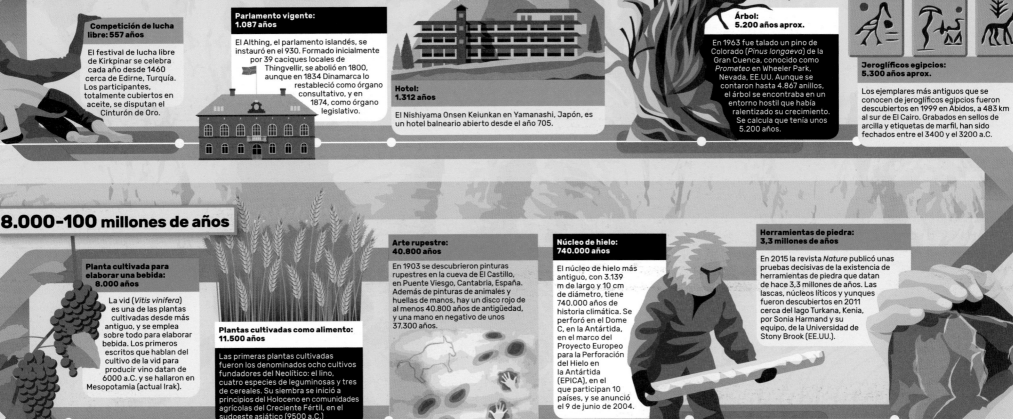

Herramientas de piedra: 3,3 millones de años

En 2015 la revista *Nature* publicó unas pruebas decisivas de la existencia de herramientas de piedra que datan de hace 3,3 millones de años. Las lascas, núcleos líticos y yunques fueron descubiertos en 2011 cerca del lago Turkana, Kenia, por Sonia Harmand y su equipo, de la Universidad de Stony Brook (EE.UU.).

>100 millones de años

Vómito: 160 millones de años

El 12 de febrero de 2002, un equipo de paleontólogos dirigidos por Peter Doyle (R.U.) anunciaron que habían descubierto el vómito fosilizado de un ictiosaurio, un enorme réptil marino similar a un pez.

Dinosaurio: 240 millones de años

La existencia del *Nyasasaurus parringtoni* fue determinada a partir de un fragmento de esqueleto datado hace unos 240 millones de años, que se descubrió en un yacimiento de fósiles en los estratos de Manda, cerca del lago Nyasa, Tanzania. Fue descrito de forma oficial en diciembre de 2012 y tenía el tamaño de un perro labrador.

Vertebrado: 530 millones de años

El *Haikouichthys* es el vertebrado más antiguo documentado, un pez primitivo con cabeza, tronco, branquias y una aleta dorsal.

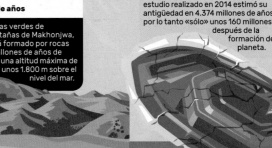

Cordillera: 3.600 millones de años

El cinturón de rocas verdes de Barberton, o montañas de Makhonjwa, en Sudáfrica, está formado por rocas de hasta 3.600 millones de años de antigüedad. Tiene una altitud máxima de unos 1.800 m sobre el nivel del mar.

Fragmento de Tierra: 4.374 millones de años

Los minerales más antiguos de la Tierra son unos cristales diminutos de zircón, parecido al diamante ($ZrSiO_4$), que se descubrieron en la región de Jack Hills, al oeste de Australia. Un estudio realizado en 2014 estimó su antigüedad en 4.374 millones de años, por lo tanto «sólo» unos 160 millones después de la formación del planeta.

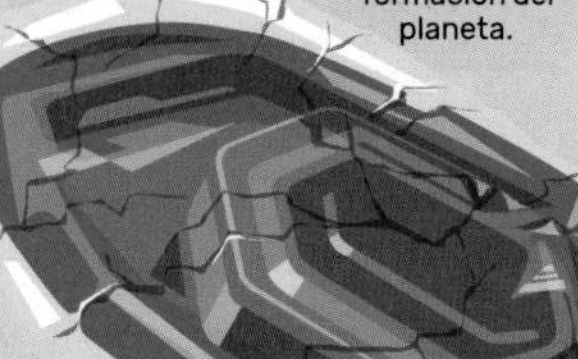

Ciencia y tecnología

Según el erudito estadounidense Richard Buckminster Fuller, en 1900 el conocimiento humano se duplicaba cada siglo. En la actualidad, se duplica de media cada 13 meses.

En 2016 un científico que trabajaba en el FAST calculó que si el plato se llenara de vino, a cada persona de la Tierra le corresponderían cuatro botellas.

SUMARIO

◀ EL RADIOTELESCOPIO DE PLATO MÁS GRANDE

El radiotelescopio esférico con apertura de 500 metros (FAST, por sus siglas en inglés) en Pingtang, provincia de Guizhou, China, entró en funcionamiento el 25 de septiembre de 2016. Con un diámetro de 500 m, pulverizó el récord anterior que tenía el Observatorio de Arecibo en Puerto Rico, con un diámetro de 305 m. El plato incluye 4.450 paneles triangulares, cada uno con un lateral de 11 m. Tardaron cinco años en terminarlo y tuvo un coste de 180.000.000 $. Los astrónomos lo usarán para buscar señales de estrellas y de galaxias y, tal y como refiere la agencia de prensa oficial china Xinhua News, «señales de comunicación interestelar», es decir, de vida inteligente.

Los límites del espacio

Según la NASA, la masa media de la atmósfera es de alrededor de 5.100 billones ($5,1 \times 10^{15}$) de toneladas, cerca de un millón de veces más ligera que la masa de nuestro planeta.

▲ LA MAYOR ALTITUD ALCANZADA POR UN ASTRONAUTA COMERCIAL
El 4 de octubre de 2004, Brian Binnie (EE.UU.) pilotó la *SpaceShipOne* hasta una altitud de 112.010 m por encima del desierto de Mojave, California, EE.UU. Este vuelo también rompió el anterior récord de **mayor altitud por una aeronave de ala fija**, conseguido en 1963 por el piloto de la NASA Joe Walker cuando alcanzó una altitud de 107,96 km con un X-15.

La línea de Kármán divide las misiones aeronáuticas de las espaciales, una definición que es aceptada por la NASA y la Federación Aeronáutica Internacional (FAI).

La primera imagen de un duende atmosférico

Los duendes son un fenómeno atmosférico eléctrico asociado a los relámpagos que consiste en destellos inusuales que se elevan desde la parte más alta de las tormentas hasta los 100 km sobre la superficie terrestre. La existencia de estos fenómenos no se constató hasta la aparición de la primera imagen, capturada por casualidad el 6 de julio de 1989. El profesor John R. Winckler de la Universidad de Minnesota probaba una cámara de televisión de bajo nivel de luz para capturar el lanzamiento de un cohete cuando grabó brillantes columnas de luz por encima de unos cumulonimbos.

La red de comunicación dispersa por meteoros más grande

Los sistemas de comunicación dispersa por meteoros aprovechan la desintegración de los meteoros (estrellas fugaces) cuando entran en contacto con la atmósfera superior, a entre 76 y 100 km de altitud. Al contacto con la atmósfera, los meteoroides se queman dejando una estela, una ruta de partículas ionizadas, capaces de reflejar las ondas de radio. Mediante estas rutas se crean enlaces de comunicación temporales de largo alcance entre estaciones situadas hasta a 2.250 km de distancia. SNOTEL es una estación telemétrica en el oeste de EE.UU. que empezó a operar en la década de 1970. Tiene más de 730 estaciones y recopila datos meteorológicos que envía gracias a la comunicación dispersa por meteoros.

LA MAYOR ALTITUD...

A la que puede sobrevivir un humano en un espacio despresurizado

Harry Armstrong (EE.UU.), pionero en medicina aeroespacial, elaboró el concepto de la línea Armstrong. Representa la altitud a la que el agua hierve a la temperatura normal del cuerpo humano (37 °C), y corresponde a una presión atmosférica de 0,0618 atm (atmósfera: 1 atm representa la presión atmosférica al nivel del mar). Esto se da a una altitud de entre 18.900 y 19.350 m, y es la mayor altitud a la que teóricamente una persona podría sobrevivir sin un traje presurizado o fuera de una cápsula presurizada. A partir de este punto, el líquido pleural, la saliva y las lágrimas comenzarían a hervir.

A la que un humano ha estado expuesto (equivalente)

El 14 de diciembre de 1966, Jim LeBlanc (EE.UU.), voluntario de la NASA que se encontraba realizando una prueba de un traje espacial dentro de una cámara de despresurización en Houston, Texas, EE.UU., fue expuesto a una despresurización parcial equivalente a una altitud de 36.576 m y a una presión de tan sólo 0,0068 atm al desconectarse el tubo de presurización de su traje. LeBlanc se desmayó. La cámara tardó 87 s en alcanzar la presión equivalente a 4.267,2 m de altitud, tras lo cual LeBlanc recuperó el conocimiento. Posteriormente contó que había notado la saliva hirviendo en la lengua justo antes de desmayarse.

P: ¿Cuánto tarda un satélite del sistema de posicionamiento global (GPS) en realizar una órbita alrededor de la Tierra?

R: Unas 12 horas.

De un vuelo horizontal sostenido

El capitán Robert C. Helt y el comandante Larry A. Elliott, ambos de la USAF (Fuerza Aérea de los Estados Unidos), alcanzaron los 25.929 m de altitud en un vuelo horizontal sostenido a bordo del Lockheed SR-71A *Blackbird* («mirlo») en la Base de la Fuerza Aérea Beale, California, EE.UU., el 28 de julio de 1976. Esto es más del doble que la altitud media de crucero de un Boeing 747 (10.668 m).

Desde la que se lanzó un avión de papel

El 24 de junio de 2015, unos estudiantes del instituto Kesgrave High School, junto con su profesor de ciencias David Green (todos de R.U.), volaron un avión de papel a 35.043 m de altitud en Elsworth, Cambridgeshire, R.U. Un globo de helio elevó el avión y, después, una corriente eléctrica accionada desde el suelo cortó la cuerda que sujetaba el avión para su «lanzamiento».

Sin conexión a una nave espacial (en un vuelo fuera de órbita)

Varios astronautas han realizado trabajos en órbita sin estar conectados a una nave espacial. Pero si hablamos de actividades fuera de órbita, el récord se lo lleva el austriaco Felix Baumgartner, que saltó desde la cápsula suspendida del globo aerostático con el que había ascendido hasta una altitud de 39.068,5 m en Nuevo México, EE.UU., el 14 de octubre de 2012 (ver pág. siguiente).

Alcanzada por un proyectil disparado por un cañón

El 19 de noviembre de 1966, se lanzó un proyectil de 84 kg a una altitud de 180 km con el cañón HARP (siglas en inglés para Proyecto de Investigación a Gran Altitud) en Yuma, Arizona, EE.UU. El arma consistía en dos cañones con un calibre de 42 cm, unidos para formar un único cañón de 36,4 m de longitud y 150 toneladas de peso.

◄ EL PRIMER OBJETO HECHO POR EL HOMBRE PARA SALIR AL ESPACIO
El límite del espacio se conoce como la línea de Kármán, en honor a Theodore von Kármán (EE.UU., n. en Hungría), quien descubrió que, a 100 km de altura sobre el nivel del mar, cualquier vehículo tiene que superar la velocidad orbital para conseguir un impulso aerodinámico suficiente para mantener el vuelo. El 20 de junio de 1944, un vuelo de prueba de un misil alemán V-2, diseñado para atacar Londres, R.U., alcanzó una altitud de 174,6 km.

Exosfera
Aprox. 700-190.000 km

Termopausa
>700-1.000 km

Termosfera
80-aprox. 700 km

Satélite

Telescopio espacial Hubble

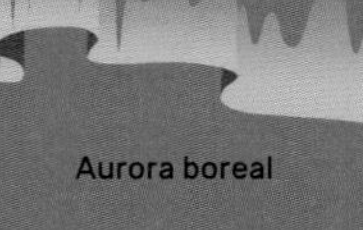

Estación Espacial Internacional

Aurora boreal

Línea de Kármán
100 km

Mesosfera
50-80 km

Meteoros

Estratosfera
12-50 km

Globo estratosférico

Avión de caza

Alan Eustace

Capa de ozono
20-30 km

Troposfera
0-12 km

Avión de pasajeros

Globo aerostático

(Las imágenes no están a escala)

▲ EL PRIMER SALTO EN PARACAÍDAS DESDE LA ESTRATOSFERA

El 16 de noviembre de 1959, como parte del Proyecto Excelsior, el piloto estadounidense Joe Kittinger se lanzó en paracaídas desde un globo de helio a una altura de 23.287 m. Éste fue el primero de los tres saltos realizados por Kittinger desde una góndola abierta fijada al globo. Con su tercer lanzamiento (arriba), el 16 de agosto de 1960, estableció el récord de entonces de **salto en paracaídas desde mayor altitud**.

Más de 8 millones de personas siguieron por YouTube el salto de Baumgartner desde la estratosfera.

▲ LA MAYOR VELOCIDAD EN CAÍDA LIBRE

Felix Baumgartner (Austria) alcanzó una velocidad de caída de 1.357,6 km/h en su desafiante misión Red Bull Stratos en Nuevo México, EE.UU., el 14 de octubre de 2012.

El salto con paracaídas desde un globo flotando en los límites del espacio convirtió a Baumgartner en el **primer humano en romper la barrera del sonido en caída libre**. Su hazaña rompió ocho récords mundiales de más de 52 años, incluyendo el de Joe Kittinger por el **salto en paracaídas desde mayor altitud**, conseguido el 16 de agosto de 1960 (arriba a la izquierda). Sin embargo, Alan Eustace batió más tarde este récord y el del **vuelo de un globo tripulado a mayor altitud** (derecha).

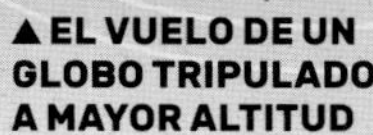

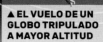

▲ EL VUELO DE UN GLOBO TRIPULADO A MAYOR ALTITUD

El 24 de octubre de 2014, Alan Eustace (EE.UU.) se lanzó en paracaídas desde la estratosfera, 41.419 m por encima de Nuevo México, EE.UU. Con un traje presurizado, tardó dos horas en ascender atado a la parte inferior de un globo (y no en una cápsula, como en el caso de Felix Baumgartner en 2012, o en una góndola). En cambio, sólo tardó 15 min en volver a poner los pies en la Tierra. Eustace era el vicepresidente de Google cuando llevó a cabo esta hazaña, y el salto se realizó en absoluto secreto y sin ningún tipo de publicidad.

▶ LA LLUVIA DE METEOROS MÁS RÁPIDA

Las leónidas tienen lugar entre el 15 y el 20 de noviembre cada año. Entran en la atmósfera a unos 71 km/s, y empiezan a brillar a una altitud de unos 155 km. Su gran velocidad se debe a que la dirección del movimiento del meteoroide padre, el cometa 55P/Tempel-Tuttle, es casi totalmente opuesta al movimiento orbital de la Tierra alrededor del Sol, lo que resulta en un impacto casi frontal de las partículas pequeñas con la Tierra.

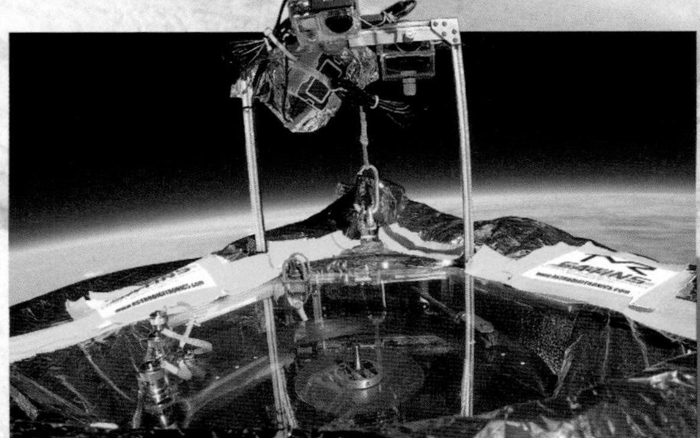

▲ EL PRIMER DISCO DE VINILO EN SONAR EN LA ESTRATOSFERA

El 2 de julio de 2016, la discográfica Third Man Records (EE.UU.) lanzó al espacio el tocadiscos *Icarus Craft*, diseñado por Kevin Carrico, con una copia de *A Glorious Dawn* que sonó a 2.878 m de altura. Este disco era el número 3 millones de la discográfica, cofundada por el músico Jack White (EE.UU.). Con arreglos de John Boswell, pertenecía al proyecto Symphony of Science, y contaba con las voces de Carl Sagan y Stephen Hawking.

El 23 de abril de 2015, Matt Kingsnorth y Phil St. Pier (ambos de R.U.) batieron el récord de la **mayor altitud alcanzada por un Ala X lanzado desde un globo**, con 36.190 m.

El oso *Babbage* sobrepasó los 41 km de altura el 24 de agosto de 2013, la **mayor altitud alcanzada por un osito de peluche con tecnología Raspberry Pi** (en un globo meteorológico con tecnología Raspberry Pi). La fundación Raspberry Pi y Dave Akerman (ambos de R.U.) fueron los organizadores del evento.

▲ LOS FENÓMENOS ATMOSFÉRICOS A MAYOR ALTITUD

De todos los fenómenos que se pueden divisar en el cielo, los que ocurren a mayor altitud son las auroras, conocidas también como las luces del norte y del sur (aurora boreal y aurora austral, respectivamente). A menudo visibles por la noche desde bajas y altas latitudes, estas luces de bellos colores y efectos brillantes se producen al interactuar las partículas aceleradas del Sol con las capas superiores de la atmósfera. Las auroras más bajas tienen lugar a unos 100 km, y las más altas a unos 400 km.

Cometas

Un cometa es básicamente hielo, gas, polvo y rocas, una mezcla que se ha ganado el apodo de «bola de nieve sucia».

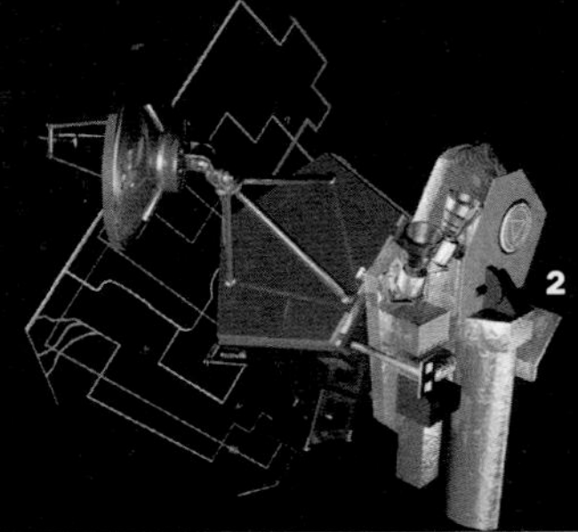

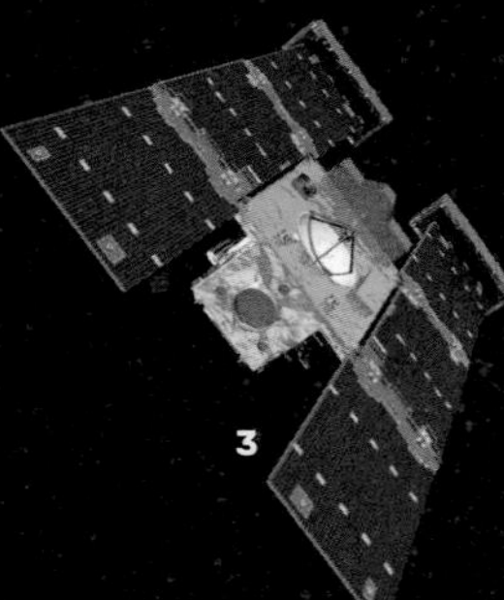

▲ LA MAYOR CANTIDAD DE COMETAS VISITADOS POR UNA NAVE ESPACIAL

A octubre de 2016, tres naves espaciales han visitado dos cometas cada una. *Giotto* (**1**), de la Agencia Espacial Europea (ESA), llegó al 1P/Halley en 1986 y al 26P/Grigg-Skjellerup en 1992. *Deep Impact* (**2**), de la NASA, visitó el 9P/Tempel en 2005 y, durante la misión EPOXI, llegó al 103P/Hartley en 2010. La astronave *Stardust* (**3**), de la NASA, visitó el 81P/Wild en 2004 y el 9P/Tempel en 2011.

▲ EL PRIMER COMETA VISITADO POR UNA NAVE ESPACIAL

El 11 de septiembre de 1985, el *International Cometary Explorer* de la NASA atravesó la cola de plasma del cometa Giacobini-Zinner a unos 7.800 km de su núcleo. El primer cometa observado a poca distancia fue el 1P/Halley, que recibió la visita de cinco sondas en 1986. La sonda espacial *Giotto*, de la ESA, fue la que más se acercó al Halley: el 14 de marzo de 1986 pasó a 596 km de su núcleo.

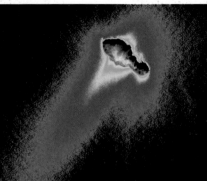

▲ LA PRIMERA MUESTRA TRAÍDA DE UN COMETA

La primera muestra traída de un cometa procedía del Wild 2. La nave *Stardust*, lanzada el 7 de febrero de 1999, llegó al cometa el 2 de enero de 2004. Atravesó su coma (una nube de polvo y gas alrededor del centro del cometa) y recogió minúsculas muestras de polvo cometario con su recolector de aerogel. Tras regresar a la Tierra el 15 de enero de 2006, el análisis en curso de los materiales está aportando valiosos datos sobre la composición química de este cuerpo helado.

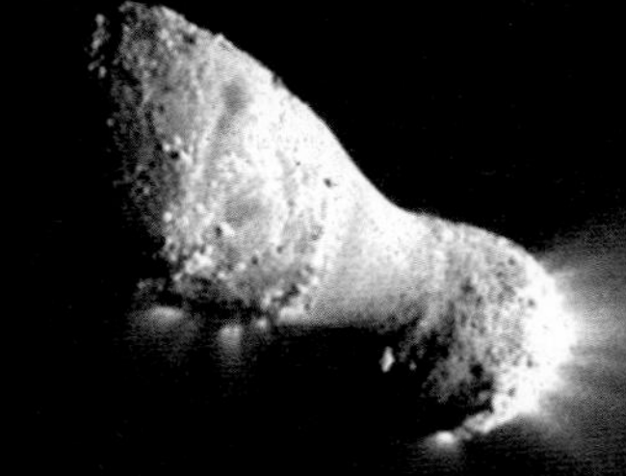

▲ EL COMETA MÁS PEQUEÑO VISITADO POR UNA NAVE ESPACIAL

A la nave *Deep Impact* de la NASA, lanzada el 12 de enero de 2005, se le asignó una nueva misión el 3 de julio de 2007: EPOXI, cuyo objetivo era estudiar planetas extrasolares y efectuar un vuelo de reconocimiento del cometa 103P/Hartley, que llevó a cabo el 4 de noviembre de 2010. El «pequeño» cometa en términos cósmicos, mide unos 2,25 km de largo y su masa es de unos 300 millones de toneladas.

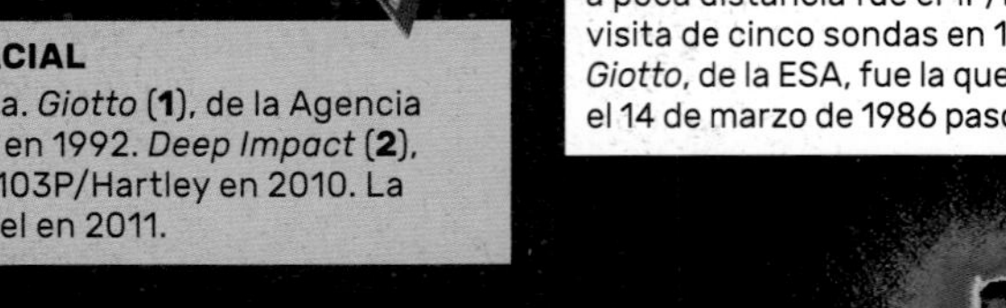

▲ EL OBJETO MÁS OSCURO DEL SISTEMA SOLAR

El cuerpo menos reflectante descubierto en el sistema solar hasta la fecha es el cometa Borrelly: la nave no tripulada *Deep Space 1* captó la imagen de su núcleo, de 8 km de largo, el 22 de septiembre de 2001. El polvo que cubre su superficie hace que refleje menos del 3% de la luz solar que recibe (la Tierra refleja cerca del 30%) y, en consecuencia, resulta muy oscuro.

Cuando un cometa se aproxima al Sol, su núcleo se calienta. El hielo empieza a sublimar y se convierte en una nube inmensa (o coma), más grande que muchos planetas. El viento y la radiación solares actúan sobre el coma y forman una cola que apunta en dirección contraria al Sol y puede medir kilómetros de longitud (ver abajo).

Un cometa medio tiene el tamaño de una ciudad pequeña.

Cuando el Hale-Bopp cruzó el sistema solar en 1997, expelió 250 toneladas de gas y polvo por segundo, casi 1,5 veces el peso de una ballena azul.

▼ EL SÓLIDO CON MENOR DENSIDAD

Según publicó *Nature* el 27 de febrero de 2013, un equipo de la universidad china de Zhejiang, dirigido por el profesor Gao Chao (China), elaboró un aerogel de grafeno con una densidad de sólo 0,16 mg/cm³. Es más de siete veces más ligero que el aire (que pesa 1,2 mg/cm³) y se sostiene sobre una brizna de hierba (ver recuadro). Abajo aparece un bloque de aerogel sin grafeno. Entre sus muchas aplicaciones, sirve para recoger polvo de las colas de los cometas.

El cometa más grande

El objeto Centauro 2060 Chiron, descubierto en noviembre de 1977, tiene un diámetro de 182 km.

El mayor coma observado

El Gran Cometa de 1811, que Honoré Flaugergues (Francia) descubrió el 25 de marzo de ese mismo año, tenía un coma con un diámetro estimado de unos 2 millones de km.

La cola de cometa más larga medida

La cola del cometa Hyakutake medía 570 millones de km de largo, más del triple de la distancia entre la Tierra y el Sol. Un equipo encabezado por Geraint Jones, del Imperial College London, descubrió esta cola extraordinariamente larga el 13 de septiembre de 1999. Para ello, los científicos utilizaron datos recopilados por la nave *Ulysses*, de la NASA y la ESA, tras el hallazgo casual del cometa el 1 de mayo de 1996.

La mayor aproximación de un cometa a la Tierra

El 1 de julio de 1770, el cometa Lexell, que viajaba a 138.600 km/h, se acercó a 2.220.000 km de la Tierra.

El mayor impacto conocido en el sistema solar

Del 16 al 22 de julio de 1994, más de 20 fragmentos del cometa Shoemaker-Levy 9 impactaron en el planeta Júpiter. El fragmento «G» estalló con una energía equivalente a seis millones de megatones de TNT, unas 600 veces el arsenal nuclear mundial.

La mayor fuente de cometas

Más allá de la órbita de Neptuno se encuentran el cinturón de Kuiper, el disco disperso y la nube de Oort, llamados, en conjunto, objetos transneptúnicos. La nube de Oort es una nube esférica de cientos de miles de millones de núcleos cometarios. Rodea el Sol a una distancia de unas 50.000 UA (unidades astronómicas: 1 UA = la distancia entre la Tierra y el Sol), o unas 1.000 veces la distancia entre la Tierra y Plutón. Está considerada como la fuente de la mayoría de cometas que entran en el sistema solar.

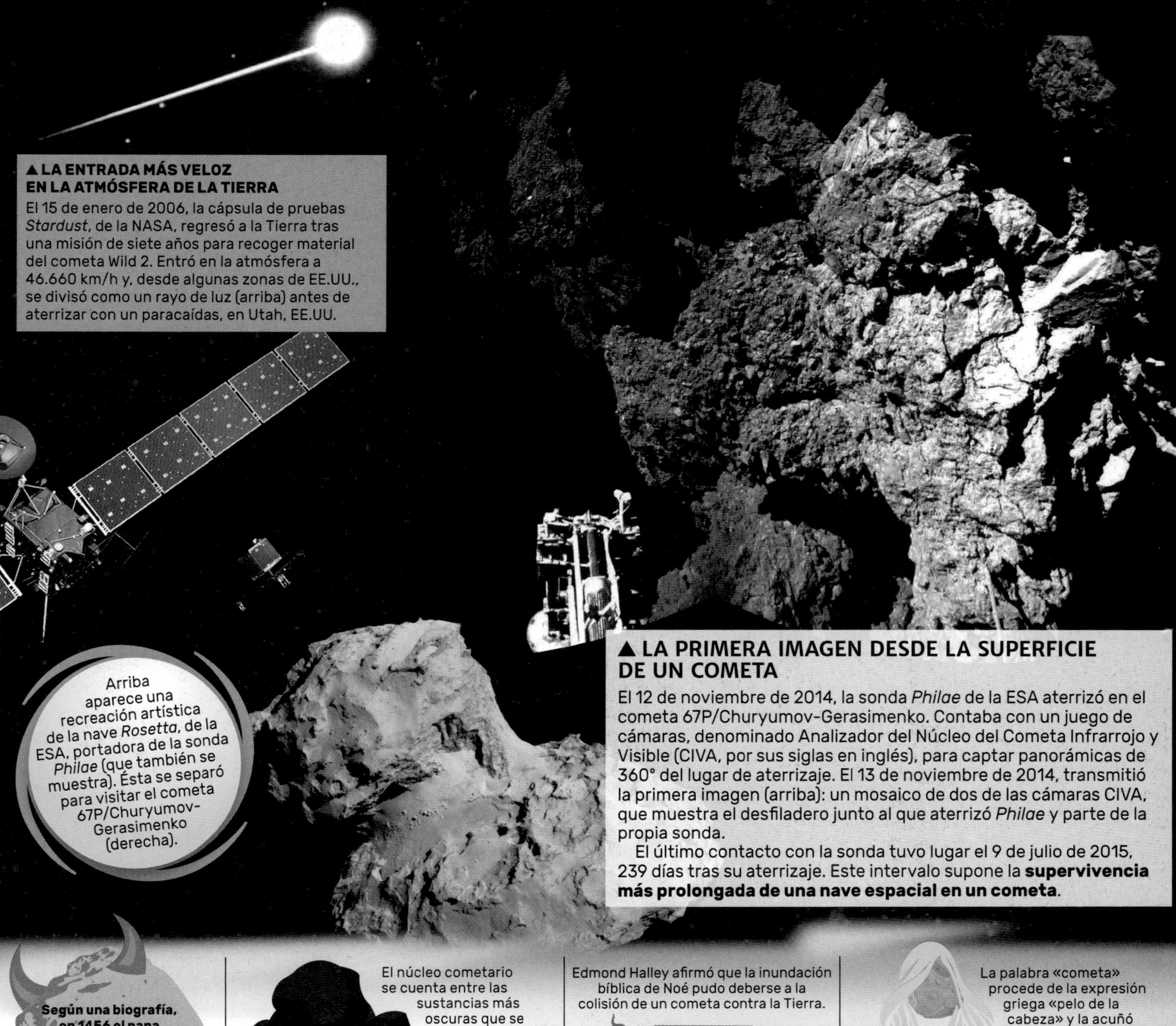

▲ LA ENTRADA MÁS VELOZ EN LA ATMÓSFERA DE LA TIERRA

El 15 de enero de 2006, la cápsula de pruebas *Stardust*, de la NASA, regresó a la Tierra tras una misión de siete años para recoger material del cometa Wild 2. Entró en la atmósfera a 46.660 km/h y, desde algunas zonas de EE.UU., se divisó como un rayo de luz (arriba) antes de aterrizar con un paracaídas, en Utah, EE.UU.

Arriba aparece una recreación artística de la nave *Rosetta*, de la ESA, portadora de la sonda *Philae* (que también se muestra). Ésta se separó para visitar el cometa 67P/Churyumov-Gerasimenko (derecha).

▲ LA PRIMERA IMAGEN DESDE LA SUPERFICIE DE UN COMETA

El 12 de noviembre de 2014, la sonda *Philae* de la ESA aterrizó en el cometa 67P/Churyumov-Gerasimenko. Contaba con un juego de cámaras, denominado Analizador del Núcleo del Cometa Infrarrojo y Visible (CIVA, por sus siglas en inglés), para captar panorámicas de 360° del lugar de aterrizaje. El 13 de noviembre de 2014, transmitió la primera imagen (arriba): un mosaico de dos de las cámaras CIVA, que muestra el desfiladero junto al que aterrizó *Philae* y parte de la propia sonda.

El último contacto con la sonda tuvo lugar el 9 de julio de 2015, 239 días tras su aterrizaje. Este intervalo supone la **supervivencia más prolongada de una nave espacial en un cometa**.

Según una biografía, en 1456 el papa Calixto III creyó que el cometa Halley era un emisario del diablo y lo mandó excomulgar.

El núcleo cometario se cuenta entre las sustancias más oscuras que se conocen: sólo refleja el 4% de la luz que recibe. Es aún más oscuro que el carbón más negro.

Edmond Halley afirmó que la inundación bíblica de Noé pudo deberse a la colisión de un cometa contra la Tierra.

La palabra «cometa» procede de la expresión griega «pelo de la cabeza» y la acuñó Aristóteles, que los describió como «estrellas con pelo».

Las observaciones más distantes de un cometa

El 3 de septiembre de 2003, astrónomos del European Southern Observatory, en Paranal, Chile, proporcionaron una imagen del cometa Halley a 4.200 millones de km del Sol. En ella, el cometa aparece como un punto borroso con un brillo de una magnitud de 28,2, casi mil millones de veces más débil que los objetos más débiles visibles a simple vista.

El primer cometa observado mientras es destruido por el Sol

El 6 de julio de 2011, el Solar Dynamics Observatory de la NASA tomó una serie de imágenes que mostraban los últimos instantes del cometa C/2011 N3 al desintegrarse en la atmósfera del Sol. El núcleo del cometa, descubierto tan sólo dos días antes, era de un tamaño estimado de entre unos 9 y 45 m de ancho. En sus últimos segundos, el cometa C/2001 N3 estaba a sólo 100.000 km de la superficie del sol y viajaba a una velocidad de unos 2,1 millones de km/h, hasta que se desintegró y evaporó.

La mayor cantidad de naves espaciales en visitar un cometa

En 1986, el cometa 1P/Halley entró en el sistema solar durante su órbita elíptica de 75-76 años alrededor del Sol. Se enviaron cinco naves espaciales (apodadas, en su conjunto, la «flota Halley») hacia el cometa mientras éste se acercaba al perihelio, el punto en el que estuvo más cerca del Sol. *Giotto* (ver pág. anterior) tomó los primeros planos del núcleo del cometa y sufrió graves daños debido a las partículas del coma. La Unión Soviética envió las *Vega 1* y *Vega 2*, que desplegaron una sonda y un globo aerostático sobre Venus antes de continuar hacia el Halley. Por último, Japón envió a *Suisei* y *Sakigake*, que llegaron a 151.000 y 6.990.000 km del núcleo, respectivamente.

La mayor cantidad de cometas descubiertos por una astronave

La sonda espacial *SOHO* (*Solar and Heliospheric Observatory*), de la ESA/NASA, fue lanzada el 2 de diciembre de 1995 para estudiar el Sol desde L1, el lugar entre el Sol y la Tierra donde las gravedades de ambos cuerpos se anulan entre sí. A 13 de septiembre de 2005, *SOHO* había descubierto 3.000 cometas de forma puramente fortuita.

La observación orbital más larga de un cometa

El 6 de agosto de 2014, la nave *Rosetta* de la NASA entró en órbita alrededor del cometa 67P/Churyumov-Gerasimenko. El 12 de noviembre de 2014, soltó la sonda *Philae* (ver la **primera imagen desde la superficie de un cometa**, arriba). A medida que el cometa se alejaba del Sol, disminuyó la potencia de la que disponían los paneles solares de *Rosetta*. Teóricamente, era posible poner a *Rosetta* en hibernación y reactivarla cuando el cometa se acercara de nuevo al Sol. Sin embargo, no era seguro que la nave respondiera, y la ESA prefirió poner fin a la misión colisionando la nave en la superficie del cometa, y tomar imágenes y datos hasta el último instante posible. A las 10.39 UTC (hora universal) del 30 de septiembre de 2016, tras 2 años y 55 días de operaciones en el 67P/Churyumov-Gerasimenko, *Rosetta* aterrizó en la región de Ma'at de la superficie y finalizó su misión.

Impresión en 3D

Según una encuesta de 2016 realizada a 102 expertos en aviación, el 70% cree que antes de 2030 los recambios para aeronaves se imprimirán directamente en los aeropuertos.

▲ EL PICO PROTÉTICO MÁS GRANDE IMPRESO EN 3D
El 7 de enero de 2015, el tucán *Grecia* fue llevado al Rescate Animal Zoo Ave de Alajuela, Costa Rica, después de haber perdido la mitad de su pico. Gracias al dinero recaudado con los donativos, se le pudo colocar una prótesis de 18 g y unos 19 cm de largo. Desde su operación en enero de 2016, *Grecia* puede alimentarse solo y atusarse las plumas. Comenzó a cantar pocos días después de la intervención.

Primera patente de impresión en 3D

El 12 de julio de 1967, Wyn Kelly Swainson (EE.UU.) presentó en Dinamarca la patente «Método de producción de una figura en 3D mediante holografía». En ella se describe un sistema mediante el cual un objeto tridimensional se puede escanear utilizando un par de interferómetros láser y sus dimensiones transferidas a un ordenador, que a su vez las envía a un segundo par de láseres que lo reproducen en 3D mediante el endurecimiento selectivo de un tanque de plástico fotosensible.

El primer vestido hecho con tejido impreso en 3D

En junio de 2000, el diseñador Jiri Evenhuis (Países Bajos) confeccionó un «vestido envolvente» de tejido impreso en 3D hecho con partículas de nailon mediante un proceso conocido como «sintetizado selectivo por láser» (SLS). El vestido está expuesto en el Museo de Arte Moderno de Nueva York, EE.UU.

El objeto más pesado impreso en 3D con una imitación de suelo lunar

El 31 de enero de 2013, la Agencia Espacial Europea (ESA, por sus siglas en inglés) dio a conocer sus planes para construir una base en la Luna realizada principalmente con suelo lunar mediante impresión 3D. Para probar su viabilidad, el consorcio ESA 3D imprimió un bloque de construcción de 1,5 toneladas en una cámara al vacío. La pieza, con estructura de panal, se realizó con una imitación de suelo lunar mezclado con óxido de magnesio y sal de unión.

El primer coche impreso en 3D

En septiembre de 2014, el diseñador Michele Anoé (Italia) vio como el chasis y la estructura de su coche «Strati» se imprimía en cinco días en el International Manufacturing Technology Show (IMTS) de Chicago, Illinois, EE.UU. Anoé se impuso a más de 200 rivales en el «3D Printed Car Design Challenge», evento promovido por la empresa Local Motors de Phoenix, Arizona, EE.UU. Local Motors completó el prototipo del coche con ayuda de Oak Ridge National Laboratory (EE.UU.) y de la empresa saudí SABIC.

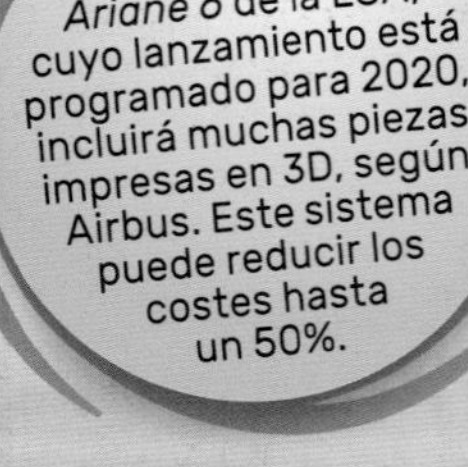

El cohete *Ariane 6* de la ESA, cuyo lanzamiento está programado para 2020, incluirá muchas piezas impresas en 3D, según Airbus. Este sistema puede reducir los costes hasta un 50%.

La primera motocicleta impresa en 3D

En el show RAPID de 2015, TE Connectivity (Suiza/EE.UU.) se presentó una réplica de una moto Harley-Davidson de color naranja y azul de la que 76 de sus 100 componentes habían sido impresos en 3D. Se emplearon 6,95 km de filamento de plástico ABS y varias impresoras trabajaron a la par durante 1.700 h.

P: En EE.UU., ¿qué porcentaje de audífonos se imprimen en 3D?

R: El 100%.

Las primeras píldoras impresas en 3D

Producido por Aprecia (EE.UU.), el Spritam es un medicamento para aliviar los síntomas de la epilepsia. En julio de 2015, se imprimió en 3D por primera vez. La estructura porosa coseguida con este método de impresión facilita la disolución de las píldoras en apenas 4 s, mucho más rápido que las convencionales.

El dispositivo médico más pequeño impreso en 3D

Investigadores de todo el mundo tratan de encontrar alternativas a las agujas que no causen dolor para que las inyecciones sean menos molestas. Un ejemplo de esto es una microaguja impresa en 3D que han desarrollado equipos de la Universidad de Akron y de la Universidad de Texas (ambas de EE.UU.). Con un diámetro de 1 mm, se trata en realidad de un conjunto de 25 agujas de propileno, cada una de 20 µm de ancho, la quinta parte del grosor de un cabello humano.

El objeto metálico más largo impreso en 3D

En octubre de 2016, investigadores de la Universidad de Cranfield (R.U.) crearon una pieza de aluminio de doble cara de 6 m de largo y 300 kg de peso. Para ello, emplearon una impresora 3D Wire + Arc Additive Manufacturing (WAAM).

El robot impreso en 3D más veloz

En mayo de 2015, ingenieros de la Universidad de California, Berkeley, EE.UU., utilizaron componentes impresos en 3D para construir el X2-VelociRoACH, una cucaracha robótica. Gracias a sus partes flexibles, el insecto artificial se desplaza a 17,7 km/h, más veloz que un practicante medio de jogging.

Más impresoras 3D impresas en 3D

Las impresoras 3D imprimen de todo, desde piezas para automóviles hasta comida, por lo que también es posible imprimir una impresora 3D con otra impresora 3D. Para la confección de 86 de las 110 piezas de la impresora en código abierto RepRap Snappy 1.1c, diseñada por Garth Minette (EE.UU.), se emplearon 2,4 kg de filamento de plástico.

▲ LA PRIMERA AERONAVE IMPRESA EN 3D
El 1 de junio de 2016, en la Exhibición Aeroespacial Internacional celebrada en Berlín, Alemania, Airbus presentó la aeronave de pruebas no tripulada *THOR* (*Testing High-tech Objectives in Reality*), toda ella impresa en 3D con la excepción de sus sistemas eléctricos. Con un peso de sólo 21 kg, realizó su primer vuelo en noviembre de 2015. Está impulsada por dos motores eléctricos de 2 caballos de fuerza (1,5 kW) y fue impresa principalmente con poliamida. El ingeniero jefe Gunnar Haase, que dirigió su vuelo inaugural, declaró que «vuela maravillosamente [y] es muy estable».

La impresión en 3D tiene sus raíces en la década de 1980, con la invención de la estereolitografía: la creación de objetos a partir de capas de fotopolímeros endurecidos con luz ultravioleta.

Las impresoras 3D no sólo imprimen en plástico; también pueden imprimir objetos de metal, vidrio, cerámica, chocolate e incluso queso, hummus y masas de pizza.

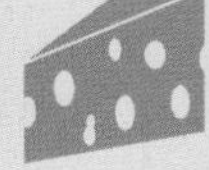

El **primer restaurante móvil que sirve exclusivamente comida impresa en 3D** (con cubiertos impresos en 3D) abrió en los Países Bajos en abril de 2016.

El Aston Martin DB5 de *Skyfall* (R.U./EE.UU., 2012) se fabricó con una impresora en 3D VX4000.

El primer Global 3D Printing Day se celebró en 2013. Para la edición de 2015, el The Culinary Institute of America imprimió un Yoda comestible en 3D.

En 2014, Yoshitomo Imura (Japón) fue encarcelado por imprimir un revólver en 3D.

▲ EL PRIMER PUENTE IMPRESO EN 3D

El 14 de diciembre de 2016, se inauguró un puente peatonal impreso en 3D en el parque Castilla-La Mancha de Madrid, España. Con unas dimensiones de 12 m de largo por 1,75 m de ancho, fue construido por un equipo del Instituto de Arquitectura Avanzada de Cataluña (España). Está formado por ocho segmentos realizados con hormigón en polvo fundido y microrreforzado con polipropileno termoplástico.

▲ EL PRIMER ARRECIFE DE CORAL IMPRESO EN 3D

En 2012, expertos del consorcio internacional Reef Arabia hundieron dos arrecifes de coral impresos en 3D frente a la costa de Baréin. De unos 500 kg cada uno, están hechos de un material patentado no tóxico similar a la arenisca, diseñado para resultar más atractivo a las larvas de coral y a otras criaturas marinas. A diferencia de los tradicionales arrecifes artificiales de hormigón, éstos tienen un pH neutro.

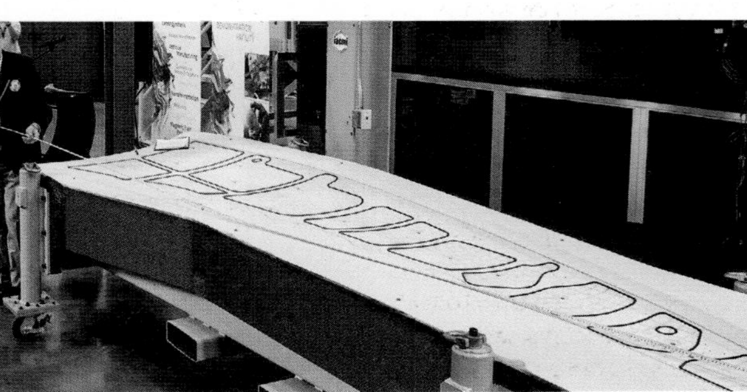

▲ EL OBJETO SÓLIDO IMPRESO EN 3D MÁS GRANDE

Una herramienta de corte de 2,33 m³, diseñada para emplearse durante la fabricación de las alas del avión Boeing 777, fue impresa por Oak Ridge National Laboratory y Boeing Company (ambas de EE.UU.) en Oak Ridge, Tennessee, EE.UU., el 29 de agosto de 2016. Se tardó 30 h en imprimir la herramienta con la máquina Big Area Additive Manufacturing (BAAM).

◄ EL BARCO IMPRESO EN 3D MÁS GRANDE

El Seafair Milk Carton Derby, un evento anual que se celebra en Seattle, Washington, EE.UU., desafía a los participantes a construir el mejor barco con envases de leche reciclados. En junio de 2012, un equipo del Washington Open Object Fabricators group (WOOF) participó en el 42.° Derby con una barca de remos impresa en 3D a partir de botellas de plástico fundidas y convertidas en un objeto flotante de una pieza. Con 2,13 m de largo y 18,14 kg de peso, la barca acabó segunda de su categoría.

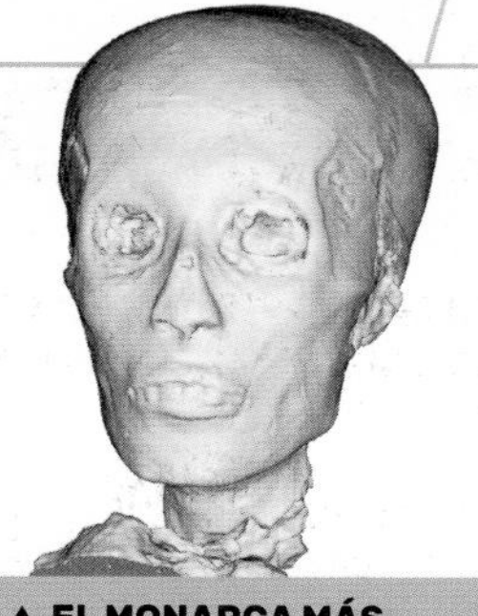

▲ EL MONARCA MÁS ANTIGUO RECONSTRUIDO MEDIANTE IMPRESIÓN EN 3D

En 2010, *National Geographic* encargó al modelista Gary Staab (EE.UU.) una réplica fidedigna en 3D del rostro del faraón egipcio Tutankamón (1341-23 a.C. aprox.). Staab utilizó tomografías computarizadas de la momia de Tutankamón convertidas en un modelo informático en 3D e impresas con una máquina de estereolitografía. El modelo impreso se envió al estudio de Staab en Misuri, EE.UU., donde se le aplicó color y textura.

El titanosaurio fue impreso en 3D con un material ligero basado en la fibra de vidrio. El montaje de los fósiles originales resultó imposible debido a su peso.

▲ EL ESQUELETO IMPRESO EN 3D MÁS GRANDE

El 15 de enero de 2016, el American Museum of Natural History de Nueva York, EE.UU., dio a conocer su última adquisición: un esqueleto completo de un titanosurio impreso en 3D. La criatura fue descubierta en el desierto Patagónico, Argentina, y se cree que vivió durante el Cretácico. Con sus 37 m de largo, esta réplica es demasiado grande para la sala donde se expone y su cuello y su cabeza llegan hasta el ascensor, donde pueden dar un susto a los visitantes.

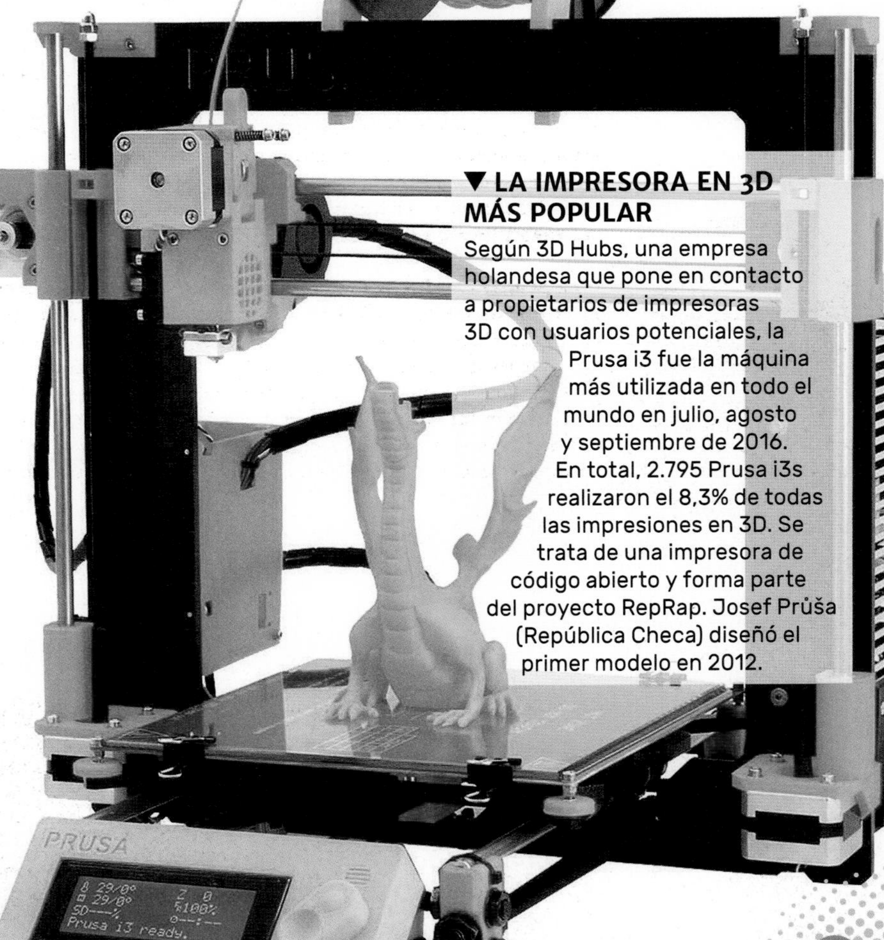

▼ LA IMPRESORA EN 3D MÁS POPULAR

Según 3D Hubs, una empresa holandesa que pone en contacto a propietarios de impresoras 3D con usuarios potenciales, la Prusa i3 fue la máquina más utilizada en todo el mundo en julio, agosto y septiembre de 2016. En total, 2.795 Prusa i3s realizaron el 8,3% de todas las impresiones en 3D. Se trata de una impresora de código abierto y forma parte del proyecto RepRap. Josef Průša (República Checa) diseñó el primer modelo en 2012.

Fotografía e imagen

De media, cada dos minutos se hacen más fotos de las que se hicieron en todo el siglo XIX.

▲ EL PRIMER *SELFIE*
Robert Cornelius (EE.UU.) se hizo esta primera autofoto en octubre de 1839. Es un daguerrotipo, procedimiento fotográfico en el que se utilizó por primera vez una placa plateada sensibilizada con yodo y vapores de mercurio. Tuvo que posar durante 15 min, el tiempo necesario de exposición, y lo realizó en el jardín trasero de la tienda de lámparas y candelabros de su familia en Filadelfia, EE.UU. En el dorso, Cornelius escribió: «La primera fotografía tomada con luz. 1839».

LAS PRIMERAS

Foto trucada
En *Autorretrato de un hombre ahogado* (1840), Hippolyte Bayard (Francia) se muestra a sí mismo inclinado hacia un costado, como si se hubiese suicidado. Creó esta imagen como protesta por no reconocérsele el invento de la técnica de la fotografía, atribuida a Louis-Jacques-Mandé Daguerre (Francia) y a William Henry Fox Talbot (R.U.).

Fotografía en color permanente
James Clerk Maxwell (R.U.) propuso el método de producción tricolor de una imagen cromática en 1855. El 5 de mayo de 1861, se creó una imagen de un lazo de tartán con separación de tres colores a partir de una fotografía realizada por Thomas Sutton (R.U.).

Fotografía en color realizada bajo el agua
En 1926, el fotógrafo del *National Geographic* Charles Martin y el Dr. William Longley tomaron una foto a color de un pez *Lachnolaimus maximus* en los Cayos de la Florida, EE.UU. Martin utilizó una carcasa resistente al agua especialmente diseñada, e iluminó la escena mediante polvo de magnesio encendido en una balsa en la superficie del agua.

Imágenes de la Tierra desde el espacio
El 14 de agosto de 1959, el satélite de la NASA *Explorer 6* hizo la primera fotografía de la Tierra desde su órbita a 27.358,8 km del planeta, mediante un dispositivo de escaneo con un pequeño procesador electrónico analógico llamado «Telebit». Se tardó 40 min en transmitir a la Tierra los 7.000 píxeles de cada uno de los fotogramas de la imagen, en la que aparecía la Tierra en fase creciente.

Imagen de la formación de enlaces en una reacción química
En mayo de 2013, científicos del Laboratorio Nacional Lawrence Berkeley del Departamento de Energía de los EE.UU., en California, EE.UU., tomaron las primeras imágenes de alta definición de átomos de carbono rompiendo y reorganizando sus enlaces mediante una reacción química. Estaban creando nanoestructuras de grafeno y utilizaron un microscopio de fuerza atómica para un estudio más minucioso.

P: ¿Qué significa literalmente la palabra «fotografía»?

R: «Escribir o grabar con luz.»

LOS MÁS GRANDES

Imagen digital de la Luna
El 11 de diciembre de 2011, la sonda espacial lunar Reconnaissance Orbiter (LRO) empezó a fotografiar durante cuatro años el polo norte de la Luna con un nivel impresionante de resolución mediante dos cámaras de ángulo estrecho y una de ángulo amplio. El equipo de la LRO creó un mosaico de 680 gigapíxeles de la región del polo norte del satélite a partir de 10.581 imágenes.

Negativo fotográfico
Seis artistas de la fotografía crearon *The Great Picture* dentro del proyecto The Legacy Project. Tras nueve meses de trabajo, se mostró por primera vez el 12 de julio de 2006. La fotografía muestra la torre de control, los edificios y las pistas de la Estación Aérea del Cuerpo de Infantería de Marina de El Toro, Sur de California, EE.UU. Con la ayuda de 400 voluntarios, artistas y expertos, el equipo convirtió un hangar abandonado de aviones en una cámara estenopeica gigante. Aplicaron 80 l de una emulsión de haluros de plata en gelatina sobre un lienzo sin costuras de 34 m de ancho por 9,8 m de alto. Se utilizaron 2.300 l de líquido revelador y 4.500 l de líquido fijador para el revelado de la imagen.

Fotografía
El 18 de diciembre de 2000, Shinichi Yamamoto (Japón) imprimió una imagen de 145 m de largo por 35,6 cm de ancho. Se reveló a partir de un negativo de 30,5 m de largo por 7 cm de ancho creado con una cámara panorámica hecha a mano.

Impresión de una fotografía analógica
Para el Jubileo de diamante de la Reina Isabel II, se colocó enfrente del Sea Containers House en Londres, R.U., una fotografía de 100 x 70 m hecha a la Familia Real en el Jubileo de plata. Los ocho especialistas tardaron 45 horas en colocar las diferentes secciones y concluyeron el trabajo el 25 de mayo de 2012.

A pesar de haber sido ampliada tanto, esta imagen sigue siendo tan nítida debido a la increíble alta resolución de la panorámica donde se inserta el edificio.

▼ LA IMAGEN PANORÁMICA MÁS GRANDE
Medida el 6 de agosto de 2015, la imagen panorámica con la resolución más alta consta de 846,07 gigapíxeles y muestra la ciudad malasia de Kuala Lumpur en todo su esplendor. Tomada desde la Torre de Kuala Lumpur, es obra de Tan Sri Dato' Sri Paduka Dr. Lim Kok Wing y de la Limkokwing University of Creative Technology (ambos de Malasia) en Kuala Lumpur. Un gigapíxel corresponde a 1.000 millones de píxeles, una resolución que supera en más de 80 veces la de la cámara de un iPhone 7 (ver a la derecha).

Número total de fotos disparadas al año:

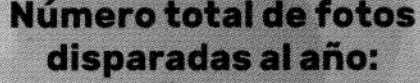

- 1930: **1.000 mills.**
- 1960: **3.000 mills.**
- 1970: **10.000 mills.**
- 1980: **25.000 mills.**
- 1990: **57.000 mills.**
- 2000: **86.000 mills.**
- 2012: **380.000 mills.**
- 2015: **1 billón**
- 2017: **1,3 billones (est.)**

350 mills.
de fotos nuevas se suben a Facebook cada día.

60 mill.
de fotos nuevas se suben a Instagram cada día.

2,16 millones de €: es el precio pagado por la **cámara más cara**, un prototipo de la cámara compacta de 35 mm Leica, el 12 de mayo de 2012.

12
iPhone 7 = 12 megapíxeles.

168
Resolución de una cámara Fuji Velvia de 35 mm = 168 megapíxeles.

12
Número de cámaras Hasselblad dejadas en la Luna por los astronautas del *Apolo*.

▲ **LA FOTOGRAFÍA AÉREA MÁS ANTIGUA EXISTENTE**
El 13 de octubre de 1860, James Wallace Black (EE.UU.) hizo esta foto de Boston, Massachusetts, EE.UU., desde el globo aerostático cautivo *Queen of the Air* a una altitud de 609 m aprox.

La **primera fotografía aérea de todos los tiempos** la tomó Gaspard-Félix Tournachon (Francia), más conocido como *Nadar*. En 1858 fotografió el pueblo francés Petit-Bicêtre (hoy Petit-Clamart) a 80 m del suelo desde un globo aerostático atado. Sin embargo, ninguna de las fotografías que hizo se han conservado.

▲ **LA PRIMERA IMAGEN SUBIDA A LA RED**
El 18 de julio de 1992, el informático Silvano de Gennaro (Italia) fotografió a su novia Michele Muller con su grupo de música parodia du duá, Les Horribles Cernettes. Unas semanas después, su compañero Tim Berners-Lee (R.U.) le pidió una imagen para probar algunas de las nuevas características de su proyecto, la World Wide Web, y Silvano le envió la foto en formato GIF de 120 x 50 píxeles.

▲ **LA FOTOGRAFÍA MÁS ANTIGUA EXISTENTE CONOCIDA**
La primera fotografía documentada que aún existe la tomó Nicéphore Joseph Niépce (Francia) en 1827 con una cámara oscura. La foto muestra las vistas desde una ventana de su casa, la hacienda Le Gras, en la región francesa de Borgoña. Recuperada en 1952, esta imagen se encuentra ahora en The Gernsheim Collection de la Universidad de Texas, Austin (EE.UU.).

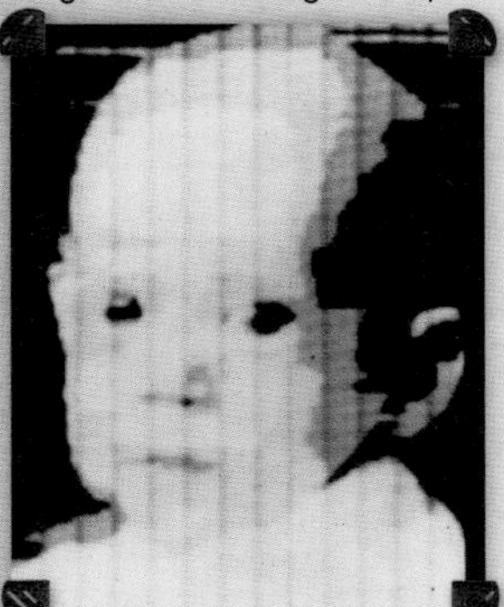

▲ **LA PRIMERA IMAGEN DIGITAL**
Russell Kirsch (EE.UU.) creó esta imagen de su hijo Walden en 1957 en la Oficina Nacional de Normas en Washington D.C., EE.UU., cuando trabajaba en el primer ordenador programable de EE.UU., la computadora SEAC. Él fue quien desarrolló el equipo que tradujo la foto de su hijo al código binario, con el que pudo generar una imagen de 174 x 174 píxeles.

▲ **LA PRIMERA IMAGEN EN INSTAGRAM**
El 16 de julio de 2010, Kevin Systrom (EE.UU.), cofundador y director general de Instagram, subió una foto de un golden retriever a la aplicación, que por entonces era conocida como «Codename». No se conoce el nombre del perro ni de su dueño, pero el pie que aparece en la foto es el de la novia de Systrom. La foto se hizo en un puesto de tacos llamado Tacos Chilakos, en Todos Santos, México.

▲ **EL PRIMER JPEG**
JPEG (Grupo Conjunto de Expertos en Fotografía, por sus siglas en inglés) es uno de los formatos de imagen digital más conocidos. Desarrollado para normalizar técnicas de compresión de imágenes digitales, se utiliza sobre todo para cámaras digitales e Internet. Cuatro imágenes de prueba del grupo JPEG, llamadas *Boats, Barbara, Toys* y *Zelda*, creadas el 18 de junio de 1987 en Copenhague, Dinamarca, fueron las primeras con este formato.

▲ **EL PRIMER RETRATO FOTOGRÁFICO BAJO EL AGUA**
El biólogo francés Louis Marie-Auguste Boutan inventó en 1893 la primera cámara bajo el agua, pero hasta 1899 no creó un flash especial para poder tomar imágenes submarinas de objetos identificables. Ese mismo año realizó el retrato de Emil Racovitza, biólogo y oceanógrafo rumano, en una inmersión en Banyuls-sur-Mer, en el sur de Francia.

▲ **EL PRIMER HOLOGRAMA**
El físico británico de origen húngaro Dennis Gabor desarrolló la teoría de la holografía en 1947, pero Emmett Leith (EE.UU.) y Juris Upatnieks (EE.UU., n. en Letonia), de la Universidad de Míchigan, fueron quienes, tras la invención del láser en 1960, produjeron el primer holograma. En 1962, utilizaron el láser para captar con su luz coherente la imagen holográfica de un tren de juguete.

▼ **LA PRIMERA FOTOGRAFÍA EN RETRATAR HUMANOS**
Esta imagen fue realizada por Louis Daguerre (Francia), hacia 1838. La larga exposición necesaria para hacer las primeras fotografías explica que esta calle de París, el Boulevard du Temple, apareciera casi vacía con la excepción de un hombre que permaneció de pie e inmóvil, porque le estaban limpiando las botas. Este individuo y el limpiabotas fueron los primeros humanos en ser fotografiados para la posteridad.

Fuegos artificiales

Los colores de los fuegos artificiales se deben a la combustión de sales metálicas, como el cloruro de cobre, que produce el azul; o el cloruro de calcio, el naranja.

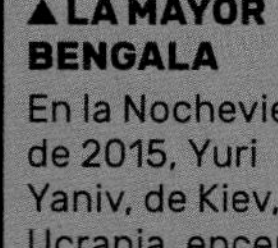

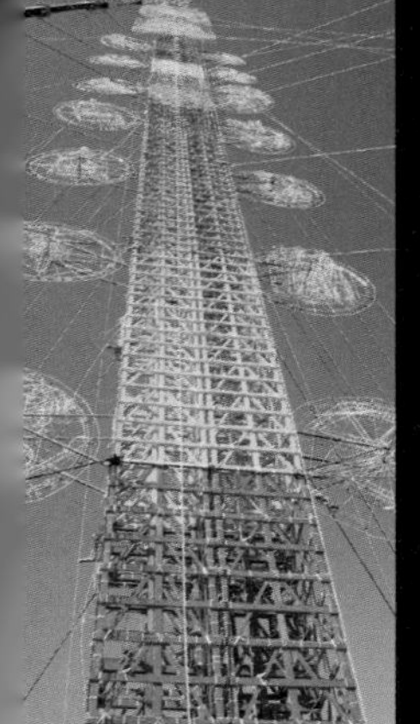

▲ LA ESTRUCTURA PIROTÉCNICA MÁS ALTA
El 7 de diciembre de 2014, el municipio de Jilotepec, en el estado de México, México, erigió una estructura pirotécnica de 66,5 m de altura, más que la Columna de Nelson de Londres o el Arco del Triunfo de París. La torre pirotécnica incluía imágenes giratorias, una corona voladora e imágenes de figuras históricas de Jilotepec.

▲ LA MAYOR MUESTRA PIROTÉCNICA EN UN RECINTO
Para el desfile del Día Nacional de Singapur de 2016 se montó en el Estadio Nacional, un espectáculo con 98 cajas pirotécnicas con 14 fuegos artificiales cada una. Cada caja iba conectada a cables de encendido en 36 puntos del escenario y 26 en los costados de sus cuatro rampas de acceso al escenario. En total, se montaron 1.372 fuegos artificiales.

◀ EL MAYOR COHETE PIROTÉCNICO
El 27 de septiembre de 2014, se lanzó un cohete pirotécnico de 97,01 kg en la convención de la Western Pyrotechnic Association, en Hawthorne, Nevada, EE.UU. Lo construyeron Dave Ferguson y los BFR Boys (todos de EE.UU.). Se calculó que el diámetro de la explosión del cohete superó los 360 m.

▲ LA MAYOR EXHIBICIÓN PIROTÉCNICA
El 1 de enero de 2016, la Iglesia ni Cristo (Filipinas) ofreció una exhibición con 810.904 fuegos artificiales en la cuenta atrás de la celebración de Año Nuevo. El evento tuvo lugar en el Philippine Arena de Ciudad de Victoria, en Bocaue, Bucalán, Filipinas. Comenzó al dar la medianoche de 2016 y duró 1 h, 1 min y 32,35 s bajo una lluvia intensa.

▲ LA MAYOR BENGALA
En la Nochevieja de 2015, Yuri Yaniv, de Kiev, Ucrania, encendió un inusual fuego artificial de su propia creación que incluía 10.000 bengalas atadas muy juntas en un recipiente de cerámica con carbón, tierra y papel de aluminio. Al encenderla, la vela de 50 kg creó una torre de chispas gigantesca, de 2 m de diámetro aproximadamente.

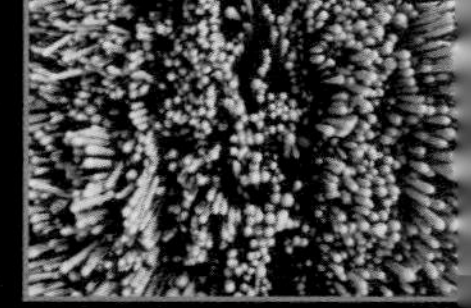

Brocado
Estallido de una estrella con otros grupos de estrellas adentro.

Crisantemo
Estrellas con cola en una explosión mayor y con forma de globo.

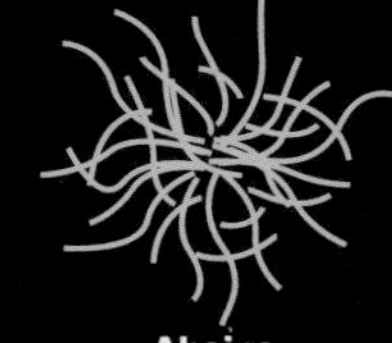

Abejas
Muchos puntos diferentes de luz que se dispersan siguiendo caminos diversos.

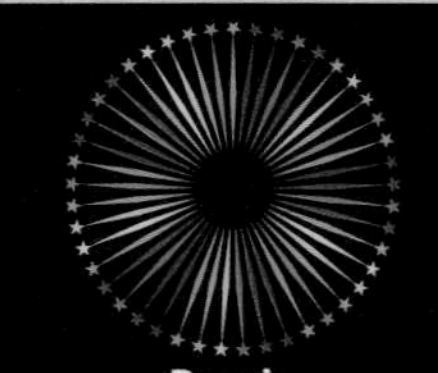

Peonia
Estallido esférico que da origen a una explosión de colores cambiantes.

Pez
Estallido de estrellas que se convier rápidamente en luces independient

Primer petardo documentado
El origen de la pólvora se remonta a hace unos 2.000 años en China, donde un cocinero mezcló por casualidad los ingredientes químicos precisos. Sin embargo, el primer petardo conocido se atribuye a un monje llamado Li Tian, que vivió en el siglo IX, durante la dinastía Tang (618-907 d.C.), cerca de la ciudad de Liuyang, en Hunan, China. Li Tian descubrió que podría crear una explosión sonora si introducía pólvora en un tallo hueco de bambú. Siguiendo la tradición de usar ruidos fuertes en momentos propicios para ahuyentar a los espíritus maléficos, ató varios petardos para crear las ya tradicionales tracas de Año Nuevo. La población china celebra esta efeméride cada 18 de abril con sacrificios en honor de Li Tian.

Primer uso de cohetes
Zeng Gongliang, de China, describió en 1042 los «fuegos artificiales voladores» propulsados con pólvora (contenían carbón, salitre y azufre). El primer uso documentado de cohetes data de 1232, cuando en la batalla de Kai-Keng, los chinos rechazaron a los invasores mongoles con una descarga de «flechas de fuego volador».

El edificio más alto desde el que se han lanzado fuegos artificiales
El **edificio más alto**, el Burj Khalifa de Dubái, en Emiratos Árabes Unidos, de 828 m de altura (ver derecha), acoge cada Nochevieja un gran espectáculo pirotécnico. En menos de 10 min, se lanzan más de 1,6 toneladas de fuegos artificiales desde los costados y desde la terraza del edificio.

La exhibición pirotécnica más breve no intencionada
Los fuegos artificiales que se exhibieron el 21 de agosto de 2009 ante la costa de Dorset, R.U., trataron de establecer un récord mundial que terminó rápida e inesperadamente. Se había planificado un despliegue con 110.000 fuegos artificiales montados sobre una barcaza entre dos muelles, en el canal de la Mancha. Por desgracia, los lanzamientos iniciales de cohetes incendiaron toda la barcaza, que explotó

P: ¿Qué país produce el 90% de toda la pirotecnia?

R: China.

y ardió en sólo 6 s. A pesar de todo, al fin y al cabo también se logró un récord mundial.

La mayor cantidad de fuegos artificiales lanzados desde un traje pirotécnico
El 13 de junio de 2014, se lanzaron 642 fuegos artificiales desde el traje pirotécnico que llevaba Laurent Nat (Francia), en Grenoble, Francia.

LOS MÁS GRANDES

Carcasa de fuegos artificiales aéreos
La «carcasa» de unos fuegos artificiales aéreos incluye su contenedor, estrellas (perdigones que contienen sales metálicas, las cuales estallan en colores al prenderse), una carga de ignición y un

▲ LA EXHIBICION MÁS LARGA DE FUEGOS ARTIFICIALES SEGUIDOS

Cada año a finales de agosto, la hermosa playa de Cavallino-Treporti, cerca de Venecia, Italia, acoge la exhibición pirotécnica Beach on Fire. El evento, celebrado el 27 de agosto de 2016, fue producido por Parente Pireworks para Parco Turistico, un consorcio turístico local (ambos de Italia), y cubrió 11,38 km de los 13 km de la playa, desde Punta Sabbioni hasta el faro de Cavallino.

▼ PRIMERA EXHIBICIÓN PIROTÉCNICA MULTISENSORIAL

La exhibición pirotécnica de la Nochevieja de 2013 en Londres, R.U., fue una experiencia gustativa y olfativa. Casi 50.000 personas, repartidas entre el puente de Westminster y el de Hungerford, disfrutaron de unos fuegos artificiales de colores con aromas de frutas. Los fuegos de color rojo iban acompañados de una nube con aroma de fresa. Otros colores se complementaron con aromas de manzana, cereza o fresa, con nieve de melocotón, con «naranjas flotantes» (miles de burbujas de humo con aroma de naranja amarga) y con confeti comestible de plátano. Los gastrónomos científicos Bompas & Parr (R.U.) fueron los responsables de este espectáculo.

▶ LA MAYOR CANTIDAD DE CARCASAS LANZADAS POR MINUTO

En los fuegos artificiales exhibidos en Dubái, Emiratos Árabes Unidos, en la Nochevieja de 2013 se lanzaron 479.651 carcasas en 6 min, lo que supuso 79.941 fuegos artificiales por min. Se necesitaron 10 meses de preparación y la labor de 200 técnicos de la empresa de EE.UU. Fireworks by Grucci.

Estrellas
Un globo reluciente de luz, que puede mostrar distintos colores.

Estroboscópico
Una secuencia de destellos brillantes y rápidos.

Sauce
Un estallido prolongado de estrellas que descienden lentamente.

detonador retardado. Los fuegos artificiales de Yonshakudama, cuya primera edición se remonta a 2014, se encienden durante el festival japonés de Katakai-Matsuri, cada 9 y 10 de septiembre en Katakai, prefectura de Niigata, Honshu. Su carcasa mide 120 cm de diámetro y pesa 464,8 kg, casi tanto como un piano de cola. Los fuegos artificiales son obra de Masanori Honda, de Katakai Firewoks Co. (Japón).

Fuegos artificiales de chocolate

Nestlé (Suiza) confeccionó un dispositivo pirotécnico de 3 m de altura y 1,5 m de diámetro, con 60 kg de chocolatinas suizas Cailler en su interior. Se lanzó en Zúrich, Suiza, el 31 de diciembre de 2002.

Fuegos artificiales giratorios

Lily Fireworks Factory (Malta) creó unos fuegos artificiales giratorios de un diámetro de 32,044 m, unas cuatro veces más largos que un autobús londinense de dos pisos. Su envergadura se comprobó en Mqabba, Malta, el 18 de junio de 2011.

Imagen pirotécnica

Fireworks by Grucci (EE.UU.) construyó con fuegos artificiales una imagen de 65.526 m² en honor del vigésimo aniversario de la carrera hípica Dubái World Cup, en el Meydan Racecourse de Dubái, Emiratos Árabes Unidos, el 28 de marzo de 2015. La imagen representaba la bandera del país.

Mapa pirotécnico del mundo

El 31 de diciembre de 2013, tuvo lugar en Dubái un espectáculo pirotécnico para celebrar el Año Nuevo. El despliegue de fuegos artificiales se extendió también por el archipiélago artificial de las «Islas del mundo», en la costa del golfo Pérsico, que está formado por 300 islas diseñadas con la forma de los siete continentes del planeta. Durante la exhibición, unas carcasas de explosión aérea realzaron cada continente y trazaron un paisaje pirotécnico de la Tierra. El complejo cubre un área de 6 x 9 km, y lo rodea un espigón en forma de isla ovalada. Toda la costa disponible (unos 232 km) se utilizó en la exhibición.

La descarga masiva de fuegos artificiales (ver arriba) se lanzó desde 400 puntos distintos de la costa de Dubái, sincronizada por 100 ordenadores repartidos por toda la ciudad. El evento tuvo un coste de unos 6.000.000 $.

Recopilatorio

Según la NASA, la energía liberada por el Sol equivale al estallido de 100.000 millones de toneladas de dinamita cada segundo.

▲ **LA PRIMERA PERSONA EN CRIOPRESERVACIÓN**
Tras morir por un cáncer de riñón y pulmón, el profesor de psicología James Hiram Bedford (EE.UU., 1893-1967) fue criopreservado por la Cryonics Society of California, EE.UU. Su cuerpo se colocó en un dewar (recipiente cerrado al vacío) con nitrógeno líquido a -196 °C y trasladado a las instalaciones de Cryo-Care Equipment Corporation en Phoenix, Arizona, EE.UU. La imagen de arriba, del 25 de mayo de 1991, muestra la preparación de la cápsula. Tras varias reubicaciones, el cuerpo está ahora en una cámara con tecnología más avanzada (detalle).

El primer uso de gafas de reconocimiento facial en un evento deportivo

En 2011 la policía brasileña comenzó a usar gafas de reconocimiento facial como parte de su preparación para la Copa Mundial de la FIFA de 2014. Casi indistinguibles para el observador desprevenido, cuentan con una pequeña cámara que captura 400 imágenes faciales por segundo y las compara con una base de datos de 13 millones de rostros. Si se detecta una coincidencia con un criminal, una señal roja aparece en una pequeña pantalla para indicar al agente la posible necesidad de intervenir.

▲ **LA DESCARGA ELÉCTRICA MÁS LARGA EN ALCANZAR UNA ESPADA TRAGADA**
El 20 de abril de 2013, una descarga de 1,16 m de largo hizo contacto con una espada que se había tragado *The Space Cowboy*, alias de Chayne Hultgren (Australia), en Perth, Australia Occidental. El generador eléctrico que se utilizó en este intento fue un Tesla capaz de producir 500.000 voltios. El Dr. Peter Terren manejó el aparato durante el intento.

▼ **EL ROBOT MÁS ÁGIL VERTICALMENTE**
Salto («saltatorial locomotion on terrain obstacles») tiene una agilidad de salto vertical (la altura de un salto multiplicada por la frecuencia con que se puede realizar dicho salto) de 1,75 m/s («saltatorial» hace referencia a su diseño pensado para saltar). *Salto* mide 26 cm de alto cuando está completamente extendido y puede salvar alturas de un metro. Fue creado por un equipo de la Universidad de California, Berkeley, EE.UU.

El objeto natural más redondo

El 16 de noviembre de 2016, un equipo internacional de astrónomos anunció el descubrimiento del objeto natural más esférico que ha podido medirse en el universo. Kepler 11145123 es una estrella tipo A que está a unos 5.000 años luz de la Tierra. Durante 51 meses, el equipo observó las oscilaciones naturales de la estrella y se realizaron estudios asterosismológicos para medir su tamaño. Se descubrió que el astro, con un radio medio de 1,5 millones de km, tiene radios polares ecuatoriales cuyas longitudes difieren en sólo 3 km.

▲ **LA MAYOR PRESIÓN DEL PLASMA EN UN REACTOR DE FUSIÓN**
Las reacciones de fusión nuclear generan cantidades muy altas de energía. Dentro de un reactor de fusión nuclear se recrean las reacciones que tienen lugar en las estrellas. Para ello, las moléculas gaseosas deben encontrarse en estado de «plasma»; es decir, extremadamente calientes, estabilizadas a alta presión y confinadas en un espacio fijo. En septiembre de 2016, científicos del Massachusetts Institute of Technology (MIT) generaron una presión de 2,05 atmósferas dentro del reactor de fusión nuclear Alcator C-Mod tokamak del Plasma Science and Fusion Center del MIT, Cambridge, Massachusetts, EE.UU.

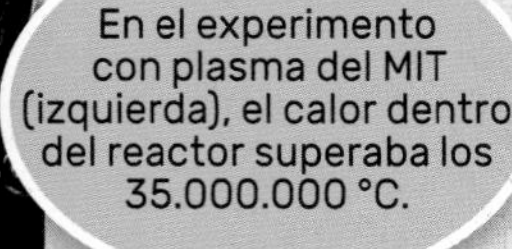

En el experimento con plasma del MIT (izquierda), el calor dentro del reactor superaba los 35.000.000 °C.

Las plumas más antiguas en un pedazo de ámbar

El 8 de diciembre de 2016, un equipo internacional de científicos liderados por la Universidad de Geociencias de China publicó el análisis de una muestra de ámbar con restos de plumas de unos 99 millones de años de antigüedad. Formaban parte de una cola cubierta de pequeñas plumas marrones con una franja inferior blanca. Podrían ser de un coelurosaurio joven.

La estructura impresa en 3D menos densa

En febrero de 2016, investigadores de la Kansas State University, de la State University of New York (ambas de EE.UU.) y del Instituto de Tecnología Harbin (China) imprimieron una estructura de aerogel en 3D hecho con grafeno con una densidad de sólo 0,5 mg/cm³. Los aerogeles son materiales ligeros y porosos en los que se mezclan elementos sólidos y líquidos para obtener un gel. A continuación, el líquido se retira y se sustituye por un gas. El aerogel fue impreso en 3D a -25 °C, lo que permitió la producción de una estructura 3D más compleja.

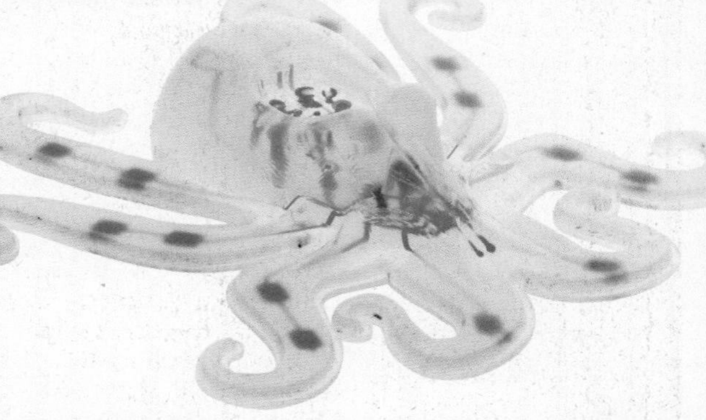

▲ **EL ROBOT MÁS BLANDO**
Octobot, obra de investigadores de la Universidad de Harvard, en Cambridge, Massachusetts, y de la Weill Cornell Medicine de Nueva York (EE.UU.), se dio a conocer en agosto de 2016. Es el primer robot hecho únicamente con componentes blandos; es decir, sin partes duras como podrían ser unas pilas. No necesita conectarse a una fuente de energía porque funciona con peróxido de hidrógeno, que se descompone en presencia de un catalizador de platino y genera el gas que lo alimenta. Las partes del robot se imprimieron en 3D.

100%

▲ EL PUENTE MÁS ALTO

El tablero del puente colgante de Beipanjiang Duge, en Dugexiang, Guizhou, China, se eleva 565 m por encima del río Beipanm, más que la altura de la CN Tower, en Toronto, Canadá. Fue abierto al tráfico el 29 de diciembre de 2016, día en que se convirtió no sólo en el puente que salva una mayor altura, sino también en el primer puente en salvar una altura de más de 500 m. Asimismo, es el primer puente atirantado en convertirse en el puente más alto del mundo.

Este puente de hormigón de cuatro carriles tiene una longitud total de 1.341 m y una altura de 269 m. Su luz central mide 720 m.

▲ LA CARRETERA FOTOVOLTAICA MÁS LARGA

El 22 de diciembre de 2016, se inauguró 1 km de carretera en el pueblo francés de Tourouvre-au-Perche, Normandía, pavimentada con 2.880 paneles fotovoltaicos. Con un coste de 5.000.000 € aprox., se espera que circulen por ella unos 2.000 vehículos todos los días. La carretera estará en período de pruebas durante dos años para comprobar si genera suficiente electricidad para alimentar las farolas del pueblo.

▲ LA GAME BOY MÁS PEQUEÑA

Diseñada y construida por Jeroen Domburg (Países Bajos), esta Game Boy diminuta mide 54 mm de largo, según se confirmó en Shanghai, China, el 15 de diciembre de 2016. Puede usarse como llavero y tiene una selección de juegos originales para Game Boy.

La creación de Jeroen mide casi 19 veces menos que la **Game Boy más grande** (1,01 x 0,62 x 0,2 m), construida por Ilhan Ünal (Bélgica) y medida en Amberes, Bélgica, el 13 de noviembre de 2016.

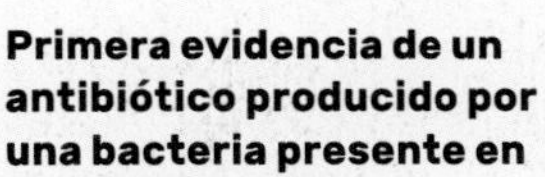

Primera evidencia de un antibiótico producido por una bacteria presente en el cuerpo humano

Descubierto por investigadores de la Universidad de Tübingen, Alemania, en julio de 2016, el lugdunin es un antibiótico que puede ser producido por la *Staphylococcus lugdunensis*, una bacteria presente en la nariz de las personas. Los antibióticos son compuestos que pueden inhibir el crecimiento de las bacterias o incluso matarlas y se consideran esenciales para nuestra salud, ya que algunas infecciones causadas por las bacterias son letales. Algunas de ellas (comúnmente denomindas «superbacterias») son capaces de desarrollar resistencia a los antibióticos estándar, lo que ha llevado a los científicos a buscar antibióticos alternativos. El lugdunin actúa contra varias bacterias, entre ellas la MRSA (*Staphylococcus aureus* resistente a la meticilina), una de las bacterias resistentes a los antibióticos.

El stellarator más grande

El Wendelstein 7-X es un reactor de fusión nuclear experimental. Su función es la de posibilitar una reacción de fusión nuclear controlada mediante una técnica distinta a la de los reactores de fusión tokamak (ver página anterior). Mide 15 m de ancho, pesa 725 toneladas y contiene un volumen de plasma de 30 m^3. Conocido como stellarator, utiliza bobinas magnéticas superconductoras para contener el plasma, que alcanza temperaturas de hasta 129.999.727 °C. La construcción de sus partes principales fue completada en abril de 2014 y produjo su primer plasma el 10 de diciembre de 2015, cuando 1 mg de helio fue calentado durante 0,1 s hasta llegar a una temperatura de 1.000.000 °C. El Wendelstein 7-X está instalado en el Instituto Max Planck de Física del Plasma, en Greifswald, Alemania.

Los electrodos de aguja extracelulares más pequeños

El 25 de octubre de 2016, científicos de la Universidad Tecnológica de Toyohashi, Japón, anunciaron que habían creado electrodos de aguja extracelulares de apenas 5 micrómetros de diámetro. Un micrómetro es la millonésima parte de un metro. Montadas en piezas de 1 x 1 mm, se espera que estas agujas de silicio, que son lo bastante pequeñas como para ser usadas en los pequeños espacios del tejido cerebral, permitan avanzar en la investigación del cerebro y ayuden al desarrollo de la interfaz de una máquina cerebral plenamente operativa.

El fotodetector más delgado

Un fotodetector convierte la luz en energía eléctrica. El 9 de noviembre de 2016, un equipo de científicos del Centro de Física de Nanoestructuras Integradas (perteneciente al Instituto de Ciencia Básica, Corea del Sur) anunciaron que habían creado un fotodetector de 1,3 nanómetros de grosor. Un nanómetro son 0,000000001 m, 50.000 veces más delgado que un cabello. El molibdeno, colocado entre láminas de grafeno, se puede usar en dispositivos inteligentes y aparatos electrónicos portátiles.

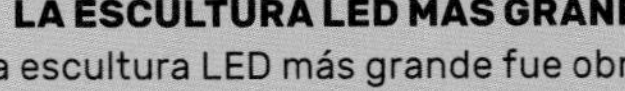

▲ LA ESCULTURA LED MÁS GRANDE

La escultura LED más grande fue obra de LLC ZodiacElectro (Rusia), que la presentó al público el 12 de diciembre de 2015 en Moscú, Rusia. Tenía la forma de una gigantesca bola de árbol de Navidad y estaba hecha con 23.120 luces LED. Se realizó con motivo de las celebraciones del Año Nuevo ruso.

▶ EL PORTÁTIL DE 14 PULGADAS MÁS LIGERO A LA VENTA

Fabricado por LG Electronics (Corea del Sur), el LG Gram 14 pesa 826 g, según pudo comprobar SGS Testing Services el 14 de diciembre de 2016. LG Electronics también fabrica el **ordenador portátil de 15 pulgadas más ligero disponible en comercios**, que según un estudio de Frost & Sullivan publicado el 29 de junio de 2016, pesa 980 g.

Los más caros

Quizá el dinero no pueda comprar el amor, pero, desde luego, sí puede comprar muchísimas otras cosas. Desde diamantes pulidos hasta obras de arte inestimables, desde colosales obras arquitectónicas hasta un sándwich de queso increíblemente caro; aquí te presentamos algunos de los objetos más costosos de la Tierra... y más allá.

0-1.000 $

Entrada de cine: 17,91 $

En Londres, R.U., el precio medio de una entrada de cine en 2016 fue de 17,91 $, según el estudio anual Mercer del coste de la vida.

Trayecto en taxi: 32,10 $

Según el informe de 2015 de UBS Prices & Earnings, un trayecto de 5 km en Oslo, la capital de Noruega, tenía un coste medio de 32,10 $. El mismo trayecto en Nueva Delhi, India, costaba sólo 1,54 $.

Sándwich: 214 $

El «Quintessential Grilled Cheese» (quintaesencia del queso a la parrilla) costaba 214 $ en Serendipity 3, en la ciudad de Nueva York, EE.UU., a 29 de octubre de 2014. Se sirve con pan de molde de champán francés, mantequilla de trufa blanca y el queso exclusivo Caciocavallo Podolico, y va acompañado de una salsa de langosta y tomate.

Tableta de chocolate (subasta): 687 $

Una tableta de chocolate Cadbury fue adquirida en una subasta por 687 $ el 25 de septiembre de 2001. Estuvo en la primera expedición del capitán Robert Scott a la Antártida, entre 1901 y 1904, y peduró protegida en el interior de una pitillera.

Pósit (subasta): 940 $

Un pósit con la obra en pastel y carbón *Después de Rembrandt* de R.B. Kitaj (EE.UU.) se vendió por 940 $ en diciembre de 2000. Formaba parte de una serie de varios artistas para conmemorar el 20.° aniversario de los pósits.

1.000-500.000 $

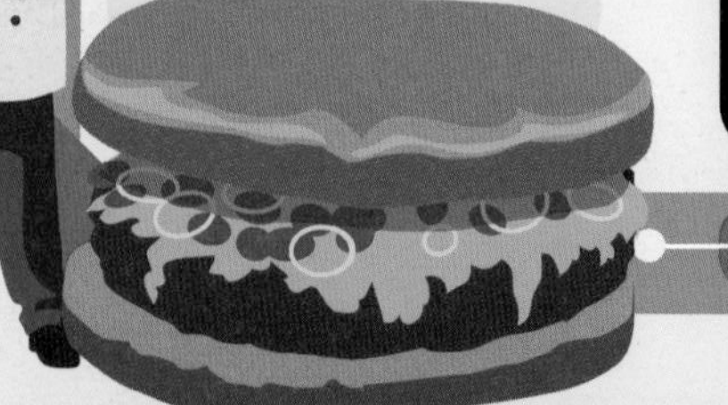

Hamburguesa: 5.000 $

Una hamburguesa de 352,44 kg, disponible en el menú del Juicys Outlaw Grill de Corvallis, Oregón, EE.UU., costaba 5.000 $ a 2 de julio de 2011.

Pieza de LEGO®: 12.500 $

El 3 de diciembre de 2012, la web de coleccionismo Brick Envy, Inc (EE.UU.) vendió una pieza de LEGO de oro de 14 quilates por 12.500 $. Pesaba 25,6 g y se había entregado entre 1979 y 1981 al personal con más años de servicio de LEGO como reconocimiento.

Perro pastor (subasta): 21.392 $

Cap, un border collie propiedad de Padraig Doehrty (Irlanda), fue adquirido a los 16 meses de edad por 21.392 $ en una subasta en Skipton, North Yorkshire, R.U., el 13 de mayo de 2016. Los perros de granja entrenados para el pastoreo suelen costar unos 2.890 $.

Traje de estrella del pop (subasta): 300.000 $

Un inversor de EE.UU. adquirió un mono blanco con un pavo real confeccionado para Elvis Presley (EE.UU.) en 1973 y diseñado por Bill Belew, por 300.000 $. El traje se vendió en 2008 a través de la casa de subastas de Internet gottahaveit.com.

Paloma (subasta): 398.493 $

El 18 de mayo de 2013, el criador de palomas Leo Heremans (Bélgica) vendió su paloma de carreras *Bolt* (bautizada en honor del velocista Usain Bolt), por 398.493 $. El propósito era utilizar el ave, que ha logrado múltiples récords, para la cría.

500.000 $-100 millones de $

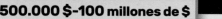

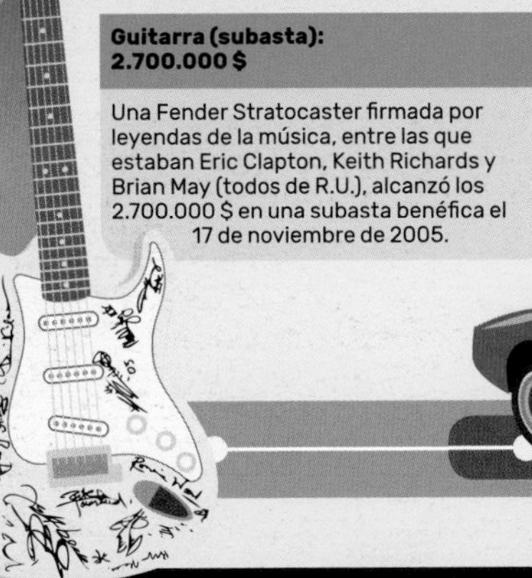

Guitarra (subasta): 2.700.000 $

Una Fender Stratocaster firmada por leyendas de la música, entre las que estaban Eric Clapton, Keith Richards y Brian May (todos de R.U.), alcanzó los 2.700.000 $ en una subasta benéfica el 17 de noviembre de 2005.

Automóvil (subasta): 38,1 millones de $

Un Ferrari 250 GTO Berlinetta de 1962 se vendió por 38.115.000 $ el 14 de agosto de 2014 en Bonhams Quail Lodge Auction, en Carmel, California, EE.UU. Ocho de los diez vehículos más caros que se han subastado son Ferrari.

Boda: 55.000.000 $

En 2004, Vanisha Mittal y Amit Bhatia se casaron en una celebración que duró seis días, en Versalles, Francia, con un coste de 55.000.000 $, sufragados por el padre multimillonario de Vanisha, Lakshmi. Actuaron, entre otros, Shah Rukh Khan y Kylie Minogue.

Obra de un artista vivo (subasta): 58.400.000 $

El 12 de noviembre de 2013, *Balloon Dog (Orange)*, una escultura de acero inoxidable y 3,6 m de altura, de Jeff Koons (EE.UU., n. el 21 de enero de 1955), se vendió en la ciudad de Nueva York, EE.UU. por 58.400.000 $.

Joya (subasta): 71.200.000 $

El Pink Star, un diamante ovalado y pulido de 59,6 quilates, se vendió por 71.200.000 $ en una subasta de Sotheby's, en Hong Kong, el 4 de abril de 2017. Fue hallado en una mina africana en 1999, y es el más grande que se ha subastado de su clase.

100-500 millones de $

Jugador de fútbol: 116.400.000 $

El 9 de agosto de 2016, el Manchester United (R.U.) contrató al mediocampista francés de la Juventus (Italia) Paul Pogba por 116.400.000 $. Pogba había jugado en los juveniles del United antes de marcharse a la Juve en 2012.

Escultura (subasta): 141.285.000 $

La escultura de bronce de Alberto Giacometti (Suiza) *L'homme au doigt* (*El hombre que señala*, 1947), se vendió el 11 de mayo de 2015 por 141.285.000 $. Se trata de una figura de 1,8 m de altura, alargada (característica del estilo de Giacometti) y con un brazo extendido.

Sustancia: 163.000.000 $

En diciembre de 2015, Designer Carbon Materials (R.U.) vendió 200 microgramos de fullerenos endohedrales con una base de un átomo de nitrógeno por 32.611 $ (163.000.000 $/g) en Oxford, R.U. Esta sustancia se utiliza en la construcción de minúsculos relojes atómicos.

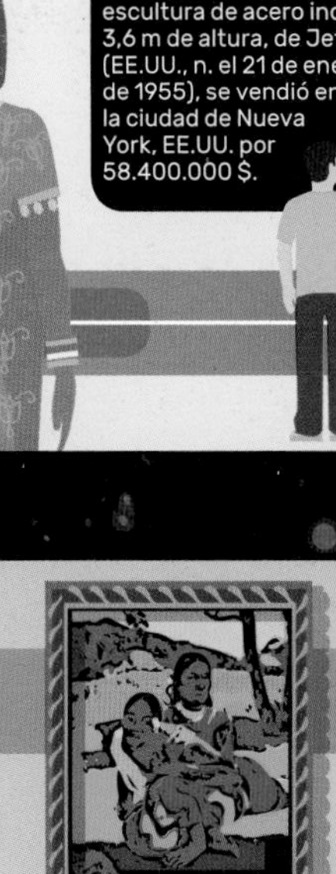

Cuadro (venta privada): 300.000.000 $

En febrero de 2015, *Nafea Faa Ipoipo* («¿Cuándo te vas a casar?», 1892), de Paul Gauguin (Francia), se vendió por 300.000.000 $.

Película: 425.000.000 $

El presupuesto estimado para la producción de *Avatar* (EE.UU., 2009) fue de 425.000.000 $, según The Numbers. Durante la realización de esta cinta de ciencia ficción, el director James Cameron (Canadá) introdujo el revolucionario Reality Camera System. Resultó ser un dinero muy bien invertido, ya que a 5 de abril de 2017, *Avatar* había recaudado la **cifra más elevada en taquilla**, con unos colosales 2.780 millones de $ en todo el mundo.

> 500 millones de $

Avión: 1.300 millones de $

El *B-2 Spirit*, fabricado por EE.UU., cuesta más de 1.300 millones de $. Es un bombardero polivalente de largo alcance, con varias cubiertas y un diseño que lo convierte en la aeronave más invisible a los radares.

Casa: 2.000 millones de $

Completado en 2010 con un coste de unos 2.000 millones de $, Antilia es el rascacielos personal de 27 pisos donde vive el empresario indio Mukesh Ambani en Mumbai, India. Su superficie habitable total es de 37.000 m^2. Además cuenta con tres helipuertos, un balneario y un teatro.

Buque de guerra: 13.000 millones de $

El *USS Gerald R. Ford*, previsto para entrar en servicio en 2017, costó unos 13.000 millones de $. Es un superportaaviones capaz de lanzar 220 ataques aéreos al día desde sus dos pistas. Tendrá 500 tripulantes menos que un portaaviones de la clase Nimitz, lo que supone un ahorro considerable.

Objeto fabricado por el hombre en la Tierra: 27.000 millones de $

La presa hidroeléctrica de Itaipu, en el río Paraná entre Brasil y Paraguay, costó 27.000 millones de $ en 1984. Se unieron cuatro presas, con una longitud total de 7.235 m. En 2016 generó 103,1 teravatios-hora de energía.

Objeto fabricado por el hombre: 150.000 millones de $

La construcción inicial de la *Estación Espacial Internacional*, entre 1998 y 2011, tuvo un coste final de unos 150.000 millones de $.

Transportes

En 1900 alrededor de un tercio de todos los vehículos en circulación tenían motores eléctricos. Sólo Nueva York ya contaba con una flota de más de 60 taxis eléctricos.

Diseñado por Jim Mariol, exingeniero de Chrysler, el primer Cozy Coupe apareció en 1979. En 1991, fue el coche más vendido de EE.UU., con 500.000 unidades, más que cualquier otro modelo de automóvil «real».

SUMARIO

◀ EL COZY COUPE MÁS GRANDE

Los hermanos John y Geof Bitmead (R.U.) construyeron un Cozy Coupe de 2,7 m de longitud, según se verificó en Attitude Autos, Ambrosden, Oxfordshire, R.U., el 14 de agosto de 2016. El vehículo, una versión a mayor escala del icónico coche de juguete fabricado por Little Tikes, se basa en un Daewoo Matiz profundamente modificado, con motor incluido. En la imagen, Geof al volante de su vehículo de récord mientras su nieta Lili monta en un auténtico Cozy Coupe.

Trenes y ferrocarriles

Los perros callejeros han aprendido a moverse por la red de metro de Moscú y se suben a los convoyes para desplazarse por la capital rusa.

▼ LA RED DE ALTA VELOCIDAD MÁS EXTENSA
A enero de 2017, China tenía una red ferroviaria de alta velocidad que sobrepasaba los 20.000 km, más que todas las redes de alta velocidad del resto del mundo juntas. Ya están en marcha los planes para ampliar la red otros 15.000 km para 2025. Los trenes que circulan por esta red alcanzan una velocidad media de 200 km/h.

▲ LA ESTACIÓN MÁS CONCURRIDA
La estación de Shinjuku, en Tokio, Japón, es la más concurrida del mundo. Todos los días pasan por ella una media de 3,64 millones de pasajeros que usan la red de trenes interurbanos, de cercanías y de metro para viajar a las áreas occidentales de la ciudad. La estación fue inaugurada en 1885 y remodelada en 1933.

▲ LA GRADIENTE DE UNA VÍA MÁS PRONUNCIADA
La Katoomba Scenic Railway, en las Montañas Azules, Nueva Gales del Sur, Australia, tiene una pendiente de 52°. En 1878 se construyó allí una vía de funicular de 310 m de largo para la industria minera, que se convertiría en atracción turística en 1945. Los vagones circulan a una velocidad de 4 m/s y pueden transportar a 84 pasajeros.

◀ LA RED DE METRO SIN CONDUCTOR MÁS EXTENSA
El metro de Dubái tiene dos líneas y 74.694 km de longitud. Construido por la Roads and Transport Authority de Dubái (Emiratos Árabes Unidos), fue inaugurada el 9 de septiembre de 2011. La **línea de metro sin conductor más extensa** es la Dubái Metro Red Line, con 52,1 km de largo.

▲ EL PRIMER FERROCARRIL DE CREMALLERA
El Mount Washington Cog Railway, en Bretton Woods, Coös County, New Hampshire (EE.UU.), fue construido por Sylvester Marsh (EE.UU.) e inaugurado el 3 de julio de 1869. Conocido como el «Cog», sigue en funcionamiento y transporta pasajeros desde la estación de Marshfield hasta la cima del monte Washington, un recorrido de 4,8 km.

LOS MÁS RÁPIDOS

GWR presenta un recorrido por algunos de los trenes más rápidos de la historia. Nuestra primera parada, el *Mallard* («ánade real»), alcanzaba velocidades realmente notables para una locomotora de vapor, ¡pero era más de 50 veces más lenta que el último de estos trenes!

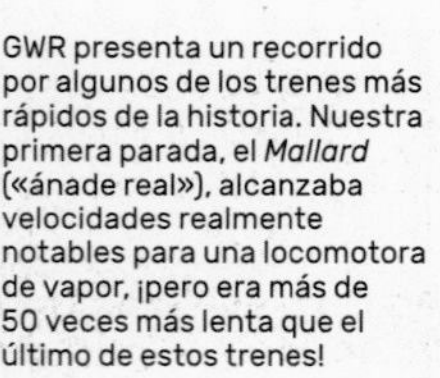

Locomotora de vapor
El 3 de julio de 1938, el *Mallard* «Clase A4» n.° 4468 alcanzó una velocidad de 201 km/h en Stoke Bank, cerca de Essendine, Rutland, R.U. De hecho, llegó a alcanzar brevemente los 202,7 km/h, pero no mantuvo esta velocidad la distancia requerida.

Tren de hélice
El *Schienenzeppelin* («zeppelin sobre raíles») alcanzó los 230 km/h durante un trayecto de prueba entre Hamburgo y Berlín, Alemania, el 21 de junio de 1931.

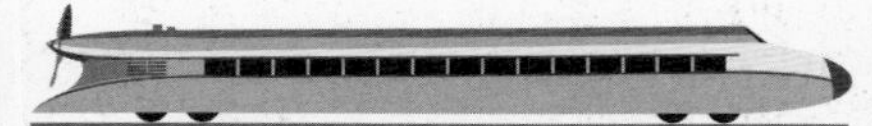

Tren diésel
Un tren British Rail «Clase 43» de alta velocidad (HST) alcanzó los 238 km/h el 1 de noviembre de 1987 en un trayecto entre Darlington y York, R.U.

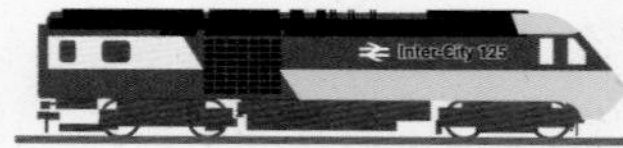

▼ LA LÍNEA DE FERROCARRIL OPERADA POR NIÑOS MÁS LARGA
Una línea de ferrocarril de vía estrecha de 11,7 km circula por los bosques de Buda, en Budapest, Hungría, entre las estaciones de Hűvösvölgy y Széchenyihegy. Operada por niños de entre 10 y 14 años bajo la supervisión de adultos, tiene parada en siete estaciones intermedias en un viaje de ida y vuelta de unos 50 min. El ferrocarril no ha dejado de funcionar desde que el 31 de julio de 1948 se inauguraron los primeros 3,2 km.

La velocidad media más elevada (1.000 km)

El 26 de mayo de 2001, un TGV francés de SNCF registró una velocidad media de 306,37 km/h en 1.000 km de trazado en la línea que une Calais y Marsella. El tren recorrió 1.067 km en 3 h y 29 min, y alcanzó una velocidad punta de 366 km/h.

La estación de tren más grande (andenes)

Construida entre 1903 y 1913, la Terminal Grand Central, en Park Avenue con la calle 42, Nueva York, EE.UU., cuenta con 44 andenes distribuidos entre dos niveles subterráneos, con 41 vías en el superior y 26 en el inferior.

La línea de ferrocarril a más altitud

La mayor parte de los 1.956 km de la línea de ferrocarril Qinghai-Tíbet, China, se encuentran a 4.000 m sobre el nivel del mar. Su punto más elevado, a 5.072 m, supera la mitad de la altura del monte Everest. Los vagones de pasajeros están presurizados y van equipados con máscaras de oxígeno. Su construcción finalizó en octubre de 2005. La línea cuenta también con el **túnel ferroviario a más altura**. Construido entre 2001-03, el túnel del monte Fenghuo se encuentra a 4.905 m de altitud, al paso de la línea por la meseta Tibetana.

La **estación de ferrocarril a más altura** es la de Tanggula, en la línea Qingzang, en el Tíbet, a 5.068 m de altitud sobre el nivel del mar. Funciona sin trabajadores y cuenta con un andén de 1,25 km de longitud.

El puente de ferrocarril más alto

El tablero del puente Najiehe, en Liuchangxiang, Guizhou, China, está a unos 310 m sobre el nivel original del río Wujiang. La estructura de este puente en arco tiene una luz de 352 m de largo.

El club de modelismo ferroviario más antiguo

Con sede cerca de King Cross, Londres, R.U., The Model Railway Club se inauguró el 3 de diciembre de 1910, y sus miembros aún se reúnen semanalmente.

▼ LA ESTACIÓN DE FERROCARRIL MÁS SEPTENTRIONAL
La estación Karskaya,en el interior de la península rusa de Yamal, en el círculo polar ártico, está en una zona rica en petróleo y gas natural. Es la estación terminal de una línea de ancho de vía ruso (1.520 mm) de 572 km que conecta con la lína Obskaya-Bovanenkovo. Es propiedad de Gazprom, que también la explota. La estación de Karskaya empezó a funcionar en febrero de 2011.

▲ LA LÍNEA DE FERROCARRIL EN SERVICIO MÁS MERIDIONAL
El Ferrocarril Austral Fueguino, o «tren del fin del mundo», en Tierra del Fuego, Argentina, se construyó hacia 1902 para dar servicio a un centro penitenciario. Hoy en día, es un tren turístico con 7 km de recorrido entre la estación Fin del Mundo y el parque nacional de Tierra del Fuego.

▲ LA LÍNEA DE FERROCARRIL PÚBLICA ELÉCTRICA MÁS ANTIGUA EN SERVICIO
La línea del ferrocarril eléctrico de Volk, con un trazado de 1,62 km junto a la costa de Brighton, R.U., empezó a explotarse comercialmente el 4 de agosto de 1883. Fue diseñada por Magnus Volk (R.U.).
La **primera línea de ferrocarril eléctrico** empezó a funcionar el 16 de mayo de 1881 en Lichterfelde, cerca de Berlín, Alemania. Tenía 2,5 km de largo, funcionaba con corriente de 180 V y era capaz de transportar a 26 pasajeros a 48 km/h.

▲ EL TREN MÁS RÁPIDO DE UNA RED NACIONAL DE FERROCARRIL
Una versión modificada del TGV de SNCF (Francia) llamada V150 (con ruedas más grandes de lo habitual y dos motores para mover tres vagones de dos pisos) alcanzó una velocidad de 574,8 km/h el 3 de abril de 2007, cerca de Le Chemin, entre las estaciones de TGV de Meuse y Champagne-Ardenne. Se trata de la velocidad más elevada de un tren de cualquier red nacional de ferrocarril (en oposición a una línea de pruebas).

Tren a su paso por un túnel
El 9 de febrero de 2009, un tren Y1 ETR 500 alcanzó una velocidad de 362 km/h en el túnel del monte Bibele, entre Bolonia y Florencia, Italia.

Tren de cualquier red nacional de ferrocarril
El TGV POS n.° 4402 de la Société Nationale des Chemins de fer Français (SNCF) alcanzó una velocidad de 574,8 km/h el 3 de abril de 2007 (ver más arriba).

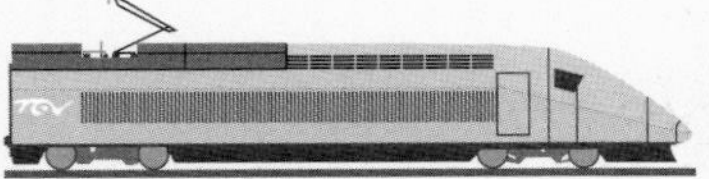

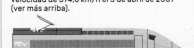

Tren de levitación magnética
Un tren de la serie L0 (A07) propiedad de la compañía Tōkai Ryokaku Tetsudō Kabushiki-gaisha (Japón) alcanzó los 603 km/h en una línea de pruebas en Yamanashi, Japón, el 21 de abril de 2015.

Vehículo sobre raíles
El 30 de abril de 2003, un trineo equipado con un cohete de cuatro etapas aceleró una carga útil de 87 kg hasta alcanzar los 10.385 km/h en 6,031 s en la Holloman High Speed Test Track de Nuevo México, EE.UU.

P: ¿Cuándo dejaron de fabricarse las locomotoras de vapor en China?

R: En 1988.

LOS PRIMEROS...

Locomotora de vapor en circular sobre raíles
El ingeniero Richard Trevithick (R.U.) construyó la locomotora de vapor más antigua en circular sobre raíles en Penydarren Iron Works, Merthyr Tydfil, R.U. Se inauguró el 21 de febrero 1804.

Sistema de metro
El primer tramo del metro de Londres, R.U., se inauguró el 9 de enero de 1863. Tenía 6 km que unían Paddington y Farringdon Street. Para su construcción, se excavaban las calles por donde pasaba la línea, se instalaban las vías, se cubrían con bóvedas de ladrillo y se rehacía la calle.

Automotor eléctrico de combustión interna
En 1903 la empresa North Eastern Railway construyó un automotor eléctrico alimentado mediante un motor de combustión interna en York, R.U. Identificado con el número 3170, fue el primero de dos vehículos automotor de similares características, que se idearon con la finalidad de emplear motores eléctricos en lugar de las menos eficientes máquinas de vapor. La electricidad necesaria para poner el motor en funcionamiento la proporcionaba un motor de combustión interna que se alimentaba con gasolina. Ambos vehículos operaron hasta 1931, cuando debiernon ser retirados de la circulación. El segundo de los automotores eléctricos fue convertido en chatarra, mientras que la carrocería del 3170 se reutilizó como vivienda vacacional. Recuperada en 2006, se la sometió a un programa de restauración integral para su conservación, incluida la construcción de un nuevo chasis.

Vagones exclusivos para mujeres en horas punta
Hace años que los trenes japoneses cuentan con vagones exclusivos para mujeres, pero en julio de 2002 la compañía ferroviaria Nishi-Nihon Ryokaku Tetsudō Kabushiki-gaisha, con sede en Osaka, Japón, decidió incluirlos también en las horas punta.

Línea submarina que conecta dos continentes
El 29 de octubre de 2013, se inauguró el túnel Marmaray, que conecta Europa y Asia a través del estrecho del Bósforo, Turquía. Este túnel ferroviario de 12,8 km de longitud se diseñó para transportar pasajeros entre las zonas asiática y europea de Estambul, en el marco del proyecto «Marmaray», que pretende mejorar el transporte de esta gran ciudad. El tramo submarino del túnel, a unos 58 m por debajo del lecho marino, se construyó con 11 secciones de hormigón colado, de 135 m de longitud cada una, empalmadas, selladas, cubiertas con tierra y bombeadas para su secado. La longitud total del tramo submarino es de 1,4 km.

Transportes urbanos

Más de la mitad (aproximadamente el 55%) de la red de metro de Londres se extiende en realidad por la superficie de la ciudad.

▲ EL ASCENSOR MÁS RÁPIDO
Diseñado por Mitsubishi Electric Corporation (Japón), el ascensor de alta velocidad NexWay viaja a 73,8 km/h, tan rápido como una gacela. El NexWay fue instalado el 7 de julio de 2016 en la unidad OB-3 de la Shanghai Tower (China), de 632 m de altura.

La primera escalera mecánica

El inventor estadounidense Jesse W. Reno diseñó una escalera mecánica pensada como atracción temporal para utilizarla en el Old Iron Pier de Coney Island, Nueva York, EE.UU., en septiembre de 1895. El «ascensor inclinado» de Reno tenía una altura de 2,1 m y una pendiente de 25°. Los pasajeros viajaban sobre unas lamas de hierro fundido colocadas sobre una cinta que se movía a 22,8 m por min. Unas 75.000 personas la usaron durante 15 días.

La **primera escalera mecánica en espiral completamente operativa** la instaló Mitsubishi Electric Corporation en un recinto ferial en Osaka, Japón, en 1985. Fue mucho más compleja y costosa que una escalera recta debido a sus múltiples puntos centrales y a los rodillos de guía adicionales que se tuvieron que instalar.

Más escaleras mecánicas en una red de metro

Las 618 escaleras mecánicas del metro de Washington, DC, EE.UU., están al cuidado del servicio interno de mantenimiento de escaleras mecánicas más costoso de Norteamérica, con 90 técnicos.

La cinta mecánica más larga (de todos los tiempos)

La primera cinta mecánica fue también la más larga de todos los tiempos. Se empleó durante la Exposición Universal de Chicago, Illinois, EE.UU., celebrada en 1893. Obra de la Columbian Movable Sidewalk Company, recogía a los pasajeros que llegaban en barcos de vapor y recorría 1 km a lo largo del muelle para dejarlos en la entrada de la exposición. Transportaba 31.680 personas cada hora a 3,2 km/h si los pasajeros permanecían de pie, o a 6,4 km/h si iban sentados en bancos. Un incendio la destruyó en 1894.

La **cinta mecánica más larga (actualidad)** de una ciudad mide 207 m y se encuentra bajo los parques y jardines The Domain, en Sídney, Australia. Inaugurada oficialmente el 9 de junio de 1961 y construida por la Sydney Botanic Gardens Trust como una novedad futurista, se reconstruyó en 1994. La cinta está algo inclinada, se mueve a 2,4 km/h y completa el recorrido en poco más de 5 min.

El ascensor más grande de un edificio de oficinas (por capacidad)

Cada uno de los ascensores del edificio Umeda Hankyu, en Osaka, Japón, puede cargar a 80 pasajeros o un peso total de 5,25 toneladas. Construidos por Mitsubishi en 2009, cada cabina mide 3,4 m de ancho, 2,8 de largo y 2,59 m de alto.

Entre 2001 y 2010, la Metropolitan Transportation Authority de Nueva York hundió 2.500 vagones de metro viejos en el océano Atlántico. Estos arrecifes artificiales ahora están llenos de vida marina.

P: ¿Qué ciudad cuenta con 7 de las 10 estaciones de ferrocarril más concurridas?

R: Tokio, Japón.

El pozo de ascensor más alto en un edificio

Con una altura de 578,5 m, el pozo del ascensor de alta velocidad NexWay de la Shanghai Tower (ver izquierda) es aún más alto que el del ascensor del rascacielos Burj Khalifa, el **edificio más alto del mundo**, en Dubái, Emiratos Árabes Unidos.

El ascensor de la mina de oro AngloGold Ashanti's Mponeng, en la provincia de Gauteng, Sudáfrica, desciende 2.283 m en sólo 3 min y tiene el **pozo de ascensor más alto**. Otro ascensor lleva a los mineros hasta los 3.597 m de profundidad. Cada día, transportan a 4.000 trabajadores al interior de la mina en jaulas de tres pisos que alcanzan los 64,3 km/h.

El mercado de coches compartidos más grande

Los avances en tecnología móvil han facilitado el gran crecimiento de las redes de coches compartidos en todo el mundo. A octubre de 2014, Europa era el mayor mercado de coches compartidos, con el 46% de sus usuarios (2.206.884 personas) y el 56% del parque automovilístico mundial.

La ciudad con un mayor uso del transporte público urbano

Hong Kong es una de las ciudades del mundo con más densidad de población (57.120 personas por km², más del doble que la de Manhattan, con 26.000). Un sistema de tráfico eficiente y avanzado permite que todo el mundo pueda moverse. Alrededor del 80% de los viajes urbanos son con transporte público, lo que supone 11,3 millones de pasajeros diarios.

El mayor porcentaje de bicicletas en el reparto modal (ciudad)

La expresión «reparto modal» se refiere al porcentaje de viajeros que utilizan un modo de transporte específico, como el coche o la bicicleta. Alrededor del 50% de todos los desplazamientos en Groningen, Países Bajos, se hacen en bicicleta (60% en el centro urbano), por lo que se la conoce como la «ciudad más ciclista del mundo». En la década de 1970, se decidió estimular el uso de medios de transporte no automotrices en el centro urbano y se limitó la circulación de vehículos, lo que animó a los residentes a optar por la bicicleta o por los trayectos a pie.

Sin embargo, en cuanto a la promoción del uso de la bicicleta mediante el desarrollo de infraestructuras, la **ciudad más amiga de las bicicletas** es Copenhague, Dinamarca. La capital danesa cuenta con numerosas instalaciones específicas para bicicletas, lo que ha contribuido a que el número de ciclistas aumentara un 70% desde 1990 y los trayectos en coche disminuyeran un 25%, según el Copenhagenize Index 2015, basado en datos de 122 ciudades.

Las tarifas de taxi más caras

El informe UBS Prices & Earnings de 2015 concluyó que los taxis de Noruega, Oslo, son los que tienen las tarifas más caras. Un trayecto de 5 km cuesta de media 30,3 € frente a los 1,45 € de Nueva Delhi, India.

LAS 10 REDES DE CARRETERAS MÁS EXTENSAS

	País	Distancia (km)	Per cápita (1.000 personas)	Distancia (km)
1	EE.UU.	6.586.610	Islas Pitcairn	139,13
2	India	4.699.024	Sahara Occidental	22,71
3	China	4.106.387	Chipre	17,8
4	Brasil	1.580.964	San Pedro y Miquelón	16,26
5	Rusia	1.283.387	Unión Europea	10,14
6	Japón	1.218.772	Wallis y Futuna	7,49
7	Canadá	1.042.300	Liechtenstein	7,19
8	Francia	1.028.446	San Cristóbal y Nieves	6,67
9	Australia	823.217	Jersey	6,35
10	Sudáfrica	747.014	Samoa Americana	6,0

Fuente: CIA World Factbook.

En el Coliseo de Roma se empleaban ascensores para llevar animales salvajes hasta la arena. 200 esclavos los operaban manualmente.

La música se introdujo en los ascensores en la década de 1920 con el objetivo de tranquilizar a los pasajeros que usaban estos aparatos por primera vez.

Los primeros ascensores eran muy lentos, por lo que se añadieron espejos para distraer a los pasajeros y dar sensación de mayor amplitud.

El botón «cerrar» rara vez hace que las puertas del ascensor se cierren antes. Se añadió para que los pasajeros tuvieran sensación de control.

La Otis Elevator Company transporta el equivalente a la población mundial cada cinco días.

Estadísticamente, los ascensores son uno de los sistemas de transporte más seguros: es más seguro usar el ascensor que las escaleras.

▲ EL PASO DE CEBRA MÁS TRANSITADO

Se estima que 1 millón de peatones cruzan todos los días por los pasos de cebra de Shibuya situados a la salida de la estación de metro de Shibuya, Tokio, Japón. Cinco calles convergen en este cruce, por donde se calcula que pasan 100.000 personas cada hora en los momentos de mayor afluencia, suficiente gente como para llenar en 30 minutos el Yankee Stadium de Nueva York, EE.UU.

▲ EL TRAYECTO URBANO QUE REQUIERE MÁS TIEMPO PARA IR A TRABAJAR

Tras evaluar 50 millones de usuarios y 167 áreas metropolitanas, un estudio de 2015 realizado por Waze, la aplicación de tráfico de Google, descubrió que los viajeros en Manila, Filipinas, tardaban 45,5 min de media para llegar al trabajo. Grandes áreas urbanas con problemas de atascos como Los Ángeles y Nueva York están menos congestionadas, ya que la duración media de los trayectos es de 35,9 y 38,7 min, respectivamente.

▲ LA RED DE TELEFÉRICO PÚBLICO MÁS EXTENSA

El sistema Mi Teleférico de La Paz, Bolivia, consta de tres líneas y un total de 10 km de trazado. Dada la accidentada topografía de la ciudad, los medios de transporte más usuales, como el metro o el tren ligero, no son viables. En 2015, los teleféricos transportaron a más de 60.000 personas diarias, ahorraron 652 millones de minutos en desplazamientos y evitaron la emisión de 8.000 toneladas de gases contaminantes.

▲ LA RED DE PASOS ELEVADOS PEATONALES MÁS EXTENSA

Unos inviernos duros combinados con la necesidad de mejorar el acceso al centro de Minneapolis, Minnesota, EE.UU., llevó a la construcción de una extensa red de pasos elevados. Conocida oficialmente como la Minneapolis Skyway System, se extiende a lo largo de 13 km, está climatizada y conecta 69 manzanas. Cerca de 260.000 personas la usan todos los días.

◄ EL SISTEMA DE BICICLETAS PÚBLICAS MÁS EXTENSO

El programa de bicicletas públicas de Hangzhou, China, es el más extenso del mundo. Inaugurado en 2008 con 2.800 bicicletas y 60 estaciones, se ha expandido desde entonces de tal forma que, en septiembre de 2016, ya tenía 84.100 bicicletas y 3.572 estaciones. China cuenta con 9 de los 10 mayores sistemas de bicicletas compartidas.

▲ LA RED DE CARRETERAS CON MÁS TRÁFICO (PAÍS)

Según las últimas cifras publicadas por *The Economist*, en 2014 había 628,4 vehículos por km en Japón. Los Emiratos Árabes Unidos ocupaban el segundo lugar, con 479 vehículos por km. Los países de Asia y Oriente Medio acapararon los primeros puestos de la clasificación, ya que 9 de las 10 redes más congestionadas se encuentran allí.

▼ EL PRIMER SERVICIO DE TAXIS SIN CONDUCTOR

El 25 de agosto de 2016, una flota de seis taxis sin conductor entró en servicio en Singapur. Estos «robo-cars» pueden circular por el interior de un distrito de 6,5 km^2 llamado «one-north». La compañía de software responsable del proyecto, nuTonomy (Singapur), cree que los taxis podrían reducir el número de coches en la ciudad de 900.000 a 300.000. Los taxis están equipados con cámaras (ver derecha) que interpretan las señales de los semáforos.

Coches personalizados

Los coches invisibles no sólo existen en las películas de James Bond. En 2009, la estudiante de arte británica Sara Watson pintó un viejo Skoda de modo que parecía fusionarse con el lugar en el que estaba aparcado.

▲ LOS NEUMÁTICOS DE COCHE MÁS CAROS
El 10 de mayo de 2016, un comprador privado adquirió cuatro neumáticos en la oficina de Dubái de Ztyre.com por 599.350 $. Diseñados por el director de Zenises, Harjeev Kandhari, estos neumáticos Z1 de alto rendimiento incluían juegos de diamantes engastados sobre monturas de oro blanco impresas en 3D, un trabajo de los joyeros de Joaillier Privé. Como remate, se decoraron con pan de oro.

La furgoneta más baja
Entre el 18 y el 22 de agosto de 2008, coincidiendo con el festival Bug Jam 22 de Podington, Bedfordshire, R.U., el diseñador Andy Saunders y el ingeniero Jim Chalmers (ambos de R.U.) recortaron una furgoneta Volkswagen T25 de 1980 que medía 2,34 m de altura hasta 0,99 m. La llamada *Van Cake*, es apta para circular y alcanza los 128,75 km/h.

El coche más peludo
Maria Lucia Mugno y Valentino Stassano (ambos de Italia) pasaron más de 150 horas cosiendo mechones de pelo en el interior y el exterior del Fiat 500 de Maria. Según el pesaje que se realizó en una báscula de puente pública de Padula Scalo, Salerno, Italia, el 15 de marzo de 2014, el Fiat estaba decorado con 120 kg de cabello humano.

El coche más bajo apto para circular
Mirai mide 45,2 cm desde el suelo hasta su punto más alto. Fue presentado al público el 15 de noviembre de 2010 por los estudiantes y los profesores del curso de Ingeniería del Automóvil de la escuela de educación secundaria Okayama Sanyo, de Asakuchi, Japón. El vehículo superó el récord establecido en 48,26 cm por Perry Watkins (R.U.) en 2008 con un coche bautizado de modo muy apropiado: *Flatmobile* («vehículo plano»).

El coche más pequeño apto para circular
Creado por Austin Coulson (EE.UU.) y medido en Carrollton, Texas, EE.UU., el 7 de septiembre de 2012, el coche más pequeño apto para circular mide 63,5 cm de alto, 65,4 cm de ancho y 126,3 cm de largo. Tiene autorización para circular por la vía pública con un límite de velocidad de 40 km/h. Suele emplearse en los desfiles militares de veteranos locales.

La entrega del *Cadillac One* del presidente Donald Trump estaba prevista para el 30 de marzo de 2017. Sus características exactas son información reservada, pero se desveló que las puertas son tan pesadas que tienen que abrirse desde el exterior.

LOS MÁS RÁPIDOS

Tronco motorizado
El 20 de enero de 2016, Bryan Reid (padre) (Canadá) condujo a *Cedar Rocket* a 76,66 km/h en el programa de TV *Timber Kings*, de HGTV (Canadá), en el Wild Horse Pass Motorsports Park de Chandler, Arizona, EE.UU. Para su construcción, Bryan combinó un Mazda RX-8 con un tronco de cedro rojo del Pacífico procedente de la Columbia Británica, Canadá.

P: ¿Con qué parte del coche se relacionan los catalizadores, los silenciadores y los resonadores?

R: Con el tubo de escape.

Carrito de la compra motorizado
El 18 de agosto de 2013, Matt McKeown (R.U.) alcanzó una velocidad de 113,29 km/h en un carrito de la compra motorizado en el aeródromo de Elvington, North Yorkshire, R.U. Matt equipó el carrito con un motor de arranque Honda de 250 cc modificado procedente de un helicóptero Chinook.

Cama
Por iniciativa de Hotels.com, un Ford Mustang GT fue convertido en una cama doble motorizada. Con el piloto profesional Tom Onslow-Cole (R.U.) al volante, el ingenio alcanzó una velocidad máxima de 135 km/h en el Emirates Motor Sports Complex de Umm al-Quwain (Emiratos Árabes Unidos), el 13 de diciembre de 2016. Mejoraba así el récord anterior de 111 km/h establecido por Edd China (R.U., ver debajo) el 7 de noviembre de 2008.

Furgoneta del cartero Pat
Los entusiastas de las carreras Tom Armitage y David Taylor (ambos de R.U.) compraron una atracción infantil inspirada en la furgoneta de la popular serie infantil de televisión y le hicieron varios añadidos y modificaciones: montaron un chasis, neumáticos lisos y un motor de 500 cc de cuatro tiempos. El 30 de agosto de 2012, esta furgoneta reconvertida recorrió 402 m en el York Raceway de East Yorkshire, R.U., en 17,419 s, con una velocidad máxima de 135,6 km/h.

Camión repartidor de leche
El 25 de junio de 2014, una camión repartidor de leche obra de Weetabix On the Go Breakfast Drinks y conducida por Rob Gill (ambos de R.U.) alcanzó los 136,081 km/h en Bruntingthorpe, Leicestershire, R.U.

Mesa de escritorio
Edd China (R.U.), expresentador y mecánico del programa de TV *Wheeler Dealers* de Discovery es el rey de las adaptaciones más disparatadas. El 9 de noviembre de 2006, China presentó un escritorio apto para circular y lo condujo a una velocidad máxima de 140 km/h por el puente de Westminster, Londres, R.U. El récord formaba parte de los actos de celebración del Día del GWR.

China también es el autor de la **caseta de jardín más rápida**. Bautizada como *Gone to Speed*, el vehículo puede alcanzar los 94 km/h. Fue presentado en el plató de *Lo Show dei Record*, en Milán, Italia, el 1 de abril de 2011.

◀ LAS PUERTAS MÁS GRUESAS DE UN COCHE ADAPTADO
La limusina del presidente de EE.UU., el *Cadillac One* o *La Bestia*, tiene unas puertas de 20,32 cm de grosor que pesan tanto como la de un Boeing 757. Se instalaron el 20 de enero de 2009, y se abren con un mecanismo oculto y secreto. Otros extras del coche son un equipo de lanzamiento de granadas propulsadas por cohetes, bombonas de oxígeno, un sistema de visión nocturna, fusiles con acción de bombeo y bolsas con sangre del mismo tipo que la del presidente. El interior está herméticamente sellado para proteger a sus ocupantes de un ataque químico.

MÁS GENTE APELOTONADA EN UN…

Fiat 500

Smart

Citroën 2CV

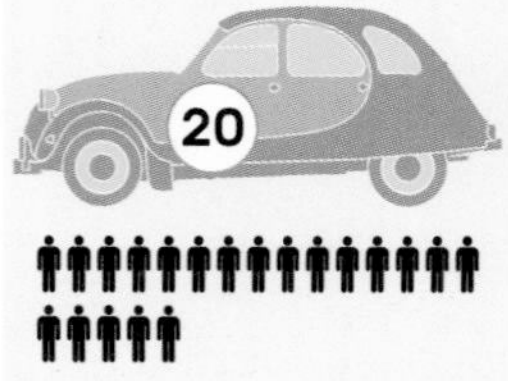

VW Escarabajo (clásico)

VW Escarabajo (nuevo)

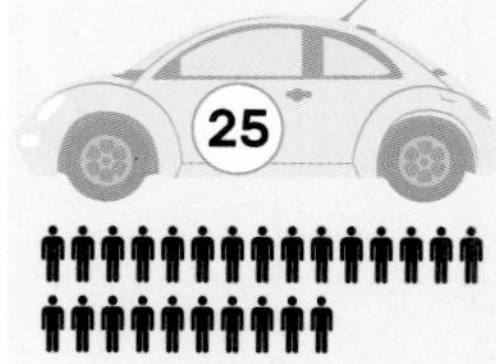

Mini (clásico)

Mini (nuevo)

Furgoneta VW Camper

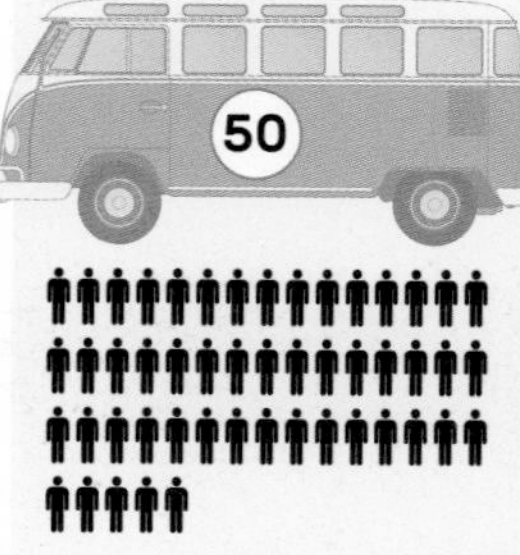

▲ **EL COCHE SALCHICHA MÁS ANTIGUO**
Los «wienermobiles» son la imagen por excelencia de la empresa cárnica Oscar Mayer (EE.UU.). El primer modelo fue construido en 1952 por la Gerstenslager Company (EE.UU.), que instaló una carrocería con forma de salchicha y un panecillo sobre el chasis de un camión Dodge. A día de hoy, es posible contemplar un wienermobile original de 1952 en el Henry Ford Motor Museum de Dearborn, Michigan, EE.UU.

▲ **EL COCHE CHAPADO EN ORO MÁS VALIOSO**
La colección de coches del sultán de Brunéi incluye más de 500 Rolls-Royce y Bentleys. Como coche de bodas, el sultán ha empleado una limusina Rolls-Royce Silver Spur chapada en oro de 24 quilates. El vehículo contaba con un dosel de tela que cubría el asiento trasero, escudos heráldicos de oro y parachoques de madera de cedro de imitación. Valorado en 14.000.000 $, se muestra aquí en la boda de una de sus hijas.

▲ **LA BAÑERA MÁS RÁPIDA**
Entre septiembre de 2014 y abril de 2015, Hannes Roth (Suiza) dedicó más de 330 horas a la construcción de una bañera motorizada. Roth montó una bañera sobre un chasis de kart y la equipó con un motor Yamaha R6 de 120 CV. La puso a prueba en el Dynamic Test Center de Vauffelin, Suiza, donde alcanzó una velocidad media de 186,82 km/h en sus dos vueltas más rápidas y una velocidad punta de 189,9 km/h.

▶ **EL COCHE BANANA MÁS LARGO**
El *Big Banana Car* fue construido por Steve Braithwaite (R.U.) entre 2009 y 2011. La «banana», que mide 6,97 m de longitud y 3,9 m de altura, se montó sobre un chasis de camión. Se fabricó con barras de acero reforzado, tela metálica y espuma de poliuretano, que fue esculpida, cubierta de fibra de vidrio y pintada. Alcanza una velocidad máxima de 136,79 km/h.

El *Big Banana Car* ha recorrido EE.UU. desde Providence, Rhode Island, hasta Miami, Florida.
ROUTE 66

▲ **EL JACUZZI MOTORIZADO MÁS RÁPIDO**
El 10 de agosto de 2014, Weicker y Phillip Duncan Forster (ambos de Canadá) pilotaron su creación, *Carpool DeVille*, en Wendover, Utah, EE.UU., a una velocidad media de 84,14 km/h, con una velocidad punta de 88,19 km/h. La pareja adaptó un Cadillac DeVille de 1969, cuyo interior fue reemplazado por una bañera de fibra de vidrio. Un intercambiador de calor conectado al sistema refrigerante del motor calentaba el agua del jacuzzi hasta los 38,88 °C en unos 35 min.

◀ **EL COCHE DE CHOQUE MÁS RÁPIDO**
Colin Furze (R.U.) restauró y modificó un antiguo coche de choque que alcanzó una velocidad máxima de 161,476 km/h. Con un diseño típico de la década de 1960, fue equipado con un motor de motocicleta de 600 cc Honda. *The Stig*, personaje del programa de la BBC *Top Gear*, lo probó en el aeródromo de Bentwaters, cerca de Ipswich, Suffolk, R.U., el 23 de marzo de 2017. La velocidad media de un coche de choque suele ser de unos 8 km/h.

▼ EL SUPERDEPORTIVO MÁS LARGO

Concebido y encargado por Dan Cawley, y diseñado y construido por Chris Wright (ambos de R.U.), este superdeportivo de 7 m de longitud es el resultado de cortar por la mitad un Ferrari 360 Modena y añadirle una sección intermedia de 2,89 m, lo que aumenta su capacidad hasta ocho pasajeros. Alcanza una velocidad máxima 267 km/h, y los 96,5 km/h en menos de 6 s. En la imagen de la izquierda se aprecian sus puertas de ala de gaviota.

Camiones monstruo

Estos monstruos mecánicos de gran tamaño suelen pesar alrededor de 4.500 kg y medir unos 3,6 m de ancho, 3,6 m de alto y 6 m de largo.

▲ EL PRIMER CAMIÓN MONSTRUO EN SALTAR POR ENCIMA DE UN BOEING 727
En 1999, Dan Runte (EE.UU.) salvó una distancia de 62 m, unas tres veces la longitud de una pista de bolos, al saltar por encima de un Boeing 727 al volante de *Bigfoot 14*. Este salto récord tuvo lugar en Smyrna, Tennessee, EE.UU.

El primer camión monstruo
Bob Chandler construyó *Bigfoot 1*, una camioneta Ford F-250 modificada con unos neumáticos de 1,21 m de altura, en St Louis, Missouri, EE.UU., a mediados la década de 1970. *Bigfoot* realizó su primera aparición pública en 1979 e inauguró el concepto de «camión monstruo».

Primer salto mortal hacia atrás de un camión monstruo en competición oficial
Cam McQueen (Canadá) realizó con éxito un salto mortal hacia atrás en la Jacksonville Monster Jam en Jacksonville, Florida, EE.UU., el 27 de febrero de 2010. La Monster Jam es una competición automovilística retransmitida en directo cuya temporada va de enero a marzo y que está regulada por la United States Hot Rod Association. Las Monster Jam World Finals se celebran todos los años en Las Vegas, Nevada, EE.UU. Desde el año 2000, se corona a un campeón en las categorías *racing* y *freestyle*.

El camión monstruo más rápido
El 15 de diciembre de 2014, el estadounidense Mark Hall pilotó a *Raminator*, patrocinado por Ram Truck, a 159,49 km/h, lo que es aproximadamente 1,5 veces la velocidad máxima del guepardo, el **mamífero terrestre más rápido**. La hazaña tuvo lugar en el Circuit of the Americas de Austin, Texas, EE.UU.

El cuarto de milla más rápido de un camión monstruo
El 17 de marzo de 2012, Randy Moore, de Tennessee, EE.UU., recorrió un cuarto de milla (402 m) con salida parada en 13,175 s al volante de *War Wizard* en el zMAX Dragway de Charlotte, Carolina del Norte, EE.UU. Alcanzó una velocidad máxima de 155,8 km/h.

Mayor intervalo de tiempo entre dos victorias en el Monster Jam World Finals Freestyle Championship
En 2003 Jim Koehler (EE.UU.) se proclamó vencedor del Monster Jam World Finals Freestyle Championship al volante de *Avenger*. Ocho años más tarde, en 2011, repitió la hazaña. Adam Anderson (EE.UU., n. el 5 de diciembre de 1985) logró igualar las victorias de Koehler con el *Taz* en 2008 y el *Grave Digger* en 2016. La victoria de 2008 también lo convirtió en el **conductor más joven en ganar el Monster Jam World Finals Freestyle Championship**, con apenas 22 años.

El salto con rampa más largo de un camión monstruo
Joe Sylvester (EE.UU.) saltó una distancia de 72,42 m con *Bad Habit* (4.535 kg) en Columbus, Pennsylvania, EE.UU., el 1 de septiembre de 2013. Cuando Sylvester salió disparado de la rampa iba a unos 136 km/h. «No hay nada más arriesgado al volante de un camión monstruo», se sinceró más tarde. «A esa velocidad y a esa altura, un accidente puede resultar fatal».

P: ¿Cuántos coches se accidentan de promedio todos los años durante la Monster Jam?

R: 3.000.

Miceli adoptó el apodo de *Madusa* cuando era luchadora profesional (en una ocasión, llegó a hacerse con el título de la World Wrestling Federation compitiendo como Alundra Blayze). *Madusa* es la abreviatura de «made in USA».

El salto más largo marcha atrás de un camión monstruo
Michael Vaters, de Hagerstown, Maryland, EE.UU., saltó marcha atrás 21,3 m (la longitud de dos autobuses londinenses) al volante de *Black Stallion* en Indianápolis, Indiana, EE.UU., en 2002.

Más camiones monstruo saltados con un camión monstruo
Tom Meents (EE.UU.) saltó por encima de seis camiones monstruo al volante de *Maximum Destruction* en el MetLife Stadium de East Rutherford, Nueva Jersey, EE.UU., el 23 de abril de 2016.

Más latas aplastadas con un vehículo en tres minutos
El 6 de marzo de 2010, Ian Batey (R.U.) aplastó 61.106 latas en 3 min con un camión monstruo de 9.071 kg para Burn Energy Drink en la Jumeirah Beach Residence de Dubái, Emiratos Árabes Unidos.

MÁS VICTORIAS EN...

Monster Jam World Finals
Tom Meents (EE.UU.), actual piloto de *Maximum Destruction*, ha ganado un total de 11 Monster Jam World Finals (en las categorías *racing* y *freestyle*) desde que empezaron a celebrarse en 1999.

Campeonatos nacionales de camiones monstruo
A finales de 2016, Mark Hall (EE.UU.) había ganado 25 campeonatos nacionales de camiones monstruo, más que cualquier otro piloto: 12 Monster Truck Thunder Drags, seis títulos en categoría *racing*, cinco en *freestyle* y dos Monster Truck Nationals.

Pruebas en estadios del Monster Jam Freestyle Tour consecutivas en una temporada
El 8 de octubre de 2016, tras ganar en Melbourne, Australia, Scott Buetow (EE.UU.) sumó seis victorias consecutivas con el Team Hot Wheels Firestorm en pruebas en estadios en categoría *freestyle*.

◄ PRIMERA PILOTO DE MONSTER JAM
Debrah Miceli, de Florida, EE.UU., se convirtió en 1999 en la primera mujer piloto de Monster Jam. El nombre de su camión, *Madusa*, es uno de los apodos de Debrah, que también es conocida como *Queen of Carnage* (*Reina de la carnicería*). Cinco años después, Debrah se convirtió en la **primera mujer campeona de las Monster Jam World Finals** tras un empate a tres en la prueba de *freestyle* celebrada en Las Vegas, Nevada, EE.UU., en marzo de 2004.

LOS MÁS GRANDES

Carretilla elevadora:
FLT 90-2400

Kalmar LMV (Suecia) construyó tres carretillas elevadoras de gran tamaño, cada una de 116.500 kg de peso y unas medidas de 16,6 m de largo (incluyendo la horquilla) y 4,85 m de ancho.

Camión *pickup* de serie:
7300 CXT

Construido por Truck & Engine Corporation (EE.UU.), este camión pesa 6.577 kg y mide 6,55 m de largo y 2,74 m de altura.

Camión monstruo:
Bigfoot 5

(Ver página siguiente, arriba a la derecha.) Obra de Bob Chandler, este gigante alcanza los 4,7 m de altura y pesa 17.236 kg.

Camión articulado:
Tractomas TR 10 x 10 D100

Fabricado por Nicolas Industrie SAS (Francia), tiene un peso total de 71 toneladas. Salió al mercado en Francia el 28 de octubre de 2005.

Camión volquete (de dos ejes):
BelAZ 75710

Fabricado por BelAZ (Bielorrusia), puede cargar hasta 450 toneladas.

▲ **EL CAMIÓN MONSTRUO MÁS LARGO**
Brad y Jen Campbell (ambos de EE.UU., arriba), de Big Toyz Racing, construyeron un camión monstruo de 9,75 m de largo, tal como pudo comprobarse en Last Stop, White Hills, Arizona, EE.UU., el 10 de julio de 2014. *Sin City Hustler* se ideó como una gran limusina para llevar a los turistas que visitan Las Vegas. En la actualidad lo conduce Russ Mann (EE.UU.).

▲ **EL CAMIÓN MONSTRUO MÁS GRANDE**
Con unos neumáticos de 3 m de altura, *Bigfoot 5* tiene una altura de 4,7 m y pesa 17.236 kg. Construido el verano de 1986, es parte de la flota de 17 camiones *Bigfoot* de Bob Chandler, de San Louis, Missouri, EE.UU. En la actualidad, *Bigfoot 5* está aparcado de forma permanente, aunque todavía hace apariciones esporádicas en exposiciones y ferias locales.

▲ **EL PRIMER CAMIÓN MONSTRUO ELÉCTRICO**
Presentado en noviembre de 2012, *Bigfoot 20* (o *Electro-Foot*) es el primer camión monstruo completamente eléctrico. Con un peso de 5.000 kg, 30 baterías Odyssey alimentan su motor eléctrico de 350 CV (260,9 kW), y otras seis, el sistema de dirección y frenos. Construido por el piloto de *Bigfoot 17*, Nigel Morris (R.U.), *Bigfoot 20* debutó en el espectáculo SEMA, en Las Vegas, Nevada, EE.UU., el 30 de octubre de 2012.

▲ **LA LIMUSINA MÁS ALTA**
La limusina más alta del mundo mide 3,33 m desde el suelo hasta el techo. Construida por Gary y Shirley Duval (Australia), incorpora un sistema de suspensión independiente para las ocho ruedas con neumáticos de camiones monstruo. Para la construcción del vehículo, que dispone de dos motores Cadillac de 8 l, fueron necesarias algo más de 4.000 horas (166 días).

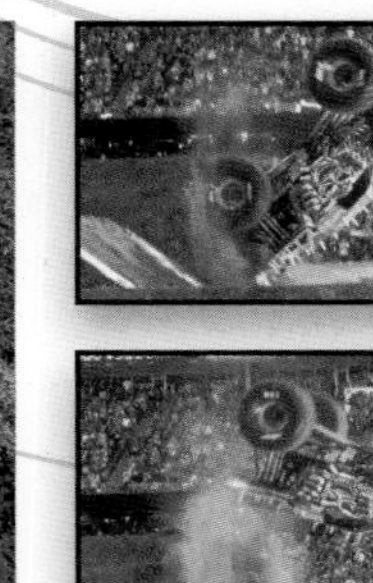

▶ **MÁS SALTOS MORTALES HACIA ATRÁS CONSECUTIVOS DE UN CAMIÓN MONSTRUO EN COMPETICIÓN OFICIAL**
Al volante de *Mohawk Warrior*, George Balhan, de Illinois, EE.UU., dio dos saltos mortales hacia atrás consecutivos sin detenerse en la Monster Jam Freestyle, celebrada en Las Vegas, Nevada, EE.UU., el 23 de marzo de 2012. El camión recibe su nombre del particular peinado de George.

▼ EL PRIMER DOBLE SALTO MORTAL HACIA ATRÁS DE UN CAMIÓN MONSTRUO FUERA DE COMPETICIÓN OFICIAL

No contento con realizar un salto mortal hacia atrás, Tom Meents (EE.UU.) repitió la maniobra al volante de *Maximum Destruction* (4.535 kg) durante una prueba de Monster Jam en Foxborough, Massachusetts, EE.UU., el 20 de junio de 2015. Tras cuatro intentos, completó esta acrobacia increíblemente difícil. A la derecha se ve, fotograma a fotograma, este salto de récord.

Descrito como un «VUD futurista», *Max D*, con la carrocería rematada de espinas, es uno de los camiones más reconocibles del circuito.

Vehículos militares

Truck Lagoon, en el Pacífico, acoge los restos de más de 30 barcos de guerra japoneses hundidos durante la operación ofensiva estadounidense de Hailstone, en la Segunda Guerra Mundial.

▲ EL CAZA DE QUINTA GENERACIÓN MÁS PESADO EN DESPEGUE
Los cazas de quinta generación cuentan con una avanzada aviónica y capacidad furtiva en todas las direcciones. A 2016, sólo existían tres tipos (aparte de prototipos rusos y chinos), todos fabricados por Lockheed Martin: el F-22 Raptor, el F-35B Lightning II y el F35A Lightning II. El F-22 Raptor es el más pesado, con un peso de despegue a plena carga de 38.000 kg. EE.UU. ha prohibido su exportación para proteger su diseño.

El primer tanque

El Lincoln N.° 1, construido por William Foster & Co. Ltd, de Lincolnshire, R.U., circuló por primera vez en septiembre de 1915 y se le apodó *Little Willie*. Los tanques empezaron a entrar en acción algo más de un año después, en la batalla de Flers-Courcelette, Francia, el 15 de septiembre de 1916. El tanque Mark I *Macho* se desarrolló a partir de *Little Willie* y formaba parte de la División Pesada del Cuerpo de Ametralladoras (hoy, Real Regimiento de Tanques). Contaba con dos cañones de 6 libras y 3 ametralladoras, y pesaba 28,4 toneladas; el motor, de 105 caballos de potencia, le proporcionaba una velocidad máxima de entre 4,8 y 6,4 km/h.

El **diseño de tanque más antiguo** fue obra de Leonardo da Vinci (1452-1519). El artista e inventor italiano esbozó una primera idea de máquina con ruedas, cubierta de madera y provista de armas que apuntaban al exterior (ver columna, derecha).

El mayor índice de producción de tanques

El tanque de guerra M-4 Sherman fue introducido por EE.UU. en 1942, en plena Segunda Guerra Mundial. Fue diseñado para facilitar la producción, la fiabilidad y el mantenimiento y se produjeron más de 48.000 unidades en un período de tres años.

El tanque más pesado

El Char de Rupture 2C, construido por primera vez en 1923, era un tanque francés de 75 toneladas que transportaba un obús de 15,5 cm. Incorpora dos motores de 250 caballos de potencia y su velocidad máxima era de 12 km/h.

Los alemanes desarrollaron un tanque aún más pesado durante la Segunda Guerra Mundial, aunque no llegó a entrar en servicio. El Panzerkampfwagen *VIII Maus* («ratón») pesaba 188 toneladas, dos veces y media el peso de un transbordador espacial. Sólo existieron dos prototipos del *Maus* y fueron apresados por las fuerzas soviéticas, que unieron el casco de una de las máquinas a la torreta de la otra. El vehículo combinado se expone hoy en el museo del tanque de Kubinka, en Rusia.

El tanque *Maus* pesaba demasiado como para cruzar puentes. Se propuso que vadeara los ríos por parejas, con un tanque tirando del otro con energía eléctrica a través de un cable. Se suministraría aire a través de un tubo de buceo grande.

El arma más grande

En el sitio a Sevastopol, en la URSS (hoy, Ucrania), en julio de 1942, el ejército alemán utilizó un arma de un calibre de 80 cm, que incorporaba un cañón de 32,5 m de largo. El ensamblaje completo del arma, a la que se apodó *Schwerer Gustav*, medía 42,9 m de largo y pesaba 1.344 toneladas. El alcance de uno de sus proyectiles de 4,8 toneladas era de 46,7 km.

P: ¿Cuántos tanques lucharon en la ***primera batalla entre tanques*** *del 24 de abril de 1918?*

R: Seis.

El vehículo de infantería de más largo alcance

Los Combat Vehicle 90 (CV90) son una serie de vehículos de combate blindados de infantería con tracción de oruga, diseñados para las fuerzas armadas suecas y fabricados por BAE Systems. En cada uno caben tres tripulantes más ocho escuadrones, y su armamento principal es un cañón automático Bofors de 40 mm. Desde que empezó su producción en 1984, las mejoras han conducido a la variante CV90 Armadillo, cuyo alcance máximo en carretera es de 900 km, y su velocidad máxima, de 68 km/h.

La flota de cruceros más grandes

Tras la desaparición de los buques de guerra a finales del siglo xx, los cruceros son, hoy en día, las naves de combate con una mayor superficie. Tres países tienen cruceros en activo: EE.UU., 22; Rusia, 3; y Perú, 1. Todos los cruceros operados por la marina de EE.UU. son de la clase Ticonderoga con misil teledirigido. Su armamento incluye un sistema de lanzamiento vertical superficie-aire y misiles de crucero, antisubmarinos y antiembarcaciones.

Programa aéreo militar más caro

A 2012, el coste del programa Lockheed Martin F-35 Lightning Joint Strike Fighter ascendía a 336.100 millones de dólares. El coste estimado por EE.UU. de este programa militar internacional es de entre 0,85 y 1,5 billones de dólares para un tiempo de 50 años.

El **avión de combate más caro** es el estadounidese Northrop Grumman B-2 Spirit, un bombardero furtivo apto tanto para armas convencionales como termonucleares. Cuesta más de 1.300.000.000 $ la unidad.

El superportaaviones más caro

La construcción del buque de EE.UU. *Gerald R Ford*, programado para operar en 2017, tiene un coste de 13.000 millones de dólares. Mide 332,8 m y tiene capacidad para 75 cazas. Va equipado con un nuevo tipo de catapulta, el Sistema de Lanzamiento Electromagnético de Aviones (EMALS, por sus siglas en inglés), y puede lanzar hasta 220 ataques aéreos al día desde sus dos pistas.

◀ EL MAYOR SISTEMA DE LANZAMIENTO DE COHETES DE ARTILLERÍA
El Sistema de Defensa de Lanzamiento Múltiple de Cohetes *Jobaria* («monstruo») es un sistema de artillería de cohetes de 122 mm, desarrollado por los Emiratos Árabes Unidos y el contratista turco Roketsan (2013). El semitráiler de 10 ruedas del Jobaria sostiene cuatro lanzadores de cohetes con 240 unidades. Una salva completa del *Jobaria* puede devastar un área de 4 km² con un alcance máximo de unos 37 km.

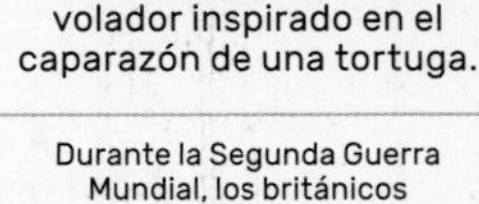

Leonardo da Vinci diseñó en 1487 un vehículo volador inspirado en el caparazón de una tortuga.

Durante la Segunda Guerra Mundial, los británicos se plantearon construir un buque de guerra con pykrete, un material que se fabrica mezclando serrín (o pulpa de madera) con hielo.

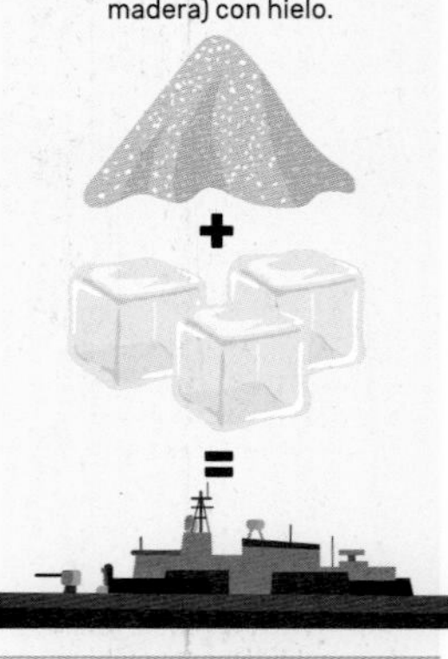

Los mayores presupuestos militares para 2015:

EE.UU.: 596.000 millones $
China: 215.000 millones $
Arabia Saudí: 87.200 millones $
Rusia: 66.400 millones $
R.U.: 55.500 millones $
= 50.000 millones $

Presupuestos militares de EE.UU. en 2015 por inversiones:

40.000 millones $
Sistemas relacionados con aviones.

22.000 millones $
Sistemas de construcción de buques/marítimos.

17.200 millones $
Misiles/munición/defensa antimisiles.

6.600 millones $
Sistemas C4I (comando, control de comunicaciones, ordenadores e inteligencia).

6.200 millones $
Sistemas espaciales.

▲ EL SUBMARINO MÁS GRANDE

El 23 de septiembre de 1980, la OTAN anunció la botadura del submarino 941 *Akula* en el astillero ruso de Severodvinsk, en el mar Blanco. Semejante mastodonte del fondo marino medía 171,5 m (dos veces y media la longitud de un jumbo 747) y contaban con 20 misiles balísticos SS-N-20 de alcance de 8.300 km. *Akula* significa «tiburón» en ruso.

▲ EL HELICÓPTERO MILITAR MÁS VELOZ

El primer helicóptero *Chinook* alzó el vuelo el 21 de septiembre de 1961. Se han construido más de 1.200 versiones desde entonces y, hoy en día, los utilizan al menos 20 países. La velocidad máxima del CH-47F *Chinook* es de 315 km/h. Al llevar un rotor en la parte delantera y otro en la trasera del armazón, no precisa ninguno en la cola. El CH-47F se usa, sobre todo, para transportar equipamiento y tropas, e incorpora tres metralletas.

▲ EL BUQUE DE COMBATE CON LA MAYOR SUPERFICIE Y CASCO ROMPEOLAS

Los cascos rompeolas son finos y alargados y están diseñados para hendir las olas de la superficie oceánica en vez de cabalgar sobre ellas. Así, su navegación es más suave y estable. El buque estadounidense *Zumwalt*, que entró en servicio el 15 de octubre de 2016, es el primer destructor de su clase. Mide 185 m de eslora y es un buque de combate plenamente furtivo.

▲ EL MAYOR BUQUE DE GUERRA CONSTRUIDO EN PLÁSTICO REFORZADO CON VIDRIO

Los buques de la clase Hunt de la Marina Real británica son cazaminas cuya misión secundaria es la de patrullar la costa. Su casco es de plástico reforzado con vidrio, y no de metal, por lo que genera una actividad de bajo magnetismo. Esto les protege de las minas y les permite detectar y fijar como objetivos los cascos metálicos convencionales. Miden 60 m de eslora y desplazan 750 toneladas.

▲ EL PRIMER CARRO DE COMBATE PRINCIPAL CON TORRETA NO TRIPULADA

El T-14 *Armata* es un modelo ruso que se presentó al público durante el desfile del Día de la Victoria de 2015 en Moscú, tras un período de cuatro años de pruebas y desarrollo. Sus tres tripulantes ocupan una cápsula blindada en el interior, mientras que el arma principal se controla de forma remota desde el compartimento de la tripulación (recuadro). El T-14 pesa unas 48 toneladas y mide 8,7 m de largo, sin contar el cañón.

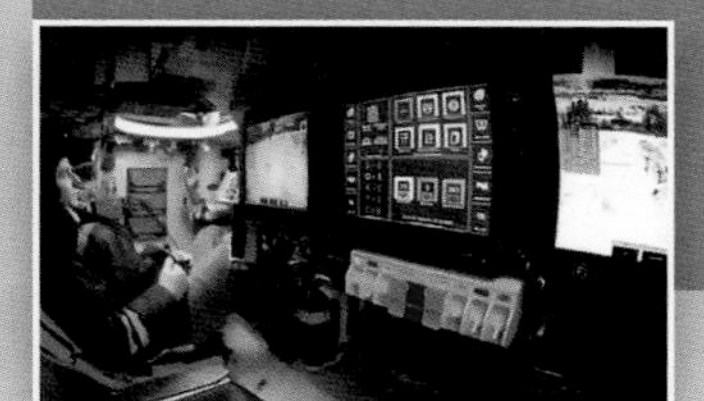

▲ EL MAYOR AVIÓN DE GEOMETRÍA VARIABLE

El bombardero ruso *Tupolev* Tu-160 (*Blackjack* en el nombre en clave de la OTAN) entró en servicio en 2005. Este bombardero estratégico supersónico cuenta con alas de geometría variable, también llamadas «alas swing». Durante el vuelo retroceden y modifican la forma de la nave para mejorar su eficiencia a altas velocidades. La envergadura de las alas del *Tupolev* Tu-160 es de 36,5 m recogidas y de 55,7 extendidas.

▲ LA AERONAVE MILITAR CON ROTORES BASCULANTES MÁS PESADA (RECIENTE)

La aeronave estadounidense Bell Boeing V-22 *Osprey* tiene un peso máximo, a plena carga y en despegue vertical, de 23.859 kg. Con sus rotores basculantes hacia arriba, despega y aterriza en vertical. En vuelo, los rotores se inclinan hacia delante (recuadro), lo que le permite alcanzar los 565 km/h, una velocidad muy superior a la de un helicóptero convencional.

Recopilatorio

Hay 60.000 personas sobrevolando EE.UU. continuamente.

▲ **EL PRIMER TELEFÉRICO DE DOS PISOS DESCAPOTABLE**
Con una altura máxima de 1.898 m sobre el nivel del mar, la montaña de Stanserhorn, Suiza, ofrece un panorama espectacular de los Alpes con vistas a 10 lagos e incluso, en un día despejado, a la vecina Alemania. Una de sus atracciones es el viaje de 6 min y 24 s en el teleférico panorámico «CabriO». En el piso superior de sus cabinas caben hasta 30 personas, ¡siempre que no tengan vértigo!

La red de carreteras más extensa

Según las últimas cifras ofrecidas por el CIA World Factbook, EE.UU. disponía de 6.586.610 km de carreteras en 2012. La India dispone de la siguiente red más extensa, con 4.699.024 km construidos.

El semáforo más antiguo en funcionamiento

Diseñado por Teddy Boor (EE.UU.), un semáforo de cuatro caras con una lámpara rotatoria roja y verde en su interior se instaló en 1932 en la esquina de las calles Main y Long en Ashville, Ohio, EE.UU. Siguió en funcionamiento hasta 1982, cuando fue trasladado al museo de la ciudad. A día de hoy, el semáforo todavía funciona.

▲ **EL PROGRAMA DE MODERNIZACIÓN DE AUTOBUSES MÁS GRANDE**
El autobús de dos pisos es un símbolo emblemático de la ciudad de Londres, R.U. Ahora, su popular flota de color rojo chillón le hace un guiño al verde. En julio de 2014, el departamento de tráfico de la ciudad, Transport for London (TfL), inició un gran programa de remodelación de sus autobuses más antiguos. 1.015 de los 1.800 autobuses a los que pretende llegar este programa ya han equipado sus escapes con un sistema de reducción catalítica selectiva de las emisiones de óxido de nitrógeno.

La carretera continua más larga

La Highway 1 en Australia rodea al país entero mediante una red de carreteras interconectadas, que pasa por todos los estados del país. Con una longitud de 14.523 km, supera en 3.500 km a su rival más cercana, la carretera transiberiana. Por ella circulan cada día más de un millón de personas.

La **carretera más larga en sentido único** también está en Australia. Con una longitud de 21 km, la M2 Southern Expressway, en Adelaida, Australia Meridional, fue construida para aliviar la congestión de la Main South Road. Funciona como vía de entrada a Adelaida por la mañana, mientras que por la tarde cambia el sentido del tráfico y se convierte en vía de salida hacia el sur.

La carretera recta más larga

Construida inicialmente como camino privado para el rey Fahd (Arabia Saudí), el tramo de la autopista 10 que conecta la autopista 75 en Haradh, Arabia Saudí, con la autopista 95 al oeste del país tiene 240 km. Atraviesa el desierto sin girar nunca a izquierda o derecha y sin subir o bajar de modo apreciable. Se estima que para recorrer este tramo se necesitan unas 2 h.

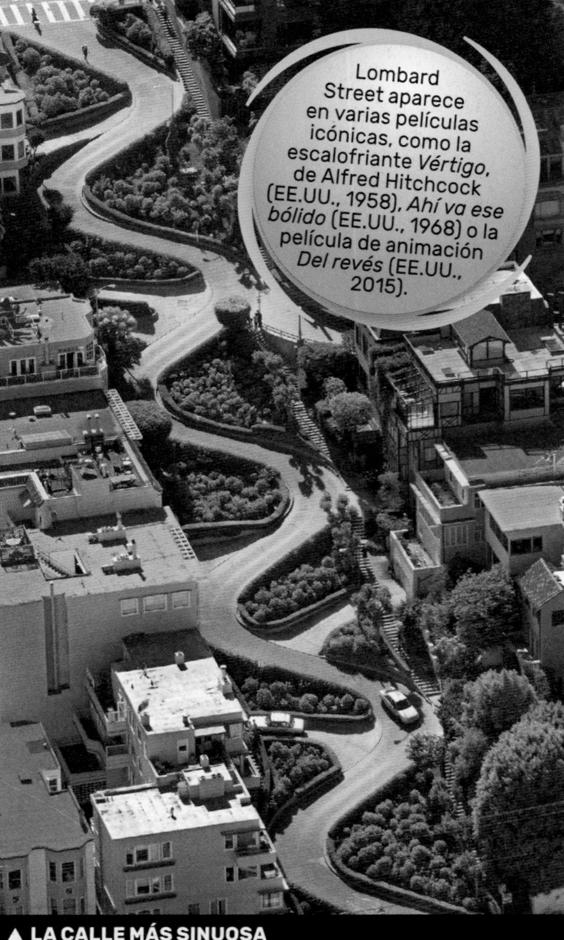

Lombard Street aparece en varias películas icónicas, como la escalofriante *Vértigo*, de Alfred Hitchcock (EE.UU., 1958), *Ahí va ese bólido* (EE.UU., 1968) o la película de animación *Del revés* (EE.UU., 2015).

▲ **LA CALLE MÁS SINUOSA**
Construida originalmente en 1922, Lombard Street, en San Francisco, California, EE.UU., le provocaría a un ciudadano de la Roma clásica un ataque al corazón. Los famosos 400 m de esta calle de ladrillo entre Hyde Street y Leavenworth Street en Russian Hill, tienen un trazado con ocho giros en horquilla que suman un giro total de 1.440°. Lombard Street sólo admite un sentido: bajar por la empinada cuesta de 1:3,7 de gradiente. El límite de velocidad está fijado en 8 km/h.

La calle más empinada

Situada en Dunedin, Nueva Zelanda, los 350 m de Baldwin Street salvan un desnivel de 69,2 m. La calle tiene una gradiente media de 1:5, pero cerca de su punto más alto llega hasta 1:2,86. Está pavimentada con hormigón acanalado para proporcionar más agarre.

La calle más corta

Ebenezer Place, en Wick, Caithness, R.U., medía 2,05 m de largo el 28 de octubre de 2006, lo que equivale a casi la mitad de un Volkswagen Beetle o un cuarto de la longitud de un autobús londinense Routemaster.

La ruta de autobús más larga

Operada por la compañía peruana Ormeño, la ruta de autobús más larga del mundo tiene 6.200 km, unas 14 veces la longitud del Gran Cañón, y conecta Lima (Perú), con Río de Janeiro (Brasil). Conocida como la Transoceánica, pasa por el Amazonas y los Andes en un viaje de 102 h, y sube hasta los 3.500 m sobre el nivel de mar.

La carretera de circunvalación más larga

Los 1.300 km de la autopista Uno (A01) rodean una vasta área del centro de Afganistán y conectan 16 de las 34 provincias del país.

▲ **LA ESTACIÓN DE TELEFÉRICO A MÁS ALTITUD**
Los visitantes del glaciar chino de Dagu recorren 3 km en teleférico desde la base en una zona de bosques hasta la cima nevada de una montaña con una hermosa panorámica del glaciar. Cada góndola puede transportar a ocho personas en trayectos de menos de 10 min. La estación terminal en la cumbre, a 4.843 m sobre el nivel del mar, deja literalmente sin aire a los pasajeros, que pueden recuperar el aliento en el que se conoce como «el café más solitario del mundo».

▲ EL MAYOR SALTO SENTADO EN UN HIDROALA
El diseño de los hidroalas permite que los cascos de los barcos y de otras embarcaciones sobresalgan del agua al navegar. El 22 de agosto de 2015, la leyenda del esquí acuático Mike Murphy (EE.UU.) utilizó un hidroala de 3,42 m de largo en Long Beach, California, EE.UU., para despegar desde la superficie del agua y sustentarse a gran altura durante más de 30 m.

El ascensor para barcos más alto
La presa Krasnoyarsk Dam alcanza los 124 m de altura y se encuentra junto al río Yenisei, Rusia. Tiene un ascensor para barcos con una cámara inundada a la que acceden los buques para salvar el desnivel de 124 m a través de un carril inclinado de 9 m de ancho y 1.510 m de largo. La cámara mide 113 m de largo y 26 m de ancho, y puede cargar embarcaciones de hasta 1,5 toneladas. Este enorme ascensor mueve la carga a 1 m/s.

El aeropuerto más grande (área)
El aeropuerto internacional King Fahd, cerca de Dammam, Arabia Saudí, mide 780 km². Es más grande que todo Bahréin, el país vecino.

▲ EL ASCENSOR DE BARCOS GIRATORIO MÁS GRANDE
Inaugurado oficialmente por la reina Isabel II el 24 de mayo de 2002, la Rueda de Falkirk, en Falkirk, R.U., mide 35 x 35 x 30 m. Conecta los canales de Forth & Clyde y Union, y puede cargar más de ocho barcos a la vez. Anteriormente, los barcos necesitaban casi todo un día para pasar por 11 esclusas, mientras que la Rueda de Falkirk reduce ese tiempo a 15 min. Construida con 1.200 toneladas de acero, se emplearon 1.000 trabajadores para montarla. Sólo utiliza 1,5 kW de energía para girar, la misma que para hervir ocho teteras domésticas.

La rotonda más grande
La rotonda de la carretera Persiaran Sultan Salahuddin Abdul Aziz Shah, en Putrajaya, Malasia, mide 3,4 km de circunferencia y tiene 15 entradas y salidas. El retiro real de Istana Melawati, la Putra Perdana (oficina del primer ministro) y el hotel de cinco estrellas Putrajaya están dentro de la rotonda.

La pista de patinaje sobre hielo más larga
A 14 de febrero de 2014, el lago Windermere Whiteway, congelado de forma natural y situado en Invermere, Columbia Británica, Canadá, medía 29,98 km de largo.

El primer transbordador para coches
Construido por BC Coast Service, de Canadian Pacific Railway Company, el *Motor Princess* fue botado en 1923. Llevaba en servicio casi 60 años cuando fue dado de baja en 1980.

▲ EL AEROPUERTO DE PASAJEROS PARA VUELOS NACIONALES E INTERNACIONALES CON MÁS TRÁFICO
Según el Consejo Internacional de Aeropuertos (ACI), 101.489.887 personas pasaron por el aeropuerto internacional Hartsfield-Jackson, en Atlanta, Georgia, EE.UU. en 2015. En segundo lugar se sitúa, a cierta distancia, el aeropuerto internacional de Pekín, China, con 89.938.628 pasajeros.

En 2015, el aeropuerto de Hartsfield-Jackson registró 882.497 operaciones de despegue y aterrizaje, y se convirtió en el **aeropuerto más transitado por número de aviones**.

El aeropuerto a más altitud
El aeropuerto de Daocheng Yading se encuentra situado a 4.411 m de altitud sobre el nivel del mar, en la prefectura autónoma tibetana de la provincia de Sichuan, China. Fue inaugurado el 16 de septiembre de 2013.

El aeropuerto situado sobre una playa con más tráfico
A pesar de quedar sumergido todos los días a causa de la marea, el aeropuerto de Barra, cuyas pistas se encuentran sobre la playa homónima, en las islas Hébridas Exteriores, R.U., tiene un intenso tráfico aéreo, con más de 1.000 vuelos al año.

El aeropuerto de carga con más tráfico
Según el ACI, pasaron 4.460.065 toneladas de mercancías por el aeropuerto internacional de Hong Kong en 2015.

Los aeropuertos más cercanos
Los aeropuertos de las islas vecinas de Papa Westray y Westray, en las islas Orcadas, R.U., están a 2,76 km de distancia. Ambos han sido catalogados como aeropuertos internacionales por la Asociación Internacional de Transporte Aéreo, con los códigos PPW y WRY, respectivamente. Un vuelo entre los dos aeropuertos tiene una duración de unos escasos 96 s.

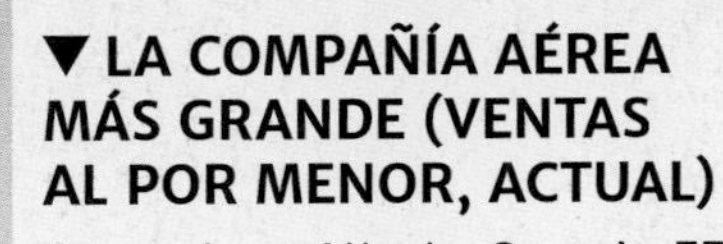

▼ LA COMPAÑÍA AÉREA MÁS GRANDE (VENTAS AL POR MENOR, ACTUAL)
Con sede en Atlanta, Georgia, EE.UU., la flota de 800 aviones de Delta Air Lines vuela a 323 destinos de 57 países. En 2015 Delta facturó en ventas al por menor un total de 26.752.484.100 $, según los datos de Euromonitor International Passport a 19 de agosto de 2016. La segunda compañía fue United Airlines (EE.UU.), con un volumen de ventas de 24.226.918.500 $ durante el mismo período.

La compañía norteamericana Delta Air Lines transporta a más de 180 millones de pasajeros todos los años, más que la suma de las poblaciones de R.U., España y Francia.

Los más pequeños

El **país más pequeño** podría caber 17,5 millones de veces en el **continente más pequeño**. Pero, ¿realmente es posible que el **gato más pequeño** que ha existido fuera cuatro veces más pequeño que el **perro policía más pequeño**? ¿Y cuál es la **unidad de longitud más pequeña del universo**? GWR te ofrece un rápido panorama de la relatividad de los tamaños, desde los siderales hasta los subatómicos.

Nuestro Sol es 11,6 veces más grande que la **estrella más pequeña conocida** (ver abajo).

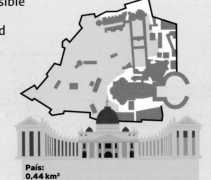

< 150.000 km

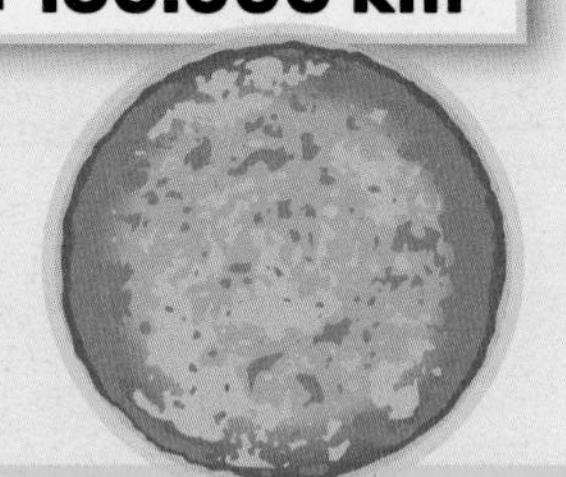

Estrella:
119.660 km

La estrella más pequeña que se conoce es la 2MASS J05233822-140322, observada a 40 años luz de la Tierra. Su diámetro es de unos 119.660 km, unas 0,086 veces el del Sol (arriba).

Continente:
4.000 km

Oceanía (u Oceanía/Australasia) es, según algunas fuentes, el continente más pequeño, aunque la delimitación de sus territorios varía. Para la mayoría de las fuentes, incluido el GWR, es Australia la que detenta el récord, con una extensión, de oeste a este, de unos 4.000 km, y una superficie de 7,69 millones de km². Además, es el sexto país más grande.

Planeta extrasolar:
1.930 km

Un planeta extrasolar (o exoplaneta) es el que orbita alrededor de un sol distinto al nuestro. El exoplaneta Kepler 37b orbita alrededor de la estrella Kepler 37, a unos 210 años luz de la Tierra, en la constelación de Lyra. Descubierto por la nave *Kepler* de la NASA el 20 de febrero de 2013, sólo tiene unos 1.930 km de diámetro, menos que el planeta Mercurio.

Mundo esférico:
396,6 km

Mimas, una de las lunas de Saturno, tiene un diámetro de 396,6 km. Es el cuerpo más pequeño que se conoce cuya forma haya sido redondeada por efecto de su propia gravedad. Es también la 20.ª luna más grande del Sistema Solar.

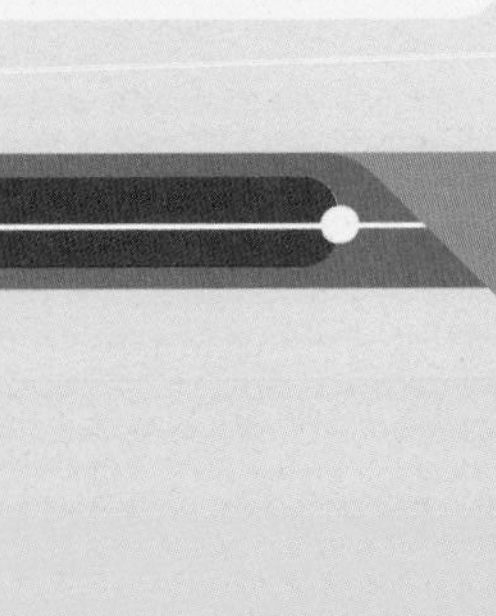

País:
0,44 km²

El país independiente más pequeño es el Estado de Ciudad del Vaticano o Santa Sede, un enclave en el interior de la ciudad de Roma, Italia. Con sus 0,44 km² de superficie, es más pequeño que el Pentágono, a su vez, el **edificio de oficinas más grande del mundo.**

< 5 m

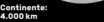

Nave espacial presurizada y pilotada:
3,34 x 1,89 m

La nave espacial *Mercury* se utilizó en seis misiones tripuladas de la NASA entre 1961 y 1963. En su interior llevaba a un único astronauta, en una cápsula cónica de 3,34 m de altura y 1,89 m de diámetro.

Aeronave:
2,69 m

Diseñado y construido por Robert H. Starr (EE.UU.), el biplano *Bumble Bee* medía 2,69 m de longitud, la envergadura de sus alas era de 1,68 m y pesaba 179,6 kg, vacío. Tenía cabida para una persona.

Vehículo apto para circular:
63,5 x 65,4 x 126,3 cm

Creado por Austin Coulson (EE.UU.), el vehículo apto para circular más pequeño mide 63,5 cm de altura, 65,4 cm de ancho y 126,3 cm de longitud. Se midió en Carrollton, Texas, EE.UU., el 7 de septiembre de 2012.

Mujer (de todos los tiempos): 61 cm

Pauline Musters, conocida como *la Princesa Pauline*, nació en Ossendrecht, Países Bajos, el 26 de febrero de 1876 y midió 30 cm al nacer. Murió de neumonía con meningitis el 1 de marzo de 1895, a los 19 años. Un examen *post mortem* reveló que medía 61 cm de altura.

Hombre (de todos los tiempos):
54,6 cm

Chandra Bagadur Dangi (Nepal) medía 54,6 cm a fecha de 26 de febrero de 2012, tal y como se comprobó en el CIWEC Clinic Travel Medicine Center de Lainchaur, Katmandú, Nepal.

< 50 cm

Dinosaurio:
39 cm

El *Microraptor Zhaoianus* tenía plumas y media 39 cm de largo, de los que 24 cm correspondían a la cola. Un ejemplar fósil hallado en China en 1999 se ha datado en hace unos 110-120 millones de años.

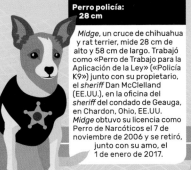

Perro policía:
28 cm

Midge, un cruce de chihuahua y rat terrier, mide 28 cm de alto y 58 cm de largo. Trabajó como «Perro de Trabajo para la Aplicación de la Ley» («Policía K9») junto con su propietario, el *sheriff* Dan McClelland (EE.UU.), en la oficina del *sheriff* del condado de Geauga, en Chardon, Ohio, EE.UU. *Midge* obtuvo su licencia como Perro de Narcóticos el 7 de noviembre de 2006 y se retiró, junto con su amo, el 1 de enero de 2017.

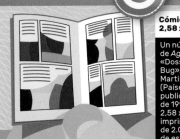

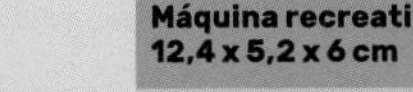

Máquina recreativa:
12,4 x 5,2 x 6 cm

En 2009, el ingeniero informático Mark Slevinsky (Canadá) construyó una máquina recreativa plenamente operativa que medía 12,4 x 5,2 x 6 cm. Él mismo diseñó el sistema operativo, FunkOS, para programar sus copias de *Tetris*, *Space Invaders* y *Breakout*.

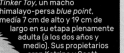

Gato:
7 cm

Tinker Toy, un macho himalayo-persa *blue point*, medía 7 cm de alto y 19 cm de largo en su etapa plenamente adulta (a los dos años y medio). Sus propietarios eran Katrina y Scott Forbes, de Taylorville, Illinois, EE.UU.

Ave:
5,7 cm

El macho del colibrí zunzuncito (*Mellisuga helenae*) de Cuba y la Isla de la Juventud mide 5,7 cm de longitud, y la mitad corresponde al pico y la cola. Los machos pesan 1,6 g, y las hembras son algo mayores.

< 5,5 cm

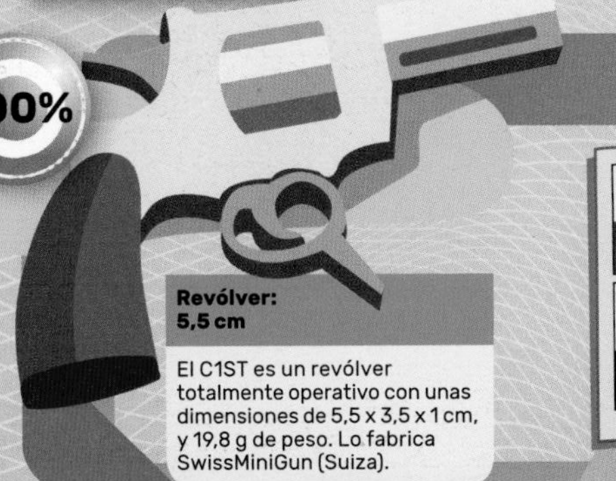

Revólver:
5,5 cm

El C1ST es un revólver totalmente operativo con unas dimensiones de 5,5 x 3,5 x 1 cm, y 19,8 g de peso. Lo fabrica SwissMiniGun (Suiza).

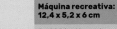

Cómic:
2,58 x 3,7 cm

Un número especial de *Agent 327*, titulado «Dossier Minimum Bug», escrito por Martin Lodewijk (Países Bajos) y publicado en junio de 1999, medía sólo 2,58 x 3,7 cm. Se imprimieron un total de 2.000 copias de este cómic de 16 páginas a todo color, que se vendió con una lupa de regalo.

Taladro operativo:
17 x 7 x 13,5 mm

El taladro sin cable más pequeño mide 17 x 7 x 13,5 mm y sostiene una broca de 11,75 mm de longitud. Es una herramienta impresa en 3D, diseñada y fabricada por Lance Abernethy (Nueva Zelanda) el 21 de marzo de 2015.

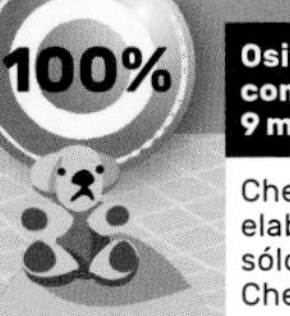

Osito de peluche comercializado:
9 mm

Cheryl Moss (Sudáfrica) elaboró a mano un osito que sólo mide 9 mm de altura. Cheryl lleva varios años creando ositos minúsculos que vende en tiendas especializadas en peluches.

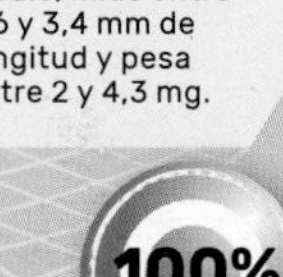

Huesos humanos:
2,6-3,4 mm

El estapedio o estribo, uno de los tres osículos auditivos del oído medio, mide entre 2,6 y 3,4 mm de longitud y pesa entre 2 y 4,3 mg.

< 1 mm

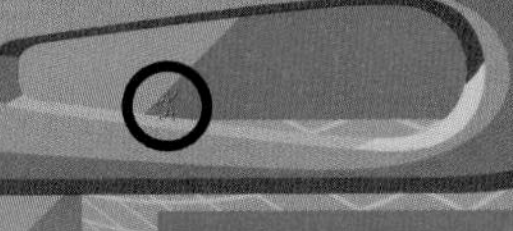

Escultura de un humano:
80 x 100 x 30 micras

La escultura más pequeña modelada de una persona real es *Trust*, de Jonty Hurwitz (R.U.), una pieza impresa en 3D de una mujer, que mide 80 x 100 x 30 micras. Inspirada en el primer amor del artista 27 años después de que se conocieran, se verificó el 13 de febrero de 2015 en la Karlsruhe Nano Micro Facility, Alemania.

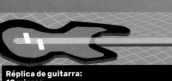

Réplica de guitarra:
10 micras

Una guitarra basada en una Fender Stratocaster y tallada de un bloque de silicona medía 10 micras de longitud: la vigésima parte del grosor de un pelo humano. Fabricada en 1997 en sólo 20 min por científicos de la Universidad de Cornell, Nueva York, EE.UU., cada una de sus cuerdas tenía un grosor de 0,05 micrómetros, el equivalente a una fila de 100 átomos.

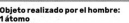

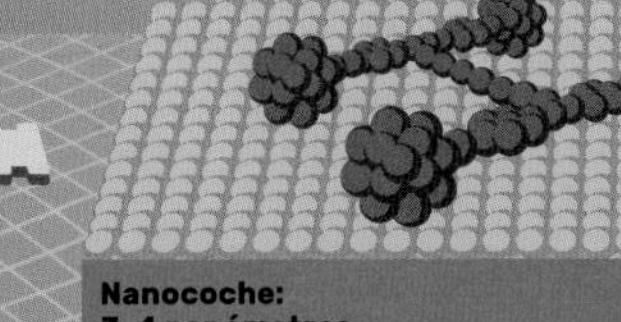

Nanocoche:
3-4 nanómetros

En 2005, científicos de la Universidad de Rice, EE.UU., encabezados por James Tour, presentaron un «coche», fabricado con una molécula de mayoría de átomos de carbono, que incluye un chasis, ejes y cuatro ruedas hechas con moléculas de fullereno. El conjunto entero tiene una extensión de sólo 3-4 nanómetros, poco más que una hebra de ADN.

Objeto realizado por el hombre:
1 átomo

Mediante la microscopía de iones en campo, se han moldeado los extremos de sondas de microscopios de efecto túnel con terminaciones en un solo átomo. Las tres últimas capas, de siete, tres y un átomo, forman la pirámide más pequeña hecha por el hombre.

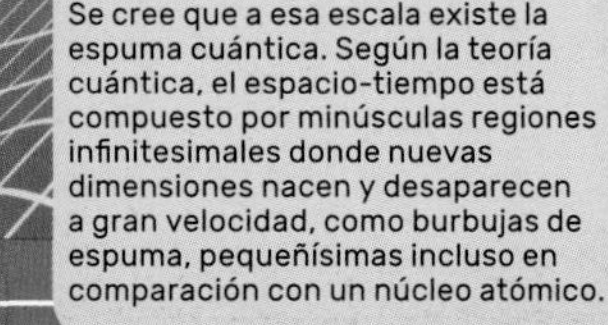

Unidad de longitud: $1,6 \times 10^{-35}$ m

La longitud medible más pequeña en el universo es la longitud de Planck ($1,6 \times 10^{-35}$ m). Equivale aproximadamente a una millonésima de mil millonésimas de mil millonésimas de mil millonésimas partes de centímetro (una coma de decimal seguida de 34 ceros y un uno). Se cree que a esa escala existe la espuma cuántica. Según la teoría cuántica, el espacio-tiempo está compuesto por minúsculas regiones infinitesimales donde nuevas dimensiones nacen y desaparecen a gran velocidad, como burbujas de espuma, pequeñísimas incluso en comparación con un núcleo atómico.

Deportes

Michael Phelps (EE.UU.) ha ganado el mismo número de medallas de oro olímpicas (23) que India, Nigeria, Egipto y Portugal juntos.

▶ LOS 400 M MÁS RÁPIDOS

El 14 de agosto de 2016, en los Juegos Olímpicos de Río, Wayde van Niekerk (Sudáfrica) ganó la final de los 400 m lisos con una marca de 43,03 s, con la que batió el récord de 43,18 s de Michael Johnson (EE.UU.), vigente 17 años. La rotunda victoria de van Niekerk fue aún más impresionante porque corrió por la calle exterior, la 8, desde la que resulta más difícil ver a los contrincantes y, por tanto, calcular bien el ritmo de carrera.

El 12 de marzo de 2016, van Niekerk se convirtió en el **primer atleta en lograr una marca por debajo de los 10 s en 100 m, de los 20 en 200 m y de los 44 en 400 m**, tras correr los 100 m en 9,98 s en la Free State Championships en Bloemfontein, Sudáfrica. Superó así las tres grandes barreras de los atletas de velocidad. Es el primer corredor que ha logrado esta hazaña.

SUMARIO

Usain Bolt (Jamaica) ha desafiado a van Niekerk en una carrera de 300 m. Tienen el segundo y tercer mejor tiempo, respectivamente, en esta distancia no oficial, por detrás de Michael Johnson, cuya marca es de 30,85 s.

Avance de la Copa Mundial de la FIFA

Nos adelantamos a la Copa Mundial de la FIFA que se celebrará en 2018 en Rusia y presentamos una selección de récords relacionados con esta competición.

▲ MÁS PARTIDOS DISPUTADOS DE LA COPA MUNDIAL
El centrocampista alemán Lothar Matthäus fue convocado por su selección para todos los torneos entre 1982 y 1998, en los que disputó un total de 25 encuentros. Sólo fue suplente en las ediciones de 1982 y 1998, y su papel fue crucial para la selección alemana en 1986 (finalistas), 1990 (ganadores) y 1994 (cuartofinalistas).

Más participaciones en la Copa Mundial antes de ser anfitrión
Rusia (o su predecesor, la Unión Soviética) ha participado en 10 torneos de la Copa Mundial desde 1958. Tras varios intentos, finalmente fue elegida para organizar la edición de 2018. El estadio Olímpico Fisht, en Sochi, una de las instalaciones seleccionadas para Rusia 2018, es el **primer estadio elegido para celebrar unos JJ.OO. de invierno y una Copa Mundial de fútbol**. Construido para los JJ.OO. y Paralímpicos de invierno de 2014, acogerá seis partidos del Mundial de 2018. En la fase de calificación para Rusia 2018 participaron **más selecciones** que en ninguna edición anterior, con 210 países representados. Sólo 32 selecciones disputarán la fase final.

El primer gol de una Copa Mundial de fútbol
Lucien Laurent (Francia), que era mecánico a tiempo parcial, marcó el primer gol en una Copa Mundial en el partido disputado entre Francia y México en el Estadio Pocitos de Montevideo, Uruguay, el 13 de julio de 1930. Su gol de volea en el minuto 19 encarriló la victoria por 4-1 de Francia. Fue uno de los partidos de inauguración de la Copa Mundial de 1930.

En el torneo de 1930 se marcaron 70 goles, pese a que sólo se disputaron 18 partidos, una media de 3,89 goles por encuentro. No obstante, la **media con mayor número de goles por partido en una Copa Mundial** se remonta a la edición disputada en 1954 en Suiza, con 5,38. En 1962 la media bajó a 2,89 por partido, y no ha subido de tres por partido desde entonces.

Más expulsiones en un partido de la Copa Mundial
La victoria en octavos de final de Portugal contra Holanda del 25 de junio de 2006 fue uno de los partidos más broncos de la historia de la Copa Mundial. La «batalla de Núremberg» (por la ciudad donde se disputó) acabó con cuatro jugadores expulsados (dos de cada equipo) y 16 tarjetas amarillas en total. Fue tras otro violento partido famoso, «la batalla de Santiago», disputado en la Copa Mundial de 1962, cuando al árbitro inglés Ken Aston se le ocurrió introducir el sistema de tarjetas amarilla y roja.

La selección holandesa ha llegado a la final de la Copa Mundial en tres ocasiones, y en otras dos a las semifinales, pero nunca ha ganado el torneo.

P: El trofeo fue robado en una ocasión, ¿cuándo?

R: En 1996. La copa, que se exhibía en Londres, R.U., desapareció en marzo y se recuperó en una semana.

El gol más rápido en un partido de la Copa Mundial
Hakan Şükür (Turquía) marcó a los 11 s del inicio del partido entre Turquía y Corea del Sur en la edición de 2002, el 29 de junio.

Un desafortunado Sead Kolašinac (Bosnia Herzegovina) logró el récord contrario el 15 de junio de 2014, con el **gol en propia puerta más rápido en una Copa Mundial**. Marcó en su propia portería a los 2 min y 8 s de juego. Bosnia Herzegovina perdió 2-1 contra Argentina.

El portero imbatido durante más tiempo en una Copa Mundial
El portero Walter Zenga (Italia) permaneció 518 min sin encajar un gol durante la edición de 1990.

El goleador de más edad en una Copa Mundial
El legendario delantero camerunés Roger Milla tenía 42 años y 39 días cuando anotó un gol contra Rusia en Stanford, California, EE.UU., el 28 de junio de 1994. Su intervención en este partido, el último del Camerún en la edición de 1994, lo convirtió en el jugador de más edad en disputar una Copa del Mundo hasta que lo superó Faryd Mondragón (ver pág. siguiente).

El **goleador más joven** es Pelé (ver pág. siguiente), ya que marcó el único gol de Brasil contra Gales el 19 de junio de 1958, con tan sólo 17 años y 239 días.

Más asistencia de público a un partido de fútbol
173.850 espectadores asistieron el 16 de julio a la final de la Copa Mundial de 1950 disputada en el estadio Maracaná de Río de Janeiro, Brasil.

Los anfitriones perdieron contra Uruguay por un sorprendente resultado de 2-1. La derrota se vivió como una catástrofe nacional en Brasil, donde aún se recuerda como el desastre de Maracaná o «Maracanazo».

◄ MÁS COPAS MUNDIALES GANADAS
La superpotencia sudamericana del fútbol, Brasil, ha ganado la Copa Mundial cinco veces: 1958, 1962, 1970, 1994 y 2002 (fotografía de la izquierda). Brasil también es el único país que ha participado en todos las ediciones del torneo, desde la primera en 1930.

Los otros países ganadores de la Copa Mundial son Alemania e Italia (cuatro veces cada uno), Argentina y Uruguay (dos veces) e Inglaterra, Francia y España, cada uno una vez.

FIFA WORLD CUP
RUSSIA 2018

Rusia organizará la 21.ª Copa Mundial del 14 de junio al 15 de julio de 2018; se jugarán partidos en 12 estadios de 11 ciudades. ¿Se batirá alguno de estos récords?

Más tarjetas rojas a un equipo: Brasil con 11 (10 directas y una doble tarjeta amarilla) desde 1938.

4

Más tarjetas rojas en un partido: se sacaron cuatro durante el partido Portugal-Holanda (dos a cada equipo) disputado el 25 de junio de 2006.

2,91

Es la media de goles por partido de las fases finales de la Copa Mundial. Sobre **la edición con más goles** (ver a la izquierda).

2,21

Es la **media más baja de goles por partido en una edición de la Copa Mundial**, debido a la defensiva fase final del Mundial de Italia 1990.

16

Tim Howard (EE.UU.) realizó 16 paradas en un partido contra Bélgica el 1 de julio de 2014. Es el **mayor número de paradas en una fase final de la Copa Mundial**.

El árbitro más joven: Francisco Mateucci (Uruguay) tenía 27 años y 2 días cuando arbitró el Yugoslavia-Bolivia disputado el 17 de julio de 1930.

◀ EL JUGADOR DE MÁS EDAD EN DISPUTAR UN MUNDIAL

El portero colombiano Faryd Mondragón (n. el 21 de junio de 1971) tenía 43 años y 3 días cuando disputó el partido que terminó con una cómoda victoria por 4-1 de Colombia contra Japón en Cuiabá, Brasil, el 24 de junio de 2014. Con su intervención batió el récord en poder del delantero Roger Milla (Camerún) desde el Mundial de 1994 (ver pág. anterior).

▲ EL JUGADOR MÁS JOVEN EN UNA COPA MUNDIAL

Norman Whiteside (n. el 7 de mayo de 1965) fue titular en el primer partido de la fase de grupos que disputó Irlanda del Norte en la edición de 1982 contra Yugoslavia, con 17 años y 42 días, que terminó sin goles. Whiteside disputó todos los partidos de su selección durante el torneo de 1982 (incluida la sorprendente victoria contra el anfitrión, España).

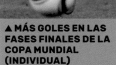

▲ EL PRIMERO EN GANAR UNA COPA MUNDIAL COMO CAPITÁN Y ENTRENADOR

En 1974, Franz Beckenbauer (arriba, entonces con 28 años) capitaneó a Alemania Occidental hasta la final en la que su selección se impuso a Holanda. Casi 16 años después, Beckenbauer, ya como entrenador a la edad de 44 años (arriba a la derecha), condujo a Alemania Occidental hasta la victoria en la Copa Mundial de 1990.

La **primera persona en ganar como jugador y entrenador** fue el brasileño Mário Zagallo, que logró el título como jugador en 1958 y 1962, y como seleccionador en 1970.

▲ MÁS GOLES EN LAS FASES FINALES DE LA COPA MUNDIAL (INDIVIDUAL)

El excelente rematador Miroslav Klose (Alemania) marcó 16 goles en sus 24 intervenciones con Alemania entre 2002 y 2014. En la edición de 2006, ganó la codiciada Bota de Oro con cinco goles (premio al jugador que marca más goles durante la competición). También es uno de los 46 jugadores en conseguir un hat-trick en un partido del Mundial desde que se disputó el primero en 1930.

▲ EL JUGADOR MÁS JOVEN EN GANAR UNA COPA MUNDIAL

Pelé (Brasil, n. el 23 de octubre de 1940; arriba a la derecha) había jugado un único partido con su selección antes del Mundial de Suecia de 1958. Con su primera participación en este torneo, se convirtió en el **jugador más joven** en disputarlo (récord que mantuvo hasta 1982, ver arriba). También fue el **goleador más joven** (ver pág. anterior) y el jugador más joven en ganar un Mundial el 29 de junio, a los 17 años y 249 días. En total cuenta con siete GWR, que le entregamos en 2013 (arriba).

La estrella argentina Lionel Messi considera que Maradona es «el mejor de todos los tiempos».

◀ MÁS GOLES MARCADOS EN UNA COPA MUNDIAL COMO CAPITÁN

El centrocampista argentino Diego Maradona marcó seis goles en los torneos que disputó durante sus ocho años (1986-1994) como capitán de su selección. Argentina llegó a la final de la Copa Mundial en dos ocasiones con él como capitán: en 1986 (cuando ganaron) y en 1990 (cuando perdieron contra Alemania Occidental). Además ostenta el récord de más **intervenciones en una Copa Mundial como capitán** (16).

◀ MÁS MINUTOS JUGADOS EN UNA COPA MUNDIAL

El defensa italiano Paolo Maldini estuvo en el once inicial de todos los partidos que Italia jugó entre 1990 y 2002. Nunca lo sustituyeron, ni siquiera cuando el partido llegó a la prórroga o a los penaltis (algo habitual en un equipo que se caracterizaba por una férrea defensa). En total, Maldini disputó 2.217 minutos de la Copa Mundial (lo que equivale a 36 horas, o un día y medio).

Fútbol de clubes

En 2016 Paul Pogba (Francia) se convirtió en el **futbolista más caro** después de su fichaje por el Manchester United por 105.000.000 €.

▲ MÁS PARTICIPACIONES EN COMPETICIONES DE CLUBES DE LA UEFA
El 14 de marzo de 2017, el portero Iker Casillas (España) disputó su 175.° encuentro de una competición de la UEFA con su actual equipo, el Porto (Portugal), frente a la Juventus (Italia) en Turín, Italia. Casillas, exjugador del Real Madrid (1999-2015), también tiene el récord de **más participaciones en partidos de la UEFA Champions League**: 168.

La racha de imbatibilidad más larga de un equipo recién ascendido de la Bundesliga
El RB Leipzig (Alemania) encadenó 13 partidos sin perder entre el 28 de agosto y el 3 de diciembre de 2016. A pesar de que casi pierden el primer partido, entre el 30 de septiembre y el 3 de diciembre lograron ocho triunfos consecutivos. La racha del Leipzig acabó frente al Ingolstadt, que lo derrotó por 1-0.

El entrenador más joven de la Bundesliga
Julian Nagelsmann (Alemania, n. el 23 de julio de 1987) tenía 28 años y 203 días cuando asumió el cargo en el TSG 1899 Hoffenheim el 11 de febrero de 2016.

La racha de imbatibilidad más larga de un equipo de la Ligue 1
El París Saint-Germain encadenó 36 partidos sin perder (32 victorias y 4 empates) en la primera división francesa entre el 15 de marzo de 2015 y el 20 de febrero de 2016. Anotaron 98 goles, una media de 2,72 tantos por partido. Con anterioridad, el Nantes se mantuvo imbatido 32 partidos en 1994-95.

Primer partido de la Serie A con todos los futbolistas extranjeros
Ninguno de los 22 jugadores que iniciaron el encuentro entre el Inter y el Udinese disputado el 23 de abril de 2016 era italiano. Ganó el Inter por 3-1.

Más victorias consecutivas como local en la UEFA Champions League
El Bayern de Múnich (Alemania) ganó 16 partidos consecutivos de la Champions League como local entre el 17 de septiembre de 2014 y el 15 de febrero de 2017. Anotó 58 goles.

Más victorias consecutivas en La Liga
El Real Madrid (España) ganó 16 partidos consecutivos en la primera división del fútbol español entre el 2 de marzo y el 18 de septiembre de 2016. Igualó la marca de su gran rival, el FC Barcelona (entre el 16 de octubre de 2010 y el 5 de febrero de 2011).

Más goles marcados por un jugador en la UEFA Champions League
El 18 de abril de 2017, Cristiano Ronaldo (Portugal) marcó tres goles con el Real Madrid en el partido de vuelta de cuartos de final contra el Bayern de Múnich y alcanzó los 100 goles en esta competición.

Más equipos entrenados en la UEFA Champions League
Carlo Ancelotti (Italia) ha entrenado a siete equipos en la competición de fútbol más importante de Europa entre 1997 y 2016: Parma, Juventus, AC Milan (todos de Italia), Chelsea (R.U.), París Saint-Germain (Francia), Real Madrid (España) y Bayern de Múnich (Alemania).

Más tarjetas amarillas mostradas a un equipo en un partido de la Premier League
El 2 de mayo de 2016, nueve jugadores del Tottenham Hotspur (R.U.) recibieron una amonestación en el partido contra el Chelsea en Stamford Bridge, Londres, R.U., que terminó 2-2.

La victoria más abultada en la Major League Soccer (MLS)
El 21 de mayo de 2016, los New York Red Bulls vencieron a su rival de la ciudad, los New York City FC, por 7-0. Igualaban la diferencia de goles de los LA Galaxy contra los FC Dallas (8-1 el 4 de junio de 1998), y la de los Chicago Fire contra los Kansas City Wizards (todos de EE.UU.), 7-0 el 4 de julio de 2001.

▲ MÁS VICTORIAS CONSECUTIVAS EN LA UEFA EUROPA LEAGUE
El Sevilla FC (España) ganó su tercera UEFA Europa League consecutiva al imponerse al Liverpool (R.U.) por 3-1 el 18 de mayo de 2016 en la final jugada en el estadio St Jakob-Park de Basilea, Suiza. El entrenador Unai Emery (España) dirigió al equipo en los tres triunfos: el **mayor número de torneos de la UEFA Europe League ganados por un entrenador**, empatado con Giovanni Trapattoni (Italia).

▲ MÁS GOLES MARCADOS POR UN JUGADOR EN UNA TEMPORADA DE LA SERIE A
El goleador argentino Gonzalo Higuaín batió un antiguo récord de la Serie A tras marcar 36 goles con el Nápoles (Italia) la temporada 2015-16. El anterior récord de 35 goles lo logró Gunnar Nordahl (Suecia) en la temporada 1949-50 como jugador del AC Milan (Italia). Higuaín superó la anterior marca al anotar tres goles en el partido que cerraba la competición contra el Frosinone, con un último espectacular tanto de chilena.

▲ MÁS PARTIDOS SIN PERDER EN LA PREMIER LEAGUE INGLESA ANOTANDO ALGÚN GOL
Entre el 26 de diciembre de 2002 y el 19 de marzo de 2017, James Milner (R.U.) marcó en 47 partidos de la Premier sin que su equipo perdiera. Ganó 37 y empató 10 como jugador de Leeds United, Newcastle United, Aston Villa, Manchester City y Liverpool (todos del R.U.).

La anterior mayor remontada en un partido de vuelta de la Champions League la protagonizó el Deportivo de La Coruña (España) en 2004. Los gallegos eliminaron al AC Milan tras imponerse por 4-0 y darle la vuelta al 4-1 encajado en el partido de ida.

▶ LA MAYOR REMONTADA EN UN PARTIDO DE VUELTA DE UNA ELIMINATORIA DE LA CHAMPIONS LEAGUE
El 8 de marzo de 2017, el FC Barcelona (España) se impuso por 6-1 al París Saint-Germain (Francia) en el Camp Nou, en Barcelona, España y logró remontar el 4-0 encajado en el partido de ida con un marcador global de la eliminatoria de 6-5. El equipo catalán marcó tres goles en los últimos siete minutos, con dos tantos de Neymar y el último y decisivo de Sergi Roberto (en la imagen) en el minuto 95.

Fútbol internacional

El «aplauso vikingo» popularizado por los seguidores de Islandia en la Euro 2016 fue creado por los hinchas del club escocés Motherwell.

▲ **EL PAÍS MENOS POBLADO EN CLASIFICARSE PARA EL CAMPEONATO EUROPEO DE NACIONES DE LA UEFA**
Con una población de apenas 331.918 personas, Islandia se clasificó para la Eurocopa de 2016 disputada en Francia, en la que alcanzaron los cuartos de final. Tras superar a Inglaterra por 2-1, cayó eliminada frente a Francia el 3 de julio por 5-2.

La racha más larga sin victorias de una selección nacional
Andorra no ganó ninguno de los 86 partidos que jugó entre el 17 de noviembre de 2004 y el 13 de noviembre de 2016. El 22 de febrero de 2017 derrotó a San Marino (2-0).

Más partidos ganados por un entrenador con un misma selección nacional
Alemania ganó 97 partidos con Joachim Löw (Alemania) entre el 16 de agosto de 2006 y el 26 de marzo de 2017, incluyendo la final de la Copa del Mundo 2014.

Mayores ganancias anuales de un futbolista (año en curso)
Cristiano Ronaldo (Portugal, abajo) ingresó 88.000.000 $ en los 12 meses previos al 1 de junio de 2016, según *Forbes*.

▲ **MÁS GOLES DE UN JUGADOR EN LA COPA MUNDIAL DE FÚTBOL SALA DE LA FIFA**
Alessandro Rosa Vieira (Brasil, derecha), conocido como Falcão, marcó 48 goles entre el 18 de noviembre de 2000 y el 21 de septiembre de 2016. Considerado el mejor jugador de fútbol sala del mundo, ha sido dos veces campeón de la Copa Mundial de Fútsal y una subcampeón. En su último partido, marcó tres goles y su equipo ganó frente a Irán. En la Copa Mundial de 2016 logró 10 goles.

El jugador de más edad en disputar una fase final de la Copa Africana de Naciones
El portero egipcio Essam El-Hadary (n. el 15 de enero de 1973) jugó la final de la Copa Africana de Naciones 2017 contra Camerún con 44 años y 21 días. No pudo lograr una quinta victoria en el torneo al perder por 2-1 el encuentro jugado el Stade de l'Amitié de Libreville, Gabón, el 6 de febrero.

El jugador de más edad en disputar un Campeonato Europeo de Naciones de la UEFA
Gábor Király (n. el 1 de abril de 1976) tenía 40 años y 74 días cuando jugó con Hungría el partido de primera ronda contra Austria en el Stade Matmut Atlantique en Burdeos, Francia, el 14 de junio de 2016. Debutó contra el mismo equipo en 1998.

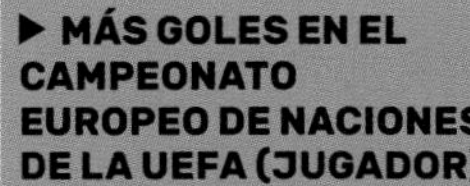

▶ **MÁS GOLES EN EL CAMPEONATO EUROPEO DE NACIONES DE LA UEFA (JUGADOR)**
En la Euro 2016, Cristiano Ronaldo anotó su noveno tanto de la competición en la victoria de Portugal frente a Gales por 2-0 durante las semifinales del 6 de julio. Cristiano igualaba así el récord de Michel Platini (Francia), que marcó nueve goles en la Eurocopa de 1984. Ronaldo también ostenta el récord de **más fases finales de la Euro anotando algún gol**: cuatro, entre 2004 y 2016.

▲ **LOS PRIMEROS HERMANOS EN ENFRENTARSE EN EL CAMPEONATO EUROPEO DE NACIONES DE LA UEFA**
Granit y Taulant Xhaka defendían camisetas distintas el 11 de junio de 2016, cuando Suiza y Albania se enfrentaron en la fase de grupos de la Eurocopa en Lens, Francia. Suiza, el equipo del hermano pequeño (Granit), venció por 1-0. Por su parte, Taulant fue sustituido. Los hermanos, de padres albaneses, nacieron en Suiza.

Más partidos como entrenador de una misma selección nacional
Óscar Tabárez (Uruguay) ha dirigido al equipo de Uruguay 171 veces en dos etapas distintas: 1988-90 y 2006-17. El récord anterior estaba en 167, logrado por el entrenador alemán Josef *Sepp* Herberger.

El partido internacional disputado en más ocasiones
A 2 de septiembre de 2016, Argentina y Uruguay se habían enfrentado 187 veces con un balance de 87 victorias argentinas, 57 uruguayas y 43 empates.

Más derrotas de una selección en tandas de penaltis en la Copa América
Argentina ha sido eliminada de la Copa América en cinco ocasiones en tandas de penaltis: 1995, 2004, 2011, 2015 y 2016.

▲ **EL GOL MÁS RÁPIDO EN UN PARTIDO DE CLASIFICACIÓN PARA LA COPA MUNDIAL DE LA FIFA**
El 10 de octubre de 2016, 8,1 s después del saque inicial, Christian Benteke marcó para Bélgica contra Gibraltar en el estadio Algarve de Algarve, Portugal. Benteke recuperó el balón tras la posesión inicial de Gibraltar. El encuentro finalizó 6-0 a favor de Bélgica.

Después de fallar un penalti en la tanda que decidía el ganador de la final de la Copa América 2016, Lionel Messi anunció que dejaba la selección. La gran movilización de los aficionados logró hacerlo cambiar de opinión.

◀ MÁS GOLES MARCADOS POR UN JUGADOR SUPLENTE EN UN PARTIDO DE LA COPA AMÉRICA

El 10 de junio de 2016, Lionel Messi saltó al campo desde el banquillo y marcó tres goles en el partido entre Argentina y Panamá en el Soldier Field de Chicago, Illinois, EE.UU. Igualaba así el logro de Paulo Valentim, que anotó tres goles con Brasil en un partido contra Uruguay disputado en el estadio Monumental de Buenos Aires, Argentina, el 26 de marzo de 1959.

Fútbol americano

Apostar sobre el resultado del lanzamiento de la moneda al inicio de la Super Bowl es una tradición popular en EE.UU. Tras 51 partidos, las cruces aventajan a las caras por 27-24.

▲ **PRIMER JUGADOR DE LA NFL EN ANOTAR TOUCHDOWNS COMO CORREDOR, RECEPTOR Y A REGRESO DE KICKOFF EN UN PARTIDO DE POSTEMPORADA**

El 14 de enero de 2017, Dion Lewis anotó tres tipos distintos de touchdown en la victoria de los New England Patriots por 31-16 sobre los Houston Texans. Gale Sayers (1965) y Tyreek Hill (2016) también lo habían logrado, pero sólo en temporada regular.

Si no se indica de otro modo, todos los equipos y jugadores son de EE.UU.

Mayor eficacia de pase en una temporada de la NFL

Sam Bradford, quarterback de los Minnesota Vikings, logró en 2016 un porcentaje de eficiencia de pase del 71,6%, superando así la marca de 71,2% de Drew Brees (2011).

Mayor porcentaje de goles de campo convertidos en una carrera en la NFL

A 31 de diciembre de 2016, Justin Tucker había convertido 168 de los 187 goles de campo ensayados como jugador de los Baltimore Ravens (un 89,8%).

Más pases completados por un novato en una temporada de la NFL

Carson Wentz completó 379 pases como jugador de los Philadelphia Eagles en 2016. El anterior récord de 354, establecido por Sam Bradford como jugador de los St Louis Rams, estaba vigente desde 2010.

Más temporadas avanzando más de 5.000 yardas en toda una carrera en la NFL

Drew Brees, quarterback de los New Orleans Saints, ha avanzado más de 5.000 yardas en una sola temporada en cinco ocasiones: 2008, 2011-13 y 2016.

El primer quarterback de la NFL en avanzar más de 4.000 yardas en sus dos primeras temporadas

Jameis Winston avanzó más de 4.000 yardas como jugador de los Tampa Bay Buccaneers entre las temporadas 2015 y 2016.

Más remontadas en el cuarto periodo de un quarterback en una temporada de la NFL

Matthew Stafford protagonizó ocho remontadas en el cuarto periodo como jugador de los Detroit Lions la temporada 2016.

▲ **MÁS PENALIZACIONES DE UN EQUIPO EN UN PARTIDO DE LA NFL**

El 30 de octubre de 2016, los Oakland Raiders sufrieron 23 penalizaciones para un total de 200 yardas frente a los Tampa Bay Buccaneers. Antes, habían sido castigados con 22 penalizaciones los Brooklyn Tigers y los Chicago Bears en 1944, y los San Francisco 49ers en 1998. Pese a todo, los Raiders ganaron en la prórroga por 30-24.

▲ **MÁS GOLES DE CAMPO CONSECUTIVOS MARCADOS POR UN PATEADOR DE LA NFL**

Adam Vinatieri convirtió 44 goles de campo consecutivos como jugador de los Indianapolis Colts entre las temporadas 2015-16. Vinatieri superaba así la marca anterior de 42 establecida por Mike Vanderjagt (Canadá) entre las temporadas 2002-04.

La **mayor cantidad de puntos extra anotados por un pateador en la NFL** son los 523 de Stephen Gostkowski, jugador de los New England Patriots, entre 2006-16.

El entrenador más joven de la NFL

El 12 de enero de 2017, Sean McVay (n. el 24 de enero de 1986) se convirtió en el entrenador más joven de la NFL de la era moderna al debutar con Los Angeles Rams. Tenía 30 años y 354 días.

Más pases y carreras de touchdown en un mismo partido en la NFL

El 8 de septiembre de 2016, Cam Newton, jugador de los Carolina Panthers, lanzó un pase de touchdown y corrió para lograr un touchdown contra los Denver Broncos. Era la 32.ª vez en toda su carrera que lo lograba, una más que Steve Young (1985-99).

El jugador más pesado de la NFL en dar un pase de touchdown

El 26 de diciembre de 2016, Dontari Poe, de los Kansas City Chiefs, dio un pase de touchdown en el partido contra los Denver Broncos, a los que vencieron por 33-10. Poe pesa 156,94 kg.

La yarda recorrida por Poe para anotar un touchdown durante la victoria de los Chiefs sobre los San Diego Chargers por 33-3 el 22 de noviembre de 2015 también lo convierte en el **jugador más pesado de la NFL en anotar un touchdown**.

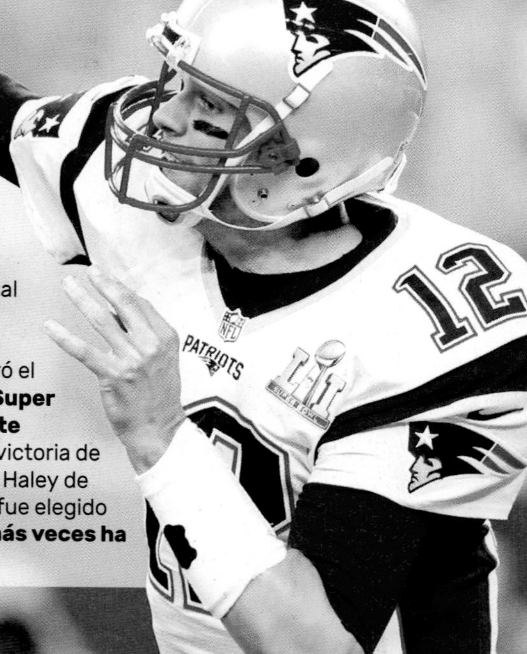

▶ LA MAYOR REMONTADA EN UN PARTIDO DE LA SUPER BOWL

El 5 de febrero de 2017, los New England Patriots remontaron 25 puntos de desventaja para ganar la Super Bowl LI en el NRG Stadium de Houston, Texas, EE.UU. Al final del tercer período, los Atlanta Falcons vencían 28-3, pero terminarían perdiendo por 28-34 al acabar la prórroga.

El quarterback Tom Brady (fotos izquierda y derecha) logró el **mayor número de pases completos en un partido de la Super Bowl** (43) y el **mayor número de yardas ganadas mediante pases en un partido de la Super Bowl** (466). Era la quinta victoria de Brady en la Super Bowl, lo que igualaba el récord de Charles Haley de **más Super Bowl ganadas por un jugador**. Brady también fue elegido jugador más valioso (MVP) por cuarta vez, el **jugador que más veces ha ganado el MVP de la Super Bowl**.

Béisbol

En 2016, los Mets de Nueva York y los Miami Marlins vendieron el perrito caliente más caro de la Major League Baseball (MLB): 6,25 $

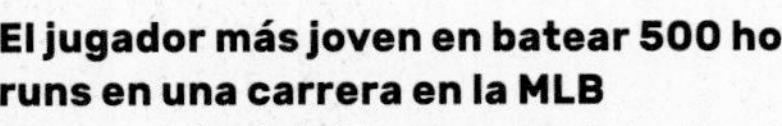

Si no se indica de otro modo, todos los equipos y jugadores son de EE.UU.

El jugador más joven en batear 500 home runs en una carrera en la MLB
El 7 de agosto de 2016, el jugador de los New York Yankees Alex Rodríguez anunció su retirada del béisbol. *A-Rod*, que logró 696 home runs a lo largo de su carrera, alcanzó los 500 el 4 de agosto de 2007, con 32 años y 8 días. También es el jugador con **más grand slams home runs en una carrera en la MLB** (25).

El partido de béisbol de postemporada más largo (nueve entradas)
El 13 de octubre de 2016, el 5.° partido de la National League Division Series, jugado entre Los Angeles Dodgers y los Washington Nationals, duró 4 h y 32 min. Los Dodgers vencieron por 4-3 en el estadio Nationals Park de Washington, DC, EE.UU.

Más home runs de un equipo a cargo de bateadores suplentes en un partido de la MLB
El 8 de abril de 2016, los St Louis Cardinals lograron tres home runs a cargo de bateadores suplentes en el partido contra los Atlanta Braves en el estadio Turner Field de Atlanta, Georgia, EE.UU. Jeremy Hazelbaker, Aledmys Díaz (Cuba) y Greg Garcia contribuyeron a la victoria de los Cardinals por 7-4. Los Cardinals ostentan el récord de **más home runs de un equipo a cargo de bateadores suplentes en una temporada de la MLB** (15), uno más que los San Francisco Giants y los Arizona Diamondbacks (2001).

La franquicia de béisbol más valiosa
Forbes valoró a los New York Yankees en 3.400 millones de dólares a 31 de marzo de 2016, el decimonoveno año consecutivo que el club encabezaba el negocio del béisbol. En segundo lugar se situaron Los Angeles Dodgers, valorados en 2.500 millones de dólares.

▲ MÁS STRIKEOUTS EN UN PARTIDO DE LA MLB
Max Scherzer, jugador de los Washington Nationals, acumuló 20 strikeouts en el encuentro del 11 de mayo de 2016 contra los Detroit Tigers, a los que vencieron por 3-2. Sólo otros dos lanzadores igualan la marca de Scherzer: Roger Clemens (dos veces como jugador de los Boston Red Sox, en 1986 y 1996) y Kerry Wood, de los Chicago Cubs, en 1998.

▲ EL LANZADOR MÁS JOVEN TITULAR EN UN PARTIDO DE LA MLB DE POSTEMPORADA
Con 20 años y 68 días, Julio Urías (México, n. el 12 de agosto de 1996), de Los Angeles Dodgers, ocupó el puesto de lanzador en un partido de las National League Championship Series contra los Chicago Cubs del 19 de octubre de 2016.
El **jugador más joven de la MLB** fue otro lanzador: Joe Nuxhall (n. el 30 de julio de 1928) jugó con los Cincinnati Reds con 15 años y 316 días el 10 de junio de 1944.

▲ MÁS HOME RUNS EN PARTIDOS CONSECUTIVOS AL INICIO DE UNA TEMPORADA DE LA MLB
El campocorto novato Trevor Story logró al menos un home run en sus primeros cuatro partidos con los Colorado Rockies en 2016. Hizo dos en su debut en la MLB contra los Arizona Diamondbacks el 4 de abril en Chase Field, Phoenix, Arizona, EE.UU., y repitió el 5 y el 6 de abril, también contra Arizona. Sumó otros dos frente a los San Diego Padres el 8 de abril.

Más carreras bateadas en un partido de la Serie Mundial
Addison Russell, de los Chicago Cubs, bateó en seis carreras del sexto partido de la Serie Mundial de 2016 contra los Cleveland Indians el 1 de noviembre. Igualaba así la marca establecida por Bobby Richardson en 1960, Hideki Matsui (Japón) en 2009 y Albert Pujols (República Dominicana) en 2011.

El jugador de béisbol de más edad en lograr 30 home runs en una temporada
David Ortiz (República Dominicana, n. el 18 de noviembre de 1975), de los Boston Red Sox, logró su trigésimo home run de la temporada con 40 años y 280 días en el encuentro contra los Tampa Bay en St Petersburg, Florida, EE.UU., el 24 de agosto de 2016, que perdieron por 4-3.

El jugador de más edad de la MLB en lograr su primer home run en casa
El 7 de mayo de 2016, el lanzador de los Mets de Nueva York Bartolo Colón (República Dominicana, n. el 24 de mayo de 1973) logró su primer home run en la MLB en el partido contra los San Diego Padres. Tenía 42 años y 349 días.

Los Cleveland Indians no sólo perdieron la Serie Mundial de 2016, sino que también establecieron un récord nada deseado, el de la **sequía de títulos más larga en la Serie Mundial (vigente)**: 68 años. Lograron su último título en 1948.

▲ LA SEQUÍA DE TÍTULOS MÁS LARGA EN LA SERIE MUNDIAL
El 2 de noviembre de 2016, los Chicago Cubs cerraron la Serie Mundial con una dramática victoria por 8-7 en el séptimo partido contra los Cleveland Indians en Progressive Fields, Cleveland, Ohio, EE.UU. Esta victoria puso fin a una de las sequías de títulos más célebres del deporte estadounidense. La última victoria en la Serie Mundial de los Cubs llegó el 14 de octubre de 1908, hacía 108 años y 19 días.

▲ LA MEDIA MÁS BAJA DE PUNTOS GANADOS POR UN LANZADOR (ERA) EN UNA TEMPORADA DE LA MLB
En 2016, Zach Britton, de los Baltimore Orioles, lanzó en 67 entradas y facilitó la anotación de sólo cuatro carreras, un ERA de 0,54. Se trata de la media más baja de cualquier lanzador de la MLB con al menos 50 entradas en una temporada.

Baloncesto

En el primer partido de baloncesto de la historia, en Springfield, Massachusetts, EE.UU., el 21 de diciembre de 1891, se emplearon cestas para melocotones como canastas. El resultado fue de 1-0.

◄ MÁS PUNTOS EN EL PRIMER CUARTO DE UN PARTIDO DE LA NBA

El jugador de los Cleveland Cavaliers, Kevin Love anotó 34 puntos en el primer cuarto contra los Portland Trail Blazers el 23 de noviembre de 2016.

El récord de la NBA de **más puntos anotados en cualquier cuarto** (37) es de Klay Thompson, de los Golden State Warriors, contra Sacramento Kings el 23 de enero de 2015.

Todos los récords se refieren a la National Basketball Association (NBA) o a la Women's National Basketball Association (WNBA). Si no se indica de otro modo, todos los equipos y jugadores son de EE.UU.

El primer jugador en encabezar las cinco categorías estadísticas en una serie final

LeBron James logró 208 puntos, 62 asistencias, 79 rebotes, 18 robos de balón y 16 tapones en la victoria por 4-3 de los Cleveland Cavaliers sobre los Golden State Warriors en la serie final disputada entre el 2 y el 19 de junio de 2016. Los Cavaliers llegaron a ir 1-3 por debajo antes de vencer en el séptimo y decisivo encuentro celebrado en el Oracle Arena de Oakland, California, EE.UU., el 19 de junio, la **mayor remontada en una serie final**.

Más triples anotados por un equipo de la NBA en un solo partido

Los Cleveland Cavaliers anotaron 25 triples en el partido de playoffs contra Atlanta Hawks disputado el 4 de mayo de 2016 en el que vencieron por 123-98. Por su parte, los Golden State Warriors ostentan el récord de más **triples en una temporada (equipo)**: 1.077 en la temporada 2015-16.

Más rebotes defensivos en toda la carrera

Desde la temporada 1995-6 hasta la 2015-16, Kevin Garnett capturó 11.453 rebotes defensivos en 22 años de carrera como jugador de los Minnesota Timberwolves, los Boston Celtics y los Brooklyn Nets.

▼ MÁS CANASTAS CONSECUTIVAS (WNBA)

La alero Nneka Ogwumike, de Los Angeles Sparks, encestó 23 canastas consecutivas en el intervalo de tres encuentros entre el 7 y el 14 de junio de 2016.

Más tiros libres consecutivos en un partido

Dos jugadores comparten la marca de 24 tiros libres consecutivos en un único partido de la NBA: DeMar DeRozan, el 4 de marzo de 2016, y Dirk Nowitzki (Alemania), el 17 de mayo de 2011.

Más pérdidas de balón en una temporada

James Harden protagonizó 374 pérdidas de balón con los Houston Rockets en la temporada 2015-16.

Más triples en un partido de la NBA anotados por ambos equipos

El 25 de marzo de 2016, entre los Dallas Mavericks y los Golden State Warriors anotaron 39 triples.

▲ MÁS TRIPLES ANOTADOS EN UN PARTIDO DE PLAYOFFS DE LA NBA

El 28 de mayo de 2016, Klay Thompson anotó 11 triples como jugador de los Golden State Warriors en la victoria de su equipo por 108-101 ante los Oklahoma City Thunder en un encuentro de playoffs que se disputó en Oklahoma, EE.UU.

Más tiros libres en una carrera en la WNBA

Tamika Catchings anotó 2.004 tiros libres como jugadora de los Indiana Fever entre las temporadas 2002 y 2016. La prolífica Catchings también ostenta el récord de más rebotes en una carrera en la WNBA (3.316) y más robos de balón en una carrera en la WNBA (1.074). Además, ganó cuatro medallas de oro olímpicas consecutivas (ver pág. 241).

Más puntos anotados en finales de la WNBA en toda una carrera

La alero de los Minnesota Lynx, Maya Moore, ha anotado 268 puntos en finales de la WNBA. El 9 de octubre de 2016, superó la marca de Diana Taurasi de 262 puntos tras anotar 18 contra Los Angeles Sparks.

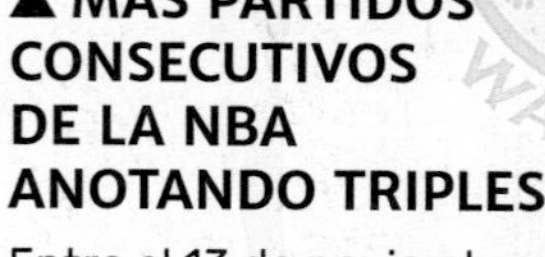

▲ MÁS PARTIDOS CONSECUTIVOS DE LA NBA ANOTANDO TRIPLES

Entre el 13 de noviembre de 2014 y el 3 de noviembre de 2016, Stephen Curry anotó al menos un triple en 157 partidos seguidos con los Golden State Warriors.

El prolífico base también ostenta otros récords: **más triples anotados por un jugador en una serie final de la NBA** (32), contra los Cleveland Cavaliers en 2016; **más triples anotados en una temporada regular de la NBA** (402), en la 2015-16; y **más temporadas consecutivas liderando el ranking de triplistas de la NBA** (cuatro): 2012-13, 2013-14, 2014-15 y 2015-16, siempre con los Golden State Warriors.

Incluso Stephen Curry tiene margen para mejorar su juego. A modo de incentivo, su madre le multa con 100 $ cada vez que comete una pérdida de balón.

Hockey sobre hielo

El Maple Leaf Gardens de Toronto, Canadá, se convirtió en 1932 en la primera pista de hockey sobre hielo con un marcador de cuatro lados.

▲ **MÁS VICTORIAS CONSECUTIVAS DE UN PORTERO EN EL INICIO DE UNA TEMPORADA**
El 12 de noviembre de 2016, Carey Price, de los Montreal Canadiens (ambos de Canadá), fue el primer portero de la NHL en ganar los primeros 10 partidos de una temporada tras la victoria de su equipo sobre los Detroit Red Wing por 5-0.

Todos los récords se refieren a la National Hockey League (NHL), que se disputa en EE.UU. y Canadá. Si no se indica de otro modo, todos los equipos y jugadores son de EE.UU.

Los cuatro goles más rápidos
El 3 de abril de 2015, entre los St Louis Blues y los Dallas Stars se marcaron cuatro goles en 49 s en un partido celebrado en Dallas, Texas, EE.UU. De esta forma se batió la anterior marca de 53 s, establecida en 1983 por los Toronto Maple Leafs (Canadá) y los Chicago Blackhawks. En ese mismo partido, los equipos marcaron otros tres goles en 38 s tras el inicio del segundo tiempo, los **tres goles más rápidos marcados entre dos equipos al inicio de un período**. St Louis ganó por 7-5.

Menor intervalo de tiempo entre dos goles
El delantero de los Columbus Blue Jackets, Nick Foligno, y el de los Minnesota Wild, Mikael Granlund (Finlandia) marcaron sendos goles en apenas 2 s en un partido en Columbus, Ohio, EE.UU., el 5 de enero de 2016. Igualaron el récord de Ken Linseman, de los Boston, y Doug Gilmore, de los St Louis, del 10 de diciembre de 1987.

Más partidos ganados por un portero en una temporada
Braden Holtby ganó 48 partidos con los Washington Capitals la temporada 2015-16, igualando el récord de Martin Brodeur (ambos de Canadá) con los New Jersey Devils de la temporada 2006-07.

Más goles consecutivos en una tanda de penaltis entre ambos equipos
Los Florida Panthers y los New York Islanders marcaron nueve goles consecutivos en una tanda de penaltis de un encuentro disputado el 27 de noviembre de 2015 en Sunrise, Florida (EE.UU.). Un error de los Islanders en el 10.° lanzamiento dio la victoria a los Panthers. El 27 de noviembre de 2015, ocho partidos terminaron en prórroga o tanda de penaltis, con lo que se igualaba la marca de **más prórrogas jugadas un mismo día**, establecida el 22 de febrero de 2007.

Más cargas de un jugador en una temporada
La carga es una agresiva maniobra defensiva en la que un jugador emplea su cuerpo para alejar del disco a un contrario. Matt Martin (Canadá) realizó 382 cargas con los New York Islanders en la temporada 2014-15. Batía su propio récord de 374 de la 2011-12.

Más minutos expulsado temporalmente de un partido de playoffs
El jugador de los Calgary Flames, Deryk Engelland, estuvo 42 minutos expulsado en el partido de playoffs de la Copa Stanley contra los Vancouver Canucks (todos de Canadá) el 17 de abril de 2015. Igualaba así la marca de Dave *The Hammer* Schultz (Canadá), de los Philadelphia Flyers, frente a los Toronto Maple Leafs (Canadá) del 22 de abril de 1976.

Randy Holt (Canadá) es el jugador que ha estado **más minutos expulsado en un partido de la NHL** (67), con Los Angeles Kings frente a los Philadelphia Flyers, el 11 de marzo de 1979.

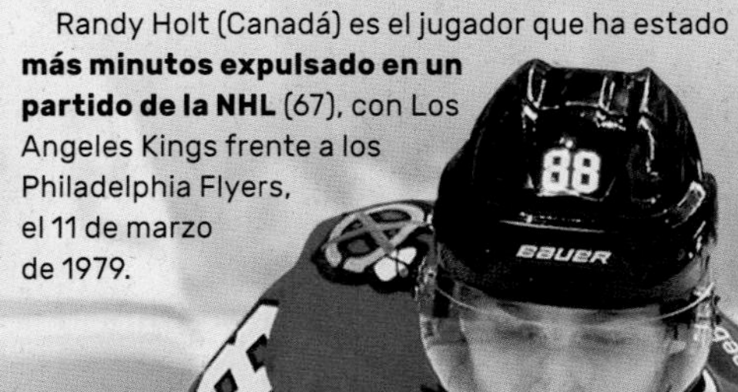

▲ **PATRICK KANE**
La temporada 2015-16 de Patrick Kane (n. el 19 de noviembre de 1988), de los Chicago Blackhawks, fue digna de recordar. Vio puerta en 26 partidos consecutivos y fue el primer jugador nacido en EE.UU. que ganó el trofeo Hart Memorial desde su creación la temporada 1923-1924.

Es también el **jugador más joven en lograr el tanto de la victoria en la Copa Stanley en una prórroga**. Marcó contra los Philadelphia Flyers en el sexto partido de la Copa Stanley el 9 de junio de 2010, con 21 años y 202 días.

Derek Stepan, Fabian Brunnström (Suecia), Alex Smart y Real Cloutier (ambos de Canadá) anotaron tres goles en su debut en la NHL.

▲ **MÁS GOLES MARCADOS EN SU DEBUT**
El 12 de octubre de 2016, Auston Matthews, de los Toronto Maple Leafs, marcó cuatro goles en el primer partido de su carrera. Pese a ello, perdieron por 5-4 frente a los Otawa Senators en Ottawa.

Más goles anotados durante la prórroga en temporada regular en toda una carrera
Alex Ovechkin (Rusia) marcó su 19.° gol de la victoria en una prórroga con los Washington Capitals contra los Toronto Maple Leafs (Canadá) el 3 de enero de 2017, que terminó 6-5. Igualaba la marca de Jaromír Jágr (República Checa). Ovechkin ha logrado más de 1.000 puntos para los Capitals desde 2005.

La racha anotadora más larga de un defensa novato
Entre el 19 de enero y el 20 febrero de 2016, el jugador de los Philadelphia Flyers, Shayne Gostisbehere, logró uno o más puntos durante 15 partidos consecutivos en la que fue su primera temporada como profesional en la NHL. En hockey sobre hielo se contabilizan como puntos tanto los goles marcados como las asistencias realizadas por un jugador.

Más temporadas seguidas sin jugar los playoffs
Los Edmonton Oilers (Canadá) se perdieron los playoffs por 10.° año consecutivo la temporada 2015-16. El único equipo que iguala ese registro son los Florida Panthers, entre las temporadas 2002-11.

▲ **EL CAPITÁN MÁS JOVEN**
Connor McDavid (n. el 13 de enero de 1997) fue nombrado capitán de los Edmonton Oilers (ambos de Canadá) con 19 años y 266 días, el 5 de octubre de 2016. Era 20 días más joven que Gabriel Landeskog (Suecia, n. el 23 de noviembre de 1992), elegido capitán de los Colorado Avalanche en 2012.

Rugby

El oro logrado por Fiyi en el torneo masculino de rugby a siete de los JJ.OO. de Río 2016 fue la primera medalla olímpica ganada por este país.

▲ **MÁS PUNTOS DE UN JUGADOR EN EL TORNEO DE LAS CUATRO NACIONES DE RUGBY**

El legendario apertura australiano Johnathan Thurston sumó 126 puntos en tres ediciones del Torneo de las Cuatro Naciones: 2009, 2011 y 2016. También estableció el récord de **más partidos de la liga State of Origin jugados de manera consecutiva** (36), con el equipo de Queensland entre el 25 de mayo de 2005 y el 13 de julio de 2016.

Más grand slams en el Torneo de las Cinco/Seis Naciones de rugby

En el Torneo de las Seis Naciones de 2016 Inglaterra se alzó con la victoria al tiempo que lograba su 13.° grand slam; es decir, que ganó todos los partidos que disputó. Sus grand slams anteriores llegaron en 1913-14, 1921, 1923-24, 1928, 1957, 1980, 1991-92, 1995 y 2003.

Más penaltis lanzados en un partido de las Cinco/Seis Naciones

El 19 de marzo de 2016, Maxime Machenaud (Francia) lanzó con acierto siete penaltis en el partido que enfrentó a su selección contra Inglaterra en el Stade de France de París, Francia. Machenaud se convertía así en el octavo jugador que alcanzaba esta cifra en la competición.

Más partidos ganados en el Rugby Championship

Fundado en 2012 para reemplazar el Torneo de las Tres Naciones, el Rugby Championship enfrenta a Nueva Zelanda, Australia, Sudáfrica y Argentina. El 8 de octubre de 2016, Nueva Zelanda ganó su 24.° partido en la competición. En la historia del torneo, los All Blacks sólo han perdido dos veces y empatado una tercera.

Más partidos jugados en la liga de rugby State of Origin

Conocida como la liga con mayor rivalidad del deporte australiano, la State of Origin es una serie anual a tres partidos entre dos equipos de los estados de Queensland y Nueva Gales del Sur. El talonador Cameron Smith (Australia) jugó con el equipo de Queensland en 39 ocasiones entre 2003-16.

Más partidos jugados en la National Rugby League por un delantero

Entre el 24 de marzo de 2001 y el 16 de septiembre de 2016, Corey Parker (Australia) disputó 347 partidos con los Brisbane Broncos, el club de toda su vida.

▲ **MÁS PARTICIPACIONES EN PARTIDOS INTERNACIONALES DE RUGBY (MUJERES)**

A 17 de marzo de 2017, la delantera inglesa Rochelle *Rocky* Clark había participado en 122 encuentros internacionales. El 19 de noviembre de 2016, ya había batido el récord anterior (115) de la escocesa Donna Kennedy. Clark debutó contra Canadá el 28 de junio de 2003.

▲ **MÁS VICTORIAS CONSECUTIVAS EN PARTIDOS INTERNACIONALES DE UNA SELECCIÓN DE TIER 1**

Nueva Zelanda ganó 18 encuentros internacionales consecutivos entre el 15 de agosto de 2015 y el 22 de octubre de 2016. La racha de los All Blacks terminó el 5 de noviembre de 2016 contra Irlanda en el Soldier Field de Chicago, EE.UU. Posteriormente, Inglaterra igualó la hazaña entre el 10 de octubre de 2015 y el 11 de marzo de 2017, antes de perder el 18 de marzo, también contra Irlanda.

▲ **MÁS PUNTOS ANOTADOS EN LA ENGLISH PREMIERSHIP EN TODA LA CARRERA**

El apertura Charlie Hodgson (R.U.) se retiró en 2016 tras lograr 2.623 puntos en la English Premiership. En sus 16 años de carrera, jugó con los Sale Sharks (2000-11) y con los Saracens (2011-16). Anotó 39 ensayos, 550 penaltis, 38 tantos a botepronto y 332 transformaciones. Jugó 38 partidos internacionales con Inglaterra.

Más victorias consecutivas en partidos internacionales de rugby

Puede que Nueva Zelanda e Inglaterra compartan el récord de victorias consecutivas (ver arriba) en el Tier 1 del rugby internacional, pero el récord general lo ostenta Chipre. Apodados «los muflones» en honor a una oveja salvaje autóctona, ganaron 24 partidos entre el 29 de noviembre de 2008 y el 1 de noviembre de 2014 antes de perder contra Letonia por 39-20.

Más puntos anotados en un mismo torneo olímpico de rugby (individual)

En Río 2016, el rugby regresó a los JJ.OO. tras su última aparición en 1924. Con sus 10 ensayos en el torneo femenino, la extremo Portia Woodman (Nueva Zelanda) sumó 50 puntos. Woodman ganó la medalla de plata con la All Blacks tras perder la final contra Australia por 24-17 el 8 de agosto de 2016.

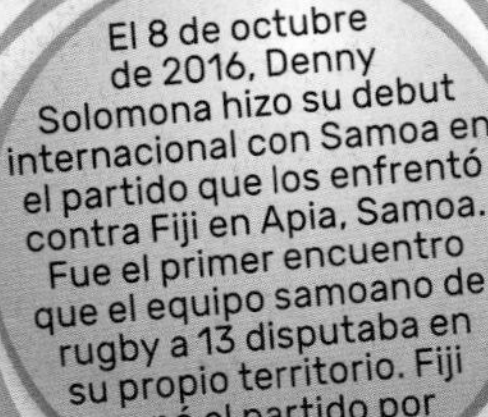

El 8 de octubre de 2016, Denny Solomona hizo su debut internacional con Samoa en el partido que los enfrentó contra Fiji en Apia, Samoa. Fue el primer encuentro que el equipo samoano de rugby a 13 disputaba en su propio territorio. Fiji ganó el partido por 20-8.

◀ **MÁS ENSAYOS EN UNA TEMPORADA DE LA SUPER LEAGUE**

El extremo neozelandés Denny Solomona anotó 40 ensayos para los Castleford Tigers (R.U.) entre el 7 de febrero y el 25 de septiembre de 2016. Su séptimo *hat-trick* del año fue en el partido final de la temporada regular contra los Widnes Vikings. Superaba así el récord anterior de 36 ensayos establecido en 2004 por Lesley Vainikolo. En diciembre de 2016, Solomona pasó a defender la camiseta de los Sale Sharks.

Tenis

El tenis tiene su origen en el deporte francés del *jeu de paume* («juego de la palma»), que se jugaba con las manos desnudas en lugar de raquetas.

▲ **MÁS VICTORIAS CONSECUTIVAS EN PARTIDOS INDIVIDUALES DE GRAND SLAM (HOMBRES, ERA OPEN)**

Novak Djokovic (Serbia) ganó 30 partidos consecutivos de Grand Slam entre el 29 de junio de 2015 y el 29 de junio de 2016, logrando los títulos de Wimbledon y de los Open de EE.UU., Australia y Francia. El último jugador en ganar los cuatro torneos de Grand Slam de forma consecutiva fue Rod Laver en 1969. *Nole* ganó 90 sets y perdió sólo 11.

Más participaciones consecutivas en el cuadro principal de torneos de Grand Slam

Un lesionado Roger Federer (Suiza) no compitió en el Open de Francia de 2016, lo que puso fin a una serie de 65 apariciones consecutivas en el cuadro principal de los cuatro torneos de Grand Slam. En su regreso al Open de Australia de 2017, un renacido Federer derrotó a Rafael Nadal en la final y amplió su **récord de más títulos individuales de Grand Slam ganados por un jugador** (18).

El 29 de enero de 2017, Federer también estableció un nuevo **récord de más victorias en partidos individuales de Grand Slam de un jugador** (314). Además, según *Forbes*, ganó 68.000.000 $ en los 12 meses anteriores al 30 de junio de 2016, lo que supone los **mayores ingresos anuales de un jugador de tenis (año en curso)**.

Más semanas consecutivas como n.° 1 del mundo (mujeres)

En un año récord para Serena Williams, la estadounidense se acercó a la marca de Steffi Graf (Alemania) de 186 semanas como líder de la clasificación de la WTA. El reinado de Serena duró del 18 de febrero de 2013 hasta el 5 de septiembre de 2016, cuando Angelique Kerber le arrebató el n.° 1.

▲ **MÁS VICTORIAS EN DOBLES EN LA COPA DAVIS**

El 16 de julio de 2016, el indio Leander Paes (arriba a la derecha) ganó su 42.° partido de dobles en la Copa Davis con Rohan Bopanna (India, a la izquierda) en el tercer encuentro de la eliminatoria del grupo I de Asia/Oceanía contra Corea del Sur en Chandigarh, India. Paes igualaba así el récord de Nicola Pietrangeli (Italia), que ganó 42 partidos de dobles de Copa Davis entre 1954 y 1972.

Más oros olímpicos ganados

Venus Williams (EE.UU.) ganó su quinta medalla olímpica en Río 2016, una plata en el dobles mixtos lograda junto a Rajeev Ram (EE.UU.) el 14 de agosto de 2016. Sus otras cuatro medallas fueron de oro: tres títulos de dobles junto a su hermana Serena y el individual en Sídney 2000. Venus comparte el récord con Kathleen *Kitty* McKane Godfree (R.U.), que ganó cinco medallas entre 1920-24.

El Open de Australia de 2017 fue el 73.° Grand Slam disputado por Venus, el **mayor número de torneos individuales de Grand Slam jugados por una mujer en la era open**. Llegó a la final.

▲ **LA MUJER DE MÁS EDAD EN ALCANZAR POR PRIMERA VEZ EL N.° 1 DEL RANKING MUNDIAL**

El 12 de septiembre de 2016, Angelique Kerber (Alemania, n. en 1988) sustituyó a Serena Williams en el n.° 1 de la Women's Tennis Association (WTA), con 28 años y 238 días. En un 2016 estelar, Kerber ganó el Open de Australia (su primer título de Grand Slam) y el Open de EE.UU., y llegó a las finales individuales de Wimbledon y de los Juegos Olímpicos.

Menos partidos completados para alcanzar una semifinal de Grand Slam

En el Open de EE.UU. de 2016, tres de los oponentes de Novak Djokovic se retiraron por lesión: Jiří Veselý (República Checa, lesión en el brazo), Mikhail Youzhny (Rusia, pierna) y Jo-Wilfried Tsonga (Francia, rodilla). Esto significa que Djokovic llegó a semifinales tras jugar sólo dos partidos y un total de 6 h y 24 min.

Más aces en un partido de la WTA

Kristýna Plíšková (República Checa) logró 31 aces en el partido de segunda ronda del Open de Australia en Melbourne el 20 de enero de 2016. Terminó perdiendo contra Mónica Puig (Puerto Rico), tras desperdiciar cinco puntos de partido.

El partido de tenis en silla de ruedas más largo

El 13 de septiembre de 2016, Jamie Burdekin y Andy Lapthorne (R.U.) ganaron la medalla de bronce en la competición olímpica de tenis en silla de ruedas después de un partido épico que duró 4 h y 25 min. Derrotaron a la pareja israelí formada por Itai Erenlib y Shraga Weinberg por 3-6, 6-4, 7-6 (7-2).

En reconocimiento a un 2016 plagado de éxitos, R.U. nombró caballero a Andy Murray en los New Year Honours.

▲ **MÁS MEDALLAS DE ORO OLÍMPICAS EN COMPETICIÓN INDIVIDUAL**

En Río 2016, Andy Murray (R.U.) defendió con éxito el título obtenido en Londres 2012 y se convirtió en el primer jugador en lograr dos medallas de oro en la competición individual de tenis. Murray derrotó a Juan Martín del Potro por 7-5, 4-6, 6-2 y 7-5 en un encuentro épico que duró más de 4 horas. La plata de Juan Martín del Potro fue su segunda medalla olímpica individual, tras el bronce ganado en Londres.

Cuando se enfrentaron en la final del Open de Australia de 2017, la suma de las edades de las hermanas Williams era de 71 años y 349 días, la **edad combinada más alta de las finalistas de un torneo de Grand Slam (era open)**.

◀ MAS TÍTULOS INDIVIDUALES DE GRAND SLAM (MUJERES, ERA OPEN)

El 28 de enero de 2017, Serena Williams (EE.UU.) derrotó a su hermana Venus por 6-4, 6-4 en la final del Open de Australia jugada en Melbourne Park. Fue el 23.° título de Grand Slam de Serena, que supera en uno a Steffi Graf. Desde su debut en un torneo de Grand Slam cuando disputó el Open de Australia de 1998, Serena ha logrado el **mayor número de victorias en partidos individuales de Grand Slam**: la increíble cifra de 316.

Boxeo

Sólo un hombre ha peleado por el título mundial de peso pesado en su primer combate profesional: Pete Rademacher (EE.UU.), en 1957.

▲ **LA CAMPEONA MUNDIAL DE BOXEO QUE HA CONSERVADO EL TÍTULO MÁS TIEMPO**

La victoria de Momo Koseki sobre Chie Higano (ambas de Japón) en el Korakuen Hall de Tokio, Japón, el 11 de noviembre de 2016, supuso su 16.ª defensa exitosa del título de peso átomo del Consejo Mundial de Boxeo (CMB). El 11 de agosto de 2008, en Tokio, se impuso por un noqueo técnico en el segundo asalto a Winyu Paradorn Gym (Tailandia). Con su victoria en 2016, el reinado de Koseki se prolonga hasta los 8 años y 92 días.

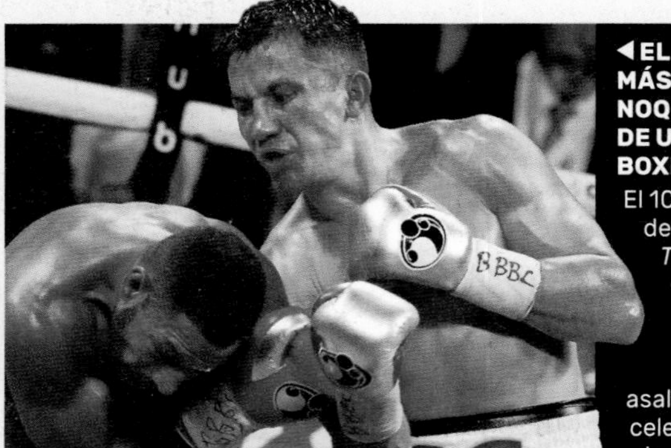

◀ **EL PORCENTAJE MÁS ALTO DE NOQUEOS (K/O) DE UN CAMPEÓN DE BOXEO DE PESO MEDIO**

El 10 de septiembre de 2016, Gennady *Triple G* Golovkin (Kazajistán) batió al hasta entonces invicto Kell Brook (R.U.) en el quinto asalto del combate celebrado en el O2 Arena de Londres, R.U. El demoledor kazajo ha logrado 33 noqueos en 36 combates, un 91,67%.

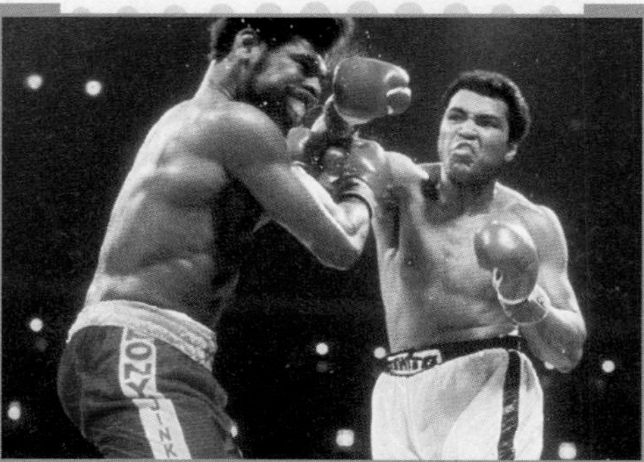

▲ **MÁS CAMPEONATOS DEL MUNDO LINEALES DE PESO PESADO**

En 2016, el boxeo perdió a una verdadera leyenda: Muhammad Ali (EE.UU.), que ganó tres títulos lineales frente a campeones indiscutibles de su categoría. Un título «lineal» lo ostenta primero un campeón imbatido y pasa a aquel boxeador que lo derrota. Ali logró su primera victoria lineal en 1964 frente a Sonny Liston (EEUU), otra en el combate «Rumble in the Jungle» que lo enfrentó a George Foreman (EE.UU.) en 1974, y la última tras derrotar a Leon Spinks (EE.UU., arriba a la izquierda peleando con Ali) en Nueva Orleans, Luisiana, EE.UU., el 15 de septiembre de 1978. Sin duda, una hazaña que avala el apodo de Ali de *El más grande*.

Más medallas de oro ganadas en Juegos Olímpicos (mujeres)

Claressa Shields (EE.UU.) y Nicola Adams (R.U.) han ganado dos medallas de oro olímpicas, en Londres 2012 y Río 2016. La peso mosca Adams defendió con éxito su título el 20 de agosto a la edad de 33 años 299 días y se convirtió en la **ganadora de una medalla de oro olímpica de boxeo más veterana**.

La peso medio Shields igualó la marca de Adams después de derrotar a Nouchka Fontijn (Países Bajos) el 21 de agosto de 2016. Shields ganó su primer oro con tan sólo 17 años y 145 días, y es la **ganadora de una medalla de oro olímpica de boxeo más joven**.

En general, el **mayor número de medallas de oro olímpicas ganadas en la competición de boxeo** es tres, récord que comparten László Papp (Hungría) entre 1948 y 1956, Teófilo Stevenson (Cuba) entre 1972 y 1980, y Félix Savón (Cuba) entre 1992 y 2000.

Más medallas de oro olímpicas consecutivas en la misma categoría (país)

El 17 de agosto de 2016, Daniyar Yeleussinov ganó la cuarta medalla de oro olímpica consecutiva para Kazajstán en peso wélter. Igualaba así las cuatro victorias consecutivas de Cuba en peso pesado, logradas entre 1992 y 2004.

MÁS DEFENSAS CONSECUTIVAS DE UN TÍTULO

PESO	NOMBRE Y NACIONALIDAD	DEFENSAS	FECHAS
Pesado	Joe Louis (EE.UU.)	25	1937-48
Mínimo	Ricardo López (México)	21	1991-98
Medio	Bernard Hopkins (EE.UU.)	20	1996-2005
Supermosca	Khaosai Galaxy (Tailandia)	19	1985-91
Wélter	Henry Armstrong (EE.UU.)	18	1938-40
Minimosca	Yuh Myung-woo (Corea del Sur)	17	1986-91
Mosca	Pongsaklek Wonjongkam (Tailandia)	17	2001-07
Gallo	Orlando Canizales (EE.UU.)	16	1988-94
Crucero	Johnny Nelson (R.U.)	=13	1999-2005
	Marco Huck (Alemania)	=13	2009-14
Superligero	Julio César Chávez (México)	12	1989-93
Superpluma	Brian Mitchell (Sudáfrica)	12	1987-91
Superwélter	Gianfranco Rosi (Italia)	11	1989-94

Cifras actualizadas a 8 de noviembre de 2016.

El mayor intervalo entre campeones lineales

El 16 de septiembre de 2016, Shinsuke Yamanaka (Japón) se convirtió en el primer campeón lineal de peso gallo desde 1987, tras 29 años y 171 días, según la revista *The Ring*. Yamanaka derrotó al argentino Anselmo Moreno en el Edion Arena de Osaka, Japón, donde selló su victoria en el séptimo asalto de un emocionante combate con cinco derribos.

El campeón del mundo de boxeo más veterano

El 17 de diciembre de 2016, a punto de cumplir 52 años, Bernard *The Executioner* Hopkins (EE.UU., n. el 15 de enero de 1965) peleó en su último combate profesional contra Joe Smith Jr. (EE.UU.), que perdió en el octavo asalto. Hopkins logró su tercer título con 49 años y 94 días tras derrotar al kazajo Beibut Shumenov en el DC Armory de Washington, DC, EE.UU., el 19 de abril de 2014.

Mayores ganancias anuales de un boxeador (año en curso)

Según la revista *Forbes*, el campeón mundial en cinco categorías distintas Floyd Mayweather Jr. (EE.UU.) ganó 44.000.000 $ entre el 1 de junio de 2015 y el 1 de junio de 2016. De estos ingresos, 32.000.000 $ corresponden a ganancias en la competición y los otros 12.000.000 $ a patrocinios.

El combate entre Vargas y Salido estuvo precedido por la tradicional «cuenta hasta diez» de la campana en honor a la leyenda del boxeo Muhammad Ali, fallecido el día anterior a los 74 años.

▲ **MÁS POWER PUNCHES EN UN COMBATE DE PESO SUPERPLUMA**

Un «power punch» es todo golpe que no se considera un jab. Durante el combate entre Francisco Vargas y Orlando Salido (ambos de México) celebrado en el StubHub Center de Carson, California, EE.UU., el 4 de junio de 2016, CompuBox computó un total combinado de 1.593 puñetazos, 776 a cargo de Vargas y 817 de Salido. A pesar de que 615 de esos golpes alcanzaron al adversario, el combate terminó en empate tras 12 asaltos, con dos de los tres jueces incapaces de declarar un ganador.

Artes marciales

En Río 2016, Cheick Sallah Cissé (Costa de Marfil) ganó la medalla de oro de taekwondo con una última patada... a la cabeza.

▲ **LA PRIMERA ATLETA EN GANAR LOS TÍTULOS MUNDIALES DE BOXEO Y MMA**
El 14 de noviembre de 2015, Holly Holm derrotó a la campeona Ronda Rousey (ambas de EE.UU.) y se convirtió en campeona de peso gallo de la UFC (Ultimate Fighting Championship). Con su victoria, Holly pasó a ser la primera persona, mujer u hombre, en lograr los títulos mundiales de artes marciales mixtas (MMA) y boxeo. En 2006 había ganado el título de peso wélter de la AMB.

El primer luchador en ostentar dos títulos de la Ultimate Fighting Championship simultáneamente

El 12 de noviembre de 2016, el campeón vigente de peso pluma de la UFC, Conor McGregor (Irlanda) se enfrentó a Eddie Alvarez (EE.UU.) en el Madison Square Garden de Nueva York, EE.UU., por el título de peso ligero. McGregor ganó en dos asaltos y se convirtió en campeón del mundo en dos categorías diferentes.

La pelea McGregor-Álvarez fue el mayor evento de la UFC 205, con el **mayor ingreso en taquilla de un combate de la UFC** (17.700.000 $).

Más defensas consecutivas del título de peso mosca de la UFC (hombres)

Demetrious *Mighty Mouse* Johnson (EE.UU.) defendió su título ocho veces entre el 22 de septiembre de 2012 y el 23 de abril de 2016. Fue el primer campeón de peso mosca de la UFC. Ganó el título inaugural contra Joseph Benavidez (EE.UU.) por decisión dividida.

Más países medallistas en judo en los Juegos Olímpicos

Entre el 6 y el 12 de agosto, 26 países distintos ganaron medallas en judo en Río 2016, con Cuba, Emiratos Árabes Unidos y Eslovenia, entre ellos. La victoria de Majlinda Kelmendi (categoría femenina de -52 kg) dio la primera medalla olímpica a Kosovo.

Más medallas de oro olímpicas en taekwondo (ambos sexos)

Cuatro atletas han ganado dos medallas de oro olímpicas de taekwondo: Ha Tae-kyung (Corea del Sur) y Chen Yi-an (Taiwán) lo hicieron en los Juegos de Seúl 1988, Corea del Sur, y Barcelona 1992, España, cuando el taekwondo todavía era un deporte de exhibición. Hwang Kyung-seon (Corea del Sur) ganó el oro en peso medio en categoría femenina en Pekín 2008 y Londres 2012, mientras que Jade Jones (R.U.) se hizo con el título femenino de 57 kg en Londres 2012 y en Río 2016.

El **mayor número de medallas olímpicas de taekwondo (mujeres)** es de tres, hazaña lograda por Hwang Kyung-seon entre 2004 y 2012 y María Espinosa (México) entre 2008 y 2016.

▲ **MÁS JUEGOS OLÍMPICOS CONSECUTIVOS GANANDO EL ORO EN COMPETICIÓN INDIVIDUAL (MUJERES)**
Kaori Icho (Japón) ganó cuatro medallas de oro consecutivas entre Atenas 2004 y Río 2016. Sus primeros tres oros en lucha libre llegaron en la categoría de 63 kg y el cuarto en la de 58 kg. Gran dominadora de la lucha libre femenina, Kaori se mantuvo invicta durante 13 años en todas las competiciones hasta caer derrotada en enero de 2016. Volvió a la cima en Río, donde batió a Valeria Koblova (Rusia) en la final.

▲ **LOS MAYORES INGRESOS POR PAGO POR VISIÓN DE UN COMBATE DE LA UFC**
1.650.000 personas pagaron para ver el combate de revancha entre Conor McGregor (Irlanda) y Nate Díaz (EE.UU.), o UFC 202, que tuvo lugar en Las Vegas, Nevada, EE.UU., el 20 de agosto de 2016. El título se lo llevó McGregor por decisión de los jueces. Era su segundo enfrentamiento y en esta ocasión McGregor se resarcía de su derrota previa frente a Díaz en el combate del 5 de marzo de 2016.

Más victorias en la máxima categoría de sumo

El sumo profesional tiene una máxima categoría con 42 luchadores conocida como *makuuchi*. Entre el 8 de julio de 2007 y el 24 de julio de 2016, Hakuhō Shō (Mongolia, abajo a la izquierda) acumuló 903 victorias en esta categoría, más que cualquier otro *rikishi* (luchador). Superó el récord anterior de 879 victorias en el Gran Torneo de Verano 2016, con sede en Tokio, Japón.

En 1968, el padre de Hakuhō, Jigjidiin, ganó en lucha libre la primera medalla olímpica para Mongolia.

▶ **MÁS TORNEOS DE SUMO DE MÁXIMA CATEGORÍA INVICTO**
Un *zenshō-yūshō* es una victoria en un torneo de sumo lograda sin sufrir ni una derrota. Hakuhō Shō (Mongolia, cuyo nombre real es Mönkhbatyn Davaajargal, a la derecha de la imagen) lo logró 12 veces entre 2007 y 2016, cuatro más que Futabayama Sadaji (Japón) entre 1936 y 1943, y Taihō Kōki (Japón) entre 1963 y 1969. Hakuhō logró su 12° *zenshō-yūshō* el 22 de mayo de 2016, al derrotar a Kakuryū Rikisaburō tras sacarlo fuera del ring, lo que se conoce como *utchari*.

Críquet

El 12 de diciembre de 2016, Shania-Lee Swart (Sudáfrica) anotó 160 de los 169 puntos de su equipo. ¡Ninguna de sus compañeras de equipo anotó una sola carrera!

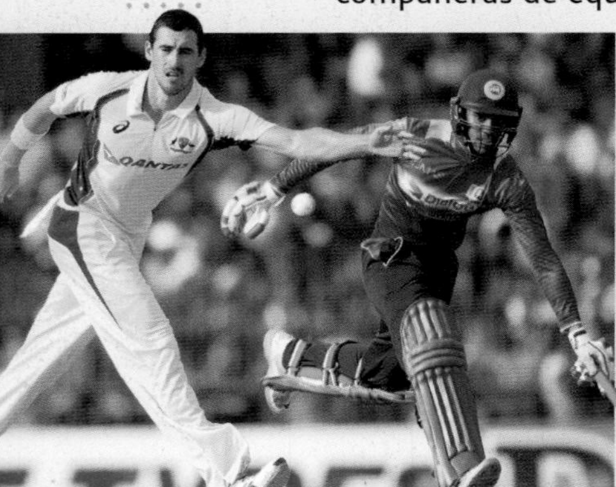

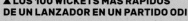

▲ LOS 100 WICKETS MÁS RÁPIDOS DE UN LANZADOR EN UN PARTIDO ODI
Al eliminar a Dhananjaya de Silva (Sri Lanka) en Colombo, Sri Lanka, el 21 de agosto de 2016, Mitchell Starc (Australia) sumó su víctima número 100 en partidos One-Day International (ODI) en apenas 52 encuentros. Los **100 wickets más rápidos de una lanzadora en un partido ODI** los logró Cathryn Fitzpatrick (Australia) tras 64 partidos entre julio de 1993 y febrero de 2003.

La puntuación más alta de un equipo en un partido de Twenty20 Internacional
El 6 de septiembre de 2016, Australia obtuvo 263 puntos (3 wickets y 20 overs) frente a Sri Lanka en el Pallekele International Críquet Stadium, en Kandy, Sri Lanka. La aportación del bateador Glenn Maxwell, con 145 not out de 65 pelotas, resultó crucial para el resultado final.

Más pelotas jugadas de forma consecutiva sin anotar una carrera en un partido de test
Mientras peleaban por lograr un empate contra Sri Lanka el 30 de julio de 2016, Australia jugó 154 bolas (o 25,4 overs) sin dar ningún trabajo a los anotadores. Sus esfuerzos fueron en vano y acabaron perdiendo el partido.

▲ EL JUGADOR MÁS JOVEN EN ANOTAR 10.000 CARRERAS EN PARTIDOS DE TEST
El excapitán de Inglaterra Alistair Cook (n. el 25 de diciembre de 1984) tenía 31 años y 157 días cuando logró su carrera número 10.000 gracias a los 47 not out que anotó en el partido contra Sri Lanka en Chester-le-Street, County Durham, R.U., el 30 de mayo de 2016. Cook superaba así a Sachin Tendulkar (India), que tenía 31 años y 326 días cuando alcanzó esa marca el 16 de marzo de 2005.

▲ MÁS CAPITANÍAS EN PARTIDOS ODI (MUJERES)
Charlotte Edwards (R.U.) se retiró en 2016 tras 117 partidos ODI como capitana de Inglaterra desde 1997. Con una brillante carrera en partidos de test, ODI y Twenty20, entre sus récords destaca el de **más carreras anotadas en partidos ODI (mujeres)**, con 5.992. También tiene el récord femenino de **más centenas en toda una carrera en partidos ODI**, con nueve.

El bateador más joven en lograr centenas frente a todos los países que juegan partidos de test
Nacido el 8 de agosto de 1990, Kane Williamson (Nueva Zelanda) anotó 113 carreras contra Zimbabwe en Bulawayo, Zimbabwe, entre el 6 y el 7 de agosto de 2016, cuando tenía 25 años y 364 días. Conseguía así centenas en los partidos disputados contra los nueve rivales del torneo y se convertía en el bateador más joven en lograr tal hazaña, desde que en 2007 lo lograra Kumar Sangakkara (Sri Lanka) con 30 años y 38 días.

Más encuentros entre participaciones en partidos de test
El 20 de octubre de 2016, el spinner inglés Gareth Batty, con 39 años, volvió al equipo nacional para jugar contra Bangladesh. Su último partido internacional había sido los días 3-5 de junio de 2005, hacía 142 encuentros. En su regreso, Batty colaboró con cuatro wickets a la victoria de Inglaterra por 22 carreras.

Pese a su histórica derrota frente a Inglaterra, Pakistán también logró su récord: Mohammad Amir anotó 58 puntos con 28 bolas, la puntuación más alta en un partido ODI de un bateador n.º 11.

Más días consecutivos jugando partidos de test
Entre el 21 de julio y el 20 de agosto de 2016, se disputaron 31 días consecutivos de partidos de test (internacionales). La competición tuvo un final pasado por agua: el partido entre Sudáfrica y Nueva Zelanda se canceló por la lluvia los últimos tres días.

Más wickets en partidos de test en campo propio (hombres)
A diciembre de 2016, el lanzador inglés James Anderson había logrado 296 wickets en 69 partidos de test como jugador local.

Más carreras logradas por lanzadores de apertura en partidos ODI
El 5 de octubre de 2016, Sudáfrica y Australia jugaron un ODI en Kingsmead, Durban, Sudáfrica. Los cuatro lanzadores de apertura anotaron 325 carreras con 39 overs. Entre Dale Steyn y Kagiso Rabada (ambos de Sudáfrica), y Chris Tremain y Daniel Worrall (ambos de Australia) sólo lograron cuatro wickets.

◀ LA PUNTUACIÓN MÁS ALTA DE UN EQUIPO EN UN PARTIDO ODI (HOMBRES)
El 30 de agosto de 2016, Inglaterra anotó 444 puntos por 3 en el encuentro contra Pakistán en Trent Bridge, Nottingham, R.U. Alex Hales (izquierda) fue el máximo anotador con 171, secundado por Jos Buttler (90 not out de 51 bolas) y el capitán Eoin Morgan (57 not out). Inglaterra superaba así el anterior récord de 443 puntos, logrado por Sri Lanka frente a Holanda en Amstelveen el 4 de julio de 2006.

Más carreras anotadas en la Indian Premier League (IPL)
Mejor jugador del torneo en 2016, Virat Kohli (India) ha logrado 4.110 carreras para los Royal Challengers Bangalore desde el inicio de la IPL en 2008.

Lasith Malinga (Sri Lanka) es el jugador con **más wickets en la IPL**: 143 en 98 entradas. La hazaña de Malinga es aún más notable considerando que se perdió dos torneos de la IPL por lesión.

Golf

La victoria del equipo de EE.UU. por 17-11 en la Copa Ryder de 2016 fue la primera que conseguía desde 2008 y la más decisiva desde 1981.

▲ LA PUNTUACIÓN MÁS BAJA EN UNA SOLA VUELTA (18 HOYOS) EN UN TORNEO DE LA PGA
El 7 de agosto de 2016, Jim Furyk (EE.UU.) presentó una tarjeta de 58 golpes (o 12 bajo par) en el Travelers Championship celebrado en Connecticut, EE.UU. Completó la mitad del recorrido con sólo 27 golpes, e hizo siete birdies consecutivos del hoyo 6 al 12. En el green del 18, no falló con el doble putt y se apuntó la mejor vuelta en un torneo de la PGA.

P: ¿Qué pájaro da su nombre a una puntuación de cuatro bajo par en un hoyo?

R: El cóndor.

La puntuación más baja en una sola vuelta en un torneo mayor masculino
Hay cuatro torneos mayores de golf: el Open Británico, el Open de EE.UU., el campeonato de la PGA y el Masters. La puntuación más baja en una sola vuelta es de 63 golpes, una marca lograda en 30 ocasiones por 28 golfistas. Phil Mickelson (EE.UU.) y Henrik Stenson (Suecia) se unieron al club de los 63 golpes en el 145.° Open Británico, en Ayrshire, R.U., entre el 14 y el 17 de julio de 2016. El 29 de julio de 2016, Robert Streb (EE.UU.) también presentó una tarjeta de 63 golpes en el 98.° campeonato de la PGA en el Baltusrol Golf Club de Springfield, Nueva Jersey, EE.UU.

La **puntuación más baja en una sola vuelta en un torneo mayor (de ambos sexos)** es de 61 golpes, marca lograda por la coreana Kim Hyo-joo el 11 de septiembre de 2014 en el campeonato Evian. Tenía 19 años y consiguió ganar el torneo.

▲ EL CAPITÁN MÁS JOVEN DE LA COPA DE RYDER
Con 7 grandes y 62 títulos del campeonato de la PGA, Arnold Palmer (EE.UU.) es uno de los mejores golfistas de todos los tiempos. Su extravagante forma de jugar popularizó el golf y le proporcionó muchos fans, conocidos como «el ejército de Arnie». En 1963, Palmer capitaneó el equipo de la Copa Ryder de EE.UU. en el East Lake Golf Club de Atlanta, Georgia, EE.UU., con 34 años y 31 días.

Más golpes bajo par en un torneo mayor masculino
Enre el 14 y el 17 de julio de 2016, Henrik Stenson (Suecia) ganó el 145.° Open Británico en el Royal Troon Golf Club de Ayrshire, R.U., con una puntuación de 20 bajo par. Tras cuatro vueltas, presentó una tarjeta de 264 golpes: 68-65-68-63. Stenson igualaba así la hazaña de Jason Day (Australia), que le dio el título del 97.° campeonato de la PGA, celebrado en el campo de Whistling Straits, cerca de Kohler, Wisconsin, EE.UU., entre el 13 y el 16 de agosto de 2015.

▲ MÁS GOLPES BAJO PAR EN UN TORNEO MAYOR FEMENINO
Chun In-gee (Corea del Sur) finalizó el torneo Evian celebrado en Evian-les-Bains, Francia, entre el 15 y el 18 de septiembre de 2016, con una puntuación de 21 bajo par. Firmó unas tarjetas de 63, 66, 65 y 69 golpes, para un total de 263, 4 golpes por delante de sus compatriotas Park Sung-hyun y Ryu So-yeon. In-gee mejoraba así el récord anterior de 19 bajo par, que compartían cinco golfistas.

La puntuación más baja después de 36 hoyos en un torneo del PGA Tour
El 12 de enero de 2017, Justin Thomas (EE.UU.) firmó una primera vuelta de 59 golpes en el Sony Open celebrado en Hawái, EE.UU. Necesitó 64 golpes para completar la segunda; en total, 123 golpes (17 bajo par) en el ecuador del torneo.

La **puntuación más baja después de 36 hoyos en The Players Championship** es de 129 golpes, marca lograda por Jason Day (Australia) en el campo de TPC Sawgrass, Ponte Vedra Beach, Florida, EE.UU., el 12 y 13 de mayo de 2016. The Players Championship es el **torneo de golf con el premio más cuantioso**: 1,89 millones de $ (2016).

El campo que más veces ha sido sede del Abierto de EE.UU.
El Oakmont Country Club se fundó en 1903 en Pensilvania, EE.UU. y, en 1927, organizó el primero de los ocho Abiertos de EE.UU. que ha albergado. Los tres últimos vencedores, Dustin Johnson (EE.UU., 2016), Ángel Cabrera (Argentina, 2007) y Ernie Els (Sudáfrica, 1994), ganaron allí por primera vez el torneo.

▲ MÁS PARTICIPACIONES DE UN JUGADOR EN LA COPA RYDER
Phil Mickelson compitió por 11.ª vez con el equipo de EE.UU. en la Ryder Cup 2016, entre el 30 de septiembre y el 2 de octubre en el Hazeltine National Golf Club de Chaska, Minnesota, EE.UU. Con una victoria por 17-11, igualó las 11 participaciones consecutivas del golfista inglés Nick Faldo con Europa entre 1977 y 1997.

La golfista más joven en ganar 5.000.000 $ en la LPGA Tour
Nacida el 24 de abril de 1997, Lydia Ko (Nueva Zelanda) tenía 18 años y 303 días cuando terminó segunda en el Open de Australia femenino el 21 de febrero de 2016, con lo que sumaba más de 5.000.000 $ en ganancias.

Ko, de origen coreano, es también la **golfista más joven en ganar un torneo mayor femenino** (tenía 18 años y 142 días cuando ganó el torneo Evian 2015) y la **golfista más joven en alcanzar el número uno de la clasificación** (con 17 años y 283 días, el 1 de febrero de 2015).

Con la victoria en Río 2016, Justin Rose se convertía en el quinto golfista en ganar torneos oficiales en seis continentes. Los otros son: Gary Player, David Graham, Hale Irwin y Bernhard Langer.

▶ EL PRIMER HOYO EN UNO EN UN TORNEO OLÍMPICO

El golf volvió a ser deporte olímpico en Río 2016 después de 112 años. Justin Rose (R.U.), completó el 11 de agosto el hoyo 4 (un par 3) con un solo golpe de salida utilizando un hierro 7. Terminó firmando 67 golpes y se convirtió en el primer golfista en ganar el oro olímpico desde 1904. Jaco van Zyl (Sudáfrica) fue el segundo en lograr un hoyo en uno olímpico tan sólo dos días después.

Deportes de motor

El 27 de noviembre de 2016, Nico Rosberg (Alemania) ganó su primer título mundial de Fórmula 1... y ¡a los cinco días se retiró!

▲ MÁS *POLE POSITIONS* EN PREMIOS DEL MUNDIAL DE MOTOCICLISMO

Entre el 17 de mayo de 2009 y el 23 de octubre de 2016, Marc Márquez (España) había sumado 65 *pole positions*: 37 en MotoGP, 14 en Moto2 y 14 en 125 cc. Jorge Lorenzo (España) igualó esta marca al lograr la *pole* en la última carrera de la temporada, celebrada en Valencia el 13 de noviembre de 2016.

Mayor velocidad de un *funny car* en una carrera de aceleración de la NHRA

En el mundo de las carreras de aceleración, los *funny cars* son famosos por sus motores montados en la parte delantera y sus carrocerías inclinadas de fibra de vidrio o fibra de carbono. En una prueba de la National Hot Rod Association (NHRA) en Topeka, Kansas, EE.UU., el 20 de mayo de 2016, Matt Hagan (EE.UU.) alcanzó una velocidad punta de 540,04 km/h tras recorrer 402,3 m. «Cuando dispones de condiciones como ésta en una pista tan rápida, estos coches realmente vuelan», declaró tras la proeza el bicampeón Hagan.

Más kilómetros liderando una carrera de la NASCAR

Martin Truex (hijo) (EE.UU.) encabezó la prueba Coca-Cola 600 de 2016 durante 946 km (392 de las 400 vueltas). Truex logró su primera victoria de 2016 y la cuarta en la NASCAR (National Association for Stock Car Auto Racing). La carrera se celebró en el Charlotte Motor Speedway de Concord, Carolina del Norte, EE.UU., el 29 de mayo.

Más ganadores de una prueba de MotoGP en una misma temporada

Nueve pilotos diferentes se impusieron en algún gran premio de la temporada de MotoGP de 2016, algo sin precedentes: Marc Márquez, Jorge Lorenzo, Maverick Viñales, Dani Pedrosa (todos de España), Andrea Iannone, Andrea Dovizioso, Valentino Rossi (todos de Italia), Jack Miller (Australia) y Cal Crutchlow (R.U.). Ocho ganadores distintos se sucedieron de la sexta a la decimotercera carrera.

Más puntos obtenidos por un piloto de Fórmula 1 a lo largo de su carrera

Tras la temporada 2016, el piloto de Mercedes Lewis Hamilton había logrado 2.247 puntos en el Campeonato del Mundo. Le seguía el cuatro veces campeón mundial Sebastian Vettel (Alemania), con 2.108.

▲ MÁS VICTORIAS DE UN PILOTO EN EL RALLY DAKAR EN LA CATEGORÍA DE QUADS

Marcos Patronelli (Argentina) ganó su tercer Rally Dakar en la categoría de quads en 2016. Sus victorias anteriores fueron en 2010 y 2013. La edición de 2016 se disputó en Argentina y Bolivia, con 13 duras etapas. Asimismo, el hermano de Marcos, Alejandro, ha ganado el Rally Dakar dos veces y terminó segundo en 2016 en la misma categoría.

▲ EL CONDUCTOR MÁS JOVEN EN LOGRAR 100 PODIOS EN FÓRMULA 1

Lewis Hamilton (R.U.), tres veces campeón mundial de Fórmula 1 (F1), tenía 31 años y 276 días cuando terminó tercero en el Gran Premio de Japón, en el circuito de Suzuka, en Mie, Japón, el 9 de octubre de 2016. Fue el tercer piloto de F1 en lograr 100 podios, por detrás de Alain Prost (Francia, en 1983) y Michael Schumacher (Alemania, en 2002). Sólo Schumacher alcanzó los 100 podios en menos carreras.

▲ EL PILOTO MÁS JOVEN EN GANAR UNA CARRERA DE FÓRMULA 1

El 15 de mayo de 2016, con 18 años y 228 días, Max Verstappen (Países Bajos) ganó el Gran Premio de España en el circuito de Montmeló, España. El piloto de Red Bull, hijo del expiloto de F1 Jos Verstappen, se convirtió en el primer holandés en lograr una victoria en la categoría. Había pasado de Toro Rosso a Red Bull Racing tan sólo cinco días antes de la prueba.

Stéphane Peterhansel y Jean-Paul Cottret podrían haber ganado el Rally Dakar en ocho ocasiones. En 2014, recibieron la orden de equipo de no disputar la victoria al líder, Nani Roma, por temor a que los dos coches pudieran colisionar.

Más puntos consecutivos de un constructor en el Campeonato Mundial de Rally

El 20 de enero de 2002, los pilotos de Ford finalizaron tercero y cuarto en el Rally de Montecarlo. Fue el inicio de una racha increíble de 212 pruebas consecutivas en las que Ford logró puntuar (hasta el Rally de Montecarlo 2017, el 22 de enero).

Más carreras del Campeonato Mundial de Rally ganadas por un país

Entre el 26 de enero de 1973 y el 22 de enero de 2017, Francia logró 184 victorias en el Campeonato Mundial de Rally. Entre los pilotos que las consiguieron hay dos tocayos: Sébastien Loeb (78 victorias) y Sébastien Ogier (39 victorias).

◀ MÁS TÍTULOS DEL RALLY DAKAR

El Rally Dakar, una carrera de resistencia abierta tanto a aficionados como a profesionales, empezó disputándose entre París, Francia, y Dakar, Senegal, aunque después se trasladó a Sudáfrica y Sudamérica. El equipo formado por Stéphane Peterhansel y Jean-Paul Cottret (ambos de Francia), piloto y copiloto respectivamente, ha ganado el rally siete veces (2004-05, 2007, 2012-13 y 2016-17). Peterhansel también se ha impuesto seis veces en la categoría de motos.

Ciclismo

Las bicicletas diseñadas para correr en velódromos no tienen frenos. Los ciclistas disminuyen la velocidad pedaleando hacia atrás.

▲ **LA PRUEBA DE PERSECUCIÓN POR EQUIPOS MÁS RÁPIDA (HOMBRES)**
Bradley Wiggins, Clancy Ed, Owain Doull y Steven Burke (todos de R.U.) completaron los 4 km de la prueba de persecución por equipos en 3 min y 50,265 s el 12 de agosto de 2016, en los Juegos Olímpicos de Río, Brasil. Era la segunda vez que Gran Bretaña batía el récord durante los Juegos de Río; antes lo habían logrado en las eliminatorias, con un tiempo de 3 min y 50,570 s.

Más victorias en el Campeonato del Mundo de Bicicleta de Montaña Cross-Country de la UCI
Nino Schurter (Suiza) ganó el Campeonato del Mundo de Bicicleta de Montaña Cross-Country de la Unión Ciclista Internacional (UCI) 2016 celebrado en Nové Město na Moravě, República Checa. Fue la quinta victoria de Schurter en la competición, con lo que igualó la hazaña de Julien Absalon (Francia).

▲ **MÁS TÍTULOS DE LA COPA DEL MUNDO DE BICICLETA DE MONTAÑA CROSS-COUNTRY DE LA UCI (HOMBRES)**
Julien Absalon (Francia) ha ganado siete títulos de la Copa del Mundo (2003, 2006-09, 2014 y 2016). Ganó su 33.ª carrera el día que se adjudicaba su séptimo título. También era el gran favorito para el oro olímpico en Londres 2012, pero un pinchazo al iniciarse la carrera lo dejó sin opciones.

▲ **LA PRUEBA DE PERSECUCIÓN POR EQUIPOS MÁS RÁPIDA (MUJERES)**
Joanna Rowsell-Shand, Elinor Barker, Laura Trott y Katie Archibald (todas de R.U.) completaron los 4 km de la prueba de persecución por equipos en 4 min y 10,236 s el 13 de agosto de 2016 en los Juegos Olímpicos de Río, Brasil. Lograron un nuevo récord mundial en cada una de las tres carreras que disputaron, la última de las cuales fue contra EE.UU., a quienes sacaron más de 2 s de diferencia.

Más corredores en finalizar el Tour de Francia
Un total de 174 corredores terminaron el Tour de Francia de 2016, disputado entre el 2 y el 24 de julio. El récord anterior, fijado en 2010, era de 170. En la edición de 2016, Mark Cavendish (R.U.) se llevó la victoria en cuatro etapas con llegada masiva final, con las que sumó 30, el **mayor número de victorias de etapa con llegada masiva final en el Tour de Francia**.

Los 500 m contrarreloj más rápidos (mujeres)
El 7 de octubre de 2016, Jessica Salazar Valles (México) recorrió los 500 m de la contrarreloj en apenas 32,268 s durante el Campeonato Panamericano celebrado en Aguascalientes, México. Salazar batía así la marca de 32,794 s que Anastasia Voynova (Rusia) había fijado en Grenchen, Suiza, y la había convertido en la segunda mujer en bajar de la barrera de los 33 s.

La prueba de velocidad por equipos más rápida (mujeres)
El 12 de agosto de 2016, Tianshi Zhong y Jinjie Gong (ambas de China) corrieron la ronda de calificación de la prueba de velocidad por equipos de los Juegos Olímpicos de Río, Brasil, en 31,928 s. Lograron la medalla de oro tras derrotar a Rusia en la final.

La prueba de persecución individual B más rápida (hombres)
El 8 de septiembre de 2016, Stephen Bate (R.U.) completó la prueba de persecución individual B de los Juegos Paralímpicos de Río de Janeiro, Brasil, en 4 min y 8,146 s. Las pruebas paralímpicas están clasificadas en función de las capacidades físicas de los atletas. La categoría B corresponde a aquellos deportistas con discapacidad visual que compiten en un tándem junto con un guía. El guía de Bate fue Adam Duggleby (R.U.).

La prueba de persecución individual C5 más rápida (mujeres)
El 8 de septiembre de 2016, Sarah Storey (R.U.) completó la prueba de persecución individual C5 de los Juegos Paralímpicos de Río de Janeiro, Brasil, en 3 min y 34,394 s. En ciclismo, C1 corresponde a una reducción significativa de la funcionalidad, mientras que C5 indica una discapacidad menos acusada.

Para prepararse para la prueba de Qatar, Martin entrenó en su baño con la calefacción encendida.

▲ **MÁS VICTORIAS EN CONTRARRELOJ EN EL CAMPEONATO MUNDIAL DE LA UCI (HOMBRES)**
Tony Martin (Alemania) ha ganado la prueba de contrarreloj del Campeonato Mundial de Ciclismo en Ruta de la UCI cuatro veces (2011-13 y 2016). En 2016 igualó a Fabian Cancellara (Suiza), vencedor en 2006-07 y 2009-10. Martin se hizo con su cuarto título en Doha, Qatar, con un tiempo de 44 min y 42,99 s para 40 km. En total, ha ganado siete medallas en esta competición.

La medalla de plata de Meares en los Juegos Olímpicos de Pekín 2008 llegó sólo siete meses después de que se lesionara en el cuello durante una carrera en Los Ángeles, EE.UU. Fue la única que consiguió el equipo de ciclismo australiano en Pekín.

▶ MÁS MEDALLAS OLÍMPICAS EN CICLISMO EN PISTA (MUJERES)

Entre 2004 y 2016, Anna Meares (Australia) ganó seis medallas olímpicas en cuatro pruebas distintas. Su colección está formada por dos medallas de oro, una de plata y tres de bronce. Tras Meares, hay tres ciclistas con cuatro medallas olímpicas: Shuang Guo (China), Laura Trott (R.U.) y Sarah Hammer (EE.UU.). Trott es la única ciclista con todas las medallas de oro.

Deportes de precisión

El jugador de snooker (o billar inglés) Mark King (R.U.) ganó su primer gran título en el Open de Irlanda del Norte en noviembre de 2006, tras 25 años intentándolo.

Van Gerwen empezó a jugar a dardos a los 13 años. En tan sólo dos años ya era campeón juvenil

▲ **PRIMER INDEPENDIENTE OLÍMPICO EN GANAR UNA MEDALLA DE ORO**

Tras la suspensión de su país por parte del Comité Olímpico Internacional, el soldado kuwaití Fehaid Al-Deehani compitió en Río 2016 en el equipo olímpico de atletas independientes. Ganó el oro en la categoría de fosa doble el 10 de agosto de 2016, al derrotar a Marco Innocenti (Italia) 26-24 en la final. Su compatriota Abdullah Al-Rashidi ganó el bronce en tiro al plato masculino, también como independiente.

Más victorias en el mundial femenino de la British Darts Organisation (BDO)

Con su victoria 3-2 contra Deta Hedman (R.U., n. en Jamaica) en el Lakeside Country Club de Frimley Green, Surrey, R.U., el 9 de enero de 2016, Trina *Golden Girl* Gulliver (R.U.) ganó su décimo título del mundial de la BDO, después de lograr los primeros siete campeonatos entre 2001 y 2007.

La persona que ha ganado una medalla olímpica en más continentes

Kim Rhode (EE.UU.), tirador de doble foso y tiro al plato, ganó su sexta medalla olímpica en Río 2016. Ha ganado medallas en cinco continentes: Australia, América del Norte y del Sur, Asia y Europa.

Más Mundiales de lanzamiento de herraduras (hombres)

Alan Francis (EE.UU.) ganó su 21.° título masculino en el Mundial de lanzamiento de herraduras en 2016. Su máximo rival, Ted Allen (EE.UU.) ganó su décimo y último título en 1959.

▲ **MEJOR PROMEDIO POR PARTIDA EN LA PREMIER LEAGUE DE DARDOS**

Con un promedio de 123,4, Michael van Gerwen (Países Bajos) venció a Michael Smith (R.U.) en Aberdeen, R.U., el 25 de febrero de 2016.

El 1 de enero de 2017, logró el **mejor promedio en los Mundiales de PDC**: 114,05, en la semifinal de Londres, R.U. El rival de van Gerwen, Raymond van Barneveld (Países Bajos) perdió con un promedio por partida de 109,34, ¡la cuarta mejor marca histórica del torneo!

▲ **MÁS PUNTOS CONSEGUIDOS EN ARCO RECURVO, 70 METROS Y 72 FLECHAS (HOMBRES)**

El 5 de agosto de 2016, Kim Woo-jin (República de Corea) obtuvo 700 de los 720 puntos posibles en el Sambódromo de Río de Janeiro, Brasil. Con un arco recurvo, batió por un sólo punto el récord de Im Dong-huyn (República de Corea) conseguido en Londres 2012. Kim hizo esta marca en la ronda de clasificación, pero luego Riau Ega Agatha (Indonesia) lo derrotó en segunda ronda.

La persona que más partidas de snooker profesional ha disputado

A lo largo de una brillante carrera que le valió seis mundiales, Steve Davis (R.U.) disputó 1.453 partidas entre su debut en 1978 y su retirada en 2016.

Más Masters snooker ganados

El 22 de enero de 2017, Ronnie O'Sullivan (R.U.) derrotó a Joe Perry (R.U.) 10-7 en la final del Master de snooker por invitación en el Alexandra Palace de Londres. Era la séptima vez que *The Rocket* ganaba el torneo, tras vencer en 1995, 2005, 2007, 2009, 2014 y 2016, una más que Stephen Hendry (R.U.).

La persona que más veces ha participado en un Mundial de croquet

Tres jugadores han participado 14 veces cada uno en el acontecimiento más importante del croquet: Robert Fulford (R.U., entre 1989 y 2013), Stephen Mulliner (R.U., entre 1989 y 2016) y David Openshaw (R.U., entre 1989 y 2016).

▲ **MÁS CENTURY BREAKS EN UN MUNDIAL DE SNOOKER**

Durante la semifinal del mundial contra Alan McManus (R.U.) en el Crucible Theatre de Sheffield, R.U., entre el 28 y el 30 de abril de 2016, Ding Junhui (China) hizo siete century breaks (puntuación mayor de 100 en una jugada) en un virtuoso despliegue. Ganó la partida 17-11, pero perdió en la final contra Mark Selby (R.U.).

Mayores beneficios en una carrera de la Asociación de Jugadores Profesionales de Bolos de EE.UU.

Walter Ray Williams Jr. (EE.UU.) ganó 4.638.519 $ entre 1980 y 2016.

En 2008 se inició un proyecto para enseñar a los jugadores de bolos bolivianos el estilo a dos manos. El programa fue un éxito, pues ganaron torneos en Argentina y Brasil.

◀ **EL CAMPEÓN MÁS JOVEN DE UN GRAN TÍTULO DE LA ASOCIACIÓN PROFESIONAL DE JUGADORES DE BOLOS DE EE.UU.**

Anthony Simonsen (EE.UU. n. el 6 de enero de 1997) tenía sólo 19 años y 39 días cuando ganó el Campeonato de Bolos de EE.UU. (USBC) de 2016 en Woodland Bowl, Indianapolis, EE.UU. Simonsen, que destaca por su saque a dos manos (ver a la izquierda) derrotó al aficionado Dan MacLelland (Canadá) 245-207 en la final, consiguiendo plenos en ocho de los primeros nueve lanzamientos.

Halterofilia

Tras ganar el oro en Río 2016, Óscar Figueroa (Colombia) se quitó simbólicamente las zapatillas para anunciar su retirada.

▲ MAYOR PESO EN ARRANCADA (HOMBRES, SIN AYUDA)
El 16 de octubre de 2016, Ray Williams (EE.UU.) levantó 456 kg durante los Powerlifting Raw Nationals celebrados en Atlanta, Georgia. Realizó la primera sentadilla (453,59 kg) en «bruto», sin traje ni vendajes en las rodillas, sólo un cinturón de levantamiento de pesas y rodilleras. Ray atribuye su fuerza a una dieta a base de «pan de maíz y suero de mantequilla».

Mayor peso en arrancada (mujeres, sin ayuda)
El 8 de julio de 2016, Samantha Coleman (EE.UU.) levantó en cuclillas 299,82 kg en un evento en Rosemount, Minnesota, EE.UU., autorizado por la United Powerlifting Association. También levantó desde la banca 177,35 kg ese mismo día. Coleman es de las pocas mujeres que han levantado 272,15 kg en la modalidad de peso muerto. Lleva una diadema cuando compite como símbolo de la «belleza de la fuerza».

Mayor peso en arrancada (77 kg, hombres)
Lü Xiaojun (China) levantó 177 kg en los Juegos Olímpicos de Río el 10 de agosto de 2016. Aún así, no pudo ganar el oro. Terminó con una medalla de plata detrás de Nijat Rahimov (Kazajstán), que logró el **levantamiento más pesado en dos tiempos en la categoría de 77 kg** con 214 kg. Rahimov destrozó el récord anterior de 210 kg que había establecido el ruso Oleg Perepetchenov en 2001.

Mayor peso en arrancada (105+ kg, hombres)
Behdad *Salimi* Salimikordasiabi (Irán) levantó 216 kg en los Juegos de Río el 16 de agosto de 2016. El triunfo se convirtió en decepción en la final de dos tiempos ya que los jueces consideraron inválidos sus tres intentos, y el iraní se quedó sin puntuar y por tanto sin esperanza de medalla en categoría absoluta.

Mayor peso levantado total (105+ kg, hombres)
En un evento lleno de dramatismo y récords (ver arriba), Lasha Talakhadze (Georgia) levantó un total de 473 kg. Levantó 215 kg en arrancada y 258 kg en dos tiempos. Se alzó con la medalla de oro por delante de Gor Minasyan (Armenia) y de su compatriota Irakli Turmandize (Georgia).

La mejor marca anterior en 105+ kg era de 472,5 kg,de Hossein Rezazadeh (Irán), que aún mantiene el récord del **mayor levantamiento de pesas en dos tiempos**, con 263,5 kg, conseguido en los Juegos Olímpicos de Atenas el 25 de agosto de 2004.

Mayor peso levantado por un atleta paralímpico (107+ kg, hombres)
El iraní Siamand Rahman levantó 310 kg en la categoría de más peso de los Juegos Paralímpicos de Río 2016, el 14 de septiembre de 2016.

▲ MAYOR PESO LEVANTADO TOTAL (56 KG, HOMBRES)
Long Qingquan (China) levantó 307 kg en Río 2016 el 7 de agosto. Ayudado por un levantamiento de 170 kg en su último intento en dos tiempos, ganó el oro por delante de Halil Mutlu (Turquía), que poseía el récord con 305 kg desde Sydney 2000.

En la categoría de menos peso ganó Nazmiye Muratli (Turquía) el 8 de septiembre de 2016. Con 104 kg levantados, consiguió el **récord paralímpico en su categoría (41- kg, mujeres)**.

Más veces ganador del Arnold Strongman Classic
Žydrūnas Savickas (Lituania) ganó su octavo título del Arnold Strongman Classic disputado entre el 4 y el 5 de marzo de 2016, tras las victorias logradas entre 2003 y 2008, y en 2014. Este certamen nace a raíz del Arnold Sports Festival, una competición originalmente de culturismo bautizada por su cocreador, Arnold Schwarzenegger.

◀ MAYOR PESO LEVANTADO TOTAL (63 KG, MUJERES)
Deng Wei (China) tuvo un debut olímpico de ensueño en Río 2016. El 9 de agosto logró el **mayor levantamiento en la prueba de dos tiempos (categoría de 63 kg)** con 147 kg. Sumados a los 115 kg de la prueba de arrancada, llegó a los 262 kg, y logró una medalla de oro y dos récords mundiales.

▶ MAYOR PESO LEVANTADO TOTAL (85 KG, HOMBRES)
El 12 de agosto de 2016, Kianoush Rostami (Irán) levantó 396 kg para ganar la medalla de oro en la categoría de 85 kg en Río 2016. Levantó 217 kg en dos tiempos y 179 kg en arrancada, batiendo su propio récord combinado en 1 kg.

Los campeonatos olímpicos de levantamiento de pesas constan de la disciplina de «arrancada» (con un movimiento continuo) y la de «dos tiempos» (se realiza una primera sentadilla antes de ponerse totalmente en pie).

Atletismo

En Río 2016 se celebraron los primeros Juegos Olímpicos de Verano durante el invierno del país anfitrión y los primeros en Sudamérica.

▲ **MÁS VICTORIAS EN REUNIONES DE LA LIGA DE DIAMANTE DE LA IAAF**
La Liga de Diamante de la Asociación Internacional de Federaciones de Atletismo, disputada desde 2010, tiene 14 reuniones anuales y 32 disciplinas (16 masculinas y 16 femeninas). Ningún atleta, hombre o mujer, ha logrado más victorias que Sandra Perković (Croacia). Entre el 12 de junio de 2010 y el 1 de septiembre de 2016, se impuso 34 veces en la prueba de lanzamiento de disco.

La milla más rápida (mujeres, pista cubierta)
El 17 de febrero de 2016, Genzebe Dibaba (Etiopía) venció en la prueba de la milla de la reunión de Estocolmo, Suecia, de la Globen Galan IAAF World Indoor Tour, con un tiempo de 4 min y 13,31 s. El récord anterior, de 4 min y 17,14 s, lo había establecido Doina Melinte (Rumanía) 12 meses antes de que Dibaba naciera y se había mantenido vigente 26 años.

En una noche de récords en la Globen Galan, Ayanleh Souleiman (Djibouti) batió el **récord de los 1.000 m (hombres, pista cubierta)** con una marca de 2 min y 14,20 s, superando los 2 min y 14,96 s establecidos por Wilson Kipketer (Dinamarca) el 20 de febrero de 2000.

▲ **LOS 800 M EN SILLA DE RUEDAS MÁS RÁPIDOS (T52, HOMBRES)**
El 2 de julio de 2016, Raymond Martin (EE.UU.) se clasificó con un tiempo de 1 min y 51,64 s en las pruebas de 800 m T52 de los trials de EE.UU., en Charlotte, Carolina del Norte, EE.UU. Arriba aparece compitiendo en la prueba de 1.500 m. Cuatro años antes, el 1 de julio de 2012, había establecido el **récord de los 200 m en silla de ruedas (T52, hombres)** con 30,18 s, en Indianápolis, EE.UU.

▲ **MÁS DOBLETES CONSECUTIVOS EN CARRERAS DE FONDO EN JJ.OO.**
Mo Farah (R.U., n. en Somalia) logró dos dobletes consecutivos tras vencer en las pruebas de 5.000 y 10.000 m de los Juegos Olímpicos de Londres 2012 y Río 2016. El atleta igualaba así a Lasse Virén (Finlandia), con sendas victorias en Múnich 1972 y Montreal 1976. Farah y Virén también comparten el récord de **más medallas de oro consecutivas de 5.000 m (hombres)**.

Farah cuenta con el **mayor número de medallas de oro en Campeonatos de Europa de Atletismo (hombres)**: cinco. Ganó los 5.000 m en Barcelona 2010, Helsinki 2012 y Zúrich 2014, y los 10.000 m en 2010 y 2014. En reconocimiento a sus logros, fue nombrado Comandante del Imperio Británico en 2017.

P: ¿En qué se caracterizaron las medallas de los Juegos Paralímpicos de Río 2016?

R: Estaban llenas de bolitas de acero que al chocar hacían el «sonido de la victoria» para los atletas con discapacidad visual.

◀ **USAIN BOLT**
Este legendario velocista jamaicano se impuso en las pruebas de 100 m y 200 m por tercera vez en Río 2016, tras sus victorias en Pekín 2008 y Londres 2012. Sus tres victorias en cada prueba suponen los récords de **más medallas** (y **más medallas consecutivas**) **de oro en 100 m y 200 m en JJ.OO.** Bolt también ha corrido los **100 m** y los **200 m más rápidos**, con las marcas de 9,58 s y 19,19 s, respectivamente.

La victoria del equipo jamaicano en el relevo 4 x 100 m en Pekín 2008 fue invalidada en 2017 después de que Nesta Carter diera positivo en un control de dopaje. De no haber sido así, Bolt también ostentaría el récord de primer velocista en lograr tres tripletes en 100 m, 200 m y 4 x 100 m en tres JJ.OO.

Los 10.000 m más rápidos (mujeres)
El 12 de agosto de 2016, Almaz Ayana (Etiopía) ganó los 10.000 m femeninos (su primera medalla de oro olímpica) con 29 min y 17,45 s, superando los 29 min y 31,78 s de Wang Junxia (China) del 8 de septiembre de 1993, una marca vigente durante 23 años.

Los 3.000 m obstáculos más rápidos (mujeres)
El 27 de agosto de 2016, Ruth Jebet (Bahréin) hizo añicos el récord de esta distancia, vigente durante ocho años, con un tiempo de 8 min y 52,78 s en la reunión de París, Francia, de la Liga de Diamante de la IAAF. Nacida en Kenia, Jebet había logrado el oro olímpico en esta misma prueba 12 días antes en Río.

Los 100, 200 y 400 m más rápidos (sumados)
Wade van Niekerk (Sudáfrica) hizo historia en 2016 al ser el primero en bajar de los 10, 20 y 44 segundos (ver pág. 216) en las pruebas de 100 m, 200 m y 400 m, respectivamente. Sin embargo, el velocista con una mejor marca combinada de las tres pruebas es Michael Johnson (EE.UU.), con un tiempo total de 72,59 s (entre 1994 y 1999). La marca de Van Niekerk es de 72,95 s, mientras que la del plusmarquista mundial de 100 m y 200 m, Usain Bolt, se queda en 74,05 s.

Más medallas olímpicas en 3.000 m obstáculos
Mahiedine Mekhissi-Benabbad (Francia) ganó la medalla de bronce en los 3.000 m obstáculos en Río 2016. Logró así su tercera medalla olímpica, tras las platas de 2008 y 2012.

Más títulos de la Carrera de Diamante de la IAAF
Al final de cada temporada de la Liga de Diamante, el atleta con más puntos en cada disciplina es galardonado con el título de Carrera de Diamante. Desde 2010 a 2016, Renaud Lavillenie (Francia) se hizo con siete títulos en salto con pértiga.

El **mayor número de títulos de la Carrera de Diamante de la IAAF (mujeres)** es cinco. Valerie Adams (Nueva Zelanda) lo logró en la prueba de lanzamiento de peso en 2011-14 y 2016 y Sandra Perković (Croacia) lo igualó en lanzamiento de disco en 2012-16.

Los 100 m en silla de ruedas más rápidos (T53, mujeres)
El 8 de septiembre, Huang Lisha (China) completó los 100 m en silla de ruedas T53 (completa movilidad de brazos pero sin funcionalidad del tronco) en 16,19 s en los Juegos Paralímpicos de Río de Janeiro 2016, Brasil.

Los **400 m más rápidos en silla de ruedas (T53, mujeres)** los corrió Hongzhuan Zhou (China) el 11 de septiembre de 2016 en los Juegos Paralímpicos de Río: 54,43 s.

▶ LOS 100 M VALLAS MÁS RÁPIDOS (MUJERES)
Kendra Harrison (EE.UU.) corrió los 100 m vallas femeninos en 12,20 s en la reunión de Londres, R.U., de la Liga de Diamante celebrada en el estadio Olímpico el 22 de julio de 2016. Batía así a Yordanka Donkova (Bulgaria), cuyo récord de 12,21 s, logrado en Stara Zagora, Bulgaria, estaba vigente desde el 20 de agosto de 1988.

▲ LOS 100 M MÁS RÁPIDOS (T44, MUJERES)
El 17 de septiembre de 2016, Sophie Kamlish (R.U.) completó los 100 m T44 en 12,93 s durante los Juegos Paralímpicos de Río 2016, Brasil. Desafortunadamente para Kamlish, aquél no era el día de la final. En la última carrera de la competición, la atleta de Trinidad y Tobago Nyoshia Cain corrió seis centésimas de segundo más veloz que ella, que acabó en cuarta posición.

▲ MÁS MEDALLAS DE ORO OLÍMPICAS EN ATLETISMO (MUJERES)
El 19 de agosto de 2016, Allyson Felix (EE.UU.) logró su sexto oro olímpico en el relevo 4 x 100 m. Las estadounidenses se recuperaron de la caída del testigo en semifinales y se impusieron en la final por la calle 1. Felix ya había ganado el relevo 4 x 100 m en Londres 2012 y el relevo 4 x 400 m en Pekín 2008, Londres y Río de Janeiro. También logró un oro individual en los 200 m en 2012.

El lanzamiento de martillo a más distancia (mujeres)
El 28 de agosto de 2016, la polaca Anita Włodarczyk hizo un lanzamiento de 82,98 m en el Skolimowska Memorial de Varsovia, Polonia. Batía el récord por segunda vez en un mes, tras una marca de 82,29 m el 15 de agosto en su camino hacia el oro olímpico.

Más victorias en el IAAF Challenge en lanzamiento de martillo (hombres)
Paweł Fajdek (Polonia) ha ganado tres veces la prueba de lanzamiento de martillo de la IAAF Challenge, en 2013 y 2015-16, récord que comparte con el húngaro Krisztián Pars (2011-12 y 2014).

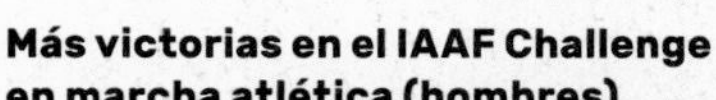

El mayor salto de pértiga (mujeres, pista cubierta)
Jennifer Suhr (EE.UU.) superó una altura de 5,03 m en Brockport, Nueva York, EE.UU., el 30 de enero de 2016. Batía así su marca de 5,02 m del 2 de marzo de 2013.

Más victorias en el IAAF Challenge en marcha atlética (hombres)
Wang Zhen (China) ha ganado la prueba de marcha atlética del IAAF Challenge en dos ocasiones, 2012 y 2016. La hazaña había sido lograda anteriormente por Robert Korzeniowski (Polonia) en 2003-04, Paquillo Fernández (España) en 2005-06 y Jared Tallent (Australia) en 2008 y 2013.

El lanzamiento de club a más distancia (F32, mujeres)
Maroua Brahmi (Túnez) lanzó un club a 26,93 m de distancia en los Juegos Paralímpicos de Río el 9 de septiembre de 2016. Dos días después, Joanna Butterfield (R.U.) logró el **récord de lanzamiento de club (F51, mujeres)**: 22,81 m. F32 indica dificultades de coordinación y F51 debilidad de la extremidades, fuerza muscular limitada o movilidad restringida.

El lanzamiento de jabalina a más distancia (F40, hombres)
Ahmed Naas (Irak) llegó a los 35,29 m en el lanzamiento de jabalina el 11 de septiembre de 2016. F40 indica baja estatura.

Okagbare ganó una medalla de bronce en salto de longitud en Pekín 2008. Desde entonces, ha ganado el oro en los Juegos de la Commonwealth, en el Campeonato de África, en el Campeonato Mundial de Carreras de Relevos y en los Juegos Panafricanos.

▲ MÁS PARTICIPACIONES EN REUNIONES DE LA LIGA DE DIAMANTE
Entre el 3 de julio de 2010 y el 9 de septiembre de 2016, la nigeriana Blessing Okagbare había participado en 50 ocasiones en las reuniones de la Liga de Diamante compitiendo en las pruebas de 100 m, 200 m y salto de longitud. Las keniatas Viola Kibiwot (1.500 m y 5.000 m) y Asbel Kiprop (800 m y 1.500 m), la siguen muy de cerca con 48 participaciones cada una.

Maratones

En 2016 Patrick Downes y Adrianne Haslet completaron la maratón de Boston sólo tres años después de perder las extremidades en el atentado terrorista perpetrado durante esta prueba.

▲ MÁS VICTORIAS EN LA MARATÓN DE BERLÍN (MUJERES)
La etíope Aberu Kebede ha ganado tres veces la maratón de Berlín, en 2010, 2012 y 2016, lo que iguala el récord establecido por Jutta von Haase (RDA/actual Alemania: 1974, 1976, 1979), Renate Kokowska (Polonia: 1988, 1991, 1993) y Uta Pippig (Alemania: 1990, 1992, 1995).

Menor tiempo total en completar las Grandes de la Maratón Mundial
Entre 2006 y 2015, Hermann Achmüller (Italia) corrió las maratones de Tokio, Boston, Londres, Chicago, Nueva York y Berlín en un tiempo total de 14 h, 16 min y 32 s.

Más medias maratones descalzo en días consecutivos
Salacnib *Sonny* Molina (EE.UU.) completó 11 medias maratones descalzo entre el 8 y el 18 de septiembre de 2016. Este enfermero ortopedista viajó por todo EE.UU. para competir en maratones oficiales y llegó a disputar 18 pruebas en 30 días, todas ellas descalzo.

▶ EL GANADOR MÁS JOVEN DE LA MARATÓN DE NUEVA YORK (HOMBRES)
El 6 de noviembre de 2016, Ghirmay Ghebreslassie (Eritrea, n. el 14 de noviembre de 1995) ganó la maratón de Nueva York en categoría masculina con 20 años y 358 días.

Es también el **ganador más joven del Campeonato Mundial de Maratón (hombres)**, al ganar el oro en Pekín, China, el 22 de agosto de 2015, con 19 años y 281 días.

La maratón de Tokio más rápida (mujeres)
El 26 de febrero de 2017, Sarah Chepchirchir (Kenia) completó la maratón de Tokio, Japón, en 2 h, 19 min y 47 s. Era la tercera maratón en la que competía y mejoró su marca personal en más de cuatro minutos. También batió el anterior récord de la prueba tokiota fijado en 2 h, 21 min y 27 s por Helah Kiprop (Kenia) el 28 de febrero de 2016.

El mismo día que Chepchirchir lograba esta marca, Wilson Kipsang (Kenia) logró el **récord de la maratón de Tokio (hombres)**: 2 h, 3 min y 58 s. En un nuevo trazado, mejoró la marca anterior en 1 min y 44 s.

▲ LA MEDIA MARATÓN MÁS RÁPIDA (MUJERES)
El 1 de abril de 2017, Joyciline Jepkosgei (Kenia) ganó la media maratón de Praga, en la República Checa, con un tiempo de 1 h, 4 min y 52 s. En su camino hacia la victoria, estableció los récords de los **10 km en ruta más rápidos (mujeres)**, con 30 min y 4 s; los **15 km**, con 45 min y 37 s; y los **20 km**, con 1 h, 1 min y 25 s. Era la quinta vez que Jepkosgei competía en esta distancia.

Más victorias en la maratón de Nueva York en silla de ruedas (mujeres)
Tatyana McFadden (EE.UU., n. en Rusia) ha ganado cinco veces la maratón de Nueva York, en 2010 y 2013-16, lo que iguala la marca de Edith Wolf-Hunkeler (Suiza), que llegó primera a la línea de meta en 2004-05 y 2007-09. McFadden, que nació con espina bífida, ha ganado siete medallas de oro en Juegos Paralímpicos en la categoría T54.

También ostenta el récord de **más victorias consecutivas en la maratón de Londres en silla de ruedas (mujeres)**, con cuatro triunfos entre 2013 y 2016. Comparte el récord con la italiana Francesca Porcellato, que los logró entre 2003 y 2006.

El 23 de abril de 2017, más de 50.000 corredores acudieron a la línea de salida de la maratón de Londres, R.U., el **mayor evento anual de un solo día destinado a la recaudación de fondos (un solo lugar)**. A continuación, te ofrecemos, ordenados por tiempos, a los corredores que compitieron disfrazados y consiguieron mejores marcas:

1. **Nadador** Joe Spraggins (R.U.): 2:42:24
2. **Elfo** Ashley Payne (R.U.): 2:58:16
3. **Comida rápida** Gary McNamara (R.U.): 2:59:35
4. **Vikingo** Paul Richards (R.U.): 3:03:11
5. **Monje** Malcolm Treby (R.U.): 3:03:32
6. **Disfraz para tres personas** Graham O'Loughlin (Irlanda), Evan Williams y Ian Williams (ambos de R.U.): 3:13:09
7. **Crustáceo (hombres)** Simon Couchman (R.U.): 3:13:18
8. **Wonder Woman (mujeres)** Rebecca César de Sá (R.U.): 3:16:19
9. **Disfraz de animal de cuerpo entero (hombres)** Laurence Morgan (R.U.): 3:16:36
10. **Monja** Daniel Jordan (R.U.): 3:17:12
11. **Con botas wellington** Damian Thacker (R.U.): 3:21:27
12. **Obispo** Max Livingstone-Learmonth (R.U.): 3:21:32
13. **Monje (mujeres)** Sarah Dudgeon (R.U.): 3:21:33
14. **Chef (hombres)** Terry Midgley (R.U.): 3:22:27
15. **Mr. Potato** Philip Powell (R.U.): 3:24:19
16. **Personaje de dibujos animados (mujeres)** Rebecca Vincent (R.U.): 3:24:28
17. **Bruja (mujer)** Nicola Nuttall (R.U.): 3:26:13
18. **Camarera francesa (hombres)** Kevin Day (R.U.): 3:26:43
19. **Monja (mujeres)** Victoria Carter (R.U.): 3:26:53
20. **Disfraz para dos personas** Alex Smith y Chris Stone (ambos de R.U.): 3:33:22
21. **Fruta (mujeres)** Lorna Pursglove (R.U.): 3:41:25
22. **En saco de dormir (hombres)** David Smith (R.U.): 3:44:01

David Weir también se impuso en la edición de 2010 de la maratón de Nueva York con un tiempo de 1 h, 37 min y 29 s.

▲ MÁS VICTORIAS EN LA MARATÓN DE LONDRES EN SILLA DE RUEDAS (HOMBRES)

David Weir (R.U.) ganó por séptima ocasión la maratón de Londres en silla de ruedas el 23 de abril de 2017, con un tiempo de 1 h, 31 min y 6 s. Sus anteriores victorias llegaron en 2002, 2006-08 y 2011-12. Weir superó a Dame *Tanni* Gray-Thompson (R.U.), y se convirtió en la **persona que ha ganado más títulos de la maratón de Londres en silla de ruedas**.

Más medallas olímpicas de maratón ganadas por un país

Entre 1904 y 2016, EE.UU. ganó 13 medallas olímpicas en maratón. Dominó las primeras ediciones de la prueba masculina, en la que sumaba siete medallas ya en 1924, entre ellas un triplete en 1904. En los últimos años, Kenia y Etiopía han pasado a dominar la prueba: en Río 2016, Kenia igualó por un instante la marca de 12 medallas de los estadounidenses gracias al oro de Eliud Kipchoge, pero sólo 1 min y 21 s después, Galen Rupp (EE.UU.) deshizo el empate al hacerse con el bronce. Rupp se convertía así en el tercer estadounidense en ganar una medalla en maratón desde 1924.

Los primeras trillizas en competir en una maratón olímpica

Las trillizas Lily, Leila y Liina Luik (el «Trío a Río») compitieron por Estonia en la maratón olímpica de 2016. Lily fue la primera en llegar, en el puesto 97.

Los 50 km marcha más rápidos (mujeres)

El 15 de enero de 2017, Inês Henriques (Portugal) ganó el Campeonato de Portugal de Marcha Atlética en Porto de Mos con un tiempo de 4 h, 8 min y 26 s. Fue el primer récord mundial reconocido por la IAAF en la categoría femenina de esta prueba.

▲ ELIUD KIPCHOGE

El 6 de mayo de 2017, Eliud Kipchoge (Kenia) completó el desafío de Nike «Breaking2» en 2 h y 25 s en el circuito de Monza Grand Prix, Italia. Aunque el tiempo de Kipchoge fue inferior al **récord mundial masculino de maratón** de Dennis Kimetto (Kenia), fijado en 2 h, 2 min y 57 s, la IAAF no lo reconoció por haber contado con liebres.

▲ LA MARATÓN MÁS RÁPIDA (MUJERES, CARRERA SÓLO FEMENINA)

El 23 de abril de 2017, Mary Keitany (Kenia) ganó su tercera maratón de Londres con un tiempo de 2 h, 17 min y 1 s, mejorando en 41 s la mejor marca en una maratón femenina. Sólo la supera Paula Radcliffe (R.U.), que en 2003 corrió la **maratón más rápida (mujeres)** en 2 h, 15 min y 25 s con la ayuda de liebres masculinas.

Más podios en el Ultra-Trail Mt Fuji

Fernanda Maciel (Brasil) ha terminado tres veces entre las tres primeras en esta ultramaratón disputada en Japón: subcampeona en 2014 y 2015 y ganadora en 2016. Los 165 km de recorrido del Ultra-Trail Mt Fuji deben completarse en un plazo máximo de 46 horas.

Más victorias en la maratón de patinaje en línea de Berlín (hombres)

El patinador Bart Swings (Bélgica) ha ganado la maratón de patinaje en línea de Berlín cuatro años consecutivos, desde 2013 hasta 2016.

Swings también ostenta el récord de la **maratón de patinaje en línea de Berlín más rápida**: 56 min y 49 s, una marca que consiguió el 26 de septiembre de 2015.

MEJORES MARCAS EN LAS GRANDES MARATONES MUNDIALES

Maratón	Hombres			Mujeres		
Berlín	Dennis Kimetto (Kenia)	*2:02:57	28 sep 2014	Mizuki Noguchi (Japón)	2:19:12	25 sep 2005
Boston	Geoffrey Mutai (Kenia)	2:03:02	18 abr 2011	Bizunesh Deba (Etiopía)	2:19:59	21 abr 2014
Chicago	Dennis Kimetto (Kenia)	2:03:45	13 oct 2013	Paula Radcliffe (R.U.)	2:17:18	13 oct 2002
Londres	Eliud Kipchoge (Kenia)	2:03:05	24 abr 2016	Paula Radcliffe (R.U.)	*2:15:25	13 abr 2003
Nueva York	Geoffrey Mutai (Kenia)	2:05:06	6 nov 2011	Margaret Okayo (Kenia)	2:22:31	2 nov 2003
Tokio	Wilson Kipsang (Kenia)	2:03:58	26 feb 2017	Sarah Chepchirchir (Kenia)	2:19:47	26 feb 2017

*Récords absolutos de maratón en categoría masculina y femenina

=23. Animadora (mujeres) Julia Mitchelmore (R.U.): 3:46:55

=23. Hombre de pan de jengibre (mujeres) Cat Dascendis (R.U.): 3:46:55

25. Instrumento médico Mark Conlin (R.U.): 3:48:09

26. Traje de dinosaurio de cuerpo entero (mujeres) Gemma Stevens (R.U.): 3:57:46

27. Doble hélice de ADN (hombres) John Lambourne (R.U.): 3:58:28

28. Candado (hombres) Kou-Hau Tseng (R.U.): 3:59:40

29. Cabina telefónica Warren Edwicker (R.U.): 4:07:57

30. Personaje de TV (mujeres) Alice Gerlach (R.U.): 4:13:39

31. Estrella Michael Law (R.U.): 4:20:07

32. Dragón (mujeres) Jayne Moreton (R.U.): 4:32:54

33. Vistiendo una cota de mallas (parte superior del cuerpo) Thomas Langdown (R.U.): 4:50:16

34. Papel higiénico (mujeres) Susan Ridgeon (R.U.): 4:54:00

35. Coche (hombres) Thomas Bolton (R.U.): 4:55:09

36. Personaje de *Star Wars* Jeremy Allinson (R.U.): 4:59:12

37. Aeronave tridimensional Paul Cousins (R.U.): 5:03:15

38. Cargando un electrodoméstico Ben Blowes (R.U.): 5:58:37

39. Disfraz para cinco personas David Hepburn, Megan Walker, Ceyhun Uzun, Andrew Sharpe, Holly Bishop (todos de R.U.): 6:17:26

40. Con un paquete de 45 kg Marc Jenner (Rumanía, n. en R.U.): 6:47:03

Natación

En los 200 m obstáculos masculinos de los JJ.OO. de París de 1900, se trepaban postes y se nadaba por debajo de barcas.

▲ **LOS 800 M LIBRES MÁS RÁPIDOS EN PISCINA OLÍMPICA (MUJERES)**
El 12 de agosto de 2016, Katie Ledecky (EE.UU.) ganó los 800 m libres de los Juegos de Río con un tiempo de 8 min y 4,79 s. Fue su cuarta medalla de oro y su segundo récord mundial, ya que el 7 de agosto había logrado el **récord de los 400 m libres más rápidos en piscina olímpica** (3 min y 56,64 s).

Los 100 m braza más rápidos en piscina olímpica (hombres)
El 7 de agosto de 2016, Adam Peaty consiguió la primera medalla de oro para R.U. en los Juegos Olímpicos de Río tras fijar un nuevo récord mundial con un tiempo de 57,13 s. El bracista ya había mejorado su propio récord mundial durante las eliminatorias del día anterior.

Con un tiempo de 26,42 s, Peaty también ostenta el **récord de los 100 m braza en piscina olímpica**, logrado el 4 de agosto de 2015 en el Campeonato Mundial de Natación de la FINA, en Kazán, Rusia.

Los 100 m mariposa más rápidos (S13, mujeres)
El 8 de septiembre, Rebecca Meyers (EE.UU.) ganó el oro en los Juegos Paralímpicos de 2016 con un tiempo de 1 min y 3,25 s. Cuatro días más tarde, Meyers, que sufre el síndrome de Usher, un raro trastorno genético, estableció dos récords más: los **200 m libres más rápidos S13**, con 2 min y 7,64 s; y los **400 m libres más rápidos S13**, con 4 min y 19,59 s.

◄ **MÁS MEDALLAS DE ORO GANADAS POR UNA MUJER EN EL CAMPEONATO MUNDIAL DE NATACIÓN DE LA FINA**
Katinka Hosszú (Hungría), apodada la *Dama de hierro*, ganó 225 medallas de oro en el Campeonato Mundial de Natación de la FINA entre 2012 y 2016. El 3 de agosto de 2015 en Kazán, Rusia, Hosszú batió el **récord de los 200 m estilos individuales en piscina olímpica (mujeres)** con 2 min y 6,12 s.

P: ¿Qué edad tenía la nadadora Alzain Tareq cuando participó en el Campeonato Mundial de Natación de la FINA 2015?

R: 10 años, lo que la convierte en la **nadadora más joven** de la competición de todos los tiempos.

Más medallas de natación ganadas en Juegos Paralímpicos de Verano (hombres)
Daniel Dias (Brasil) ganó 24 medallas entre los Juegos Paralímpicos de 2008, 2012 y 2016: 14 oros, 7 platas y 3 bronces. Nacido con malformaciones en las extremidades superiores e inferiores, empezó a nadar con 16 años y aprendió los cuatro estilos en dos meses.

Los 100 m mariposa más rápidos en piscina olímpica (mujeres)
En Río 2016, Sarah Sjöström logró la primera medalla de oro en natación femenina de todos los tiempos para Suecia. Sjöström ganó la final de los 100 m mariposa el 7 de agosto con un tiempo de 55,48 s.

Los 100 m espalda más rápidos en piscina olímpica (hombres)
El 13 de agosto de 2016, Ryan Murphy (EE.UU.) nadó en 51,85 s su posta en el relevo 4 x 100 m estilos de la final olímpica, en la que EE.UU. se hizo con el oro.

▲ **EL GANADOR DE UN ORO OLÍMPICO MÁS VETERANO**
El 12 de agosto de 2016, Anthony Ervin (EE.UU., n. el 26 de mayo de 1981) ganó el oro olímpico en Río en los 50 m libres masculinos con 35 años y 78 días. Ervin había logrado su primer oro en Sídney 2000, por lo que también tiene el récord de **mayor intervalo de tiempo entre dos oros olímpicos en pruebas individuales de natación**: 15 años y 325 días.

▲ **MÁS MEDALLAS OLÍMPICAS GANADAS**
Michael Phelps (EE.UU.) se retiró tras Río 2016 como el atleta más laureado de la historia olímpica. En cuatro juegos, Phelps ganó 28 medallas, 10 más que la gimnasta Larisa Latynina (URSS/ahora Ucrania), que ocupa el segundo lugar en la lista. Su récord incluye 23 oros, el **mayor número de medallas de oro ganadas en JJ.OO.**

Los 200 m braza más rápidos en piscina corta (hombres)
El 20 de noviembre de 2016, en el Campeonato de Alemania en piscina corta celebrado en Berlín, Marco Koch (Alemania) nadó los 200 m braza en 2 min y 0,44 s. Se reponía así de Río 2016, donde quedó séptimo en la final de los 200 m braza del 10 de agosto.

Los 100 m libre más rápidos en piscina olímpica (mujeres)
El 2 de julio de 2016, Cate Campbell (Australia) nadó en 52,06 s la prueba de 100 m libres del Gran Premio de Australia, en Brisbane, Australia. A continuación, Campbell compitió en Río 2016, donde formó parte del cuarteto australiano que batió el **récord de 4 x 100 m libres en piscina olímpica (mujeres)** con un tiempo de 3 min y 30,65 s. Sus compañeras fueron Emma McKeon, Brittany Elmslie y la hermana de Cate, Bronte Campbell (todas de Australia).

Más medallas de plata en una misma prueba olímpica de natación
La final de los 100 m mariposa de los Juegos Olímpicos de Río, celebrada el 12 de agosto de 2016, fue una de las pruebas de natación más reñidas de la historia de la competición. Por detrás del ganador, Joseph Schooling (Singapur), tres nadadores quedaron empatados en segundo lugar con un tiempo de 51,14 s: Michael Phelps (EE.UU.), Chad le Clos (Sudáfrica) y László Cseh (Hungría).

▼ **MÁS MEDALLAS DE ORO GANADAS EN EL CAMPEONATO MUNDIAL DE NATACIÓN DE LA FINA (HOMBRES)**
Entre 2009 y 2016, Chad le Clos (Sudáfrica) ganó 116 medallas de oro en el Camponato Mundial de la Fédération Internationale de Natation (FINA), casi el doble que el sudafricano Roland Schoeman, segundo con 64 oros. Tras dos platas en Río 2016, Le Clos batió el **récord de los 100 m mariposa en piscina corta** (48,08 s) el 8 de diciembre en Windsor, Canadá.

Deportes acuáticos

El buceo libre también se conoce como apnea, que deriva de la palabra griega *apnoia*, que significa «sin respiración».

▲ **MÁS OROS OLÍMPICOS EN PIRAGÜISMO ESPRINT EN UNOS JUEGOS (MUJERES)**
Entre 16 y el 20 de agosto de 2016, la húngara Danuta Kozák ganó tres títulos en pruebas de piragüismo de 500 m en los JJ.OO de Río: K-1, K-2 y K-4. Se convertía así en la tercera persona de todos los tiempos con tres oros en piragüismo en unos juegos, junto con Vladimir Parfenovich (URSS/actual Bielorrusia, 1980) e Ian Ferguson (Nueva Zelanda, 1984).

Más victorias consecutivas en competiciones internacionales en dos sin timonel masculino de remo
La pareja neozelandesa formada por Hamish Bond y Eric Murray es una de las grandes dominadoras de la historia del remo. Entre el 19 de junio de 2009 y el 11 de agosto de 2016 se mantuvieron ocho temporadas invictos. Ganaron 69 carreras consecutivas, seis Campeonatos Mundiales y dos oros olímpicos. En Londres 2012, Bond y Murray se impusieron con un tiempo de 6 min y 8,50 s, lo que mejoraba en más de 6 s el **récord de dos sin timonel masculino de remo**, vigente una década.

El doble scull ligero de remo más rápido (mujeres)
La pareja holandesa formada por Ilse Paulis y Maaike Head estableció un tiempo de 6 min y 47,69 s en la regata de la Copa del Mundo de Remo, el 19 de junio de 2016 en Poznań, Polonia. Superaron la anterior plusmarca mundial de 6 min y 48,38 s, establecida por las británicas Charlotte Taylor y Katherine Copeland el 20 de junio de 2015.

Primer medalla olímpica compartida en piragüismo/kayak
El 20 de agosto de 2016, en la final olímpica de los 200 m K-1 sprint, Saúl Craviotto (España) y Ronald Rauhe (Alemania) compartieron la medalla de bronce con un tiempo de 35,662 s.

Distancia más larga en buceo libre (apnea dinámica con aletas)
El 3 de julio de 2016, Mateusz Malina (Polonia) y Giorgos Panagiotakis (Grecia) bucearon una distancia horizontal de 300 m en aguas de Turku, Finlandia, el equivalente a seis piscinas olímpicas.

Buceo libre a más profundidad (inmersión libre/apnea libre, mujeres)
El 6 de septiembre de 2016, Jeanine Grasmeijer (Países Bajos) alcanzó una profundidad de 92 m en Kralendijk, Bonaire, islas de Sotavento, Antillas Menores. En la inmersión libre no puede usarse ningún equipo de propulsión.

▲ **MÁS OROS OLÍMPICOS EN NATACIÓN SINCRONIZADA (INDIVIDUAL)**
En Río 2016, Natalia Ishchenko (izquierda) y Svetlana Romashina (derecha, ambas de Rusia) ganaron el oro en la prueba por equipos y en el dúo femenino, sumando un total de cinco de oros olímpicos cada una. Igualaban así el récord de su excompañera de equipo Anastasia Davydova (Rusia), logrado entre Atenas 2004 y Londres 2012. Las tres nadadoras compitieron juntas en Londres en la prueba por equipos.

▲ **MÁS TÍTULOS INTERNACIONALES DE WATERPOLO AL MISMO TIEMPO (HOMBRES)**
En waterpolo, los serbios juegan su propia liga. El 20 de agosto de 2016, ganaron el oro olímpico tras vencer a Croacia 11-7 y se convirtieron en los campeones vigentes de cinco competiciones internacionales: la Copa del Mundo 2014, la Liga Mundial 2015, el Campeonato del Mundo 2015 y el Campeonato de Europa 2016.

▲ **MÁS OROS OLÍMPICOS CONSECUTIVOS EN UNA PRUEBA DE EQUIPO (MUJERES)**
La saltadora de trampolín Wu Minxia (China, izquierda) ganó su cuarta medalla de oro consecutiva en la prueba sincronizada en los JJ.OO. de Río 2016, e igualó a las jugadoras de baloncesto Lisa Leslie, Sue Bird, Tamika Catchings y Diana Taurasi (todas de EE.UU.). Fue el quinto oro olímpico de su carrera, el **mayor número de medallas de oro ganadas en salto de trampolín en JJ.OO. (mujeres)**.

En 2009 Gabriel Medina se convirtió en el **surfista más joven en ganar una prueba de la World Qualifying Series**. Tenía 15 años y 202 días cuando se impuso en el Maresia Surf International, ¡sólo diez días después de convertirse en profesional!

Más Campeonatos del Mundo de KPWT Freestyle (mujeres)
Gisela Pulido (España) ha ganado 10 campeonatos de kiteboarding World Kite Tour (anteriormente PKRA) Freestyle: en 2004-11, 2013 y 2015. En 2012 y 2014, Pulido fue superada por Karolina Winkowska (Polonia), que terminó segunda en 2015.

Más puntos logrados en una temporada de la World Surf League (mujeres)
Tyler Wright (Australia) dominó la competición femenina de la World Surf League de 2016 con cinco victorias en 10 pruebas que la hicieron acreedora del título. Sus marca de 72.500 puntos eclipsó el anterior récord de la hawaiana Carissa Moore, que logró 66.200 en 2015.

▲ **EL PRIMER SALTO MORTAL HACIA ATRÁS CON RECEPCIÓN EN EL CAMPEONATO DEL MUNDO DE SURF**
El 14 de mayo de 2016, Gabriel Medina (Brasil) hizo historia en el surf de competición con un salto mortal hacia atrás con recepción en la segunda ronda del Oi Rio Pro, que se disputó en Barra da Tijuca, Río de Janeiro, Brasil. Medina, primer brasileño en proclamarse campeón mundial de surf en 2014, recibió la máxima puntuación (10) de los cinco jueces de la prueba por su revolucionaria pirueta. Terminó tercero en la competición.

Deportes de invierno

El 30 de septiembre de 2016, el japonés Yuzuru Hanyu ejecutó el primer loop cuádruple en una competición de patinaje artístico masculino.

▲ MÁS VICTORIAS INDIVIDUALES EN LA COPA DEL MUNDO DE SALTOS DE ESQUÍ (MUJERES)

El 16 de febrero de 2017, Sara Takanashi (Japón) ganó la 53.ª prueba de la Copa del Mundo de la FIS en Pyeongchang, Corea del Sur. Hizo su debut en la Copa del Mundo el 3 de diciembre de 2011, con 15 años y 56 días, y ganó su primera prueba el 3 de marzo del año siguiente. Takanashi ha ganado la general cuatro veces: en 2013, 2014, 2016 y 2017.

Más participantes en el Campeonato Mundial de Bandy

Pariente cercano del hockey sobre hielo, el bandy usa una bola en lugar de un disco. Los equipos son de 11 jugadores y se juega en pistas de hielo de un tamaño similar al de un campo de fútbol. En el Campeonato Mundial de 2017, en Suecia, compitieron 18 naciones, entre ellas Mongolia, Holanda y un equipo de somalís residentes en Suecia, igualando la cifra de 2016.

Desde su inicio en 1957, el **mayor número de victorias en el Campeonato Mundial de Bandy (hombres)** es de 24, producto de la suma de los títulos de la URSS (1957-79, 1985 y 1989-91) y de Rusia (1999-2001, 2006-08, 2011 y 2013-16).

El **mayor número de victorias en el Campeonato Mundial de Bandy (mujeres)** es de siete (Suecia). Excepto la de 2014, las escandinavas han ganado todas las ediciones desde su creación en 2004.

Más victorias consecutivas en la clasificación general de la Copa del Mundo de Biatlón (hombres)

Con su sexto título consecutivo en 2017, Martin Fourcade (Francia) superaba en tres a Raphaël Poirée (Francia) y a Frank Ullrich (antigua Alemania Oriental).

El **mayor número de medallas ganadas en el Campeonato Mundial de Biatlón (hombres)**, 45, lo logró Ole Einar Bjørndalen (Noruega) entre 1997 y 2017.

La puntuación más alta en patinaje artístico (danza libre)

El 31 de marzo de 2016, la pareja francesa formada por Gabriella Papadakis y Guillaume Cizeron obtuvo 118,17 puntos en el Campeonato Mundial de la ISU celebrado en Boston, Massachusetts, EE.UU.

El 9 de diciembre de 2016, Tessa Virtue y Scott Moir (Canadá) lograron la **puntuación más alta en patinaje artístico (programa corto de danza)**: 80,50, en la final del Gran Premio de Patinaje Artístico, en Marsella, Francia.

La primera persona en ganar las pruebas de 500 y 1.000 m en el Campeonato Mundial de Patinaje de Velocidad Individual sobre Hielo (hombres)

Pavel Kulizhnikov (Rusia) se hizo con dos oros en los campeonatos de 2016 celebrados en Kolomna, Rusia, entre el 13 y el 14 de febrero. Ya había ganado un oro y una plata en 2015, cuando se le escapó el oro en los 1.000 m por apenas 0,04 s.

También en Kolomna, Denis Yuskov (Rusia) logró el récord de **más títulos consecutivos en 1.500 m en el Campeonato Mundial de Patinaje de Velocidad Individual sobre Hielo (hombres)**: tres, en 2013, 2015, y 2016.

La provincia con más victorias en el Campeonato de Curling de Canadá

El Campeonato de Curling de Canadá, conocido como el «Brier», se celebró por primera vez en 1927. En 2016, Alberta consiguió su 27.ª victoria, con lo que igualaba la marca establecida por Manitoba en 2011.

Más victorias de un fabricante en la International 500 de motos de nieve

La carrera de motos de nieve «I-500» se disputa en un exigente recorrido de 500 millas (804 km) en Sault Ste Marie, Michigan, EE.UU. El 4 de febrero de 2017, el equipo Bunke Racing fue el primero en rebasar la bandera a cuadros, y logró la 26.ª victoria del fabricante Polaris (EE.UU.).

▶ LA PUNTUACIÓN MÁS ALTA EN EL PROGRAMA CORTO DE PATINAJE ARTÍSTICO SOBRE HIELO (MUJERES)

Evgenia Medvedeva (Rusia) logró 79,21 puntos en la final del Grand Prix de la Unión Internacional de Patinaje sobre Hielo (ISU), en Marsella, Francia, el 9 de diciembre de 2016.

El 27 de enero de 2017, Medvedeva logró la **puntuación más alta en el programa largo de patinaje artístico sobre hielo (mujeres)**: 150,79, en el Campeonato de Europa de la ISU, en Ostrava, República Checa.

▲ LOS 1.500 M MÁS RÁPIDOS DE PATINAJE DE VELOCIDAD EN PISTA CORTA (MUJERES)

Choi Min-jeong (Corea del Sur, arriba en primer lugar) completó la prueba de la Copa del Mundo de Patinaje de Velocidad en Pista Corta, en Salt Lake City, Utah, EE.UU., el 12 de noviembre de 2016, en 2 min y 14,354 s. Con Shim Sukhee, Kim Ji-yoo y Kim Geon-hee (todas de Corea del Sur), también batió el **récord de los 3.000 m por equipos de patinaje de velocidad en pista corta** (4 min y 4,222 s).

Más victorias en la Copa del Mundo de esquí (mujeres)

El 21 de enero de 2017, Lindsey Vonn (EE.UU.) logró su 77.ª victoria en la Copa del Mundo de la FIS al ganar la prueba de descenso en la pista Kandahar de la estación de Garmisch-Partenkirchen, Alemania. Fue su 39.ª victoria en la categoría de descenso, el **mayor número de victorias en descenso en la Copa del Mundo de Esquí de una mujer**. Unas semanas antes se había fracturado el brazo derecho mientras entrenaba.

El 22 de diciembre de 2015, Hirscher se libró por muy poco de un accidente cuando un dron equipado con una cámara se estrelló en la pista muy cerca de él durante la prueba de eslalon de la Copa del Mundo, en Madonna di Campiglio, Italia.

◀ MÁS TÍTULOS CONSECUTIVOS DE LA COPA DEL MUNDO DE ESQUÍ ALPINO DE LA FIS (HOMBRES)

El austríaco Marcel Hirscher se proclamó campeón de la clasificación general del Campeonato Mundial de Esquí Alpino de la Fédération Internationale de Ski (FIS) seis temporadas seguidas: 2012-17. Con su hazaña, lograba el récord absoluto de **más títulos de la Copa del Mundo de Esquí Alpino de la FIS (hombres)**, uno más que Marc Girardelli (Luxemburgo, n. en Austria). Girardelli ganó sus cinco títulos de la general en 1985-86, 1989, 1991 y 1993.

Juegos Olímpicos de Invierno

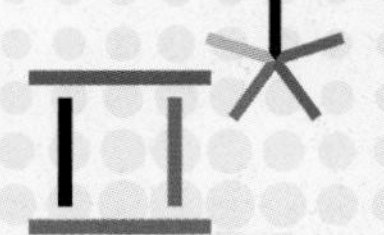

Los Juegos Olímpicos de Invierno de 2018 se celebrarán en Pyeongchang, Corea del Sur. ¿Qué deportistas se unirán a esta increíble lista de récords?

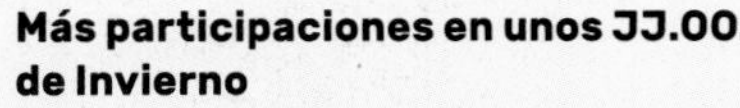

Más participaciones en unos JJ.OO. de Invierno

El saltador de esquí Noriaki Kasai (Japón) y el piloto de luge Albert Demchenko (Rusia) compitieron en siete JJ.OO. desde Albertville 1992 hasta Sochi 2014. Demchenko (n. el 27 de noviembre de 1971) es el **medallista individual de más edad en unos JJ.OO. de Invierno**. Ganó una medalla de plata el 9 de febrero de 2014, con 42 años y 74 días.

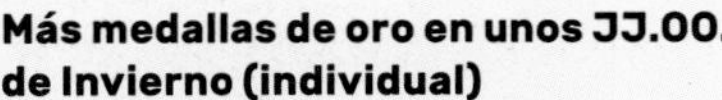

Más medallas de oro en unos JJ.OO. de Invierno (individual)

Eric Heiden (EE.UU.) venció en cinco pruebas de patinaje de velocidad en los JJ.OO. de Invierno de 1980, en Lake Placid, Nueva York, EE.UU. Sus victorias llegaron en los 500, 1.000, 1.500, 5.000 y 10.000 m.

El **mayor número de medallas de oro en unos JJ.OO. de Invierno (mujeres)** es cuatro, récord establecido por la patinadora de velocidad Lidiya Skoblikova (URSS/actual Rusia) con sus victorias en 500, 1.000, 1.500 y 3.000 m en Innsbruck en 1964.

▲ LOS PRIMEROS JUEGOS OLÍMPICOS DE INVIERNO

Los JJ.OO. de Invierno se celebraron por primera vez en Chamonix, Francia (25 de enero-5 de febrero de 1924). La competición se creó para promover los deportes de nieve y de hielo, que no podían practicarse en verano. Compitieron 247 hombres y 11 mujeres de 16 países ante 10.004 espectadores, en patinaje de velocidad, curling y hockey sobre hielo (arriba). Charles Jewtraw (EE.UU.) fue el **primer medallista de oro de unos JJ.OO. de Invierno** al ganar el 26 de enero de 1924 los 500 m de patinaje de velocidad en el Stade Olympique de Chamonix.

▲ LA MEDALLISTA DE ORO MÁS JOVEN EN UNA PRUEBA INDIVIDUAL DE UNOS JJ.OO. DE INVIERNO

Tara Lipinski (EE.UU., n. el 10 de junio de 1982) ganó la prueba individual de patinaje artístico femenino en Nagano, Japón, el 20 de febrero de 1998, con 15 años y 255 días.

La **ganadora más joven de una medalla de oro olímpica** es Kim Yun-mi (Corea del Sur, 1 de diciembre de 1980). En Lillehammer 1994 logró el oro en los 3.000 m por equipos de patinaje de velocidad en pista corta. Tenía 13 años y 85 días.

▲ MÁS MEDALLAS GANADAS EN JJ.OO. DE INVIERNO

Entre 1998 y 2014, el noruego Ole Einar Bjørndalen ganó 13 medallas olímpicas en biatlón, una prueba que combina esquí de fondo y tiro al blanco con carabina. Ocho de estas medallas fueron de oro, el **mayor número de medallas de oro ganadas en unos JJ.OO. de Invierno**. Comparte este récord con el esquiador de fondo Bjørn Dæhlie (Noruega), quien logró sus ocho oros entre 1992 y 1998.

En Sochi 2014, Bjørndalen se hizo con la victoria en la prueba de 10 km esprint de biatlón con 40 años y 12 días, y se convirtió en el **medallista de oro de edad más avanzada en una prueba individual de unos JJ.OO. de Invierno**.

P: ¿Quién diseñó la ceremonia de apertura de los Juegos Olímpicos de Invierno de 1960?

R: Walt Disney.

Más medallas olímpicas consecutivas (individual)

El piloto de luge Armin Zöggeler (Italia), apodado *El caníbal*, por cómo devoraba, metafóricamente, a sus rivales, ganó una medalla en seis JJ.OO. consecutivos de 1994 a 2014.

El primer medallista en unos JJ.OO. de Invierno del hemisferio sur

La esquiadora Annelise Coberger (Nueva Zelanda) ganó la plata en eslalon en Albertville 1992, y se convirtió en la primera medallista del hemisferio sur, 68 años después de los primeros JJ.OO. de Invierno.

Más medallas olímpicas de hockey sobre hielo ganadas por una persona

Canadá ha ganado la final femenina de hockey sobre hielo en todos los JJ.OO. de Invierno excepto en sus primeros, Nagano 1998. La delantera Jayna Hefford y la centrocampista Hayley Wickenheiser han participado en todos y han ganado cuatro oros y una plata.

► MÁS MEDALLAS GANADAS EN JJ.OO. DE INVIERNO (MUJERES)

Tres esquiadoras de esquí de fondo han ganado 10 medallas en JJ.OO. de Invierno: Raisa Smetanina (URSS/actual Rusia, 1976-92), Stefania Belmondo (Italia, 1992-2002) y Marit Bjørgen (Noruega, derecha, 2002-14). Seis de las medallas de Bjørgen son oros, el **mayor número de medallas de oro ganadas en JJ.OO. de Invierno (mujeres)**. Comparte el récord con la patinadora de velocidad Lidiya Skoblikova (URSS/actual Rusia, 1960-64) y la esquiadora de fondo Lyubov Yegorova (Rusia, 1992-94).

En 2015 Marit Bjørgen hizo historia al ganar los tres globos de cristal que se entregan en la Copa del Mundo, correspondientes a las pruebas de fondo, esprint y combinada. Ya lo había logrado en la temporada 2004-05.

Más medallas de oro en Juegos Paralímpicos de Invierno

Ragnhild Myklebust (Noruega) ganó 22 medallas de oro entre 1988 y 2002 en esquí de fondo, esquí alpino sentado y biatlón, además de tres platas y dos bronces. El mayor **número de medallas de oro en Juegos Paralímpicos de Invierno (hombres)** es 16, logradas por Gerd Schönfelder (Alemania) en esquí alpino entre 1992 y 2010, además de cuatro platas y dos bronces.

Más hermanos en competir en una misma edición de los JJ.OO. de Invierno

En Calgary 1988, cuatro hermanos formaron los dos equipos de México de bobsleigh a dos: Jorge, Eduardo, Roberto y Adrián Tamés.

Deportes extremos

Según un informe de 2015, cada minuto se suben a YouTube 100 horas de vídeos grabados con la cámara de acción GoPro.

La mayor velocidad en caída libre (hombres)
Desarrollada a mediados de los 2000, el speed skydiving es una modalidad de paracaidismo que consiste en saltar de un avión para alcanzar la mayor velocidad posible en caída libre. El 13 de septiembre de 2016, Henrik Raimer (Suecia) alcanzó 601,26 km/h en la quinta ronda del Campeonato Mundial de la Federación Aeronáutica Internacional (FAI) en Chicago, Illinois, EE.UU. Finalmente, se proclamó campeón mundial de speed skydiving.

La mayor distancia recorrida en ala delta registrada (mujeres)
El 7 de enero de 2016, Yoko Isomoto (Japón) dirigió un ala delta Wills Wing T2C Clase 1 desde Forbes hasta Walgett, Nueva Gales del Sur, Australia, completando una distancia de 367,6 km.

La mayor altura en un ala delta (hombres)
Anton Raumauf (Austria) alcanzó los 4.359 m en Burgsdorf y Helmeringhausen, Namibia, el 3 de enero de 2016, tal y como ratificó la FAI.

▲ EL SALTO MÁS ALTO CON UN POGO SALTARÍN
El 15 de octubre de 2016, Biff Hutchison (EE.UU.) realizó un salto en el aire de 3,36 m con un pogo saltarín en Burley, Idaho, EE.UU. Superó así su anterior marca de 3,2 m, que compartía con Dalton Smith (EE.UU.), también igualada por Nic Patiño (EE.UU.) en Pogopalooza 2016 en Swissvale, Pensilvania (EE.UU.), el 8 de julio de 2016.

▲ LA VOLTERETA HACIA ATRÁS MÁS LARGA CON UNA BICICLETA ELÉCTRICA
El 13 de agosto de 2016, la estrella de los X Games Kevin *KRob* Robinson batió el récord de voltereta mortal hacia atrás en bicicleta en un programa de la cadena ESPN en Providence, Rhode Island, EE.UU. Para superar la marca anterior de 19,5 m, alcanzó los 69,2 km/h antes de saltar, tras ser remolcado por un vehículo todoterreno. En su primer intento se cayó de la bicicleta, pero a los pocos minutos volvió a intentarlo y consiguió este salto mortal de 25,6 m.

▲ MÁS VICTORIAS EN LA CATEGORÍA BOARDERCROSS DEL CAMPEONATO MUNDIAL DE MOUNTAINBOARDING
En boardercross, los corredores de mountainboarding bajan por unas pistas estrechas especialmente diseñadas con muchas curvas y giros. Matt Brind (R.U., arriba, delante) ha ganado el mundial de esta categoría tres veces, entre 2014 y 2016. Sólo Kody Stewart (EE.UU.) pudo arrebatarle un título en 2013. En 2016, Stewart acabó segundo en el campeonato celebrado en Bukovac, Serbia.

El salto más largo con rampa con una camioneta
El 25 de agosto de 2016, Bryce Menzies (EE.UU.) sobrevoló un pueblo abandonado de EE.UU. con un salto de rampa a rampa de 115,64 m. Consiguió el récord con un camión Pro 2 durante los ensayos para un programa de televisión en Bonanza Creek Ranch, Nuevo México, EE.UU. Para descubrir más camiones de salto con rampa, ver las págs. 208 y 209.

La mayor velocidad por inercia con un trineo de asfalto
Mike McIntyre (EE.UU.) alcanzó los 164 km/h en el evento de los récords mundiales de velocidad L'Ultime Descent en Les Éboulements, Quebec, Canadá, el 10 de septiembre de 2016. McIntyre batió el récord de 2008 de 157,41 km/h del canadiense Cédric Touchette.

Mayor número de campeonatos mundiales de rafting en aguas bravas (hombres)
La victoria del equipo masculino brasileño en el Campeonato Mundial de la Federación Internacional de Rafting 2016 supuso su sexta victoria tras los logros de 2007, 2009 y 2013-2015. Brasil superó así al legendario equipo Bober de Eslovenia, cinco veces campeones mundiales entre 1995 y 1999.

La travesía a nado de 1 km en hielo más rápida (hombres)
Petar Stoychev (Bulgaria) nadó 1 km en 12 min y 15,87 s en el II Campeonato Mundial de Natación en Hielo Aqua Sphere en Burghausen, Baviera, Alemania. Judit Wittig (Alemania) logró la **travesía a nado de 1 km en hielo más rápida (mujeres)** con 13 min y 13,58 s en el mismo mundial, el 6 de enero de 2017.

Para frenar un monopatín a 130 km/h se necesita tener un equilibrio y habilidad excepcionales. El *skater* se incorpora lentamente, expande los brazos y se desabrocha la sudadera para que, al abrirse, actúe como paracaídas.

◀ LA MAYOR VELOCIDAD DE DESCENSO CON MONOPATÍN
El 31 de mayo de 2016, la leyenda sueca del skateboarding, Erik Lundberg, se dispuso a batir el récord de velocidad de descenso con *skate* de 129,94 km/h. La colina, situada en Quebec, Canadá, tenía una longitud de 1 km y el desnivel máximo era del 18%. Tras reconocer el terreno, Lundberg alcanzó los 130,63 km/h. ¿La clave? Quedarse lo más quieto posible...

X Games

En Austin 2016, Jackson Strong ganó el Moto X Best Trick en la categoría QuarterPipe unas horas después de sufrir un accidente.

▲ **MAYOR NÚMERO DE MEDALLAS CONSECUTIVAS EN LOS X GAMES EN EL SKATEBOARD PARK (HOMBRES)**
Con su último oro en Austin 2016, Pedro Barros (Brasil) sumó nueve podios consecutivos (seis oros y tres platas) desde su debut en los X Games en 2010. Junto a su padre y su compañero de skateboard profesional Léo Kakinho (Brasil), Barros construyó un *bowl* gigante en su patio trasero que se ha convertido en un imán para los *skaters* de la zona en su ciudad natal de Florianópolis, Brasil.

Mayor número de medallas en Snowboard Slopestyle ganadas en los X Games de Invierno (mujeres)
Con la plata de los X Games de Invierno 2016, Jamie Anderson (EE.UU.) había acumulado 11 medallas entre 2006 y 2016. Desde el bronce en su debut en Slopestyle en 2006, se ha subido al podio en todas sus apariciones. En total, Anderson ha logrado cuatro oros, cinco platas y dos bronces. En Aspen 2016, su mejor marca fue 89,00, que la situó en segundo lugar detrás de la canadiense Spencer O'Brien, con 91,00.

▲ **MAYOR NÚMERO DE OROS GANADOS EN LOS X GAMES EN BMX STREET (HOMBRES)**
Garrett Reynolds (EE.UU.) ha dominado la prueba BMX Street desde su primera participación en los X Games de 2008, con ocho de las nueve medallas de oro disputadas. La única vez que no consiguió el primer puesto fue en Los Ángeles 2013, cuando fue superado por Chad Kerley (EE.UU.). Sus participaciones han dejado algunos de los trucos más complicados vistos en esta modalidad.

Primer matrimonio en competir uno contra otro en los X Games de Verano
Desarrollada en una pista de tierra de 0,8 km en el Circuito de las Américas cerca de Austin, Texas, EE.UU., el evento Harley-Davidson Flat-Track es una carrera de motos que tiene lugar en los X Games de Verano. Jared y Nichole Mees (ambos de EE.UU.), un matrimonio de corredores profesionales, participaron en el evento de inauguración el 4 de junio de 2015. Un fallo mecánico en la última vuelta impidió a Jared hacerse con el oro, pero al año siguiente consiguió ganar la carrera.

Al evento de 2016, el 2 de junio, asistieron Cory y Shayna Texter (ambos de EE.UU.), los **primeros hermanos en competir uno contra otro en los X Games de Verano**. Estos hermanos compitieron en las fases eliminatorias pero ninguno llegó a la final. Sin embargo, fue Shayna la que se ganó los elogios de su familia al acabar en el puesto 21, uno por delante de su hermano.

▲ **LA PUNTUACIÓN MÁS ALTA EN SNOWBOARD SUPERPIPE EN LOS X GAMES DE INVIERNO (MUJERES)**
Con un *back-to-back 1080* y un *McTwist*, Chloe Kim (EE.UU.) logró una puntuación de 98,00 en la categoría Snowboard Superpipe en los X Games de Oslo, Noruega, el 26 de febrero de 2016. Tenía 15 años y 309 días cuando ganó su tercera medalla de oro y se convirtió en la **medallista más joven en conseguir tres oros en los X Games**.

Mayor número de oros ganados en los X Games de Invierno (mujeres)
Cuando se trata de Snowboard Cross categoría femenina, sólo existe un nombre a batir: Lindsey Jacobellis (EE.UU.). Desde 2003 hasta los X Games de Invierno en Aspen, Colorado, EE.UU., de 2016, ha ganado 10 medallas de oro en esta prueba. Su palmarés podría ser aún más espectacular de no haber sido por los dos años de competición que perdió debido a una lesión.

A pesar de haber dominado los X Games durante más de una década, Jacobellis ha sufrido dos decepciones en los Juegos Olímpicos de Invierno. En los del 2006 en Turín, Italia, lideraba la carrera con una diferencia de 3 s cuando se cayó tratando de realizar un agarre *method grab*, cediéndole el oro a Tanja Frieden (Suiza). Jacobellis se volvió a caer cuando lideraba su eliminatoria en Sochi 2014, y no se pudo clasificar para la final.

Mayor número de visitantes en un sólo día en los X Games de Invierno
El 30 de enero de 2016, 49.300 espectadores se congregaron en Aspen, Colorado, EE.UU., con motivo del tercer día de la vigésima edición de los X Games de Invierno. El tiempo se volvió tan extremo como los propios eventos, pero ni siquiera la más fuerte de las tormentas de nieve consiguió desanimar a los seguidores. Como recompensa, presenciaron pruebas como Skier y Mono Skier X y Snowboard SuperPipe categoría masculina, además de disfrutar de la música de DJ Snake y deadmau5.

El truco preferido de Pâmela Rosa es el *frontside feeble*, con el que el *skater* se desliza sobre la barra encajándola entre las ruedas traseras de la tabla. Una correcta distribución del peso es crucial para clavar la maniobra.

Mayor número de medallas ganadas en los X Games de Verano sin ser de oro
Entre 1998 y 2016, Simon Tabron (R.U.) se subió al podio 14 veces, pero ninguna a lo más alto (seis platas y ocho bronces), siempre en la disciplina BMX Vert. En los X Games 2016, la mejor marca de Tabron en sus dos intentos fue de 86,00, insuficiente para superar a su compatriota Jamie Bestwick, con 90,66. Era la quinta vez que Tabron acababa segundo detrás de Bestwick.

▲ **LA MEDALLISTA DE ORO MÁS JOVEN EN LOS X GAMES EN SKATEBOARD STREET**
Nacida el 19 de julio de 1999, la brasileña Pâmela Rosa tenía sólo 16 años y 221 días cuando ganó el oro en los X Games de Oslo, Noruega, el 25 de febrero de 2016. Con una impecable técnica de patinaje, Rosa consiguió 80,33 en el primero de sus tres intentos, lo suficiente como para imponerse a sus rivales. Ésta fue su tercera medalla consecutiva en la prueba, tras la platas de 2014 y 2015.

Recopilatorio

En el punto más alto de su característico salto mortal hacia atrás, la gimnasta estadounidense Simone Biles se eleva casi el doble de su estatura.

▲ **MÁS ACES EN UN PARTIDO OLÍMPICO DE VOLEIBOL FEMENINO**

Ekaterina Kosianenko logró ocho aces en la victoria de Rusia frente a Argentina (25-13, 25-10, 25-16) el 6 de agosto en los Juegos Olímpicos de Río 2016. La colocadora del Dynamo de Moscú superaba por un ace a Zoila Barros y Yanelis Santos (ambas de Cuba), que lograron siete en partidos a cinco sets.

Más victorias en el Campeonato Mundial de softball femenino

Desde su primera edición en 1965, el Campeonato Mundial de Softball femenino se ha celebrado en 15 ocasiones. El 24 de julio de 2016, EE.UU. ganó su décimo título tras derrotar a Japón 7-3 en Surrey, Canadá. Era la sexta final consecutiva entre ambos países. El total combinado de 10 carreras convierte a este partido en la **final del Campeonato Mundial de softball femenino con mayor anotación.**

▲ **LA GANADORA MÁS JOVEN DEL CAMPEONATO MUNDIAL FEMENINO DE SQUASH**

Nour El Sherbini (Egipto, n. el 1 de noviembre de 1995, arriba a la derecha) tenía 20 años y 181 días cuando ganó el Campeonato Mundial Femenino de Squash en Kuala Lumpur, Malasia, el 30 de abril de 2016. El Sherbini, que en 2009 se convirtió en la campeona del mundo junior más joven con 13 años, tuvo que remontar dos sets para derrotar a la número 1 del mundo, Laura Massaro (R. U.) 6-11, 4-11, 11-3, 11-5 y 11-8.

Más Campeonatos Mundiales de ráquetbol (hombres)

Desde 1984, cada dos años se celebra el Campeonato Mundial de la Federación Internacional de Ráquetbol (IRF). El 23 de julio de 2016, Rocky Carson (EE.UU.) ganó su quinto título individual consecutivo tras derrotar a Daniel de la Rosa en la final por 15-11, 5-15 y 11-5.

El **récord de Campeonatos Mundiales de ráquetbol (mujeres)** es tres, cifra alcanzada por tres jugadoras: Michelle Gould (EE.UU.) en 1992, 1994 y 1996; Cheryl Gudinas (EE.UU.) en 2000, 2002 y 2004; y Paola Longoria (México) en 2012, 2014 y 2016.

Más victorias consecutivas en partidos olímpicos de voleibol playa de una jugadora

Entre Atenas 2004 y Río 2016, Kerri Walsh Jennings (EE.UU.) ganó 22 partidos consecutivos en la competición olímpica de voleibol playa.

Kerri logró tres oros consecutivos con Misty May-Treanor antes de sufrir su primera derrota olímpica frente al equipo brasileño compuesto por Agatha Bednarczuk y Bárbara Seixas en las semifinales de Río 2016. Finalmente se hizo con el bronce junto a su nueva pareja, April Ross.

Brent Harvey anunció que se retiraba de la AFL el 7 de octubre de 2016, cuando los North Melbourne no le renovaron su contrato. Harvey pensaba quedarse en el club como mentor.

▲ **MÁS PARTIDOS JUGADOS DE FÚTBOL AUSTRALIANO**

El 30 de julio de 2016, Brent Harvey, de los North Melbourne, superó la marca del legendario Michael Tuck (ambos de Australia) tras jugar su 427.° partido de la AFL. De ahí hasta el final de la temporada, el 10 de septiembre de 2016, aumentó la cifra hasta los 432 partidos. Harvey debutó en la jornada 22 de la temporada de 1996, con 18 años y 112 días. A lo largo de su carrera, *Boomer* ha anotado 518 goles y 334 behind, ha logrado 1.689 marcas y ha corrido unos 7.300 km en el terreno de juego.

Más medallas olímpicas de bádminton (hombres)

Tras ganar el oro en Londres 2012, Zhang Nan (China) volvió a hacerse con el oro en dobles masculino y con el bronce en dobles mixto en Río 2016. Sólo otros tres hombres han logrado tres medallas olímpicas en bádminton: Kim Dong-moon (Corea del Sur, 1996-2004), Lee Chong Wei (Malasia, 2008-16) y Fu Haifeng (China, 2008-16).

Por delante de todos ellos se sitúa la jugadora Gao Ling (China), que logró dos medallas de oro, una de plata y una de bronce entre 2000-04, el **mayor número de medallas olímpicas de bádminton ganadas por una persona**.

Más victorias en el Campeonato Mundial de bádminton por equipos femenino

China ha ganado 14 veces la Copa Uber de bádminton, que empezó a disputarse en 1956. Entre 1984 y 2016 las chinas se han hecho siempre con la victoria excepto en tres ediciones: 1994, 1996 y 2010. En la final de 2016, vencieron a Corea del Sur por 3-1.

▲ **LA MEDALLISTA OLÍMPICA DE TENIS DE MESA MÁS JOVEN**

El 16 de agosto de 2016, Mima Ito (Japón, n. el 21 de octubre de 2000) logró la medalla de bronce tras imponerse a Feng Tianwei (Singapur). Se unía así en el podio a sus compañeras de equipo Ai Fukuhara y Kasumi Ishikawa con apenas 15 años y 300 días. Ito ya había ganado el título femenino del Open de Alemania 2015 de la International Table Tennis Federation (ITTF) con 14 años y 152 días, convirtiéndose en la **ganadora más joven de un título individual del ITTF World Tour**.

▲ MÁS GOLES DE UN JUGADOR EN UNA TEMPORADA DE LA LIGA DE CAMPEONES DE BALONMANO DE LA EHF
Mikkel Hansen (Dinamarca, arriba a la derecha) marcó 141 goles para el París Saint-Germain Handball (Francia) en la temporada 2015-16 de la Liga de Campeones de la Federación Europea de Balonmano (EHF). El letal lateral izquierdo anotó nueve tantos en su primer partido contra el Flensburg (Alemania) y alcanzó cifras de dos dígitos en seis ocasiones.

Más victorias en el Campeonato Mundial de clubes de voleibol femenino de la FIVB
El 23 de octubre de 2016, el Eczacıbaşı VitrA (Turquía) defendió con éxito su título de la Federación Internacional de Voleibol (FIVB) y se convirtió en el primer equipo en ganar más de una vez esta competición desde su inicio en 1991.

Más participantes en la Liga Mundial de voleibol de la FIVB (hombres)
En 2016 participaron 36 equipos, cuatro más que en 2015. Serbia ganó el título por primera vez.

Más goles de un jugador en la Liga de Campeones de Balonmano de la EHF
Entre 1998 y el 11 de marzo de 2017, Kiril Lazarov (Macedonia) marcó 1.164 goles.

Más victorias en el Campeonato Mundial de Clubes de Balonmano de la IHF (hombres)
Tres equipos han ganado el Campeonato Mundial de Clubes de Balonmano en dos ocasiones: BM Ciudad Real (España, 2007 y 2010), Barcelona (España, 2013-14) y Füchse Berlin (Alemania, 2015-16).

▲ EL MEJOR TIEMPO EN UN IRONMAN (HOMBRES)
El Ironman es una agotadora competición de triatlón de un día de duración que comprende una primera parte a nado de 3,86 km, otra en bicicleta de 180,25 km y una maratón final (42,20 km). El 17 de julio de 2016, Jan Frodeno (Alemania) completó el Challenge Roth Ironman en Roth, Alemania, en 7 h, 35 min y 39 s. Frodeno mejoraba así el récord anterior en casi 6 minutos, a pesar de haberse caído en una zanja en la segunda vuelta de la prueba de ciclismo.

Más participaciones consecutivas en finales del Campeonato Mundial de Balonmano Playa de la IHF (hombres)
Brasil ha llegado a la final de todas las ediciones del Campeonato Mundial de Balonmano Playa salvo en la primera (2004), y ha ganado cuatro. En 2016, lo logró por sexta ocasión consecutiva, pero perdió contra Croacia.

Más victorias en el Hockey Champions Trophy (mujeres)
Argentina sumó su séptimo título tras ganar la edición de 2016. *Las leonas* ya lo habían logrado en 2001, 2008-10, 2012 y 2014. La centrocampista Luciana Aymar participó en los primeros seis triunfos, y atesora el **mayor número de victorias en el Hockey Champions Trophy de una jugadora**.

Más victorias en el Hockey Champions Trophy (hombres)
Australia ha ganado el Hockey Champions Trophy 14 veces: 1983-85, 1989-90, 1993, 1999, 2005, 2008-12 y 2016. La más reciente, frente a la India, se decidió en la tanda de penaltis en el Lee Valley Hockey and Tennis Centre de Londres, R.U.

▲ MÁS VICTORIAS EN LA COPA DEL MUNDO DE KABADDI (HOMBRES)
India (arriba, de azul) ha organizado y ganado la Copa del Mundo de Kabaddi en todas sus ediciones: 2010-14 y 2016. Logró su sexta victoria tras derrotar 62-20 a Inglaterra en la final del torneo de 2016. La Copa del Mundo se rige por el estilo del Punjab Circle, en contraposición al estilo estándar. India también ostenta el récord de **más victorias en la Copa del Mundo de Kabbadi (mujeres)**, con cuatro: 2012-14 y 2016.

Más participaciones consecutivas en JJ.OO. de una gimnasta
La uzbeka Oksana Chusovitina participó en unos JJ.OO. por séptima ocasión consecutiva en Río 2016, con 41 años y 56 días. Hizo su debut en la competición en Barcelona 1992 representando al Equipo Unificado, que logró el oro en la prueba por equipos.

Más medallas olímpicas en equitación de un deportista
En Río 2016, Isabell Werth (Alemania) logró un oro y una plata en doma por equipos e individual montando a *Weihegold Old*. Sumaba así 10 medallas: seis de oro y cuatro de plata. Los primeros JJ.OO. de Werth fueron los de Barcelona 1992, donde logró dos medallas a lomos de *Gigolo*.

▶ MÁS VICTORIAS EN PRUEBAS DE LAS ITU WORLD TRIATHLON SERIES (HOMBRES)
El 2 de julio de 2016, Alistair Brownlee (R.U.) ganó su 21.ª prueba de la International Triathlon Union (ITU), celebrada en Estocolmo, Suecia. El 18 de septiembre del mismo año, en Cozumel, México, bajó el ritmo para ayudar a cruzar la línea de meta a su extenuado hermano, Jonny (derecha).
En Río 2016, Alistair defendió con éxito el título de campeón olímpico que ganó en Londres 2012, convirtiéndose en el atleta con **más oros olímpicos en triatlón** (2).

Índice

Los términos en negrita indican la entrada principal de un determinado tema; y los que aparecen en **NEGRITA MAYÚSCULA**, un capítulo completo.

Índice

Agradecimientos

Edición en lengua española para España, EE.UU. y América Latina distribuida por Editorial Planeta, S.A., Av. Diagonal, 662-664, 08034 Barcelona, España.

Editor jefe
Craig Glenday

Editor ejecutivo
Stephen Fall

Editores de maquetación
Tom Beckerlegge, Rob Dimery

Editor de proyecto sénior
Adam Millward

Editor de proyecto
Ben Hollingum

Editor de videojuegos
Stephen Daultrey

Información y jefe de documentación
Carim Valerio

Vicepresidenta editorial
Jenny Heller

Editor fotográfico y de diseño
Michael Whitty

Editor fotográfico adjunto
Fran Morales

Selección de talentos
Jenny Langridge, Victoria Tweedy

Ilustrador
Billy Waqar

Correctores de pruebas y comprobación de datos
Ben Way, Matthew White

Diseño
Paul Wylie-Deacon, Matt Bell de 55design.co.uk

Ilustraciones originales
Maltings Partnership, Sam Golin

Documentación fotográfica
Saffron Fradley

Directora de contrataciones
Patricia Magill

Directora editorial
Jane Boatfield

Adjunto de producción
Thomas McCurdy

Asesores de producción
Roger Hawkins, Dennis Thon, Tobias Wrona

Diseño de la cubierta
Paul Wylie-Deacon de 55 Design

Producción de la cubierta
Spectratek Technologies, Inc (Terry Conway, Mike Foster), API Laminates Ltd (Steven Emsley), GT Produktion (Bernd Salewski)

Reprografía
Res Kahraman de Born Group

Fotografías originales
Richard Bradbury, Jonathan Browning, James Cannon, Mark Dadswell, Al Diaz, James Ellerker, Paul Michael Hughes, Ranald Mackechnie, Olivier Ramonteu, Kevin Scott Ramos, Ryan Schude

Índice
Marie Lorimer

Impresión y encuadernación
MOHN Media Mohndruck GmbH, Gütersloh, Germany

Coordinación editorial de la versión española
Sergio Valero, Iván García de LT Servicios Lingüísticos y Editoriales, S.L.

Asesores
Dr Mark Aston, James Burns, Rob Cave, Martyn Chapman, Nicholas Chu, Steven Dale, Warren Dockter, Dick Fiddy, David Fischer, Mike Flynn, Ben Hagger, Dave Hawksett, T Q Jefferson, Eberhard Jurgalski, Bruce Nash (The Numbers), Ocean Rowing Society International, Dr Paul Parsons, Clara Piccirillo, James Proud, Dr Karl P N Shuker, Ian Sumner, Matthew White, Robert D Young

Traducción
Ana Guelbenzu, Isabel Margelí, Lluïsa Moreno, Daniel Montsech, Aida Reina

ISBN: 978-84-08-17578-0
Depósito legal: B. 15.920-2017

Los récords se establecen para ser batidos. Si encuentras alguno que, en tu opinión, puedas superar, cuéntanoslo y formula una solicitud de récord. Averigua cómo hacerlo. Eso sí: antes de intentarlo, debes ponerte en contacto con nosotros.

Visita nuestro sitio web oficial (**www.guinnessworldrecords.com**) para conocer noticias sobre nuevos récords y contemplar algunos vídeos sobre diversos intentos. También puedes unirte a la comunidad virtual del Guinness World Records.

Sostenibilidad
El papel utilizado para esta edición fue fabricado por UPM Plattling, Alemania. La planta de producción dispone de la certificación forestal correspondiente, y su actividad cuenta con la acreditación del sistema de gestión medioambiental ISO 14001 y con la certificación EMAS, cuyo objetivo es garantizar una producción sostenible.

Los papeles UPM son auténticos productos Biofore obtenidos de materiales renovables y reciclables.

Guinness World Records Limited aplica un sistema de comprobación muy riguroso para verificar todos los récords. Sin embargo, aunque ponemos el máximo empeño en garantizar la exactitud, Guinness World Records Limited no se hace responsable de los posibles errores que contenga esta obra. Agradecemos todos aquellos comentarios de nuestros lectores que contribuyan a una mayor exactitud de los datos.

Guinness World Records Limited utiliza preferentemente el sistema métrico decimal, excepto en ciertas unidades de otros sistemas de medición universalmente aceptadas y en algunos datos deportivos. Cuando se especifica una fecha, todos los valores monetarios se calculan según el tipo de cambio vigente en el momento; cuando únicamente se especifica el año, la conversión se establece con arreglo al tipo de cambio vigente el 31 de diciembre de ese año.

Al intentar batir o establecer récords se deben solicitar siempre los consejos oportunos. Cualquier tentativa de récord es responsabilidad exclusiva del aspirante. Guinness World Records Limited se reserva por completo el derecho a incluir o no un determinado intento de récord en cualquiera de sus publicaciones. La posesión de un récord del Guinness World Records no garantiza su aparición en ninguna publicación del Guinness World Records.

OFFICIALLY AMAZING

OFICINA CORPORATIVA
Presidente: Alistair Richards

Servicios profesionales
Directora financiera: Alison Ozanne
Interventor financiero: Andrew Wood
Gestora de cuentas por cobrar: Lisa Gibbs
Directores financieros: Jaimie-Lee Emrith, Daniel Ralph
Asistentes de contabilidad: Jess Blake, Yusuf Gafar
Asistente de cuentas por pagar: Tajkiya Sultana
Asistente de cuentas por cobrar: Jusna Begum
Directora de análisis comercial: Elizabeth Bishop
Director jurídico y comercial: Raymond Marshall
Gerente jurídico y comercial: Terence Tsang
Gerente jurídico/comercial júnior: Xiangyun Rablen
Asistente jurídico: Michelle Phua
Directora de RR.HH.: Farrella Ryan-Coker
Adjunta de RR.HH.: Mehreen Saeed
Directora de oficina: Jackie Angus
Director de TI: Rob Howe
Director de desarrollo de TI: James Edwards
Programadores: Cenk Selim, Lewis Ayers
Administradores técnicos: Alpha Serrant-Defoe
Analista/tester: Céline Bacon
Vicepresidente sénior de récords: Marco Frigatti
Dirección de gestión de categorías: Jacqueline Sherlock
Dirección de información e investigación: Carim Valerio
Directora de formación: Alexandra Popistan
Gestión de categorías: Adam Brown, Tripp Yeoman, Victoria Tweedy
Ejecutiva de categorías: Danielle Kirby
Asesor de récords: Sam Mason

Estrategia internacional de marca
Vicepresidenta sénior de estrategia internacional de marca: Samantha Fay
Directora de marca: Juliet Dawson
Vicepresidente creativo: Paul O'Neill
Jefe de producción y distribución: Alan Pixsley

Marketing internacional de producto
Vicepresidenta de marketing internacional de producto: Katie Forde
Director internacional de ventas y contenidos de TV: Rob Molloy
Director de distribución de TV sénior: Paul Glynn
Ejecutivo de contenido de TV sénior y coordinador de producción: Jonathan Whitton
Directora de medios digitales: Veronica Irons
Editor de medios digitales: Kevin Lynch
Escritora online: Rachel Swatman
Director de medios sociales: Dan Thorne
Productor de vídeo digital: Matt Musson
Productora de vídeo digital júnior: Cécile Thai
Programador de interfaz: Alex Waldu
Directora de marketing de marca y producto de consumo: Lucy Acfield
Directora de marketing de producto B2B (eventos en directo): Louise Toms
Directora de marketing de producto B2B (RR.PP. & publicidad): Emily Osborn
Ejecutivo de marketing de producto: Victor Fenes
Diseñadora: Rebecca Buchanan Smith
Diseñador júnior: Edward Dillon

EMEA (Europa, Oriente Próximo y África) y APAC (Asia-Pacífico)
Vicepresidenta sénior para EMEA y APAC: Nadine Causey
Jefe de ventas de publicidad: John Pilley
Directora de cuentas clave: Caroline Lake
Directora de exportación y derechos de publicidad: Helene Navarre
Ejecutiva de distribución: Alice Oluyitan
Jefe de cuentas comerciales y licencias: Sam Prosser
Directores de desarrollo de negocio: Lee Harrison, Alan Southgate
Directoras de cuentas comerciales: Jessica Rae, Inga Rasmussen, Sadie Smith, Fay Edwards
Representante comercial, Director de desarrollo de producto, India: Nikhil Shukla
Directora de RR.PP.: Jakki Lewis
Director sénior de RR.PP.: Doug Male
Directora de RR.PP. B2B: Melanie DeFries
Agente de prensa internacional: Amber-Georgina Gill
Directoras de marketing: Justine Tommey / Chriscilla Philogene
Directora de marketing B2B: Mawa Rodriguez
Directora de marketing B2C: Christelle Betrong
Ejecutiva de marketing de contenidos: Imelda Ekpo
Dirección de gestión de récords, APAC: Ben Backhouse
Dirección de gestión de récords, Europa: Shantha Chinniah
Dirección de récords: Mark McKinley, Christopher Lynch, Matilda Hagne, Daniel Kidane, Sheila Mella
Ejecutivo de récords: Megan Double
Directora de producción sénior: Fiona Gruchy-Craven
Directora de proyecto: Cameron Kellow
Director nacional, MENA (Oriente Próximo y Norte de África): Talal Omar
Director de RMT, MENA: Samer Khallouf
Director de récords, MENA: Hoda Khachab
Directora de marketing B2B, MENA: Leila Issa
Dirección de cuentas comerciales, MENA: Khalid Yassine, Kamel Yassin
Adjudicadores oficiales: Ahmed Gamal Gabr, Anna Orford, Brian Sobel, Glenn Pollard, Jack Brockbank, Lena Kuhlmann, Lorenzo Veltri, Lucia Sinigagliesi, Paulina Sapinska, Pete Fairbairn, Pravin Patel, Richard Stenning, Kevin Southam, Rishi Nath, Seyda Subasi-Gemici, Sofia Greenacre, Solvej Malouf, Swapnil Dangarikar

AMÉRICA
Vicepresidente sénior para América: Peter Harper
Vicepresidente de ventas comerciales y de marketing: Keith Green
Vicepresidente de ventas, América: Walter Weintz
Director para América Latina: Carlos Martinez
Director de desarrollo de marca para la Costa Oeste: Kimberly Partrick
Jefe de cuentas: Nicole Pando
Dirección sénior de cuentas: Ralph Hannah
Directores de cuentas: Alex Angert, Giovanni Bruna, Mackenzie Berry
Director de proyectos: Casey DeSantis
Directora de RR.PP.: Kristen Ott
Adjunta a la dirección de RR.PP.: Elizabeth Montoya
Coordinadora de RR.PP.: Sofia Rocher
Coordinadora digital: Kristen Stephenson
Directora de ventas editoriales: Lisa Corrado
Directora de marketing: Morgan Kubelka
Ejecutiva de marketing B2B: Tavia Levy
Director sénior de récords, América del Norte: Hannah Ortman
Directora sénior de récords, América Latina: Raquel Assis
Directores de récords, América del Norte: Michael Furnari, Kaitlin Holl, Kaitlin Vesper
Directores de récords, América Latina: Sarah Casson
Dirección de oficina y RR.HH.: Kellie Ferrick
Adjudicadores oficiales, América del Norte: Michael Empric, Philip Robertson, Christina Flounders Conlon, Jimmy Coggins, Andrew Glass, Mike Janela
Adjudicadores oficiales, América Latina: Natalia Ramirez Talero, Carlos Tapia Rojas

JAPÓN
Vicepresidenta para Japón: Erika Ogawa
Directora de oficina: Fumiko Kitagawa
Director de EGR: Kaoru Ishikawa
Dirección de récords: Mariko Koike, Yoko Furuya
Ejecutivo de récords: Koma Satoh
Director de marketing: Hideki Naruse
Diseñador: Momoko Cunneen
Dirección de promoción de ventas y RR.PP. sénior: Kazami Kamioka
Dirección de marketing RR.PP. B2B y publicidad: Asumi Funatsu
Director de proyecto eventos en directo: Aya McMillan
Director de contenidos digitales y editoriales: Takafumi Suzuki
Director comercial: Vihag Kulshrestha
Directores de cuentas: Takuro Maruyama, Masamichi Yazaki
Ejecutiva de cuentas sénior: Daisuke Katayama
Ejecutiva de cuentas: Minami Ito
Adjudicadores oficiales: Justin Patterson, Mai McMillan, Gulnaz Ukassova, Rei Iwashita

CHINA
Presidente: Rowan Simons
Director general para China: Marco Frigatti
Vicepresidente comercial para China: Blythe Fitzwiliam
Dirección sénior de cuentas: Catherine Gao
Director de proyecto sénior: Reggy Lu
Dirección de cuentas: Chloe Liu
Dirección de relaciones externas: Dong Cheng
Dirección de negocio digital: Jacky Yuan
Director de EGR: Charles Wharton
Directora de récords: Alicia Zhao
Dirección de récords, Coordinación de proyectos: Fay Jiang
Dirección de oficina y RR.PP.: Tina Shi
Ayudante de oficina: Kate Wang
Directora de marketing: Wendy Wang
Directora de marketing B2B: Iris Hou
Directora digital: Lily Zeng
Ejecutiva de marketing: Tracy Cui
Directora de RR.PP.: Ada Liu
Directora de contenidos: Angela Wu
Adjudicadores oficiales: Brittany Dunn, Joanne Brent, John Garland, Maggie Luo, Peter Yang

▼ CRÉDITOS FOTOGRÁFICOS

1 Ranald Mackechnie/GWR; **2** Maltings Partnership; **4** Carlos Hernandez; **5** Getty; **6** Getty; **7** Philip Robertson; **8** Alamy, Getty, James Cannon/GWR; **9** PA; **10** Sam Golin; **11** Shutterstock; **12** Paul Michael Hughes/GWR; **13** Richard Bradbury/GWR; **12** Paul Michael Hughes/GWR; **13** Stuart G W Price, Danny Hickson; **12** Shutterstock; **13** Ben Gibson; **14** Jeremy Simons, Melissa Gayle; **15** Matt Alexander; **16** Shutterstock; **18** René Riis; **19** Getty, Alamy, iStock; **20** Alamy, Shutterstock; **21** Alamy, Getty, Alamy; **22** Shutterstock; **23** Alamy, Shutterstock, Dennis s.k collection, Heinrich Pniok, Eric Hunt; **24** SPL, Alamy, SPL, Shutterstock; **25** iStock, Shutterstock, Alamy, USGS, Christopher Spencer, Shutterstock; **26** Getty, Alamy, Shutterstock; **27** iStock, Getty, Shutterstock, Getty, Shutterstock, iStock, Getty; **28** Superstock, Alamy, Getty, Shutterstock; **29** Getty, Alamy, Getty, NASA, Getty, Alamy; **30** Alamy, Shutterstock; **31** Alamy, Shutterstock; **32** NERC; **33** Getty, Shutterstock, NOAA, Shutterstock, Mark Thiessen/National Geographic, NOAA, F Bassemayousse, US Navy; **34** Alamy, Getty, ESA, Getty, NASA; **35** Alamy, Superstock, Alamy; **36** Maltings Partnership; **38** Shutterstock; **40** Christina Painting, Alamy; **41** iStockphoto, Nature PL, Sarefo, Alamy, Shutterstock, Alamy, Udo Schmidt, Alamy; **42** Alamy, Shutterstock; **43** Alamy, SPL, Alamy, Shutterstock, Alamy; **44** Alamy, Shutterstock; **45** Alamy, Shreeram MV, Alamy, Shutterstock; **46** Alamy, Getty, Shutterstock; **47** Alamy, Getty, Alamy, Shutterstock, Alamy, Shutterstock; **48** Photoshot, Shutterstock; **49** Shutterstock, Alamy, iStock, Alamy, iStock, Superstock, Getty, Alamy; **50** Alamy, The Wilson Post, ogniets, Alamy, Shutterstock; **51** Alamy, Shutterstock, Alamy, Shutterstock; **52** Kevin Scott Ramos/GWR; **54** Shutterstock, Frederic A Lucas, Shutterstock; **55** Alamy, Getty; **56** Getty, Ardea, Alamy, Superstock, Alamy, Getty, Shutterstock; **57** Alamy, Getty, Alamy, Shutterstock, Alamy; **58** Shutterstock; **59** Kevin Scott Ramos/GWR, Paul Michael Hughes/GWR; **60** PA, Getty, Cheung Chung-tat & Liu Yi, Royal Saskatchewan Museum, PA; **61** NOAA Fisheries West Coast, weedmandan/Birdshare, Warut Siriwut, Getty; **62** Maltings Partnership; **66** Getty, Maltings Partnership, Getty; **67** Getty, YouTube, Dreamstime; **68** Alamy; **69** Dvir Rosen, Getty, Alamy; **70** John Wright/GWR, Getty, Alamy; **71** Jonathan Browning/GWR, Ryan Schude/GWR, Ryan Schude/GWR, Richard Bradbury/GWR, Reuters; **72** DPA/PA, Cristian Barnett/GWR, Shutterstock, Alamy; **73** Jaroslaw Nogal, Al Diaz/GWR, John Wright/GWR, Shutterstock; **74** Alamy, James Ellerker/GWR; **75** Paul Michael Hughes/GWR, Getty, Oliver Ramonteu/GWR, Alamy; **77** Photolure, Sam Christmas/GWR; **78** John Wright/GWR, Paul Michael Hughes/GWR; **79** Paul Michael Hughes/GWR, Paul Michael Hughes/GWR; **80** John Wright/GWR, John Wright/GWR, Shutterstock; **81** Richard Bradbury/GWR, Paul Michael Hughes/GWR, Paul Michael Hughes/GWR, Ken Butti, Ranald Mackechnie/GWR; **82** Cliff Roles, Shutterstock; **83** Ranald Mackechnie/GWR, Kevin Scott Ramos/GWR; **84** SWNS, Gil Montano/GWR, Philip Robertson, Paul Michael Hughes/GWR, Sarah Mirk; **85** SWNS, Alan Place, Alamy; **86** Maltings Partnership; **88** Kevin Scott Ramos/GWR; **90** Maltings Partnership; **92** Alamy; **93** Alamy; **94** Alamy, Shutterstock, Alamy; **95** Alamy; **98** Getty; **99** Shutterstock, Reuters; **101** Alamy; **102** Ryan Schude/GWR; **103** Getty, Kevin Scott Ramos/GWR, Alamy, Ranald Mackechnie/GWR, Kevin Scott Ramos/GWR; **104** Maltings Partnership; **106** Kevin Scott Ramos/GWR; **108** Michael Roach, Ranald Mackechnie/GWR, iStock, Shutterstock; **109** Shutterstock, Kevin Scott Ramos/GWR, Kevin Scott Ramos/GWR, James Ellerker/GWR; **110** Shutterstock; **111** Paul Michael Hughes/GWR, Jonathan Browning/GWR; **112** Anders Martinsen, Shutterstock; **113** Getty; **114** Rod Kirkpatrick, Paul Michael Hughes/GWR, Jeff Holmes, Shutterstock; **115** Ranald Mackechnie/GWR, Richard Bradbury/GWR, Paul Michael Hughes/GWR, Shutterstock; **116** Carla Danieli, Tim Anderson, Shutterstock; **117** Alamy, Definate Films, Matthew Horwood, Ken Bohn; **118** Shutterstock; **119** Paul Michael Hughes/GWR, Kevin Scott Ramos/GWR, Ranald Mackechnie/GWR; **120** Alamy, C Y Photography; **121** NewsFlare, Mark Dadswell/GWR; **122** Kevin Scott Ramos/GWR, Shutterstock; **123** Getty, Kevin Scott Ramos/GWR, Kevin Scott Ramos/GWR; **125** Giuseppa Laratro; **126** Maltings Partnership; **128** Barcroft Media; **129** Barcroft Media; **130** Shutterstock; **131** Shutterstock, Kevin Light, Alamy, Shutterstock, Alamy, Getty; **132** Shutterstock; **133** NASA, Alamy, PA; **134** Alamy; **135** Shutterstock; **137** Rod Mayer; **138** NASA, Shutterstock; **139** Willems Johan, Antje Ackermann & C Michel, Alamy, Red Bull; **141** Stuart Bailey, Getty; **142** Maltings Partnerships; **144** Getty; **146** Shutterstock, Alamy; **147** Alamy, Getty, Alamy, Getty, Alamy, Getty; **148** Alamy, Shutterstock; **149** iStock, Alamy; **150** Alamy, Shutterstock; **151** Shutterstock, Alamy, Shutterstock, Getty, Alamy, Getty; **152** Shutterstock, Alamy; **153** Alamy, NTT Docomo, Alamy; **154** Shutterstock; **155** Sotheby's, Alamy, Getty, Alamy, Shutterstock, Alamy; **156** Shutterstock, Alamy, Shutterstock; **157** Getty, Grey Flannel Auctions, Shutterstock, Andrew Lipovsky, Reuters, Alamy; **158** Shutterstock, Reuters; **159** Toilography, Reuters, Reuters, Reuters, Paul Michael Hughes/GWR; **160** Alamy, Reuters, NASA, Alamy; **161** Shutterstock, Alamy, Getty; **162** Maltings Partnerships; **164** Alamy; **165** Shutterstock; **166** Alamy, Getty, Shutterstock; **167** Kathy Bushman, Sotheby's, Sotheby's; **168** Alamy, Paul Michael Hughes/GWR, Shutterstock; **169** Getty, Shutterstock, BBC, Getty; **170** Alamy, Shutterstock; **171** Alamy, Shutterstock, Alamy; **172** Getty, Alamy, Shutterstock; **173** Alamy, Shutterstock, Alamy, Shutterstock, Getty, Alamy; **174** Alamy, Shutterstock; **175** Alamy, Ryan Schude/GWR; **176** Shutterstock; **177** Shutterstock, Alamy, Getty, Alamy; **178** Alamy, Getty, Alamy; **179** Alamy; **180** Kevin Scott Ramos/GWR, Errisson Lawrence; **181** Shutterstock, Washington Green Fine Art Group, Joan Marcus, Shutterstock; **182** Maltings Partnership; **184** Alamy; **186** Alamy, Shutterstock; **187** SPL, Shutterstock, SPL, YouTube, Getty, Alamy; **188** NASA, Alamy, NASA, Getty, NASA, Shutterstock; **189** NASA, ESA, NASA, Shutterstock; **190** Alamy, Lindner Fotografie, Hermann Jansen, Shutterstock; **191** IAAC, AMNH/D Finnin, Carlos Jones, University of Washington; **192** Panaxity, Shutterstock; **193** Shutterstock, Gilman Collection, SEAC Photographic Collection; **194** Seah Kwang Peng, YouTube, Shutterstock; **195** Alamy, Getty; **196** Getty, Bob Mumgaard; **197** Getty, Alamy; **198** Maltings Partnership; **200** Richard Bradbury/GWR; **202** Alamy, Shutterstock, Alamy, Hattons Model Railways; **203** Boris Lux, Alamy, Getty; **204** Alamy, Shutterstock; **205** Alamy, Shutterstock, Alamy, Getty, Alamy; **206** Getty, Shutterstock; **207** Shutterstock, Roderick Fountain, Barcroft Media; **208** Getty; **209** James Ellerker/GWR, Richard Bradbury/GWR, Robert Chandler, Drew Gardner/GWR, YouTube; **210** Shutterstock, YouTube, Alamy, Shutterstock; **211** Getty, Alamy, Crown Copyright, TopFoto, Alamy; **212** iStock, Michael Garnett, Alamy; **213** Mike Boettger, Shutterstock, Getty, Alamy; **214** Maltings Partnership; **216** Alamy; **217** Alamy; **218** Getty, Shutterstock; **219** Alamy, Getty, Alamy, Getty, Alamy, Getty; **220** Getty, Shutterstock, Alamy; **221** Alamy, Getty, Alamy, Getty; **222** Getty, Shutterstock; **223** Getty, Shutterstock, Getty; **224** Getty; **225** Getty, Alamy, Getty; **226** Getty, Alamy, Getty, Shutterstock; **227** Alamy, Shutterstock, Getty, Shutterstock; **228** Getty, Alamy, Getty; **229** Alamy, Getty; **230** Getty, Alamy; **231** Getty, Alamy, Shutterstock, Alamy; **232** Red Bull, Red Bull, Alamy, Paul Michael Hughes/GWR, Getty; **233** Alamy, Red Bull, Alamy, Getty; **234** Alamy, Shutterstock, Getty, Alamy; **235** YouTube, Alamy; **236** Getty, Alamy; **237** Getty, Alamy, Shutterstock, Alamy; **238** Alamy, Shutterstock; **239** Shutterstock, Reuters, Shutterstock; **240** Alamy, Shutterstock; **241** Alamy, Shutterstock, Alamy, WSL; **242** Alamy, Getty; **243** Alamy, Getty, Shutterstock, Getty; **244** ESPN; **245** Alamy, Red Bull, ESPN, ESPN; **246** Silvio Avila, Getty, Alamy; **247** Getty.

Guinness World Records desea expresar su agradecimiento a las siguientes personas, empresas e instituciones por la ayuda prestada en esta edición:
ABC Australia (Emma Mungavin); Hans Åkerstedt (vicepresidente primero, FAI Ballooning Commission Bureau); Alex Burrow Events (Alex Burrow, Garret Wybrow); Carmen María Alfonzo; Andrew Kay and Associates (Andrew Kay, Margot Teele); Mark Archibald; Sophie Barling; BBC (Kez Margrie, Cheryl Taylor); Billy Oscar Bell; Kerry Bell; Leon Stanley Bell; Ronnie Albert Bell, Bender Media Services (Susan Bender, Sally Treibel); Claudia Bienek (zoo de Berlín); Brandon Boatfield; Joseph Boatfield; Luke Boatfield; Ryan Boatfield; Iain Borden; Andrea Braff; Corrinne Burns; Raymond Butler; CCTV China (Pia Ling, Serena Mei, Guo Tong, Wang Wei); Ted Chapin; Quay Chu; John Corcoran; Lydia Dale; Discovery Communications (Bente Engebretsen, Alena Kararic, Kerrie McEvoy, Nesta Owens and Jonathan Rudd); Emirates (Andy Grant); Endemol Shine Italia (Stefano Torrisi, Orsetta Balsamo); Enriched Performers (Sarah Riches); E-Vision (Fatiha Bensalem); Benjamin Fall; Rebecca Fall; John Farnworth; Caroline Feer; Marco Fernandez de Araoz; Jono Field; FJT Logistics Ltd (Ray Harper, Gavin Hennessy); David Fletcher; Justin Garvanovic; Karen Gilchrist; Oliver Granger; Chelsea Greenwood; Pete y Victoria Grimsell; Grizzly Media (Adam Moore); Philine Hachmeister (zoo de Berlín); Markus Haggeney (Director Deportivo y de Marketing, FAI: Fédération Aéronautique Internationale); Hampshire Sports y Prestige Cars; Amy Cecilia Hannah Alfonzo; Sophie Alexia Hannah Alfonzo; Haven Holidays; Danny Hickson; High Noon Entertainment (Jon Khoshafian); Isabel Hofmeyr; Jonathan Holt (archivero y bibliotecario, The Tank Museum, Bovington, R.U.); Marsha Hoover; Colin Hughes; Chayne Hultgren; Tom Ibison; ICM (Colin Burke, Michael Kagan); Integrated Colour Editions Europe (Roger Hawkins, Susan Hawkins); ITV America (David Eilenberg, Eric Hoberman, Adam Sher); Al Jackson; Gavin Jordan; Richard Kakayor; Dani Kane; Stephen Kish; Jane Klain (The Paley Center for Media); Haruka Kuroda; Kurz; Orla Langton; Thea Langton; Frederick Horace Lazell; Liam Le Guilliou; Asha Leo; LEONHARD KURZ Stiftung & Co. KG; Lion Television (Simon Welton, Susan Cooke, Sarah Clarke); Bruno MacDonald; Mart Maes (WeMakeVR); Missy Matilda; Dave McAleer; Claire McClanahan; Brad Miller; Amara, Florence, Joshua and Sophie Molloy; Dr Laura O'Brien (Profesor de Historia de la Europa Moderna en la Universidad de Northumbria); One Stop Party Shop (Mike Jones, Rob Malone); Nick Patterson; Alice Peebles; Terry Phillip (Reptile Gardens); Prof Alistair Pike (Departamento de arqueología de la Universidad de Southampton); Trieste Pinzini (ID); POD Worldwide (Yip Cheong, Christy Chin, Alex Iskandar Liew); Prestige (Jackie Ginger); PrintForce.Com (Mark McIvor); R and G Productions (Eric Bron, David Charlet, Stéphane Gateau, Patrice Parmentier, Jérôme Revon); Rightsmith (Jack Boram, Laura Dorsey, Mica Imamura, Masato Kato, Jackie Mountain, Omar Taher, Sachie Takahashi); Lindsay Roth; Eric Sakowski; Milena Schoetzer (Ayudante de equipo, FAI - Fédération Aéronautique Internationale); Dr Jennifer Sessions (Profesor asociado de Historia en la Universidad de Iowa); Natasha Sheldon; Ben Shires; Bridget Siegel; Dr Andrew W M Smith (Profesor de Historia y Política Contemporánea en la Universidad de Chichester); Gabriel Smith; Scarlett Smith; Glenn Speer; Claire Stephens; Andy Taylo r; TC Soho (JP Dash, Steve Langston); TG4 Ireland (Siobhan NI Bhradaigh, Lís Ní Dhálaigh Karina Feirtéar); Julian Townsend; Turner (Zia Bales, Susanna Mazzoleni, Marco Rosi); United Group (Vladimir Gordić); UPM Paper; Martin Vacher (Spotify); Marawa Wamp; Whale and Dolphin Conservation (Marta Hevia); Lara White; Sevgi White; Brian Wiggins; Linda Wiggins; Paul Wiggins; Beverley Williams; Hayley Wylie-Deacon; Rueben George Wylie-Deacon; Tobias Hugh Wylie-Deacon; Cherry Yoshitake; Evan Younger; XG-Group.

▼ GUARDAS

Delantera (fila 1):
1. Más tiempo sosteniendo una bicicleta en equilibrio sobre la barbilla
2. La melé de rugby más grande
3. La blusa *choli/katori* más grande
4. La reunión de personas vestidas con *trachts* más multitudinaria
5. El dibujo anamórfico sobre pavimento más grande

Delantera (fila 2):
1. La carretilla más grande
2. La imagen humana de una bombilla más grande
3. El desfile de tractores clásicos más grande
4. La nota silbada más alta
5. La clase de exhibición de ejercicios con pelota más multitudinaria

Delantera (fila 3):
1. El salto con rampa más largo de un camión monstruo
2. La escultura con un palillo de dientes más pequeña
3. El vehículo eléctrico más eficiente
4. La reunión de personas vestidas con túnicas de dragón más multitudinaria
5. La cadena de trineos más larga
6. La reunión de novias más multitudinaria

Delantera (fila 4):
1. La media maratón más rápida empujando un cochecito de bebés doble (hombres)
2. El tobogán flotante más alto
3. La exhibición de taekwondo más multitudinaria
4. Más giros en juegos malabares en 30 s (5 mazas)

Delantera (fila 5):
1. Más aviones de papel clavados en una sandía con la boca en 1 min
2. Menor tiempo en escalar las Siete Cumbres y esquiar los últimos grados polares (mujeres)
3. La imagen humana cambiante más grande
4. Más *heelflips* con un skateboard en 1 min
5. La fruta del árbol de jaca más grande

Trasera (fila 1):
1. El caballito en moto más rápido sobre pista de hielo
2. La sirena más grande
3. La tetera más valiosa
4. La pirámide con vasos de plástico más grande
5. Más gente soplando velas al mismo tiempo

Trasera (fila 2):
1. La mayor distancia recorrida en cinta de correr cargando 9,07 kg en una hora (equipo)
2. La persona más joven en escalar las Siete Cumbres y esquiar los últimos grados polares
3. El vehículo más pesado arrastrado 30,48 m (hombres)
4. La cadena de clips más larga
5. Más piruetas de animadoras de baloncesto al mismo tiempo

Trasera (fila 3):
1. La velocidad más elevada en coche sobre dos ruedas laterales
2. La colección de bastones más grande
3. La reunión de personas vestidas con *cheongsams* más multitudinaria
4. La antigua danza ceremonial mexicana más multitudinaria
5. La hélice de ADN humana más grande

Trasera (fila 4):
1. La llave más grande
2. La mayor distancia en cinta de correr en 24 horas (hombres)
3. Los 100 m más rápidos sobre una *slackline*
4. Más tiempo con un balón de fútbol en equilibrio sobre la rodilla

Trasera (fila 5):
1. Paracaidismo: la formación secuencial en caída libre más multitudinaria (mujeres)
2. El más rápido en correr una maratón disfrazado de superhéroe
3. Más vasos de plástico en equilibrio sobre la frente
4. Más burritos preparados en 3 min
5. La formación de helicópteros en vuelo más grande

▼ CÓDIGOS DE PAÍSES

ABW	Aruba
AFG	Afganistán
AGO	Angola
AIA	Anguila
ALB	Albania
AND	Andorra
ANT	Antillas Holandesas
ARG	Argentina
ARM	Armenia
ASM	Samoa Estadounidense
ATA	Antártida
ATF	Territorios Franceses del Sur
ATG	Antigua y Barbuda
AUS	Australia
AUT	Austria
AZE	Azerbaiyán
BDI	Burundi
BEL	Bélgica
BEN	Benín
BFA	Burkina Faso
BGD	Bangladés
BGR	Bulgaria
BHR	Bahréin
BHS	Bahamas
BIH	Bosnia-Herzegovina
BLR	Bielorrusia
BLZ	Belice
BMU	Bermudas
BOL	Bolivia
BRA	Brasil
BRB	Barbados
BRN	Brunéi Darussalam
BTN	Bután
BVT	Isla de Bouvet
BWA	Botsuana
CAF	República Centroafricana
CAN	Canadá
CCK	Islas Cocos (Keeling)
CHE	Suiza
CHL	Chile
CHN	China
CIV	Costa de Marfil
CMR	Camerún
COD	República Democrática del Congo
COG	Congo
COK	Islas Cook
COL	Colombia
COM	Comoras
CPV	Cabo Verde
CRI	Costa Rica
CUB	Cuba
CXR	Islas de Navidad
CYM	Islas Caimán
CYP	Chipre
CZE	República Checa
DEU	Alemania
DJI	Yibuti
DMA	Dominica
DNK	Dinamarca
DOM	República Dominicana
DZA	Argelia
ECU	Ecuador
EE.UU.	Estados Unidos de América
EGY	Egipto
ERI	Eritrea
ESH	Sáhara Occidental
ESP	España
EST	Estonia
ETH	Etiopía
FIN	Finlandia
FJI	Fiyi
FLK	Islas Malvinas
FRA	Francia
FRG	República Federal de Alemania
FRO	Islas Feroe
FSM	Estados Federados de Micronesia
FXX	Francia Metropolitana
GAB	Gabón
GEO	Georgia
GHA	Ghana
GIB	Gibraltar
GIN	Guinea
GLP	Guadalupe
GMB	Gambia
GNB	Guinea-Bissau
GNQ	Guinea Ecuatorial
GRC	Grecia
GRD	Granada
GRL	Groenlandia
GTM	Guatemala
GUF	Guayana Francesa
GUM	Guam
GUY	Guayana
HKG	Hong Kong
HMD	Islas Heard y McDonald
HND	Honduras
HRV	Croacia (Hrvatska)
HTI	Haití
HUN	Hungría
IDN	Indonesia
IND	India
IOT	Territorio Británico del Océano Índico
IRL	Irlanda
IRN	Irán
IRQ	Irak
ISL	Islandia
ISR	Israel
ITA	Italia
JAM	Jamaica
JOR	Jordania
JPN	Japón
KAZ	Kazajistán
KEN	Kenia
KGZ	Kirguistán
KHM	Camboya
KIR	Kiribati
KNA	San Cristóbal y Nieves
KOR	República de Corea
KWT	Kuwait
LAO	Laos
LBN	Líbano
LBR	Liberia
LBY	Jamahiriya Árabe de Libia
LCA	Santa Lucía
LIE	Liechtenstein
LKA	Sri Lanka
LSO	Lesoto
LTU	Lituania
LUX	Luxemburgo
LVA	Letonia
MAC	Macao
MAR	Marruecos
MCO	Mónaco
MDA	Moldavia
MDG	Madagascar
MDV	Maldivas
MEX	México
MHL	Islas Marshall
MKD	Macedonia
MLI	Mali
MLT	Malta
MMR	Myanmar (Birmania)
MNE	Montenegro
MNG	Mongolia
MNP	Islas Marianas del Norte
MOZ	Mozambique
MRT	Mauritania
MSR	Montserrat
MTQ	Martinica
MUS	Mauricio
MWI	Malaui
MYS	Malasia
MYT	Mayotte
NAM	Namibia
NCL	Nueva Caledonia
NER	Níger
NFK	Islas Norfolk
NGA	Nigeria
NIC	Nicaragua
NIU	Niue
NLD	Países Bajos
NOR	Noruega
NPL	Nepal
NRU	Nauru
NZ	Nueva Zelanda
OMN	Omán
PAK	Pakistán
PAN	Panamá
PCN	Islas Pitcairn
PER	Perú
PHL	Filipinas
PLW	Palau
PNG	Papúa-Nueva Guinea
POL	Polonia
PRI	Puerto Rico
PRK	Corea, República Popular Democrática de Corea
PRT	Portugal
PRY	Paraguay
PYF	Polinesia Francesa
QAT	Qatar
REU	Reunión
ROM	Rumanía
R.U.	Reino Unido
RUS	Federación Rusa
RWA	Ruanda
SAU	Arabia Saudí
SDN	Sudán
SEN	Senegal
SGP	Singapur
SGS	Islas Georgias del Sur y Sándwich del Sur
SHN	Santa Helena
SJM	Islas Svalbard y Jan Mayen
SLB	Islas Salomón
SLE	Sierra Leona
SLV	El Salvador
SMR	San Marino
SOM	Somalia
SPM	San Pedro y Miquelón
SRB	Serbia
SSD	Sudán del Sur
STP	Santo Tomé y Príncipe
SUR	Surinam
SVK	Eslovaquia
SVN	Eslovenia
SWE	Suecia
SWZ	Suazilandia
SYC	Seychelles
SYR	República Árabe de Siria
TCA	Islas Turcas y Caicos
TCD	Chad
TGO	Togo
THA	Tailandia
TJK	Tayikistán
TKL	Tokelau
TKM	Turkmenistán
TMP	Timor Oriental
TON	Tonga
TPE	Taiwán
TTO	Trinidad y Tobago
TUN	Túnez
TUR	Turquía
TUV	Tuvalu
TZA	Tanzania
UAE	Emiratos Árabes Unidos
UGA	Uganda
UKR	Ucrania
UMI	Islas Menores de EE.UU.
URY	Uruguay
UZB	Uzbekistán
VAT	Santa Sede (Ciudad del Vaticano)
VCT	San Vicente y las Granadinas
VEN	Venezuela
VGB	Islas Vírgenes (de R.U.)
VIR	Islas Vírgenes (de EE.UU.)
VNM	Vietnam
VUT	Vanuatu
WLF	Islas Wallis y Futuna
WSM	Samoa
YEM	Yemen
ZAF	Sudáfrica
ZMB	Zambia
ZWE	Zimbabue

Última hora

Las siguientes entradas fueron aprobadas y añadidas a nuestra base de datos de récords tras el último día en que se aceptaban propuestas para este año.

El mosaico con tarjetas de crédito más grande
El 14 de marzo de 2016, se presentó un mosaico de 151 m² hecho con 32.400 tarjetas oro del banco ICBC (Argentina).

El mosaico con vasos desechables más grande
Para el lanzamiento de su nueva campaña en internet, Vodafone Mobile Services Ltd (India) presentó en Lucknow, India, un mosaico de su logotipo de 627 m² con 140.000 vasos desechables el 9 de abril de 2016. 250 empleados tardaron cuatro horas y media en montarlo.

El cuaderno más grande
El 26 de abril de 2016, se presentó un cuaderno de 0,99 m² y casi 40 kg en el Business Design Centre de Islington, Londres, R.U. Creado por la empresa de papelería Nuco, era una réplica perfecta a escala de uno de sus productos.

El mosaico con camisas más grande
El 1 de junio de 2016, el gigante de los detergentes Ariel presentó un mosaico hecho con 4.224 camisas y una superficie total de 1.482,03 m² en una planta de Louveira, São Paulo, Brasil. Se realizó en apoyo a los deportistas que iban a representar al país en los JJ.OO. de Río de Janeiro.

La reunión más grande de personas disfrazadas de fantasma
El 12 de junio de 2016, 263 personas vestidas de fantasmas invadieron el centro de convenciones de Marina Bay Sands, Singapur. El encuentro fue parte de los actos promocionales de la nueva película de Sony Pictures *Los cazafantasmas* (EE.UU./Australia, 2016).

Más cucharas en el cuerpo en equilibrio
El 26 de junio de 2016, en Stubica, Serbia, Dalibor Jablanović (Serbia) mantuvo 79 cucharas en equilibrio sobre su cuerpo. Aunque logró esta marca antes de ... Marcos Ruiz Ceballos lo ... con 64 cucharas (ver ... el récord de Dalibor no se ratificó hasta después de la fecha de cierre de propuestas de los récords.

La imagen con bombillas más grande
El 17 de junio de 2016, LG Electrónica e Invisible, Inc (ambas de Corea del Sur) presentaron una obra de arte con 18.072 bombillas en la ciudad de Gimpo, Corea del Sur. El diseño, una nevera rodeada de frutas y vegetales, lo hizo el artista canadiense Serge Belo.

La tetera más valiosa
Una tetera de N Sethia Foundation (R.U.) se valoró en 3.000.000 $ en Londres, R.U., el 9 de agosto de 2016. El joyero Fulvio Scavia (Italia) hizo la tetera «Egoist» a mano. Cubierta de diamantes tallados, incluye un rubí de 6,67 quilates en el centro.

La victoria más amplia en una final olímpica del concurso general de gimnasia artística femenina
El 11 de agosto de 2016, Simone Biles (EE.UU.) ganó el oro en los JJ.OO. de Río de Janeiro con una puntuación global de 62,198 y un margen de victoria de 2,100 sobre la segunda clasificada, Alexandra Raisman (EE.UU.), con una puntuación de 60,098. Según el informe anual de tendencias de Google, Biles fue la **deportista más buscada en internet (actualidad)** y la quinta persona más buscada en 2016. El **deportista más buscado en internet (actualidad)** fue el nadador Michael Phelps (EE.UU.), tercera persona más buscada en internet.

Más luces LED encendidas al mismo tiempo
El 31 de agosto de 2016, estudiantes de la Universidad de Nevada, en Las Vegas, EE.UU., encendieron 1.590 luces LED a la vez y las colocaron formando las letras «UNLV» en rojo.

Más puntos anotados con un arco recurvo al aire libre desde 30 m (hombres)
Kim Woo-jin (Corea del Sur, ver pág. 234) anotó 360 puntos con 26 «X» en el 48.° Torneo Nacional de Tiro con Arco celebrado en Yecheon, Corea del Sur, el 5 de septiembre de 2016. Muchos arqueros lograron 360 puntos sobre 360 posibles en esta competición, por lo que el récord se decidió por el número de «X» logradas. Un arquero se anota una «X» cuando la flecha da en el anillo interior de la zona central amarilla.

Menos tiempo para construir una pirámide de LEGO® de seis pisos (equipo de dos)
El 17 de septiembre de 2016, Shana y Richard Wilkins (ambos de EE.UU.) construyeron una pirámide de seis pisos con piezas de LEGO en 14,72 s en Richmond, Virginia, EE.UU. Fue el primer récord logrado en el Brick Fest Live!, celebrado con motivo del lanzamiento de *Guinness World Records LIVE!* en EE.UU. En el mismo evento, Thomas *Tommy* Ladd (EE.UU.) logró el récord de **más piezas de LEGO sostenidas en una mano durante 30 s sin estar sujetas a una plancha base** (16), el 18 de septiembre.

El mismo día, el presentador de Brick Fest Live!, Evans Elias Richards (EE.UU.), estableció el récord de **montaje más rápido de tres minifiguras de LEGO** (18,44 s).

El tazón de cereales más grande
El 17 de septiembre de 2016, el programa sobre comida del concurso de la CBS *Let's Make a Deal*, emitido en Los Ángeles, California, EE.UU., entregó como premio un bol con granola orgánica de 1.589,4 kg, llamado «ZONK!».

El pimiento morrón más pesado
El 22 de septiembre de 2016, Le Potager Extraordinaire pesó en Arnage, Francia, un *Capsicum annuum* de 621,07 g cultivado por Mehdi Daho (Francia). El peso de este pimiento de récord se verificó antes de la edición de 2016 del Concurso Nacional de Frutas y Verduras Gigantes que se celebra todos los meses de octubre en el departamento de Vendée, Francia.

P: ¿Quién fue la persona más buscada en internet en 2016, según Google?

R: Donald Trump.

La imagen proyectada más grande
El 23 de septiembre de 2016, en la inauguración del festival anual internacional Circle of Light que se celebra en Moscú, Rusia, LBL Communication Group (Rusia) proyectó una imagen gigantesca de 50.458 m².

La muestra de quesos con más variedades
El 23 de septiembre de 2016, en Nancy, Francia, durante la Semana Gastronómica Nacional, Philippe Marchand (Francia) organizó una muestra con 2.140 quesos de 730 variedades distintas que superaba la anterior marca de 590 variedades (ver pág. 113). Al finalizar, los quesos se donaron al banco de alimentos de Nancy.

La clase de percusión más concurrida
El 3 de octubre de 2016, el proyecto Bang the Drum, organizado por Inspire-works, Street Child United y varias escuelas de Londres (todos de R.U.) reunió a 1.827 participantes en el Copper Box Arena del Queen Elizabeth Olympic Park de Londres, R.U.

Más vehículos aéreos no tripulados (VANT) volando simultáneamente
Intel Corporation (EE.UU.) hizo volar 500 VANT al mismo tiempo en Krailling, Alemania, el 7 de octubre de 2016.

Más cruces consecutivos de una piscina llena de un fluido no newtoniano
El 26 de noviembre de 2016, 107 personas cruzaron una piscina llena de una mezcla de harina de maíz y agua durante el Pure & Crafted Festival en Muldersdrift, Sudáfrica. Un fluido no newtoniano tiene una viscosidad variable basada en la tensión o fuerza que se le aplica.

Más energía mecánica generada en una hora pedaleando en bicicletas estáticas
El 26 de noviembre de 2016, 300 participantes pedalearon una hora en 100 bicicletas estáticas y generaron 8.999 vatios/hora de energía en Burj Park, Dubái, EAU.

Captura de una pelota de críquet cayendo desde mayor altura
Kristan Baumgartner (R.U.) atrapó una pelota de críquet que caía desde de 62 m de altura en Windsor, Berkshire, R.U., el 30 de noviembre de 2016. Superaba así la marca de 46 m del excapitán de la selección inglesa de críquet Nasser Hussain (ver pág. 122).

La clase de críquet más multitudinaria (un único punto de reunión)
Cricket Australia organizó una clase de críquet para 488 personas en Sídney, Australia, el 2 de diciembre de 2016. Se celebraba el inicio del programa nacional de verano en categoría júnior.

La máquina de Rube Goldberg más grande
Las máquinas Rube Goldberg reciben el nombre del dibujante estadounidense que se hizo famoso por dibujar artefactos diabólicamente complejos para realizar tareas simples. El 2 de diciembre de 2016, la firma letona Scandiweb encendió unas luces de Navidad en Riga, Letonia, con un aparato que realizaba 412 pasos mecánicos. El último de ellos era un sonómetro que se activó con los gritos de los espectadores.

El arreglo/estructura floral más grande
Dubái Miracle Garden (Emiratos Árabes Unidos) presentó un arreglo floral con la forma de un avión Airbus A380 de 72,95 x 78,34 x 21,98 m el 2 de diciembre de 2016 en Dubái, Emiratos Árabes Unidos.

Los mosaicos gozan de gran popularidad en el *GWR*. Los hay de todos los tipos: hechos con pilas, bollos, calcetines, pastillas de jabón, paraguas, palomitas, cordones, pesas, ¡y muchos otros!

La imagen humana de un órgano más grande
El 6 de diciembre de 2016, un grupo de 3.196 estudiantes de la GEMS Cambridge Internacional School (Emiratos Árabes Unidos) formó una imagen de un par de pulmones humanos en Abu Dhabi, Emiratos Árabes Unidos. El acto, patrocinado por Novartis Middle East FZE, pretendía sensibilizar sobre la enfermedad pulmonar obstructiva crónica (EPOC).

Más personas envolviendo regalos al mismo tiempo
El 13 de diciembre de 2016, un total de 876 empleados de la empresa británica Jewson envolvieron regalos en Birmingham, R.U.

El sello más caro vendido en una subasta
Un sello perteneciente al emperador Qianlong (1735-96), de la dinastía Qing, fue vendido a un comprador anónimo por 22.000.000 $ el 14 de diciembre de 2016. Al parecer, Qianlong llegó a poseer 1.800 sellos similares.

Más gente jugando al Monopoly (un único lugar)
El 12 de enero de 2017, un total de 733 personas jugaron una partida del Monopoly en un evento organizado por Rustic Cuff y Addicted 2 Cuffs (ambos de EE.UU.) en el Renaissance Hotel de Tulsa, Oklahoma, EE.UU. Los participantes jugaron a la edición oficial de Monopoly Rustic Cuff, en el que las propiedades aparecen representadas como piezas de joyería.

El primer trío en cruzar a remo el océano Atlántico
Desde el 14 de diciembre de 2016 hasta el 2 de febrero de 2017, el equipo American Oarsmen, compuesto por Mike Matson, David Alviar y Brian Krauskopf (todos de EE.UU.), remó desde La Gomera hasta Antigua en 49 días, 14 h y 4 min. Cubrieron una distancia de 4.722 km a bordo del *Anne*.

Más secuelas de una película de terror
Con el estreno simultáneo de *Witchcraft XIV: Angel of Death*, *Witchcraft XV: Blood Rose* y *Witchcraft XVI: Hollywood Coven* en enero de 2017, la serie de terror *Witchcraft* (EE.UU.), que empezara en 1998, alcanzó las 15 secuelas.

La carrera ODI más larga (mujeres)
Clare Shillington (Irlanda) disputó 90 partidos de críquet One-Day International (ODI) a lo largo de 19 años y 195 días, entre el 8 de agosto de 1997 y el 19 de febrero de 2017. Logró 1.276 carreras ODI en 79 entradas, con un promedio de 17,72, seis 50 y una puntuación máxima de 95 not out.

Más *burpees* en una hora (mujeres)
La monitora de fitness Kathryn Beeley (Australia) realizó 1.321 *burpees* en 60 min el 27 de febrero de 2017 en el gimnasio MissFit de Brisbane, Queensland, Australia. Superaba así la marca anterior de 1.272 de su colega australiana Eva Clarke en 2015 (ver pág. 76).

Los 100 m más rápidos en una pelota saltarina (mujeres)
El 9 de marzo de 2017, Ali Spagnola (EE.UU.) sólo necesitó 38,22 s para recorrer 100 m dando botes en el Drake Stadium de UCLA, en Los Ángeles, California, EE.UU. Spagnola mejoraba así el récord de 39,88 s de Dee McDougall (ver pág. 80).

La pila más alta de tortillas
Ben Leventhal (EE.UU.) hizo una pila de tortillas de 58,03 cm de altura en Mashable House, SXSW, Austin, Texas, EE.UU., el 10 de marzo de 2017.

El busto más grande (escultura)
El «Adiyogi» Shiva, obra de la Isha Foundation (India), es una estatua de la deidad hindú Shiva de 34,24 m de altura, 24,99 m de ancho y 44,9 m de fondo, según pudo verificarse el 11 de marzo de 2017 en Tamil Nadu, India. Fue inaugurada por el primer ministro Narendra Modi el 24 de febrero.

El partido de hockey sobre hielo profesional más largo
Durante los playoffs de la GET-ligaen noruega, un partido entre los Storhamar Hockey y los Esparta Warriors disputado entre el 12 y el 13 de marzo de 2017 duró 217 min y 14 s. Este encuentro maratoniano, jugado en Hamar OL-Amfi, Hamar, Noruega, llegó a una octava prórroga antes de que el jugador de los Storhamar Joakim Jensen marcara el tanto de la victoria para su equipo. El anterior récord lo fijaron en 176 min y 30 s los Detroit Red Wings y los Montreal Maroons, de la NHL, que jugaron seis prórrogas entre el 24 y el 25 de marzo de 1936.

El árbol con huevos de Pascua más grande
El 16 de marzo de 2017, la Associação Visite Pomerode (Brasil) presentó un árbol de Pascua con 82.404 huevos de gallina pintados en el 90 Osterfest de Pomerode, Santa Catarina, Brasil.

El DJ residente más joven
El 20 de marzo de 2017, Itsuki Morita (Japón, n. el 26 de noviembre de 2010) pinchó en el bar restaurante L & L de Osaka, Japón, con 6 años y 114 días. Itsuki utilizó un sistema Pioneer XDJ-AERO DJ durante su sesión de una hora de duración frente a un público de 30 personas.

La imagen humana más grande de un avión
El 21 de marzo de 2017, para celebrar el 11.° aniversario de la ESTACA Graduate School of Aeronautical and Automotive Engineering, en Laval, Francia, 474 estudiantes vestidos de azul se reunieron para formar la imagen de un avión y superar la marca de 350 establecida por Ethiopian Airlines el 29 de junio de 2016 (ver pág. 124).

El abrazo a árboles más multitudinario
El 21 de marzo de 2017, 4.620 personas se reunieron para abrazar árboles en Thiruvananthapuram, Kerala, India. Organizado por la cadena de noticias Asianet Network y el Jawaharlal Nehru Tropical Botanic Garden and Research Institute, tuvo lugar en el «Día Internacional de los Bosques» de Naciones Unidas. Para que tuviera validez, cada participante abrazó un árbol por lo menos durante 60 s.

Más haikus sobre una ciudad
El equipo Luton Haiku, liderado por Tim Kingston y formado también por Andrew Kingston, Stephen Whiting y Andrew Whiting (todos de R.U.), lleva publicando haikus en internet sobre Luton, Bedfordshire, R.U., todas las semanas desde el 23 de enero de 2007. Los 2.700 poemas publicados hasta la fecha en *Clod Magazine*, se han publicado en varios volúmenes.

La puntuación total más alta en patinaje artístico (mujeres)
El 31 de marzo de 2017, Evgenia Medvedeva (Rusia, ver pág. 242) ganó el título femenino en el Campeonato Mundial de la Unión Internacional de Patinaje sobre Hielo (ISU) celebrado en Helsinki, Finlandia, con una puntuación de 233,41. Al día siguiente, Yuzuru Hanyu (Japón) logró la **puntuación más alta en patinaje artístico (programa largo)**: 223,20. Patinó con el acompañamiento musical de «Hope and Legacy», de Joe Hisaishi.

La regata Oxford-Cambridge más rápida (mujeres)
El 2 de abril de 2017, Cambridge se hizo con la victoria en la prueba femenina de la regata Oxford-Cambridge con un tiempo de 18 min y 33 s, en Londres, R.U.

Más galardones y menciones especiales en los premios Pulitzer
El 10 de abril de 2017, *The New York Times* recibió el premio Pulitzer en las categorías de periodismo internacional, fotografías de noticias de última hora (Daniel Berehulak, Australia) y reportaje explicativo (C. J. Chivers, EE.UU.). En total, el periódico acumula 122 premios y menciones.

Más tiempo sosteniendo peso con los brazos extendidos
El 11 de abril de 2017, Anatoly Ezhov (Bielorrusia) sostuvo una pesa rusa de 20 kg con los brazos extendidos durante 2 min y 35 s en Arkhangelsk, Rusia. El forzudo Ezhov batía así su récord anterior en 2 s.

La tanda más larga en una partida de snooker profesional
El 12 de abril de 2017, Fergal O'Brien (Irlanda) y David Gilbert (R.U.) jugaron una tanda decisiva que duró 2 h, 3 min y 41 s durante la última ronda de calificación del Campeonato Mundial de Snooker Betfred en el Ponds Forge International Sports Centre, en Sheffield, South Yorkshire, R.U. Finalmente, O'Brien se hizo con la victoria por 73-46 en la tanda final y 10-9 en la partida.

El origami de un rinoceronte más grande
El 19 de abril de 2017, Liu Tong y The MixC (ambos de China) realizaron el origami de un rinoceronte de 7,83 m de largo y 4,06 m de alto en Zhengzhou, provincia de Henan, China. La hoja de papel usada medía 14 x 14 m y pesaba más de 100 kg.

Más bolos tumbados por una pareja en 24 horas
El 22 de abril de 2017, Trace y Steve Wiseman (ambos de EE.UU.) tumbaron 35.976 bolos en Louisville, Kentucky, EE.UU. Trace superó el récord anterior a las 19:12 jugando con la bola de su bisabuelo.

El laberinto de setos permanente más grande
El Butterfly Maze, en el complejo turístico de Sunhu, en Ningbo, provincia de Zhejiang, China, tiene un área total de 33.564,67 m^2 y cuenta con 8,38 km de senderos. Inspirado en la historia china *Los amantes mariposa*, el laberinto cuenta con torres, puentes y pasos subterráneos. Fue inaugurado el 22 de abril de 2017.

La mapache más popular en Instagram
A 3 de mayo de 2017, la mapache *Pumpkin* tenía 1,1 millones de seguidores en esta red social dedicada a la fotografía. *Pumpkin* vive con dos perros, *Oreo* y *Toffee*, y sus propietarios Laura y William Young en las Bahamas.

Más mensajes retuiteados en Twitter
En su intento por asegurarse el suministro vitalicio de *nuggets* de pollo de Wendy's, Carter Wilkerson (EE.UU.) logró que se retuiteara uno de sus mensajes 3.430.655 veces, según pudo verificarse el 9 de mayo de 2017. La marca superó la conseguida por el famoso *selfie* que Ellen DeGeneres hizo en los Oscars.

ALBOX
BOOM!
team a
52.5
MOUNT KILIMANJARO
CONGRATULATIONS
YOU ARE NOW AT
UHURU PEAK, TANZANIA, 5895M/19341Ft. AMSL
AFRICA'S HIGHEST POINT
WORLD'S HIGHEST FREE-STANDING MOUNTAIN
mito
money
216